项目管理核心资源库

[美] 哈罗德·科兹纳（Harold Kerzner） 著

项目管理

计划、进度和控制的系统方法

（第12版）

PROJECT MANAGEMENT

A Systems Approach to Planning, Scheduling and Controlling, 12th Edition

杨爱华 王丽珍 杨昌雯 杨 婧 译

電子工業出版社
Publishing House of Electronics Industry
北京·BEIJING

Harold Kerzner: Project Management: A Systems Approach to Planning, Scheduling and Controlling, 12th Edition
ISBN: 9781119165354

版权贸易合同登记号　图字：01-2017-6975

图书在版编目（CIP）数据

项目管理：计划、进度和控制的系统方法：第 12 版 /（美）哈罗德·科兹纳（Harold Kerzner）著；杨爱华等译. —北京：电子工业出版社，2018.5
（项目管理核心资源库）
书名原文：Project Management: A Systems Approach to Planning, Scheduling and Controlling, 12th Edition
ISBN 978-7-121-34013-0

Ⅰ. ①项… Ⅱ. ①哈… ②杨… Ⅲ. ①项目管理 Ⅳ. ①F224.5

中国版本图书馆 CIP 数据核字(2018)第 070374 号

策划编辑：付豫波
责任编辑：刘淑敏
印　　刷：涿州市京南印刷厂
装　　订：涿州市京南印刷厂
出版发行：电子工业出版社
　　　　　北京市海淀区万寿路 173 信箱　　邮编 100036
开　　本：787×1092　1/16　印张：44.75　字数：1034 千字
版　　次：2004 年 1 月第 1 版（原著第 7 版）
　　　　　2018 年 5 月第 5 版（原著第 12 版）
印　　次：2021 年 1 月第 11 次印刷
定　　价：168.00 元

凡所购买电子工业出版社图书有缺损问题，请向购买书店调换。若书店售缺，请与本社发行部联系，联系及邮购电话：（010）88254888，88258888。
质量投诉请发邮件至 zlts@phei.com.cn，盗版侵权举报请发邮件至 dbqq@phei.com.cn。
本书咨询联系方式：（010）88254199，sjb@phei.com.cn。

译者序

科兹纳博士的《项目管理：计划、进度和控制的系统方法》一直被业内称为“项目管理圣经”，是学习项目管理知识的一号读本。

第 12 版的更新，科兹纳紧跟业界最新的动态和理论前沿，依据《项目管理知识体系指南》第 6 版的最新调整，根据作者咨询团队的实践，深入介绍了新近的项目管理热点：包括怎样进行全球干系人管理、导致项目失败的原因分析、敏捷项目管理的最新进展、项目治理失败的原因分析、如何处理客户批准的里程碑、怎样正确对待当前的各种项目分级的标准等。同时，也为这些新的问题更新了相关的参考资料。

在这个版本中，作者特别关注了如何理解组织结构和项目管理职能的关系；怎样去控制成本、管理风险和进行机会成本分析；如何验证用在计划、进度和质量分析等方面的各种方法的差异；并试图在项目范围扩大和复杂性增加的国际环境中，建立一种跨越时区和语言障碍，面向全世界不同技术平台的通用的项目管理体系。

第 12 版对全书作了大篇幅的调整，由前版的 24 章，调整为 21 章，也删除了与一般项目管理者无关的几个大案例（且多为公共信息，如依星计划），且对前一版各章中的烦琐重复的部分进行了删减和归并，使本书在增加大量新理论和方法的基础上，却减少了 1/3 的篇幅。

作者对 Program 一词的使用频繁，也许是他认为今天的项目越来越复杂，不能用一个简单的 Project 来表示。但我们认为，过于区分二者的差别，在很多地方逻辑上说不通。所以，我们在全书中，一般把 Program 译作项目，而不译作项目集。只有在特别说明各类项目级区分标准时才译作项目集。此次翻译也对 Trade-off 作了一点变通处理。在项目前期，特别是商务论证中，用机会成本分析更确切些；但在项目展开后，它表示的是时间、成本、质量（绩效、客户关系）三角或多角度间的平衡分析。

作者经常提到，在解决项目问题时，可以使用高薪员工。他暗含的是，所有高薪员工一定比低薪员工的能力强，可以加快进度并提高质量。也许作者更多的是从项目成本管理的角度来看待人力资源的。为了保持作者的本意，我们多用了“高薪员工”一词，只有个别地方为了兼顾前后文的内容，使用了“技术能手”或“技术专家”。

关于这一版本与第 11 版的更新内容，作者在前言中特别作了专门介绍。读过以前版本的读者，可先认真读一下作者前言。

这个版本的重译是在第 11 版中译本的基础上完成的，所以对参与第 11 版翻译的主要贡献者表示感谢，也对参与本书第 7～10 版的译者表示感谢。他们的努力为本书奠定了很好的基础。

第 12 版的译者分工如下：前言、第 1～8 章（杨昌雯、杨爱华）；第 9～17 章（王丽珍）、第 18～21 章及所有附录（杨婧）。杨爱华统校了全书。

尽管此书在 1998 年年底与我结缘（当时在美国做访问学者，从一个月只有 100 美元的伙食费中省下 65 美元购买了此书），但真正引领我走上项目管理翻译和教学道路的是我的导师——北京航空航天大学经济管理学院的邱菀华教授。从 1995 年冬天开始跟她读在职博士的 22 年来，她的教诲伴随着我的成长。在此向邱老师表示衷心感谢。

本书的主要术语尽量与《项目管理知识体系指南》（PMBOK®指南）（第 6 版）（此书已由电子工业出版社出版。——编者注）的术语统一。

这次的更新版，科兹纳博士为了配合 PMP 认证考试，进一步细化了每章每节每段中与《项目管理知识体系指南》（第 6 版）相对应的重点内容，在章尾更新选择题和参考题，使得本书既可作为各类学习项目管理知识体系的教材，也可作为 PMP 考证备战的理想工具书。

科兹纳博士是美国人，他的项目管理经验是美国式的。如果项目管理专业的教师使用本书授课，对书中提出的问题可以做些变通，结合中国的国情，用中国人的思维和习惯来处理。有些调查数据资料，在引用和向学生介绍时，一定要说明出版情况及背景，以免发生误导。

成功的项目就是在一定的时间内、花可能花的钱、整合资源、冒着风险去办一件大家都满意的事。翻译工作也是如此。译著中如有词不达意之处，祈盼读者多多指正。

杨爱华

yangah@buaa.edu.cn

北京航空航天大学公共管理学院

前 言

项目管理原本被当作一种局限于某些职能领域的经营理念，而且仅被人们看成对某些事物有作用的方法，如今却已经演变为影响公司所有职能部门的企业管理体系。简单地说，项目管理已经不再是一个项目的管理过程，而发展成一个企业的业务流程。越来越多的公司已经把项目管理作为公司生存的必要手段。那些曾经与项目管理唱反调的组织，如今却开始提倡项目管理理念。早期的管理教育学者曾经认为项目管理起不了什么作用，它只是一股短暂的热潮，如今他们却变成了项目管理理念的忠实拥护者。项目管理就这样发展起来了。现在一些理工院校和综合性大学都为项目管理设置了专门的本科和硕士课程。

本教材的适读人群很广泛，不仅包括希望提高项目管理技能的本科生和硕士生等学生群体，也包括项目投资方的部门经理和高管们。经过多年的发展，管理学的知识和项目管理理念已经发展得相当成熟，几乎所有的企业都以不同的形式运用项目管理。由于这些公司已经意识到生产效率与项目管理息息相关，也开始把商业活动切分成一系列的项目。公司也为项目管理培训课程划拨了比过去更多的培训经费。

本书为工程师们提供了项目管理的总体参考，但读者不要以为项目管理只与工程相关。书中提供了一些工程案例，只是因为事实上项目管理最先出现在工程领域，我们应该从中吸取经验教训。如今项目管理存在于各个专业领域，包括信息系统、医疗保健、咨询、制药、银行和政府机构。

本教材适用于工商管理、信息管理、工程管理的本科或硕士课程。项目管理是人为管理而不是工具计算，意味着它是一门行为科学而非数理科学。基于我对项目管理理念的个人理解，对本书的结构进行了重新规划。前 7 章是涉及项目管理理念的最基础、最核心的知识点，特别是美国项目管理学会（PMI）的“项目经理的基本三素质”。第 8～10 章讨论支持职能，阐述预测项目成功的因素，以及管理层的支持。也许你会感到疑惑，为什么在三大核心内容，即规划、进度计划和控制章节之前需要用 10 章的篇幅讲解组织行为和结构？原因是这 10 章可以让读者更好地理解所有类型的项目和流程系统的背景环境、文化环境。这些章节有助于读者了解以下内容：团队成员同时参与多个项目合作的困难，以及为什么人们要参与到项目中来；参与项目的人有着不同的背景，不可能毫无摩擦地凝聚在一个工作群体中。第 11～20 章是比较定量的内容，包含了项目规划、进度计划、成本控制、预算、商务合同（含采购合同）和质量。第 21 章集中介绍了当代项目管理的前沿话题。

第12版做出改动的内容包括：

（1）更新了项目管理概述的内容

（2）更新了竞争约束条件的内容

（3）新增了项目经理的三个素质

（4）新增了初级项目经理的项目管理

（5）新增了技术类项目管理的知识

（6）更新了项目成功的一些因素

（7）新增了项目管理架构调试的方法论

（8）新增了导致项目失败的一些原因

（9）新增了项目成功或失败的程度

（10）更新了知识管理和数据库

（11）更新了项目管理的知识产权

（12）新增了利益增收和文化变迁

（13）新增了转型中的项目领导

（14）更新了大型项目管理的内容

（15）更新了敏捷项目管理的内容

（16）新增了敏捷的和适应性的项目管理文化

（17）更新了跨国项目管理发起的内容

（18）新增了如何准备项目商务案例

（19）更新了项目假设的验证

（20）更新了项目目标的验证

（21）新增了项目生命周期里程碑的内容

（22）新增了项目管理办公室的内容

（23）新增了项目组合管理的内容

（24）更新了项目最佳实践的内容

（25）更新了资源水平颁布的内容

本教材包括案例分析、多选题和简答题等多种题型。另有一本案例分析集——《项目管理案例集》（第5版）（*Project Management Case Studies*，5th Edition），提供了更多的真实案例。以下是案例分析集的部分新增案例：

案　例	描　述
迪士尼（A）想象工程项目管理	做想象工程项目经理所需的众多特殊技能
迪士尼（B）想象工程的实施：幽灵鬼屋	项目范畴变化引发的各种挑战

续表

案　例	描　述
迪士尼（C）主题乐园和企业各项环境因素	讨论理解企业外部环境因素的重要性和这些因素如何影响项目成功
迪士尼（D）迪士尼的全球化进程	全球化视角下项目管理会遇到的各种挑战
迪士尼（E）迪士尼的竞争对手：香港海洋公园	讨论一家公司通过改变项目范围的手段与迪士尼竞争的实例
奥林匹克（A）管理奥林匹克项目	讨论企业外部环境因素如何作用于奥运工程
奥林匹克（B）奥林匹克、项目管理以及美国项目管理协会（PMI）发布的职业操守和专业职责	讨论在某些奥运工程中遵守PMI职业操守和专业职责的复杂性
奥林匹克（C）奥运相关人员的伙食问题	讨论23 000位奥运选手、教练、奥运工作者伙食问题的复杂性（包括质量控制）
奥林匹克（D）奥运活动的健康和安全风险	讨论在已知健康风险下允许奥运选手参赛的健康和安全风险
机会成本（A），（B）	讨论引入竞争约束如何造成企业不得不面对更多的机会成本权衡和挑战
项目审计	讨论项目何时需要进行审计及高管不满审计结果所可能发生的情况
官员	讨论在政府机关中，新上任的官员如何使用政治手段避免因做错事而受到责罚

第12版、《PMBOK®指南》和《项目管理案例集》是准备PMP®资格考试的最佳自学教材。因此，本书每章末尾都会详细列出《PMBOK®指南》和《项目管理案例集》中相应的引用部分。在本书每小节标题的左侧空白处，有相应的侧栏框明确列出该节内容对应《PMBOK®指南》的哪些知识点，以便学习。基本上每章末都有专门关于PMP®考试考点的学习指导。

本教材目前被用于大学教学、参考资料和PMP®资格考试培训多种市场。因而，为了满足各类市场的需要，同时确保内容不会过于冗长，本书在与《PMBOK®指南》的联系程度和包含多少不相重复的新内容之间进行了折中。部分院校单独使用本教材教授项目管理基础课程，没有参考《PMBOK®指南》。本教材并没有涵盖《PMBOK®指南》的所有内容，因此，要参加PMP®专业资格考试的话，必须将《PMBOK®指南》与本教材配套使用。本教材涵盖了《PMBOK®指南》几乎所有的重要知识点，但并没有达到《PMBOK®指南》的深度。

本教材对应的教师指导书仅供大学院校的教职人员使用，可通过联系当地Wiley教育出版社销售人员或者登录Wiley官方网站（www.wiley.com/kerzner）订购。此教辅资料的版权归属John Wiley & Sons教育出版社，并非本书作者。

如需使用本教材进行项目管理 1～3 天短期研讨会或 PMP®专业培训，可联系国际学术协会的执行副主席 Lori MIlhaven，电话号 800-325-1533，分机号 5121（邮箱地址：lori.milhaven@iil.com）。

每章结尾的思考题及案例分析涵盖了不同行业。这些实例全部来源于我做顾问时收集的实例和专业的调查研究课题报告。使用过以前版本教材的同行们给我提供了众多的建议，这些建议中的大部分都吸收到了第 12 版的修订中。

编写前 11 章，我参考了大量的经典项目管理文献，这些文献奠定了许多现代项目管理发展的基础。本书对这些文献的引用都给出了明确出处。

许多同行提出了很好的批评建议。我特别感谢帮助本版做出重大改进的行业或政府机构的培训经理们，他们为提高项目管理教育与培训的质量做出了重大贡献。还要特别感谢国际学习研究院的首席顾问兼培训专家弗兰克·塞拉迪斯先生（PMP），他提出了许多富有建设性的意见、推荐并帮助绘制本书中涉及的 PMBOK®指南的图表，建议本书相关章节随指南修改而如何调整。我也要特别感谢埃德蒙德·孔若（Edmund Conrow）博士（PMP），10 年多来，他协助我准备了书中所有有关风险管理的章节。同时，还要感谢雷内·兰登（Rene Rendon）博士对如何修改合同管理的章节提出的评论和建议。

我再次向国际学习研究院的员工和管理团队致以感谢，25 年来他们所给予我无尽的鼓励、支持和帮助，已经融入了我所有的项目管理研究成果和著作中。

哈罗德·科兹纳

国际学习研究院

目 录

第 1 章　概述

引言

在美国，追根溯源，项目管理产生于 20 世纪 60 年代的重工业和国防部（Department of Defense，DOD）。项目管理的早期着重于项目的预算和进度，主要应用在一次性独创任务的完成，偶尔也用在重复性任务中。为了项目管理标准化和监控正在实施的项目，DOD 创立了相关的监控项目的制度、流程以及项目进展报告的方法。

早年间，项目管理只是一种兼职工作，并不是一个正经的职业职位。在许多企业中，项目管理并不重要，很难得到全公司的支持。

后来，管理层才开始逐渐地意识到资源统筹的复杂性和项目的效率等问题。与此同时，科技和市场日新月异，公司或机构的组织形式也千变万化。传统组织结构官僚主义严重，很难快速应对这种环境变化。因而，传统的组织形式被项目组织形式或其他短期临时性的组织形式替代。这些替代的组织形式不仅结构上高度紧密结合，而且能快速应对企业内外部不同程度的事态发展。现在，项目管理实践积累的这种结构优势允许项目经理根据不同的项目环境选择相应的管理工具和流程。

项目管理理念被接纳并非易事。许多高层管理人员不愿接受改变，他们固执地不愿接纳应对不同管理环境采取灵活的组织结构的观点。其原因和项目管理的模式有关。项目管理的模式是打散传统商业结构上级领导下级的垂直层级关系，本质上确保上层具有强力集权的传统模式被打破。大部分高管坚信这个垂直的领导关系才是公司管理运行模式的正道，因而他们拒绝去了解也拒绝承认项目管理理念会给公司带来益处。

但残酷的经济环境迫使这些高管重新考虑项目管理给公司带来的价值。最为突出的几次经济环境的恶化是：20 世纪 70 年代末期和 90 年代初期的经济萧条，2008 年的次贷危机，2013 年、2014 年的欧洲经济衰退，2015 年的世界经济停滞。这些恶化的经济环境增加了对有限资源合理规划的需要，要求我们通过项目组合给公司创造最大的价值，并提升项目的成功率。显而易见，项目管理可以满足以上所有需要。其实，无论市场经济条件是好是坏，项目管理都是必要的。现在，项目管理理念已经被运用于各行各业，如国防、建工、制药、化学、银行、医院、会计、广告，法律及各级政府部门，甚至联合国。

现在，绝大多数高管都相信项目管理可以使工作完成得更好。项目管理已经延伸到企业的方方面面而非仅仅被用于企业的某些部门。现在的项目管理已经与企业的战略目标和宏观目标紧紧结合在一起了。简而言之，再傻的人也不会去做与战略目标不相符、不会带来价值的项目。在某些类似 IBM、微软、惠普的公司，项目管理被当成企业生存和战略实现的必要手段。项目管理在企业生存和发展中越来越重要，这一认知如今已经渗透到不同领域、不同规模的各色企业中。

1.1 理解项目管理

PMBOK®指南，第 6 版
第 1 章 项目管理简介
1.2.1 项目
1.2.2 项目的重要性
1.2.4.5 项目管理过程组

为了理解项目管理的含义，首先要理解项目的定义。一个项目可以被看成具有以下特征的一系列活动和任务：

- 有一个在特定计划内要完成的具体目标。
- 有确定的起始日和终止日。
- 有经费限制（如果项目可以实施的话）。
- 消耗人力和非人力资源（如资金、人员、设备）。
- 多职能（如横跨几条不同部门的职能线）。

项目的产出或成果可能是独创的，也可能是重复的。但项目必须在规定的时限内完成。由于企业的资源是有限的，因此企业应该把重心放在已有项目的正确组合上。在此要求下，我们也发现了项目的另一个结果，就是项目必须给企业带来价值，带来经济利益，而非做一个“米虫”，只知道吃米，没有有效产出。

另外，正如《PMBOK®指南》中所定义的那样，项目管理包括五个过程组。

- 项目启动
  — 在现有资源条件的限制下选择最佳的项目。
  — 确认项目的收益。
  — 准备项目许可所需的文件。
  — 任命项目经理。
- 项目规划
  — 确定各项任务的要求。
  — 确定各项任务的质量和数量。
  — 确定各项任务具体所需资源。

— 制订活动的时间计划。

— 评估各种风险。

- 项目执行

— 为获取项目团队成员谈判。

— 指导和管理工作。

— 同项目组成员共同工作，帮助他们成长。

- 项目监控

— 跟踪项目进程。

— 比较实际产出和计划产出。

— 分析偏差和影响。

— 做出调整。

- 项目收尾

— 工作收尾：检查所有的工作任务都已完成。

— 业务收尾：合同完成的确认。

— 财务收尾：确定项目的最终支出。

— 管理收尾：完成文书工作。

因此，成功的项目管理可以被定义为结合一定时间和成本，达到一连串的项目规定的性能或技术水平，高效有力（时间效率和质量）地整合被分配的资源，最终成果被客户或权益方认可。由于项目原本就是不同的，不同客户的要求也是不同的，项目流程中具体的组成活动也是不一样的。《PMBOK®指南》给出的是最完整、最详尽的项目流程。在实操中，通常根据项目所需量身定做，选取必要的活动形成流程，最终制定一个可以实施的项目管理办法。

有效项目管理的潜在优点：

- 明确岗位职责，无论人员如何变动，保证所有的活动都在计划中。
- 缩小对持续汇报的需求。
- 明确项目进度计划的时间限制。
- 明确平衡分析的具体方法。
- 对计划完成情况有准确衡量。
- 尽早明确项目的各项问题，以便问题发生时可以采取正确行动。
- 提高对未来计划的预测能力。
- 知道何时目标无法实现或将超额完成。

但是，这些优点只有在克服以下困难后才可实现：

- 项目的复杂程度。
- 客户的特殊需求和范围的变化。

- 组织重构。
- 项目风险。
- 技术变化。
- 将来的规划和价格。

项目管理的设置是通过企业内部横向和纵向的工作流程更好地配置和使用企业现存资源。这种模式并不是直接打破传统的纵向管理模式，而是简洁地要求各职能部门相互横向交流。通过组织内部横向和纵向工作流程的共同运作，使整个组织的工作协调完成。在这种模式中，部门主管依然对纵向工作流程负责，而项目经理则要对横向流程负责。也可以说，项目经理的首要任务就是横向协调各职能部门之间的各项活动。

PMBOK®指南，第 6 版
3.4 项目经理的能力

图 1-1 显示了许多公司是怎样组织的。不同的管理层级之间总是存在“层级和威望”的鸿沟。在组织中，各个工作包之间也存在职能鸿沟。如果我们把横向的管理鸿沟叠加到纵向的职能部门鸿沟上，就会发现公司被分割成一个个拒绝相互沟通的孤岛。这些独立的业务组织担心信息共享会增强对手的实力。项目经理的职责就是促使这些孤岛进行交叉协作和交流，从而达到整个组织的共同目标。

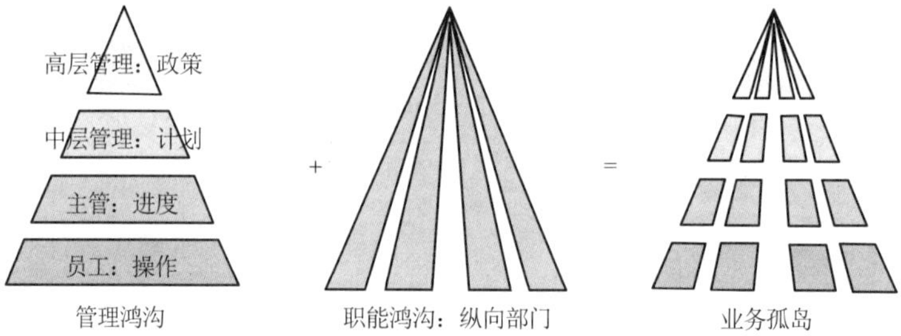

图 1-1 组织的鸿沟

项目经理与不同业务孤岛合作时使用的技能组合也是不同的。《PMBOK®指南》明确了项目经理的三项基本能力是技术项目管理、领导力、战略和商务管理。在如今的大环境中，战略和商务管理越来越成为焦点，原因是现代项目需要从项目本身的专业层面和企业战略目标两个角度思考并做出决策。

以下是对项目管理的总体定义：

项目管理是为一个已经设置好的相对短期的目标（这个目标包含具体的重点标杆和目标值）去计划、组织、指导和控制公司的资源。进一步来说，项目管理就是利用系统化、流程化的管理方法，将各职能部门的人员（纵向垂直体系）安排到一个具体的项目中（横向水平体系）。

以上定义还需进一步解释。我们通常认为传统项目管理具有 5 个方面的职能和原则：

- 规划。
- 组织。
- 人员配备。
- 控制。
- 指导。

PMBOK®指南，第 6 版
2.4　组织系统

你会发现，上面的项目管理定义忽略了人员配备职能。这样定义的根本原因在于，项目经理不为项目配备人员，人员配备是部门主管的职责。项目经理有权要求具体资源，但最终什么资源可被使用还是取决于部门主管。

我们还要分析"相对"短期的含义。不同产业对短期项目的定义不尽相同。在工程领域，"短期"也许是 6 个月或两年；在建筑业，也许是 3 ~ 5 年；在核电装备制造业，也许是 10 年；在保险业，则可能只是两个星期。长期项目需要专职人员，通常需要建立独立的项目管理部门（如果项目足够大的话）或新设置一个垂直体系上的部门。

图 1-2 形象化地表现了过去对传统项目管理的理解。如图 1-2 所示，项目管理的设置实际上是为了在有一定时间、成本、绩效要求的指定活动中，管理或控制公司资源。其中，认定了时间、成本和绩效是项目仅有的约束因素。如果项目是为外在客户完成的，那么又有了第四个约束因素：良好的客户关系。客户可能是母公司的子公司，也可能是其他外部公司。读者也许会很快意识到，如果只注重在一定的时间、成本和绩效约束下管理项目，而在一定程度上忽视客户关系，就不会有下一单生意了。高管会根据客户是谁和需要怎样的客户关系来选择项目经理。

图 1-2　项目管理示意图

项目的存在是为了生产出可交付成果。根据项目可交付成果的大小、类型和范围最终任命恰当的项目经理。可交付成果是在项目结束时或项目一个生命周期结束时的产出品或最终结果。可交付成果是可度量的、看得见摸得着的产出品，可能包括以下几种形式：

- 可交付的硬件。就是一些硬件产品，例如，一张桌子、一个样品或设备的一个零部件。
- 可交付的软件。与可交付硬件相似，但它们通常是纸质产品，如报告、论文、新闻稿或者文件。有些公司并不区分可交付的硬件与可交付的软件。

- 可交付的软硬件。这些产成品可以是可交付的硬件，也可以是可交付的软件。而且，随着项目进行逐步演变成最终形态。例如，企业一系列季度报告汇总为企业年报。

1.2 定义项目成功

PMBOK®指南，第 6 版
1.2.6.4 项目成功标准

在前面的小节中，我们将项目成功定义为在一定的时间、成本和绩效约束条件下完成一个活动。这个定义已经沿用了三四十年。今天，项目成功的定义已经有了细微的改进，增加了以下完工条件：

- 在被分配的一定时限内。
- 在预算好的一定成本下。
- 要达到适当的性能和规格水平。
- 得到客户或使用者认可。
- 尽量减少范围变化或者在范围变化上达成共识。
- 不影响组织的主要工作流程。
- 不改变企业文化。

最后三个因素需要进一步解释。只有极少数项目是在原有的项目范围内完成的。范围变化是不可避免的，它不仅可能打击项目组成员的士气，甚至可能破坏整个项目本身。必须尽可能地缩小项目范围的变化程度，同时，一定要保证项目经理和客户都认可这些必要的变化。

项目经理必须主观上愿意在管理中不改变公司的主要工作流程（如果需要的话，可做出让步或交换）。大多数项目经理在项目启动后自立为王，把自己看作独立经营的企业家，喜欢将其项目从母公司的运作中分离出来（这种模式的可行性有待商榷）。一般情况下，项目经理必须主观上愿意在其母公司的方针、政策、程序、规章和指导下进行管理。

所有公司都有自己的企业文化，尽管每个项目都有其固有的特点，项目经理不应期望他所被分配的职员游离于企业文化之外。如果公司在对待客户方面有一个开放和诚实的准则，那么无论客户是谁，也不论项目经理对成功的渴望有多强烈，所有项目都要保有开放诚实的文化价值。

最后需要指出，一个项目的成功并不意味着整个公司在项目管理上取得成功。项目管理成功是指连续取得不同项目的成功。因为，任何单一项目在正式授权和强大的行政干预下，都可能被带向成功。连续的项目成功则需要公司对项目管理理念有一个强有力的认可，而且这种认可必须是显而易见的。

1.3　机会成本分析和竞争的制约因素

尽管有很多项目完成得很“成功”，至少在权益方眼中是这样的，但是，由于机会成本的存在，项目最终的成功衡量标准与最初的成功衡量标准不尽相同。机会成本是指为了得到某种东西而所要放弃另一些东西的最大价值；也可以理解为在面临多方案择一决策时，被舍弃的选项中的最高价值者是本次决策的机会成本；还指厂商把相同的生产要素投入其他行业当中去可以获得的最高收益。

图 1-2 中的三角图形是项目三重制约因素的经典模型，说明了时间、成本、绩效是项目的制约因素，其中绩效可以定义为范围、质量或技术标准。这些制约因素不仅被定义为主要的制约因素，也常常被当作衡量项目是否成功的标准。

如今，我们已经意识到项目成功的标准有多元制约因素，而不仅仅是理论性的三重制约因素，因此，我们将关注点转移到竞争性制约因素上。有时，制约因素还被分为主要的制约因素和次要的制约因素。次要的制约因素包括项目风险、客户关系、企业形象、企业声望等，这些次要的制约因素可能影响决策者偏离最初关注的成功标准，如时间、成本和绩效。这些变化会贯穿项目的整个生命周期，因而要在三角约束模型中进行机会成本分析。因此，就可能对成功标准做出调整。在理想的状态下，我们需要对任何一个或所有的竞争性制约因素进行机会成本分析，只有这样才能获得满意的成功验收标准。

举一个例子，假设一个项目最初的成功标准是图 1-3 中的三重制约因素。为简单起见，图 1-3 使用了一个三角模型来说明三重制约条件。然而，项目的制约因素可能更多，不能简单地使用三角模型，用其他的几何图形（四边形、五边形之类）可能更为精准。随着项目的进行，环境逐渐发生改变，如一个有自己独立目标计划的新的高级管理团队的加入或者一个会导致公司的信誉受损的新的公司危机的出现。这种情况下，图 1-3 右边的三角模型中的制约因素就可能比最初的制约因素更重要。

次要的制约因素也是制约因素。有时，这些次要因素比主要因素还要重要。如多年前，项目经理们在迪士尼乐园和迪士尼度假区各个主题公园内设计并建造了许多著名的旅游景点，他们主要考虑以下六个制约因素：

- 时间。
- 成本。
- 范围。
- 安全。
- 审美价值。
- 质量。

在迪士尼的项目中，后面三个制约因素（安全、审美价值、质量）被认为固有的不可替代的制约因素，在进行机会成本分析时要锁定这些因素，不能改变。所有的取舍替代只能在时间、成本及范围三个因素上进行。有的制约因素不可改变，而其他制约因素则可变通。

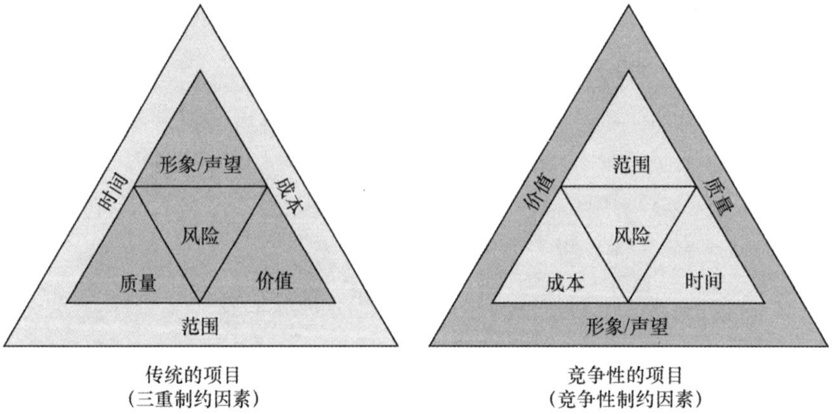

图 1-3 竞争性制约因素

所有制约因素的重要性并不相同。如在项目的启动阶段，范围是最重要的制约因素，因而可以对其他因素如时间和成本进行机会成本的平衡分析。在项目执行阶段，时间和成本因素变得更加重要，因而可以对范围进行机会成本的平衡分析。关于机会成本的平衡分析更详细的讲解在第 16 章可以找到。

1.4 初级项目经理

经常发生这样的情况，人们在追逐项目管理岗位时，并不知道这份工作具体需要什么技能素质。有些人认为，成为项目经理后被授予极大的权限，可以决定项目的任意方面。对内，他们可以拥有自己的小“领地”，控制自己雇用的员工；对外，连接公司内外部的接口。

事实上，项目经理和某些人的想象大相径庭。大部分项目经理并无实权，权利权限都在投资人和部门主管手中。某些人称为项目经理，实际上就是无实权的领导。

项目经理们对聘用员工没有话语权，他们甚至无权裁退表现差的员工。绝大多数项目组成员是由部门主管指派的，而这些人也只接受所属部门主管的调遣。项目经理没有权限左右被分配到该项目中的团队成员的薪酬待遇。被指派到这个项目的组员可能同时在参与多个项目，因此项目经理不能强求这些组员单单为了满足这一项目的要求条件而进行时间安排。项目经理也没权雇用和借调公司外部的劳动力，只有投资人有这个权限。

一般情况下，项目经理应该对企业的商业模式及与项目管理匹配的企业业务流程有一个大略的了解。必要时，项目经理也可以对与项目相关或与企业业务相关的事务做决策。

有些人认为，项目经理是项目的最终决策者，可以对项目的方方面面做出任意决策。这显然不是事实。在现如今的高科技环境下，项目经理不可能是所有领域的专家。他们的专业知识有可能无法涵盖到项目所在领域。这在以高新科技为基础的项目中尤为常见，如

1.5 节所讨论。因此，项目经理必须依赖监管委员会和项目组成员共同决策项目问题。

项目经理对项目强制附加的限制或项目的边界条件也没有话语权。这些限制条件可能是在竞争招标环节客户和企业销售部门协商好的，然后直接告知项目经理，因此项目经理只能接受这些限制条件。这种情况并不罕见，经常是销售部门为了赢得业务合同自行同意不切实际的预算和时间要求，然后直接跟项目经理甩一句“这是从客户那儿所能要到的全部资金和时限，忍着吧”。

最后，一个初级项目经理不能理所当然地认为他对参与者的角色有了全方位的理解。因为，项目各不相同，所有参与者的职能和权限以及伴随着的相互之间的关系都可能变化，这在 1.6 ~ 1.10 节中有所讨论。

在不同的企业中，相同项目的特征也是会变化的。在接受项目经理这个职位前，初级项目经理作为新人有必要对工作需求有所了解。

1.5　项目经理的三种基本技能

PMBOK®指南，第 6 版
3.4　项目经理的能力

因为每个项目本来就不相同，所以项目需要的技能组合也不相同。PMI 引入了一个“能力三角形”代表现在被大型跨国公司认可的项目经理所需的高阶技能群，这三种技能：

- 技术项目管理。
- 领导力。
- 战略和商务管理。

在各种项目、项目集和项目组合的管理活动中，这三种技能的组成部分是可以改变的。本节只是简要提出项目的技术管理能力和领导能力，本书后文会有更加深入的讨论。第三种战略和企业管理能力对许多项目经理而言相对新鲜。在一些企业中，战略层面和企业层面的决策都是由投资人单独做出的。在这种情况下，项目经理的主要任务就是制造产品或完成项目要求，这极有可能只是一个技术性的成果。而怎么使用这个成果以及成果是否会为企业带来商业价值对项目经理而言犹未可知，它是投资人所要负责的部分。

现今世界，项目经理必须以企业战略和企业目标为导向。今天的项目经理不仅仅是单纯地管理一个项目，他们也不应该把自己的管理再局限在一个项目中，而应该视之为管理企业的一部分。因而，他们应该从专业技术和企业战略两个层面来考虑问题。项目经理使用的各种工具，特别是项目管理方法论已经被潜移默化地嵌入了企业的各个流程，而不单纯是企业的管理流程。

商业价值一词将会变成项目经理口中的最重要词汇。项目的成果不再是一个简单的完成品，而是可以不断创造商业价值的载体。项目的成功也不再是单纯地完成某些既定要求，而是创造连续带来正现金流的永动机。本章我们都会特别注意价值的重要性，这个趋势还会愈演愈烈。

1.6 技术类项目

PMBOK®指南，第 6 版
3.4.2 技术项目管理技能

技术类项目是所有项目中最难管理的，特别是对于初级项目经理简直就是一块硬骨头。技术性强的项目相当复杂，需要创新，而且和传统领域的项目相比，风险也更大。并且处理这类项目出现的问题需要通过实验或试验，各种迭代方法，还需要创新能力。正如 Hans Thamhain 所说[1]：

在我们生活的这个紧密关联的世界，大多数项目经理一定会面对技术问题，特别是那些就职于科技公司或是以技术制胜的公司的项目经理们。因此，这些项目经理接触的项目会充斥着科学技术。基本上，工业和政府的每个部门都尽力通过科学技术来提高效率，增加价值，加快速度。传统的直线性工作流程和自上而下的等级控制已经不能满足现今的需要，会逐步被更加新颖灵活的技术、更具优势的组织形式和相适应的企业流程所取代，例如，并行工程、施工总承包、门径管理和以客户为中心的组织。这些组织形式让企业更好地应对部门交叉整合、资源流动配置、项目效率和市场反应，但它们也需要相适应的更精妙的技术支持，从而有效处理当代大规模的技术和社会的双重挑战，例如更强的冲突、更大的变化、更高的风险、更多的不确定性、从职能功效向流程整合功效的转移、强化组织整合、更复杂的人力因素，以及总体业务流程。总而言之，技术类项目有以下特点：

- 应用技术创造价值。
- 对技术革新和创新的强烈需求。
- 激烈的竞争、开放的全球市场。
- 资源有限、时间紧迫、质量要求高。
- 要求员工高学历、技能熟练、知识技能涵盖范围广。
- 需要专业的技术知识和能力。
- 需要较强的人际关系处理能力，跨组织、跨文化工作的能力，以及处理组织冲突、权限和行政规范的能力。
- 复杂的项目组织形式和跨部门联系。
- 烦琐的业务流程和复杂的相关方沟通。
- 技术被用于做管理的工具。
- 用技术代替劳动。
- 先进的基础设施。

---

1 Hans J.Thamhain, *Managing Technology-Based Projects*(Hoboken, NJ:John Wiley&Sons,2014)p.5.

- 在产品生命周期前期支出较大。
- 项目初期投资较大，并且短期利润率很低。
- 市场变化迅猛，技术和规范都在不断改变。
- 激烈的全球竞争，开放的市场和很低的市场准入门槛。
- 产品较短的生命周期与市场的快速反应速度。
- 需要快速的市场反应。
- 复杂的决策流程。
- 许多合资、联盟和伙伴关系需要处理。

1.7 项目经理和部门主管如何协作

PMBOK®指南，第 6 版
3.4 项目经理的能力

我们已经提到，项目经理必须在一定的时间、成本和绩效下控制公司资源，大多数的公司有六大资源：

- 资金。
- 人力资源。
- 设备。
- 厂房设施。
- 原材料。
- 信息或技术。

事实上，除了资金有可能受到控制（例如通过预算），项目经理并不直接控制任何资源。资源掌握在职能经理或直线经理（我们把他们统称为部门主管。但根据约定俗成的原则，为了上下文的语境，我们大多时候用了职能经理。——译者注）手中，也可称他们为资源经理。因此，项目经理常常就项目全部所需要的资源与部门主管进行协商。当我们说项目经理掌控项目资源的时候，其实际意思仅指项目经理在项目进程中，通过各部门主管掌控分配给其的资源。

如今，项目经理的职能已经得到了升华，转变成一种新的项目经理人。以前，几乎所有的项目经理都是学究式的工程师，他们把项目管理的种种方法当作一个强制的指令，而极少去理解其本质。而部门主管在得知项目经理是为了履行各种流程指令时，就会让相关的部门员工短期内受项目经理直属领导。因而，从结果上看，项目经理是可以控制项目组成员的。

而现在，大部分的项目经理只需要了解技术而无须自由运用技术。而且，现今项目成败的责任由项目经理和所涉及的全部部门主管共同承担。在分责制下，部门主管也要一定程度上了解项目管理，这也是为什么越来越多的部门主管开始考 PMP 资格证书，成为注册项目管理专业人士的原因。相对地，项目经理被期待集中一切精力在项目成果上，而不是为项目成员提供技术指导。对所分配的资源进行管理往往是一种直线职能。

另一个重要的事实是对于项目经理来说，他们不仅仅是管理一个项目，更要管理一部分业务，并且需要对项目本身及整个业务做出合理的决策。因此，项目经理必须要懂得经营方针。将来，项目经理可能通过 PMI 的认证从外部确定，还可以通过公司的组织业务流程从内部确定。

近些年，技术的飞速发展迫使项目经理更加以业务为导向。

基于以上分析可以明显指出，成功的项目管理非常依赖于：

- 项目经理和分配相关资源的职能经理日常关系良好。
- 项目成员具备垂直关系上向部门主管汇报，水平关系上向一个或多个项目经理汇报的能力。

以上两点非常关键。在第一点中，被分派到项目经理麾下的部门员工在专业技术上还是要听从部门主管的指导。在第二点中，向多个经理汇报的员工最重视的还是能管他们工资收入的领导。因此，大部分职员还是仰仗部门主管的鼻息来工作的。

细看下来，在项目管理中是项目经理为部门主管效力，而非反向的。很多管理者没有意识到这一点。他们总是趋向于给项目经理头顶加个光环，在项目完成时嘉奖项目经理，而事实上，有部门主管一大部分功劳，因为他们才是顶着压力为达到项目约束而运用手头资源的人。项目经理只是项目完成的经手人。那么，为什么许多企业如此看中项目管理？

如果项目经理与部门主管关系恶化，项目绝对会变糟。高层管理人员一定要为两者创建良好的工作关系。一个很常见的破坏这种关系的方式是询问："项目经理和部门主管谁对利润做的贡献大？"项目经理认为他们控制了整个项目利润，因为他们控制着预算。另外，部门主管则认为他们必须根据预算合理地安排人员，在要求的时间内提供资源，并监督实际操作。事实上，垂直线的工作和水平线的工作都为利润做出了贡献。这类冲突可能破坏整个项目管理体系。

高效的项目管理需要管理者熟悉定量工具、专业技术、组织结构和组织行为。

大部分项目经理都了解有关计划、进度和控制的量化工具，但他们必须对全部组织部门的运作有所了解。此外，项目经理还必须熟悉自己的工作内容，特别是职责描述中的权限范围。

组织行为是很重要的，因为处于直线和职能界面上的部门员工发现，他们要对不止一个领导汇报工作：一个部门主管，另外是每一个他们所参与项目的项目经理。管理人员必须提供适当的培训以使员工能够有效地向多个经理汇报工作。

1.8　定义项目经理的角色

PMBOK®指南，第 6 版
2.4.3　管理要素
第 3 章　项目经理的角色
第 4 章　项目整合管理

项目经理负责对横跨多个不同部门职能线的活动进行协调和整合。由项目经理进行的整合工作包括：

- 整合构建项目计划所需的各项活动。
- 整合执行项目计划所需的各项活动。
- 整合进行项目范围变更所需的各项活动。

这些整合责任如图 1-4 所示，项目经理必须把各项投入（如资源）转变为产品产量、各类服务和最终利润。为了做好这些工作，项目经理需要强大的沟通和人际交往能力，同时必须要熟悉每个纵向职能部门的工序和业务，并必须具备与项目相关的技术知识。

PMBOK®指南，第 6 版
第 4 章　项目整合管理

一位计算机制造业的高层管理者说，他的公司正向外部寻找项目经理。当问及他是否希望候选人具备计算机的操作技术时，高管说："你给我一个沟通能力强并且具有协调人际关系技巧的候选人，我将给这人一个职位。我能教某人技术，派给他技术专家辅助他做决策。但我不能教某人如何与他人合作。"

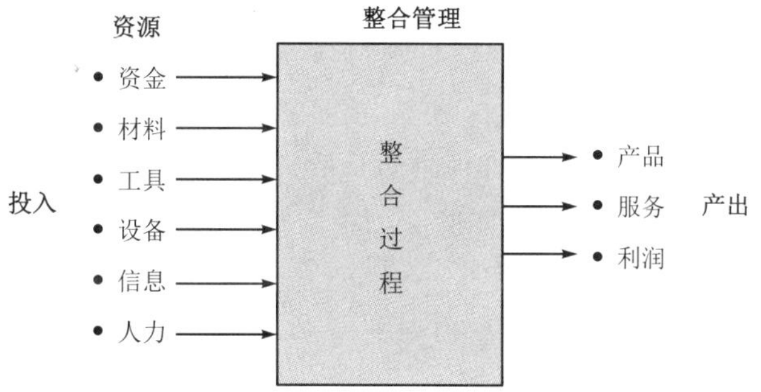

图 1-4　整合管理

项目经理的工作并不那么简单。项目经理的职责可能不断增加，但没多少职权。这种权力缺乏迫使项目经理为控制公司资源不得不与更高层的管理者和部门管理人员"谈判"。因而项目经理常常被看作正式组织的局外人。

在项目环境中，每件事都好像要让项目经理左思右想。尽管项目组织有专业分工并以任务为导向，但它也不能与传统组织结构分离存在。所以项目经理必须跨越两组织间的樊篱。专业术语"整合"就是来描述项目经理的这种作用的，该作用可被描述为管理以下几种关系：

- 项目团队内部关系。

- 项目团队和职能部门之间的关系。
- 项目团队和高管之间的关系。
- 项目团队和客户组织（包括公司内部的客户和公司外部的客户）之间的关系。

项目经理实际上是一位总经理式的人物，他要了解公司全部的运作。事实上，项目经理比大多数高管更了解公司整体的运作情况，这就是为什么项目经理职位总被当作培训基地为企业储备具有高端能力的未来高管。

1.9 定义职能经理的角色

PMBOK®指南，第 6 版
第 9 章 项目资源管理
9.3 资源获得

假设项目经理和职能经理不是同一个人，我们可以明确职能经理的特殊作用。这种作用有 3 个因素：

- 职能经理有责任规定任务如何完成及在哪里完成（如技术标准）。
- 职能经理有责任在项目限定范围内提供充足的资源来完成目标（如谁将完成工作）。
- 职能经理对可交付成果负有责任。

换句话说，一旦项目经理明确了项目的各项要求（例如，什么工作必须做，约束是什么），那么就轮到职能经理负责确定技术标准。大致上除了研发领域，职能经理应该是所处部门公认的技术专家。如果职能经理认为项目经理确定的某部分要求在技术上不合理，那么他有权根据他的专业提出异议，并请求更权威的人士来支持他的观点。

在 1.1 节中，我们曾提到职能经理控制所有的资源（包括人力资源），项目经理有权要求特殊的人员配置，但最终决定权在职能经理手中。这有助于项目经理理解职能经理的难处：

- 无限度的工作要求（尤其是在竞标时）。
- 事先确定的最后时限。
- 所有需求都有高优先权。
- 资源数量有限。
- 可用资源有限。
- 项目计划的进度有变。
- 预料之外的进程受阻。
- 计划外的资源缺失。
- 计划外的资源中断。
- 计划外的资源损失。
- 计划外的人员流动。

只有在极少数行业里，项目经理可在项目开始时提前从职能经理那里知晓有哪些可用资源。对项目经理来说，能否使用最佳资源并不重要。职能经理无法保证特定人员一定有时间。而且，职能经理还要保证自己负责的那部分项目，在有限成本下按时出成果，甚至有时候，要使用较低技能水平的员工。如果项目经理对分配的组员或资源不满意，他要自己去验证。只有项目经理有证据表明职能经理提供的各项资源实在不可接受，才会向职能经理要求更好的资源。

事实上，任命一个项目经理并不能减轻职能经理所承担的责任和压力。如果职能经理分配给项目经理的资源达不到要求，那么他们都将受到惩罚。有些公司甚至考虑根据绩效增长及对项目经理遵守诺言的程度作为职能经理晋升的标准。

因此，承诺透明化对相关的每一个人都很有价值。

项目管理被设计成由项目经理和职能经理分享权力和职责。项目经理计划、监督、控制项目，相对的职能经理实施资源配置。表 1-1 说明了这一职责分工。表 1-1 的例外情况是项目经理和职能经理是同一个人。这种情形并不少见，它会导致利益的冲突。如果一名职能经理要将资源分配给 6 个项目，其中 1 个项目归其直接控制，那么他很可能将最好的资源留为己用。在这种情况下，他的项目就会在开支方面优于其他几个项目。

PMBOK®指南，第 6 版
2.4.4　组织结构类型

表 1-1　职责分工

主　　题	职　　责	
	项目经理	职能经理
报酬	提供建议：非正式的	提供报酬：正式的
指导	里程碑（总结）	详细的
评估	总结	详细的
测量	总结	详细的
控制	总结	详细的

在盛行向多个领导汇报的项目管理模式中，项目经理和职能经理的关系至关重要。表 1-2 说明了项目经理和职能经理的关系并非总能平衡。当然，这与谁对所任命的职能员工有更大影响有关。

PMBOK®指南，第 6 版
2.4.4　组织结构类型

表 1-2　报告关系

项目经理的类型	矩阵类型*	项目经理（PM）/职能经理（LM）/员工的关系			
		PM 的谈判目标	员工接受技术指导（来自）	PM 取得职能进展（通过）	员工工作的评估依据
轻量级的	弱	成果	LMs	主要是 LMs	只考虑 LM 的意见 不考虑 PM 的意见
重量级的	强	向 PM 非正式汇报，但向 LMs 正式汇报	PM 和 LMs	向 LM 汇报的项目成员	LM 及 PM 的意见
老虎团队	很强	项目自始至终向 PM 汇报的人	只有 PM	直接向 PM 汇报的项目成员	只有 PM 的意见

注：*这种组织结构将在第 3 章中论述。

1.10 定义职能员工的角色

一旦职能经理对产品负责，被他任命的职能员工就有责任完成职责任务。

在大多数组织中，即使被任命的员工同时正在处理几个项目，他们也会有固定路径对其职能经理做汇报。员工通常与项目只是暂时的“虚线”关系，而与职能部门则是长期的固定关系。这使员工在向多人汇报时处于尴尬境地。如果项目经理比职能经理更加了解相关技术，情形会更加复杂。这会发生在研发类项目中。

项目所任命的职能员工应完成以下活动：

- 在项目约束下接受完成指定成品的职责。
- 尽可能早地完成工作。
- 周期性地向项目经理和职能经理反馈项目进展状况。
- 及时汇报问题，让问题显化并快速解决。
- 与项目团队其他成员分享信息。

1.11 定义高层管理者的角色

PMBOK®指南，第 6 版
2.4.2 组织治理框架

在项目环境中，对高层管理者会有不同的新期望，也就是一个新协调者的角色[1]。高层管理者应在如下问题中发挥协调、调节的作用：

- 在项目规划和目标设定中。
- 在冲突解决中。
- 在优先权确定中。
- 作为项目发起人[2]。

高层管理者应在项目启动和规划时对项目近距离宏观协调，但在项目执行过程中应保持一定的距离，除非需要确定优先权和解决冲突。高层管理者在项目执行过程中对项目进行“干涉”，其原因就是高管并没有从项目经理那里获得关于项目状况的准确信息。如果项目经理可以向高管们提供有意义的汇报，那么所谓的干涉也许就会减少甚至消失。

1.12 与高层管理者一起工作

在项目管理中，成功就像三条腿的凳子。第一条腿是项目经理，第二条腿是职能经理，

1 对高层管理者期望的讨论见本书 9.3 节。

2 项目发起人的角色见本书 10.1 节。

第三条腿是高层管理者。如果三条腿中的任何一条折了，凳子就会翻倒。

项目管理的关键点是项目经理和职能经理的协调。在这种整合中，项目经理和职能经理必须彼此平等相待，并乐于分享职权、职责和权责关系。在管理良好的公司里，项目经理不必为资源而谈判，而只需简单地从职能经理那里得到承诺，在一定的时间、成本和绩效下完成所负责的工作。因此，无论职能经理委派任命谁来参与项目达成目标都不重要了。

由于项目经理和职能经理是“平等”的，高管的参与就必不可少，一方面为项目经理提供建议和指导，另一方面也要鼓励职能经理履行诺言。如果高层管理者能够起到这个作用，那他们就承担起项目发起人的角色[1]，如图 1-5 所示。图 1-5 也说明了发起人并不总需要在高层管理者中找。项目发起人究竟要由谁来当，取决于项目的经济价值、项目的优先程度和客户是谁。

PMBOK®指南，第 6 版
2.4.2　组织治理框架

如图 1-5 所示，项目发起人的最终目标是在幕后向项目成员提供公司“内部”和“外部”帮助。只要所有的工作流程运行平稳，那么即使没有这些承诺和支持，项目依然能够成功。但在危机时期，背后有“大哥”出谋划策是很有帮助的。

当一个高管被要求做项目发起人时，他有责任做出及时有效的项目决定。为此，他需要及时、准确和详尽的数据。保持管理信息畅通有利于达到这一目的，而那些各自为政互不通气的封闭活动会妨碍高层管理者制定与项目相关的有效决策。

项目发起人没有必要总是仅仅保留在管理高层。随着公司成熟地理解并实施项目管理，项目发起人也有可能会被下放到中层，也有可能转给董事会。

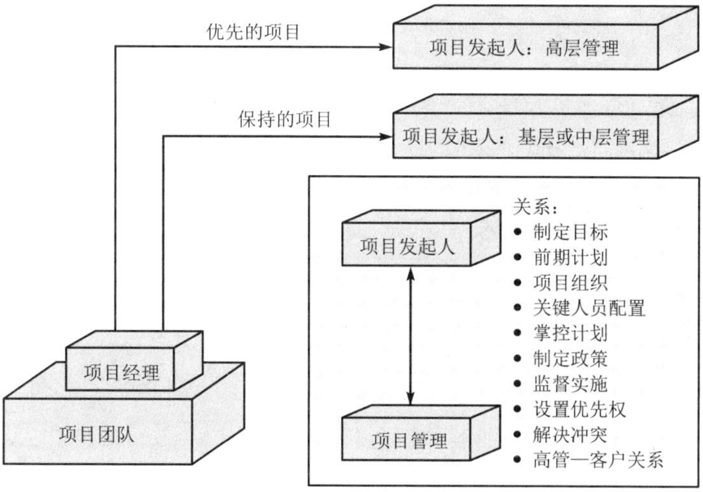

图 1-5　项目发起人协调图

1　本书 10.1 节有更详细的关于项目发起人的介绍。

1.13 董事会作发起人模式/项目治理

所有的项目都可能陷入困境。当项目有麻烦时，通常只要项目需求没有施加巨大压力，项目经理在盟友项目发起人的帮助下就可以继续实施项目。

单靠某个项目发起人来解决项目问题，未必能够直接且及时。这时就需要运用有效的项目治理。项目治理实际上就是指制定决策的框架。治理涉及确定预期，确认权责、责任及授权，规范绩效审核等决策。治理还与一致的管理、统一的政策和一定职责内决策权和实施权有关。治理有利于决策及时有效地产生。

虽然项目遵循的企业项目管理方法一样，但项目决策的方法各不相同。治理功能可以独立运作，也可以成为项目管理体系的一部分。治理的设置并不是为了替代项目决策，而是为防止制定不良决策。

以前，治理是由一个项目发起人承担。如今，治理扩大为特设委员会，其中包括来自各方相关方的代表。表 1-3 介绍了几种不同项目管理团队采用的治理方法。不同项目不同行业，成为治理委员会委员的资格会有相应的变化。治理委员会委员的组成还依赖于各相关方的人数以及项目的性质是内部还是服务于外部客户。在长期项目中，委员可能在进程中有所调整。

表 1-3 项目治理的类型

结构	结构描述	项目治理
局部分散	团队成员可以是全职的，也可以是兼职的；他们仍管理他们的职能领域	通常由一个人担任项目发起人，但是基于项目的复杂性可能有一个内部的委员会
地域分散	这是虚拟团队；项目经理可能与某些团队成员从来没见过面；团队成员可以全职，也可以兼职	通常由委员会治理，委员们来自各相关方或股东
同地协作	所有的团队成员在地理位置上都接近项目经理；但是项目经理对工资和薪水没有管理权	通常由一个人担任项目发起人
项目化	与同地协作类似，但是项目经理起到了职能经理的作用，可能对工资和薪水有管理权	基于项目的规模和战略伙伴的数量，可能有一个委员会

对项目和项目集的治理有时会失败，因为人们混淆了项目治理和公司治理的概念。这导致治理委员会的委员们不知道他们承担着什么样的角色。项目治理和公司治理的主要区别有以下几个。

- 一致性：公司治理关注项目组合与总体业务目标的一致性和满意度。项目治理关注监控项目的方法。
- 指导：公司治理提供战略指导，项目治理更偏向于经营指导。战略指导关注项目的成功如何满足企业目标，经营指导则根据项目的范围、时间、成本及功能等预先确定的参数做出决策。

- 仪表板：公司治理仪表板以财务、市场和销售指标为基础。项目治理仪表板则以时间、成本、范围、质量、行动环节、风险和成果等经营指标为基础。
- 委员：公司治理委员会的委员来自较高层管理人员。项目治理委员会的委员也可能包括中层管理人员。

失败的另一个原因可能是项目或项目集治理委员会委员不熟悉项目管理或项目集管理。这就导致了治理委员会管得太多太细。于是"哪些决策一定要由治理委员会来决定，哪些决策可以由项目经理决定"的问题会一直存在。通常，项目经理对确保基准的必要举措有权做出决定。治理委员会则必须有权决定是否批准超出一定金额的范围变更，同时有权调整项目，以保证项目与企业战略目标的一致。

1.14　作为计划制订者的项目经理

PMBOK®指南，第 6 版
第 9 章　项目资源管理

项目经理的主要职责是制订计划。如果项目计划执行得好，那么可以预想到在项目经理置身事外的条件下，项目自身能够正常运行。当然，这种情况很少发生。只有极少数项目可以在不需要项目经理解决冲突或权衡机会成本的情况下完成。

在大多数情况下，项目经理制定要完成项目的总体框架，而由职能经理（这些是真正的专家）填充项目计划的细节。虽然项目经理不能控制或分配部门各类资源，但是他们必须确保足够的资源来满足项目的各项需要，并非反之亦然。作为项目计划的缔造者，项目经理必须：

- 明确整体任务的定义。
- 明确所需的各项资源（也可能是需要拥有的技术水平）。
- 确定主要的时间截点。
- 定义最终产品或成果的质量目标和稳定性要求。
- 确定测量性能或绩效的基础。
- 定义项目成功的标准。

如果项目经理正确而恰当地处理上述各项任务，那么可以达到：

- 保证各职能部门的组员可以理解他们为实现项目所需的共同职责。
- 保证能够提前知晓由于时间进度计划和关键性资源配置引起的一些问题。
- 尽早发现那些可能阻碍项目成功的问题，以便及时实施纠正方针或重新制订计划从而预防问题或解决问题。

项目经理要对项目的管理负责，所以他们有权制定自己的政策、程序、规则、方针和准则。当然，这些政策方针要与企业的宏观政策相符合。有着成熟的项目管理结构的企业通常采取相对宽松的企业指导方针，因而项目经理对决定怎样控制他们的项目有一定程度的灵活性。

制定项目的管理方针只是项目计划的一部分。高管们必须要么在项目启动阶段与项目经理一起工作，要么在后续时间自己作为人力资源加入其中。不合理的项目管理计划会导致这样的状况：

- 不断更改或制定企业或项目的政策方针准则。
- 不断转移组织责任和可能不必要的结构重组。
- 为获取新知识和技术而需要新的人员配置。

如果这类状况同时在几个项目中出现，整个组织机构将出现大混乱。

1.15 项目冠军

公司会鼓励员工提出新想法，如果这些想法被公司采纳，公司将会给予物质或非物质奖励。一种奖励的方式是将这个人评为“项目冠军”。然而，当项目冠军成为项目经理，经常发生项目技术上可行，但最终却失败的情况。

表 1-4 给出了项目经理和项目冠军的比较。从中可以得出结论：项目冠军会变得过于注重技术层面，忽视管理职责。也许，项目冠军做一个项目工程师比做一个项目经理要出色得多。

表 1-4 项目经理与项目冠军的比较

项目经理	项目冠军
• 倾向于团队工作	• 倾向于独立工作
• 对其管理和技术职责负责	• 对技术负责
• 为公司负责	• 对专业负责
• 寻求达到目标	• 寻求超越目标
• 乐于冒险	• 不喜欢冒险，试图检测每一件事
• 追求可行性	• 追求完美
• 行事果断	• 犹豫不决
• 管理人员	• 管理事务
• 以追求物质价值为己任	• 以追求精神价值为己任

这种比较并非说明技术导向的项目经理比项目冠军差，相反，它表明要选择合适的项目经理要从项目的各个方面综合考虑。

1.16　项目驱动型和非项目驱动型组织

PMBOK®指南，第 6 版
2.4.1　概述

在微观层面，事实上几乎所有的组织机构都是由市场、工程或是生产方式驱动的。但在宏观层面，组织机构分为项目驱动型和非项目驱动型。PMBOK®指南中称其为“基于项目”和“非基于项目”，而本书在这里使用“项目驱动”和“非项目驱动”（也叫“业务驱动”）。在项目驱动的组织中，如建筑业或飞机制造业，所有的工作都要个性化处理，每个项目作为一个独立的成本核算单元，有单独的利润报表。公司的总利润直接就是所有项目利润之和。在项目驱动型组织中，项目是企业运营的主体。

而在非项目驱动型组织中，如技术含量低的制造业，利润是通过产品线或职能部门线来衡量的。在这类组织机构中，项目的存在仅是作为产品线或职能部门线的辅助功能，资源分配是以哪些产品线或职能部门最能创收为导向的，而不是以项目为导向。

项目管理在非项目驱动型组织中通常难以实施，原因：

- 项目也许凤毛麟角。
- 并非所有项目都有相同的项目管理要求，也不可能统一管理它们。这种困难是由于公司对项目管理缺乏认识，又不乐意花钱进行项目管理培训造成的。
- 高管们没有充足的时间去亲自管理项目，也拒绝下放权力。
- 由于一项决议在流程上要通过垂直链上各级人员的批示，所以常常会导致项目延误。因而，项目各项任务也会在职能部门内滞留很久。
- 项目组人员是在“部门化”的基础上配备的，所以组织中只有一部分人能理解项目管理并看到系统的动态运作。
- 获得项目管理的专业意见，很大程度上依赖于分包商和外部代理机构。

非项目驱动型组织或许也存在很多固定项目，这些项目通常都是为加强生产运营而设计的。部分项目也有可能是按照客户要求设计的，如：

- 引入统计理念提高对流程的控制。
- 通过改变流程来改造最终产品。
- 引入进度变化理念，增强产品稳定性。

如果这些变化没有被确认为具体的项目，那么会导致：

- 组织内部职责不明。
- 组织内外部沟通缺乏。
- 运营效率低下。
- 没有安装启动成本追踪系统。
- 缺乏明确的绩效标准。

图1-6显示的是“冰山一角并发症”，它会在所有的组织中出现，但在非项目驱动型组织中最为常见。表面上，我们所看到的只是项目经理缺少权限，但向更深层挖掘，我们发现其本因是缺乏对项目管理理念的了解而导致的过度行政干涉，进一步说，就是不能正确认识项目管理培训的有效作用。

图1-6 组织实施项目的“冰山一角并发症”

1.17 项目驱动型组织中的市场营销

PMBOK®指南，第6版
1.2.3.4 运营管理

对项目导向型企业来说，获得新的项目是它的生命源泉。然而事实上，项目导向型企业与传统产品企业大相径庭，它需要高度的个性化，以及整个团队在市场、技术、人员配置、重点客户关系方面付出更多的努力。项目管理与生产运作在很多方面有很大不同，特别是市场营销。商机总是稍纵即逝，市场营销项目要求有能力识别、寻找商机，它的特征是：

- 系统性努力。要使一个新方案变成实际的合同，需要使用系统方法。项目的获得与正在策划的方案、潜在客户方和我方涉及的重要人员紧密相关。
- 客户设计。传统的业务为不同的用户和客户提供标准化的产品和服务，而项目则是客户设计型的，目的是满足单个客户群的特定要求。
- 项目生命周期。项目导向的业务有一个明确的起始和结束，但它并非自生自灭的。企业必须接一个又一个的项目不断发展，而不能依赖于为标准化产品或服务创造需求。
- 市场营销阶段。一个项目从产品设计、投产到完成需要很长时间。
- 风险。风险在所难免，尤其是在方案研究、设计与制造的过程中。方案经理不仅要在预算和进度约束下整合多种门类的任务和项目元素，还要夹在各种技术“大牛”中对发明和技术进行谨慎的选择。
- 实施的技术能力。能否成功取得或获得一个新项目，技术能力很重要。

尽管有这么多风险和问题，而商业竞争项目的利润通常又较低。有人也许会问，为什么企业还要追求项目业务呢？显然，有很多原因清楚地说明，项目业务是好业务：

- 尽管眼前利益（如销售百分比）通常很小，但投资回报相当诱人。按进度支付的方法使存货和应收账款减至最小，从而可使公司能承担超出总资产数倍的项目。
- 一旦合同签订，并妥善管理，那么项目给公司造成的相对较低的财务风险就变得相对较低。这样，公司再花一点额外的销售支出，就可在项目生命周期内有一个很好的预期。
- 项目业务必须有远见，不为眼前利润所动。项目为公司技术能力的发展提供了机会，并为未来业务的成长积累了经验。
- 赢得一个大项目常常会提供极具吸引力的增长潜力，例如，①通过补充和变化，企业与项目共同成长；②有后继工作；③人员能得到储备、维持和培训；④在项目的下一段竞争中能更有准备，譬如将一个研究方案培育成一份开发合同，并最终变成一份生产销售合同。

客户有不同的类型和规模。尤其对于中小型企业来说，与大型企业或政府组织进行合同竞争是一种真正的挑战。尽管一份合同对某个企业而言相对较小，但它常常是由大型组织分包而来的。向如此多样化、性质各异的客户群推销是对市场营销的真正挑战，它要求有高度熟练和经过训练的方法。

发展一项新业务的第一步是确定目标市场。新项目的市场份额通常在涉及以往经验、技术水平和客户的领域内。优秀的项目营销人员必须像产品线经理那样思考。他们必须熟悉业务每个方面，并且能够确定和找到与其组织的能力相适应的市场目标。

项目商机是在一个机会驱动型的市场中运作的。但是，人们错误地认为这种市场是不可预知的和无法管理的。营销计划和战略制定非常重要。新的项目机会有很长时间的发展期，有的项目甚至要酝酿好几年。这些发展必须要合理地追踪，并培育成以下管理行动的基础：① 投标决定；② 资源承诺；③ 技术准备；④ 有效的客户联络。

1.18　项目的分类

项目管理的原则可用于各类项目和各个行业，但对不同的项目和行业来说，这些原则的重要程度相对不同。表 1-5 对某些行业或项目进行了简单的比较。

对于那些项目驱动型的行业（如航空业和大建筑业）来说，高价值项目需要更严谨的项目管理模式。而在非项目驱动型行业中，项目更多的是以非正式的形式管理，尤其是无眼前利润可图时。非正式的项目管理与正式的项目管理是相似的，但是文档工作的需求可以降至最低限度。

表 1-5　项目的分类或特征

	行业或项目类型					
	部门内的研发	小型建筑业	大型建筑业	航空业或国防工业	管理信息系统	工　程
人际关系技巧需求	低	低	高	高	高	低
组织结构的重要性	小	小	小	小	大	小
时间管理的难度	小	小	大	大	大	小
会议的数量	过多	少	过多	过多	多	适中
项目经理的监督者	中层管理者	高层管理者	高层管理者	高层管理者	中层管理者	中层管理者
项目发起人是否参与	是	否	是	是	否	否
冲突的强度	低	低	高	高	高	低
成本控制水平	低	低	高	高	低	低
计划或进度水平	只有里程碑	只有里程碑	详细的计划	详细的计划	只有里程碑	只有里程碑

1.19　项目经理的定位

项目管理的成功依赖于组织内对项目经理的定位。有两个问题必须回答：

- 项目经理应获得多少薪水？
- 项目经理应向谁汇报？

图 1-7 表明一个典型的组织层级（数字代表收入水平）。理想状态下，项目经理应与那些与他每日进行谈判的人的收入水平相当。项目经理的持续性收入比职能经理的收入过多或过少都会引发冲突。项目经理（也许是他的薪水）最终向谁汇报，很大程度上取决于组织是项目驱动型的还是非项目驱动型的，以及项目经理是否对盈亏负责。

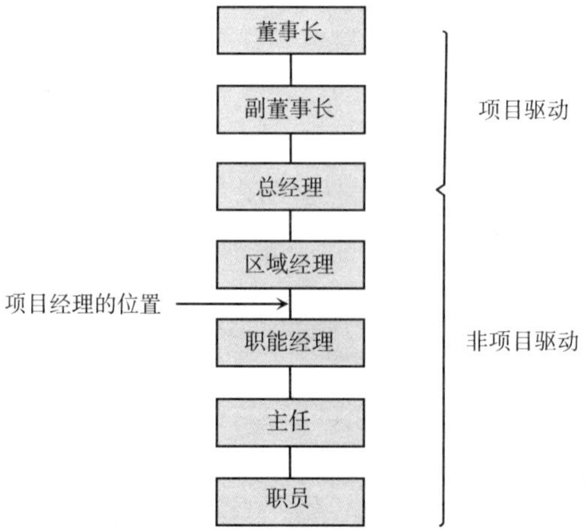

图 1-7　组织层级

在项目生命周期内，项目经理可以最终向组织的高层和低层都汇报。在项目的规划阶段，项目经理会向高层汇报，而在项目的执行阶段正相反，他会向低层汇报。同样，项目经理的地位依赖于项目的风险、规模及客户。

最后应指出，即使项目经理向低层汇报，在项目规划时他也有权与高层管理者接触，尽管在项目经理与高层管理者之间有两个或是更多的汇报层次。反方向亦然，项目经理有权直接深入组织基层，不需要遵从由上向下的指挥链，特别是在规划阶段。

1.20　有关项目管理的不同观点

各个公司，尤其是项目驱动型组织，对项目管理有不同的见解。有的人把项目管理当作实现目标的最好手段，另一些人却把它看作一种威胁。在项目驱动型组织中有 3 种通向高层管理的职业路径：

- 通过项目管理。
- 通过项目工程。
- 通过部门管理。

项目工程师通常只为初级工程活动进行项目管理协调和整合，而且坚持只做工程范畴内的工作。同理，制造工程师也只负责制造上的管理。

在项目驱动型组织中，获取地位的最快途径是项目管理，相反在非项目驱动型组织中，则是通过部门管理。即使职能经理支持项目管理方法，他同时也会怨恨项目经理，因为项目经理的升迁机会空间更大也更有可能。在一家建筑公司里，一个职能经理被告知他只有通过参与项目管理或项目工程来了解整个公司的运作，才有可能在现有的职位上得到提升。另一家建筑公司要求想要晋升的职员先做一段时间的职能经理，了解公司日常流程，为做项目经理和项目工程师做准备。

高层管理者也有可能不喜欢项目经理，因为要让渡更多的权力和控制。但是一旦高层管理者意识到项目管理是发展业务所不可或缺的，他们就会重视项目经理。

1.21　公共部门项目管理

几十年来，公共部门项目一直是由承包商管理的，他们承包项目的根本原因是利润。多数情况下，承包商会对机会成本进行平衡分析，为获利做出决策。项目结束时，承包商是可以给相应的公共部门一个可交付成果，但是承包商对项目中管理的最优实践和经验教训弃之如屣。

如今情况有所改变，公共部门会要求承包商共享项目各个阶段累积的有关项目管理的知识产权。而且，公共部门在项目管理上经验越来越丰富，达到了选择机构内部人员管理项目取代承包商的程度。

公共部门项目管理的挑战

私营企业的项目经理喜欢设想他们的项目比公共部门项目要求更高。他们认为私营企业的项目比公共部门项目更复杂，受到更严格的管理监督，工期也要求更短。尽管有时候私营企业项目确实可能更难，但是私营企业项目比公共部门项目更容易取得成果。

其实，公共部门的项目比私人部门的项目更加艰巨。这是因为：

- 经常在目标和结果冲突的环境中进行。
- 涉及不同层面、利益各不相同的相关方。
- 必须协调各种政治利益，并受媒体监督。
- 只能接受微乎其微的欠缺。
- 经常在结果测量和任务难以识别的组织中运营。
- 被要求在行政法规和烦琐的政策流程等强加的制约因素下实施，致使项目延缓及项目资源浪费。
- 要求代理机构在合作和执行上做超出项目团队预期的采购、雇用及其他事项。
- 因为公务员的保护和招聘体系，尽可能使用现有人员数的项目多于私营企业项目。
- 可能需要在不经常或不曾在指导下完成任务的组织中实施项目。
- 需要在包括政治对手在内的环境中实施项目。

但如果不能正确应对这些挑战，公共部门的项目会深入影响到未来，因为挑战可以让我们的后代来买单[1]。这就带来了新的挑战——如何满足还未登上历史"舞台"的相关方的需求，而这些未来相关方的需求难以确定。也有人指出，公共组织相对缺乏项目管理成熟度也是公共部门项目的一个挑战。

除了这些并发症，公共部门的项目也比私营企业的项目更复杂。有的项目在进程初期就可以识别出成果，譬如建筑项目就是一个典型。但对于其他项目，预期的成果只能随着项目的进展逐步识别出来，例如组织变革项目及复杂的信息技术项目。尽管第一种类型的项目可能任务很困难，需要详尽的规划和细致的实施，但第二种类型的项目——成果在项目过程中逐步明晰——更艰巨。这种项目需要更多地平衡相关方，对项目团队控制的外部因素也要更透明。

因为公共部门项目的相关方复杂多样，公共部门参与的项目类型也各异，以及公共部门成果在评估上的困难，更多的公共部门项目更倾向于第二种类型。由于公共领域机构与众不同的特点，公共部门项目要求的管理办法不能仅仅停留在团队内部，而要延展到整个社会这个层面。在公共部门中几乎没有一个项目是单靠个人或团队单独完成的。

1 来自《PMBOK®指南》第 3 版，2006 年，第 15 页。

相反，公共部门项目涉及各种相关方，这些相关方不仅仅是指持有项目股份的投资人，而且他们对项目有话语权，有机会影响项目成果。对于公共部门的项目，尽管项目经理为最终负责人，但项目的监管和成功的佳绩是一定要共同分担和分享的。

从好的方面看，社会层面的相关方虽然表面上是一种负担，但也可以是机遇，他们有可能为项目提供资源和帮助，这对公共部门的项目经理来说是一个好消息。有些相关方随时准备为项目经理提供帮助，因为他们希望控制影响项目的制约因素。还有一些相关方为项目支持做后备力量，他们的权力可能造成项目成功与失败就在一线之隔。

即将到来的暴风雨

除了上文列举的公共部门项目的现有挑战外，有些因素会给公共部门组织造成更大的压力，更强调项目管理的一致性。公共部门项目即将出现的挑战有：

- 经济增长缓慢或停滞。
- 全球化和行业应税收入的减少，导致了公共部门收入的减少。
- 实际收入下降，税制改革带来压力。
- 私营企业将安全责任推还给个人，于是这些个人只能向政府寻求基本安全机制，主要是健康保险。
- 他们对政府逐渐失去信心。
- 结构性限制创收，如美国政府的第 13 号提案及财产税的引入。
- 稀缺的公共收入投入国土安全及国防领域，但没有征收战争税。
- 为了应对人口老龄化，公共部门的收入不得不大部分投入福利项目。
- 年龄分布不均衡，市场上劳动力少，财政上难以支持急剧增加的退休人员和儿童。
- 人类寿命的延长会给养老保障和健康保障增添负担。
- 卫生保健费用的增加远远超过了通货膨胀的水平。
- 基础设施投资拖延已久，包括公路、桥梁和水设施系统。

总而言之，这些因素掀起了一场即将到来的风暴，要求我们质疑政府的运营和服务。政府有的地方做过了有的地方却缺失，让我们重新思考政府的执政是否起了作用。这将会需要更多的创新，而不是简单地发展新服务。此外，这也是对政府做了什么及如何做的重新反思。

公共部门项目为什么失败

由于公共部门项目独有的特点，项目失败有一系列原因，主要有：

- 违反行政流程。
- 缺乏必要的资源，因为要求使用现有人员，而不能聘用合适的专家。
- 受到公务员守则的制约，限制将某些活动转交给项目团队成员。
- 缺乏预算授权。
- 由于执政采取选举周期制度，行政变革缺乏支持。

- 行政规则过多，要求有采购程序和聘用程序。
- 未能满足监督机构的要求。
- 由于对项目环境性质的争议，采用过于保守的方法。
- 受到次优供应商的影响，由于成本因素或其他与绩效无关的因素曾经选中该供应商进行采购。
- 受到公共职能经理和员工偏见的连累，这些人只考虑一致性而不是绩效。
- 因为公共部门的项目相关方众多及识别公共部门目标和成功标准的挑战多，所以不能准确识别项目目标。

1.22 国际项目管理

随着国际市场逐步开始接受项目管理理念并且意识到对经验丰富的项目经理的需求，以项目经理为职业目标的人也越来越多。没错！这个需求实实在在地存在，而且在不断增大。根据 Thomas Grisham[1]：

过去 10 年，跨国业务和项目管理实践融合在一起，组织开始倾向于雇用有上进心、聪明、愿意承担责任的复合型人才。其中一部分原因是：

- 需要精简机构以便降低成本。
- 需要在自上而下全机构组织构架中具备领导和被领导的能力，即在领导者角色和跟随者角色中灵活转换，在组织中可以融入各层角色。
- 需要企业上下充斥着知识型员工。
- 全球化及对降低成本同时提高质量的需求。
- 持续改善经营方法以保持高质量、降低成本。
- 多样性。

多年前，公司的项目经理通常分三个级别：初级项目经理、项目经理、高级项目经理。如今，加入了第四个级别——全球化项目经理。要成为一名全球化项目经理还需要掌握一些新的技能，如管理虚拟团队、理解文化差异、在政治左右项目决策的环境下工作、在委员会而不是单个项目发起人监管下工作等。

1.23 并行工程：一种项目管理方法

在过去的 10 年中，人们逐渐意识到美国最强的武器事实上是它的制造能力，然而，

1 T. W. Grisham, *International Project Management* (Wiley, Hoboken, NJ, 2010), p. 3.

越来越多的工作似乎被转移到东南亚和远东地区。如果美国与其他国家比，要保持竞争活力就要依赖于制造高质量产品和快速投放市场。如今，由于产品生命周期变短，公司面临着快速引入新产品的巨大压力。因而，各企业机构不再有闲情逸致奢求顺序作业的生活。

并行或同步工程尝试采用平行作业而非顺序作业来完成任务。这就要求在项目初期就要涉及市场营销、研发、工程及生产，甚至要求在产品设计完成之前就制订计划。这种并行工程概念会加速产品发展，但也会带来严重的潜在成本风险，最大的风险是返工损失。

几乎每个人都认为，对于企业机构，降低风险的最佳方法就是好好计划。由于项目管理是有效地完善计划的方法之一，因此，相信越来越多的企业机构将会把项目管理当作日常方法。

1.24　附加价值

人们经常在思考项目计划一旦确定，项目经理会做些什么。项目经理一方面的确在监督和控制正在实施的工作，而且他们也在寻找项目的增值方法。附加价值可以被定义为在项目成果上渐进式地改进，比如提高绩效、获得显著的业务优势，同时客户愿意为这些改变买单。为客户寻求实在的增值的机会是一种非常好的方法，反之寻求“虚拟的”增值机会不是好方法，会增加项目的成本。

在某些特定的项目中，如制药业的新产品开发项目，项目经理必须意识到机会的存在。据 Trevor Brown 和 Stephen Allport[1]：

> 对于那些熟悉为新产品中打造客户增值的重要性的公司而言，关键问题是如何将增值融进开发程序中，以及如何进行适当的投资以便充分实现机会。在实际中，项目团队的机会不仅是停留在企业、开药方、付款人及病人四个层面上的增加、提高或降低价值。项目团队为客户增值的工具还包括挑战和改善现有流程，采用以价值为导向的方法管理研发项目，还可以利用可靠的、经过测试的方法实现项目价值。

项目经理通常不会花足够的时间评估机会。在这种情况下，范围变更不仅不被批准，也不被允许。如果突然发现新信息，项目就会危机四伏。因此，必须全面理解机会。

1　T. J. Brown and S. Allport, “Developing Products with Added Value,” in P. Harpun (Ed.), *Portfolio, Program and Project Management in the Phar, maceutical and Biotechnology Industries* (Wiley, Hoboken, NJ, 2010), p.218.

相关案例研究（选自 Kerzner/*Project Management Case Studies*，5th Edition[1]）	相关练习（选自 Kerzner/*Project Management Workbook and PMP®/CAPM® Exam Study Guide*, 12th Edition）	PMBOK®指南（第 6 版），PMP 资格认证考试参考部分
• 康姆斯（Kombs）工程公司 • 威廉姆斯（Williams）机床公司 • 梅肯（Macon）公司 • 杰克森（Jackson）工业公司 • 奥林匹克项目	• 多选题	• 整合管理 • 范围管理 • 项目资源管理

1.25 PMI 项目管理资格认证考试学习要点

本节用于项目管理原理的复习，以巩固《PMBOK®指南》中相应的知识领域和范围，着重讲述了：

- 整合管理。
- 范围管理。
- 项目资源管理。

对于准备 PMP 考试的读者来说，如果在使用教科书的同时配套使用《PMBOK®指南》将有助于对以下原理的理解：

- 项目的定义。
- 竞争性制约因素的定义。
- 成功执行项目的定义。
- 使用项目管理的好处。
- 项目经理在处理与项目相关方关系时的职责，以及项目相关方是怎样影响项目结果的。
- 项目经理在满足可交付成果要求中的职责。
- 项目经理最终对项目成功负责的事实。
- 部门主管在项目员工管理和执行中的职责。
- 高层发起人和项目冠军的角色。
- 项目驱动型组织和非项目驱动型组织的区别。

请务必要回顾《PMBOK®指南》中相应的章节，以及《PMBOK®指南》结尾部分的术语表。

本部分提供了一些多选题作为复习资料。另外，针对 PMP 考试，还有一些其他的资

1　本书中文版《项目管理案例集（第 5 版）》由电子工业出版社出版。

源可以作为复习资料，它们是：

- *Project Management IQ®* from the International Institute for Learning (iil.com)
- *PMP® Exam Practice Test and Study Guide*, fifth edition, by J. LeRoy Ward, PMP, Editor
- *PMP® Exam Prep,* fourth edition, by Rita Mulcahy
- *Q & As for the PMBOK® Guide*, Project Management Institute

读者对这些内容了解得越多，对 PMP 考试就越有把握。

在附录 C 中，有一系列称作 Dorale 产品的小案例，用于帮助复习概念。这些小案例可以用于章节的介绍，也可以用作章节内容的复习材料。把它们放在附录 C 中是因为它们可以用于本书中的多个章节。本章可用的案例是：

- Dorale 产品（A）（整合管理和范围管理）。
- Dorale 产品（B）（整合管理和范围管理）。

Dorale 产品小案例的答案见附录 D。

下列选择题将有助于回顾本章的原理及知识。

1. 项目传统的三个竞争性制约因素是____。
   A. 时间、成本、收益率　B. 资源需求、包含的任务、资金
   C. 时间、成本、质量或范围　D. 日程表、可用的设备、资金
2. 下面____不是项目定义的一部分。
   A. 重复性的活动　B. 制约因素
   C. 资源的消费　D. 一个定义好的目标
3. 通常来说，下面的____不是项目成功的标准。
   A. 客户满意　B. 客户接受
   C. 至少满足规范需求的 75%　D. 满足三项制约因素的需求
4. 下面____不是使用项目管理获得的好处。
   A. 项目结束日期的适应性（弹性）　B. 更好的风险管理
   C. 估算精确度的提高　D. 对项目的跟踪
5. 负责分配项目资源的人往往是____。
   A. 项目经理　B. 人力资源部门
   C. 职能经理　D. 行政主管
6. 项目经理与职能经理之间的冲突通常由____来解决。
   A. 负责冲突管理的助理项目经理　B. 项目发起人
   C. 高层指导委员会　D. 人力资源部门
7. 你所在的公司只做项目。如果公司所实施的项目是为公司外部的客户而做的，并且项目存在着一个利润标准，那么你所在的公司很可能是____。
   A. 项目驱动型的　B. 非项目驱动型的
   C. 混合型的　D. 以上都有可能，取决于利润的大小

答案

1. C 2. A 3. C 4. A 5. C 6. B 7. A

思考题

1-1 由于人们的个性特征，对管理存在着不同的观点。下面列举出一些可能的观点，并选择了一组组织成员。选择每个人对项目管理可能持有的看法。

个体：

1. 高层管理者
2. 项目经理
3. 职能经理
4. 项目团队成员
5. 科学家和顾问

观点：

a. 对已建立的权威的威胁
b. 未来总经理的摇篮
c. 执行过程中不必要的变化的原因
d. 一种完成的手段
e. 服务的重要市场
f. 构建帝国的地点
g. 对传统管理的必然灾难
h. 发展和前进的机会
i. 激励人们为目标而努力的方法
j. 职权受挫的源头
k. 引进受控制的变化方式
l. 研究的领域
m. 引进具有创造力的手段
n. 协调职能机构的手段
o. 深度满意的方法
p. 生活方式

1-2 项目管理在所有的公司里都是有效的吗？如果不是，指出这样的公司，并阐述你的观点。

1-3 你认为在一个组织中，是否存在关于项目经理和职能经理谁对利润的贡献大这样的争论？

1-4 哪种类型的项目更适用于职能部门管理方式而非项目管理方式，有相反的类型吗？

1-5 你认为以下各项在项目管理环境中的重要性与在传统管理环境中的重要性相比，会有什么不同吗？

a. 时间管理
b. 沟通
c. 激励

1-6 项目管理会让权力从职能经理向项目经理转移吗？

1-7 解释在项目驱动型组织和非项目驱动型组织之间不同的职业道路和发展。在每种组织中，职业道路在项目管理、项目工程和部门管理中谁是发展最快的？

案例分析

威廉姆斯机床公司

85 年来，威廉姆斯机床公司（Williams Machine Tool Company）（以下简称威廉姆斯公司）向用户提供高质量的产品，到 1990 年，它已成长为发源于美国的第三大机床公司。此公司有着很高的利润和极低的雇员流失。员工薪酬和福利情况都很好。

20 世纪 80 年代至 90 年代，公司的利润飞涨到一个新的历史纪录。公司的成功源于一条机床制造的标准生产线。威廉姆斯公司花费大量的时间和精力来提高面包黄油机床生产线的效率，而不致力于开发新产品。这条机床生产线如此成功，以致其他公司乐于围绕这些机床改变自己的生产线，而不要求威廉姆斯公司对其机床做重大改动。

直到 1990 年，威廉姆斯公司仍为此沾沾自喜，妄想这种由一条线带来成功的现象可以再继续 20 年、25 年，或者更长的时间。然而，20 世纪 90 年代的大衰退迫使管理者重新审视他们的想法。大规模减产减少了对标准机床的需求。越来越多的客户要求对标准机床做重大改动，或是进行全新的生产设计。

市场发生了变化，高层管理者意识到有必要寻找新的战略焦点。但是基层管理者和工人，尤其是工程师，却强烈反对这种变革。大部分员工，包括很多在威廉姆斯公司工作了 20 多年的老职工，不承认这种变革的必要性，他们相信衰退结束后昨日辉煌仍会重现。

到 1995 年，大衰退已经过去了至少两年，威廉姆斯公司仍没有新的生产线。总收入不断减少，标准产品（无论改良的还是没改良的）销售量一路下滑，但员工仍反对改变。裁员迫在眉睫。

1996 年这家公司被克拉克（Crock）工程公司（以下简称克拉克公司）收购。克拉克公司旗下有一家老资历的机床制造公司，并十分熟悉机床业的运作。威廉姆斯公司被允许在 1995—1996 年作为一个独立机构运营。到 1996 年，威廉姆斯公司账上出现了赤字。克拉克公司对威廉姆斯公司的所有高层管理者大换血，换成了自己的员工。然后对下面所有职工宣布，威廉姆斯公司将成为一个定制机床制造商，过去的“黄金时代”一去不复返。在随后的 12 个月内，客户对特种产品的需求增长了 3 倍多。克拉克公司清楚地表明，不支持新发展方向的员工将被解雇。

威廉姆斯公司的新任高管们意识到，过去 85 年的传统经营理念已经走到尽头，企业将致力于生产定制产品。企业文化也发生改变，变化为以项目管理为先导，并行工程管理和实现全面质量管理。

通过花时间和资金培训员工，高层管理者实施产品管理取得了显著效果。然而，那些工作了 20 多年的“老人”仍负隅顽抗。意识到这一问题后，管理者继续给项目管理提供实实在在的支持，并聘请了管理顾问来解决这些员工的问题。顾问在威廉姆斯公司从1996年干到2001年。

从1996年到2001年，克拉克公司的威廉姆斯分公司在连续的24个季度里持续亏损。直到2002年3月31日，才迎来了6年以来的第一个盈利季度。这大大归功于项目管理系统的实施和成熟。在2002年5月，威廉姆斯分公司被出售。当公司在迁址到1 500英里以外的地区后，80%以上的员工失去了工作。

问题

1. 为什么改变公司的文化如此困难？
2. 我们可以采用什么不同的方式来加速变革？

第 2 章　项目管理的发展：概念和定义

引言

PMBOK®指南，第 6 版
第 2 章　项目运行环境
第 4 章　项目整合管理

在过去的 40 年中，项目管理发展很快，人们对项目管理的态度变化也很大，这些变化发展在 21 世纪仍将持续，尤其是在跨国项目管理领域。

项目管理的发展可从许多不同的角度来回溯，如角色和责任、组织结构、权力委派和决策，尤其是企业盈利能力。20 年前，企业有权选择是否采用项目管理的方法。今天，仍有少数企业天真地认为它们有这样的选择权。然而事实胜于雄辩。企业的生死存亡很大程度上取决于以多好和多快的速度来实施项目管理。

2.1　项目管理的演变：1945—2017

20 世纪 40 年代，部门主管曾经"跨界"管理项目。每个部门主管都顶着项目经理的头衔，完成所辖部门内的项目任务，一旦工作完成，就立即把"球"踢出自己管辖范围，期待别人能接收这个烫手山芋。一旦"球"已脱手，部门主管立马撇清关系，不想负责。如果项目失败，所有罪责都会落在此刻拿着"球"的那个接盘侠身上。

这种传球式管理的问题在于，没有专人对接客户。信息传递缓慢，浪费了客户与承包商的宝贵时间。客户想要一手信息，必须先找到当时拿"球"的部门主管。如果项目不大，这还行得通。一旦项目规模大并且较为复杂时，这种沟通方式就变得十分困难了。

冷战时期，军备竞赛使国防部不再运用传统的传球法来管理项目。政府需要一个专门对接人，即对项目的所有阶段全权负责的项目经理。于是，项目管理方法被强制使用在一些比较小的武器系统的研发中，如喷气式战斗机和坦克。美国航空航天局（NASA）命令必须在所有的太空项目活动中使用项目管理。

到20世纪50年代末60年代初，几乎所有的航空航天与国防工业项目都使用了项目管理方法来统筹工作。同时，它们也迫使自己的供应商使用项目管理。总体来说，项目管理发展缓慢，只有在航空航天与国防工业领域，项目管理发展迅猛。

由于承包商与分包商的数量十分庞大，政府就需要对其进行标准化，尤其是在计划过程和信息传递等方面。政府建立了一个全生命周期计划与控制模型以及一个成本监控系统。此外，还组建了一个项目管理审计团队，旨在确保政府资金能够按计划支出。所有超过一定资金额度的政府项目都采用了这些措施。然而，私营企业则将其视为过度管理、增加成本，认为项目管理没有什么实用价值。

然而，项目管理还是越来越成为企业必须使用的工具而不仅仅是可有可无的方法。它发展缓慢的原因主要是人们对新的管理技术不太接受，对未知事物的天生恐惧阻碍了那些希望变革的管理者。

20世纪60年代，除了航天、国防和建筑领域，大多数企业的高层管理者开始或多或少非正式地采用项目管理方法。正如字面的意思，在非正式的项目管理中，项目是在非正式的基础上进行管理的，项目经理的权力很小。大多数项目由部门经理管理，项目局限在一条或两条职能线上。正式的沟通要么没有必要，要么由于部门经理间良好的工作关系而得到非正式处理。正如我们今天见到的许多组织，如低端技术水平的制造企业，部门经理们并肩战斗了10年甚至更长时间。在这种条件下，非正式的项目管理方法可以有效运用于固定设备或设施等制造类项目。

20世纪70年代及80年代早期，越来越多的公司抛开了非正式的项目管理方法，重构了正式的项目管理程序，这主要是因为它们活动的规模和复杂性都上升到了一定程度，现有结构不再有效。

到1970年，环境开始急剧变化。航空、国防和建筑等行业率先实施了全行业的项目管理，其他行业紧随其后，其中有些是不得已而为之。美国航空航天局（NASA）和国防部"强迫"分包商接受项目管理方法。

到20世纪90年代，企业早已明白项目管理的实施势在必行，它们在项目管理上已经没有了选择余地。争论的核心也从如何实施项目管理转移到以多快的速度来实施它。

表2-1表明了组织实施项目管理的典型生命周期阶段。有7种因素迫使高层管理者认识到项目管理的必要性：

- 资本项目。
- 客户期望。
- 竞争。

- 高层管理者的理解。
- 新项目的开发。
- 效率和效果。
- 商务发展的需要。

表 2-1　项目管理成长的生命周期阶段

萌芽阶段	高层管理者接受阶段	直线管理层接受阶段	发展阶段	成熟阶段
• 意识到必要性	• 高层管理者明显支持	• 直线管理层的支持	• 采用生命周期的阶段	• 管理成本或计划进度控制体系的发展
• 意识到好处	• 高层管理者了解项目管理	• 直线管理层的承诺	• 发展项目管理方法	• 综合成本和进度计划控制
• 意识到应用	• 项目发起	• 直线管理层的培训	• 对计划做出承诺	• 发展包含项目管理技术的培训项目
• 意识到必须做什么	• 乐于改变业务方式	• 乐于让员工接受项目管理培训	• 范围蔓延最小化	
			• 选择项目追踪体系	

促使制造业企业实施项目管理的原因，要么是项目资本规模巨大，要么是多个项目同时进行。高层管理者很快意识到项目管理对现金流的影响。此外，进度计划可以结束工人散漫的工作状况。

销售产品或为客户提供服务（包括安装）的企业必须建立良好的项目管理机制。这些企业一般是非项目驱动的，却像项目驱动型企业一样运作。它们并不是向客户出售商品而是向客户提供解决方案。而且，它们也不只是单纯地提供一个完整的解决方案，更加必不可少的是这些方案还隐含着一个上层的项目管理模式，因为事实上你出售的是项目管理理念。

企业达到项目管理成熟的程度基本上取决于它们对项目管理重要性的认识程度。非项目驱动型和混合型组织的成熟则需要提高内部效率和效果。最慢的方法就是竞争，因为这些组织机构没有意识到项目管理会直接影响它们的竞争地位。对项目驱动型组织来说，途径却恰好相反：竞争只是游戏的名字，竞争的工具就是项目管理。

到 20 世纪 90 年代，企业最终认识到项目管理的好处，表 2-2 表明了项目管理的优点，同时，从中也可看出我们对项目管理的看法与原来的已有很大不同。

表 2-2　项目管理的优点

过去的观点	现在的观点
项目管理会增加人员和企业常规管理费用	项目管理让企业用更少的人力在更短的时间内完成更多的工作

续表

过去的观点	现在的观点
利润会减少	利润会增加
项目管理会增加范围变动的次数	项目管理对范围变化有更好的控制
项目管理导致组织的不稳定性，增加冲突	项目管理通过良好的组织行为规范，让组织更有效率和效果
项目管理只是为了客户利益的“多此一举”	项目管理会让我们的工作与客户更贴近
项目管理会引发新的问题	项目管理提供了解决问题的方法
只有大的项目才需要项目管理	所有的项目都将从项目管理中受益
项目管理将增加质量问题	项目管理会提高质量
项目管理将带来权力问题	项目管理会减少权力纠纷
项目管理因只注意项目而使决策次优化	项目管理让人们做出良好的公司决策
项目管理是向客户交付产品	项目管理提供解决办法
项目管理的成本会降低我们的竞争力	项目管理将增加我们的业务

2008 年，美国发生了次贷危机，而这个问题也逐步蔓延到其他国家。从 2008 年到 2016 年，我们也见证了经济增长放缓，许多企业发展停滞不前。一些公司意识到项目管理带来的好处，通过战略上合伙、加盟或组建合资企业，企业找到了新的发展商机。但现阶段，企业还有点局限在传统的项目管理理念中，没有完全了解到文化、政治、宗教对它们新合伙人的决策影响。在未来，想要成为一个全球化的项目经理，必须要对文化、政治、宗教有一定的了解和认知。

认识到组织将会在实施项目管理中受益只是个开始。现在的问题是：“我们要多久才能得到这些好处？”图 2-1 可以在一定程度上回答这个问题。在实施的最初阶段，组织会为了开发项目管理方法和建立计划、进度和控制的支持系统而增加开支。但最后，成本将会降低并稳定下来。图 2-1 中问号所在的时间点，就是项目管理带来的利润等于产生的成本的平衡点。通过培训和教育，这一点会向左移动，项目管理产生利润大于成本的时间会提早。

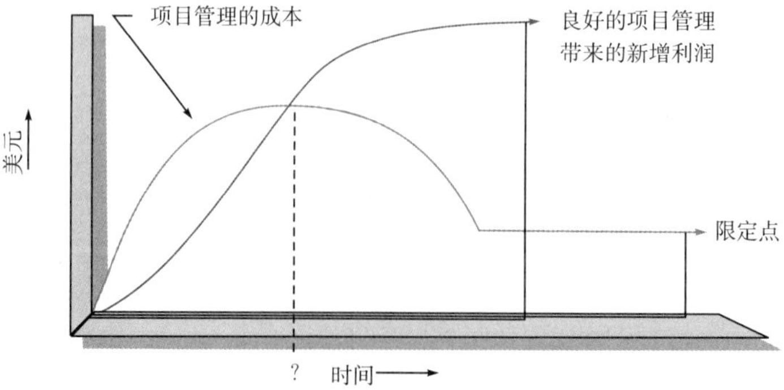

图 2-1 项目管理的成本和收益

2.2 变革的阻力

为什么公司接受和实施项目管理会如此困难？在图 2-2 中可以找到答案。从历史上来看，项目管理只存在于市场的项目驱动型部门中。在这些部门中，项目经理要对盈亏负责，这实际上促使了项目管理的专业化。项目经理被看成企业某部门的管理者，而不是单纯地做项目的经理。

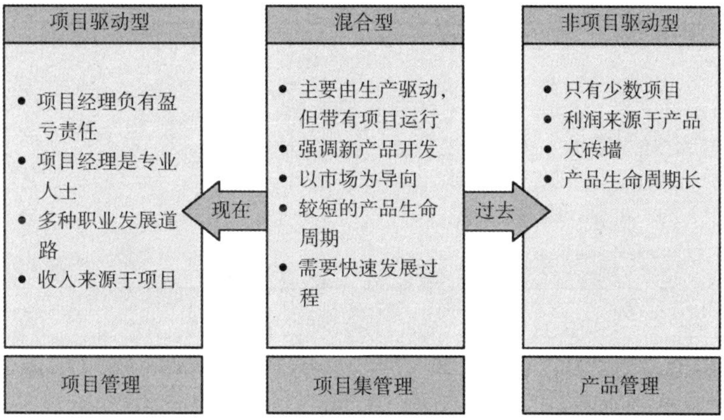

图 2-2　行业分类（按照利用项目管理的情况）

在非项目驱动型部门中，公司的生存取决于产品和服务，而不是一系列的项目。利润在销售中得以实现，很少能分项目看盈亏。这就导致这些企业从不把项目管理当作一个专业的管理手段。

事实上，多数自我定义为非项目驱动的企业是混合驱动型企业。典型的混合型组织通常在一个非项目驱动的企业中有一两个项目驱动的部门。如图 2-2 所示，过去，混合型组织是非项目驱动的，但如今，它们以项目驱动的方式运营。变化的原因是什么呢？管理者们开始意识到通过“分项目的管理”来运营，企业更有效率，这样，他们既从项目管理组织中受益，又从传统组织中受益。在过去的 10 年中，项目管理在非项目驱动型和混合型领域里快速地发挥作用并被接纳。现在，项目管理已不仅局限于项目驱动型部门，它正在市场营销、工程和生产等部门中发扬光大（见图 2-3）。

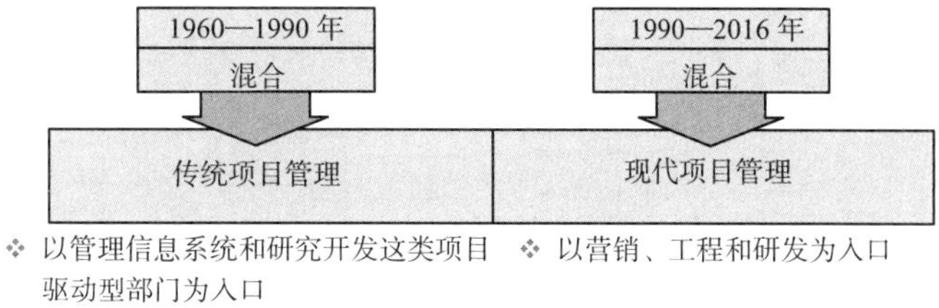

图 2-3　从混合型到项目驱动型

促使人们接受项目管理的第二大因素是经济，尤其是 1979—1983 年和 1989—1993 年的大衰退。这在表 2-3 中有所反映。在 1979—1983 年的大衰退结束时，企业意识到采用项目管理的好处，但并不乐意实施。企业退回到传统管理的“龟壳”里，没有同盟者或可替代的管理方法来促进项目管理的使用。

表 2-3 大衰退的影响

大衰退	特征				大衰退的影响
	失业	研发	培训	寻求解决	
1979—1983 年	蓝领	减少	减少	短期	• 回到原状 • 没有项目管理的支持 • 没有项目管理同盟
1989—1993 年	白领	集中	集中	长期	• 发展业务的方式改变 • 风险管理 • 吸取教训

1989—1993 年的大衰退最终促使了项目管理在非项目驱动型部门的发展。这次大衰退是以白领或管理层的失业为特征的。项目管理有了明显的同盟，并强调了从长远出发解决问题。项目管理开始发展起来。

随着项目管理的持续发展和成熟，越来越多的同盟者走上历史舞台。21 世纪，新兴国家也将会逐渐意识到项目管理的优点和重要性。项目管理的国际标准将会确立，这个标准应该考虑涉及政治、文化和宗教等方面的因素。

尽管项目管理已经存在了 50 多年，但对什么是项目管理仍存在很多分歧和误解。有些管理学教科书仍在“项目管理”的章节中仅仅论述项目计划评审技术（Program Evaluation and Review Technique，PERT）。组织结构设计方面的教材则简单地把项目管理当作一种新的组织形式。

所有的公司都或早或晚地了解了项目管理的基本原理。但是，只有那些出色地执行项目管理方法的公司，才会取得卓越的成绩。

2.3 什么是系统、项目集和项目

在这一节中，系统这个词将被广泛使用。系统的准确定义取决于使用者、环境和最终目的。专业经理人将其定义为：

一组人力或非人力的因素，按照一定的方式组织和安排，使之可以作为一个整体，达到一定的目的、目标或结果。

系统是一组相互联系的管理子系统的集合。如果合理地组织，则可以增加其产出。系统是以其边界或相互作用的条件为特征的。例如，如果一个商业企业系统完全脱离环境系统，那么就产生了一个封闭系统。这种情况下的管理，会完全控制整个系统的各部分。如果这个商业系统与外界保持接触，这个系统就是开放的。所有的社会系统都是开放的，这样的系统都要有可以通过的边界。

如果一个系统主要是依靠其他的系统来生存，那么它可以被定义为衍生系统。并不是所有开放的系统都是衍生系统。衍生系统是不断变化的，它能迫使那些乐于在群体中工作的人完成艰难的任务。

PMBOK®指南，第 6 版
1.2.3.2　项目集管理

军队和政府是最先尝试去划定系统、项目集和项目各自界限的组织机构。

项目集可以作为分析系统最基本层次的必要元素。而且，它们还可被看作子系统。但是，项目集通常被定义为分阶段的任务，而系统则是连续的。

项目也是分阶段的任务（比项目集的工期要短得多），是项目集被分解的最基本层次。如表 2-4 所示，政府部门倾向于由项目集经理领导，大力发展项目集。这些项目集经理希望能年复一年地获得政府资金。如今，大部分工业部门的项目既由项目经理指导，也由项目集经理指导。在本书中，我把“项目管理”和“项目集管理”两个术语当作同一概念，因为两者都服从于相同的政策、程序和指导。一般来讲，项目是项目集以下的第一个层次，并且项目集比项目的持续时间更长。这些关系都将在第 11 章详细介绍。此外，项目集和项目之间明显的区别还有：

表 2-4　总结定义

层　次	部　门	领　导
系统*	—	—
项目集	政府	项目集经理
项目	行业	项目经理

注：*这里使用的定义不包括内部的工业系统，如管理信息系统或商店楼层控制系统。

- 项目有明确的唯一目标，而项目集有多重目标。项目集的目标更倾向于业务目标，而不仅是技术目标。
- 项目集的工期较长，使得项目集更容易受到环境因素、政治因素、经济因素、商业战略和利率等因素变化的影响。
- 经济条件可能不断变化，物价水平上下波动，未来的定价率或高或低。对长期项目，基于未来定价率估计的项目定价将会发生混乱。
- 部门经理经常不愿意用强制命令把最好的人手分配到一个要实施数年的单一项目集中。
- 项目集由委员会治理，而不是个人。此外，项目集治理的委员会成员在项目集的生命期中是不断变化的。

- 项目集资金的提供可能是以一年为单位的，而计划资金的改变则根据现有需求。这些需求逐年变化，受经济条件影响。
- 项目集范围变更经常发生，对项目造成的影响更大。
- 经常重新制定基准和重新规划。
- 由于项目集的长期性，对员工进行合理的规划安排是一项关键技能。
- 由于项目集的长期性，会出现员工因为立场的改变、其他公司给予的更好机会、退休等因素而流失。
- 员工可能认为长期处理一个项目集中的同一任务，会对职业发展产生不利影响。

PMI对项目经理和项目集经理的认证程序进行了区分。此外，还有专门介绍项目集管理的独立标准等书籍。

一旦选择了一组任务，并将其作为一个项目来对待，那么下一步就是定义项目单元的种类。项目有以下4种分类。

- **个人项目** 这是一类短期项目，通常分配给个人，他将同时扮演项目经理和部门经理的角色。
- **团队项目** 这是一类由一个组织单元（或者一个团队）完成的项目。每个相关职能部门派出一个员工或一个任务小组。如果只有一个职能部门参与，那么项目会完成得很出色。
- **特殊项目** 特殊项目经常出现，要求将特定的基本职能或权力临时分配给其他人或单位。这种安排对短期项目很有效，但会导致长期项目的严重冲突。
- **矩阵或综合项目** 这要求动用大量的职能部门，而且常常要控制大量资源。

PMBOK®指南，第6版
1.2.2 项目管理的重要性

现在，项目管理可以定义为：一种通过传统组织结构和专人参与的、实现项目目标的过程。项目管理可适用于任何特殊的任务（独特的、一次性的、唯一的）。为了完成任务，项目经理必须：

- 确定目标。
- 制订计划。
- 组织资源。
- 提供人员。
- 建立控制。
- 进行指导。
- 激励员工。
- 不断创新。
- 保持灵活。

项目的类型通常决定项目经理应履行上述职能中的哪一种。

2.4 什么是产品管理与项目管理

PMBOK®指南，第 6 版
4.1.1 制定项目章程：输入
第 5 章 项目范围管理

有些人错误地认为，除了持续时间不同，项目集和项目没有什么本质的区别。项目经理从被任命那天开始，目标就是完成项目，着眼于项目的结束日期。而项目集经理通常会有一个更大的时间框架，他们并不希望看见项目结束的那一天。早期项目管理中，主要客户是国防部、航空系统和国防系统的项目经理被称为项目集经理，因为他们每年都会连续地从政府获得合同。

那么产品管理和产品直线管理的定义又是什么呢？产品经理的职能同项目集经理很相似。产品经理希望他的产品能长久不衰，获得最大利润。即使当产品的需求减少时，产品经理也总是想方设法地延长他的产品的寿命。

项目和产品的范围有所不同：

- **项目范围**定义了生产具有特定功能和特性的可交付成果所必须完成的工作。可交付成果可以是产品、服务或其他形式。
- **产品范围**定义了可交付成果的功能和特性。

项目管理和产品管理有所联系。当项目在研发阶段时，项目经理就参与其中了。当产品生产出来，并投入市场后，产品经理开始对其控制。在有些情况下，项目经理会变成产品经理。产品和项目管理能够、也确实共同存在于公司之中。

产品管理可以水平或垂直运行。当一种产品在组织图中是水平出现时，表明产品线不足以大到全天候地控制它的资源，所以要与项目管理分享主要职能资源。如果产品线大到足以全天候地控制其资源，那么它就会单独存在，或出现在组织图的垂直线上。

基于项目的实质，项目经理（或项目工程师）可以向市场营销人员汇报。这是由于技术出身的项目领导过分注意项目的技术细节，而没能及时洞察项目失败的致命因素。别忘了，大多数技术领导是在学校而非商业环境中成长起来的，他们所承诺的成功通常并不包括投资回报、利润、竞争和销售情况等重要指标。

为了减少这些问题，项目经理和项目工程师，尤其在研发类项目中，已开始向市场部门汇报，从而使所有的研发决策能够考虑市场信息。这主要是因为研发极易引发高成本。高层管理者必须谨慎地采用产品和项目经理向市场营销部门汇报这一形式。分管市场的经理会成为整个组织的焦点，他有能力建立一个强大的“帝国”。

2.5 什么是成熟的项目管理和出色的项目管理

有人认为，成熟的项目管理和出色的项目管理是一回事，但事实并非如此。请考虑下面的定义：

成熟的项目管理就是使用标准的方法论和完善的流程，使组织有极高的可能性不断获得项目成功。

这个定义基于表 2-1 中生命周期的各个阶段。成熟意味着工具、技术、程序，甚至文化都有一个坚实的基础。当项目结束时，高管们会聚在一起讨论现存方法是否得当，并指出有什么地方需要改进。这个讨论会就像“主要业绩指示器”，通过讨论，可以总结经验教训，扬长避短。

出色的项目管理是这样定义的：

出色的项目管理是指，组织创造了良好的环境，使项目管理不断成功，这种成功是以公司和项目（客户）双重利益的最大化为衡量标准的。

出色是在成熟之上的，只有成熟才可能出色。图 2-4 表明组织在完成了表 2-1 中的前 4 个阶段后，要用 2 年或更长的时间达到成熟阶段，而要达到出色（如果能够达到），至少还要再花 5 年的时间。

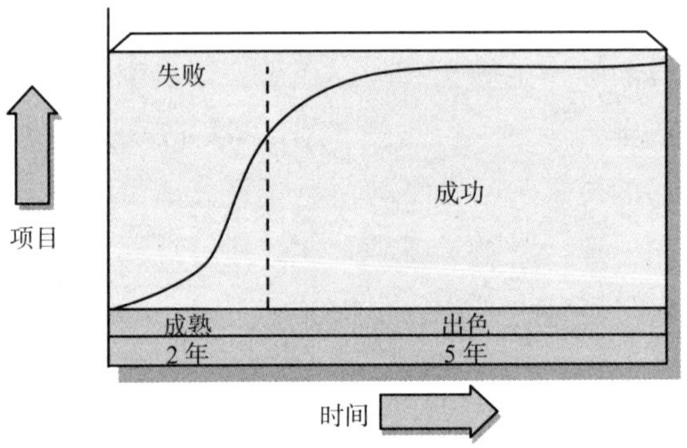

图 2-4 如何达到出色

图 2-4 也指出了另一个重要的事实。在成熟期，成功比失败多；在出色期，会源源不断地涌现出成功的项目。当然，即使达到出色后，也难免会有失败。

那些总是做出正确决策的高层管理者并没有做出足够多的决策。同样，总是成功完成项目的组织也并不一定冒了更多的风险，完成了更多的项目。

现实中，不可能所有的项目都成功。有人认为，只有完全失败的项目才是毫无价值的。如果失败被及早发现，使资源重新分配到其他项目中，那么这样的失败也可视为成功。

2.6　什么是非正式的项目管理

今非昔比，很多公司在管理项目时更趋向于采用非正式的方式。非正式的项目管理和正式的项目管理有一些相同点，但它更加强调用尽量少的书面工作来管理项目。另外，非正式的项目管理基于一定的指导方针，而正式的项目管理则以政策和程序为基础。前面已经介绍了好的项目管理方法的特点，现在我们来看看非正式的项目管理有什么要求？有效沟通、高效合作、有效的团队协作和相互信任。

这 4 项是非正式的项目管理有效运转至关重要的因素。图 2-5 表明项目文件类型多年来的演变。由于公司在项目管理方面日趋成熟，因而重点转移到指导方针和检查表上。图 2-6 说明了当项目管理逐渐成熟转向非正式化时，可能出现的重要问题。

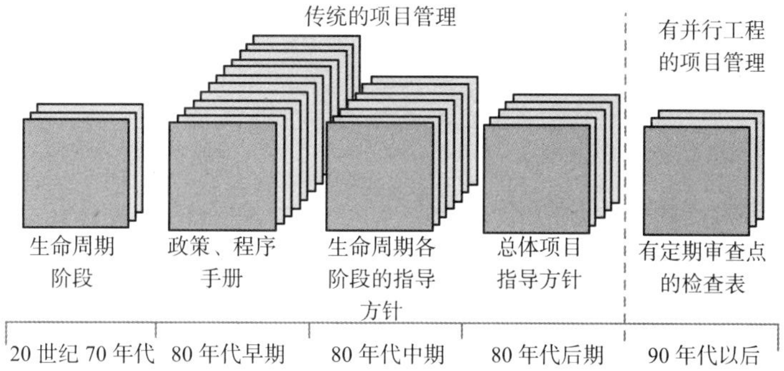

图 2-5　政策、程序、指导方针的演变

资料来源：Reprinted from H. Kerzner, *In Search of Excellence in Project Management*. New York: Wiley, 1998, p.196.

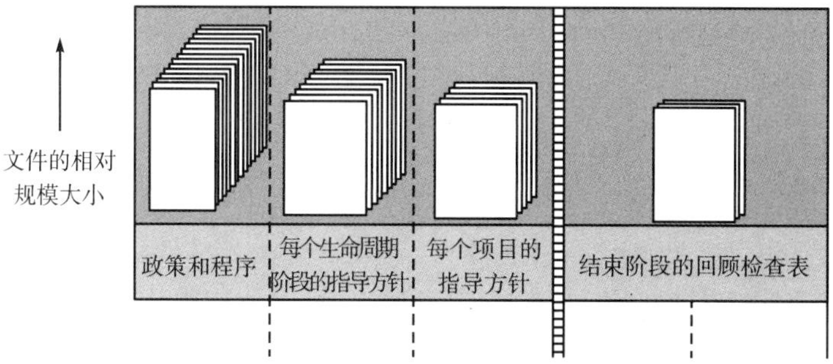

图 2-6　成熟路径

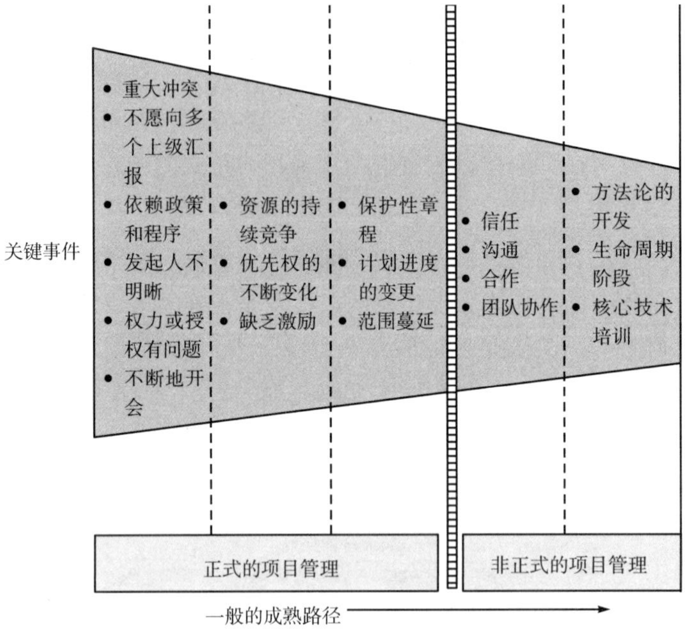

图 2-6 成熟路径（续）

最后要指出的是，并非所有的公司都可以自由地选择非正式项目管理。客户对采用正式的项目管理还是非正式的项目管理有很大发言权。随着项目管理日趋成熟，越来越多的公司开始主张项目报告精简，逐渐倾向于非正式的项目管理模式。

2.7 衡量成功的多绩效指标

PMBOK®指南，第6版
1.2.6.4 项目成功标准

长期以来，成功一直被定义达到客户的预期，不论是对内部客户还是外部客户。成功还可以定义为在规定的时间、费用和质量要求范围内完成工作。这样，成功就成为时间、费用、质量坐标系中的一个点。但是有多少项目，特别是那些需要创新的项目，能够满足这一点的要求呢？

基本上，所有的项目在完成的过程中，都对时间、费用和质量进行过取舍或者改变项目这三方面的范围。因此，即使项目没有真正达到这个唯一点也依然可以成功。这时，成功被定义为一个立方体，如图 2-7 所示。一定时间、费用和质量所组成的立方体中存在一个确定的点，这就是项目关键成功因素（Critical Success Factor，CSF）的会合点。

另一个要考虑的因素是，成功存在着两种定义：初级定义和次级定义，如表 2-5 所示。成功的初级定义是从客户的角度来说的，而成功的次级定义通常是指组织内部获得收益。如果项目成果的 86%被客户所接受，并且还获得了后续合同，则该项目可被认为成功的。

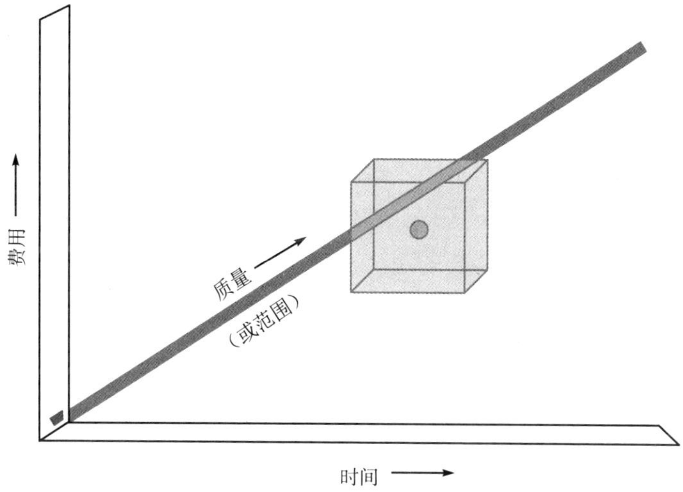

图 2-7　成功：点还是立方体

表 2-5　成功定义

主 要 的	次 要 的
• 在时间范围内 • 在费用范围内 • 在质量范围内 • 被客户接受	• 获得后续合同 • 在文献中可以使用客户的名称作为证明 • 将产品商业化 • 使范围变化最小化或者达成一致 • 不妨碍主要工作流程 • 不改变企业文化 • 不违反安全要求 • 高效运作 • 满足职业安全与卫生条例或美国环保署的要求 • 维护道德行为 • 提供战略联盟 • 保持良好的合作声誉 • 保持代理关系

成功的定义也会随着项目相关方的不同而改变。以下列举了不同群体对项目成功的定义。

- 客户：使用安全。
- 员工：保证就业。
- 管理人员：奖金
- 项目相关方：盈利能力。
- 政府部门：遵守联邦法规。

项目管理方法体系可以识别成功的主要因素和次要因素（见表 2-5），可以帮助项目经理制订风险管理计划，识别哪些风险是值得去冒险的，哪些风险是不值得的。

如同本章前言中所讲，如今项目目标要与企业目标保持一致。这对项目集和项目同样适用。除了一致性以外，项目和项目集还被期待创造持续性的商业利益。这所有的一切迫使我们重新思考项目和项目集的定义以及如何界定成功。表 2-6 说明了某些定义未来可能发生改变。今天，依然可以使用传统的定义，但是有必要，至少我认为，把商业和价值部分考虑进来。在项目或项目集中为不可持续创造收益的部分耗费资源并不是明智的决策。

表 2-6　项目和项目集传统的与未来的定义比较

因　　素	传统定义	未来定义
项目	为制造一个独一无二的产品或进行特别服务或达成前所未有的效果所实施的临时性努力	一批可持续的商业利益按进度得到实现
项目集	在有限时间内，通过同时管理多个独立项目以达成一组业务目标	在相互制约的多重约束条件下，为达到商业目的和创造可持续商业收益所实施的一组项目
成功	在时间、成本和性能绩效三个约束条件下，完成项目或项目集	在相互制约的多重约束条件下，获得预想的商业利益

注：这些定义引自 PMI《PMBOK®指南》第 5 版，2013 年。

客户和承包商必须在何为项目的成功上达成一致。举一个例子：一个项目经理正在为政府机关管理大型项目。他向公司副总询问公司如何界定这个政府项目的成功，副总说“达到提案规定的利润率即可”。项目经理继续问“那么政府机关也是这么认为的吗”，然后大家就陷入了沉默。

当客户和承包商都在为各自定义的成功而努力时，决策的制定就会变得不理想，双方都根据自己的利益做决策。理论上，客户和承包商应该确定一个共同的成功定义，双方都能接纳。

确实存在一种可能就是客户和承包商不能达成一致，那么解决办法就是双方先从对方的角度审视项目。如同 Rachel Alt-Simmons[1]所陈述的：

> 我们时常要把视角从内部转到外部。这就是我们把客户看成一家企业，思考他们的行为方式，而不是把他们当作和我们有往来的客户。一个复原客户视角的最佳工具是客户行程图。在图中，详细地描绘了客户为达到目标，从开始到结束的所有路径。通过客户视角看我们公司，可以理解客户在面对本公司时面临什么挑战。当项目团队看到外部客户、产品和职能部门各行其是时，他们就会更好地串联各个部门机构，帮助客户达成心愿。项目团队经常发现找到解决问题的潜在办法时，自己可能手伸得有点长，超越了项目团队的职

1　改编自 Robert D. Glibreath, *Winning at Project Management*. New York: Wiley, 1986, pp.2-6.

能范围——这没有问题！

2.8　项目失败的各种表现

前面我们讲到成功可能是一个立方体而不是一个点。如果最终结果在立方体内部，却错过了这个点，那是一种失败吗？很可能不是！失败的真正定义是最终结果不是客户所期望的，即使原来的期望可能不合理。有时客户甚至内部管理人员所设定的业绩目标是完全不现实的，最终连 80% ~ 90%都达不到。简言之，我们将失败定义为未满足客户的期望。

鉴于这种定义，对于那些无法满足的期望，失败是必然的。这叫作计划失败（Planning Failure），是计划的绩效与可实现的绩效之间的差异。第二种失败叫作实际失败（Actual Failure），是可实现的绩效与实际完成的绩效之间的差异。

感觉失败（Perceived Failure）是实际失败与计划失败的混合。图 2-8 和图 2-9 解释了失败的组成。在图 2-8 中，项目管理的计划绩效水平（C）比在给定的环境和资源条件下可实现的绩效（D）低。这是指计划不充分的情形。然而，实际完成的绩效（B）比计划的还要低。

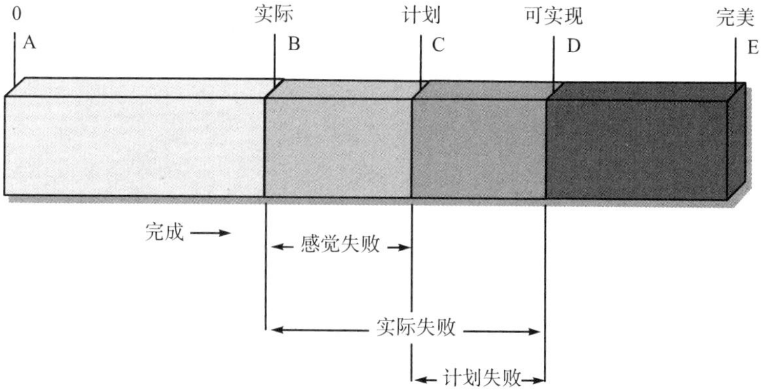

图 2-8　失败的组成（计划不充分）

图 2-9 说明了另一种不同的情况。在这种情况下，计划绩效指标比可实现的绩效要高。即使实际失败不发生，计划失败也是肯定存在的。在这两种情况（计划不充分和计划过高）下，实际失败是相同的，但是感觉失败却有很大差别。

如今，大多数项目管理者关注于计划失败。如果能减少或消除计划失败，发生实际失败的可能性就会减小。一个好的项目管理方法有助于减少这种失败。计划失败的存在很大程度上是因为项目经理无法有效地进行风险管理。在 20 世纪 80 年代，项目失败大多是量上的原因，主要有：

- 不充分的规划。

- 不充分的进度计划。
- 不充分的费用估算。
- 不充分的成本控制。
- 项目目标漂浮不定。

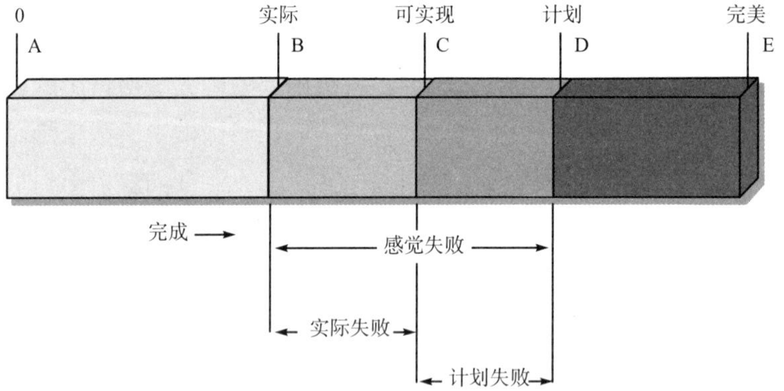

图 2-9　失败的组成（计划过高）

在 20 世纪 90 年代，对失败的看法从量转为质，主要归因于：

- 缺乏士气。
- 缺乏动机。
- 不良的人际关系。
- 生产效率低。
- 员工缺乏奉献精神。
- 没有赋予职责。
- 延迟解决问题。
- 太多未解决的政策问题。
- 管理人员、直线经理与项目经理之间的冲突。

尽管这些因素在一定程度上仍然起作用，但是如今计划失败的主要原因是风险管理的不当运用和运用得不充分，或者所使用的项目管理方法体系没有为风险管理提供指导。

有时，风险管理失败的原因是不容易识别的。如图 2-10 所示，承包商的实际绩效比客户的期望低很多。这种差异单纯是由于技术不足还是由于技术不足和风险管理不当共同造成的呢？如今，我们认为是两者共同造成的。

当一个项目结束时，公司要总结经验教训。有时，因为分析不当而找不到真正的原因。图 2-11 说明了一个开发新产品项目中营销人员与技术人员之间的关系。如果项目结束时的实际绩效比客户所期望的要低，那么是因为技术评估和预测人员风险管理不当，还是因为市场风险评估不当呢？市场与技术风险管理的关系总是很不明确的。

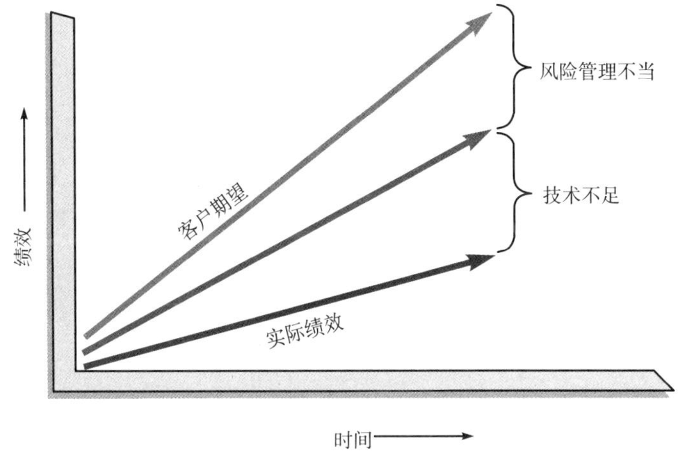

图 2-10　风险计划

图 2-11 还说明，随着项目的深入，进行取舍的机会也随之减少。在项目的最终目标完成之前有大量进行取舍的机会。换句话说，如果项目失败，也许是因为进行风险分析的时机不对。

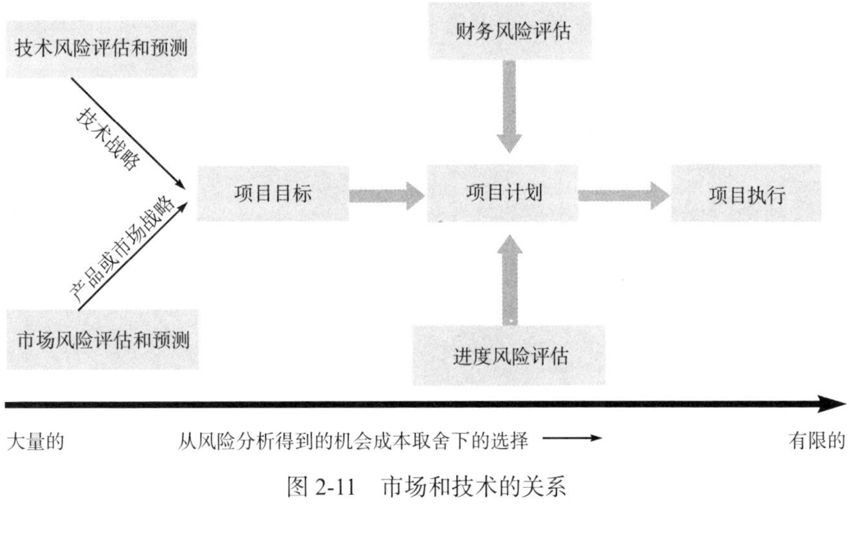

图 2-11　市场和技术的关系

2.9　项目失败的原因

项目失败有 1 000 种原因，项目失败可能是部分失败也可能是完全失败，而且大部分项目的失败是由多个原因引起的。有些失败原因之间还有直接或间接的因果关系。例如，商业环境分析的失败可能会导致计划和执行的失败。简单起见，项目失败可以被分成以下几类：

计划/执行失败

- 商务论证不到位。
- 在项目过程中，商务论证的要求发生了极大的变化。
- 遭遇技术壁垒。
- 计划要求在技术上难以实现。
- 没有清晰的洞察力。
- 计划拟定的项目工期太短，要完成的任务太多。
- 估计不全面，特别是在资金上估计不足。
- 不清晰或不实际的期望。
- 假设（如果存在的话）不现实。
- 制订计划所用信息不完整。
- 没有系统化的计划程序。
- 由计划小组实施计划。
- 项目要求不全面或不充分。
- 资源不足。
- 分配到的人员没经验或没有掌握必要的技能。
- 项目成员不专注或没动力。
- 未全面了解组员要求。
- 人员不断流动。
- 计划极其不全面。
- 设立了不可衡量的里程碑。
- 设立的里程碑之间，时间间隔太长。
- 环境因素发生改变，影响了项目的时间范围。
- 错过截止时间，而且没有补救措施。
- 预算超支或不受控制。
- 缺乏对计划定期的重新规划。
- 不关注项目的人力和组织方面。
- 项目估计不是靠历史数据或同类标准为准绳，而是单纯靠猜。
- 进行项目估计的时间不充足。
- 没人知道精确的里程碑时间或者汇报日期。
- 团队成员的任务与要求相冲突。
- 项目人员不断变化，对项目进度漠不关心。
- 缺乏成本控制或成本控制不连续。
- 风险估计不足（如果存在的话）。

- 合同类型错误。
- 缺乏项目管理观念：团队成员不了解项目管理理念，特别是重要员工。
- 技术目标凌驾商务目标之上。
- 指派重点技术人员临时供职于项目，尤其是临时性项目经理，不能全程跟随项目。
- 对任务执行监督不足。
- 缺乏风险管理意识。
- 组织缺乏程序配置。

治理（项目相关方）的失败

- 终端用户相关方无法干涉项目。
- 没有得到或只得到极少数项目相关方的支持；缺乏主人翁精神。
- 新管理层内部视角不同，目标不一。
- 项目相关方不断变化。
- 组织基层没能领会企业目标和/或企业愿景。
- 各相关方要求不明晰。
- 换人后，项目相关方变得被动。
- 各相关方采用不同的组织流程配置，可能造成各流程相互间不适应。
- 项目本身和项目相关方沟通不足。
- 无法使各项目相关方达成共识。

政治上的失败

- 新的选举导致权力转换。
- 所在国家财政政策、采购政策或劳动法规发生改变。
- 国有化，或违反宪法精神强制没收项目资产及/或知识产权。
- 由突发性恐怖袭击、抢劫、刺杀引发的内乱，民主战争及暴乱。
- 通货膨胀率显著变化，导致不利的国家汇率政策。
- 契约失效，例如被吊销营业执照或无力还贷。

失败也有可能是源于行业的特殊性，譬如 IT 或建筑。有些失败可以被纠正，然而另一些失败会导致项目垮台。

2.10　项目成败的程度

项目终止有两种情况：项目成功或项目失败。项目成功自然导致项目终止，它意味着项目的各项标准已被达成。项目失败是由多种非自然原因导致的，譬如商业环境突然改变，缺少各种符合标准的资源，或者不能达到项目约束。前文我们已经大量罗列了项目失败的原因。项目取消是一个至关重要的商业决定，它会对企业内部的人员、流程、物资及资金产生一系列影响。项目取消的时点也会影响客户关系和合作关系。

理论上，项目的商务论证中要有一个段落，明确项目成功或终止的标准。明确项目取消的标准也很重要，这是因为多数情况下，需要取消的项目只是暂时被喊停，挂在项目上的宝贵资源遭到浪费，它们本可以用于其他项目，创造价值。

项目成功和项目失败都有一些程度。例如，项目内容得到完成，但迟了两周，也可被视为成功。一个项目超过预算 10 万美元，如果项目成果为客户带来利益，同时客户也接纳这个成果，那么项目也可以被视为成功。项目也可以半成功半失败。以下是一种可行的对项目结果的分类。

- **完全成功**：项目在所有的约束条件内达到项目成功的标准，同时创造了价值。
- **部分成功**：虽然突破了某一个或某几个约束，但项目结果达到了项目成功的标准，客户接纳了项目成果，创造了价值。
- **部分失败**：项目未能如愿完成，或者很早就被取消。但是项目产生的知识和无形资产可能未来会被用于其他项目。
- **完全失败**：项目被抛弃，毫无建树。

随着未来项目管理越来越专业，项目约束不会只局限于原始的三个方面。因此，项目完成未必能满足所有约束条件，能够满足部分约束条件也算部分成功。

2.11 门径过程

PMBOK®指南，第 6 版
1.2.4.1 项目和开发生命周期

当公司意识到需要为项目管理制定流程时，通常从门径（Stage-Gate）过程开始。因为传统的组织结构只是单纯地为自上而下、中央集权的管理、控制和沟通渠道设计的，而这些不再适用于采用项目管理的组织及横向工作流程。门径步骤最终渗透进项目生命周期的各个阶段。

如字面意义表达的一样，流程是由台阶和关卡组成的。一个阶段是由多个任务组组成的，根据项目团队能够承受的风险级别，这些活动或并行或按顺序接连执行。这些阶段由跨职能的团队来管理。里程碑是每个阶段末的决策点。优质的项目管理步骤通常不超过 6 个里程碑。如果超过 6 个，项目团队会花费过多精力做阶段性总结，而无法关注实际的项目管理工作。

项目管理用来管理里程碑之间的阶段，并且可以缩短里程碑之间的时间。如果门径步骤是用于新产品的开发和销售的话，那么这种优势就是一个重要的成功因素。优秀的项目管理方法将提供明确的清单、表格和指导方针等，以保证重要的阶段不被忽略。

清单对项目阶段性总结十分重要。没有这些清单，项目经理将浪费数小时来准备评估报告。好的清单关注以下问题：

- 我们目前进展到哪里（如时间和费用）？
- 我们将在哪里结束（如时间和费用）？
- 当前和未来的风险是什么？
- 需要从管理层得到哪些帮助？

不允许项目经理做自己的把门人。把门人可以是一个人（如项目发起者），也可以是一组人，由高级管理人员任命并授权其执行流程上的决定，依照先前制定的标准来评估业绩，并向项目团队提供额外的商业和技术信息。

把门人必须愿意做决定。最常见的 4 种决定：

- 进入下个阶段，向原定目标前进。
- 进入下个阶段，向修改后的目标前进。
- 直到获得进一步的信息后再做决定。
- 取消项目。

项目发起人也有停止项目的权力。阶段性评估的目的不仅仅是获得继续执行的授权，而且还为了尽早识别项目失败，免于浪费企业资源，尽早把资源投入增加价值的活动中。

现在我们可以明确门径步骤的 3 个好处：

- 为项目管理提供框架。
- 为计划、进度和控制提供可能的标准（如表格、清单和指导方针）。
- 提供高度组织化的决策的程序。

公司怀着美好的愿望执行门径步骤，但是仍存在一些隐患，包括：

- 任命了把门人，但是没有授予他们做决定的权力。
- 任命的把门人害怕中止项目。
- 不允许项目团队使用重要的信息。
- 让项目团队更多地关注关卡而不是阶段。

要认识到门径步骤既不是一个最终结果也不是一个自给自足的方法体系。相反，它只是为整个项目管理方法体系提供框架的数个步骤之一。

如今，门径步骤似乎已被生命周期阶段所替代。尽管这是事实，但是门径步骤目前有所复兴。由于门径步骤关注决策制定阶段而不是生命周期阶段，因此它可以作为每个生命周期阶段内部的决策工具。这样做的好处是，当所有项目的生命周期都一样时，门径步骤却可以为每个项目的客户量身定制，从而有助于决策制定和风险管理。尽管门径步骤最初主要用于新产品的开发过程，但是如今已成为项目管理不可缺少的一部分。

2.12 项目生命周期

PMBOK®指南，第 6 版
1.2.4.2 项目阶段

每个项目集、项目或者产品都有其特定的发展阶段，即生命周期阶段。准确了解这些阶段，有利于管理层更好地控制企业的全部资源，实现既定目标。

在过去的几年中，对产品生命阶段的划分已初步达成共识，包括：

- 研究和开发。
- 引入市场。
- 成长。
- 成熟。
- 衰退。
- 消亡。

现在，在各行业甚至同行业的公司中，尚未对项目生命阶段的划分达成一致。这是可以理解的，因为各个项目复杂多变，难以统一。

对系统生命阶段的定义可用于项目。这些阶段包括：

- 提出概念。
- 规划。
- 检测。
- 执行。
- 结束。

第一阶段是提出概念，包括初步评估。这一阶段最主要的是初步分析风险，以及对时间、成本、性能要求的影响和对公司资源的潜在影响。这一阶段也包括对其可行性研究报告动“第一刀”。

第二阶段是规划。这一阶段主要是对前一阶段所提出的各元素进行提炼，明确所需资源和实际的时间、成本和性能参数。这一阶段也包括初步准备支持系统所需的所有文件。对于竞标类项目管理而言，在提出概念阶段要确定是否投标，而计划阶段包括总标书的编制（如时间、进度、成本和性能）。

由于很多数据是由估计得来的，所以在提出概念和规划阶段分析整个项目的成本不是一件容易的事情。如图 2-12 所示，大多数的项目或系统成本可以分为运营成本（重复性）和执行成本（一次性）。执行成本包括一次性支出，如建造新设备、购买计算机硬件、编制详细计划；运营成本则包括重复性支出，如人力资源。看运营类成本随时间的变化图，如果员工（人力资源）处于靠后的曲线位置上，那么运营成本就会下降。明确处在曲线的哪个位置在规划阶段十分重要，因为这个阶段就要进行成本估算。当然，并不总能了解什么人可以用，也不可能知道一个人要达到较高的学习曲线需要多长时间。

在大致确定了项目的总成本后，就应进行成本—收益分析（见图 2-13），从系统获得的信息进行分析，确定收益估值是否超过了成本估值。这种分析常常是可行性研究的一部分。在某些情况下，如在投标竞争中，可行性研究实际上就是提出概念和定义阶段。因为这两个阶段也需要花费成本，因而在进行可行性研究之前，通常需要高层管理者的许可。

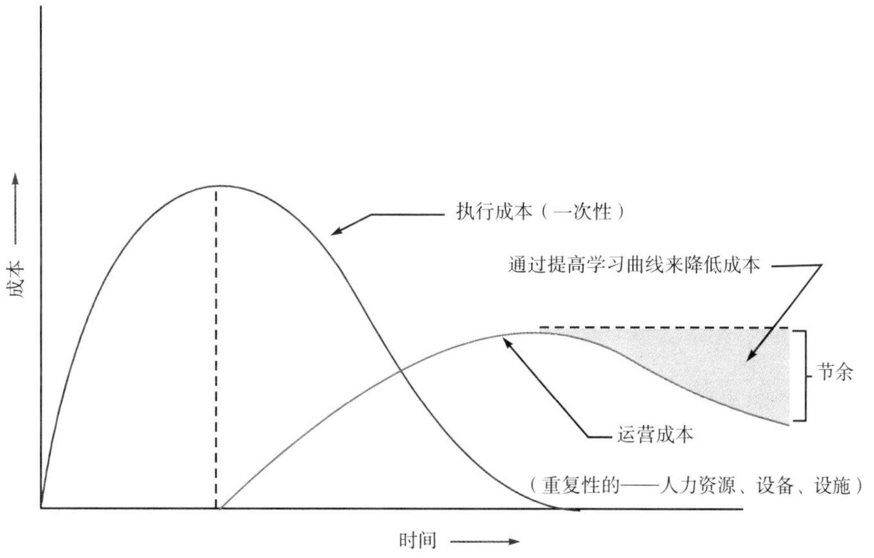

图 2-12　系统成本

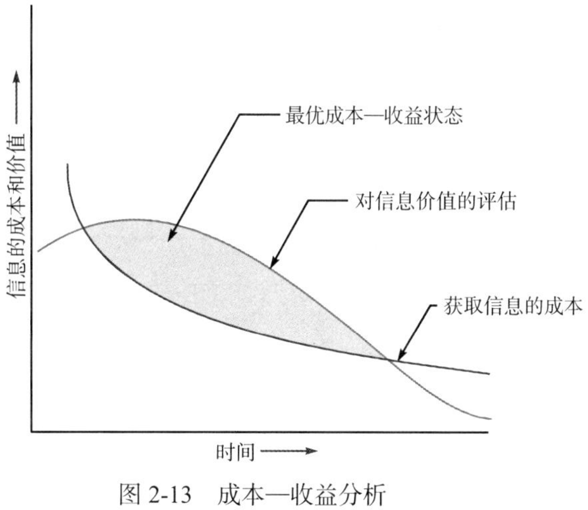

图 2-13　成本—收益分析

第三阶段是检测，主要就是一个测试，也是项目实施前的最后一个门槛。几乎所有的书面工作都要在这个阶段完成。

第四阶段是执行，这时，将项目产品和服务融入已有的组织中去。如果项目是为产品投入市场而建立的，那么这一阶段就包括产品生命阶段：引入市场、成长期、成熟期和部分衰退期。

最后是结束阶段，包括资源的重新分配。假设一家公司在开放市场上销售商品，当一种商品开始进入衰退期和消亡期后（也就是系统的剥离阶段），新产品或项目就必须建立起来。所以，这样的公司，为了生存需要不断上项目，如图 2-14 所示。当项目 A 和项目 B 开始衰退时，就要为发展新项目 C 重新分配资源。在理想的条件下，这些新项目会以一定速度建立起来，使得总收入增加，公司的发展清晰可见。

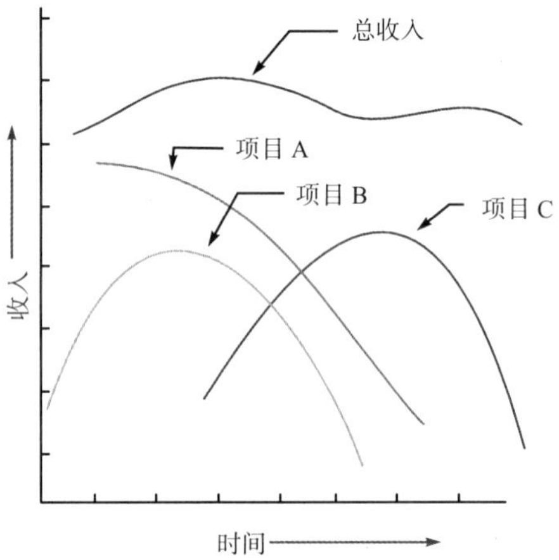

图 2-14　一系列的项目

在结束阶段要对总系统进行评估，并将其作为新项目和系统的概念阶段。最后这一阶段也会对其他正在进行的项目优先程度的确认产生影响。

表 2-7 指出了常用的各种生命周期阶段。即使在建筑业这种成熟的项目管理行业中，各个不同的建筑公司对项目生命周期阶段的定义也是各不相同的。

表 2-7　生命周期阶段的定义

工　程	制造业	计算机编程	建筑业
启动	形成	提出概念	计划编制、数据收集和程序
定义	安装	计划	研究和基础工程设计
建造	生产	定义和设计	设计评审
结束	淘汰	执行	局部工程
	终期审计	转换	局部工程或建筑并行
			建筑
			验收与移交

并不是所有的项目都可以简单地转化为生命周期阶段（如研发项目）。由于时间长短、复杂性高低或各阶段管理的难度不同，（即使在同一家公司内）对生命周期各个阶段的划

分也可能是不同的。

董事会或最高层的管理人员负责主要项目的阶段性审查。要求在每个生命周期阶段完成后快速得出结论。

2.13 评审会议（项目收尾）

PMBOK®指南，第 6 版
1.2.4.3　阶段关口

评审会议是项目收尾的一种形式。评审会议可能意味着一个生命周期阶段的结束或者整个项目的结束。评审会议必须提前进行准备，包括收集、分析和发布相关信息。这些可以有效地通过表格、模板和清单来完成。

项目收尾有两种形式：合同收尾和管理收尾。合同收尾在管理收尾之前。

合同收尾是对项目成果的检验和签收，标志着该阶段所有的可交付成果均已实现，而且所有的活动都已完成。合同收尾是项目经理和合同管理人员的共同责任。

管理收尾是向客户和承包商更新所有相关记录。客户对关于建设或安装过程中所做的改变，或是成果与说明书之间差异的书面资料特别关心，同时还会索要在项目生命周期中实行的所有范围变更的档案资料。承包商则对项目记录、会议记录、备忘录、业务通信、管理变更的相关文件、项目签署的相关文件、历史审计资料等很是关心，以便得到经验教训并进行持续改进。

管理收尾中有一个部分是财政收尾，对已完成的工作进行账目结算。尽管合同收尾已经开始，也仍有可能为了弥补不足或完成档案文件还未结算的账目。收尾必须提前准备，包括制定时间表和进行预算。表 2-8 介绍了每种收尾所涉及的活动。

表 2-8　项目收尾

	工　程	行　政	财　务
目标	客户签字	文件和跟踪完成	关闭已经完成的工作包
时间	项目收尾阶段	合同收尾结束后	贯穿于全项目，工作包结束后
活动	• 核实和确认 • 符合可接受的标准，包括质量安全要求程序 • 进行检测、检查、审计 • 服从性测试 • 用户测试 • 范围变更审查 • 记录竣工变化	• 完成会议记录、备忘录、交流资料、报告及其他所有形式的文档 • 管理收尾文件的归档 • 收集经验教训和最佳实践 • 释放资源	• 关闭已完工工作的工作订单 • 记录结果 • 将未使用的资金转入管理储备金或利润中

2.14 约定项目管理

过去，公司将每个客户当作一个一次性的机会。当该客户的需求满足后，公司就会将重心转移到寻找其他新客户上。只要潜在的客户群很庞大，这个想法可被采纳。现在，项目驱动型企业，也就是那些以客户持续为项目提供的资金为收入生存的企业正在实施约定项目管理（Engagement Project Management，EPM）。通过这种管理办法，承包商寻求一种与客户长期的合作关系，而不仅仅是一次合作。使用约定项目管理，承包商不仅出售应对客户业务要求的产品和完整的解决方案，也希望通过改进项目的管理办法，再从该客户处获得新合同。

为了维持客户的满意度并尽可能地获得长期合作关系，承包商要努力向客户证明项目管理方法体系在未来会有效用。于是有的公司在整个项目生命周期中添加了“客户满意度管理”阶段，顺序排在合同收尾阶段之后。在这个阶段，承包商会为客户组织一个碰头会，与会者包括双方的项目经理、发起人、挑选出来的团队成员、部门经理及销售代表等。承包商需要展示的核心是“下一个项目的哪些方面可以做得更好”。

客户有多少权利可以对承包商的 EPM 系统提出建议进行修改？关于承包商如何管理项目，客户有多少话语权？客户开始对承包商的工作进行干涉时会发生什么？显然，这些都是客户满意度管理阶段需要考虑的风险问题。

如果项目经理想要从一个客户手上多揽几个项目，那么他必须深入了解客户公司的业务和所处行业环境，紧紧抓住其实质核心。这对确认并减少这些项目的相关风险非常重要。有些公司不仅设立项目经理，还为每个客户增加了一个专职的客户经理。就像在银行开户理财会有专人一样，专职客户经理就是客户对口的经理，他们掌握着客户的所有资料。当项目经理需要时，专职客户经理能很迅速地提供客户信息。

2.15 什么是项目管理方法体系

对每个项目的管理，无独有偶，获得出色或成熟的路径很大程度上是重复的。这种重复的路径就是项目管理方法体系。

可以的话，公司应尽可能地维持和支持单一的项目管理方法体系。如图 2-15 所示，好的方法体系可以将其他方法整合到项目管理方法体系中去。公司将 5 种方法整合进项目管理方法体系。

未来几年，公司会将更多的商业方法结合到项目管理方法体系中去，如图 2-16 所示。采用单一的方法体系，可以降低成本，减少所需的资源设备，减少书面工作，避免重复性劳动。

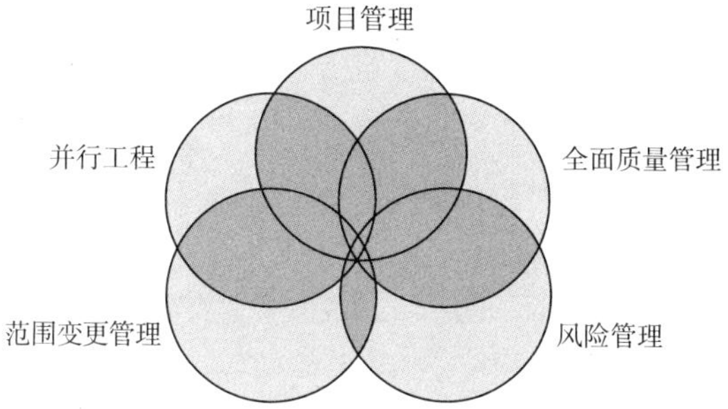

图 2-15　21 世纪各种方法的整合

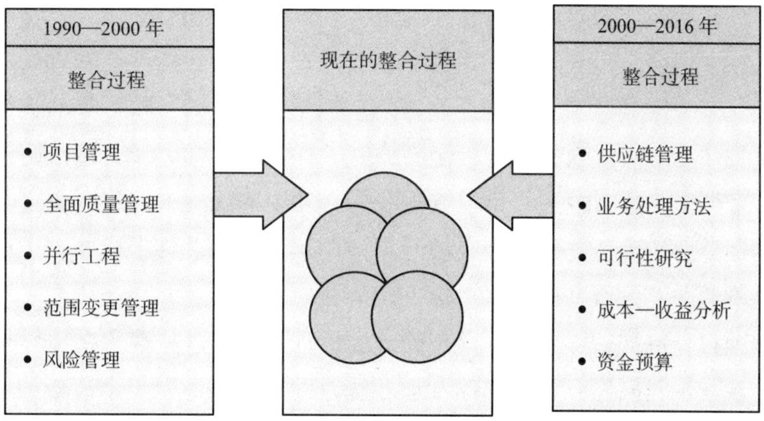

图 2-16　方法的整合（过去、现在和将来）

一个整合多种方法的优质方法体系的特征：

- 有一个受欢迎的具体标准。
- 使用模板。
- 标准化的计划、进度和成本控制技术。
- 标准化的向内部和外部客户汇报的模式。
- 灵活应用于所有项目。
- 灵活地快速改进。
- 便于客户理解和使用。
- 被全公司接受和采用。
- 使用标准化的生命周期阶段（可以重叠），结束在最后的审查阶段（见 2.15 节）。
- 以指导为基础而不是政策和程序（见 2.6 节）。
- 基于良好的职业道德规范。

管理项目的不是项目管理方法体系，而是人，是公司的理念和文化使管理方法得以上行下效。高层管理者要创造一种支持项目管理且忠于这种方法体系的企业文化。如果成功做到这一点，就会有以下好处：

- 通过更好地控制项目范围，加快产品上市时间。
- 降低整个项目风险。
- 更好地制定决策。
- 让客户更满意，进而增加销售量。
- 有更多的时间用于增值工作，而不是用在内部政策和内部竞争上。

2.16 企业项目管理方法体系

当产品、服务和客户的要求可以合理确定并且不需要特别个性化的设置或大范围的改变时，公司可以专门制定一套相对固定的办法，一定程度上保持项目管理的一致性。这些方法体系虽然是基于刚性政策和死程序制定的，但是十分有效，特别是对大型、复杂且长期的项目。这种“死”模式通常被称为瀑布模式，任务逐个被完成，可以简单地用甘特图（Gantt chart）来列示。瀑布模式开始，首先我们必须要明确要求，从而决定产品被生产或成果被达成的预算和进度。这种管理办法经常被用于大型的文件上庞杂的项目。由于和客户沟通的渠道不畅，范围改变的审批可能变得缓慢。

对某一类项目，例如软件开发，瀑布模式会管理不力，这是因为在项目初期不能完全了解到项目的要求。我们对成果必要的管理办法及问题解决没有一个清晰的宏观概念。我们需要某种程度的实验，这就会产生不少的范围变化。为了快速确认范围变化，需要客户沟通畅通无阻，这就需要项目所有参与人员通力合作，包括各组项目相关方。这样，我们可以从头再来，依照修订的预算和进度，重新规划在一定时间和成本下我们可以完成多少。有时候，需求可能在项目的整个生命周期一直变化着。这就需要一个更加灵活、更加敏捷的模式。这个模式会在本书 8.11 节中深入讲解。

企业的项目管理逐渐成熟，同时意识到部分项目需要拥有更加灵敏的模式去管理，表格、指南、模板及检查表等就会取代政策和程序。这就给项目经理在如何运用方法体系满足客户特定需求方面提供了更大的灵活性。非正式或更加灵敏的项目管理办法变得常见了。

现在，大部分的项目管理办法既不绝对灵活也不绝对“死板”；新办法通常介于两者之间，某种程度上灵活，而且非正式化。它可以适度调整，也可称为框架。和项目一样，框架是一个用来解决问题的概念性结构。它包括假设、概念、模板、价值和过程等，项目经理可以用它查看需要什么来满足客户的需求。框架也是一个制定项目成果的骨架支撑结构。如果项目的需求没有给项目经理造成很大的压力，框架就能起作用。遗憾的是，在如今这个混乱无序的环境中，这种压力不仅会一直存在，还会持续不断地增加。项目经理需要框架方法体系在满足客户需求上获得自由。

2.17　方法体系也会失败

如今，虽然多数公司看上去已经意识到有必要使用方法体系，但是这些公司可能制定了错误的方法体系，也可能使用了错误的方法体系。制定一个能用于企业范围内所有项目的方法体系几乎是不可能的。有些公司可能凭运气成功了，但大多数公司还是运用了多套的方法体系来取得成功。除了项目经理仅靠运用一种框架方法就能根据企业项目的需求定制项目管理方法体系之外，企业还是需要几套方法体系的。

好的想法误入歧途的原因有很多。对管理高层来说，如果不能理解什么是方法体系，那么方法体系也会失败。管理高层对方法体系的错误认识：

- 一个快速的修正方法。
- 撒手锏。
- 临时的解决方案。
- 能帮助项目成功的“食谱”[1]。

对于员工来说，方法体系会失败是因为它们：

- 抽象、高水平。
- 关于这些方法的描述不够。
- 不具备功能或不能解决关键问题。
- 忽视行业标准和最佳实践。
- 令人印象深刻，但缺乏与业务之间的整合。
- 使用非标准的项目约定和项目术语。
- 竞争相似的资源，而没有解决问题。
- 没有任何绩效衡量标准。
- 需要太长的时间来完成，因为官僚体系和行政体系[2]。

方法体系会导致项目失败的其他原因还有：

- 即使假设和环境背景因素已经改变，方法体系也要严格遵循。
- 方法体系着重于线性思维。
- 方法体系不允许创造性思维。
- 方法体系不允许不属于最初需求但可以增加价值的变化。
- 方法体系不适用于项目的类型。
- 方法体系使用非标准的术语。

1　J.Charvat, *Project Management Methodologies* (Wiley, Hoboken, NJ), 2003, p.2.

2　Charvat, *Project Management,* p.5.

- 方法体系过于抽象（仓促设计的）。
- 方法体系设计团队忽视了用户的瓶颈问题和关注问题。
- 方法体系使用起来耗时过长。
- 对于市场、客户和项目相关方来说，方法体系太复杂。
- 方法体系缺乏正确的衡量标准。

2.18 组织变更管理与公司文化

PMBOK®指南，第 6 版
第 4 章 项目整合管理
4.6 实施整体变更控制
1.2.1 项目

人们经常提到，最难管理的项目是那些涉及变更的项目。图 2-17 列出了培养项目管理方法体系所需要的 4 个基本输入。每个输入都包含“人”的因素，要求人员进行变化。

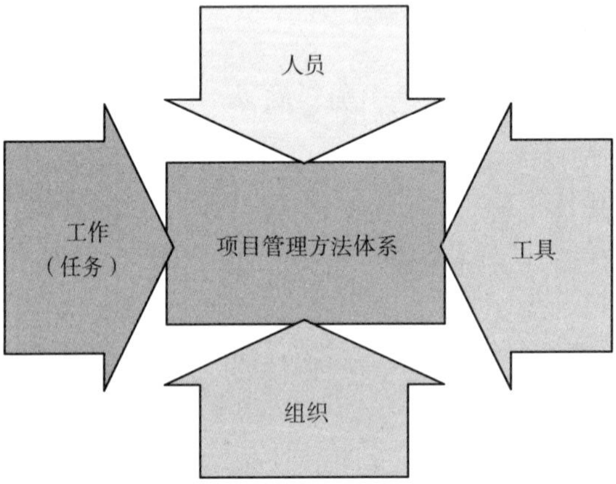

图 2-17 方法体系输入

要成功地培养与执行项目管理方法体系，必须做到：

- 明确在项目管理中最常见的变更原因。
- 明确克服变更阻力的方法。
- 应用组织变更管理原理以确保营造和维持所要求的项目管理环境。

简单地说，变更阻力可分为职业阻力和个人阻力。当整个职能单位都感到项目管理的威胁时，就产生了职业阻力，图 2-18 说明了这一点。例如：

- **销售** 销售人员反对变更是因为他们担心项目管理将成为公司利润的主要功臣，从而减少销售团队的年终奖金。销售人员担心项目管理会影响到销售业绩从而削弱销售团队的力量。
- **营销** 营销人员担心项目经理将结束他们与客户间的近距离关系，以至于项目经理最终被授予一些营销与销售职能。这种担心是有好处的，因为客户通常希望与管理项目的职员交流，而不是销售结束后就消失的人。

- **财务（与会计）**　这些部门担心项目管理将要求扩大项目财务体系（如挣值计算），从而增加会计与财务的工作量，而且还必须在横向（项目中）和纵向（线性团队中）两个方面进行账目结算。
- **采购**　采购部门担心项目采购体系将与公司采购体系平行，项目经理将进行自主采购从而绕过采购部门。
- **人力资源**　人力资源部门可能担心将会建立一个项目管理职业途径，从而要求新的培训项目。这将增加他们的工作量。
- **生产**　这里的阻力很小，因为尽管生产部门不是由项目驱动的，但是有大量设备安装与维修项目要求使用项目管理。
- **工程设计、研发和信息技术**　这些部门几乎都是由项目驱动的，对项目管理几乎没有阻力。

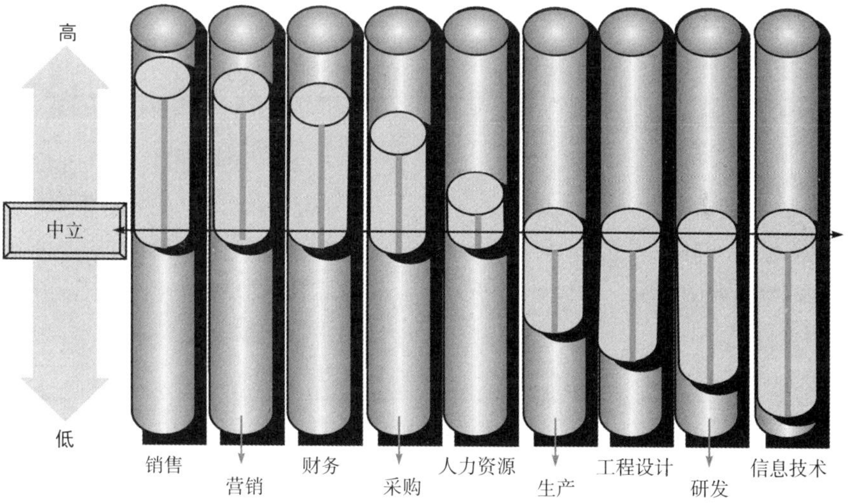

图 2-18　变更阻力

得到职能部门管理层的支持与合作通常可以克服职业阻力。然而，个人阻力通常更加复杂而且更加难以克服。个人阻力来自：

- 工作习惯的潜在变化。
- 社会团队的潜在变化。
- （对项目的）深深的恐惧。
- 工资与薪酬管理体系的潜在变化。

表 2-9 至表 2-12 说明了阻力产生的原因及可能的解决方法。员工倾向于始终如一，而且通常担心新的行为将把他们推出舒适的环境。大多数员工已经感到现有工作的时间压

力，担心新的项目会需要更多的时间和精力。

表 2-9 阻力：工作习惯

阻力原因	解决方式
• 新的方针或程序 • 需要共享“权力”信息 • 创造宽松的工作环境 • 需要放弃已经形成的工作模式（学习新的技术） • 在舒适的环境中变动	• 上级的强制命令 • 以一种可接受的速度建立新的舒适环境 • 识别有形的或无形的个人利益

表 2-10 阻力：社会团体

阻力原因	解决方式
• 未知的新关系 • 多个老板 • 多个、临时的委派任务 • 切断已建立的联系	• 保持已建立的联系 • 避免文化冲突 • 寻找一个可接受的变化速度

表 2-11 阻力：深深的恐惧

阻力原因	解决方式
• 害怕失败 • 害怕结束 • 害怕额外的工作量 • 害怕不确定的或未知的事情 • 害怕困窘 • 害怕会议	• 针对变更的好处对员工进行教育 • 表现出愿意承认或接受错误 • 表现出愿意努力投入 • 将未知的事情转化为机遇 • 共享信息

表 2-12 阻力：工资与薪酬管理

阻力原因	解决方式
• 权力或力量的转换 • 缺乏对变更后的认识 • 未知的回报和惩罚 • 对个人表现不适当的评价 • 多个老板	• 将变更的动机联系起来 • 明确未来的机遇或职业路径

一些公司感觉是被迫采取新措施，而员工会开始怀疑这些措施，尤其是之前的一些新措施还没成功。最糟糕的状况是，要求员工执行他们根本就不理解的新措施、程序和流程。

我们必须了解变更的阻力。如果人们喜欢他们现有的环境就会反对变更。但是如果人们不喜欢呢？也将会反对变更，除非人们相信变更是可能的，以及人们相信他们将从变更中获得好处。

管理人员是变更过程的设计师，必须制定适当的战略以使组织能够发生变更。这最好通过以下这些和员工相互沟通的方式来完成：

- 解释变更的原因并征求反馈。
- 解释所期望的结果和理由。
- 拥护变更过程。
- 对个人适当授权，以使变更行为制度化。
- 投资变更所必需的培训。

对于大多数公司来说，变更管理过程将沿着图 2-19 中的模式进行。开始，员工拒绝承认需要变更。当管理人员开始实施变更时，对变更的支持减少而集体性质的反抗突然出现。管理人员对变更持续支持，并鼓励员工去寻求变更带来的潜在机遇。遗憾的是，这种寻求通常引发额外的负面信息出现，从而增强了对变更的反对。随着管理人员逐渐施加压力，员工开始意识到变更的好处，支持又开始增长。

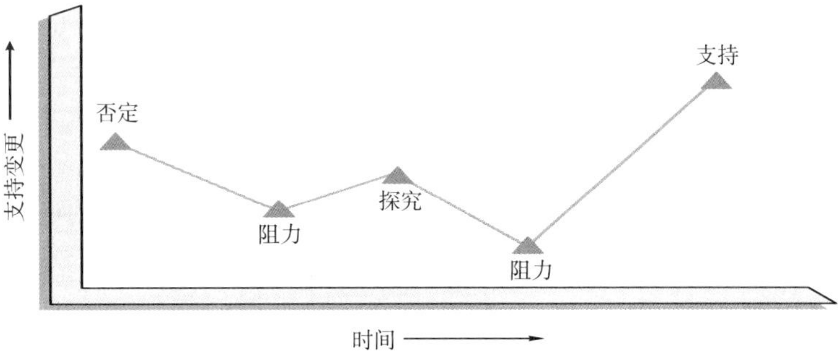

图 2-19　变更过程

变更管理的理想目标是建立一个更加优越的文化。基于企业的性质、信任与合作的程度及竞争环境，存在着不同类型的项目管理文化。典型的文化类型包括：

- **合作文化**　这种文化以内部及外部的信任和有效沟通为基础。
- **不合作文化**　在这种文化中，不信任是主流思想。员工更多的是考虑他们自己及个人的兴趣，而不考虑什么对团队、公司或客户是最有益的。
- **竞争文化**　这种文化迫使项目团队为了有价值的公司资源而与其他的项目团队进行竞争。在这种文化中，项目经理通常要求员工要表现得更加忠于项目而不是忠于职能经理。当员工同时为多个项目工作时，这会造成灾难性的后果。
- **隔离文化**　当大型组织允许职能单位培养自己的项目管理文化时就会产生这种文化，从而产生大文化环境中的小文化。
- **分裂的文化**　当团队的一部分在地理上与团队的其他部分相分离时就产生了这种文化。分裂的文化还会产生于跨国项目中，总部或公司团队可能拥有浓厚的项目管理文化，但是外国团队没能维持这种项目管理文化。

图 2-20 介绍了有效的项目管理文化应具备的构成因素。

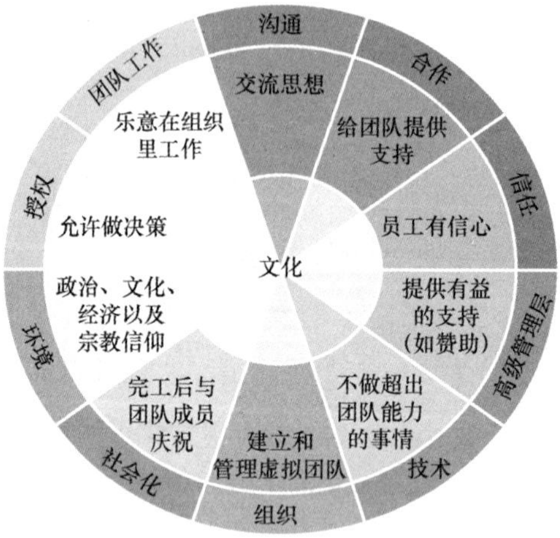

图 2-20 项目管理文化的构成因素

一个良好文化的关键因素是团队工作、可信赖的沟通及合作。有的项目管理从业人员认为对于团队工作和信任来说，沟通和合作是必不可少的构成因素。在一个具有卓越文化的企业里，团队文化表现为：

- 员工和经理互相交流思想，建立具有高水平创新能力和创造能力的工作团队。
- 员工和经理互相信任，对彼此忠诚，对企业忠诚。
- 员工和经理能履行承诺，完成工作。
- 员工和经理能自由地分享信息。
- 员工和经理一贯对彼此坦率和诚实。

团队工作需要信任。这种信任既包括企业内员工的相互信任，也包括和客户之间的信任。当买卖双方相互之间存在信任时，双方就能达到共赢，如表 2-13 所示。

表 2-13 客户—承包商信任关系

缺乏信任	彼此信任
连续竞价	长期的合同、重复的业务、后续的合同
大量的项目文档	较少的文档
客户—承包商之间的会议过多	数量较少的会议
会议中使用文档过多	团队会议不使用或很少使用文档
高层参与	中低层参与

2.19　有益收获和文化变革

PMBOK®指南，第 6 版
第 4 章　项目整合管理

对于某些项目，直到项目结束真正的收益和最终价值才能体现出来。拿新软件的研发项目来举例，只有用了新软件，才能知道是不是有好处。软件项目通常把这叫作项目的“上线”阶段。上线阶段也就是项目的收获阶段，在这个阶段，项目成果的效用得以实际体现，成果的价值得以实现。收获阶段可能需要迫使软件的实际使用组织改变其原有的工作管理流程，这也就需要人们离开原来的舒适区域。项目价值的实现可能受到经理层、员工们、客户们、供应商及合伙人的共同抵制。他们担心一旦发生改变，他们会事业受阻，权利被剥夺，甚至受到同僚的排挤。

收获阶段可能也会产生一些收获成本，例如：

- 新员工的雇用和培训。
- 为现有员工的角色调整做培训。
- 重新调派现有员工。
- 增加或新建管理层。
- 电脑系统更新。
- 购买新软件。
- 设置新的政策和程序。
- 重新商讨劳工合同。
- 与供应商、经销商、合伙人及合作方建立新的关系。

2.20　敏捷的和自适应的项目管理理念

敏捷项目管理成功的一个重要原因就是当代管理层对项目经理非常信任，愿意更多地下放权力，让项目经理自行修正项目及制定商务决策。多年以前，项目管理模式建立在死板的政策和程序上。这是因为那时候，我们错误地认为只有每一个项目都用统一的项目管理办法，项目才会不断成功。为特定的项目或客户修改项目管理办法很难被允许。

敏捷项目管理实践证明了项目管理办法可以被修改。大部分管理方法是由表格、指南、模板和清单组成的。项目经理可以依据客户需求选择合适的组合，制定一套高度灵活且独一无二的项目管理办法或框架。我们生活在一个充满了自我调适的社会环境中。重要的是，外部客户更希望这个框架可以适应他们的商业模式和业务方式，而不是如同旧时代那样一成不变。成功的框架可以导致商业的持续成功。

2.21 项目管理的知识产权

PMBOK®指南，第 6 版
1.2.4.7 项目管理数据和信息
1.2.6 项目管理商业文档
2.3.2 组织知识库

如今我们相信，我们已经用项目的方式来管理业务。因此，项目经理既要做项目决策也要做商务决策。贯穿项目的整个生命周期，存在着大量的需要储存的数据，包括项目案例分析、项目收益的实现计划、项目章程和项目计划。

随着项目的结束，焦点转移到经验教训的获取和最佳实践上。我们不仅能够获得项目最佳实践，还可以获得业务的最佳实践。但随着业务最佳实践的获取，我们开始用知识库取代项目管理最佳实践数据库，该知识库包括项目管理及和业务相关的最佳实践，如图 2-21 所示。

知识产权增长的另一个原因，是公司最有可能用项目管理办公室来开展标杆管理活动。图 2-22 表明了典型的标杆管理活动和被寻找的各类信息。

知识库的建立和云计算技术为企业提供信息大量储存的可能。根据 Melik:

许多组织应用不同的信息系统和信息采集途径，每家都有相应的数据库。这些来源于不同系统的数据会被集合到一个专门的信息系统里（数据集中），这个过程就是数据入库。例如，一家企业可以从供应商 A 那得到客户关系管理（Customer Relations Management, CRM），同时从供应商 B 处得到项目管理，从供应商 C 那里找到企业资源计划(Enterprise Resource Planning，ERP)或会计系统；通过数据入库，可以得到三方资源。接下来，用业务知识和汇报工具具体分析所有的数据信息。数据库总结报告不是实时的，因为数据需要时间去整合，一般会被安排每周、每月、甚至每季度一次[1]。

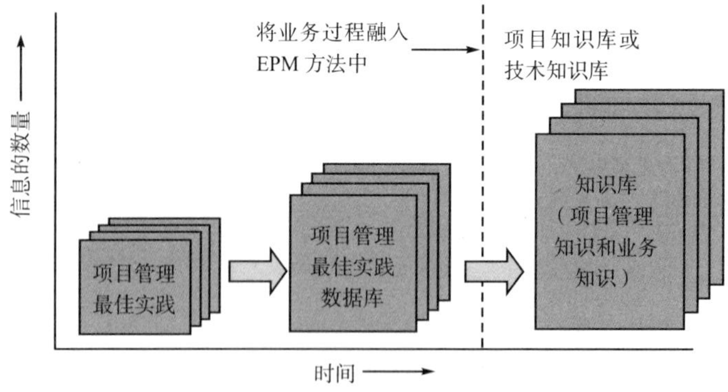

图 2-21 知识管理的增长

1 Rudolf Melik, *The Rise of the Project Workforce* (Hoboken,NJ: John Wiley & Sons, 2007), p.238.

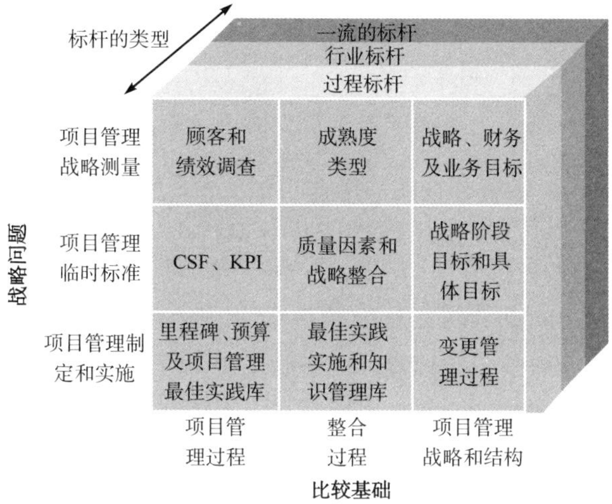

图 2-22 项目标杆管理和知识管理

2.22 系统思考

最终，所有的决策和政策都建立在判断的基础上，没有其他方法，并且永远不可能有。分析只为判断提供帮助，成为决策者的直觉。这个原则对项目管理和系统管理都是适用的。

系统方法可以定义为一种解决问题的逻辑和规范的过程。过程这个词表明一个活跃的进行中的系统依赖来自其自身部分的输入。

系统方法：

- 是对各种子系统相互关系的评价。
- 是将所有活动整合到一个有意义的总系统的动态过程。
- 将系统的各部分，系统化地集中并匹配到一个统一的整体中。
- 寻找解决问题的最佳方案和策略。

用以解决问题的系统方法有一个与传统项目生命周期类似的发展阶段。这些阶段可定义为：

- **翻译** 让所有的参与者定义并接受术语、问题目标、标准和约束。
- **分析** 对解决问题的一切可能的方法或途径进行选择。
- **取舍** 将选择标准和约束条件应用于备选方案，使之符合目标。
- **合成** 达到系统目标的最佳方法是综合分析和平衡阶段的结果。

对系统方法来说，以下几点也很关键：

- **目标** 必须实现的系统功能和战略。
- **要求** 满足目标的部分需要。
- **备选方案** 执行并满足要求的可选方法之一。

- **选择标准** 评估各种可选择方案并从中选择最佳方案所使用的性能因素。
- **约束** 描述备选方案必须满足条件的一个绝对因素。

潜在的决策者（对权威人士不满的人）常犯的一个错误是，他们只从主观经验、判断和直觉出发，忽略各种情况的存在。主观臆断是个性化的，易受个人偏好的影响。

另外，客观思考是系统方法的一个基本特征，强调抛开主观意识，客观地看待事件、现象和各种观点。客观思考不带个人偏见，脱离主观思想而独立存在。

如图 2-23 所示，系统分析方法是从检测系统、比较与达到预订目标相关的各种选择开始的。以资源成本和可获收益来比较各种方法的优劣，从约束和限制条件来认真审视各种不确定因素，接着通过反馈来确定每种选择能在多大程度上实现组织目标。这样，就完成了一个循环。

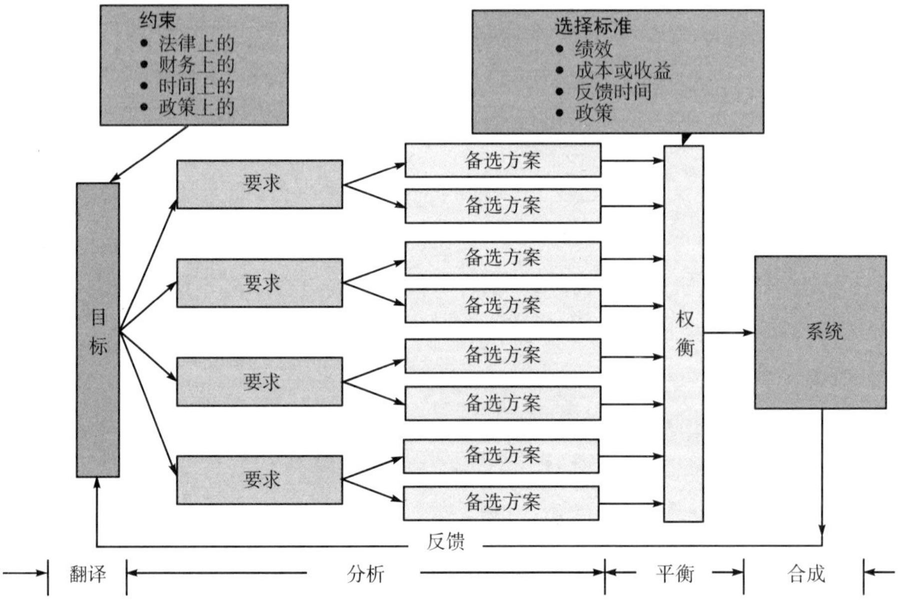

图 2-23　系统方法

以上的分析可列为这样几个步骤：

- 输入数据到大脑中。
- 分析数据。
- 预测结果。
- 评价结果并比较各备选方案。
- 选择最佳方案。
- 采取行动。
- 测量结果并将它们与预期的相比较。

如果人们经培训能熟练地掌握各选择方法，并可用其直接预测结果，那么用系统方法思考是最有效的。一个基本的方法是输出方阵法，它可以通过矩阵列出各种可能的情况。只有在决策者依据大量的可能结果去考虑时，输出方阵法才会有所发展。输出方阵法还要求决策者清楚地表达出他要实现什么（也就是他的目标）。

系统思考方法对项目的成功起着关键作用。项目管理系统非常需要新方法，从战略上观察、询问和分析项目要求，找到非技术的和技术的解决方案。分析整个项目而不是其中的一部分，是取得项目管理成功的先决条件。

相关案例研究（选自 Kerzner/*Project Management Case Studies*, 5th Edition）	相关练习（选自 Kerzner/*Project Management Workbook and PMP®/CAPM® Exam Study Guide*, 12th Edition）	PMBOK®指南（第 6 版），PMP 资格认证考试参考部分
• Cordova Research Group • Cortez Plastics • Apache Metals, Inc. • Haller Specialty Manufacturing • 制定方法体系 • 迪士尼(A)、(B)	• 多项选择题测试	• 整合管理 • 范围管理

2.23 PMI 项目管理资格认证考试学习要点

本节用于项目管理原理的复习，以巩固《PMBOK®指南》中相应的知识领域和范围，着重讲述了：

- 整合管理。
- 范围管理。
- 收尾。

对于准备 PMP 考试的读者，通过下列练习将有助于对相关原理的理解。

- 项目管理的历史背景。
- 项目经理早期是从工程人员中指派的。
- 项目管理的好处。
- 项目管理实施起来有哪些困难，如何克服这些困难。
- 项目集和项目的区别。
- 什么是非正式的项目管理。
- 如何识别项目管理的成功和失败。
- 项目生命周期的几个阶段。

- 对于一个生命周期阶段或整个项目，收尾意味着什么。
- 项目管理方法体系的定义。
- 重要成功因素与关键绩效指标是什么。

本章可用的附录 C 中的 Dorale 产品的案例有：

- Dorale 产品（A）（整合管理和范围管理）。
- Dorale 产品（B）（整合管理和范围管理）。
- Dorale 产品（C）（整合管理和范围管理）。
- Dorale 产品（D）（整合管理和范围管理）。
- Dorale 产品（E）（整合管理和范围管理）。
- Dorale 产品（F）（整合管理和范围管理）。

下列选择题将有助于回顾本章的原理及知识。

1. 一般来说，一个管理多项目的结构方法最有可能是____。
   A. 项目管理政策　　B. 项目管理指导方针
   C. 行业模板　　D. 项目管理方法体系
2. 可重复使用的项目管理方法体系最常用的术语是____。
   A. 模板　　B. 并行进度技术
   C. 并行计划技术　　D. 框架文件
3. 让一家公司接受并有效地使用项目管理方法体系的主要困难是____。
   A. 缺少行政主管的支持　　B. 向多个上级汇报
   C. 缺乏政策与程序　　D. 有限的项目管理应用
4. 项目和项目集之间的主要区别是____。
   A. 项目发起人的角色　　B. 职能经理的角色
   C. 时间结构　　D. 规格
5. 几乎全部存在于一个职能领域中的项目最好由____来管理。
   A. 项目经理　　B. 项目发起者
   C. 职能经理　　D. 委任的职能人员
6. 大项目由____来管理。
   A. 管理支持者　　B. 项目办公室
   C. 项目经理的主管　　D. 营销主管
7. 对于何时使用项目管理方法体系的阈值是____。
   A. 客户和潜在利益的重要性　　B. 项目的大小和持续时间
   C. 项目发起人的报告需求和位置　　D. 管理需求与其跨越的职能界限
8. 分组的项目被称作____。
   A. 项目集　　B. 项目模板
   C. 商业模板　　D. 商业计划
9. 项目管理方法体系如果围绕下列____进行构建，就能发挥最好效应。

A. 严格的政策　　B. 严格的程序
C. 最少的表格和清单　　D. 生命周期阶段

10. 通过观察涉及____的冲突的数量与程度，能够证明项目管理获得成功。
A. 行政人员　　B. 客户
C. 职能经理　　D. 项目经理

11. 标准化和控制是有好处的，这归因于____。
A. 放任的管理　　B. 关于研发活动的项目管理
C. 使用生命周期阶段　　D. 缺乏行政支持的组织

12. 对于行政主管来说，召开阶段末的评审会议时最难的决定是____。
A. 使项目在原定目标的基础上进入下一阶段
B. 使项目在修改后目标的基础上进入下一阶段
C. 推迟做出决定，直到获得更多信息
D. 取消项目

13. 生命周期阶段过多可能是不利的，因为____。
A. 行政主管将会管理得过细
B. 行政主管将成为“隐形人”
C. 项目管理将花费太多的时间来准备评审会议，而不是进行阶段管理
D. 项目经理将需要为每个阶段制订许多不同的计划

14. 某项目由于技术得不到发展，其资源被用于另一个成功的项目而早早结束。对于第一个项目，以下说法正确的是____。
A. 第一个项目被认为失败的项目
B. 如果在额外的资源被浪费之前中止项目，则第一个项目是成功的
C. 如果项目经理得到支持，则第一个项目就是成功的
D. 如果项目经理被委任到一个不重要的项目中，则第一个项目是失败的

15. 以下____不是项目成功的次要的定义。
A. 客户对可交付成果不满意，但是基于良好的客户关系，获得了相应的后续合同
B. 可交付成果能满足要求，但是违反了职业安全与卫生条例和美国环保署的有关法律
C. 客户对可交付成果的性能不满意，但是你已经发展了一种新技术，能够生产很多新的产品
D. 项目成本超支 40%，但是客户资助了一个更大的项目

答案

1. D　2. A　3. B　4. C　5. C　6. B　7. B　8. A　9. D　10. A
11. C　12. D　13. C　14. B　15. B

思考题

2-1 你认为一个人可能既是一个优秀的系统经理，又是一个不合格的项目经理吗？反之呢？说出你的假设。

2-2 说出下面的每个项目是开放的、闭合的还是衍生的系统？

a. 高技术项目

b. 新产品的研发

c. 银行的网上计算机系统

d. 修建一个化学工厂

e. 开发一项内部成本会计报告系统

2-3 产品的生命周期对选择项目的组织结构有什么影响？

2-4 在系统的发展中，依据什么标准来决定一个阶段的起始和结束或是阶段重叠？

2-5 公司没有也不用项目管理方法体系，能在项目管理上取得成功吗？

2-6 由谁来决定这个项目管理方法体系有几个阶段？

2-7 在哪种情景下，项目在同一时间既可被认为失败了也可以认为成功了？

2-8 没有应用过正式的项目管理能获得非正式的项目管理方法吗？

案例分析

制定方法体系*

背景

John Compton 是一家公司的董事长，他在高层会议上直率地陈述了他的想法：

我们在市场上将不再具有竞争力。几乎所有我们希望投标的邀请建议书都要求我们在标书中确定我们会使用的项目管理方法体系。我们目前没有项目管理方法体系。我们只是根据《PMBOK®指南》制定了一些模板。但是，我们的竞争者们都有项目管理方法体系。

一年多来，我一直要求制定一套方法体系。但是我收到的总是各种各样的拒绝理由。显然，你们中有些人担心一旦方法体系制定和使用，你们会失去某些权力。的确，你们中的某些人会失去权力，但要知道这和失去工作相比好得多。我希望 6 个月内能看到所有的项目开始使用方法体系，否则我就会亲自处理。我从不认为我的高级精英们会害怕制定项目管理方法体系。

关键问题

高级经理们知道开始启动、实施项目管理方法体系无法避免了。去年，公司专门聘请了一位专家花了 3 小时介绍项目管理的好处，以及实施企业项目管理方法体系能给企业带来的价值。在那次培训中，专家介绍如果企业能成立专门的项目管理办公室来承担领导角色，那么开发和实施企业项目管理方法体系的时间是可以缩短的。同时，他还介绍负责项目管理办公室的高级经理肯定会比其他经理的权力更大，因为他掌管着企业所有的项目管理知识产权。正因为高级经理们对此深有体会，除非他们能预先判断他们的部门所受的影响，否则他们明显不会支持项目管理。于是，在企业内实施项目管理也就受到了影响。

项目管理办公室不愿意向企业首席信息官报告。项目管理办公室由少数有经验的项目经理组成，他们都希望带头制定方法体系。项目管理办公室认为启动项目管理方法体系首先要完成五个步骤。当这五步完成了，高层管理委员会就会收到一份关于哪些已经完成的简报。这份简报需要每个月提交，报告方法体系制定的进展情况。项目管理办公室认为要及时获得高级管理层的支持和签字是非常困难的。

第一步：确定生命周期阶段的数量。有些人认为应该有 12 个阶段。这意味着可能要召开 10~12 次评审会，那么项目经理就要花大量时间准备开会所需的文件，而不是把时间用于管理项目。最好的方法是生命周期阶段少于 6 个。

第二步：做出决策，决定方法体系是根据刚性的政策和程序制定，还是根据常用的表格、指南、检查单和模板制定。项目管理办公室认为项目经理在应对客户时需要获得一些自由，因此非正式的方法会更好。同时，客户还要求根据客户的业务需要制定方法体系，而非正式的方法能提供更大的灵活性。

第三步：仔细检查现有模板和检查表，看看可以从中获得什么。公司有少量的模板和检查表，但项目经理很少采用。根据《PMBOK®指南》制定一套标准化的文件，项目经理就可以根据客户和项目选择适合的表格、指南、模板和检查表。

第四步：制定通过使用企业项目管理方法体系获取最佳实践的方式。客户要求在建议书中承诺必须在项目收尾前获取最佳实践和分享最佳实践。项目管理办公室的大部分成员认为在最终的汇报会议上使用表格或检查表能起作用。

第五步：教育和培训。给项目提供成员的项目经理和职能组织需要接受使用方法体系的培训。项目管理办公室认为一个为期一天的培训就够了，而这对职能组织来说是很容易的。

问题

1. 从他们耗了如此长的时间来考虑是否需要制定一个企业项目管理方法体系的企业文化来看，你能做出什么判断？

2. 项目管理办公室能加速实施方法体系吗？

3. 项目管理办公室可以接受向首席信息官或其他人员报告吗？

4. 为什么在企业项目管理方法体系中生命周期阶段要少于 6 个？

5. 根据组成因素的灵活性设计企业项目管理方法体系好吗？当第一次建立一个企业项目管理方法体系时，在设计过程中企业通常愿意采用正式的流程还是非正式的流程？

6. 企业项目管理方法体系能帮助获取最佳实践吗？

第 3 章　组织结构

引言

PMBOK®指南，第 6 版

2.4　组织系统

2.4.2　组织治理框架

第 9 章　项目资源管理

过去 50 年里，新组织结构的引进和发展一直进行着一场“潜在变革”。管理者已经开始认识到组织在本质上是动态的。也就是说，管理者必须有能力根据环境条件变化快速重构组织结构。这些环境因素的变化来自市场竞争的不断加剧，技术的不断变革，以及对多元化企业如何更好地控制资源的要求。

对于必须采取新组织形式的迹象，过去众多的著作都有所记述，详细说明了怎样去识别和解释这些迹象。这些迹象包括：成员才能未充分发挥，难以达到项目的各类目标，公司文化缺失。

遗憾的是，许多公司意识到组织必须变化时为时已晚。管理层从外部因素（如环境）而不从内部着手解决问题。一个典型的例子就是，如果新产品的成本不断增加，同时产品生命周期可能缩短，那么公司是从降低成本着手改变还是应该开发新的产品呢?

如果我们假设一个组织系统由人力资源和非人力资源两方面组成，那么我们考虑改变组织结构时，必须分析社会技术系统。社会系统是着眼于组织的个人及群体的行为方式。技术系统是包括完成既定任务所必需的技术、材料和机器设备等。

行为学家们一致认为，没有一个最佳组织结构可以面对未来的挑战。然而，最佳组织结构必须把企业中的社会系统同技术系统结合起来，因而管理者的一项主要任务就是要确保这两个系统相互协调。所用组织结构必须尽可能平衡社会系统和技术系统来使公司运转顺利。

即使最简单的组织变化也可能产生大动荡。新职位的设置，对更优计划的需要，对控制幅度的加大或缩小，对额外技术（知识）的需求，以及集权或分权等变化都可能导致组织社会技术系统的两个子系统发生重大变化。

组织重组是传统经典理论与行为学派理论的一种折中；管理者在考虑整个公司的需要时必须同等地考虑组织内部个人的需要。构造一个组织的目的到底是管理人还是管理工作？

现存的重组结构多种多样。要得到最精确的方法需依赖组织中的人员、公司的产品线及管理者的经营理念。重组不良可能导致信息沟通渠道强行受阻，需要花数月甚至数年的时间去重新构建；可能引起非正式组织的重组，从而产生新的权力、地位和行政职位；还可能降低员工的满意度和积极性，一旦到达某种程度就会使职员产生彻底不满。

在下面的几节中，将会列举多种具体的组织形式。显然，这里不可能说明所有可能的组织形式。本章涵盖的组织形式说明项目管理组织如何逐步从传统经典管理理论演变而来。同时，分别罗列出它们在技术系统和社会系统两个方面的优点和缺点。

回答以上问题并不容易。在大多数情况下，这需要管理者对组织和行为进行判断。

3.1　组织工作流程

组织不得不持续进行结构重组以适应环境变化的要求。重组会使个人在正式组织和非正式组织中的角色发生变化。许多研究者认为，行为学研究最大的作用在于，它能帮助非正式组织适应变化并解决可能引起的冲突。但是，如果不将正式组织考虑进去，行为主义也不完全行之有效。无论最终选择什么样的组织结构，必须建立正式渠道，以便组织中的个人能清楚地认识到自己在工作流程中的职权、职责及为了工作进行必要的问责制。

在关于组织结构的讨论中，将用到以下几个概念：

- 职权（Authority）是赋予员工们（基本上是根据他们的职位）的权利，让他们可以做出最终决定和选择。
- 职责（Responsibility）是正式组织中的个人依照自身角色承担的责任，使其有效完成工作任务。
- 问责制（Accountability）也可理解为权责制，是指对于完成某一具体任务，承担职责和义务的履行情况，实施并要求其承担否定性后果的一种责任，重点追问的是负有直接领导责任的领导者。（问责制=职权+职责）。

员工可以将职权和职责下放到组织更低层级，反之，问责制却只能取决于自己。然而不少高层管理者不愿意将权力下放，并且争辩说，个人只要拥有职责就可以达到谁的责任谁来承担的效果。

即使有了上述对于职权、职责与问责制三个概念的明确区分与定义，要建立项目管理者和职能管理人员之间的良好关系仍要花费大量的时间，尤其是在组织结构正处于从传统型向项目管理型的转型期。相互信任是成功的关键。

3.2 传统的（古典的）组织结构

传统的组织管理结构历经了两个多世纪依然存续下来。然而，近年来的商业发展，如技术的快速更新及不断增加的股东需求，都给现存组织结构形式带来了更多的要求。50 年前只需要一两条生产线，公司便能生存。如图 3-1 所示，用传统型组织结构便可以实现控制和管理，也仅存在最低限度[1]的冲突强度。

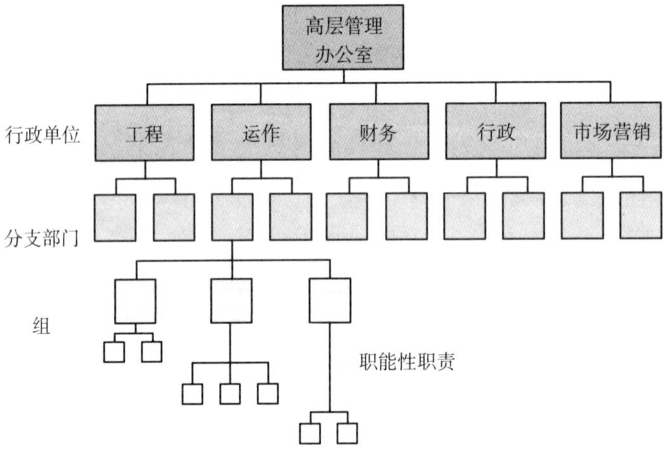

图 3-1 传统型组织结构

在进行与新型组织结构的优劣比较之前，先来说明下传统型组织结构的各项优缺点。表 3-1 列出了传统型组织结构的优点。如图 3-1 所示，总经理指挥所有必要的职能部门，来进行研发或开发产品。所有任务由各职能部门执行并由部门主管（有时是区域或分支主管）进行领导。每个部门只关心自己部门的技术知识。因为所有的项目都必须通过各个职能部门，每个项目都受益于最专精的技术，这种组织形式十分适合大规模生产。职能部门经理可以网罗各界专家，并给他们职业发展晋升的机会。

表 3-1 传统型（典型的）组织的优点

- 预算简单，便于控制成本
- 能实现更好的技术控制
  - — 专业人员可以分成小组，共享资源，分担责任
  - — 人员可分配在各种不同的项目上
  - — 所有的项目都能利用最先进的技术（人员少而效率更高）

1 许多作者把传统型组织称作纯职能型组织，这一点可以从图 3-1 中看出。同时也要注意分支部门层在行政单位层之下。在某些组织机构中，这些层级名称设置是相反的。

续表

• 人员的使用可自由决定
• 有充足的工作人员
• 职能纪律具有稳定性，政策、工作程序和职责规范十分明确并容易理解
• 在已有的专业化生产上容易采取大规模生产
• 人员比较容易控制，因为每个职员都有而且只有一个上级
• 沟通渠道是垂直型的，而且十分畅通
• 具有快速反应能力，但这可能取决于职能经理的自主权的大小

部门主管对预算有绝对控制权。经过上级批准，他们自行制定预算，并详细说明需要增加的人手。因为部门主管灵活调控人力资源，同时手下也有一堆备选人员，所以大部分项目都会在计划成本内完成。

正式组织和非正式组织都具有建设完备的组织结构，并且规范了各个级别的权利和责任。由于每人只有一个汇报对象，沟通渠道构建得也很完善。

然而，每个优点几乎都相应地隐含着一个缺点（见表 3-2）。大部分缺点都是由一个原因引起的，那就是组织缺乏中央集权，没有人对整个项目负责。因此，跨部门整合变得十分困难，而高层主管被卷进日常琐事之中。产生冲突的原因是各职能部门争夺权力，各职能部门都从自身角度出发制订计划、商讨决策，忽视了整个项目的进程，制定决策变得缓慢而冗长乏味。

表 3-2　传统型（典型）组织的缺点

• 没有一个直接对整个项目负责的人（如没有正式的权力部门、委员会等）
• 没有完成项目任务所必需的项目导向的重视
• 协调十分困难，为获得一致的决定需要加上从产品设计到实际投产的时间
• 决策通常有利于实力最强的职能团队
• 没有客户问题处理中心
• 对客户需求的反应十分迟钝
• 责任难以确定，这是因为很少有或没有直接的项目报告，很少有项目发展计划，没有项目权力
• 激励和创新力下降
• 计划倾向于如何更易于实施，很少考虑正在进行的项目

因为没有设立与客户交流的专员，高层管理人员被迫负责所有的日常沟通。高层管理人员担当了客户联系人的职能角色，并把所有的复杂问题通过垂直指挥链交付给各部门主管。客户需求因而缓慢地经过多个管理流程才得到反馈。

因为上述种种原因，在传统组织结构中，项目容易拖延。各方主管总是在进度计划上讨价还价。参与这些任务的部门主管会先为自己及下属提供便利。

随着 20 世纪 60 年代末项目管理的发展，高层管理人员逐渐意识到诸多问题正是源于传统型组织结构的弱点。

3.3 产品开发型（项目化）组织结构

由于传统的组织形式开始演变和发展，伴随着现代项目组织形式日见成效，对项目管理的需求浮上水面。产品开发型组织，如图 3-2 所示，一层一层，每个项目都有其自有的职能人员。在这种组织内，只要这个项目存在，那么相关的职能工作不会有所变化，各成员、各项目之间也不会产生什么矛盾。这种组织流程的主要优点就是由一个人——项目集经理，把控整个项目。他不仅能分配任务，而且能进行业绩审查。由于每个职员只需向一人汇报，致使沟通渠道十分通畅，各方反馈都很迅速及时。

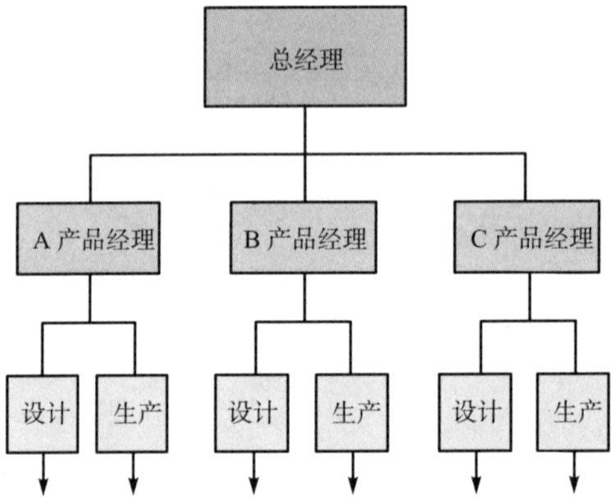

图 3-2 产品开发型组织

在产品开发型组织里，从产品设计到实际投产这一漫长的时间提前期已成为过去。机会成本分析很快完成，不需要再考虑对其他项目的影响（当然，除非有特殊的设施或装备要求）。而且，部门经理可以为新产品的开发保留合格的工作人员，不需要和其他项目或者项目集共享职员。

项目经理的职责是全新的。首先，项目经理由副总裁和总经理选任。项目集经理处理包括在他的组织内部和涉及其他项目的所有冲突。整合管理由项目集经理那一级进行。这样，高层管理者就有更多的时间进行宏观管理决策，而不需再处理部门冲突。

产品开发型组织形式的主要缺点是维持这一组织所需的成本问题。不能为减少成本而让一个人同时干两个项目。职员常常在任务完成很久之后仍留在原项目组里，因为一旦某个职员离开，项目经理就很难再请他回来。激励员工成为一个重要问题。项目完成之后，职能员工就会“无家可归”。许多组织把这些员工放进公司顶层的劳动力“蓄水池”，从中可为新项目挑选人员。一直留在“蓄水池”的人可能就会下岗。因此，当每个项目临近结束时，人们开始变得不安，他们容易借助过度表现来证明自身对公司的价值，但这种情形只是暂时的。管理者也很难让核心员工相信，他们在组织中的工作前景一定无限美好。

在纯职能型（传统的）结构中，技术准备完善，但是项目进度却常常落后。在产品开发型的结构中，快速反应可以保证任务按计划完成，但技术交流只局限在该项目下相关职能人员之间，缺少强大的职能群体相互交流，使得技术支持出现问题。这样，公司在应对竞争方面可能受到严重阻碍。一个项目的工程部门可能无法与其他项目的同一部门交流合作，容易出现重复作业的情况。

这种组织结构的最后一个重大缺陷就是在设施装备的管理控制上。最常见的冲突就是两个项目要求同时使用同一设备。这时，高层管理人员必须确定给予什么项目优先权。他们通常采用赋予项目战略性、战术性或操作性的优先等级来实现，这种做法也常用在计划工作中。

表 3-3 总结了产品开发型组织的优点，表 3-4 列出了其缺点。

表 3-3　产品开发型组织的优点

- 整个项目具有完整的直线职权（也就是说，有一个很强的项目权威控制）
- 项目参与者直接为项目经理工作，不合适的生产线可以很容易地被发现并予以撤销
- 沟通渠道通畅
- 参谋人员作为某一既定项目的专家存在，而不需共享关键人员
- 反应时间快
- 职员对项目忠诚，对产品形象有更强的信念
- 有一个处理客户关系的中心
- 时间（进度表）、成本和（产品开发周期）权衡绩效的执行都是有弹性的
- 随着单位规模的缩小，人际管理变得更为容易
- 上层主管有更多的自由时间用于行政决策

表 3-4　产品开发型组织的缺点

- 由于工作、设备、人员的重复配置及低效使用，一个产品多元化的公司为维持这种组织形式要花费很高的成本
- 容易造成职员在相关任务完成后仍被束缚在项目里，上层主管必须在项目开始和接近尾声时权衡工作量
- 没有强大的职能群体，技术支持困难，因而阻碍了公司在新项目中能力的提高（也就是说，没有稳定的技术基础）
- 对各部门专家（或组织中的专家）的管控需要高层管理人员的协调
- 不同项目之间缺乏技术交流的机会
- 项目人员工作缺少稳定性和工作机会不固定

3.4 矩阵型组织结构

PMBOK®指南，第6版
2.4.4 组织结构类型

矩阵型组织试图把纯职能型组织和产品开发型组织的优点结合起来。这种组织结构形式理论上适用于项目驱动型公司。图3-3是一种典型的矩阵型组织结构。各个项目经理直接向副总裁和总经理负责。因为每个项目都象征着一个潜在的利润中心，因而项目经理的职权由总经理直接授予。项目经理对项目的成功负有全部责任。相对应的是，各部门则有职能上的责任为项目提供最好的技术支持。每个职能单位都由一位部门经理来领导，他的主要职责是确保有一个统一的技术平台，所有的有效信息都能在项目之间进行交流。同时，部门经理还必须让部门员工及时了解业内最新的技术成果。

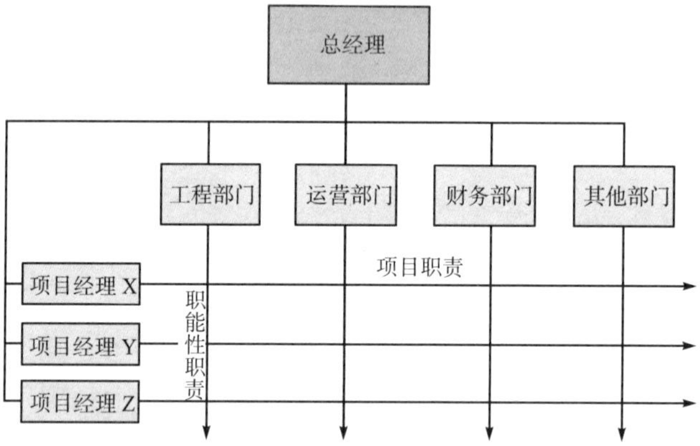

图3-3 典型的矩阵型组织结构

项目管理实际上是一条“整合”的职能链条，而矩阵式管理就是多条项目管理链条并行。在项目型组织的整合中，工作通常指派给专门人员或“做自己的事”的单位。在矩阵型组织的并行中，信息共享可能是强制性的，而同一份工作可能需要好几个人来协作。在项目型组织里，决策权和指挥权属于项目负责人，而在矩阵型组织里权力属于团体。

矩阵型组织的建立有几个基本的原则：

- 参与者必须是全职参与项目，这保证了忠诚度。
- 必须有做出指令的水平通道和垂直通道。
- 必须有快速有效地解决冲突的方法。
- 必须有良好的沟通渠道，管理人员之间能够自由沟通。
- 所有的经理必须参与项目规划全过程。
- 不管是同级还是上下级经理，都必须愿意就资源进行协商。
- 除非为了管理目的，同级部门必须作为独立的实体运作。

矩阵法是试图通过让项目管理者和职能管理者共同承担责任而建立的一种协作机制。然而说起来容易做起来难。没有两种工作环境是完全一样的，而且没有两个公司有着一模一样的矩阵设计。在建立一个成功的矩阵型结构之前必须先解决以下问题：

- 如果每个职能单位只负责项目的一个方面，而其他方面由别的部门实施（很可能会承包给其他公司），那么如何去创造一个协调的环境？
- 由谁来决定项目中的哪个因素最重要？
- 一个职能单位（按垂直结构运作）如何回答问题，并实现与其他项目一致的项目目标和目的？

这些问题的解决取决于项目经理和职能经理之间的相互理解。因为他们在项目中都拥有一定的职权、职责和责任性，因而他们必须不断地协商。然而遗憾的是，项目集经理可能只考虑什么对自己的项目最有利（而不考虑任何其他方面），而部门经理则可能认为自己的部门比任何项目都重要。

为了完成工作，项目经理有时需要一定的组织地位和授权。一位公司的总经理认为，图 3-3 所示的组织图应该加以修改，把部门经理的图标放到职能责任箭头的顶端。通过这种方法，项目经理的地位看起来比部门的小伙伴们要高，但事实上他们的地位是平等的。想要实施这一方法的总经理们一定要小心，因为部门经理和项目经理可能并不认为权力是平等的。

在这种环境下，问题的解决通常是间断和分散的。项目经理充当了项目资源和技术控制的总代表。他必须与各方充分交流，确保每个独立的项目达到局部最优。

在许多情况下，如果部门经理可以主动地从项目的整体角度思考问题，他们就有能力让项目经理满意。然而经常是事与愿违。正如 Mantell 所说[1]：

> 等级制度森严的单位总有这样一种不可避免的倾向，每个人发现问题并寻求答案时，总是从本身单一的职能范围出发，无法超越这一界限。无论管理人员的能力高低，这种现象都会存在。它产生的原因是权力的下放和职能的分工。

项目环境和职能环境不可分离，二者必须协同作用。项目与职能单位的交界面是一切活动的焦点。

部门经理控制着内部资源（如人员）。这就产生了一个问题，因为尽管项目经理有权（通过部门经理）控制所有资源，包括成本资金和人力资源，但必须由部门经理配置项目所需人员。这样，部门经理和项目经理之间不可避免地就会产生冲突：

矩阵型组织结构帮助我们整合了传统组织结构的优点，这些优点消除了传统型组织结构的缺陷。“矩阵”这个词听起来有点可怕，因为它暗示着组织结构发生了巨大的变化，

1　Leroy H.Mantell, “The Systems Approach and Good Management.” Reprinted with permission from *Business Horizons*, October 1972 (p.50). Copyright© 1972 by the Board of Trustees at Indiana University.

至少字面上管理人员是这样理解的。然而事实上，仔细观察一下图 3-3，我们还是能从中发现传统组织结构的影子。矩阵结构只是在传统结构的基础上简单地加了一些水平链条。这些水平链条随项目开始而出现，因项目结束而消失。传统的构架是固定不变的，新增的部分实际上是暂时的。

表 3-5 总结了纯矩阵组织的优点。

表 3-6 总结了纯矩阵组织的缺点。

表 3-5　纯矩阵型组织的优点

- 项目经理（通过直线经理）拥有对所有资源的最大的项目控制权，包括成本和工作人员
- 可以为每个项目单独制定政策和程序，只要不与公司的政策和程序相冲突就行
- 项目经理有权调用公司资源，只要时间上不与其他项目相冲突就行
- 对变化、冲突的解决及项目的需求（如技术或进度上的）可以做出快速反应
- 职能组织对项目主要起支持作用
- 每个人在项目结束后都有自己的“归宿”；个人对激励和最终项目的鉴定很敏感，每个人都能通过项目找到自己的发展之路
- 由于技术骨干共享，因此项目成本是最小的。职员可以从事多种工作，也就是说，能够进行更好的人员控制
- 能够建立一个很强的技术基础，职能经理有更多的时间可用于解决复杂问题；所有项目都能平等地获取信息
- 冲突最少，而那些需要使用等级推介的问题也很容易解决
- 时间、成本和任务协调得更好
- 能很快培养出一批专家和经理人员
- 权力与责任共担
- 压力分散在团队内部（及职能经理之间）

表 3-6　纯矩阵组织的缺点

- 信息流多维化
- 工作流多维化
- 双重领导
- 不断变更项目的优先顺序
- 管理目标不同于项目目标
- 需要解决连续不断的项目冲突
- 监督与控制困难
- 在公司范围内缺少成本效率，机构臃肿，尤其是行政人员太多
- 各个项目独立进行，必须谨防出现重复工作
- 与传统型相比，刚开始时需要更多的时间和精力来制定政策和程序
- 职能经理由于有自己的一套优先顺序而可能存在偏见
- 必须注意职能组织与项目组织间的权力平衡
- 必须对时间、成本和绩效之间的平衡进行监督

续表

• 尽管个人问题可以获得快速解决，但反应时间可能变得非常慢
• 职员和经理比在传统组织中更不易弄清自己的角色
• 冲突的产生和解决可能不断发生（很可能需要组织发展专家的帮助）
• 当需要不断向多个经理报告工作情况时，人们感觉不到对自己命运的控制

我们必须注意到，只要高层管理者恰当地制订计划和实施控制，就可以消除所有的缺点。这是唯一能进行这种控制的组织形式。但为了更好地控制局面，公司必须持续设立更多的管理职位，通常会超出实际需要，增加项目上的管理费用。但有一点可以肯定，矩阵结构最终会走向成熟，管理层所需要人数也会越来越少。

矩阵形式的实施要求：

- 对矩阵运作的培训。
- 对如何维持良好沟通的培训。
- 对解决问题能力的培训。
- 兼容的报酬系统。
- 角色定义。

3.5 矩阵型结构的修正

矩阵结构可采取多种形式，但有 3 种最为常用。每种形式都代表对项目集经理不同程度的授权，同时间接表明了公司的有关规模。举个例子，在矩阵型组织图 3-3 中，所有的项目经理都直接向总经理报告。这种设置最适合小公司，这些公司的项目数量较少，总经理有足够的时间去协调项目经理之间的活动。在这种设置下，项目间的所有冲突都直接由总经理处理。

随着公司规模的扩大，项目的增多，总经理渐渐难以应付管理所有项目的角色。于是就产生了一个新的职位——项目管理总监，或项目集经理或多项目经理，他们需要负责所有的项目管理，如图 3-4 所示。

最后，我们要讨论一下项目工程师所应具备的素质。如图 3-5 所示，大部分人会把项目经理放在图中点右边的区间，即人际关系技巧强于技术技能，而把项目工程师放在左边的区间，即技术技能强于人际关系技巧。当然，问题是："项目经理和项目工程师两个方向上距离中点有多远？"现在许多公司把项目管理者和项目工程师合并成一个职位。这一点从表 3-7 中就可以看出来。项目经理和项目工程师在前五项的职能工作是一样的，而后面的则不相同。[1]

1　在某些公司中，采购、可靠性和持续性可能属于项目工程师的职责。

把项目管理和项目工程区别开来的主要原因是，这样可使项目工程师仍主要管理工程，因而对工程技术有足够的权力进行指导。

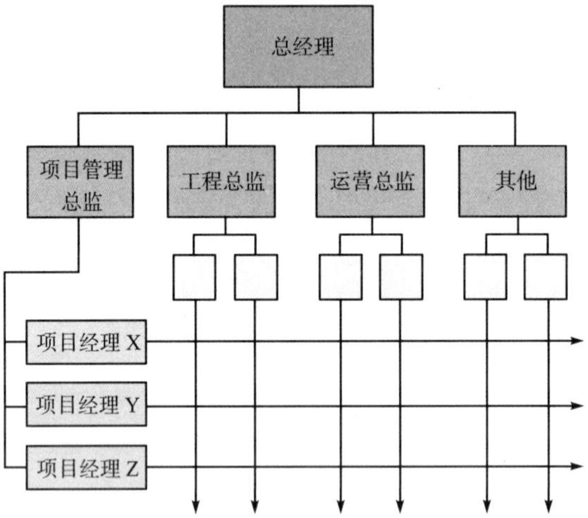

图 3-4 项目管理总监的设立

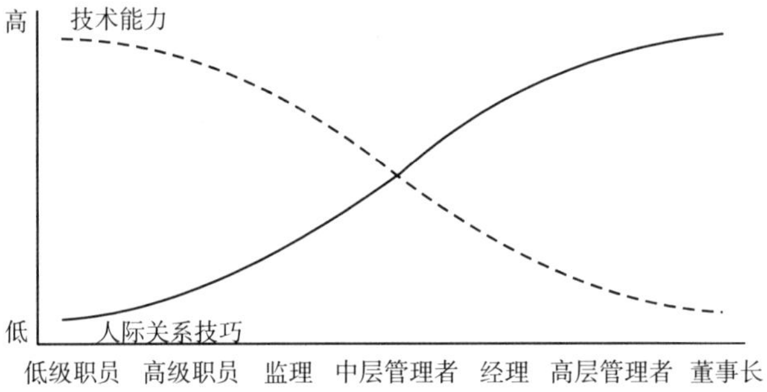

图 3-5 管理的哲学

表 3-7 项目管理和项目工程的比较

项目管理	项目工程
• 总的项目计划	• 总的项目计划
• 成本控制	• 成本控制
• 进度控制	• 进度控制
• 系统说明书	• 系统说明书
• 物流支持	• 物流支持
• 合同控制	• 结构控制
• 报告准备与分发	• 装配、检测及生产技术指导
• 采购	
• 可靠性、持续性要求的识别	

续表

项目管理	项目工程
• 人员配备 • 优先权 • 管理信息系统	

3.6 强矩阵、弱矩阵或平衡矩阵

PMBOK®指南，第 6 版

2.4.4.1 组织结构类型

2.4.4.2 组织结构选择的考虑因素

矩阵型组织结构大致可以分为强矩阵、弱矩阵及平衡矩阵 3 类。矩阵的强度取决于项目经理和部门经理谁对工作人员的日常表现有更大的影响。如果项目经理的影响大，那么组织结构在项目经理眼中就是强矩阵结构。如果部门经理的影响大，那么组织结构在项目经理眼中就是弱矩阵结构。

强矩阵结构和弱矩阵结构最显著的区别就是，项目经理和部门经理谁对技术有指挥权。如果项目经理在技术上得到了部门经理和员工的一致认可，因而对项目的技术有了指挥权，那么部门经理会让员工服从项目经理的技术指令。这就产生了强矩阵。员工将会首先从项目经理那里寻求解决问题的方法，其次才是部门经理。反之亦然，弱矩阵中部门经理具有了项目指挥权。一般而言，项目经理在强矩阵中比在弱矩阵中拥有更多的权力。

一般来说，当一家公司希望建立强矩阵的组织形式时，项目经理一般从内部提拔，并且曾在组织的不同职能部门中参与过项目工作。在弱矩阵的组织结构中，公司会考虑从组织外招聘人才，但是要求其至少了解项目的技术和熟悉项目所处行业。

3.7 项目管理办公室

PMBOK®指南，第 6 版

2.3.2 组织知识库

2.4.4.3 项目管理办公室

在项目驱动型公司中，项目管理部门已被广泛认定为企业运营的必设机构。基于环境的变化和客户的需要，组织重组时有发生。在非项目驱动型组织中，职员们却对组织的变更很是反感。威信、权力、地位变得十分重要。独立设立项目管理部门困难重重。这些强大的阻力，可能破坏整个项目管理的流程。

在过去的 20 年间，非项目驱动型企业像项目驱动型企业一样，也创立了项目管理办公室（Project Management Offices，PMOs），以前曾被称为项目管理专家中心。项目管理办公室并不是一个正式独立的部门，而更像由企业各个部门人员组成的一个非正式的委员会。这取决于企业的规模。项目管理人员可以是全职的，也可以是兼职的；也许只工作 6 个月到 1 年，可以要求也可以不要求某个人来管理项目。

由于企业开始认识到项目管理对企业盈利能力的积极影响，为了获得更专业的项目管理指导，设立项目管理办公室成为重中之重，提上了议事日程。项目管理办公室概念是项目管理领域，近十年来最炙手可热的议题。

由此，就有了对项目管理和项目办公室的战略规划。长期实施项目管理方法，项目管理也并不会简单地日趋成熟和完善。更加重要的是，这涉及了项目管理的战略规划。

一般来说，这种项目管理办公室拥有自己的章程：

- 开发和更新项目管理的方法体系，而这种方法体系一般是适用于非正式项目管理的。
- 在进行项目管理培训和计划时担任协助者和培训者。
- 给每个正在管理项目和需要在计划编制、进度安排及项目控制中得到帮助的职员，提供项目管理方面的援助。
- 编制和完善“所得经验教训”文件，并保证这些信息对所有项目经理都有用。

由于这些中心的存在并没有威胁到职能经理的权力，因而它们很容易获得支持。

- 提供标准化评估。
- 提供标准化规划。
- 提供标准化进度。
- 提供标准化控制。
- 提供标准化报告。
- 提供清晰化项目管理角色和责任。
- 为人力资源规划提供建议，主要是关于项目管理工作描述和职能范围的。
- 经验教训的知识提炼。
- 标杆更新。
- 推荐项目管理模板。
- 推荐项目管理方法。
- 升级和优化现有的项目管理方法。
- 确定项目标准。
- 确认最佳实践。
- 提供项目管理战略规划实施指南。
- 建立一条项目管理问题解决热线。
- 组织并实施项目管理培训计划。
- 实施知识转移。
- 建立公司资源使用计划。
- 支持组合管理活动。
- 评估各项风险。
- 建立应急计划。
- 审查项目管理方法论的使用。
- 审查最佳方案的使用。

项目管理办公人员成为常驻群体，项目管理办公室的责任也逐渐固化。虽然项目管理办公室的职责大体上没有概念，但也存在着一个新任务：

- 项目办公室（Project Office，PO）有责任保留与项目管理相关的所有知识产权，同时也要保留有效支持公司战略规划的无形资产。

项目办公室现在服务于公司，特别是项目管理战略规划的相关活动，不再把注意力放在具体的客户上。PO 成为公司项目管理知识产权存储中心。由于现阶段项目管理知识信息在公司的每一个角落喷涌而出，PO 有必要成为存贮它们的智库。

配置项目管理办公室的所有优点都或多或少地与项目管理的知识储备有关。为了储存这些无形的管理知识，PMO 必须一方面捕捉相关信息，然后通过媒介传递给各类项目相关方。这类媒介包括：网络、项目网站、项目数据库，以及项目管理信息系统。由于这些无形信息对项目管理和公司战略规划都必不可少，因而 PMO 也要有战略规划。

3.8　组织形式的选择

PMBOK®指南，第 6 版
2.4.4.2　组织结构选择的考虑因素
第 4 章　项目整合管理

随着在最短时间、一定预算及要求的可行性和功效等条件下，开发和实施复杂或大型项目并获取利润的要求快速增长，项目管理作为派生物日趋成熟起来。不可否认，现代组织变得太过复杂，以至于传统的组织结构和关系不再适应有效管理，那么高层管理人员应该怎样确定哪一种组织最佳？特别是有的项目仅持续几个星期或几个月，而有的项目则可能耗时几年。

为了回答这个问题，我们必须先确定项目管理组织形式是否存在必需特征。一般来说，项目管理方法能有效地适用于一次性任务[1]。这种一次性任务是：

- 确定了一个具体的目标。
- 对现有组织来说是陌生的、唯一的或不熟悉的。
- 由于具体任务相互依赖而导致问题复杂。
- 对公司非常重要。

一旦一组任务被选定并形成一个项目，下一步就是确定项目的类别，如 2.3 节中所描述的那样，这些类型包括个人的、集体的、特殊的、矩阵的或复合的项目。

但是，许多公司对项目没有一个清楚的定义。因此，大型项目团队常被指派处理小项目，如果委派别的结构组织，可能处理得更快和更有效。所有的结构形式都有其优点和缺点，但是项目管理组织结构可以替换其他所有组织，并且效果不错。

影响选择项目组织形式的基本因素有以下这些：

- 项目规模。
- 项目历时长短。
- 控制幅度。
- 项目成本。
- 项目管理组织的经验。
- 高层管理人员的经营理念和洞察力。
- 项目定位。
- 有效资源。
- 项目的独特方面。

上述最后一条需做进一步展开说明。项目管理者（特别是在矩阵结构中的）通常能最有效地控制人力资源，因此，他们更适合劳动密集型项目，而不适合资金密集型项目。劳

1　John M .Stewart, "Making Project Management Work." 改编自 *Business Horizons*, Fall 1965 (p.54). Copyright © 1964 by the Board of Trustees at Indiana University。

动密集型组织有正式的项目管理配置，而资金密集型组织则可能使用非正式项目管理方法。

在考虑建立一个项目的组织形式时，应该先分析以下 4 个基本参数：

- 整合机制。
- 影响分布。
- 权力结构。
- 信息系统。

项目管理就是选择一种合适的组织形式来整合公司全部资源的手段，尤其是在研究和开发中。这种整合可以是正式的，也可以是非正式的。

有且仅有在冲突的个体间，机构能够高效协作时，非正式的整合效果才最佳。没有明确的职权，整合者这一职位便只是充当了两个职能部门间的交换媒介。随着组织规模的扩大，必须设立正式的整合职位，特别是为应对激烈冲突的情形（例如研发）。

并不是所有的组织都需要一个纯矩阵结构来实现这种整合，许多问题可以根据组织的规模和项目的实质，通过原始的管理链条就能得到解决。需要实现项目控制的组织规模可以从一个人到几千人，而需要有效项目控制的组织结构则被高级管理层的意愿和项目环境所左右。

高层管理者必须决定控制整合机制的权力结构，这种权力结构可以是单纯的部门管理结构（传统管理），可以是以产品为导向的授权结构（产品管理），最终达到双重权力结构（矩阵管理）。从管理的观点来看，组织形式的选择常常取决于高层管理者愿意委派或放弃多大的权力。

跨部门整合也可以通过影响力来完成。影响力包括以下因素：参与预算编制和审批、设计更改、办公机构的选址和规模大小、薪水等。同时，它也可以减少行政上的烦琐程序，形成一个更团结的非正式组织。

信息系统也非常重要。它的主要功能就是在合适的时间将信息传送到合适的人那里。组织形式必须能将信息传递融入管理网络中。

Galbraith 描述了能够影响组织选择的其他因素：[1]

- 产品线的多元化。
- 技术水平。
- 产品线的更新速度。
- 是否存在规模经济。
- 下属部门的相互依赖性。
- 组织规模。

项目种类多种多样，要求高层管理者和部门经理对各个领域都要有所了解，同时，多元化也使经理们对资源配置和时间、成本、进度及技术控制的实际估算变得更加困难。系统的管理方法要求信息完全及足够的备选方案以进行机会分析。对于高端技术水平环境下的多元化来说，组织的选择实际上就是在工作流和信息流之间进行权衡。多元化需要强有力的产品授权和产品控制。

---

1 Jay R. Galbraith, “Matrix Qrganization Designs.” 改编自 *Business Horizons*, February 1971, pp.29-40. Copyright © 1971 by the Board of Trustees at Indiana University。

许多职能部门把自己当作国中国，公司中的公司，并且常以独立自居。这样的态度极其不利于组织的和谐气氛。成功的项目管理要求职能部门意识到，彼此之间的相互依赖十分必要，不仅是为了实现技术的共享和保证进度的达成，而且也有利于建立良好的沟通渠道和协作关系。

新技术的使用带来了一个严重的问题：每个专业领域都需要有技术专家，包括工程、生产、材料控制和安全等各个方面。只要技术专家在职业操守下保持最佳水准，就不需要从组织外部获取信息。然而，主要问题是怎样让这些专家能够跨职能部门进行交流。解决的方法是建立独立的研究与开发中心，而不是将其并入各个职能部门的日常工作中。

相比于一般的纯生产企业，高科技企业由于持续进行的研究和开发，在组织控制上会遇到更多的困难。

规模经济也同样影响组织结构的选择。规模经济常常在很大程度上受到公司物质资源可用数量的控制。规模经济越大，组织就越愿意采取传统的职能管理模式。

组织的规模也十分重要，它会限制规模经济中的技术专家数量。组织规模对组织结构几乎没有什么影响，但对组织的规模经济有重大影响。例如，中小企业养不起一大群技术专家，否则会因为缺少分工和规模经济而耗费巨大的成本。

公司运作其项目的方式在项目执行期间、项目完成后及人员被解散后都对组织有很大的影响。这些对公司的整体影响应该从人员和成本控制的角度来看，这些内容将会在后续的章节中做更深入的探讨。虽然项目管理蓬勃发展，但项目组织的建立并不能保证一定可以成功完成被委派的目标。因此，有可能在生产力维持和结构改变中产生新的缺陷。

虽然项目组织是一个具体的、以任务为导向的个体，但是它很少独立于传统组织结构而存在。所有的项目管理结构覆盖在传统的结构之上，而且公司内可能同时存在多个项目组织团体。例如，一家大型钢铁生产厂，可以有一个研发上的矩阵型控制结构，同时在别的方面另有一个产品开发（项目化）型组织结构。

采用项目管理组织结构是迈出的巨大一步，这一步也许根本没有回报。公司可能不得不在不改变总体职员层次的情况下创造出更多的管理职位。此外，伴随着工作的提升，项目组织不断渗入。但是在任何情况下，管理者都必须意识到，无论选择哪种项目管理结构，一个组织结构的可变性永远是必要的。

3.9 战略业务单元的项目管理

在过去几年间，大型企业对战略业务单元（Strategic Business Unit，SBU）进行了重组。一个 SBU 由不同部门的员工组成，它负责组织部分核心业务的盈利（或亏损）。图 3-6 是一个汽车供应商被重组分割为福特、通用汽车和克莱斯勒 3 个 SBU。由于每个战略经营单元都如此之大，需要分别配备一个项目或项目集经理。而掌管战略业务单元的管理人员充当了这些 SBU 项目及其经理的支持者。这种 SBU 项目管理的主要好处在于可以让 SBU 与客户之间的联系更加紧密，它是一个以客户为中心的组织结构。

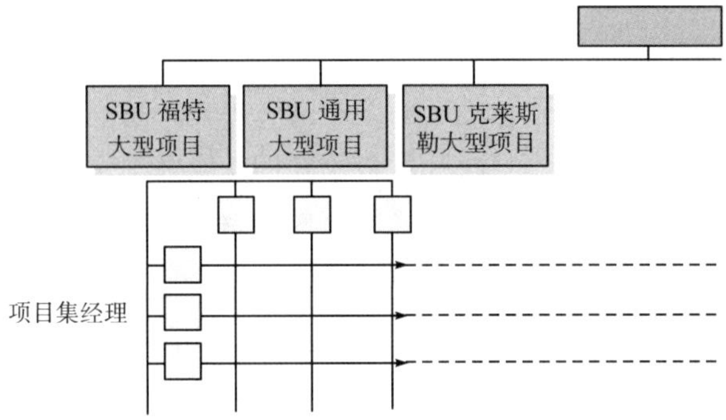

图 3-6　战略业务单元的项目管理

某些资源可能被多个 SBU 利用。制造工厂可以同时为几个 SBU 服务，而公司也可以为成本会计、人力资源管理和培训等方面提供所需资源。

图 3-7 显示了一个更新的也更为复杂的组织结构。在这个结构中，每个 SBU 可能使用同一平台（如火车、汽车底盘和其他组成要素），平台经理对每个平台的设计和扩展负责，而 SBU 的项目经理则必须使该平台适合新车型的生产。这种矩阵一定是多元的，因为每个 SBU 都有一个内部的矩阵。而且为了组建这个跨国的、多元的矩阵，各家制造工厂可能分布在美国本土以外的地方。

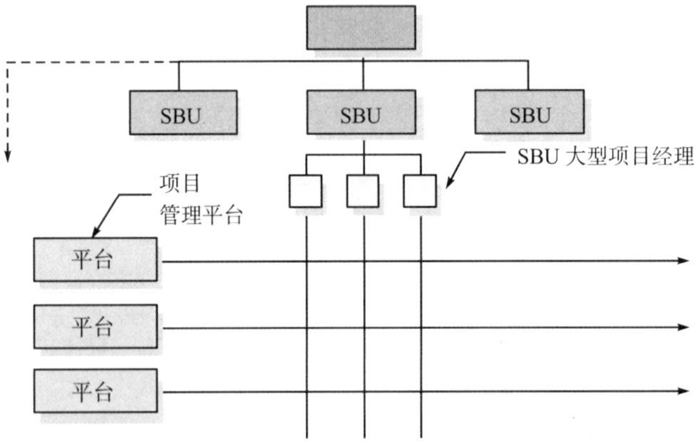

图 3-7　利用平台管理的 SBU 项目管理

3.10　过渡管理

产品生命周期的大大缩短、环境的快速改变、复杂信息系统的不断完善，以及市场竞争的日趋激烈，使组织的重新设计变得越来越频繁。由于这些因素，越来越多的公司把项目管理组织结构当作一个很好的解决办法。

为什么有些公司只要很短的时间就能实现这一转变，而有的公司却要花上好几年？答案是，这些转型成功实施的背后是良好的过渡管理。

过渡管理（Transitional Management）是对组织从一种结构向另一种结构转变时实施的科学的和艺术的管理，它必须对人们考虑的新目标、新想法、新角色、期望和员工的顾虑有充分了解。

在对 38 个实施了矩阵管理的公司的高层管理者、经理和职员进行调查后发现，几乎所有的高层管理者都认为，在过渡期间和过渡期后，正确的培训和教育可以导向成功。除培训外，高层管理者认为，在过渡期间，下面 15 个方面应该被特别注意：

- **权力的转移**　一些部门经理对他人管理自己的项目难以接受，相对的，一些项目经理则发觉他们很难给部门经理的直系下属分派任务。
- **信任**　没有专门管理人员参与划分权利的过渡之所以成功，在于部门经理之间、项目经理之间及项目经理与部门经理间的相互信任。这种信任的建立需要时间，而且高层管理者应该在整个过渡生命周期中积极鼓励这种信任态度。
- **政策和程序**　制定易于接受的政策和程序需要漫长乏味的过程。如果在项目一开始就制定了不变的政策和程序，那么将会导致困难重重。
- **层次考虑**　在过渡期间，每一次尝试都尽量减少对特权的关心，这有利于组织结构的成熟。
- **优先顺序的进度编制**　优先顺序只有在需要的时候才建立，如果优先顺序频繁地改变，将会导致混乱和不愉快的事发生。
- **人事问题**　在过渡期间，由于转入了新的职位、新的组织地位及新的非正式组织，可能由此而引发人事问题，必须及时解决。
- **沟通**　在过渡期间，将建立新的沟通渠道（但不是在旧的基础上）。过渡阶段应该让职员有更多的直接沟通，例如，项目经理可以与职能部门员工直接交谈。
- **项目经理的接受程度**　通过正确的培训疏导员工对项目经理职位的反感，因为人们只会对他们不了解的东西持否定态度。
- **竞争**　尽管组织中存在一定竞争是有益的，但是在过渡期间它可能带来破坏。对于整个组织来说，竞争应该尽量避免。
- **方法**　各部门经理常常会形成他们自己的工作方法和技巧。在过渡期间，不应把部门经理与他们现有工作分离开来。而且，这有利于项目经理完善与职能部门工作相适应的方法和技巧。
- **相互抵触的命令**　在过渡期间或完成后，相互抵触的命令将普遍存在。当它们首次在过渡期间发生时，则应淡化处理，就事论事，不要上升到危机的程度。
- **汇报**　如果要建立项目的标准化管理，那就应该有项目的标准化汇报，不论项目规模大小都应如此。

- **团队协作** 有职能部门大力参与的系统化计划会提升团队凝聚力，在过渡期间使用计划团队有可能无法获得必要的职能部门支持和项目资源保证。
- **X 理论—Y 理论** 在过渡期间，职能人员将会很快发觉，他们时而被 X 理论方法管理着，时而又被 Y 理论方法管理着，但通过培训后，他们将认识到这个现象在项目管理中普遍存在，特别是在有危机发生的时候。
- **超管理成本** 管理人员可能经常犯这样的错误，认为可以用很少的资源管理项目。但是这经常导致灾难的发生，因为低管理成本可能比超管理成本存在更多隐患。

对于项目驱动型矩阵组织，转型并不容易，下面列出的这些可以供经理们借鉴：

- 基于生命周期的正确的计划编制和组织过渡将有利于成功的转变。
- 对高层管理者、直线经理和职员进行项目管理方面的知识、技能和态度的培训，对成功过渡是非常重要的，而且它还可能缩短过渡的时间。
- 在过渡期间，职员的参与和接受程度可能是最关键的方面。
- 在过渡期间，上下同心和项目管理中执行主管的参与是迈向成功的最大驱动力。
- 在过渡期间，组织的行为也非常重要。
- 高层主管人员在过渡期前所做的承诺应在过渡期间和过渡期后仍然保持。
- 不要急于让高层管理者大幅度放权。
- 过渡期间不能对进度计划或成效进行让步，但可以接受成本超支。
- 在过渡期间由竞争产生的激烈冲突会增加。
- 如果项目经理愿意在隐形的权力下管理，整个过渡时间将会大大缩短。
- 无法确定过渡期将会持续多长。

实现从一个传统型或产品开发型组织到一个项目驱动型组织的过渡并不容易，但是如果有正确的理解、培训、上下同心及足够耐心的话，那么就有很大机会顺利过渡。

3.11 推迟项目管理成熟度的 7 个谬论

总是能遇到这样的情况，企业决定实施项目管理很多时候仅仅是因为认为这条道路简单且清晰，但实际上这条道路荆棘丛生，充满了障碍和谬论。如果不能充分了解迫在眉睫的障碍及找到如何克服这些障碍的方法，组织是永远都不可能达到高水平的项目管理成熟度的。另外，它们的竞争对手也许仅需几年就能实施组织上的战略，有计划地连续不断地交付一个又一个的成功项目。

影响项目管理成熟度的第一个关键障碍是活动的执行经常由组织内具有权利的人负责。这些人通常不了解项目管理，还不愿意参加培训课程，即使短期的课程也不参加。这些课程能帮助人们了解如何成功地把项目管理实施带向成熟。第二个关键障碍是这些人经常是基于他们的个人利益或幕后动机做出决策的。这两种障碍都会阻碍项目管理的实施。

影响项目管理实施成熟度的谬论不一定能阻止项目管理的应用。相反，这些谬论在项目管理队伍里会造成工期的延长，并使项目遭受重大挫折。下面将介绍 7 种最常见的谬论。

谬论 1：我们最终的目标是实施项目管理。错误的目标！最终的目标必须是逐步开发项目管理系统和流程，该系统和流程能带来一系列与战略一致且可预测的连续成功的项目。在最短的时间内成功地实施，不会中断现有的工作流程。任何人都愿意购买软件，逐步地实施项目管理，但是他们并不一定能获得有效的项目管理系统和流程。成功地完成一两个项目并不意味着能持续不断地成功。

谬论 2：我们需要在一定时间内制定一定数量的表格、模板、指南和检查表。错误的标准！项目管理成熟度是以时间为基础来评级的，通过使用的评估工具进行评估。尽管确实需要表格、指南、模板和检查表，但是使它们的数量达到最大并不能使它们等同于项目管理的成熟。很多项目管理从业人员认为可以加快项目管理成熟的方法，是把注意力放在不断完善组织上的项目管理方法论，而且让每个人都接受并且支持。

方法体系应该设计用于简化组织处理项目的方式。例如，当一个项目完成了，应该向团队成员询问经验教训和最佳实践。询问过程经常使用提示性的方法，例如，过程的数量如何才能最少、哪些过程可以合并、如何在不增加成本的情况下提高效率和效果等。

谬论 3：要加速项目管理成熟，我们需要购买项目管理软件。错误的方法！仅仅为了拥有项目管理软件而购买软件是错误的想法。决策者经常是基于附加的“铃铛和口哨”购买项目管理软件的。他们认为越是大型的项目管理软件，越能加速项目管理的成熟度。

选择软件根本上是为了服务于项目和组织，如通过高效的、标准化的和一致贯联的实施流程降低成本。一个 500 美元的软件降低的成本往往和一个 20 万美元的软件降低的成本一样多。令人遗憾的是采购软件的人员往往更关注软件包具有的功能数量，而不是使用该软件能给组织节约多少成本。

谬论 4：我们需要小心翼翼地对具有突破性的小项目实施项目管理，这些小项目是任何人都可以管理的。错误的手段！如果时间不是制约因素，这种手段能起作用。最好的方法是用大型项目作为突破性项目。如果能成功地管理一个大型项目，那么也能成功地管理小项目。但是，成功地管理小项目不代表能成功地管理大型项目。

人们一直反对在具有突破性的小项目里实施项目管理，他们总能找出各种各样的案例说明项目管理为什么不能起到作用。通常在大型项目里实施项目管理的阻力更少，尤其在项目进展顺利的情况下。

谬论 5：我们需要跟踪和宣传突破性的项目成果。错误的行动！详细介绍一个项目成功仅对该项目有利，而不是整个企业。重点是要指出运用项目管理方法管理项目是如何给整个组织带来好处的，人们才能明白很多项目都应该使用项目管理方法。

谬论 6：我们需要高级管理层的支持。基本上是正确的。我们需要看到高级管理层的支持。人们很容易区分是真正的支持还是“空头支票”。高级管理层需要言出必行。他们需要专门召开会议，公开表明支持项目管理，出席各类项目团队会议。对项目管理实施前发生的问题，他们要坚持采用门户开放政策。

谬论 7：我们需要参加一个项目管理课程，这样我们的员工就能成为项目管理专业人员（PMP）。基本上是正确的！我们真正需要的是项目管理方面的终身教育。成为一名 PMP 仅仅是一个开始。加速项目管理成熟的捷径就是持续不断地接受组织上的项目管理培训。

不用说，还有更多的谬论会阻碍项目管理的实施，推迟项目管理的成熟。关键的是组织要通过采用一份考虑周详、获得组织范围内支持的计划实施项目管理。谬论会带来不必要的延误。识别并克服错误的思维能帮助快速达成组织的项目管理成熟。

相关案例研究（选自 Kerzner/*Project Management Case Studies*, 5th Edition）	相关练习（选自 Kerzner/*Project Management Workbook and PMP®/CAPM® Exam Study Guide*, 12th Edition）	PMBOK®指南（第 6 版），PMP 资格认证考试参考部分
• Quasar Communications, Inc. • Fargo Foods	• 项目执行中的冲突 • 多项选择题	• 项目资源管理

3.12 PMI 项目管理资格认证考试学习要点

这一章主要是对《PMBOK®指南》上的相关知识领域和主要板块中的原理进行回顾。这一章强调：

- 项目资源管理。
- 规划。

对于准备参加 PMP 考试的读者，通过下列练习将有助于对相关原理的理解。

- 组织结构的不同类型。
- 每种结构的优点和缺点。
- 哪种组织结构中项目经理拥有最大的权力。
- 哪种组织结构中项目经理拥有最小的权力。
- 矩阵结构的 3 种类型。

本章附录 C 中的 Dorale 产品的案例有：

- Dorale 产品（H）（人力资源管理）。
- Dorale 产品（J）（人力资源管理）。
- Dorale 产品（K）（人力资源管理）。

下列选择题将有助于回顾本章的原理及知识。

1. 在____结构中进行整合项目活动最困难。
   A. 经典/传统组织　　B. 项目型组织
   C. 强矩阵　　D. 弱矩阵
2. 在____结构中项目经理拥有最大的权力。
   A. 经典/传统组织　　B. 项目型组织
   C. 强矩阵　　D. 弱矩阵
3. 在____结构中项目经理拥有最小的权力。
   A. 经典/传统组织　　B. 项目型组织
   C. 强矩阵　　D. 弱矩阵
4. 在____结构中项目经理最不愿意和其他的项目共享资源。
   A. 经典/传统组织　　B. 项目型组织
   C. 强矩阵　　D. 弱矩阵
5. 在____结构中项目经理最有可能拥有支配报酬的权力，分配工资薪酬是他的行政职能。（项目经理和职能经理是一个人）
   A. 经典/传统组织　　B. 项目型组织
   C. 强矩阵　　D. 弱矩阵
6. 在____结构中如果项目被取消，员工失业的可能性最大。
   A. 经典/传统组织　　B. 项目型组织
   C. 强矩阵　　D. 弱矩阵
7. 在____组织结构中项目经理最想拥有对技术的支配权。
   A. 强矩阵　　B. 平衡矩阵
   C. 弱矩阵　　D. 跨文化型矩阵

答案

1. A　2. B　3. D　4. B　5. A　6. B　7. A

思考题

3-1 管理层面临的最困难的问题之一是，怎样缩短从一个纯传统型组织形式到项目型组织形式转变的过渡时间。同样，对这一过渡期间进行管理也并不容易，因为管理层必须长期“为团队工作中的职员提供培训和团队问题的解决方案，而且还要为创建团队协作分派项目和职能团队”。

3-2 对于下列的公司策略，选择哪种组织形式最好？

a. 开发、制造和营销虽有很大区别，但它们的技术产品和材料却相互关联
b. 在绝大多数行业里，都有市场份额
c. 全球业务高速扩展，成为跨国集团
d. 在一个变幻莫测、竞争激烈的业务环境中

3-3 在决定一个新的组织形式时，下面各个团队会对你的决策产生什么影响？

a. 管理高层

b. 管理中层

c. 管理低层

3-4 下面是对矩阵环境的 3 种描述，你是否同意？给出你的答案。

a. 矩阵中的项目管理者经常考虑员工的最大化利用

b. 项目经理和职能经理在优先权问题上应该意见一致

c. 在矩阵组织中，决策的制定需要对时间、成本、技术风险和不确定性进行机会成本分析

3-5 一些组织结构被认为"项目驱动型"的。请定义什么是"项目驱动型"。本章中的哪些组织形式符合这种定义？

3-6 一个组织的内部职能确定应充分考虑下列哪些因素：

- 由任务的复杂度引发的对组织的要求。
- 可用技术。
- 外部环境。
- 组织成员的需求。

根据以上因素，组织是否应该寻求一个符合所有条件的最佳组织方案？经理是否应该检查组织效用是否与其需求有关，还是正好相反？

3-7 你认为下面两个关于矩阵运作的论述是对还是错？为什么？

- 由于双重责任性，因而不应受到干扰。
- 判断不同，不能延缓工作进展。

3-8 一家公司有 15 个项目在同时进行，其中，3 个项目超过 500 万美元，7 个项目在 100 万～300 万美元，5 个项目在 50 万～70 万美元，并且每个项目有一个专职的项目经理。根据上述信息，采用哪种组织形式最好？所有的项目经理是否可以向同一人汇报？

3-9 一家大的保险公司在考虑是否要在公司实施项目管理。其大部分项目所需时间为两周，而只有很少一部分能超过一个月。请问，这家公司的这种做法是否可取？

3-10 一家公司决定使用矩阵结构来对公司进行全面的项目管理。请问，这种做法是否可行？这个矩阵是否能够部分地实施，也就是说，先在组织的某一部分实施，然后再逐步扩展到公司的其余部分？

第 4 章　组建项目办公室和项目团队

引言

PMBOK®指南，第 6 版
第 9 章　项目资源管理

无论什么样的组织结构，项目管理要成功，都得依赖于优秀的团队成员和杰出的项目经理。项目管理不是一个人的活动。它要求整个群体为实现一个具体的目标而努力。项目管理的组织由以下人员及机构组成：

- 项目经理。
- 项目经理助理。
- 项目办公室。
- 项目团队。

大项目可以设一个独立的项目办公室（PO）。第 3 章我们讨论过，不能混淆了 PO 与 PMO。PO 的人员是专门为项目全时工作的，他们不承担 PO 外的工作。而项目团队成员却来自各个职能部门，他们只会花一小部分的时间和精力在一个固定的项目上。通常，项目办公室人员直接向项目经理汇报，但是他们在组织的行政结构上依然受部门领导管理。小项目一般不会设立专门的项目办公室，而且有的时候，仅仅一个能干的员工就可以承担项目办公室的全部职务，独自处理项目的方方面面。

在职员配备开始前，有 5 个基本的问题需要注意：

- 成功的项目经理有哪些要求？
- 谁能够成为项目团队中的一员？
- 谁能够成为项目办公室中的一员？

- 在招募团队成员时将会产生什么问题？
- 什么原因导致团队核心成员的流失？

表面上看来，这些问题也许并不复杂，但是，当我们将其融入项目环境（项目的“临时”性）中时，就会发现企业发展需要不断地完成项目，人员配备问题变得极其复杂，特别是当组织中人手不够时。

4.1 人员配备环境

PMBOK®指南，第 6 版
9.1 规划资源管理

为了全面了解人员配备期间可能发生的问题，我们必须先对项目管理的特征进行充分的研究，包括项目环境、项目管理过程和项目经理。

与项目环境有关的两个主要问题：第一个是人员执行问题和人员政策问题。在项目环境中，由于业务流程有所改变，很多职员不能很好地完成工作。由于项目数量并不是唯一的，而且不断有新项目的出现和老项目的结束，无论职员多么精明强干，都很难适应这种不断变化的向不同的领导进行汇报的环境。

但从另一个角度看，许多员工很喜欢这种临时性任务，因为这给了他们一个“出头的机会”。而且在某些员工心里，出头的机会比项目更为重要。例如，一个项目组成员把项目经理的指示当耳旁风，自行其是。此时，这个员工根本不考虑项目的最终成败，这是因为他对此不负责任，而且他还有职能部门做老窝，还有可能因为新奇的想法受到职能部门的褒奖。

第二个是存在于项目—职能的交界处的问题。在频繁的人员调动中，职员突然发现他同时要向两个领导汇报，一个是部门经理，另一个是项目经理。如果部门经理与项目经理对工作下达的指示相同，那么这种管理上的交叉并不会阻碍事情的发展。一旦两位领导的指示存在冲突，下面的员工就左右为难。这种情况下，哪位领导直接影响职员的薪酬收入，他就会倾向于听谁的。

人员政策问题如果解决不当，会在组织内制造出混乱的局面，特别是在项目环境好于职能环境的时候。职能部门通常指定员工的等级、薪水。而项目办公室却没有那些规定，办公室人员的晋升和报酬仅取决于他的业绩。在项目办公室中会很容易地因为在工作中有出色表现而获得奖金，这就引发了矛盾。纵向结构上的部门人员就会嫉妒横向组织上的项目人员。

由于项目各不相同，项目管理流程允许每个项目拥有各自不同的政策、程序、规定和标准，只要符合公司董事会的指导方针即可。每个项目都需要高级管理层确认立项，这样项目经理就获得了相应的授权来执行自己的政策、程序、规定和标准。

只有项目经理及其所带领的团队上下团结一心为项目的顺利完成而努力，项目管理才算取得成功。要做到这一点，要求项目团队和办公室的每个成员必须充分了解项目要求。

最后，对人员配备最有影响的是项目经理。他的品性和能力可能吸引那些渴望参加项目的人，也有可能导致他们远离项目。项目经理应该树立诚实正直的作风，培植相互信赖的工作氛围。项目经理不应该做出不切实际的承诺，譬如后续合同一旦签完就立即给每人晋升。在临时性的任务中，如在项目中，经理不能等着员工自己解决问题，因为他们担心无法达到项目时间、成本和绩效的要求。

项目经理应该同时具有商务管理能力和专业技术。他们必须熟悉最基本的管理学原理，特别是涉及快速建立并完善临时沟通渠道的知识。同时，项目经理也要了解某个问题在技术上有什么牵涉，这是因为项目经理最终要对所有的决策负责。

然而，许多技术过硬的经理却遭遇了项目失败，这恰恰是因为他们过度重视项目的技术层面，从而宏观上忽略了项目的管理方面。由此，使人们强烈地意识到，项目经理不能只懂技术，还要明白管理方面的诸多知识。

由于每个项目的工期都不长，因而必须快速且有效地制定决策。经理们必须时刻警惕着“危险信号”，它们有可能最终引发极其严重的问题。他们必须证明自己既全能又坚韧不拔，以使下属为项目目标的实现而努力。因而高管们应该认识到项目经理在人员配备方面的目标是：

- 努力获得最有效的可用资源，并充分开发他们。
- 为所有工作人员提供一个良好的工作环境。
- 保证所有的资源都得到有效利用，如果可能的话，满足项目所有要求。

4.2 项目经理的挑选

PMBOK®指南，第 6 版
9.3　获取资源
9.4.2.3　沟通技术

企业高层面临的最难决策可能就是怎样挑选项目经理。有些经理可能适合长期项目，可以相对较慢地做出项目决策，另一些经理则适合短期项目，他们可以管理处在持续高压环境下的项目。

项目经理的选择过程并不简单，要预先考虑 5 个基本问题：

- 有哪些内、外部资源？
- 我们应该怎样挑选？
- 在项目管理中怎样提供晋升机会？
- 怎样在合理的时间框架下，提高项目管理技能？
- 怎样评估项目管理绩效？

项目管理只有选对项目经理才能成功。如果下属清楚项目经理是从总经理那里得到正式授权的，项目经理更有可能获得成功。通常，总经理只是简单地通知一下部门经理，谁是项目经理。

项目经理的主要职责：

- 在有效的资源和在时间、成本及绩效或技术约束下，实现最终目标。
- 达到合同约定的利润目标。
- 做出所有必要的决策，无论是临时性的替代决策还是最终方案
- 作为客户（外部）、高层管理人员和部门经理（内部）的沟通中心。
- 在时间、成本和绩效或技术约束下，就必须完成的工作包的资源配置与职能部门“谈判”。
- 尽可能解决所有冲突。

项目经理为了成功履行他们的职责，不断被要求证明在界面管理、资源管理、计划编制和控制上的能力。这些隐含的职责包括：

- 界面管理：
  - 产品界面
    - 各下属部门的表现。
    - 各下属部门间的物理联系。
  - 项目界面。
  - 客户。
  - 管理层（包括部门主管和企业高层）。
  - 职责变换。
  - 信息流。
  - 物资整合（存货控制）。
- 资源管理：
  - 时间（进度）。
  - 人力。
  - 资金。
  - 设施。
  - 设备。
  - 材料。
  - 信息或技术。
- 规划和控制管理
  - 提高设备利用率。
  - 提高执行效率。
  - 减小风险。
  - 选定解决问题方案。

— 选定解决冲突方案。

PMBOK®指南，第 6 版
9.4 建设团队

找一个真正合适的人并不简单，因为选择项目经理不能单靠履历上的工作描述，而是看个人的性格能力等特质。Rusell D. Archibald 对个人特质进行了更宽泛的定义[1]：

- 应变能力和适应能力。
- 出色的创新能力和领导才能。
- 有进取心、自信、有说服力、口头表达能力强。
- 有抱负、积极主动、有威信。
- 具有同时作为一个沟通者和统筹者的影响力。
- 广泛的兴趣爱好。
- 沉着，具有同情心、想象力和自觉性。
- 能够权衡时间、成本和人类因素等技术问题。
- 高度的组织性和纪律性。
- 通才而非专才。
- 愿意在计划编制和控制上投入大量精力。
- 能够及时发现问题。
- 善于决策。
- 能够劳逸结合，松紧有度。

最好的项目经理愿意而且能够发现自己的不足并知道什么时候去寻求别人的帮助。

到目前为止，我们已经讨论了项目经理应具有哪些个人特质，下面列出了一些与工作有关的问题供大家思考：

- 可行性分析和经济分析是否必要？
- 是否要求复杂的专业技术知识？如果是，它是否应该包含在个人能力中？
- 如果个体缺乏专业知识，那么在职能部门中是否存在足够的支持力量？
- 公司或个人是否第一次接触这种项目或客户？如果是，那么要考虑哪些风险？
- 这个项目有多大的优先程度，风险是什么？
- 在组织内外，项目经理必须和谁接触？

虽然有时认为，每个项目经理在某种程度上都应具备领导能力，行业和企业要求起到决定性作用。Anthony Walker[2]认为：

这些特质可以分为性格和技能。在很多情况下，项目经理的性格决定他们能发挥多少

1 Rusell D. Archibald. *Managing High-Technology Programs and Projects* (New York: Wiley. 1976). p. 55. Copyright ©1976 by John Wiley & Sons. Inc. Reprinted by permission of the publisher.

2 Anthony Walker,*Project Management in Construction* (Hoboken, NJ: John Wiley & Sons,2015),pp.245-246.

技能。以下列举了在建筑类项目管理中，有利于成为好领导的性格：

- 集体荣誉感。
- 偏好的领导风格（倾向民主）。
- 自信。
- 有能力相信他人。
- 有能力应对压力。
- 果断。
- 有辨别力。
- 一致性和稳定性。
- 个人能动性和奉献精神。
- 有决心。
- 正能量。
- 特别健康。
- 开明及愿意倾听他人言论。
- 可以与各类人员打成一片。

在技能上，以下几点很重要：

- 说服力。
- 谈判技巧。
- 商业知识。
- "政治"觉悟。
- 见识广。
- 界面管理技能。
- 有能力制定清晰的目标。
- 沟通技巧。
- 会议管理。
- 对危险有第六感。
- 外交手段。
- 区分重要信息的技能。

还有一个常被忽视的最重要特质是，项目经理应该有能力了解自己和下属的优势及不足。通过以下办法，项目经理可以让其下属发挥最佳效用：

- 项目经理必须知道下属应该干什么。
- 项目经理必须清楚地认识到自己的授权和局限。
- 项目经理必须知道下属与他人的关系。
- 项目经理必须知道是什么导致最后工作圆满完成的。
- 项目经理必须知道下属的不足在什么地方以及何时会表现出来。
- 项目经理必须明白怎样去做可以纠正不满意的地方。
- 项目经理必须让下属感觉到领导对他们很重视。
- 项目经理必须让下属感觉到领导对自己充分信任并且期望自己取得成功。

4.3 项目经理和项目集经理的技能要求

PMBOK®指南，第 6 版
第 9 章　项目资源管理
9.4.2.3　沟通技术
1.2.3.2　项目集管理

为了获得成功，项目集经理必须清楚以下几点：①自己的下属；②应该完成的任务；③可用的工具；④组织结构；⑤组织环境，包括客户群。

只有充分了解公司各机构间的相互关系和行为要素，项目集经理才能营造满足团队工作需要的和谐氛围。同时，项目集经理还应该了解他所处的工作环境中的文化和价值体系。项目集管理的有效执行与下面 10 种特殊的技能直接相关：

- 团队组建。
- 组织。

- 领导。
- 冲突解决。
- 专业技术知识。
- 规划。
- 企业家才干。
- 行政管理。
- 管理支持构建技能。
- 资源配置。

仅仅依靠专业技术知识或纯粹的管理技巧的经理时代已经不复存在了。

4.3.1　团队组建能力

组建项目集团队是项目集经理的一项基本任务，它包括一系列的管理技能如必要的识别、调派和协调不同任务组，使它们从传统的组织结构的部门中转到一个独立的项目管理系统里。

为了有效工作，项目经理必须营造有助于团队工作的氛围。他必须培育有以下特征的氛围：

- 团队成员有完成项目的义务。
- 良好的人际关系和团队精神。
- 必备的专业知识和资源。
- 明确的目的和项目目标。
- 企业高层积极参与并支持。
- 良好的项目领导。
- 团队成员和支持组织之间沟通公开化。
- 较少的人际或组间的不理智冲突。

上面关于团队组建的讨论可以总结为以下 3 点：①有效的沟通；②真诚地关心团队成员专业技能的培养；③对项目负责。

4.3.2　领导能力

项目成功的先决条件是，项目经理在相对松散的环境中依然有能力领导团队。它包含能够在很少或几乎没有正式授权的情况下，与部门经理和下属人员有效沟通。同时在动态环境下，收集和归纳相关信息以做出决策。这涉及综合个人需求、要求和限制条件而做出决策的能力，以及处理团体之间冲突的能力。

与总经理一样，领导工作的质量更多地依赖于项目经理的个人经验和在组织内的信誉。一个有效的管理模式必须具有以下特性：

- 清楚的项目领导和指示。
- 帮助解决问题。
- 带动新成员融入团队。
- 计划和制订方案的能力。
- 良好的沟通能力。
- 团队在上级高管面前的表现。

- 处理人际关系冲突的能力。
- 促进群体决策。
- 平衡技术方案与实际经济和人员条件的能力。

与上述技能相应的个人特性：

- 项目管理经验。
- 应变能力。
- 创新思维。
- 有创造力、热情。
- 受人爱戴，有说服力。
- 有组织、有纪律。

4.3.3 冲突解决能力

在复杂的任务管理中，冲突是普遍存在的。了解冲突产生的原因，项目经理就有能力有效处理冲突。冲突引发组织功能紊乱，常常会导致项目决策质量低下，问题拖延不决，团队工作遭受损失等负面影响。但是，冲突也有其有利的一面，它能导致人们投入更多的心思，产生新的信息，增强竞争意识。

为顺利解决冲突、增强项目的整体实施，项目集经理必须：

- 了解组织元素与行为元素之间的相互作用，以建立一个有利于团队行动需要的工作环境。这一措施将会促进成员们的积极参与，减少不必要的冲突。
- 和与项目目标和决策有关的所有组织层面进行有效的沟通。定期举行进度状况检查会议是一种重要的沟通方法。
- 充分认识冲突的产生原因及其在项目生命周期中存在的时间。有效的项目计划、应急计划、令行禁止及管理层参与等措施，能够避免许多冲突的发生，使其不会阻碍项目进程。

4.3.4 专业技术知识

项目经理不可能全部掌握项目所需的技术、行政管理和营销技巧等所有的专业知识，以一己之力管控整个项目。但项目经理必须熟悉技术、市场及商业环境。如果不能了解这些背景信息，项目经理将不可能预见局部决策对全局的影响，潜在的发展支脉及与之相关的其他商机。

项目经理需要深入了解专业技术，为了能够评估技术想法和解决方案，能运用技术的专业术语与项目团队成员进行有效沟通，能够评估风险，并对成本、进度和技术有所取舍。项目经常开始于一个试探性阶段然后发展为一个提案。这是测试未来项目经理的极好机会。这也为企业高层对项目经理候选人的考察提供了条件，看看他们对技术革新和整合方案的管理能力。

4.3.5　规划能力

规划能力对任何工作都是有益无害的，特别是对大型复杂项目，规划能力对项目成功与否起到至关重要的作用。项目规划是描绘一个项目如何从开始到成功的路程图。

项目规划在组织各个层面里都是一个持续的活动，项目经理有责任在项目开始之前准备项目总计划。一个好的项目规划远不是做一份进度计划与财务预算那么简单，它需要沟通和信息处理能力，来确定实际的资源需求和必要的行政支持。它还需要项目经理在很少或没有赋予正式授权的情况下，与各支援部门的主要负责人谈判，以便得到他们的支持并提供项目所需资源。

另外，项目经理还必须确保项目的相关信息有书面记录。项目范围和深度的变更不可避免。项目规划必须通过正式评审来进行必要的修改，同时成为项目整个生命周期的红头文件。一个过时的、无意义的计划是毫无用处的。

最后，项目经理需要注意计划是否有些过度。如果计划超过实际承受能力，它就走到了尽头，只被定义为一次创造性工作。项目经理有责任赋予计划和政策更大的灵活性，来防止这种情况的发生。

4.3.6　组织能力

项目经理应该是一个社会关系构筑师，换言之，他必须了解这个组织怎样工作及自己怎样在组织中工作。项目经理需要将不同部门的员工整合为一支有效的工作团队，也就是一个项目组织，因此，组织能力在项目形成和启动期间就显得尤为重要。项目经理要有能力确定汇报关系、职责、职能控制和信息需求。一个好的项目计划和责任矩阵是有用的组织工具。此外，组织技能还需要项目经理清楚项目目标，构造良好的沟通渠道，有能力进行领导，并得到企业高管的支持。

4.3.7　企业家才干

项目经理也需要有宏观的管理观念。例如，为组织发展、财务正常进行经济上的考量，但组织目标通常不只是利润。客户满意度、未来发展、培育相关市场，以及对其他项目的最小干扰可能是同样重要的目标。一个优秀的项目经理会充分考虑这些问题。

企业家才干可以通过实际经验来培养。同样，正式的 MBA 培训、特定的研讨会及跨职能的培训计划，也可以帮助项目经理培养企业家才干。

4.3.8　行政管理能力

行政管理能力非常重要。项目经理应该在计划编制、人员配备、预算、进度计划编制和其他控制技术等方面得到锻炼。对于技术人员来说，问题不在于使人们理解预算和进度计划编制这些行政管理技能，而是使他们牢牢记住，成本、进度与完美的技术解决方案都是同等重要的。

对于项目经理来说，有以下一些有用的行政管理工具：①会议；②报告；③评审；④预算和进度控制。项目经理必须熟练掌握这些工具，并且知道怎样有效使用它们。

4.3.9 管理支持构建技能

项目经理被许多支持他或者控制他活动的组织包围着，他对各个层面的了解就显得非常重要，而且，这有助于他与管理高层搞好关系。企业高层的支持对有效处理各个层面的关系尤为必要，因为每个项目都是由许多利益不同和“办事方式”不同的人员组成的。这些权力体系中的权力发展不均衡，因而项目经理有高管作后盾，才能阻止这种不均衡的发展。

下面是 4 种影响项目经理与管理高层建立良好关系的因素：①他的长期可靠性；②他的项目预见力；③他的项目相对其他项目的优先程度；④项目经理自己是否能干。

4.3.10 资源配置能力

一个项目组织有许多领导，而职能组织的存在使支援团队免受项目办公室的直接财政控制。任务一旦被批准，对人员分配、优先级及间接的人力资源成本的控制常常很困难。同时，由于各部门相互依赖，工作范围和内容不断变动，问责工作也变得非常困难。

编制详细有效的项目计划有利于加强管理和控制。计划的各个部分类似于“工作说明书”，它为资源分配提供基础，也有助于就要执行的任务和相关预算、进度和所有关键人员与他们的上司达成具体协议。可测量的里程碑对有形的硬件非常重要，对“无形的”项目组成也很重要（例如系统和软件任务）。

4.4 挑选项目经理的特例

在前面的讨论中，我们假定项目规模足够大，因而需要任命一位全职的项目经理。但事实并不全如此。下面列出了在项目人员配备中的 4 个主要特例：

- 用兼职代替全职。
- 几个项目由一个项目经理管理。
- 项目由部门经理代管。
- 项目经理的角色由总经理担任。

其中，第一种情况通常取决于项目的大小。如果一个项目很小（指其时长或成本方面），那么它就可以由一个兼职项目经理来负责。许多高层管理者经常会犯这样的错误，他们让职能部门的员工来担任兼职的项目经理，同时继续承担所在部门的职责。当项目利益与所属部门的利益产生冲突时，项目往往会被牺牲。这是人的天性，人们都趋向于个人利益最大化的一方。

对项目经理来说，同时掌管几个项目是非常普通的事情，特别是当这些项目相互有所联系或有所相似时。问题是，当这些项目的优先级有很大差异时，低优先级的项目就会被忽视。

如果一个项目的技术含量很高，需要专业技能，而且可由一个单一部门来完成，此时部门经理就会身兼二职，同时担任项目经理。这样做也会产生问题，使优先级的设定变得无效。部门经理会不顾项目的优先级而将最好的资源配备给他所直管的项目。他的项目可能成功，却以其他项目的失败为代价。

最坏的情况可能是高层管理者兼职担任项目经理。他不可能全身心地投入项目，也不可能放弃自己正常的工作职责而像项目经理那样做出有效的决策。还有，他也可能会将最好的资源大量用于自己的项目中。

4.5 新一代项目经理

一个优秀的 21 世纪的项目经理所应掌握的技能已经与 20 世纪 80 年代有所不同。随着项目管理的发展和成熟，项目经理的职能也从技术经理转向业务经理，对于一个 21 世纪的优秀项目经理来说，他必须掌握以下基本技能：

- 商务知识。
- 风险管理。
- 整合技能。

其中，最关键的技能是风险管理。但是，要有效实施风险管理，就必须精通商务知识。图 4-1 显示出了 1985—2016 年项目管理所需技能的变化。

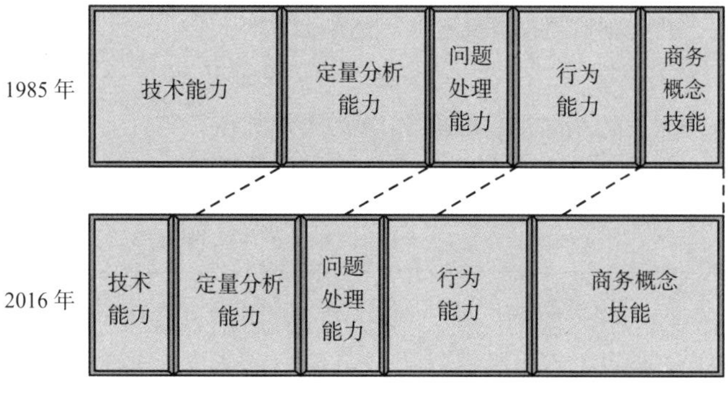

图 4-1　1985—2016 年项目管理所需技能的变化

随着项目规模越来越大，整合管理的复杂性也更加明显。图 4-2 说明了整合管理的重要性。在 1985 年，项目经理还把大量时间花在与团队进行计划编制和修订上。这是因为项目经理通常是搞技术出身的。如今，部门经理作为技术专家承担了大部分计划制订和修订工作，项目经理则主要致力于整合各部门计划，编制一份整体项目计划。因此，一些人认为，随着风险和整合管理难度的增加，未来的项目经理将可能成为风险控制方面的专家。

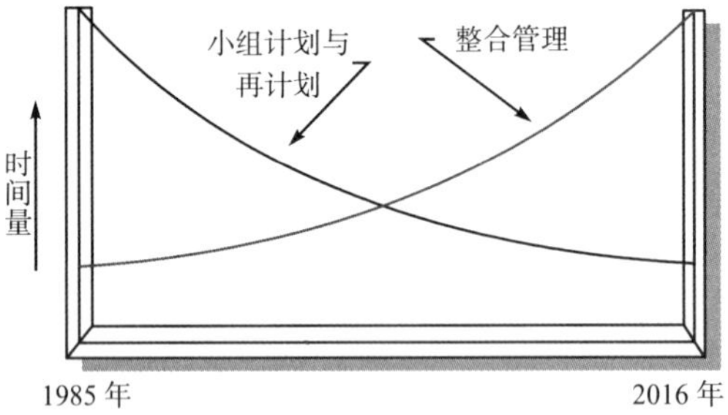

图 4-2 项目经理的时间安排

4.6 职责和工作描述

PMBOK®指南，第 6 版
第 9 章 项目资源管理

既然项目、环境和组织随公司和项目的不同而有所不同，那么，对公司来说，有理由为项目经理和相关人员提供合理的工作描述。

由于在项目管理环境中存在工作描述和权限重叠的可能，一些公司试图分别为每一个项目管理职位确定详细的职责，如表 4-1 所示。

表 4-1 项目管理职位和职责

项目管理职位	主要职责	技能要求
• 项目行政人员 • 项目协调者 • 技术助理	协调和综合子系统任务，协助确定技术和人才需求、进度和预算，根据技术进度、进度计划和预算来预测和分析项目的执行	• 计划编制 • 协调 • 分析 • 对组织的了解
• 业务经理 • 项目工程师 • 项目经理助理	与上述相同，但更强调对项目要求的确定和把握；进行权衡；根据制定的进度和预算对技术进行指导	• 专业技术知识 • 权变分析 • 任务实施管理 • 对任务专家的领导

续表

项目管理职位	主要职责	技能要求
• 项目经理 • 项目集经理	与上述相同，但更注重项目计划编制和控制；协调和商谈投资者与执行组织间的要求；提出发展建议和价格；建立项目组织并配备人员；全面领导项目计划的实施；项目利润；开发新业务	• 全面领导项目集 • 组建团队 • 解决冲突 • 管理多种职能任务 • 计划编制和资源配置 • 接洽客户或投资者
• 项目集执行经理	一般在超大项目集中设立此管理头衔，职责同上；主要是指导整体项目实现既定目标；联系客户；盈利；开发新业务；培养组织	• 业务领导 • 综合项目业务管理 • 组建项目集组织 • 培养人员 • 开发新业务
• 项目集总监 • 项目集开发副总裁	通过各种项目组织负责管理多项目业务，其中每一业务由一个项目经理领导；主要是企业规划和发展，谋利，技术开发，制定项目集管理指导方针，培养人员和组织	• 领导 • 战略计划编制 • 项目集业务指导和管理 • 组织建设 • 关键人员的挑选和开发 • 新业务的开创和发展

4.7 组织人力资源的配备过程

PMBOK®指南，第 6 版
第 9 章　项目资源管理
9.1.3　规划资源管理：输出
9.4　建设团队

项目的人力配备经常变得漫长而乏味，尤其是大型复杂的工程项目。有 3 个主要问题有待我们去解决：

- 需要哪些人才？
- 这些人员可从哪里获得？
- 哪种项目组织结构最好？

为了确定对人才的要求，我们首先应该弄清需要哪些类型的人才（可能只需工作岗位描述），每个职位需要补充多少人，何时需要。其他需要考虑的因素还包括：人力成本、项目时效内他们是否有时间参与项目、人员的专业水平、是否需要培训，以及他们先前同工作团队合作的经验。如果项目前期制订了人力资源管理计划，涵盖了上述三个问题，配备阶段就能省时省力。

考虑下面这种情况：作为一名项目经理，你有一项活动由 3 个独立任务组成，所有任务都涉及同一部门。部门经理立马给第一个任务配备手头最好的资源，但不能承诺后续人员配置。部门经理手头只有能力低于一般水平的职员去完成第二、第三个任务。然而，他愿意和你商议。他可以给你一个能力一般的员工，如果你接受，那么部门经理可以让他完成三个任务。这种稳定性对你有多重要呢？这里并没有一个确定的答案。有的项目经理会想得到最好的人力资源并情愿为此去争取，但有人却更喜欢稳定，他们不愿意人员有太多的变动。

项目经理与部门经理间的相互信任是非常重要的，特别是在人员配备阶段。一旦项目经理与职员间建立了良好的工作关系，他将会把这些职员保留下来。很自然地，项目经理将会要求在下一个项目中依然配备跟以前相同的行政或技术人员。部门经理也明白这一点并表示同意。

资源一旦确定下来，下一个问题便是人员是从内部寻找还是从外部招聘，如雇用新职员或聘请顾问。只有在内部人力资源已经充分用于其他项目，或者公司的职员处理不了该项目时才应该考虑请外面的顾问。这一问题的答案也揭示了何种组织结构有利于目标的完成。虚拟团队、矩阵型、产品开发型或项目型组织结构处理这个问题的答案各不相同。

挑选项目经理仅仅解决了人员配备 1/3 的问题。接着挑选项目办公室成员和团队成员，这一工作常常耗时、烦琐。项目办公室人员一般是专职的项目成员。办公室专职人员可以从下面三类人中选拔：积极的项目团队成员、可能提升或调任的职能部门员工，以及外部申请者。

选拔设想完成后，项目经理要与企业高层协调，要求做到：

- 所有的任命必须符合公司目前的职级、薪水和晋升政策。
- 选出的人员能很好地配合项目经理（直接上司）和管理上层（间接上司）的工作。
- 选出的人员与职能部门员工有良好的工作关系。

好的项目办公室人员通常具有不同类型项目的经验并且能够严格自律。

如果所需人员已经被配置到其他项目中，项目经理就要和管理高层及所需人员现在的项目经理进行会晤。项目经理当然不愿意自己的优秀人才被派到其他项目中去，但这样的交换在项目环境中时有发生。企业高层参与资源协调会议则是表明上级很关心有效人力资源的最大合理利用并帮助解决人员冲突。内部人员配置是一个协商过程，管理高层通过这些协商，制定公司的基本规章和确定项目优先顺序。

图 4-3 是典型的按项目时间发展的人员配备图。项目组成员是从职能部门领域或是其他项目释放而来的。人员应该在项目开始前配置到位，然而多数项目经理害怕员工被其他项目组抢夺，因此会要求员工尽快到岗。在理想条件下，员工完成上一个项目的任务后，就会马上被配置到下一个项目，能有多快就多快。但如图 4-3 所示，前段曲线倾斜角度大，后段曲线角度小，这说明前期项目经理希望成员快速到岗，但是任务接近完成时，项目经理反而不那么愿意放人。这是因为项目经理一定要确保不再需要这个人时，才会放人。

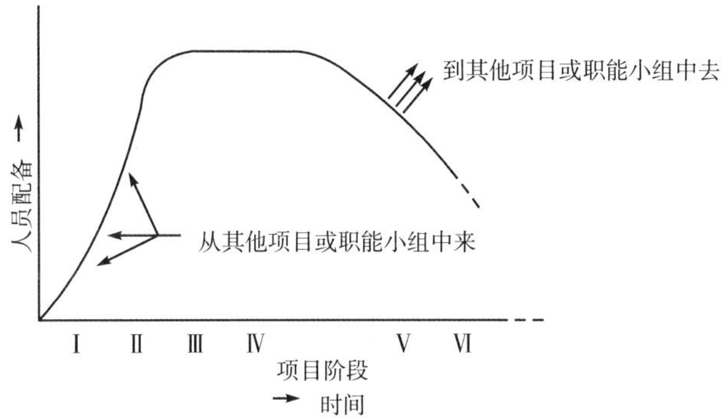

图 4-3 按项目时间发展的人员配备图

以上我们已经讨论了项目中的人员配备。但是还是有人因为如下原因而被“踢出”项目：

- 不遵守规定、政策和程序。
- 不服从已有的正式权力关系。
- 认为他们的地位比对公司的忠诚更加重要。
- 过于注重技术而不顾预算和进度计划。
- 不胜任。

对于不胜任者，项目经理有 3 种解决办法：第一，进行现场处理，包括指出其错误，纠正其行为，并可以威胁说如果再犯将会给予惩罚；第二，可以将其安排到一些不重要的活动中，但这一般不被项目经理所采用；第三，也是最常用的方法，将其开除出项目。

项目经理能够直接免除项目办公室人员（对项目经理负责）的职务，但对职能部门人员的处理则必须通过部门经理才能间接执行。职能部门人员的职务免除要做得像调任一样，否则项目经理就会给他人留下“经常解雇职员”的印象。

4.8 项目办公室

PMBOK®指南，第 6 版
9.3 获取资源

如图 4-4 所示，项目团队由项目办公室和职能人员组成，虽然图中的项目办公室人员都被标以项目副经理或助理的职务，但现实中有些办公室人员可能没有任何头衔。具有此头衔的好处是他们有权直接和客户对话。这样的称呼非常重要，因为当项目副经理和客户交谈时，他代表的是公司，相对的，职能部门员工仅能代表他个人。

项目办公室是用来帮助项目经理履行职责的组织，项目办公室人员必须与项目经理一样对项目尽职尽责，并且要与项目经理和部门主管都保持良好的工作关系。项目办公室的职能如下：

- 作为内部控制和客户报告的信息中心。
- 控制时间、成本和成效以符合合同要求。
- 确保所有的工作要求都有记录并分发到各个关键人员手中。

- 确保所有的工作都有合同的授权和资金的供给。

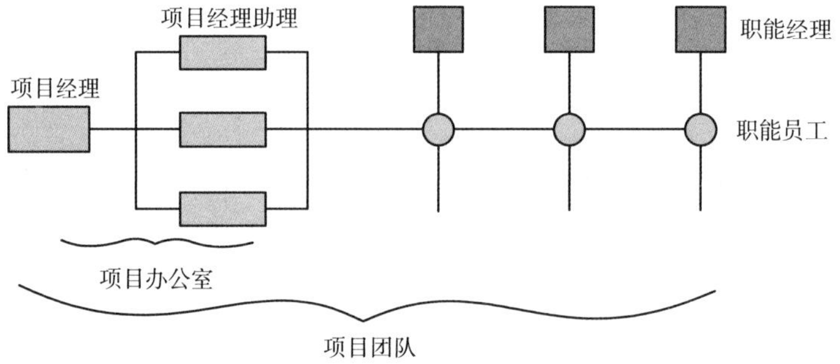

图 4-4　项目组织

项目经理和项目办公室人员的主要职责是对组织中跨职能部门的工作进行整合。像工程、研发和生产这些职能机构及公司外的分包商，都必须按同样的规范、计划甚至目标工作。缺乏这些职能机构的有效整合是项目失败的最常见原因。项目成员要尽力完成为保证项目成功所要求的所有工作，而不只是履行其职能责任。解决因整合不力而引发的问题的最好办法是项目办公室成员的全职化参与。并非项目团队所有成员都是项目办公室人员，有时候处于项目层与职能层间的部门代表也可充当整合者，但其“屁股”更靠近于工作最终完成的地方（职能部门）。

项目经理面临的最大挑战是确定项目办公室的规模。理想的规模是通过权衡决定的，一方面要保证完成任务所需的人员数量，另一方面又不能超过行政管理的成本控制线。成员资格则取决于项目规模、内部要求、项目类型（如研发、质量、产品）需要的技术水平和客户要求等，同时成员规模还取决于该项目的战略地位。如果该项目具有战略性质，那么项目办公室的规模会趋于增大，尤其是项目还有后续工作的时候。

在一些大项目中，甚至在一些小项目中，如果没有长期固定的项目人员，项目也是很难成功的。以下列出了项目办公室的4个主要活动，它们也说明了为什么需要全职工作人员：

- 整合活动。
- 内部和外部的沟通。
- 根据风险程度和不确定性编制进度计划。
- 有效控制。

这4种活动需要训练有素的项目人员的持续监测。培训出优秀的项目办公室人员可能要花上好几个星期甚至数月，还可能超出项目所需时间。

许多高层管理者对项目办公室的性质和用途有误解。他们认为工作于项目办公室中的职员首要考虑的是项目的管理，而不是提高专业技术知识。但是，一个没有经过二级、三级项目和职能部门交叉培养的员工，不可能执行项目的各阶段的工作。例如，一个成本项目经理可能曾经是采购经理助理的助理。项目办公室中的轮岗培训是培养优秀项目经理的一个极好办法。

4.9 职能团队

PMBOK®指南，第 6 版
第 9 章　项目资源管理
9.2　估算活动资源

项目团队一般由项目经理、项目办公室（其成员不一定直接向项目经理汇报）及职能组织和项目组织的界面管理成员（他们在水平和垂直两个方向汇报信息）组成。职能部门下的项目团队成员经常与项目办公室团队成员在组织图中同等列示，这样做通常是为了满足客户的要求。

管理高层经常介入职能部门团队成员和项目办公室成员的挑选过程，但除非项目经理和部门主管不能达成一致意见，否则一般高层管理者不应在其中扮演积极的角色。职能部门领导必须出席所有的人员配备会议，因为职能部门员工的配备必须符合项目的要求，也因为：

- 一般来说，部门经理专业能力更强，能甄别出高风险领域。
- 部门经理必须对项目的成功抱有积极的态度，而最好的办法就是在项目计划的编制阶段就邀其参与前期活动。
- 职能部门下的项目团队成员并不总是全职的。他们可以全职也可以兼职，可以参与整个项目过程，或者只参与其中的特定阶段。

职能部门项目团队成员和项目办公室成员的挑选过程必须包含对一些特定要求的评估。最常见的特定要求产生自：

- 技术说明书的变更。
- 特殊的顾客要求。
- 因为现存政策的偏差而引起的组织重组。
- 与客户项目办公室的兼容能力。

一个典型的项目办公室可能有 10 ~ 30 名成员，而整个项目团队则可能超过 100 名成员，这可能造成信息交流缓慢。对于大型项目，如果每个主要机构和部门能够在项目中甚至在项目办公室中，长期驻留一个专职的部门代表当然最好。项目经理和团队成员必须充分了解每个团队成员的职责和职能，这样才能更快、更有效地实现全面整合。

当职员开始参与项目，项目经理应该能够发现那些“明星”职员。这些职员对项目的成败起着关键作用，而且他们可能成就项目经理，也可能会毁了项目经理。通常，这样的明星职员出现在职能部门而不在项目办公室。

4.10 项目组织图

在项目开始阶段的首要任务之一是为项目设计一个组织图，并确定项目与母体组织结构的关系。图 4-5 是 Dalton 公司的 6 个主要项目集的缩图。我们研究的是 MIDAS 项目集。尽管它在这 6 个项目集中优先级最低，但是由于它在图中被置于第一层，而且非常突出，因而给人的印象就好像它是最优先的项目。这样的安排经常让当事人或者客户觉得，承包商对他们的项目非常重视。

图 4-5 中的职员可能是全职的，也可能是兼职的，这需要由项目的具体要求来确定。图中有些地方，可能一个职员的名字代表两个或两个以上的部门职位（如两个项目共用一个项目工程师），也可能是一个名字代表两个项目职位（如在一个小项目中，一个人既是项目经理又是项目工程师）。注意：组织图仅仅是为了方便客户，而并不代表公司里真正的“虚/实”报告关系。

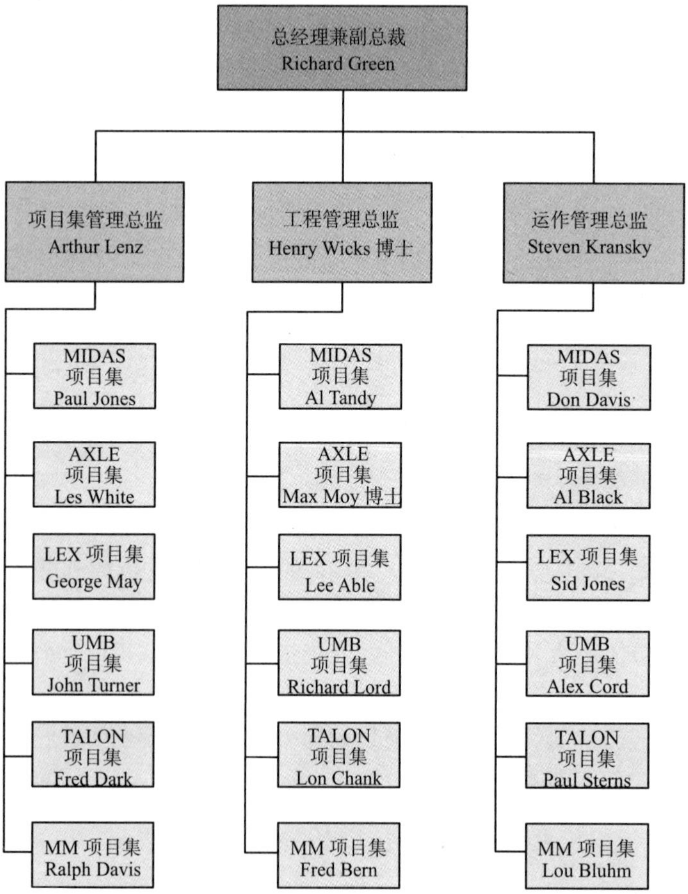

图 4-5　Dalton 公司

第二步是列示项目集办公室结构，如图 4-6 所示。注意，运营总监和总工程师具有双重汇报职责，他们直接向项目经理汇报，间接向总裁汇报。可能又是出于对客户的考虑，真实的汇报结构顺序也颠倒了。在总工程师下面有 3 个位置，尽管这些位置以实线相连，但它们实际上可能是虚线关系。例如，Ed White 在 MIDAS 项目集中可能是一个兼职人员，但他在图中却仍以长期项目集办公成员来表示，而 Jean Flood，可能根据合同规定每周只在该项目中工作 10 小时。

如果组织图中两个位置的职能发生在项目的不同时期，那么这两个职位可能显示由同一个人来担任。例如，如果工程设计和工程检测这两项活动间的时间间隔很长，那么 Ed White 可能一个人执行这两项工作，而图示中也只会出现他一个人的名字。

项目办公室组织图中显示的那些人，不管是专职的还是兼职的，并不一定真正坐在项目办公室中。对于专职的和长期的，如一个建筑项目，职员们可能确实会坐在一起。但是，对于兼职的，他们则可能主要是待在各自的职能小组里。请注意，这种图也只是为了给客户看。

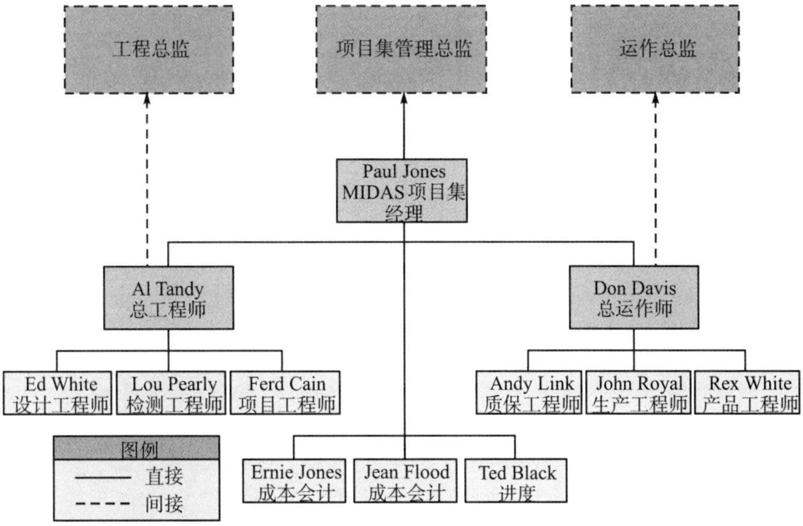

图 4-6 MIDAS 项目集办公室

大部分客户认识到，一个高素质的项目组成员可能还会服务于其他项目甚至项目集。项目人员配备图，如图 4-7 所示，说明了这一点。同时，这种图还可以有意识地帮助管理者向客户表明，关键人员随时效命于他的项目。

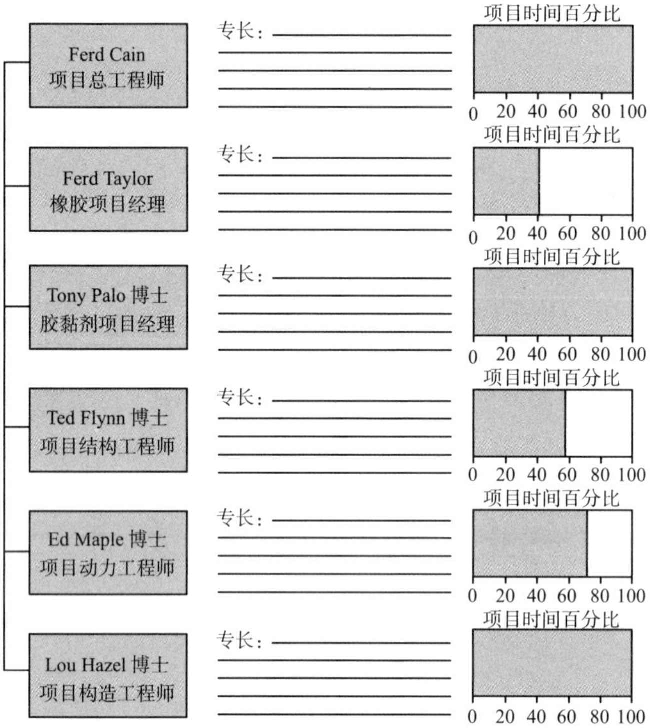

图 4-7 MIDAS 项目集的项目工程部人员配备

4.11 项目管理实施团队的挑选

PMBOK®指南，第 6 版
第 9 章 项目资源管理
9.3 获取资源

项目管理在组织中的实施需要有高层管理者强有力的支持，以及一支致力于项目管理工作的实施团队。如果团队成员选择不当，要么会延长实施过程，要么会降低士气。某些职员可能在项目团队中扮演破坏者的角色，他们可能妨碍项目管理的实施。如图 4-8 所示，具体内容如下：

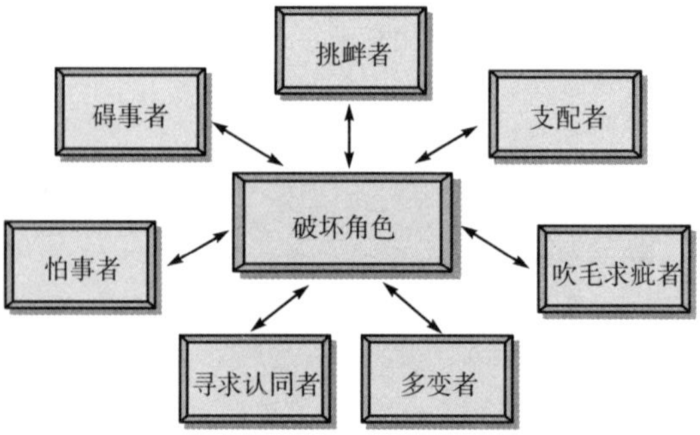

图 4-8 损害项目管理实施的角色

- 挑衅者
  — 对项目管理中的任何人、任何事都妄加批评。
  — 贬低其他团队成员的地位，打击他们的自尊心。
  — 总是一副咄咄逼人的样子。
- 支配者
  — 总想掌管一切。
  — 自称对项目管理无所不知。
  — 总想操纵别人。
  — 向负责人员挑战领导职位。
- 吹毛求疵者
  — 总想在项目管理的各个领域中寻找错误。
  — 在迫不得已时才会对项目管理给予支持。
  — 表现得更像一个敌人，而不是一个拥护者。
- 多变者
  — 总是第一个对项目管理提出新建议或新办法。
  — 不断地改变主意。
  — 除了自己的主张外，很难长时间地集中在某个问题上。
  — 企图把项目管理的实施当作一个永远的活动项目。
- 寻求认同者
  — 总是主张自己的建议。
  — 地位意识强烈。
  — 只要条件许可，就极想成为项目经理。
  — 喜欢自言自语。
  — 喜欢吹牛，但很少提供有价值的信息。
- 怕事者
  — 害怕受到批评。
  — 除非迫不得已，不公开露面。
  — 隐瞒信息。
  — 害羞。
- 碍事者
  — 喜欢批评。
  — 拒绝别人的观点。
  — 喜欢引用不相关的例子和个人经历。
  — 有一大堆认为项目管理无效的理由。

上面列出的这些类型的职员都不应该进入项目管理实施团队，而应该入选实施团队的人员类型显示在图 4-9 和下面的描述中。他们的角色通常通过他们的话语来表现：

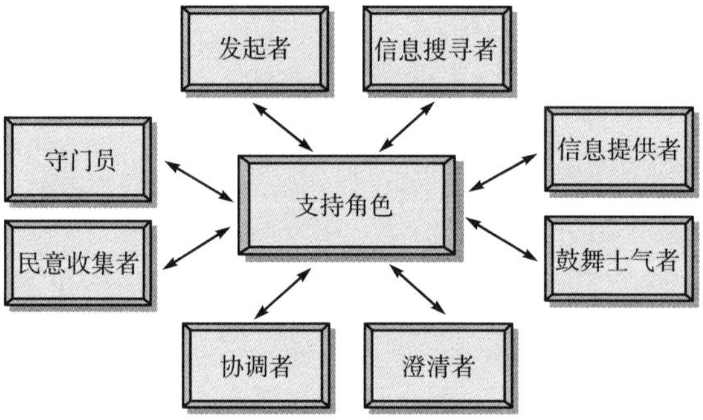

图 4-9　支持项目管理实施的人

- 发起者
  —“这种方法会起作用吗？”
  —“咱们试试看。”
- 信息搜寻者
  —“我们以前这样试过吗？”
  —“我们是否知道其他采用过这种方法的公司？”
  —“我们能得到这一信息吗？”
- 信息提供者
  —“其他公司发现……”
  —“文献上记载……”
  —“测试研究表明……”
- 鼓舞士气者
  —“你的想法很有价值。”
  —“这个方法很可行，但我们是否可以做些小的改动？”
  —“你所说的真的对我们很有帮助。”
- 澄清者
  —“我们所说的是不是……”
  —“让我用自己的话来叙述一遍我从小组中听到的。”
  —“咱们来看看是否能预测一下。”
- 协调者
  —“我们是一致的，不是吗？”
  —“我们的想法相当接近。”

— “难道你不认为我们是在讲同一件事情吗？”

- 民意收集者

— “让我们看看是不是整个团队成员都同意。”

— “让我们投票决定吧。”

— “让我们听一下小组其他人的意见。”

- 守门员

— “在这个问题上谁还没有发表意见？”

— “我们是否应该将我们的选择公开？”

— “我们是准备做出决策还是提出建议，或者还有别的信息可供参考？”

4.12 新任项目经理常犯的错误

不管是项目经理还是团队成员都会犯错误。项目经理不可能永远都不犯错。下面列出了年轻的或缺乏经验的项目经理最常犯的 20 种错误。显然，他们会犯的错误远不止这 20 种，其中有些错误是与个人和行业相关的。但是，列举出的这 20 种错误内容能帮助我们理解：正是因为项目经理所做的事情才导致他们陷入了困境[1]。

- 认为一名有效的领导人员应该多多关注细节。
- 假装知道得很多，不乐意与真正的专家沟通。
- 试图让人准备一份要求过高的进度计划，而部门经理又很难支持这个计划。
- 过度依赖重复性的、缺乏弹性的过程。
- 忽视问题，认为问题总会解决的。
- 不能与职能经理共享成功与失败。
- 提供不必要的功能，给可交付成果“镀金”。
- 不知道项目相关方和发起人想要获得什么。
- 不能全面理解需求。
- 拒绝寻求帮助。
- 忽视那些需要项目经理亲自解决的问题。
- 相信救世主和奇迹，不相信有效的领导。
- 试图以不能做到的承诺激励团队成员。
- 不能理解他的项目和公司其他项目之间的相关性。

1 H.Kerzner.” Twenty Common Mistakes Made by Inexperienced Project Managers,” learningcenter.iil.com/saba/web/Main/goto/Catalog.版权所有 2012 by the International Institute for Learning, New York city. Reproduced by permission.

- 拒绝向客户承认错误。
- 耍大牌。
- 不能理解内部政策和外部政策给项目带来的影响。
- 不愿意说“不”。
- 不能决定哪些障碍需要去克服。
- 不知道何时去克服存在的障碍。

相关案例研究（选自 Kerzner/ *Project Management Case Studies*, 5th Edition）	相关练习（选自 Kerzner/*Project Management Workbook and PMP®/ CAPM® Exam Study Guide*, 12th Edition）	PMBOK®指南(第 6 版)，PMP 资格认证考试参考部分
• Government Project Management • Falls Engineering • White Manufacturing • Martig Construction Company • Ducor Chemical • The Carlson Project	• 坏苹果 • 多项选择题	• 项目资源管理

4.13 PMI 项目管理资格认证考试学习要点

本节用于项目管理原理的复习，以巩固《PMBOK®指南》中相应的知识领域和范围，着重讲述了：

- 项目资源管理。
- 规划。
- 项目人员配置。

对于准备 PMP 考试的读者，通过下列练习将有助于对相关原理的理解。

- 项目团队的意义。
- 人员配置的程序和环境。
- 人员配置部门经理的角色。
- 企业高层在人员配置中的角色。
- 项目经理所需要的技能。
- 项目经理应该帮助项目团队成员在项目中一边工作一边学习成长。

本章可用的附录 C 中的 Dorale 产品的案例有：

- Dorale 产品（H）(人力资源管理)。
- Dorale 产品（I）(人力资源管理)。

- Dorale 产品（J）（人力资源管理）。
- Dorale 产品（K）（人力资源管理）。

下列选择题将有助于回顾本章的原理及知识。

1. 在项目人员配置的过程中，管理高层在选择下面的____职位时负有主要的责任。
   A. 项目经理　　B. 项目经理助理
   C. 职能部门团队　　D. 企业高层不干涉人员配置
2. 在项目人员配置的过程中，部门经理的主要责任是____。
   A. 批准项目经理的选择
   B. 批准项目经理助理的选择
   C. 基于人员的适用性分配职能部门的资源
   D. 基于人员及技能的需求分配职能部门的资源
3. 项目经理很难成功，除非所有的人都知道以下的____情况。
   A. 项目经理掌握项目的技术
   B. 项目经理在项目团队中比其他人获得的薪酬更高
   C. 项目经理超过 45 岁
   D. 企业高层直接对项目经理授权
4. 很多人相信训练某人项目管理能力的最好的方法是____。
   A. 在工作中训练　　B. 大学研讨课
   C. 项目管理的研究生课程学习　　D. 专业的研讨课和会议

5. 在与部门经理进行人员配置的谈判时，你需要一个有 7 级技能的工人，而部门经理告诉你，将会分配给你一个 6 级和一个 8 级的工人。你应该____。

   A. 拒绝 6 级的工人因为你没有培训的责任
   B. 要求部门经理调另外的两个人
   C. 要求项目的发起人进行干涉
   D. 很高兴！你有 2 个工人

6. 你的预算是一个 1 000 小时的项目，需要分配给你一个 7 级的员工，但是部门经理分配给你一个 9 级的员工。这样做的结果是你的成本会明显超支。项目经理应该____。

   A. 调整项目开始的日期以等待合适的 7 级员工
   B. 向项目的发起者要求更高的优先权
   C. 缩小项目的范围
   D. 看看 9 级的员工是否能将工作时间缩短

7. 当一个项目开始进入收尾阶段的时候，项目经理应该____。
   A. 释放所有不重要的人员使他们被分配到其他的项目中去
   B. 等待直到项目正式结束时再解散项目团队
   C. 等待直到部门经理正式提出解散团队的请求
   D. 与其他的项目经理交谈，看他们是否能接收自己的团队成员

答案

1. A　2. D　3. D　4. A　5. D　6. D　7. A

思考题

4-1 David Cleland 有如下评论：

> 他的（项目经理的）人员配备必须有提供人力资源管理和技术支持作为保障，在整个项目生命周期中，他应该有足够的权力来增加或减少其人员配备。这样的权力还应包括挑选来自各个相关职能部门，为项目不同时期的人员所做出的提议[1]。

你是否对这些描述表示赞同？项目或组织类型在你的答案中是否很重要？

4-2 一些人认为，项目经理的职能，从某种角度来看，有点像医生。这句话是否存在一定的合理性？

4-3 项目经理 Paul 有一个历时 12 个月的项目，在项目的第 7、8、9 个月时，他需要 2 名有特殊条件的员工。部门经理保证所需员工提前两个月就可到岗，如果 Paul 在那个时候不将他们安排到项目中，那么他们将会被派到别处，Paul 只能用当时可用的职员。Paul 应该怎样做？你是否必须设定一些假设来证明你的答案？

4-4 Frank Boone 是公司中知识最渊博的管道工程师。在 5 年中，公司多次拒绝了他想调到项目工程和项目管理中的请求，理由是他目前的位置对公司过于重要。如果你是项目经理，你愿意 Frank 成为你职能团队中的一员吗？组织应该怎样处理这种情况？

4-5 在下面的各种组织形式中，由谁来决定需要何种人才，何时需要，如何雇用？谁有权力和责任来激发这些人力资源？

a. 传统型组织

b. 矩阵型组织

c. 产品直线组织

d. 部门/人力资源配置型项目组织

4-6 你是否同意：项目组织的形式有益于同事间的点对点的交流和动态问题的解决？

4-7 如果你是一名项目工程师，并指导一个与你前次指导的项目相似的项目集。你是否愿意仍然使用你在前一个项目中的管理或技术人员？

4-8 如果委派到你项目中的职员工作很不令人满意，你应该怎么做？他属于项目办公室或者隶属职能部门，你的处理方式会有什么不同吗？

4-9 如果一个项目经理创造了一种奉献和力争成功的精神，还会被所有人讨厌吗？

4-10 是否每个人都能被训练成为项目经理？

4-11 有时候，项目办公室人员间接向项目经理汇报，同时固定向部门主管汇报。当这个关系反转过来，固定向项目经理汇报，间接向部门主管汇报，工作还能顺利持续下去吗？

---

1 David Cleland ，“Why Project Management?” Reprinted from *Business Horizons*, Winter 1964, p.85.

4-12 大部分组织中都有被认为对项目成功起关键作用的“明星”成员，那么项目经理怎样发现他们？他们能被安置在项目办公室中吗？还有他们必须是职能部门员工或是部门经理吗？

4-13 一家大型公用事业公司对项目经理提拔职能人员很担心。在一个雇用了 400 名专职项目成员、历时 8 个月的项目中，部门经理安插了一些“检查”人员，用以保证职能人员中没有超过其目前工资级别的越权任命（如未经职能经理同意的权力）。请问，这一机制能否运作起来？如果所做工作低于他们的工资水平又如何解决？

第5章　管理职能

引言

PMBOK®指南，第6版

2.4.4.3　项目管理办公室

3.4　项目经理的技能

9.4.2.3　沟通技术

衡量一位项目经理是否优秀，就看他能否通过与上级和职能部门进行友好协商来获得实现项目目标所需的资源。此外，项目经理具有很大的委派权限，但自己的权力却很小。因此，他取得成功所需要的管理技巧，就与那些进行职能管理的同事具有很大的差异。

项目管理环境中困难的方面在于，每个处于项目职能界面的个人都必须向两个上级汇报。由于各自不同的权限和责任，职能经理和项目经理根据他们的“管理学派”哲学思想，以不同的方式对待下属。这就给项目经理和职能经理增加了许多困难。项目经理只想推动职能代表利用横向职能资源为项目做贡献，通常很少考虑这些员工还有纵向的指令关系。总之，员工可能会被分派去参与做某个项目的短时工作，这个项目的最后一项任务就是他们最重要的目标。然而，职能经理则更多地表现出对员工个体需求的关注。

当代的实践者仍然倾向于按照早期的管理学派所发展的原理和职能来识别管理职责和管理技巧，即：

- 规划。
- 组织。
- 人员配置。
- 控制。
- 指导。

虽然这些管理职能曾被应用到传统的管理组织结构中，但在最近却因为临时的管理岗位而被重新加以定义。其基本含义保持不变，但用法却有所不同。

5.1　控制

控制包括 3 个步骤：测量达到目标的进度，估计剩下的工作，采取必要的纠正措施以便达到或超越目标。测量、估计和纠正的定义如下：

- 测量。确定通过正式和非正式的方式来报告为实现目标已经达到的进展程度。
- 估计。与规划的性能比较找出引起重大偏差的起因和可能的纠正方式。
- 纠正。采取控制行动来修正不利的倾向或者利用异常的有利倾向。

项目经理有责任确保实现群体和组织的目标。为了达到这一目标，他必须具备制定标准、成本控制政策和流程的综合知识，以便在运行结果和预先设定的标准之间进行可行的比较。项目经理必须为此采取一些必要的纠正措施。后面的章节在控制尤其是成本控制方面进行了更为深入的分析。

在第 1 章里，我们曾声明，项目经理为了更有效地管理必须熟知组织行为，而且还必须在人际关系方面具备很强的能力。这一点在控制职能方面显得更加重要。职能经理拥有充足的甚至奢侈的时间建立他与所属部门员工之间的关系。但是对于项目经理而言，时间是有限的，而且很难预测一个成员的加入对整个项目团队是好还是坏，特别是如果项目经理以前从来没有跟这个人有过合作的经历，一切都变得很难控制。理解团队成员如何在团队中扮演个人和社会角色，成了项目经理整天考虑的事情。

5.2　指导

指导就是贯彻和执行那些已经被批准的计划，这些计划是达到或超越目标所必需的。指导包括以下步骤：

- 配备人员。为每个岗位选取一名合格的人选。
- 培训。教导个人和群体如何履行其职责。
- 监管。按照需求给他人以日常的指示、指导和约束，以使其能够履行其职责。
- 授权。给他人分派工作、职责和权限，以使其能力得到最大限度的发挥。
- 激励。通过满足或吸引他人的需求，激励其完成任务。
- 咨询。就如何把工作做得更好，如何解决个人的问题，或者如何实现其抱负等问题，与他人进行私下的讨论。
- 协调。按照活动的重要程度使之顺利实施，并使其冲突最小化。

对下属进行指导并非一件容易的工作，一方面因为项目时间短暂，另一方面员工们在接受你分配的工作的同时还可能接受职能经理指派的任务。在项目环境中，奢望深入了解下属恐怕是不可能的。

每当有必要发出指示时，项目经理就必须果断且迅速地行动。解决一个问题哪怕出10%的错，也比因等待最后 10%的相关问题的出现而导致项目延迟和资源不合理利用要强。当 KISS（Keep It Simple，Stupid，直接明了）规则适用的时候，指令是最有效的。写指示时，应该有一个简单明确的目标，以便下属可以有效地工作并且第一次就把事情做好。命令必须以一种一经下达就能立即执行的方式发出。人们是否会执行命令主要取决于他们对你的尊重。因此，绝不要下达你无法付诸实施的命令。口头命令和指示应改成建议或要求。口头命令提出者应要求接受者重复命令，以防发生误解。

激励员工，以便让他们感到得到这份工作不容易，因为项目的生命周期是有限的。在项目环境中提供保障的具体方法包括：

- 让员工了解为什么他们能做他们所从事的工作。
- 让员工感到他们属于这个工作小组。
- 把员工安排到他们最适合的岗位上。
- 让员工了解他们的努力会怎样融入宏伟的蓝图中。

因为项目经理不能通过承诺物质利益来激励员工，他们必须吸引人们对自豪感的兴趣。恰当激励的指导方针如下：

- 采取积极的态度。
- 不要批评管理层。
- 不要做出不能兑现的承诺。
- 分发客户报告。
- 对每个人给予他需要的关注。

激励项目工作人员的方法有许多种。一些有效的方法包括：

- 分配具有挑战性的工作任务。
- 明确界定期望的业绩。
- 批评和荣誉均得当。
- 给予诚实的评价。
- 提供良好的工作氛围。
- 营造团队氛围。
- 提供恰当的指导。

5.3 项目职权

PMBOK®指南，第 6 版
9.4 建设团队
9.4.2.3 沟通技术

项目管理结构创造了一个可能引起职权授权及内部职权结构混乱的关系网。在描述项目职权时，必须考虑 4 个问题：

- 项目职权是什么？

- 权力是什么，如何实现?
- 应该授予项目经理多大的项目职权?
- 谁来解决项目职权交接问题?

项目经理的职权是一种合法的或正当的权力，他可以命令、干预或指挥他人行动。职权可由其上级授予；而权力是由其下属给予的，是衡量其下属对其尊重程度的尺度。项目经理的职权是他的权力和影响力的结合，因此，同事和合作伙伴愿意接受他的意见。

在传统结构中，各级权力是通过等级制度实现的。在项目结构中，权力来自信誉、专门技术或成为值得信赖的决策者。

职权是项目管理过程的关键。项目经理必须通过把实现一个特定项目目标所要求的活动集合起来，他需要跨越职能或组织界限。项目职权提供了一种把完成项目所需的、不管在何处的所有组织活动集合起来所要求的思维方式。不能建立和保持其联盟的项目经理很快就会发现其项目要求遭到的敌对和漠视。

究竟给项目经理授予多少权力，要视其项目的大小、企业的管理理念以及他们与职能经理的潜在冲突的管理预判来决定。

一般而言，项目经理拥有的职权应比他应负的职责多，职权的确切数量通常取决于项目经理承担风险的大小。风险越大，职权也就越大。优秀的项目经理知道职权何时终结，因此不会让员工去承担一项他（项目经理）无权实施的义务。一些项目由仅拥有监督权的项目经理管理，这些项目经理被称为影响型项目经理。

不能建立职权关系可能导致：

- 较少的沟通渠道。
- 误导性的信息。
- 对抗性，尤其是来自非正式组织中的。
- 上下级、同级和同事之间恶劣的工作关系。
- 出乎客户的意料。

下面是在项目管理环境中最普遍的权力和职权问题的来源：

- 授权文件不充分的职权或非正式的职权。
- 对权力和职权的认识不正确。
- 有双重责任的人事安排。
- 两个上司（经常意见不一致）。
- 项目组织鼓励个人主义。
- 下属关系强于同级或上级关系。
- 职员的忠诚由从属方向转到同级方向。
- 基于强大组织的群体决策。
- 影响和管理奖惩的能力。
- 几个项目之间共享资源。

在项目进展中，项目经理并没有单方面的职权，他频繁地与职能经理协商。项目经理有权决定项目活动的内容和执行时间，而职能经理有权决定“如何给予支持”。项目经理通过与主要是专业人员的员工合作而实现其目标。对专业人员而言，项目领导层既要解释工作的合理性，也要履行包括计划、组织、指挥、控制这类更明显的职能。

通过协商可实现职权控制，但要遵守如下基本准则：

- 协商应该在最低层的界面发生。
- 问题的定义必须有绝对优先权
  - — 问题。
  - — 影响。
  - — 备选的替代方案。
  - — 建议。
- 当且仅当不能达成一致时，才能动用高一级的职权。

规划对于任何项目而言，都是关键阶段。这不仅包括要完成的活动，还包括规划和建立在项目运行期间必须存在的职权关系。因为项目管理环境是不断变化的，每个项目都会建立自己的政策和程序，以及最终导致多样化的职权关系的环境，所以职能工作人员就可以在不同的项目中承担不同的责任，即使工作任务是相同的。

在规划阶段，项目小组建立一个包括诸如下列要素的职责分配矩阵（Responsibility Assignment Matrix，RAM）：

- 总管理职责。
- 运营管理职责。
- 专门职责。
- 必须向其征询意见的人。
- 可以向其征询意见的人。
- 必须通报的人。
- 必须得到其批准的人。

职责矩阵通常被认为源于直线职责图（Linear Responsibility Chart，LRC）或职责分配矩阵图。直线职责图确定参与人、活动完成程度及决策制定的程度。直线职责图试图阐明当不同的职能单位共同分担一项工作任务时可能存在的职权关系。

图 5-1 是一个典型的直线职责图。其中的行表示要求的活动、职责或职能，它可以是工作细分结构中的任何工作任务。其中的列或者表示岗位、头衔，或者表示拥有某种头衔的人。如果把该表交给一个外部客户，那么解决客户相关问题的唯一头衔应该出现在这个图中，否则客户会直接找员工而不会通过项目经理这道关口。其中的符号表示存在于行与列之间的职权或职责的地位。

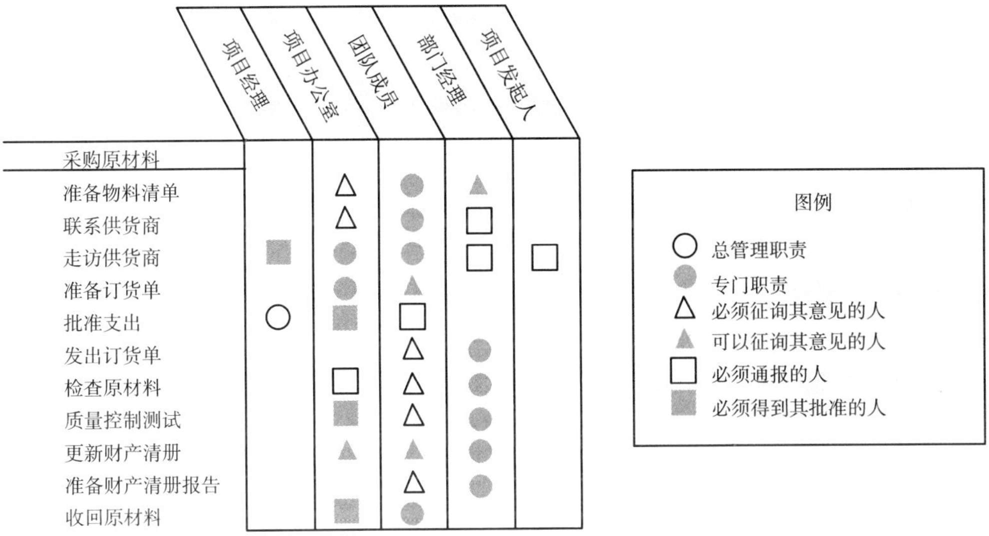

图 5-1 直线职责图（职责分配矩阵）

几个关键要素影响着从高层管理者到项目经理再到职能经理的职权和职责的授权。这些关键因素包括：

- 项目经理职能的成熟度。
- 公司的规模、性质和业务基础。
- 项目的规模和性质。
- 项目的生命周期。
- 各级经理的能力。

一旦就项目经理的职责和职权达成一致，就应当立即将结果拟成公文，以便清楚地阐述他在下列诸方面所起的作用：

- 他的中心地位。
- 解决项目经理和职能经理之间冲突的权力。
- 对跨职能和组织界限的影响。
- 参与重大的管理或技术决策。
- 在招募项目工作人员中的协作。
- 项目总体配置及资金消耗的控制。
- 选择分包商。
- 在保持项目团队完整性方面具有发言权。
- 制订项目计划。
- 提供有成本—效益的信息系统，以进行控制。
- 在准备操作要求时表现领导能力。

- 保持与主要客户的联络和联系。
- 促进技术和管理上的改进。
- 建立项目进行期间的组织。
- 减少官僚习气。

也许将项目经理的职权规范化的最好方法是项目章程，它是图 5-2 中所示的 3 种方法之一，通过这些方法项目经理可以实现其职权。把项目经理的职权通过文本形式进行公示之所以必要，是因为：

- 所有交接必须保持尽可能简单。
- 项目经理必须有权“迫使”职能经理背离现有标准，规避可能出现的风险。
- 项目经理必须赢得对不在他管辖范围内的那些程序要素的控制权，这通常是通过赢得有关人员的尊重而实现的。
- 项目经理不要试图完整地描述他的项目工作人员和小组成员的确切职权和职责。恰恰相反，他应该鼓励解决问题而不是界定任务。

图 5-2 项目职权的种类

5.4 人际关系影响

PMBOK®指南，第 6 版
3.4.4.3 政治、权力和办好事情
9.4.2.3 沟通技术

在权力和职权之间有各种各样的关系（尽管它们往往很难清晰地界定）。这些关系通常用“相对”决策权力作为职权结构的一个函数来衡量，并且在很大程度上取决于项目的组织形式。

项目经理通常能获得许多授权，但是没有什么正式权力。因此，他们必须利用人际关系影响来完成工作。这样的人际关系影响有 5 种：

- 法定权。有获得支持的能力，因为项目职员认为项目经理被正式授予了发号施令的权力。
- 奖赏权。有获得支持的能力，因为项目职员认为项目经理有能力直接或间接地分发宝贵的组织酬劳（也就是工资、晋升、奖金、未来的工作任务）。

- 处罚权。有获得支持的能力，因为项目职员认为项目经理有能力直接或间接地执行他们力图避免的处罚。处罚权的来源通常与奖赏权相同，两者互为必要条件。
- 专家权。有获得支持的能力，因为项目职员认为项目经理拥有专门的知识或技术（职能工作人员很看重这一点）。
- 影响力。有获得支持的能力，因为项目职员个人对项目经理或他的项目感兴趣。

专家权和影响力是个人权力的例子，它来源于团队成员所被吸引的个人特质或个性。法定权、奖罚权常被认为职位权的例子，在组织内部职位权直接与一个人所处的职位相关联。职能经理通常拥有很大的职位权。但在项目环境中，职位权可能很难实现。依据 Magenau 和 Pinto 的观点[1]：

在项目管理的舞台上，职位权的所有问题都变得越来越有争议。在许多组织内，项目经理是在标准的职能等级制度外活动的。在没有直接的监督时，职位允许他们有一定活动的自由，但这也伴随着一些重大的缺陷，尤其是在他们从属于职位权时。首先，由于项目经理和其他职能部门间的跨职能关系尚不明确，项目经理很快发现他们少有或没有迫使其决策通过的组织系统的法定性权力。职能部门通常没有认识到项目经理有干涉职能职责的权力，因此，新的项目经理很快从希望借助职位权实施项目的愿望中清醒过来。

使用职位权的第二个问题是，在许多组织里项目经理很少有权奖励团队成员，因为他们都是临时的下属，他们要对其职能部门保持直接关系和忠诚。实际上，项目经理甚至不太可能有机会去完成对这些临时的团队成员的绩效评价。同样，出自相同的原因，他们也很少有机会去惩罚不当的行为。因此，项目经理发现他们没有能力提供"胡萝卜"（甜头），也没有能力用"大棒"（惩罚手段）来威胁。最后，为弥补所缺的职位权，有效率的项目经理会去寻求开发他们个人权力的基础，这是很有必要的。

与相对权力一样，人际关系影响也可以就其相对价值与不同的项目组织形式联系起来，如图 5-3 所示。

任何临时的管理结构要生效，必须存在职能管理和项目管理权力之间的一个合理平衡。令人遗憾的是，平等权利的平衡通常是不可能实现的，因为每个项目与其他项目有本质上的不同，而且项目经理拥有不同的领导能力。

不管项目经理在项目运行过程中获得了多少职权和权力，完成任务的决定性因素通常还是他的领导风格。与职能员工之间培养信任感、友谊和尊重，有助于提升项目成功的可能性。

1　John M. Magenau,and Jeffrey K. Pinto, "Power, Influence, and Negotiation in Project Management," Peter W. G. Morris ang Jeffrey Pinto, eds.,*Project Organization and Project Management Competencies* (Hoboken,NJ: John Wiley,&Sons.2007), p.91.

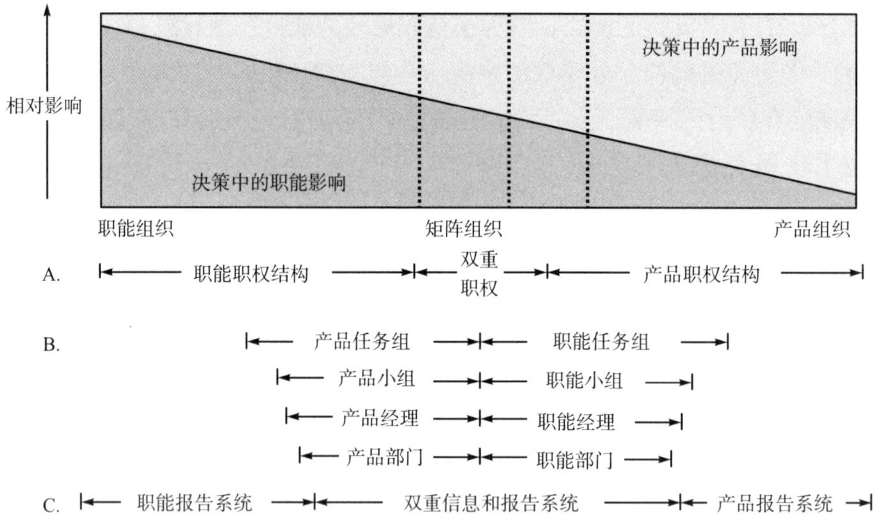

图 5-3 不同方案的范围

资料来源：Jay R. Galbraith, "Matrix Organization Designs." Reprinted with permission from *Business Horizons*, February 1971, p.37. Copyright ©1971 by the Board of Trustees at Indiana University.

5.5 项目团队发展的障碍

PMBOK®指南，第 6 版
9.4 建设团队

大多数处于项目驱动和非项目驱动型组织中的人对项目管理有不同的看法。这些不同的观点可能严重阻碍成功的项目管理的顺利进行。

理解项目团队建设的障碍有助于建立一个有益于项目小组有效工作的环境。下列的障碍对许多项目环境都有代表性。

不同的见解、优先顺序和兴趣。当团队成员的专业目标和兴趣与项目目标不同时就存在着一个重大障碍。当项目小组依赖有不同兴趣和有不同优先级事项的支持组织时，这些问题就会混合起来。

角色冲突。当团队成员之间存在任务冲突时，如对在项目组织内部和外部支持组织中谁应该做什么工作界定不清时，项目小组的发展就会受到阻碍。

项目目标或结果不明确。不明确的项目目标频繁引发冲突，导致责权含混不清和权力斗争，这就使得明确地定义任务和责任即便不是完全不可能，也是很困难的。

动态的项目环境。许多项目在一种不断变化的状态下运行。例如，高层管理人员不断地改变项目范围、目标和资源条件。在其他情况下，政策变化或客户需求变化也可以极大地影响项目小组的内部运营。

团队领导权的竞争。项目经理经常指出这一障碍最有可能在项目的开始阶段或项目遇到严重问题时发生。很明显，这种对领导权挑战的情况会妨碍团队建设。这种挑战也是对项目领导者能力的挑战。

缺乏团队定义和组织结构。许多高层管理者抱怨由于缺乏明确界定的工作职责和汇报结构，小组的协调性严重受损。这种情况在诸如计算机系统和研究开发项目等易变的没有组织结构的工作环境中最为普遍。常规模式是一个支持性部门被委以一项工作任务，但没有明确地委派一个负责人去承担相关责任。因此，虽然一些工作人员在为一个项目工作，却完全不清楚他们的职责范围。在其他一些情况下，当项目由几个部门相互支持才能完成但又缺乏跨部门协调时，也会产生这样的问题。

团队职员选择。在项目招募员工时，如果职员感到受到了不公正的待遇或受到威胁，就会产生障碍。在有些情况下，项目职员是由职能经理指派给一个团队的，项目经理在选择职员过程中没有或几乎没有参与。这会妨碍项目团队的发展，特别是当给项目领导者的可委派的职员远非精挑细选的团队成员的时候。“可获得职员”的委派可能导致一些问题（例如，较低的激励水平，不满情绪和不负责任的团队成员）。我们发现，通常项目负责人对团队成员的选择权越大，分配的任务就越容易达成一致协议，团队建设的努力就越富有成效。

项目领导者的信誉。当项目领导者在团队内部或其他经理人中信誉不高时，团队建设的努力就会受阻。在这种情况下，团队成员经常不愿为项目或项目领导者承担责任。信誉问题可能是由于管理技能差、技术判断力差或是缺乏与项目有关的经验造成的。

团队成员缺乏责任心。缺乏责任心可能有几个原因。例如，团队成员可能有其他的专业兴趣，在项目中工作没有安全感，顺利完成任务时可能带来的奖赏不确定，以及团队内部激烈的人际关系冲突，都可能导致缺乏责任心。

团队成员缺乏责任心，可能是由存在于项目负责人和职能支持经理之间，或来自两个敌对职能部门的团队成员之间的怀疑态度所导致的。最后，当团队的“明星”要求其他团队成员花费过多的精力，或要求领导给予过多的重视时，低责任心水平很可能会发生。一位团队领导者曾说：“许多团队有其核心人物，你应该学会适应他们去工作。他们对全面成功有关键作用。但有些核心人物对任何人都过分苛求，以至于扼杀了团队的积极性。”

沟通问题。无疑，缺乏沟通是进行有效团队建设的大敌。缺乏沟通存在 4 个主要层次：团队成员之间的沟通问题，项目领导和团队成员之间的沟通问题，项目团队和高级管理人员之间的沟通问题，以及项目领导和客户之间的沟通问题。通常这些沟通问题是由团队成员不与他人分享有关项目的主要进展情况造成的。然而，缺乏沟通的原因很难确定。问题可能是由于低激励水平、士气低下或粗心大意导致的。我们还发现团队成员和支持性组织之间缺乏沟通会导致严重的团队建设问题，团队成员与客户之间缺乏沟通也一样。缺乏沟通容易导致目标不明和项目失控，也会导致协调困难和工作缺少连续性。

缺乏高级管理层的支持。项目领导经常抱怨高级管理层的支持和承诺不明确，而且在项目生命周期内反复无常。这种行为会导致团队成员产生不安并导致工作热情和承诺的降低。另两个常见的问题是高层管理者经常在一开始就不帮助项目团队建立良好的环境，而且在项目生命周期中，也不对团队的业绩和活动给予及时的反馈。

成功履行其职能的项目经理不仅认识到这些障碍，并知道在项目周期中它们什么时候最有可能发生。而且，这些经理会采取预防措施，并促使工作环境改善，增强有效的团队协作。有效的团队建设者能够理解组织变量和行为变量的相互作用，并能培养一种具有积极参与和使冲突减至最小的氛围。这些都需要项目经理认真培养领导技能、管理技能、组织技能并积累有关项目的技术知识。然而，除了适当平衡的管理技能之外，项目经理对导致每种障碍的基本问题做出敏捷反应，也有助于增加开发有效项目团队的成功机会。团队建设的具体建议如表5-1所示。

表5-1　有效团队建设的障碍及建议的解决方法

障　　碍	有效处理障碍的建议（如何最小化或消除障碍）
团队成员之间的不同的见解、优先顺序和兴趣	在项目生命周期早期就尽力发现这些冲突的差异，充分解释项目的范围和顺利完成项目可能带来的奖赏，宣传“团队”概念并解释职责，设法使个人兴趣与整个项目的目标相一致
角色冲突	在尽可能早的项目前期，询问团队成员他们认为自己最适合从事项目的哪项工作；确定如何才能把整个项目分为最恰当的子系统和子任务（如工作分解结构）；分配或协商任务；举行常规状态评议会议，以便让团队了解进展情况，注意在项目生命周期中未曾预料的任务冲突
项目目标或结果不明确	确保各团体理解总体的和跨组织的项目目标；与高层管理者和客户进行明确而频繁的沟通，召开状态评议会议来听取反馈；适宜的团队名称有助于强化项目目标
动态的项目环境	主要问题是稳定外部影响：主要项目职员必须拟订有关主要项目方向的协议并且把这个方向灌输给整个团队，同时让高层管理者和客户了解无根据的变化带来的不利后果；预测项目发展所处环境的变化是至关重要的；制订应急计划
团队领导权的竞争	高层管理者必须帮助建立项目经理领导职责，另外，项目经理需要具备团队成员期望的领导能力。明确的任务和职责定义通常使团队领导阶层的权力冲突降至最低
缺乏团队定义和结构	项目领导需要把团队概念同时灌输给高层管理者和他的团队成员，定期举行团队会议和明确界定的任务、职能和责任，都能强化团队意识，此外，清楚明白的备忘录和其他形式的书面信息，以及高级管理层和客户的参与都能使团队协调一致
团队职员选择	试图与可能成为团队成员的人协商项目的任务分配；明确地与可能成为团队成员的人讨论项目的重要性，他们在其中的任务，完成任务可能带来的奖赏，以及项目管理总的“一般准则”；最后，如果团队成员对项目还不感兴趣，那么应该考虑换人

续表

障　碍	有效处理障碍的建议（如何最小化或消除障碍）
项目领导者的信誉	项目领导者在团队成员中的信誉是至关重要的。信誉随着领导者在管理知识和技术专长的日臻完善而增长；信誉随着项目负责人和其他支持团队工作的重要领导的关系的改善而增强
团队成员缺乏责任心	设法在项目生命周期的早期察觉团队成员缺乏责任心，并且尽力改变可能对项目不利的观点。通常，不安全是缺乏责任心的主要原因。设法搞清为什么存在不安全，然后努力减少团队成员的担心。和其他团队成员的冲突可能是导致缺乏责任心的另一个重要原因。项目经理尽快干预和调节这些冲突是很重要的。最后，如果一个团队成员的专业兴趣在其他领域，项目领导者应分析满足该项目成员兴趣的方法或考虑换人
沟通问题	项目领导者应该投入相当的时间与个别的团队成员就其需要和关心的事进行交流。此外，项目负责人应该提供一种召开适时会议的媒介来鼓励个别团队成员之间的交流。强化沟通的方式有：状态通报会、检查进度、汇报系统和协同定位。同样，项目负责人应该与客户和高级管理层建立定期而全面的联系，重点应放在就关键问题和合作协议的书面或口头联系上
缺乏高级管理层的支持	高级管理层的支持，对于有效处理有相互作用的组织和恰当的资源配置是绝对必要的。因此，项目负责人的一个主要目标就是保持高级管理层对其项目的持续的兴趣和承诺。我们建议高级管理层就是项目监管委员会的核心成员。同等重要的是，高级管理层要为项目的有效运行提供适宜的环境。这里项目负责人需要在项目开始时就告诉管理层需要何种资源。项目经理和高级管理层的关系及获取高级管理层支持的能力，受到个人信誉及项目的显著性和优先级的严重影响

5.6　管理新建团队的建议

许多项目领导者面临的一个重大问题就是处理一个团队刚组建时产生的顾虑。团队成员经历的顾虑是正常的也是可以预见的。然而，这也确实是让团队迅速把注意力放到工作任务上去的一个障碍。

这种不安来自几个方面。例如，如果团队成员从未与项目负责人共事，他们可能关心他的领导风格及这种风格对他们产生的影响。一些团队成员可能关心项目的性质，以及它是否与他的专业兴趣和能力相匹配。有些团队成员可能关心项目是会帮助还是会阻碍其事业的发展。还有一些团队成员会对该项目可能带来的生活或工作方式的改变极为担心。一位项目经理说：“把一个团队成员的办公桌从屋子的一边搬到另一边造成的伤害，有时候与把他从芝加哥调到马尼拉造成的伤害一样大。”

新组建团队中另一件普遍关心的事，是团队成员之间工作量的分配是否公平，以及是否每个成员都能尽职尽责。在一些新组建的项目团队中，项目成员不仅必须做自己分内的工作，而且还必须培训其他团队成员。在合情合理的范围内时，这是可以忍受的，然而，当超过一定程度时，顾虑就会增加，士气就会下降。

在团队生命期早期采取的某些步骤，对于解决上述问题可能是有效的。首先，我们建议在项目初期就下列问题与每个团队成员进行单独谈话：

- 项目的目标是什么？
- 将会牵涉到谁，为什么？
- 项目对整个组织或这个工作单元的重要性是什么？
- 为什么该团队成员会被选中在该项目中任职，他将履行什么职责？
- 如果项目顺利完成将会带来何种奖赏？
- 可能遇到什么问题和限制条件？
- 管理项目必须遵循的一般准则（例如，定期的状态检查会议）。
- 团队成员对顺利完成任务有什么建议？
- 团队成员的专业兴趣何在？
- 项目将为团队成员个人和整个团队带来什么挑战？
- 为什么团队概念对项目管理的成功如此重要？它应该如何发挥作用？

处理这些顾虑，并让员工感到他们是团队中不可缺少的一员将大有裨益。首先，团队成员会更加热切地公开表达其想法。其次，团队成员归属感越强，团队成员之间的信息交流越通畅，团队将越有可能开发有效的决策过程。最后，团队成员可能开发出更有效的项目控制程序，包括传统上用于监控项目执行情况（计划评审技术或关键路径法、网络图、工作分解结构等）的方法和项目团队成员彼此之间就有关项目执行情况给予的反馈。

5.7 持续进行的团队建设

虽然在项目的早期阶段，对团队建设予以恰当的注意是关键的，但它也是一个持续进行的过程。项目经理要不断地监控团队的功能和表现，以发现需要何种修正行动来避免或解决各种团队问题。一些变动信息（见表 5-2）可以提供有关团队潜在功能失调的良好线索。第一，团队业绩水平或团队成员个人业绩水平的显著变化总是需要调查的。这些变化可能是更为严重问题（如冲突、缺乏工作的完整性、沟通问题和目标不明确）的征兆。第二，项目领导和团队成员必须了解团队成员变化的能力水平。这些变化也是更严重的问题或团队过于疲惫和压力过大的信号。有时，调整工作节奏，适当休息，或宣传短期目标都可作为重新鼓舞员工士气的手段。第三，团队成员的言谈举止可以成为有关团队功能的信息源。倾听团队成员的需要和关心的事（口头线索）及观察他们在履行职责时的举止（非口头线索）都是重要的。第四，一个团队成员对另一个团队成员所做的有害行为，可能是表明存在值得引起注意的团队内部问题的信号。

表 5-2　高效与低效指标

高效团队可能的特征	低效团队可能的特征
• 较高的业绩和工作效率	• 较低业绩
• 革新性或创造性行为	• 完成项目目标的责任心低
• 责任心	• 不明确的项目目标及主要参与人责任心不强
• 团队成员的职业目标与项目要求相一致	• 无益的花招，操纵他人，伪装，不计一切代价的冲突
• 解决冲突的能力，但当冲突可以引起有益的结果时，鼓励冲突	• 混乱、冲突、无效率
• 有效的沟通	• 蓄意的暗中破坏，担心，不感兴趣或拖延
• 较高的信任度	• 拉帮结派、勾结和孤立团队成员
• 成果导向	• 无生气、反应迟钝
• 成员关系融洽	
• 充沛的精力和高度的热情	
• 高昂的士气	
• 变更导向	

我们强烈建议项目领导举行定期会议，评价项目执行的整体情况并处理团队职能问题。这些会议的重点可以集中解决“作为一个团队我们在什么方面做得较好”及“什么方面需要引起团队的注意”之类的问题。这种方法经常带来积极的意外效果，因为整个团队都了解各个项目领域的进展（如技术开发的新突破、子系统进度超过原计划目标、客户的积极行为等）。讨论了积极的方面之后，注意力应转向需要引起团队注意的方面。评审会议的目的是重视实际的或潜在的问题领域。会议领导者应向每个团队成员询问他们对这些问题的看法。然后，公开讨论确定这些问题究竟有多么重要。当然，假设应该与实际情况区别开来。接着，应就解决问题的最好方案达成一致。最后，应该制订问题追踪计划。这个过程可以导致更好的整体业绩并且促进团队参与感和提升团队士气。

5.8　项目环境下的领导

PMBOK®指南，第 6 版
3.4.4.1　人际交往

领导可以被定义为一种用来把组织需要和个人兴趣结合起来，追求某种目标的行为模式。所有经理都有某种领导责任。如果时间允许，成功的领导技巧和习惯可以培养。

领导是由一些复杂的要素构成的，最普遍的 3 个要素是：

- 实施领导的人。
- 被领导的人。
- 环境（如项目环境）。

项目经理能否被选中，通常与其领导风格有关。未被选中的最常见的原因是他没有能力平衡技术上和管理上的项目职能。

有几项调查用于确定何种领导技巧最好。下面是 Richard Hodgetts 做出的一项调查结果[1]。这些调查结果对今天的大多数项目管理环境依然有效。

- 人际关系导向的领导技巧
  - —“项目经理必须让所有的团队成员感到他们的工作很重要，并对项目的结果有直接影响。”
  - —“项目经理必须让整个团队关心该做什么和这样做的作用。”
  - —“对项目参与者表示信任。”
  - —“应该给予项目成员职务上的认可和授权。”
  - —“让团队成员感到和相信他们对团队的成败起重要作用。”
  - —“通过与团队成员亲密合作，我相信一个人可以在赢得对项目忠诚的同时，最大限度地减少职权隔阂问题。”
  - —“我认为，只要设身处置地去了解员工，就会对员工产生巨大的鼓舞。我对许多业务人员的了解都超过了他们自己的直接上司。此外，我设法让他们知道他们自己是团队中必不可少的一员。”
  - —“我认为克服职权隔阂的最重要的技巧，就是尽可能多地理解他人的需要，包括与你打交道的人，以及你对其没有直接支配权的人。”
- 正式权力导向的领导技巧
  - —“指出如果不合作将造成的巨大损失。”
  - —“把所有的职权写在职能陈述中。”
  - —“开始用一种策略性的方法施加压力，在环境许可的情况下把施加的压力减至最小，然后再增加。”
  - —“以诉诸上级领导干预相威胁，如果有必要将其付诸实践。”
  - —“让团队成员相信对公司有益的事必然对他们有益。”
  - —“授权给运营部门的专职工作人员以完成必要的工作。”
  - —“保持对开支的控制。”
  - —“利用诉诸上级领导解决的威胁暗示。”
  - —“最重要的是团队成员认识到项目经理有权指挥整个项目的运作。”

1 Richard M. Hodgetts, “Leadership Techniques in Project Organizations”, *Academy of Management Journal*, Vol.11, pp.211-219, 1968.

5.9 基于价值的项目领导

PMBOK®指南，第 6 版
3.4.4.1 人际交往

价值对当今的项目经理的领导风格有重要影响。以前，项目管理的领导们认为，在个人价值观和组织价值观间存在着不可避免的冲突。如今，公司正在寻找方法以确保员工的个人价值观与组织的价值观保持一致。这样公司就能够建立一种支持项目管理的文化，因此文化也随之开始改变。

根据 Hultman 和 Gellerm 的研究结果，表 5-3 介绍了随着时间的流逝，我们的价值观是怎么改变的[1]。你观察表 5-3 中的各个项目，就会发现个人价值观的变化比组织价值观变化更大。此外，项目经理、项目团队、母体组织及项目利益相关方这四类项目相关方之间的冲突也变得更大。这四类相关方的各自需求是：

表 5-3 不断变化的价值观

远离：无效的价值观	即将到来的：有效的价值观
不信任	信任
岗位描述	胜任力模型
职权	团队合作
关注内部	关注相关方
安全	任务风险
一致性	创新
可预测性	弹性
内部竞争	内部协作
反应式管理	前瞻性管理
官僚主义	无界限
传统教育	终身教育
领导等级制	多向领导
战术思维	战略思维
服从	承担义务
符合标准	持续改进

- 项目经理：
  — 完成目标。
  — 展示创造力。

1 K.Hultman and B. Gellerman, *Balancing Individual and Organizational Values* (J ossey-Bass/Pfeiffer: San Francisco,2002).pp.105-106.

— 示范创新。

- 团队成员：

— 成就。

— 提高。

— 抱负。

— 证书。

— 赞誉。

- 组织：

— 持续改进。

— 学习。

— 质量。

— 关注战略。

— 道德与伦理。

— 盈利能力。

— 赞誉与形象。

- 利益相关方：

— 组织利益相关方：工作保障。

— 产品/市场利益相关方：产品质量性能和实用性。

— 资本市场：财政增长。

项目经理的角色及领导风格不断改变的原因有很多。其中：

- 现在管理的业务是由一系列的项目组成的。
- 项目管理现在是一个全职的职业。
- 项目经理既被视为业务经理，也被视为项目经理，他需要在这两个领域做出决策。
- 项目的价值是由业务指标衡量的，而不仅是技术指标。
- 在以前没有使用过项目管理的业务领域使用这种项目管理的方法。

从这些不符合传统类型的项目可以看出，传统型项目管理必须变化。有 3 个领域需要改变。

- 新项目要关注如下问题：

— 极其复杂，能接受在项目审批期间不能完全识别出所有风险。

— 更不确定项目的成果，不能保证最后成果的价值。

— 缺少对风险的更新。

- 工作说明书要关注如下问题：

— 不能很好地定义工作说明书，尤其是长期的项目。

— 基于可能存在缺陷的、非理性的或不切实际的假设。

— 不考虑未知的、快速变化的经济条件和环境条件。

— 最终的目标是固定的，而不是变化的。

- 管理成本和管理系统（企业项目管理方法体系）要关注如下问题：

— 过于理想的状态（就像《PMBOK®指南》描述的）。

— 工作流程花哨而不实用。

— 不灵活的过程。

— 在完成节点定期报告成本和时间，但不报告价值。

— 项目有缺陷或项目没有价值时，继续执行项目而不是取消项目。

多年来，我们在非传统型项目上已经小范围运用项目管理方法，包括：

- 项目经理对业务知识更了解，在项目选择阶段允许投入成本。
- 因为上述原因，项目经理在项目启动阶段的早期就使用项目管理，而不是启动阶段晚期。
- 项目经理对技术有了更深刻的理解，而不仅是精通技术。

5.10 转变中的项目管理领导力

有无数的论著都在讨论项目管理领导力，但它们大多都似乎偏爱有形的领导力。有形的领导力关注的是项目经理选择什么领导风格。领导风格的选择依赖于项目的大小和特性，交付物的重要性，项目团队成员的技能水平，项目经理先前与这些团队成员一起工作的经验，与项目相关的风险。先前，项目经理关注的是创造一个物质性的交付物，而不是如何去管理员工。如今，团队领导在员工绩效评审与行为指导上显得十分重要，他们对派到项目中的职能员工的要求应该与职能经理对他们的绩效要求相一致。过去，人们期望项目经理在改进员工绩效和技能的方式上提供指导，鼓励团队成员在工作中与项目团队一起成长。今天，项目经理被要求在选择项目时，去承担组织变革的管理者职能。组织变革相应地就要求人的变革。所以，对项目经理的素质和技能要求也就不同于单纯管理项目时。这种方法就是我们今天称为的转变的项目管理领导力。

转变的项目管理领导力的一些特殊形式必定会得到使用，员工也必须从他们先前舒适的区域走出来迎接挑战。不是所有项目一旦交付物完成就宣布项目结束的，例如，一家跨国公司建立的一个 IT 项目，要创建公司的一个全新的、更安全的、更宽泛的电子通信系统。一旦软件开发完成了，项目还要在公司管理系统中上线运行。先前，作为软件开始的项目经理，现在转换到了上线运行这个项目上来做管理。此时，他执行的职责已经是一个职能经理或近似职能经理的职责。今天，公司要求项目经理对项目全程监控，扮演公司新系统测试总代理的角色，要让全公司范围的信息系统都切换到这个新系统中来。在这种情况下，项目经理必须采用转变的项目管理领导风格。

转变的项目管理领导力着重集中在人的改变方面，是一种排除变革阻力的好方法。这些变革涉及程序、技术、采购、战略、组织重构等方面。人们要去理解这些变革，并适应变革。强调变革中的人是一个需要坚持持久的创新活动。如果人们看到了他们的工作实效，转变的项目管理领导力就能够让人们走出他们舒适的区域。

5.11 组织影响

在大部分公司中，不管它是不是项目导向的公司，管理重心对组织的影响都是众所周知的。在项目管理中，也存在着由领导重心产生的确定影响，领导重心最容易通过员工贡献、组织秩序、员工业绩和项目经理业绩来体现。

- 员工贡献：
  - — 优秀的项目经理鼓励积极的合作和负责的参与，这样好消息和坏消息都可自由地分享。
  - — 拙劣的项目经理维持一种消极抵抗的氛围，只允许被动式的参与，结果是信息沟通受阻。
- 组织秩序：
  - — 优秀的项目经理制定方针政策并促使下属接受，为此付出的代价较低。
  - — 拙劣的项目经理不仅制定方针，而且企图制定步骤和措施，为此，通常要付出很高的代价。
- 员工业绩：
  - — 优秀的项目经理通过把动机和目标联系起来，使员工了解项目进展并得到满足（如果可能），同时鼓励积极的思考和合作。优秀的项目经理愿意将关键的任务分配给愿意负责任的人。
  - — 拙劣的项目经理让员工对项目进展情况不了解，感到困扰，消极防御。动机与奖励不是与目标相联系的。拙劣的项目经理营造了一个让员工“置身事外”的氛围。
- 项目经理业绩：
  - — 优秀的项目经理认为员工的误解不可避免，并因此而主动想办法应对。优秀的项目经理总是试图改进和增进交流，并大力提倡道德自律。
  - — 拙劣的项目经理认为员工不愿合作，并因此责备下属。拙劣的项目经理经常以专制的态度下达命令，并过分依靠物质奖励。

管理重心同样影响组织。下列 4 个范畴分别指出了优秀的和拙劣的项目经理在以管理为重心方面导致的结果。

- 管理问题的解决：

— 优秀的项目经理在其职责范围内通过授予他人解决问题的权力来解决问题。
— 拙劣的项目经理将会解决其已知范围内的所有从属问题。对于他未知的领域，他要求在解决方案实施之前得到他的许可。

• 组织秩序：
— 优秀的项目经理开发、维护并使用单一、完整的管理系统。在该系统中，权力和责任都委派给下属。此外，他知道会发生偶然的过失和超支，并设法减轻它们带来的不良后果。
— 拙劣的项目经理尽可能少地委派职权和职责，因此冒着不断发生过失和超支的危险。拙劣的项目经理维持两个管理信息系统：一个是他自己的非正式系统和一个只是用来实施他的权威的正式（自欺欺人的）系统。

• 员工业绩：
— 优秀的项目经理发现下属愿意承担责任，对项目的态度是果断的，并且很满意。
— 拙劣的项目经理发现下属不愿意承担责任，其行为优柔寡断并且感到灰心。

• 项目经理业绩：
— 优秀的项目经理认为他的主要下属可以“主持大局”。对在他专业之外的领域工作的员工给予信任，对于在他熟悉的领域中工作的员工表现出耐心。优秀的项目经理从来不会忙得没时间帮助他的下属解决其私人问题或工作问题。
— 拙劣的项目经理认为他自己是必不可少的，对于在他不熟悉的领域内完成的工作总是过于谨慎，对于他了解的领域总是花费过多的精力。拙劣的项目经理总是忙于会议。

5.12 员工—经理关系

在项目管理环境中，两个重要的问题是“谁拥有何种职权和职责”，以及由此导致的项目—职能交界处的员工冲突。几乎所有的项目问题都与这两个主要问题有这样或那样的关系。在项目环境中发现的其他问题包括：

• 金字塔形结构。
• 上下级关系。
• 责权部门化。
• 命令的等级链。
• 权力和职权。
• 规划目标。
• 决策。
• 奖赏和惩罚。

- 控制的跨度。

两个最普遍的员工问题涉及任务委派和由此导致的评价过程。

在经理层，两个最为普遍的问题涉及个人价值和冲突。个人价值一般归因于“换岗”。新经理和原来的经验更丰富的经理有不同的价值观。

我们在前面把风险偏好作为项目经理的一个特征。遗憾的是，今天的经理人愿意承担的风险不仅因他们个人价值观而异，而且也随着当前经济状况的影响及高级管理层哲学理念的不同而不同。如果高级管理层认为某个具体的项目对公司的增长是至关重要的，就会诱使项目经理认为在项目执行过程中实质上毫无风险。在这种情况下，项目经理可能会把所有的责任推给高级或低级管理层，并声称“他已经忙不过来了”。

经理能接受的风险数量随着年龄和阅历的不同而不同。年长而经验丰富的经理倾向于承担较少的风险，而年轻且有进取心的经理，怀着为自己获取功名的希望，可能采取偏好高风险的政策。

不管我们如何努力地营造工作环境，项目—职能交界处的冲突总会存在。

在问题解决会议中也会产生严重冲突，这些冲突不仅是由于上述原因引起的，也因为强加于项目上的时间限制，经常使各方不能采取合理的解决方法。问题解决拖延的主要原因是缺乏相关信息。下列信息应该由项目经理汇报[1]：

- 问题。
- 原因。
- 对进度、预算、利润或其他相关领域的预期影响。
- 采取或建议采取的措施及这种措施的预期效果。
- 高级管理层可提供的帮助。

5.13 一般管理隐患

项目环境会为项目经理和团队成员提供无数的陷入困境的可能。常见的管理隐患的类型：

- 缺乏自控（对自己的了解）。了解自己，特别是自己的能力、优点和弱点，是迈向项目管理成功的第一步。经理们往往把自己看成“百事通”，事事亲力亲为。最终的结果就是“贪多嚼不烂”，反而没有足够的时间来培训新招员工。
- 活动误区。活动误区的结果是手段变成了结果，而不是用手段去达到结果。最经常出现的活动误区是团队会议、客户技术变更会议、特殊的进度计划与图表的设计，这些都是用于客户报告的，却被用作向高级管理层报告的。却文档是另一个活动误

1 Russell D. Archibald, *Managing High-Technology Programs and Projects* (New York: Wiley, 1976), p.230.

区，经理们要去提升所有这些纸质信息的工作价值。

- 管理与执行。在管理和操作之间通常存在着微妙的界限。例如，一个技术人员要求项目经理打电话帮他解决一个问题，当然打电话应该是项目团队成员甚至职能经理分内的事。然而，如果接电话的人要求通话的人有绝对的权威，这就可以看成管理而不是执行。还有其他一些为了成为有效的管理者和赢得下属的忠诚与尊重必须做一个执行者的情况。
- 重人与重技术。另一个重大的管理隐患是使用人际技能还是任务技能的决策。是任用可以与你建立良好工作关系的下属，还是任用只能把工作做好的具有高技能的人？显然，项目经理最愿意两者兼得。遗憾的是，鱼与熊掌通常不可兼得。
- 无效沟通。
- 时间管理。人们常说，为完成任务，优秀的项目经理必须愿意一周工作 60 ~ 80 小时。如果他不断地开除员工，或者预算限制使他不能雇用额外的工作人员，就会出现这种情况。但主要的原因还是无效的时间管理。时间花在：无止境的文书工作，不必要的会议，不必要的电话，为来访者做导游。
- 管理瓶颈。

5.14 时间管理隐患

让项目在满足时间、成本和绩效的约束下去实施，说起来容易做起来难。项目管理环境动荡不安，大量的项目会议、报告编写、冲突应对、持续不断地做各种计划和修改计划、与客户的沟通协调、危机管理等活动应接不暇。理论上，有效的项目经理是一位管理者，不是一个操作工，但在现实的项目世界中，项目经理常常要花大量的时间去兼做操作工的事，这样一来，就使得有效的项目管理领导力变得十分困难。

有效项目管理的一个关键任务就是严格的时间管理。正如人们常说的那样，如果项目经理不能掌控他自己的时间，那么，他将在项目上一事无成。对大多数人来说，时间是一种资源，但如果丢失或错误地使用了这种资源，就永不再生。然而，对项目经理来说，时间更是项目的一个重要约束条件，因而，有效的时间管理原则必定是要人们把时间当作资源来对待。有经验的员工很快就能学会分配任务，学会掌握有效的时间管理原则。下面的一些问题有助于管理者去确认时间管理的隐患：

- 在约定的终止日前完成任务你有困难吗？
- 每天有多少打扰导致工作中断？
- 你有一种处理中断的程序吗？
- 如果你需要一大块不中断工作的时间，可能吗？是否存在超时？
- 你怎样对待无预约的顺访者和电话打扰？

- 你怎样处理持续不断的电子邮件？
- 你为日常工作建立了一套处理程序吗？
- 你的进展绩效比三个月前是提高了还是降低了？与六个月前比呢？
- 你在学会拒绝上有什么困难？
- 你怎样处理着手要做的细微工作？
- 你怎样去实施哪些由你手下处理的工作？
- 每天你有足够的时间来满足个人的爱好吗？
- 你下班后还在考虑你的工作吗？
- 你有工作日程表吗？如果有，你对所有的工作做了优先级排序吗？
- 你为工作日程表留了机动时间吗？

能够处理这些问题的项目经理一定会有极大的机会从各种约束到资源配置上获得解放！

5.14.1 时间强盗

PMBOK®指南，第6版
第6章 项目进度管理
第11章 项目风险管理

项目经理面临的最大挑战是他没能力去说“不”。看看这种情况，一位员工带着问题来到你的办公室，他一脸真诚地对你说，他仅仅想听听你对这个问题的解决有什么建议。但常常不是这样的，这位员工是想从这个问题上脱身，把这个问题推给你。这时，他的问题就变成了你的问题。

处理这些问题，首先，你要把自己置身在问题之外，不要渴望把自己陷入问题之中。其次，如果问题不必你亲自处理，那么，你必须确认当员工离开你办公室时，他已经认识到问题依然是他自己的问题。最后，如果你发现解决这个问题真的需要你的帮助，你要告诉员工，以后处理这个问题的所有措施制定你都会参与，但这个问题的处理依然由这个员工负责。一旦员工认识到不能把问题简单地推给你时，他们就会学会自己去处理此类问题。

在项目管理环境中，存在大量的时间强盗，它们是：

- 零碎的工作。
- 缺乏工作描述。
- 必须完成的工作效率太低。
- 太多的人忙于无关紧要的决策。
- 电话、电子邮件和信件的打扰。
- 缺乏技术知识。
- 缺乏足够的责任和相对的权威。
- 缺乏决策授权。
- 太少的职能状态报告。
- 海量的纸质文档。
- 不停的授权转让。
- 缺少行政管理的支持。
- 办事优柔寡断。
- 拖延症。
- 与靠不住的员工扯皮。
- 办事太死板。
- 会议太多。
- 没人愿意承担风险。

- 工作超负荷。
- 等人。
- 不明事理的时间约束。
- 分工失败或分工错误。
- 搬家式旅行。
- 缺乏足够的项目管理技能。
- 搜索工具落后。
- 在准备使用模板时缺乏信息。
- 部门间的信息壁垒。
- 公司政策。
- 日常工作无计划。
- 忙于做灭火队员。
- 劳工组织的责难。
- 相互矛盾的指令。
- 向每一个人不停地解释你的想法。
- 官僚主义的障碍。
- 职能部门的独立王国。
- 检查太频繁。
- 销售人员和工程师之间缺乏沟通。
- 办公室随便聊天。
- 信息存储错误。
- 对已经委派的工作放心不下。
- 企求短期结果。
- 工作描述不清。
- 缺乏长期计划。
- 瞎管事。
- 学习新的公司系统。
- 预算呆板僵化。
- 项目只留很少的机动时间。
- 很少对客户培训。
- 文档太多（繁文缛节/无穷的报告）。
- 管理人员滥竽充数。
- 项目太多。
- 含混不清的目标。
- 过于追求完善。
- 缺乏项目组织。
- 频繁调整职能人员。
- 工作长期紧张。
- 员工没有很好的培训。
- 经常性的干扰。
- 缺少合格的员工。

5.14.2 有效的时间管理

项目经理如能掌握如下这些技巧，就可更好地管理他们的时间：

- 学会委派。
- 跟着计划走。
- 快速决策。
- 开会的人少而精。
- 学会说不。
- 立即行动。
- 先做最难的事。
- 轻装旅行。
- 旅行间隔再工作。
- 删除无用的便条。
- 拒绝做无用的事。
- 预测未来。
- 问问自己，这次旅行有必要吗？
- 了解自己的兴奋周期。
- 控制打电话和回复电子邮件的时间。
- 编制并发送会议日程表。
- 克服拖延症。
- 管理例外。

如果有效，项目经理必须建立时间管理规则，然后问自己如下四个问题：

- 我正在做的事是我根本就不想做的吗？
- 我正做的事是我比其他人做得更好吗？
- 我正做的事有其他人做得与我一样好吗？
- 我正在为我的活动建立正确的授权吗？

5.14.3 压力和倦怠

项目经理没有职权或能力对项目实施有效控制，管好项目的责任给他们带来了特别的压力。追求完美的必要性、最终期限的压力、角色定义不清、角色冲突、角色超载、组织界面冲突、对行动和下级的责任、跟上信息爆炸或技术突破的快速变化时代的必要性，所有的这些问题项目经理在他们的工作中都会遇到。

项目经理的可用资源被职能部门把控着，但让项目在期限内完成却是他的责任。项目经理可能被要求去增加工作的产出量，而工作所用资源又同时被削减。项目经理被要求去加班，而常常又没有加班工资。

项目经理们把压力归咎于他们工作的几个不同方面，它以不同的方法表现出来，如：

- 疲劳。
- 沮丧。
- 身心疲惫。
- 筋疲力尽。
- 不幸福。
- 陷入困境。
- 不值得。
- 看破红尘，对人们感到厌恶。
- 绝望。
- 孤独。
- 焦虑。

然而，压力并不总是负面的。没有一定量的压力，项目报告将无法写完或发送，到最后期限工作也无法完成，甚至无人准时上班。在项目环境中，持续的变更请求、不可能实施的最后期限，每一个项目都自己看作一个独立王国，我们要问："在这样的环境下，项目经理究竟还能舒适地承受多久的压力？"

无论给项目管理岗位提供什么奖励都不过分，这个岗位的压力太大了。然而，项目经理已经意识到，压力如遗传一样，深深地植入了这个岗位中。他们也认识到努力掌握压力管理技术，就能客观地面对这个挑战，也能获得有益的经验。

5.15 管理方针和程序

尽管项目经理有建立项目方针和程序的职权和职责，但它们必须在高级管理者所建立的总方针范围内。表 5-4 表明高级管理人员的项目指导方针，也可以为计划、进度、控制和沟通建立方针。

表 5-4 项目指导方针

项目经理	职能经理	关　　系
负责项目所有的指挥、控制和协调，同时也是同客户的项目管理者进行联系的主要人员	对项目经理在按照合同条款完成绩效方面提供支持，并负责认知总体绩效的经理	项目经理确定应该做什么：通过指定项目团队成员、职能支持组织的帮助的同时进行，他可以确定项目的要求和目标
为了达到项目的目标，利用根据规定的相关方针和程序来影响职能组织		职能组织确定如何开展工作
建立由管理方针定义的程序和技术方针	对于所有项目的成本、进度、质量和由项目合同建立的规格，职能支持组织开展职能领域内的所有工作，以帮助项目经理完成项目目标	项目经理在所描述的部门方针和程序内工作，除非经总经理同意对有些特定项目必须做出偏离或改动。职能支持组织向项目经理提供强大的支持
除了负责总体项目的有效性之外，还要负责当前进展		
对研究、开发、生产、程序、质量保证、产品支持、检测和财务及合同等各方面进行整合		
	职能支持组织管理者寻找或开创创新性、方法、改进或其他能使职能部门更好地跟进进度、降低成本、改善质量的方法，或者利用项目经理所认可的示范绩效的方法	
批示详细绩效规格、相关的物理特性和职能设计标准，以满足项目集开发或运作的要求		项目经理在执行特定的项目任务时要依赖职能支持团队成员的工作
		项目经理和职能部门派到项目的团队成员共同负责，确保不同项目经理的职能组织的要求之间的未解决的冲突引起管理人员的注意

续表

项目经理	职能经理	关　　系
确保准备好对系统要素组合的重要批示、总体计划和工作说明		
指导时间、成本和绩效进度的准备和维护，以确保项目顺利进行		
协调和批准分包商的工作说明、进度、合同类型和为大的“买进”项目定价		
		项目经理不会对部门方针和程序中规定的或由总经理指定的职能支持组织所负责的事情做决策
同项目团队的采购代表共用、协调和批准供应商的评价和来源选择		
		职能经理也不会要求项目经理对其权力和责任之外的不影响项目要求的事情做决策
对所有相关事件进行决策，但要同总经理所制定的部门方针和程序相一致		
		职能组织不会做项目决策，它是项目经理的责任
		为提供满意的决策和完成总的项目和公司目标，在解决问题时共同参与是非常重要的，要通过项目经理和指定的项目团队成员来共同完成。在进行项目决策时，项目经理得到了实施监控的相关职能经理的支持和合作，因为他们对每个项目和所有部门的职能绩效负责

5.16　人类行为教育

如果在项目管理教育方案的某些地方存在缺陷，那就是在人类行为教育领域的不足。潜在的问题就是，有关制订计划、制定进度和成本控制方面的课程很多，而能直接用于项目管理环境的行为科学方面的课程却相对很少。有关人类行为的言论时常集中在基于上下级（项目管理和团队成员）关系的理论和原理的应用上。这种方法之所以会失败，其原因有：

- 团队成员可以有比项目经理还高的工资级别。
- 大部分时候项目经理极少有全面的权威。
- 大部分时候项目经理很少有正式的奖赏权。
- 团队成员可能在同一时间为多个项目工作。
- 团队成员可能同时收到来自项目经理和他们的直线经理的相互冲突的指令。
- 由于项目的持久性，项目经理不可能有时间从个人方面去充分了解团队中的成员。
- 项目经理不可能有权力指派人员进入项目团队或是将其开除出团队。

经理和高管们都认为在行为科学的课程，还有更深的课题应该研究。包括如下方面：

- 遍及所有阶层的冲突管理。
- 设备管理。
- 管理咨询技术。
- 监管技术。
- 谈判技术。
- 和所有相关方沟通的技术。
- 表达技巧。

问题出自关于直接用于项目管理环境的人类行为实用性的教科书数量有限。市面上最畅销的此类书之一是 Steven Flannes 和 Ginger Levin[1]编写的。此书通过列举大量来自作者项目管理经验的例子来强调项目管理教育的适用性。

相关案例研究（选自 Kerzner/*Project Management Case Studies*, 5th Edition）	相关练习（选自 Kerzner/*Project Management Workbook and PMP®/CAPM® Exam Study Guide*, 12th Edition）	PMBOK®指南（第 6 版），PMP 资格认证考试参考部分
• Trophy 项目* • McRoy Aerospace* • 不好的员工* • 首席员工* • 勉强参与的员工*	• 多项选择题 • 人力资源管理的填字谜	

5.17　PMI 项目管理资格认证考试学习要点

本节用于项目管理原理的复习，以巩固《PMBOK®指南》中相应的知识领域和范围，着重讲述了：

1　Steven W. Flannes and Ginger Levin, *People Skills for Project Managers* (Vienna, VA: Management Concepts, 2001).

- 人力资源管理。
- 沟通管理。
- 项目收尾。

对于准备 PMP 考试的读者，通过下列练习将有助于对相关原理的理解。

- 多种多样的领导风格。
- 权力的不同类型。
- 权威的不同类型。
- 对记入文档的权威的需要。
- 项目管理中人力资源管理的重要性。
- 清晰地界定项目团队中每个成员的角色和责任的需要。
- 多种激励团队成员的方式。
- 项目经理和团队都希望解决自己的问题。
- 编码和解码的障碍。
- 沟通反馈的需要。
- 沟通的不同类型。
- 会议的不同类型。

本章可用的附录 C 中的 Dorale 产品的案例有：

Dorale 产品（I）(人力资源和沟通管理)。

下列选择题将有助于回顾本章的原理及知识。

1. ____不是项目经理权威的来源。

A. 项目章程　　B. 项目经理的工作描述
C. 高级管理层的授权　　D. 下级的授权

2. 项目经理拥有的____可以使其具有对技术的支配权，并且在研发的项目中经常使用。

A. 奖赏权　　B. 法令权
C. 专家权　　D. 感召权

3. 如果一个项目经理拥有处罚（或者强制）的权力，那么他最有可能拥有____。

A. 奖赏权　　B. 法令权
C. 专家权　　D. 感召权

4. 一位项目经理在会议信息的传递和与团队成员的合作方面很成功，他最有可能拥有____。

A. 奖赏权　　B. 法令权
C. 专家权　　D. 感召权

5. 大多数项目经理所受到的激励来自马斯洛需求理论的____。

A. 安全的需要　　B. 社会的认可

C. 自尊的需要　　D. 自我实现

6. 你将被调去负责管理一个项目团队。其中大多数的团队成员有少于两年的团队工作经验，而且大多数的人以前从没有跟你一起工作过。这种情况下，你最有可能选择的决策风格是____。

A. 指导　　B. 影响
C. 参与　　D. 授权

7. 你现在负责一个项目，幸运的是团队成员和你最近所负责的两个项目的团队成员相同，而且以前的两个项目都取得了巨大的成功，项目团队也是一支高绩效项目团队。在负责新项目的时候你最有可能选择的决策风格是____。

A. 指导　　B. 影响
C. 参与　　D. 授权

8. 一位项目经理向他的两个项目团队成员口头描述了怎样操作一个特殊测试的说明，但没有经过他的确认，这两名团队成员离开了项目经理办公室。随后，项目经理发现这个测试并没有按他的要求执行。出现这样的错误的原因最有可能的是____。

A. 编码不正确　　B. 解码错误
C. 信息的形式不恰当　　D. 缺乏命令的反馈

9. 一位项目经理让所有的团队成员与其共同参与项目的决策，这个项目经理运用的是____领导风格。

A. 被动型　　B. 参与型或民主型
C. 独裁型　　D. 自由放任型

10. 一个项目经理独自做出所有的决定，不允许成员有丝毫的参与，这个项目经理运用的是____领导风格。

A. 被动型　　B. 参与型或民主型
C. 独裁型　　D. 自由放任型

11. 一个项目经理让项目团队的成员自己做重要的决策，自己并不参与其中，这个项目经理运用的是____领导风格。

A. 被动型　　B. 参与型或民主型
C. 独裁型　　D. 自由放任型

答案

1. D　2. C　3. A　4. D　5. D　6. A　7. D　8. D　9. B　10. C　11. D

思考题

5-1 项目经理发现他对与他共事的项目团队没有在工资、奖金、工作指派或项目资金等方面直接奖励的权力。这是否意味着他在这方面权力是不够的呢？请解释。

5-2 对下面每个说法，哪种人际关系影响可能存在？

a. “我跟×部门工作关系很好。他们喜欢我，我也喜欢他们。任何事我都可以赶在进度之前进行。”

b. 一位技术专长的科学家被临时提升到项目管理中做高级技术管理。有人无意中听到他对一位团队成员说：“我知道这是违背部门方针的，但检验必须按照这些标准做，否则结果将毫无意义。”

5-3 如果科学家和工程师感觉在他们的工作中有足够的自由时，他们会更有创造力，你同意这种说法吗？这种情况会产生相反的作用吗？

5-4 项目风险和不确定性的大小对项目经理应该拥有多大的权力有直接的影响吗？

5-5 一些项目是由那些只有监控权力的项目经理指导的。这些人被称为影响型项目经理。什么项目将处于他们的控制之中？采用什么组织结构最合适？

5-6 如果项目经理比职能经理有更大的奖励权，哪种工作关系将会出现？

5-7 项目经理邀请高层管理者参加团队会议的正确方式是什么？

5-8 你如何对付一个胃口太大的项目经理或项目工程师？如果他这样做是有效的，至少临时有效，那你的答案会变吗？

5-9 人力部门的要求表明，下两个星期某特定的职能部门将从8个人增加到17个人，然后又要减少到8个人，你对此有疑问吗？

5-10 以下是可以得到合法授权的几个途径。说明每个来源是否为项目经理提供了足够的权力，以使他能有效地管理项目？

a. 项目或组织章程。

b. 项目经理在组织中的位置。

c. 项目经理的工作描述和规定。

d. 政策文件。

e. 项目经理的“执行”排序。

f. 合同的价值。

g. 资金的控制。

5-11 以下是描述管理职能的3种广义说法。对每个论断，我们是说给高层经理、项目经理还是职能经理的？

a. 获得最好的资产并力图改进它们。

b. 为员工提供良好的工作环境。

c. 如果可能的话，确保所有的资源能被有效率和有效果地利用。

5-12 产品经理有可能同项目经理一样视野狭隘吗？如果是，是在什么情况下？

5-13 有这种情况吗？项目经理会等待长期的变化而不是迅速地采取行动？

5-14 项目经理应该鼓励有问题都来找他吗？如果是，他应该选择要解决哪些问题吗？

5-15 如果所有的项目都不同，应该有一个标准的公司方针和程序手册吗？

5-16 在报价工作内容中，时间劫匪应该加到直接工时标准中去吗？

5-17 项目经理是否可通过了解他的手下员工的"兴奋周期"去改善他的时间管理技巧？这个兴奋周期是人体中的一种生理功能，可能是一天中的某个小时，也可能是一周中的某一天，或者要求加班时。

案例分析

案例 1　Trophy 项目

运气不佳的 Trophy 项目从一开始就遇到了麻烦。Reichart 曾经是项目经理助理，从项目的概念阶段就介入项目。当该项目被公司接受时，Reichart 被指定为项目经理。从第一天起项目就开始延迟，支出也相当大。Reichart 发现负责项目直接劳动力时间的职能经理将更多的资源放在自己的"宠物"项目上。当 Reichart 抱怨时，别人说项目经理不能干预职能经理对资源和预算的安排。大约 6 个月后，Reichart 被要求向公司和各部门员工做进展报告。

Reichart 将这作为净化心灵的一次机会。报告证实，项目预计要落后进度整整 1 年。由职能经理提供给 Reichart 的员工的工作进展太慢了，更不用说补偿已经推迟的进度。估计的完工成本要超出 20%。这对 Reichart 来说是第一次向那些要改变工作状况的员工讲述项目的情况。Reichart 坦率的、公正的评价结果很具有预测性。那些不相信这一说法的人最终看到了希望，职能经理意识到他们在项目完成中可以发挥作用。现在许多公开的问题都可以通过提供足够的员工和资源来解决。公司员工立即采取行动，职员的支持为 Reichart 提供了挽回项目的机会。

结果完全不同于 Reichart 的预期。他不再向项目办公室报告，而是直接向作业经理汇报。公司职员的兴趣变得强烈起来，要求每周一上午 7 点召开会议，讨论项目状态和调整计划。Reichart 发现自己太多的时间用于做书面工作、报告和为每周一的会议做计划，而不是用于管理 Trophy 项目。公司主要关心的是让项目回到进度计划中。Reichart 花了大量时间准备调整计划及人力资源要求，以使项目回到原定进度。

为了密切跟踪项目进展，团队成员指定了一个项目经理助理。他说解救该项目的方法是用一个非常复杂的程序来计算不同问题和跟踪项目进展。公司为 Reichart 配备了另 12 名员工来开发程序。其间，没有做过任何变动。职能经理仍旧没能提供足够的人力，认为 Reichart 有公司派来的员工增援就可以完成任务了。

计算机程序耗资大约 50 000 美元来跟踪问题后，发现计算机解决不了项目目标。Reichart 同一位计算机供应商探讨这个问题，发现还需要额外的 15 000 美元投资于该程序和辅助存储器，但安装辅助存储器要花两个月。考虑到这一点，不得不决定放弃计算机程序。

Reichart 现在已投入了 1 年半的时间在该项目上，但原型还未完成。项目仍旧落后进度 9 个月，预算超支 40%。客户定期收到他的报告，很清楚地了解该项目落后的状况。

Reichart 花了大量时间来向客户解释落后的问题及调整计划。Reichart 必须承认的另一个问题是提供计算机组件的供应商也落后于进度。

一个周日上午，当 Reichart 正在办公室向一个客户做汇报时，一位公司副总裁走进了他的办公室。"Reichart，"他说，"所有项目中，报告首页上的人和出现在第一页的人要对项目负责。如果你不能摆脱困境，你在这个公司会有大麻烦了。"Reichart 不知道该说什么。他对制造麻烦的职能经理毫无控制力，但他是应该负责的那个人。

又过了 3 个月，客户再没有耐心了，意识到该项目处于严重困难阶段，并要求分部总经理和他的所有职员参观客户的厂房，在一周内写出进展和"合作"报告。分部总经理将 Reichart 叫进办公室说："Reichart，去拜访一下我们的客户。带上 3～4 个职能员工，尽可能想尽一切办法使他满意。"Reichart 和 4 个职能员工去拜访客户，并做了一个长达 4 个半小时的汇报，对问题和进展都加以明确。客户非常礼貌，甚至说这是一个很精彩的汇报，但内容是完全不可接受的。项目仍然落后 6～8 个月，客户要求每周都要有进展报告。客户安排一个代表在 Reichart 的部门，有必要时每天同 Reichart 及其员工见面。经过这一系列事件后，项目开始好转起来。

客户代表要求定期更新和确认问题，并试图解决这些问题。这种参与给项目和产品带来很多变化。客户给 Reichart 带来麻烦，他并不同意项目的这种变化。在很多情况下，当客户认为变更不需要增加成本时，Reichart 口头表示了他的不同意。这就造成了客户和生产商之间关系的恶化。

一天早上，Reichart 被叫到分部总经理的办公室并介绍给 Baron 先生。Baron 通知 Reichart，他要将整个项目交给 Rad Baron。"Reichart，你将被临时安排到公司其他部门。我建议你最好在外边找份别的工作。"Reichart 看了看 Baron 问："这是谁干的？谁向我开冷枪？"

Rad Baron 任项目经理大约 6 个月之后，经大家一致同意，又被第三个项目经理替代。客户也将他的驻厂项目代表指派到了另一个项目。在新团队的带领下，Trophy 项目最终完成了，但延迟进度一年，成本超支 40%。

问题

1. 为什么这个项目会遇到麻烦？
2. Reichart 犯了什么错误？
3. Reichart 变幻不定地做了什么？
4. Reichart 从项目发起人处得到过支持吗？

案例 2　McRoy Aerospace

McRoy Aerospace 是一家高盈利的公司，主要为部队制造货运飞机和空中加油机。公司从事这项业务已经 50 多年了，并取得了极大的成功。但是因为政府对这类飞机采购支出的下滑，McRoy 决定进军商用航空飞机领域，尤其是能容纳 400 人的宽体飞机，与波音公司和空中客车正面竞争。

在设计阶段，McRoy 发现大部分的商用航空公司会考虑购买它们的飞机，因为它们的飞机成本比其他飞机制造商的要低。尽管购买者会考虑飞机的实际购买价格，但购买者更感兴趣的是生命期内维持飞机运营的成本，尤其是维修成本。

运营成本和维护成本是相当大的开支，维修需求是政府基于安全方面提出的要求。飞机在飞行时航空公司才能有盈利，待在维护吊架上是不能获利的。每个维修仓库都要有大量的零部件，一旦某一部件不能正常工作，就可以随时进行更换。不能正常工作的零部件会返回给制造商进行修理或更换。存货成本非常高，但是也是保持飞机正常运营的必须花费。

McRoy 面临的一个难题是飞机的 8 门结构。每对门都有自己的结构，这与它们在飞机上所处的位置有关。如果 McRoy 能设计一种能用于这 4 对门的简单结构，就会明显降低航空公司的存货成本。此外，飞机机械师仅需接受 1 套机构的培训，而不是 4 套。货运飞机和空中加油机的每对门都有各自不同的结构，所以设计一个能用于所有门的结构将是一个极大的挑战。

Mark Wilson 是 McRoy 公司设计部门的经理，他指派 Jack 负责这个极具挑战的项目。因为 Jack 是 Mark Wilson 所能想到的最好人选，只有他才能承担这个项目。如果 Jack 完成不了这个项目，那么其他人肯定也做不到。

这个项目的成功完成将会看作 McRoy 给客户提供增值的一个极好机会，从费用节省和效率提高上看，也会起到巨大的作用。McRoy 公司将会在飞机全寿命成本上成为航空制造业的商界领袖，将会吸引更多的商用飞机用户来 McRoy 航空制造公司订货。

该项目的目的是设计一种能用于所有门的开门或关门结构。到目前为止，每个门的开门或关门结构都是不一样的，这就导致了设计、制造和安装过程更加复杂、麻烦，成本也相对较高。

毫无疑问，即使设备工程人员和设计人员一致认为这不可能实现，Jack 也许能做到，可能也是唯一能实现的人。当 Mark 向 Jack 介绍挑战时，他在桌上摆满了卡片。他告诉 Jack，他唯一的希望是 Jack 能承担这个项目，并且尽一切可能完成。但是 Jack 立马回复他不见得能完成。Mark 对此不太高兴，但他知道 Jack 会尽力的。

Jack 花了两个月研究这个问题，但还不能找到可行的办法。于是 Jack 告知 Mark 这个项目无法完成。Jack 和 Mark 都对不能找到可行的办法感到失望。

Mark 闷闷不乐地说："Jack，我知道你是最棒的，我不知道还有什么人能解决这个重要的问题。我知道你尽力了，但是这个问题实在是一个难度很大的挑战。谢谢你的努力。但如果我想从你的伙伴中再派一个人挑战一下，你认为谁最适合？他也许有一点机会能实现它，我只是想确保我们已经尽力了。"

Mark 的话让 Jack 感到很惊讶，他想了好一会儿。Jack 是在考虑谁适合浪费更多的时间承担这个项目吗？不，Jack 是在思考问题本身。他脑中有一个想法一闪而过，他说："Mark，你能再给我几天时间考虑一下吗？"

Mark 非常开心："当然，Jack。就像我以前说的，你是唯一适合的人。放手去干吧。"几星期后，这个问题得到了解决，Jack 的名气也更大了。

问题

1. 为了让 Jack 继续研究这个问题，Mark 所说的正确吗？

2. Mark 是否应该放弃他的项目，而不是再次劝说 Jack？

3. Mark 是否应该指派另一个人负责项目，而不是给 Jack 第二次机会？如果他这么做了，Jack 会有什么反应？

4. 如果 Jack 还是不能解决问题，Mark 应该做什么？

5. 如果 Jack 还是不能解决问题，Mark 再派一个人有意义吗？

6. 如果可能的话，Mark 还有哪些选择？

资料来源：

案例 3 不好的员工

项目经理 Paula 对项目目前的状况感到非常满意，唯一的问题是 Frank 承担的工作。Paula 在项目开始时就知道 Frank 是一个有问题的员工，且经常被认为麻烦制造者。Frank 需要承担的工作并不复杂，在人事安排会议上他的部门经理保证 Frank 能做好这项工作。此外，部门经理也告诉 Paula，Frank 在其他的项目中出现过行为问题，有时还被赶出了项目。Frank 常常抱怨，到处找碴儿。但部门经理向 Paula 保证 Frank 的态度会变化的，如果在 Paula 的项目中 Frank 出现了问题，他会积极参与。于是，Paula 同意 Frank 参与她的项目。

遗憾的是，Frank 在项目中的表现达不到 Paula 的标准。Paula 不止一次告诉 Frank 他应该如何做，但是 Frank 坚持他自己的方式。Paula 已经意识到项目情形正在变糟。Frank 的工作时间延误了，成本也超支了。Frank 反而对 Paula 作为项目经理的工作不满意。他的所作所为已经影响了团队的其他成员，造成了团队士气的低下。显然，Paula 需要采取行动了。

问题

1. Paula 有哪些选择？

2. 如果 Paula 决定一早就亲自处理，而不是寻求部门经理的帮助，那么 Paula 应该做什么？按照什么顺序去做？

3. 如果 Paula 进行了所有的尝试仍不能改变员工的态度，部门经理又拒绝撤出该员工，Paula 有哪些选择？

4. 如果可以的话，Paula 能获得与员工工资有关的哪些权利？

资料来源：2010 by Harold Kerzner. Reproduced by permission.　All right reserved.

案例 4　首席员工

Ben 要负责一个为期一年的项目，其中一些工作包的完成需要机械工程部的支持，并且机械工程部还需要派遣 3 个项目的全职人员。在项目最初提议时，机械工程部经理估计他能派出 3 名级别 7 的员工。但是，项目的开始日期延迟了 3 个月，工程部经理把本该派到这个项目的员工派到其他的项目中了。现在项目能用的员工是 2 名级别 6 的员工和一名级别 9 的员工。

机械工程部经理保证这 3 名员工能很好地完成工作，这 3 名员工在 Ben 的项目中可以承担全职。此外，如果项目出现了问题，部门经理也向 Ben 保证他肯定会积极参与，以确保工作包和可交付成果的完成。

Ben 不了解这 3 名员工。因为级别 9 就意味着领域内的专家，所以 Ben 任命这位级别 9 的员工在他的项目中担任工程方面的带头人。因为让级别高的员工担任带头人是常用的做法，有时级别高的员工还要担任项目经理。带头人可以参与与客户间举行的信息交流会。

项目的第 1 个月月末，工作进展顺利。大部分的团队成员因为被派遣到这个项目感到很高兴，团队士气也很高，但是来自机械工程部的两名级别 6 的员工却不怎么喜欢该项目。Ben 与这两名员工谈话，希望了解他们不高兴的原因。其中有一人说：

级别 9 的员工希望什么事情都由他自己完成。他不信任我们。每当我们使用某些方法来解决问题时，他都会检查，甚至每个微小的细节。他干了所有的事情。唯一他不会参与的事情是复印项目报告。我们认为我们并不属于团队。

Ben 不知道该如何处理这个情况。人事安排是由部门经理决定的，如果不经过部门经理的许可，是不能随便把人撤出团队的。于是 Ben 找了机械工程部的经理，经理说：

我派出的这个级别 9 的员工是部门内最好的员工。不过，他有点傲慢。除了他自己，他不信任任何人。当和其他人共同工作时，他认为他有责任检查每个细节。可能的话，我会派他单独做事情，这样他就不用与其他人共同合作了。但是目前我手头没有这样的工作，这就是我派他到你项目上的原因。我以为他能改变工作方式，与那两名级别 6 的员工共同合作，像真正的团队成员。显然，我错了。别担心，工作会完成的。我们就让那两名员工在郁闷一阵子就行了。

Ben 明白部门经理的意思，但是仍然为目前的情形感到不高兴。如果强迫级别 9 的员工离开，那么新派来的员工能力肯定会不如他，这可能影响可交付成果的质量。如果让他继续待在项目中，就会疏远另两名级别 6 的员工，并且他们还会影响项目的其他团队成员。

问题

1. Ben 有哪些选择？
2. 如果让这种情况继续下去会存在风险吗？

3. 如果让级别 9 的员工离开会存在风险吗？

案例 5 勉强参与的员工

三个月前，公司调整了 Tim Aston 的职位，他被派去当了项目经理。首先，他认为自己是个人物，会成为公司期望的最好的项目经理。现在，当他上任后发现，他不能确定的是，这份项目管理工作是否值得一试。他要当面向公司项目管理办公室主任 Phil Davies 请教。

Tim Aston："Phil，事情再这样下去，我有点担心。我看不到员工的热情。他们每天下午 4:30 只想着收拾好桌子准备回家，导致我每天下午的团队会议无法正常举行。因为他们担心错过公司的班车。我想把团队会议调到早上开如何。"

Phil Davies："Tim，你看看，你一定认识到了在项目环境中，团队成员首先想的是什么，其次才是项目。这就是我们公司现有组织形式下的生存之路。"

Tim Aston："我不断地告诉他们，遇到什么困难就来找我。可他们认为自己不需要什么帮助，所以，也就不来找我。我简直对他们无话可说。"

Phil Davies："我们员工的平均年龄是 46 岁，他们大多在公司工作了二十多年。他们有自己的工作方法。而你在我们公司才工作三年。有些员工可能正讨厌一个 30 岁的项目经理来对他们指手画脚。"

Tim Aston："我发现财务部有一个小伙子，是个可用之才。他对项目管理也很有兴趣。我要求他们部门经理把他派到我的项目上来，而部门经理却笑着说，这小伙是不错，我们部门也正有事情要他做。他不可能派到公司的任何地方去。部门经理只操心他的独立王国，而不考虑公司的整体利益"

"上周，我有一项测试任务，客户的高管为了得到一手观察资料，正计划飞来现场。可我的两个员工正好要去休法定假。无论什么情况，他们也不愿意调整自己的休假计划。一个家伙要去钓鱼，另一个家伙要去慰问我们社区的单亲儿童。确实，他们不能为测试调整自己的休假计划。"

Phil Davies："我们大多数员工都是有社会责任感的，他们兴趣广泛。我们也鼓励他们承担社会责任，只是要求他们自己的兴趣爱好不耽误公司的工作即可。"

"对我们的员工，有件事你要理解，他们平均年龄 46 岁了，多数人都到达了自己技能的顶级水平，也没别的地方可去，他们必定会去寻找别的兴趣。就是这些人与你一起干项目。建议你去读一些行为科学的著作。"

案例 6 领导效力（A）

引言

这一项内容涉及个人监管类型的比较，通过在空白处写适当的数字，来表明你在两个选择中的偏好。一些选择可能看来具有相同的吸引力或排斥力，但是请尽力选择更具有你的特色的选项。对每个问题，在以下组合中你有 3 分用于分配：

A. 如果你同意选项 a，不同意 b，则在上边的空白处写 3，下边的空白处写 0。

a. 3　　　b. 0

B. 如果你同意选项 b，不同意 a，写：

a. 0　　　b. 3

C. 如果你只稍微倾向于 a，写：

a. 2　　　b. 1

D. 如果你稍微倾向于 b，写：

a. 1　　　b. 2

重要提示：只能使用上述的组合。尽力将每一条同你自己的经验相联系。请在每对选项中做选择。

1. 在工作中，项目经理应该做决策和……

a. _____告诉他的成员来开展工作。

b. _____“告诉”他的成员他的决策，并尽力“推销”。

2. 项目经理做出决策后……

a. _____他应该通过表明他们将得到的好处来尽力减少成员对他的决策的抵制。

b. _____他应该为自己的团队提供一个机会以向他们全面解释自己的想法。

3. 项目经理向其下属提出问题时……

a. _____他应该争取他们的意见，然后做决策。

b. _____他应该明确问题，让团队做决策。

4. 一个项目经理……

a. _____应该做所有影响团队工作的决策。

b. _____当要求团队成员解决问题时，应该使自己事先投入他的团队所选择的决策中。

5. 项目经理应该……

a. _____允许团队成员施加对决策的影响，但保留最终决策权。

b. _____同团队成员一起参与项目决策，但保留最小的决策权。

6. 在关于项目状态做决策时，项目经理应该……

a. _____说出自己的决策和想法，并同其团队进行“交换”讨论会，允许他们充分挖掘决策的内涵。

b. _____向团队提出问题，争取他们的意见，再做决策。

7. 好的工作环境是这样的，其中项目经理……

a. _____“告诉”团队他的决策，并极力“推销”。

b. _____将其团队召集到一起，提出问题，定义问题，并要求他们解决问题，同时让他们知道你将支持他们的决策。

8. 进展顺利的项目包括……

a. _____通过表明他们将得到的好处来尽力减少成员对他的决策的抵制。

b. _____召开“交换”讨论会，允许他们充分挖掘决策的内涵。

9. 在工作环境中同人交往的好的方式是……

a. _____团队提出问题，获取建议，然后决策。

b. _____允许团队做决策，并让他们了解项目经理将支持他们所做的决策。

10. 好的项目经理将……

a. _____负责对问题定位，并找到解决方案，然后尽力说服团队接受。

b. _____抓住收集团队想法的机会，然后做决策。

11. 项目经理……

a. _____应该在组织内做决策，然后让团队去执行。

b. _____应该同其团队密切合作来解决问题，并试图在最小的权力范围内做这件事。

12. 为了做好工作，项目经理应该……

a. _____为团队的反应提供方案。

b. _____提出问题，并收集团队建议，在最佳方案的基础上做决策。

13. 项目经理的好方法是……

a. _____“告诉”并尽力“推销”他的决策。

b. _____为团队定义问题，然后将做决策的权力交给他们。

14. 在工作中，项目经理……

a. _____不需要考虑他的团队怎么想或对他的决策有什么感受。

b. _____应该提出他的决策，并召开“交换”讨论会，允许他们充分挖掘决策的内涵。

15. 项目经理……

a. _____应该自己做所有决策。

b. _____应该向团队提出问题，得到建议，然后做决策。

16. 这样做比较好……

a. _____允许团队施加对决策的影响，但保留最终决策权。

b. _____同团队成员一起参与项目决策，但保留最小的决策权。

17. 从团队中得益最多的项目经理是……

a. _____直接运用项目权力的项目经理。

b. _____寻找所有可能的方案，然后做决策的项目经理。

18. 有效的项目经理应该……

a. _____在组织内做决策，然后让团队去执行。

b. _____做决策，并试图说服团队接受它。

19. 项目经理处理工作问题的较好的方法是……

a. _____不需要考虑他的团队怎么想或对他的决策有什么感受。

b. _____允许其团队参与决策，但保留最终决策权。

20. 项目经理……

a. _____应该通过表明他们将得到的好处来尽力减少成员对他的决策的抵制。

b. _____当问题出现时，应该在团队中寻找可能的方案，然后在一系列选择中做决策。

领导方式调查表

表格形式

	1	2	3	4	5
1	____ a	____ b			
2		____ a	____ b		
3				____ a	____ b
4	____ a				____ b
5			____ a		____ b
6			____ a	____ b	
7		____ a			____ b
8		____ a	____ b		
9				____ a	____ b
10	____ a		____ b		
11	____ a				____ b
12			____ a	____ b	
13		____ a			____ b
14	____ a		____ b		
15	____ a			____ b	
16			____ a		____ b
17	____ a			____ b	
18	____ a	____ b			
19	____ a		____ b		
20		____ a		____ b	
总计	____	____	____	____	____

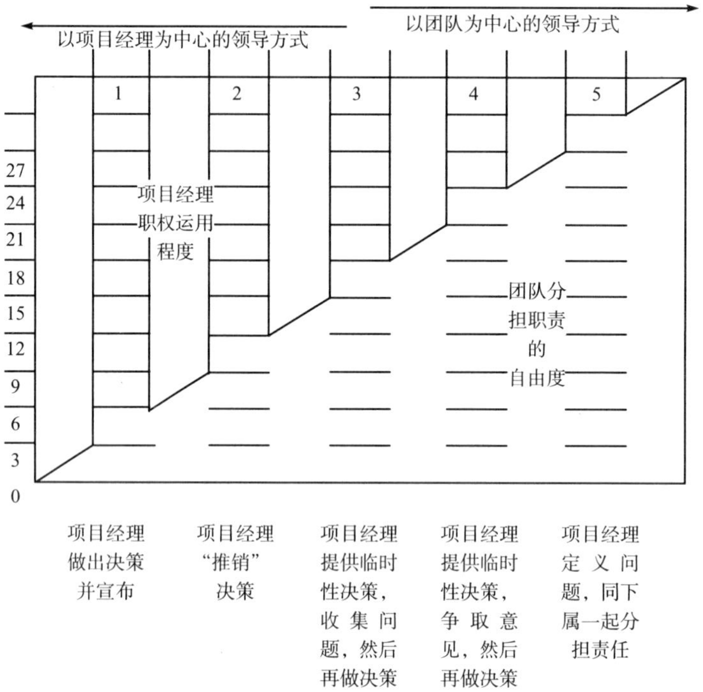

案例7　领导效力（B）

项目

你们公司刚刚承包了外面一个客户的项目。合同期为1年，分解为：研发6个月，原型实验1个月，生产5个月。除了在研发阶段所涉及的风险外，你们的项目经理和客户都说该项目在时间、成本或绩效上无法平衡。

> **PMBOK®指南，第6版**
> 第9章　项目资源管理
> 第10章　项目沟通管理

当你在6个月前准备提案的时候，你计划和预算的是5个全职工作人员，这不包括职能支持人员。遗憾的是，由于资源有限，你的职员（项目办公室）如下所述。

Tom：一位非常优秀的工程师，在以前几个项目中同你合作得很好。你专门要Tom，而且很幸运地得到了他，尽管你的项目的优先权并不高。Tom既被当作技术带头人，又被当作专家，同时也被看作公司内最好的工程师。Tom将在整个项目期间做全职工作。

Bob：在公司工作1年多，可能还有点“乳臭未干”。他的职能经理对他期望很高，现在，想让你对他进行岗位培训，做一名项目办公室团队成员。Bob将是全职工作人员。

Carol：她已经在公司工作了20年，做的工作比较令人满意。但以前从未跟你合作过。她也是全职工作人员。

George：他在公司工作了6年，但以前没做过你的项目。他的上级告诉你，他在先完成另一项比较紧的任务之前，只能有一半时间来参与你的项目，一两个月后就可以全职。George被认为一个很出色的员工。

管理部门告诉你再也没有人来填补第 5 个位置了。你必须将多余的工作任务分摊给其他几个人。当然，客户对此肯定不太高兴。

在以下每种情况中选择一个最好的答案，后面将给出等级体系。

记住：尽管他们在你的项目办公室，应有所区分，你的员工用“虚线”，职能经理的用“实线”。

情况 1　项目办公室成员得知今天上午将向你报告。他们都收到了你发的首次会议的时间、地点的备忘录。但是，除了知道项目将至少历时 1 年外，他们没有收到任何关于项目的其他信息。对你们公司来说，这是一个长期项目。会议比较好的战略是：

A. 团队成员应该自我推荐，否则他们就不会被任命。只是欢迎他们，然后给他们分派任务。

B. 通过向他们表明他们将得到什么好处来激励他们——自尊、荣誉、自我实现。尽量少讨论一些具体问题。

C. 解释项目并征求意见。尽力使他们确定替代方案，鼓励团队决策。

D. 确定项目的技术细节——要求、绩效标准和期望。

情况 2　你将一份已取得成功的提案交给团队成员，还有一份“保密”的备忘录，描述了提案中所做的假定条件和约束。你告诉团队成员让他们对材料做评论，并准备在下周一的会议上做详细计划。在周一的计划会议上，你发现 Tom（曾经同你工作过）起了一个替代性角色，他做了应该由别人来负责的计划。你应该：

A. 什么也不用作。这可能是有利的局势。但是，你应该问一下别的成员是否要评审 Tom 的计划。

B. 单独问其他成员如何看待 Tom 的角色。如果他们有怨言，同他们交谈。

C. 叫每个成员单独做自己的进度，然后比较其结果。

D. 私下同 Tom 讨论这种行为的长期影响。

情况 3　看起来团队要拟订一份令客户满意的进度计划比较困难。他们不断地问你关键性问题，然后似乎才能做出正确的决策。

A. 什么也不做。如果团队是好的，他们最终将解决问题。

B. 鼓励团队继续，但可以就有关的替代方案问题给他们一些想法，但让他们自己解决问题。

C. 积极参与进来，帮助他们解决问题，并监管计划直到项目完成。

D. 你自己负责给团队解决问题，不断地提供指导。

情况 4　你的团队对进度计划很乐观。职能经理看了进度计划，给团队发了一个备忘录，说他们绝不支持你们的进度。看起来你的团队士气非常低。他们期望应该对进度做些修改或平衡后再返回来，但没想到职能经理会说这么尖刻的话。你应该：

A. 不采取任何行动。这在这种类型的项目中很常见。你的团队应该学会适应。

B. 召开一次专门会议来讨论士气问题，争取团队的建议，尽力解决问题。

C. 单独会见每个成员以鼓励他们。让他们知道这种情况发生过很多次，然后都可以通过反复调整或平衡来解决。说明你能帮助他们并提供建议。

D. 自己负责，并通过改变进度计划来寻找提高士气的方法。

情况 5 职能部门已经开始工作了，但还在批评进度计划。你的成员对那些从职能部门派遣过来的成员很不满意。他们认为这些员工不适合做这份工作。你应该：

A. 在你真正看到（有证据）他们不适合做这份工作之前，什么也不做。

B. 同情你的团队并鼓励他们在找到替代方案前适应这种情况。

C. 同团队评价潜在风险，并寻求建议。如果问题像团队表明得那么严重，就尽力建立应急计划。

D. 去找职能经理，说明你们的担心，并要求换别的人员。

情况 6 Bob 作为一名项目办公室团队成员，绩效开始下降了。你不能确认他是缺乏技术、承受不了压力还是不能承担来自第五个位置的额外工作。你应该：

A. 什么也不做。问题是临时的，你不能确定这对项目有什么影响。

B. 同 Bob 进行一次谈话，找一下原因，叫他解决一下问题。

C. 开一次团队会议讨论生产率和绩效是如何下降的，寻求团队的建议。希望 Bob 能得到一些有用的信息。

D. 同其他成员会见，看他们能否解释 Bob 最近的表现。让别的成员同 Bob 谈话来帮你解决问题。

情况 7 George（有一半工作时间在你的项目中）刚刚交上来一份经你同意做的关于该项目的季度进展报告。你签字之后，这份报告就送给高级管理人员和客户。报告勉强可以接受，但同你希望 George 写出来的报告水平相差甚远。George 向你承认说责任在于他在忙其他项目，还剩最后两周时间。你应该：

A. 对 George 表示同情，让他重写报告。

B. 告诉 George 报告是不可接受的，并反映出他作为项目办公室成员的能力。

C. 让团队其他成员帮助他重写报告，因为一份报告的质量是要代表团队每个成员的水平的。

D. 让别的成员替 George 写报告。

情况 8 你已经完成了研发阶段，正进入第二阶段：原型实验。你已经进入了第 7 个月。遗憾的是，第一阶段的结果表明你对第二阶段的估算过于乐观了，很有可能进度落后至少两周。客户会不高兴。你将：

A. 什么也不做。这种问题发生后会自行解决的。最终还是可以按期交工的。

B. 召开一次团队会议讨论团队由于进度落后而带来的士气问题。如果士气能提高上去，落后的时间也许能赶过来。

C. 召开团队会议，寻找提高第二阶段生产率的机会，团队将提供替代方案。

D. 这是危急关头，你必须施加强大的领导能力。你应该控制局面来帮助团队寻找可替代方案。

情况 9　你重做的进度计划成功了。职能经理给你提供了足够的支持，你又回到了原来的进度上。你应该：

A. 什么也不做。你的团队成熟了，正在做他们应该做的。

B. 尽力给团队提供一些纪念性或非纪念性的奖励（如放假或吃一顿）。

C. 为团队提供正面的反馈或鼓励，寻找能缩短第二阶段的方法。

D. 显然，你的强有力的领导是有效的。在第三阶段继续这种做法。

情况 10　你现在处于第 7 个月月底，所有事情都按进度计划进行，团队成员情绪很高涨。你应该：

A. 放任自流。

B. 寻找提高团队表现的更好方法。同团队成员谈话，让他们意识到他们很重要。

C. 召开团队会议，评论项目剩余的工作进度，找应急计划。

D. 确信团队仍会专注于项目的目的和最终目标。

情况 11　客户非正式地通知你说他们出了问题，在生产实际开始之前可能无法给出设计规格。这对你的项目来说简直是晴天霹雳。客户希望在接下来的 7 天内在你们厂房召开一次会议。这是客户第一次参观你们的厂房。以前所有的会议都是非正式的，而且都是在客户那边，只有你和客户，而这次会议是正式的。为了准备会议，你应该：

A. 确保进度被更新，承担被动角色，因为客户没有正式通知你。

B. 在客户会议之前，请客户提高工作效率，这会使客户高兴。

C. 马上召开一次会议，让团队准备日程安排，确定要讨论的问题。

D. 给每个成员分派责任，准备分发会议材料。

情况 12　因为客户要改变生产规格，你的团队显然对客户会议不满意。生产计划和生产进度都要更新。你应该：

A. 什么也不做。团队士气正高，他们可以自己解决问题。

B. 再次强调团队精神，鼓励他们前进。告诉他们，好的团队什么困难也不怕。

C. 帮团队确定替代方案，有必要做一定的指导。

D. 施行强势领导和严密监管。你的团队依靠你的帮助。

情况 13　现在是第 9 个月。你正在重新做计划（因为生产规格变了），客户打电话来说要评估一下马上取消这个项目而转入另一个项目的风险。你应该：

A. 等待客户的正式通知，可能可以一直等到你的项目完成。

B. 告诉团队成员，如果表现好的话还会有后续合同。

C. 召开会议评估风险，寻找替代方案。

D. 接受强势领导，尽量减少团队参与。

情况 14 其中的一个职能经理要求你对所有在你项目中的职能员工的工作情况做一个评价（不包括项目办公室人员）。你的项目办公室人员同他们的关系比你更近。你应该：

A. 回绝职能经理的要求，因为这不是你的分内之事。

B. 分别同团队成员谈话，充分肯定他们为项目做出的努力，并要求他们自己做评价。

C. 整个团队去评价每个职能人员，尽力取得一致意见。

D. 不要将这个要求压在团队身上。你可以自己做。

情况 15 现在是第 10 个月。Carol 通知你，两周后她要到一个新开始的项目上去做经理。她已经在公司干了 20 年，这是第一次有机会做领导。她想知道她能否从该项目中撤出。你应该：

A. 让她走，你不应该阻挡她的发展。

B. 让团队私下同 Carol 见面并进行投票表决。告诉 Carol，你将遵循大家投票的结果。

C. 同团队讨论该问题，因为他们要承担额外的工作，向他们寻求对策。

D. 同她交谈，说明她留下来很重要。你本来已经很缺人手了。

情况 16 你的团队通知你说职能经理在其部门周围建起信息屏蔽，你们所需要的所有信息都必须通过他。信息屏蔽已经存在两年了。你在做状态报告时很麻烦，但通过尽力迎合职能经理也可以得到信息。你应该：

A. 什么也不做。这只是职能经理想让他的部门运转起来，你的团队得到的信息是他们想要的。

B. 让团队成员运用行为技能来获取信息。

C. 召开会议讨论获得信息的其他方法。

D. 施行强势领导，给职能经理打电话询问信息。

情况 17 在项目的最后两个月，高层管理者给你派了一个新人替代 Carol。你和你的员工以前都没同他合作过。你应该：

A. 什么也不做。Carol 肯定已经跟他说过他应该做什么，以及有关项目的事项。

B. 单独同他见面，帮他提高速度，将 Carol 的工作交给他。

C. 召开团队会议，让每个人向他解释自己的角色。

D. 让每个人尽快同他谈话，并将他引入正轨，要求通过个人聊天的形式。

情况 18 你的一个成员想在附近的一所大学修一门课。遗憾的是，上课时间会与工作冲突。你应该：

A. 推迟决策，让他等下一次课程。

B. 同团队来讨论该请求及他对项目的影响。

C. 同团队探讨，争取团队的认可，因为团队将分担他的工作量。

D. 同每个成员交谈，确保任务要求不会变。

情况 19　你的职能员工在进行产品实验时用错材料了。你的项目的成本很高，但还有一些你储备起来以应付诸如此类事件的风险金。你的成员告诉你重新做实验不会延误进度。你将：

A. 什么也不做，成员们会很好地控制局势。

B. 同造成该问题的人会面，强调生产率的重要性和接下来的指令。

C. 让成员做应急计划，以防类似事件再次发生。

D. 施行强势领导，重新做实验，让他们知道你很关心此事。

情况 20　所有的好项目最终收尾时都会有终期报告，你的项目也要有。终期报告很可能成为后续工作的基础。你应该：

A. 什么也不做。成员们已经可以控制所有情况，他们知道需要写终期报告。

B. 告诉团队他们做得非常棒，现在只剩一件事要做。

C. 让团队来提供终期报告的大纲。

D. 写终期报告时你必须提供一定程度的指导，至少在结构上应该帮助他们。终期报告很容易反映你作为项目经理的能力。

填写下列表格，答案见附录 B。

情　况	答　案	分　数	情　况	答　案	分　数
1			11		
2			12		
3			13		
4			14		
5			15		
6			16		
7			17		
8			18		
9			19		
10			20		
				总计	

案例 8　激励调查表

接下来，你会发现一些涉及什么激发你，以及你如何激发别人的论断。在每个论断旁选一个答案。如下面的例子中，选择是“略微同意”。

–3	非常不同意
–2	不同意

–1	略微不同意
0	没有意见
（+1）	略微同意
+2	同意
+3	非常同意

第 1 部分

下面 20 个论断主要内容是：激发你的因素是什么。请尽量真实地打分。选择你认为正确的，而不是教材中说的正确的。

1. 公司给我的薪水同我所做的工作相当。 –3 –2 –1 0 +1 +2 +3
2. 公司认为我做过的每件工作都是一次挑战。 –3 –2 –1 0 +1 +2 +3
3. 公司为我提供最新的设备（如硬件、软件等），所以我工作很有效。 –3 –2 –1 0 +1 +2 +3
4. 当我工作做得好时，会得到公司的认可。 –3 –2 –1 0 +1 +2 +3
5. 公司为我提供资历、就业保障和既定的权力。 –3 –2 –1 0 +1 +2 +3
6. 总裁为经理提供可能影响经理工作的战略或长期反馈。 –3 –2 –1 0 +1 +2 +3
7. 公司提供业余时间参加俱乐部和各种组织，让员工社会化并更好地参与社会活动。 –3 –2 –1 0 +1 +2 +3
8. 允许员工设定自己的工作或绩效标准，或至少他们设定的标准可以得到经理的认可。 –3 –2 –1 0 +1 +2 +3
9. 鼓励员工成为专业社团成员或参加与工作相关的研讨会和讨论班。 –3 –2 –1 0 +1 +2 +3
10. 公司经常提醒员工：唯一能使你有安全感的方法就是在市场中有效地竞争。 –3 –2 –1 0 +1 +2 +3
11. 那些被认为非常出色的员工应该还有进一步提高声誉的机会，只要同工作相关即可。 –3 –2 –1 0 +1 +2 +3
12. 监管人员鼓励友好、合作的工作环境。 –3 –2 –1 0 +1 +2 +3
13. 公司为我提供了详细的工作说明，并明确了我的角色和职责。 –3 –2 –1 0 +1 +2 +3
14. 公司给员工提供自动的加薪制度。 –3 –2 –1 0 +1 +2 +3
15. 公司给我做最擅长工作的机会。 –3 –2 –1 0 +1 +2 +3
16. 公司给我做具有创造性工作的机会，我可以解决非常复杂的问题。 –3 –2 –1 0 +1 +2 +3
17. 因为公司为我提供更好的物理工作条件，所以

我的工作效率和效果都提高了（如合适的光线、低噪声、适宜的温度、舒适的休息室等）。	–3	–2	–1	0	+1	+2	+3
18. 我的工作能使我不断进步。	–3	–2	–1	0	+1	+2	+3
19. 我们的监理很有人情味，没有将我们当作“死气沉沉的工具”。	–3	–2	–1	0	+1	+2	+3
20. 员工可以参加公司的股票或退休计划。	–3	–2	–1	0	+1	+2	+3

第 2 部分

以下 21～40 个论断是项目经理如何激发员工的论断。请尽量真实地打分，作为项目经理，你应该如何激发员工。选择你认为正确的，而不是教材中说的或别人说正确的。你的想法在这项练习中很重要。

21. 项目经理应该鼓励员工利用公司福利，如股票期权计划和退休计划等。	–3	–2	–1	0	+1	+2	+3
22. 项目经理应该确保团队有一个好的工作环境（供暖、采光、低噪声、休息室、咖啡等）。	–3	–2	–1	0	+1	+2	+3
23. 项目经理应该分派给员工能提高他们声誉的工作。	–3	–2	–1	0	+1	+2	+3
24. 项目经理应该为员工创造一个轻松、合作的环境。	–3	–2	–1	0	+1	+2	+3
25. 项目经理应该不断提醒员工工作有保障是与下列因素有关的：要同客户保持良好的关系，保持在约束范围内工作，并且有竞争性。	–3	–2	–1	0	+1	+2	+3
26. 项目经理应该尽力说服团队成员每个工作都是有挑战性的。	–3	–2	–1	0	+1	+2	+3
27. 如果可能，项目经理应该根据公司计划和公司外社会群体的活动安排重新调整自己的进度计划。	–3	–2	–1	0	+1	+2	+3
28. 项目经理应该不断提醒员工如果工作成功的话，他们将会得到什么好处。	–3	–2	–1	0	+1	+2	+3
29. 项目经理应该鼓励员工，并在需要时对他们表示认可。	–3	–2	–1	0	+1	+2	+3
30. 项目经理应该鼓励员工在每个任务中自我成长。	–3	–2	–1	0	+1	+2	+3
31. 如果需要，项目经理应该允许员工设立自己的标准。	–3	–2	–1	0	+1	+2	+3

32. 项目经理应该按照工作资历来给职能员工分派任务。	–3	–2	–1	0	+1	+2	+3
33. 项目经理应该允许员工运用非正式或正式的组织来完成工作。	–3	–2	–1	0	+1	+2	+3
34. 作为项目经理，我想控制我的全职员工的薪水。	–3	–2	–1	0	+1	+2	+3
35. 项目经理应该同员工一起分享信息，这包括可能对分派任务没有直接影响的信息。	–3	–2	–1	0	+1	+2	+3
36. 项目经理应该鼓励员工有创造性，去解决自己的问题。	–3	–2	–1	0	+1	+2	+3
37. 项目经理应该为员工提供详细的工作描述，指出员工的角色和职责。	–3	–2	–1	0	+1	+2	+3
38. 项目经理应该为每个员工提供让他们做自己最擅长工作的机会。	–3	–2	–1	0	+1	+2	+3
39. 只要有时间，项目经理应该主动同员工进行非正式交流，并且尽力了解他们。	–3	–2	–1	0	+1	+2	+3
40. 我的项目的大多数员工都可以拿到与其能力相当的薪水。	–3	–2	–1	0	+1	+2	+3

第 1 部分分数单（是什么在激励你）

将你的分数填写在下面的适当位置。

基本需求	安全需求	归属需求
#1 ________	#5 ________	#7 ________
#3 ________	#10 ________	#9 ________
#14 ________	#13 ________	#12 ________
#17 ________	#20 ________	#19 ________
小计________	小计________	小计________

自尊需求	自我实现需求
#4 ________	#2 ________
#6 ________	#15 ________
#8 ________	#16 ________
#11 ________	#18 ________
小计________	小计________

将每个类别的总分数转到下页的表中，在激励需求中的适当位置写上“×”。

第 2 部分分数单（你如何激励员工）

将你的分数填写在下面的适当位置。

基本需求		安全需求		归属需求	
#22	________	#21	________	#24	________
#28	________	#25	________	#27	________
#34	________	#32	________	#33	________
#40	________	#37	________	#39	________
小计	________	小计	________	小计	________

自尊需求		自我实现需求	
#23	________	#26	________
#29	________	#30	________
#31	________	#36	________
#35	________	#38	________
小计	________	小计	________

将每个类别的总分数转到下页的表中，在激励需求中的适当位置写上“×”。

问题 1～20

分数																									
需求	-12	-11	-10	-9	-8	-7	-6	-5	-4	-3	-2	-1	0	+1	+2	+3	+4	+5	+6	+7	+8	+9	+10	+11	+12
自我实现																									
自尊																									
归属																									
安全																									
基本																									

问题 21～40

分数																									
需求	-12	-11	-10	-9	-8	-7	-6	-5	-4	-3	-2	-1	0	+1	+2	+3	+4	+5	+6	+7	+8	+9	+10	+11	+12
自我实现																									
自尊																									
归属																									
安全																									
基本																									

第 6 章　沟通管理

引言

PMBOK®指南，第 6 版
第 10 章　项目沟通管理

为了保证能够以合算的方式在合适的时间从合适的人那里获得正确的信息，就需要有效的项目沟通。良好的沟通是项目成功的关键。有效沟通的特有含义包含了如下内容：

- 信息的交换。
- 传递信息的行为或习惯。
- 口头或书面的消息。
- 有效表达思想的技术。
- 个体之间通过一套共同的符号系统交换思想的过程。

在前一章中，我们讨论了许多领导和管理隐患直接或间接导致了沟通失败。一些人认为项目经理能掌握的最重要的技能就是有效沟通的能力。

6.1　构建沟通环境模型

沟通的环境可以被认为网状的渠道。大多数的渠道都是双向的。双向渠道的数量可以用下面的公式计算：

$$N = \frac{X(X-1)}{2}$$

在这个公式中，X 代表项目沟通的人数。例如，如果 4 个人联系（X=4），那么就有 6 条双向沟通的渠道。

当沟通出现障碍时，灾难将会降临，图 6-1 就是例证。

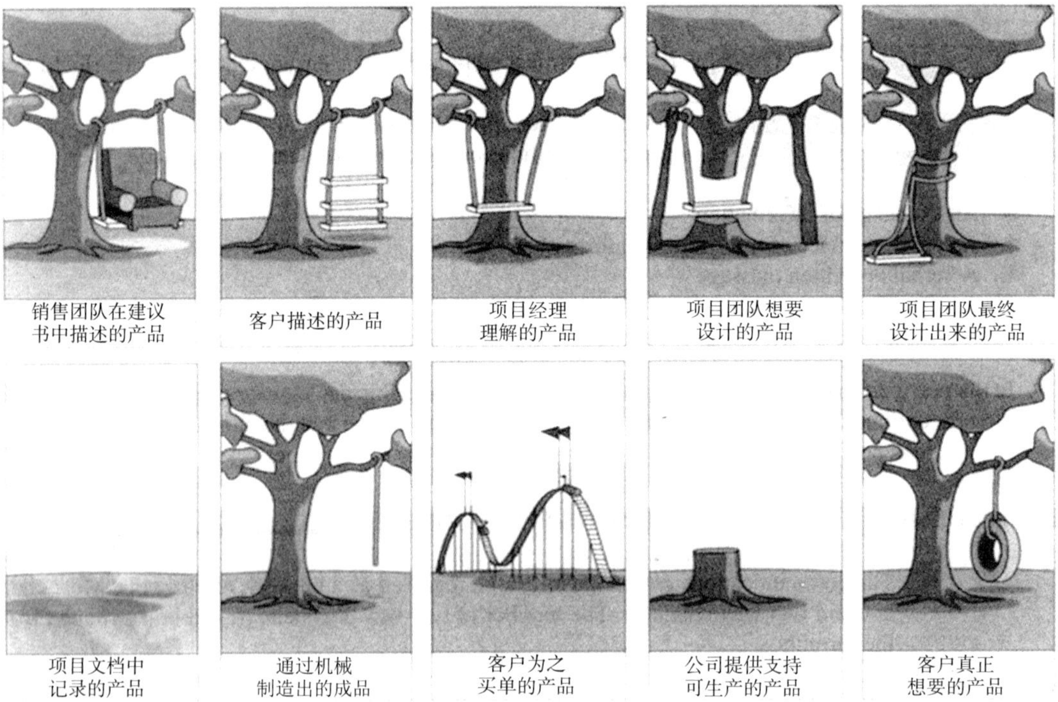

图 6-1 沟通分解图（来源不详）

图 6-2 和图 6-3 列出了典型的沟通方式。有些人认为图 6-2 有“导向错误”，因为不应当认为项目经理在“向下”与人沟通。事实上，与职能经理和下属之间的垂直沟通模式不同，项目经理与项目办公室人员之间的沟通是横向的。图 6-4 列出了完整的沟通模式。其中的障碍产生于个人的认知、个性、态度、情感和偏见等方面。

PMBOK®指南，第 6 版
10.1 规划沟通管理

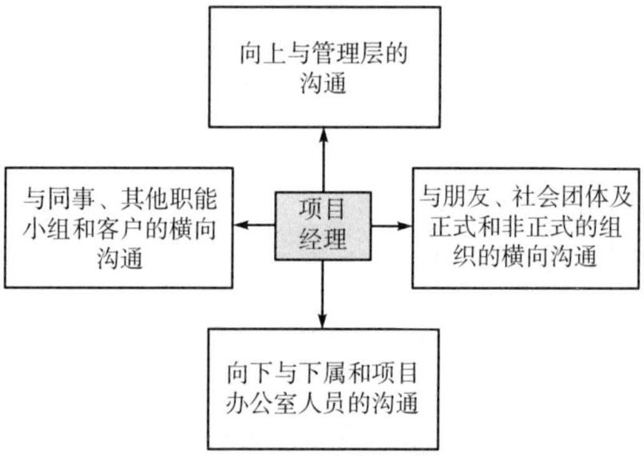

图 6-2 沟通渠道

资料来源：D. I. Cleland and H. Kerzner, *Engineering Team Management*(Melbourne, Florida: Krieger, 1986), p.39 .

PMBOK®指南，第 6 版
10.1　规划沟通管理

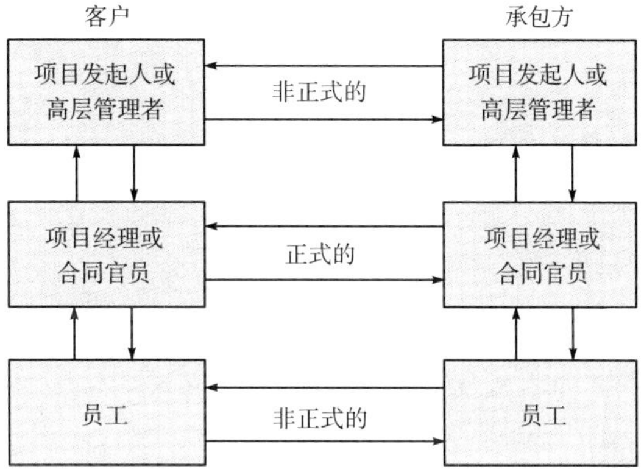

图 6-3　与客户的沟通

资料来源：D. I. Cleland and H. Kerzner, *Engineering Team Management*(Melbourne, Florida: Krieger, 1986), p. 64.

PMBOK®指南，第 6 版
10.2.2　沟通管理：工具与技术

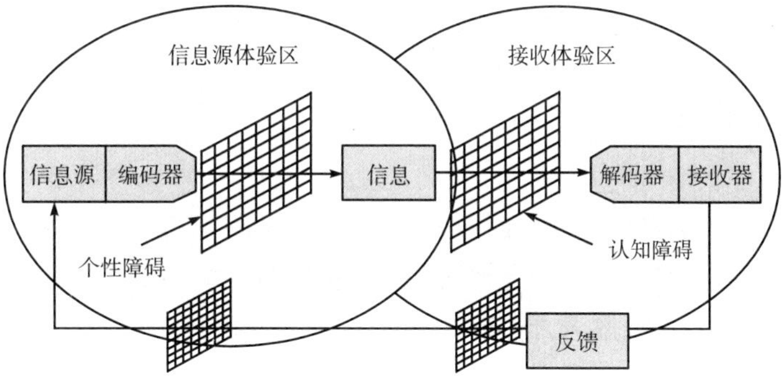

图 6-4　全部沟通过程

资料来源：D. I. Cleland and H. Kerzner, *Engineering Team Management*(Melbourne, Florida: Krieger, 1986), p.46.

PMBOK®指南，第 6 版
10.2.2　沟通管理：工具与技术

- 认知障碍的产生是由于每个人都会从不同的方面来看待同一条信息。影响认知的因素包括个人的受教育程度和过去的经历。
- 使用有明确含义的词语，可以使认知问题减到最小。
- 个性和兴趣，如个人的好恶也会影响沟通。人们容易对感兴趣的话题听得很仔细，但对不熟悉或枯燥的话题就听不进去。
- 态度、情感和偏见使我们的认知发生扭曲。任何人如果怀有强烈的爱憎，出于自我保护的原因，都容易改变沟通的方式。强烈的情绪化会使人失去正常的理解能力。

典型的影响编码过程的障碍包括：

- 沟通目的。
- 人际敏感性。

- 沟通技巧。
- 参考的框架。
- 发送方的信誉。
- 需求。
- 个性和兴趣。
- 态度、情感和私心。
- 位置和状态。
- （接收方的）假想。
- 与接收方已有的联系。

典型的影响解码过程的障碍包括：

- 评估的倾向。
- 先入为主的观念。
- 沟通技巧。
- 参考的框架。
- 需求。
- 个性和兴趣。
- 人际敏感性。
- 态度、情感和自私自利。
- 对发送方的假想。
- 与发送方已有的联系。
- 缺乏相应的反馈。
- 偏听。

信息的接收会受到接收方式的影响，最常见的形式：

- 听力。
- 阅读能力。
- 视觉能力。
- 触觉。
- 嗅觉。
- 直觉。

沟通环境受到内部和外部的许多因素的制约，这些因素既可以单个起作用，也可以共同起作用。它们对于达到项目的目标既有积极作用，也有消极作用。

典型的内部因素包括：

- 权力斗争。
- 封锁信息。
- 通过备忘录进行管理。
- 反感的行为。
- 复合信息。
- 间接沟通。
- 墨守成规。
- 只传递部分信息。
- 阻塞或有选择的认知。

典型的外部因素包括：

- 商业环境。
- 政治环境。
- 经济气候。
- 管理机构。
- 最新技术。

沟通环境还会受到这些因素影响：

- 语言和地区差异。
- 个人的沟通需求。
- 团队会议。
- 电话。
- 通信（频率和数量）。
- 电子邮件。

噪声（noise）容易使信息的内容发生改变或使之遭到破坏。它的产生来自我们的个性障碍和认知障碍。前者影响我们发送信息的方式，后者使我们按照自己所想象的去“认知”。

因此，噪声会导致模棱两可：

- 使我们只听到想要听的。
- 使我们只听到小组所想要的。
- 使我们毫无鉴别地去与过去的经历相联系。

6.2 作为沟通者的项目经理

在项目环境下，项目经理要花费 90%以上的时间来进行沟通。典型的作用包括：

- 提出项目的方向
  — 做出决策。
  — 授权工作。
  — 指导各项活动。
  — 协商。
  — 报告（包括简报）。
- 参加会议。
- 整个项目的管理。
- 市场营销。
- 公共关系。
- 记录管理
  — 会议记录。
  — 备忘录、信函、通知。
  — 报告。
  — 规格说明。
  — 合同文件。

由于花费在沟通上面的时间很多，项目经理就有责任改进沟通管理过程。沟通管理就是正式或非正式地对上下左右交换信息的方式进行指导或监管。项目表现的好坏与项目经理管理沟通过程的能力有直接的关联。

沟通过程绝不仅仅是传递一条消息，也是需要控制的。适当的沟通能够使员工参与到行动中来，因为他们需要知情并理解。沟通必须既传递消息，又进行激励。问题在于，究竟怎样进行沟通。下面提出了 6 个步骤：

- 仔细考虑你希望达到的目标。
- 确定进行沟通的方式。
- 引起相关人员的兴趣。
- 按照他人与你进行沟通的方式来沟通。

- 按照你要沟通的内容来进行沟通。
- 检查通过他们来完成你的指令的效果。

知道该怎样沟通并不能确保产生清楚的信息。有一些可以用来改进沟通的技巧，包括：

- 如果可能，尽量获得一种以上的反馈。
- 建立各种沟通的渠道。
- 如果可能，采取面对面的沟通方式。
- 确定你与之沟通的人究竟有多么敏感。
- 关注象征性的含义，如人们脸上的表情。
- 在适当的时候进行沟通。
- 用行为来强化语言。
- 使用简单的语言。
- 只要可能，就进行重复（用两种不同的方式来表达）。

对于每次沟通的努力，都会有障碍存在。这些障碍包括：

- 接收方只听他希望听的。这是由于人们做同一件事的时间太长，因此听不进别的内容。
- 发送方和接收方有不同的认知。这对解释合同要求、工作说明和提出信息需求而言，是相当重要的。
- 接收方在进行沟通之前对事情已经做出了自己的评价。
- 接收方忽略了相互矛盾的信息，只按照他乐意的方式采取行动。
- 对不同的人，词语有不同的含义。
- 沟通双方忽略了非语言的提示。
- 接收方可能存在感知信息的障碍。

PMBOK®指南，第 6 版
第 10 章　项目沟通管理

命令的等级链也成为内部沟通的障碍。项目经理必须有权去找总经理或者合作伙伴，以便有效沟通。如果没有与上级进行沟通，就可能使最终的信息完全走样。

关于沟通技巧和沟通障碍，有 3 个重要结论：

- 不要以为发出的信息会按发出的方式被接收。
- 只有观点一致的人之间才会有最灵活高效的沟通，与助手保持良好关系的经理与他们沟通起来不会有什么困难。
- 必须在项目早期建立起沟通机制。

在项目环境中，沟通常常会走样。与上级的沟通会走样的原因如下：

- 对发送方感到不悦。
- 接收方无法从其他来源获得信息。
- 使上级为难。

- 发送方缺乏灵活性或者地位较低。
- 不安全。
- 不信任。

沟通也包括听。成功的项目经理必须愿意去听他的员工谈论，无论是专业还是私人的事。倾听有如下益处：

- 下属知道了你是真的感兴趣。
- 你得到了反馈。
- 促使员工顺从。

PMBOK®指南，第 6 版
第 10 章　项目沟通管理

成功的经理必须不中断地把某个员工的汇报从头听到尾。经理必须愿意从下属的眼中看出问题。最后，在做出决策之前，经理应当就自己的解决方案征求下属的意见。

通常项目经理的沟通技能和个性特点形成了他们的沟通方式。典型的沟通方式有：

- 独裁型。给出期望达到的目标和具体的指导。
- 奖励型。培养团队精神。
- 助长型。只在必要时给出指导，而不是干预。
- 调和型。友好、令人愉快的，能建立和谐的团队。
- 公正型。利用合理的判断来管理。
- 伦理型。诚实、公正地遵循书本。
- 秘密型。对有损于项目的因素保密。
- 分裂型。分裂团队，是煽动者。
- 胁迫型。“苛刻的领导”会降低士气。
- 好斗型。渴望引起斗争或歧异。

PMBOK®指南，第 6 版
第 10 章　项目沟通管理
10.2.2.7　会议

一般认为团队会议是思想交流的会议。以下是进行有效团队会议的一般建议：

- 准时开始。如果总是等某些人，那就是在鼓励拖拉行为。
- 日程安排“目标”化。要制定出一系列清单和进行步骤，不要只是停留在议题顺序上。
- 一次只讨论一个主题。
- 允许每个成员以他自己的方式参与会议。支持、挑战和反对，将差异看作有帮助的现象，挖掘原因或意见。
- 沉默并不总意味着赞同。要善于争取意见：“关于这件事，你的意见是什么？”
- 要准备运用口头表达方式：“好，我们已经听到迈克对这件事的看法了，还有其他意见吗？”
- 对准备情况进行检测，以做决策。

- 做出决策。
- 对委托事项进行检测以做决策。
- 分配任务和职责（在做了决策之后）。
- 对后续工作或责任达成一致意见。
- 指出该团队的下一步工作。
- 设定下一次会议的时间和地点。
- 准时结束。
- 问问自己是否有必要开会?

很多时候，可以制定公司方针和程序，以便建立项目职员之间的沟通渠道。表 6-1 说明了这种沟通方针。

表 6-1 沟通方针

项目经理	职能经理	关　系
项目经理最大限度地利用现有的已批准的沟通媒介，而不去创造新的		在多项目组织中，向上、向下和双向沟通是获取项目成功、激励支持职能组织士气的必要条件。原则上讲，项目经理的沟通渠道应该是项目成员同职能经理之间的沟通
通过项目计划，细分工作描述或工作授权，为专门的项目要求做进度安排	保证他的组织与所接到的所有这种项目的指令一致	项目的定义必须在项目计划和工作分解结构中所述的合同范围之内
在向职能组织提供指令的信函上签字。在发向客户的与项目密切相关的信函上签字，除非是由总经理、职能组织或更高级管理者根据部门方针指定的项目	保证其组织同所接到的所有这种项目指令相一致。职能经理向项目经理提供所有由其组织发放的可能影响项目绩效的信函。如果该行动是由情况的重要性来授权的，就通过他派遣的项目成员或直接保证项目经理能意识到信件内容非同寻常	项目经理不在时，除非已指派了临时项目经理，签字的权力转移给了其上级。信函签字的权力要同所建立的部门机构的方针一致
向客户和项目总经理汇报项目结果和成就，让他们了解重大事件和问题	参与项目评审会议，参与处理同职能专业相关的事件，并为其做准备。保证职能管理人员和他派遣的项目团队成员了解与项目有关的重大问题和事件	情况汇报是职能专家的责任。项目经理采用临时专家组织。专家有他们同总经理沟通的渠道，但必须让项目经理得到相关信息

6.3　项目评审会议

PMBOK®指南，第 6 版
第 10 章　项目沟通管理
10.2.2.7　会议

项目评审会议对于让关键人员确信项目正在有序进展是很有必要的。有 3 种类型的评审会议：

- 项目团队评审会议。为了使项目经理及其团队了解项目的状态，大多数项目都有周会、半月会或月会。这些会议是灵活的，而且都会对团队绩效产生积极作用。
- 高层管理评审会议。高层管理者有权要求召开月状态评审会，但如果项目经理认为其他的会议日期会更好（因为可以断定在那天会有进展），那么他可以向上级管理者请求更改日期。
- 客户项目评审会议。客户评审会议通常是最关键的，也是最固定的安排。项目经理必须预留足够的时间去准备会议材料，并在会前对各种文字材料进行润色。

6.4　项目管理瓶颈

沟通不当很容易造成沟通瓶颈。最常见的瓶颈发生在当所有客户和承包商之间的沟通都必须通过项目办公室的时候。要求所有信息都经由项目办公室可能是必要的，但这会造成反应时间迟缓。不考虑项目办公室成员的资质问题，客户总是担心他所收到的信息在公开前被“遗漏”。

客户不仅喜欢第一手信息，而且倾向于让他们的技术专家能够同承包商的技术专家进行直接的沟通。许多项目经理不喜欢这种安排，因为他们担心技术专家会说或做一些有悖于项目战略或思想的事情。那么，告诉客户，当且仅当客户认为技术专家所说的话绝对不会扭曲或改变、能真实反映项目办公室或公司的状态时，双方技术专家才可直接沟通。

对长期项目，客户可能要求承包商在其单位有一个客户代表办公室。其理由显而易见，因为所有流向客户的信息都必须经由建立在承包商机构内的客户项目办公室。因为这种安排试图在客户和承包商项目经理之间建立直接的沟通渠道，因此产生了问题。在许多情况下，这种做法的结果就是，现场项目办公室的建立只是为了满足承包商要求的骗局，而实际的沟通是从客户直接到承包商的，好像项目办公室不存在一样。这就会使现场的客户项目办公室变得敌对起来。

最后一个要讨论的瓶颈发生在当客户项目经理认为自己比承包商项目经理的位置高，因此要寻求一些进行交流的更高权力。那些重视自己地位的项目经理可能因建立僵化的沟通渠道，而对项目的成功造成危害。通常，在来自客户的沟通和流向客户的沟通两条路径中，总存在一条最小路径，它可能造成混乱。图 6-5 说明了为什么会发生这些沟通瓶颈。

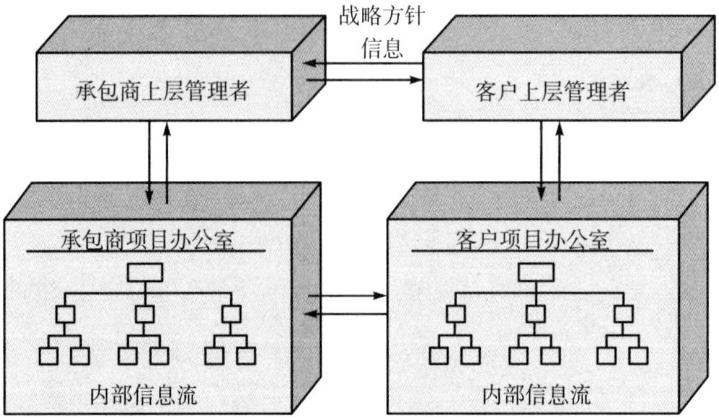

图 6-5　承包商项目办公室的信息流形式

6.5　积极倾听

好的沟通技巧是有效且积极倾听的。不恰当的沟通会造成词不达意、许多代价高昂的错误、重复性的工作、进度计划的推迟及不良的工作环境等。消极的倾听会带来比计划要求数量更多的团队会议及大量的多余活动。这些会发生在《PMBOK®指南》的各个知识领域。

积极倾听不仅仅是倾听演讲者所说的文字，还包括演讲者的身体语言。有时，演讲者的身体语言能帮助听众更精确地理解信息的意图。

包括积极倾听在内的沟通要素会受到各种障碍的影响，阻碍顺畅交流。这些障碍包括干扰、触发词、词汇量少、注意力分散等。倾听障碍可能是心理上的（如情绪），也可能是身体上的（如噪声和视觉注意力分散）。文化差异包括演讲者的口音、词汇量及由于文化假设导致的误解，这些差异经常妨碍倾听过程。倾听者的人际关系、态度、偏见及成见等也常常导致无效的沟通。

有时，积极倾听的某些障碍是演讲者造成的。例如，演讲者不停地变换主题，使用混淆听众的词语，运用不合适或不必要的身体语言分散倾听者的注意力，忽视反馈，不顾听众是否真正理解了信息等。

演讲者造成的典型的影响积极倾听的障碍：

- 创造一种需要做大量笔记的沟通环境，倾听者不能理解材料或不能看到演讲者的身体语言。
- 允许不停地打断，这样就会造成冲突和争论，同时远离主题。
- 允许人们打断、变化主题，为他们自己的立场辩护。
- 允许竞辩性干扰。
- 在非常嘈杂或容易受到干扰的环境中进行演讲。
- 说得太快，没有停顿。

- 对关键的地方不能进行总结。
- 不能通过正确发问寻求反馈。
- 回答听众的问题时，偏离问题。

倾听者造成的典型的影响积极倾听的障碍：

- 注意力分散，而不是把注意力集中在演讲者身上。
- 思想开小差，离演讲者过远，注意力不集中。
- 不能及时提问，要求演讲者澄清信息。
- 同时进行多项工作，如在演讲者演讲时阅读其他材料。
- 没有试图从演讲者的角度理解信息。
- 让你的情绪影响你的思维和倾听。
- 为即将轮到的发言感到焦虑。
- 为演讲快结束感到焦虑。

提高积极倾听效率的技巧：

- 一直面向演讲者。
- 保持眼神交流。
- 关注演讲者的身体语言。
- 减少内部干扰和外部干扰。
- 关注演讲者所说的，不要评价信息，不要捍卫你的立场。
- 关注所讨论的话题，即使你不赞同也要试图理解演讲者的观点。

6.6　沟通陷阱

PMBOK®指南，第 6 版
第 10 章　项目沟通管理
10.1.3.1　沟通管理计划

项目管理就是沟通。工作清单通过沟通工具（如著名的 Work Breakdown Structure，WBS）而确认。事实上，这是沟通容易的部分，在 WBS 中，每一件事都有很好的定义。遗憾的是，项目经理不能记录所有他们想说的事或涉及的其他人，无论其在公司里的等级有多高。当外部客户对承包商失去信任时，就有可能发生最糟糕的情况。当不信任出现时，一系列的麻烦就会产生，如：

- 需要更多的文件。
- 需要开更多的沟通会议。
- 客户扮演了你的角色。

在上述每种情况下，项目经理都会超负荷运转。当职能经理开始不信任项目经理时或反过来（项目经理不信任职能经理）时，项目内部也会发生这种情况。会突然出现以指数形式增长的文书工作流，而且每个人都写“保护”备忘录。在以前，这些都是口头上的事。

沟通陷阱最容易发生在客户和承包商之间，也会发生在项目办公室和职能经理之间。

- 即使你控制了话语权，也要培养倾听的习惯。

6.7 项目问题解决能力

当我们在个人生活中遇到困难或需要做出决策时，我们的态度是“我们的生活就是这样的”。如果决策错了，我们只需要改变决策。但是在项目中，改变决策是很复杂的，改变可能带来成本的显著变化，甚至有的项目决策是不能取消的。在商业环境中我们需要知道：那些总是做出正确决策的人很可能只是一时的好运气。希望一直能做出正确的决策只是一种奢望。

问题解决和决策是紧密相关的。问题解决包括理解问题、收集论据、制订替代方案。当我们制订出了合适的替代方案时，决策就产生了。有很多人认为我们需要具备决策能力，决策能力是识别问题、制订替代方案所必需的。

在当今时代，我们看起来可用的信息非常多。由于信息系统技术的发展，我们都遭受过信息过量的困扰。我们面对的主要麻烦是，是否有能力识别出哪些信息对解决困难有帮助。简单地讲，信息可以分为一手信息和二手信息。一手信息是那些对我们有用的信息，这些信息我们能直接从办公桌或电脑中获得。对公司来说敏感或被认为专有资料的信息可能会有密码保护，但还是有渠道获得的。二手信息是指那些需要从别人那里收集到的信息。

即使信息过量，项目经理还是不能获得足够多的信息用于解决问题、做出决策。这很大程度上是由项目的复杂性及需要解决的问题的复杂性造成的。因此，我们常常需要一个问题解决团队来帮助我们收集二手信息。对决策来说，二手信息通常比一手信息还要重要。二手信息通常由学科专家掌握，他们能告诉我们哪些信息能直接解决问题。

制约因素会给问题解决和决策制定带来混乱。时间制约因素对决策制定的影响最大，因为时间是有限的。即使在项目经理只拥有部分信息、不能完全理解问题的情况下，他也必须做出决策。在具备足够信息的情况下制定决策是可行的，因为团队能帮助收集足够的信息。但是如果我们不能了解决策带来的影响，这就会使事情变得更糟。

6.7.1 问题识别

要理解什么是问题解决能力，我们首先要理解问题到底是什么。当实际情况与理想情况之间出现了偏差，就会出现问题。问题是一种障碍、一种困难或一项挑战，也是一种需要解决的情形。问题的解决可以认为要达到某一明确目的或目标所需的一种解决方案或一项贡献。问题解决会加入那些希望获得但现在还没有获得的事物、删除那些可能已经变质的事情，以及纠正那些没有按照预期计划实施的事情。问题的解决有两种方式：积极的方式和消极的方式。积极的方式是指把问题当作机会来对待。

我们把替代方案分为好的方案和坏的方案。如果决策制定者能把所有的替代方案进行好坏划分，那么决策制定者或项目经理的工作就变会得很简单。遗憾的是，问题本身就具有不确定性。这种不确定性出现在所有的项目中，因此很难对替代方案进行好坏划分。

有的问题会存在某种替代方案。那些没有替代方案的问题被称为公开难题。并不是所有的问题都能解决；同样，并不是所有的问题都要解决。有的项目专门用于解决问题，这些项目需要符合政府法规。这些项目的成本通常非常高，替代方案也常被认为不好的方案。如果一定要实施替代方案，我们只能从不好的方案里面选择相对而言最好的方案。不过，我们常常把这些问题当作公开难题，直到最后一刻我们都希望这些问题能被遗忘或消失。

公司鼓励项目团队成员能迅速地识别所有的问题。越早识别出问题，就会有越多的时间寻找解决方案。可用的替代方案越多，就能获得越多的解决问题所需的资源。遗憾的是，有些人不希望识别出所有的问题，因为他们希望他们自己能在别人发现问题之前解决问题。这就是那些制造问题的人的真实想法。

在这种情况下，人们都喜欢在其他人发现问题之前靠个人私下地解决问题。实际上，问题是很难避免的。有时，整个问题解决团队会互相勾结隐瞒问题。不过如果在问题解决会议清楚地识别出了问题，要想隐瞒问题就不太容易了。所以，个人试图私下解决问题会比团队集体隐瞒问题容易得多。团队成员希望私下解决问题的原因：

- 担心客户和相关方可能非常关注问题，过度关注问题的解决方案。
- 担心客户和相关方可能非常关注问题，以至于抽走项目的资金。
- 担心客户可能取消项目。
- 解决问题需要涉及专有的信息或机密的信息。
- 公开问题会导致被解雇。
- 公开问题会给公司的声望和形象带来损害。
- 公开问题会导致一系列潜在的法律诉讼。
- 不能找出问题发生的根源。
- 在对竞争性制约因素和可交付成果没有影响的前提下，能快速解决问题。

6.7.2　问题数据收集

数据收集的技术有很多。选择技术所依据的因素有获取什么信息、获取信息的时间、谁提供信息、信息的危急程度及需要信息进行决策的决策类型等。每一种技术都有优缺点。有的数据收集技术能快速收集数据。表 6-2 介绍了一些最常用的数据收集技术[1]。

1　Adapted from R. K. Wysocki, *Effective Project Management: Traditional, Agile, Extreme,* 5th ed. (Wiley Hoboken, NJ, 2009), pp. 62-63.

表6-2 不同数据收集技术的优势和风险

方法	优势	风险
根源分析	• 寻找根本原因，而不仅仅是现象 • 用于防止问题的再次发生 • 提供问题的深入分析	• 高度系统化 • 迭代过程 • 非常耗时
促进小组会议	• 在跨职能流程方面表现卓越 • 能记录详细的需求，也能随时对需求进行变更	• 使用未经训练的人员会导致用户的负面响应 • 规划会议和执行会议的时间长、成本高
专家小组	• 用一个公正的人员解决问题 • 在最好的员工中选出的最好的人 • 当没有合适的解决方案时能起作用	• 个人因素会影响决策 • 太重视个人的观点 • 访问者和被访者会互相隐瞒事实
访谈法	• 一对一会谈是最好的 • 如果需要的话，允许随访 • 被访者可以畅所欲言	• 如果事实真相对他们不利，他们会感到害怕
调查法	• 可以是正式的，也可以是非正式的 • 回复通常是诚实的 • 人们会维护他们的立场	• 不能让足够多的人继续进行回复 • 调查问卷表的制作成本高 • 需要进行统计可靠性方面的检验
观察法	• 能提供具体的、完整的行为描述 • 当很难描述日常活动时有效	• 记录和录像耗时，且成本高 • 需要澄清混淆或相互矛盾的信息 • 会对看到的事情产生误导
需求确认库	• 能快速识别和确认需求 • 能减少不必要的工作 • 通过提前试验，能提高客户满意度 • 质量获得提高 • 能减少重复性的工作	• 为了开发知识获取功能及其维护功能和存储功能，需要进行有目的的调查 • 可能违反知识产权 • 对新需求而言，会误解知识库中需求的相似性
业务流程图表	• 在跨职能流程方面表现卓越 • 运用可视化图表能实现可视化沟通 • 确认“是什么”及“不是什么”	• 流程改善要基于组织愿意接受随时的变化 • 需要好的引导、数据收集及阐述 • 耗时
原型法	• 能产生创新性的想法 • 用户明白他们想要什么 • 用户能识别被遗漏的需求 • 以客户为中心 • 激发思维过程	• 客户可能希望改善原型 • 很难知道什么时候停止 • 需要业务专长 • 缺乏历史信息

续表

方　法	优　势	风　险
案例示范法	• 在客户第一次参与这个系统之前，应该描述系统的状态 • 完整的场景可用于描述系统的状态 • 能显示是正常的事件还是异常的事件 • 提高客户满意度和改善设计	• 新奇性会造成不一致 • 在案例介绍时，可能遗漏一些信息 • 需要长期的互动 • 培训成本高
回顾绩效数据	• 可以从文档中获得 • 数据的收集通常要依赖当前的情形	• 不能显示数据是怎么收集的 • 数据可能过时

仅用一种数据收集技术可能不够解决问题。在很大程度上，数据收集技术是非常耗时的。因此，有时，还需要同时用几种数据收集技术才能获得所有需要的数据。

有效的数据收集需要明白该提出什么问题。要根据发生问题的类型提出问题，典型的问题包含如下内容：

- 是否有其他资源或专家能帮助我们解决该问题？
- 我们要面临多少问题？
- 实际上是否存在一些隐藏的问题？
- 该问题的影响程度多大？
- 该问题会使情况变得更好、更坏，还是维持不变？
- 以前发生过这种问题吗？
- 这个问题能量化吗？
- 我们能确定这个问题的严重性吗？
- 有什么物证能证明该问题存在？
- 谁识别了这个问题？
- 应该先向谁报告？
- 有没有收集附加信息的行动计划？
- 我们有没有合适的团队成员专门负责该问题？

我们通常认为大部分的现在问题是能解决的。但是并不是所有的案例都是这样的。有的问题是由个人原因造成的，这些人专门制造问题，因为他能从中获益。也许他就是唯一有能力解决这个问题的人。

6.7.3　项目会议

问题不能在“真空”中解决。问题的解决需要召开会议，但是最难的部分是决定哪些人该参加会议。如果参加会议的人员对问题不了解，或者这个问题与他们的工作不相关，那么让他们参加这些会议就可能是在浪费他们的时间。团队成员也是如此。例如，如果问题是与采购相关的，那么让绘画人员参加会议就不太合适了。

简单地讲，我们应该仔细研究两种类型的会议：问题解决会议和决策制定会议。问题解决会议的目的是获得对问题的清楚认识、收集必要的数据、制订一系列可行的替代建议方案。此外，还需要召开不止一次的会议。

发送日程给相关方非常重要。在日程中要包括一份问题说明书，问题说明书详细解释召开会议的原因。如果人们能提前了解问题，那么他们就有机会仔细思考问题，查找必要的信息，于是就能缩短数据收集的时间。用收集来的信息研究问题应该能揭示问题的实质，也许和第一次接触这个问题时相比会有很大变化。

邀请熟悉该问题的专家参加会议。专家可能不是团队的原始成员，他们在需要时加入团队。此外，也可以由承包商聘用专家帮助解决问题。一般来说，帮助识别问题和数据收集的专家还要帮助制订替代方案。但是，有的专家只参与评估替代方案。

决策制定会议与问题解决会议不同。通常情况下，大部分参与问题解决会议的人员还要参加决策制定会议，但是决策制定会议还会有为数不少的其他人员参加。项目团队成员应该有能力解决问题，但是并不是所有的团队成员都有权利制定他们所属领域的决策。常用的一个好做法是，项目经理在启动阶段界定团队成员具有哪些权利，不具备哪些权利。一般来说，允许不具备决策权的团队成员参加决策制定会议，但是如果需要做出决定或投票时，还需要他们各自领域的职能经理出席。

相关方一定要参与决策制定会议，因为制定决策的人要有权承诺提供解决问题的资源。该承诺包括提供额外的资金、派遣专家或级别高的员工。项目经理负责实施解决方案。因此，项目经理要具有及时获取解决问题所需资源的权利。

包括问题解决会议和决策制定会议在内的团队会议经常让人变得不理智，尤其是会议的结果会对他们不利时。如果他们认为会议会把造成问题的原因归咎于他们时，他们就会变得更不理智。此外，你会邀请一些以前从来没有共事的人一起参加会议，那么你可能不清楚他们将对问题和解决方案做出什么反应。

6.7.4 替代方案

问题解决和最终决策的一个主要组成部分是识别和分析一组有限数量的替代方案，这些替代方案会运用某些评估标准。这些评估标准可能与收益有关，也可能与成本有关，或者它们仅与项目的成本基准、进度计划和范围基准有关。于是，当需要同时考虑所有的标准时，会根据替代方案对决策人员的影响程度对替代方案进行排序。另一个目标是找出最佳的替代方案，或者决定每个替代方案的相对优先权。

替代方案的数量经常会受到项目制约因素的限制。例如，如果项目实际进度落后于项目计划进度，那么项目经理有 5 个替代方案：加班、将顺序进行的工作改为平行进行、给项目增加资源、将项目外包给报价更低的供应商、缩小项目范围。每一个替代方案都有各自的优缺点。如果目标是降低成本，那么就只能选择一种替代方案缩小项目范围。

当识别和选择替代方案时，需要考虑多重变量。这些变量通常是与具体项目有关的，根据问题的规模、性质和复杂性决定。但是，我们能识别出一些核心变量，这些变量能识别和评估大部分的替代方案。

- 成本：每一个替代方案都要花费成本。这不仅包括实施替代方案的成本，还包括对项目剩余工作的财务影响。
- 进度计划：实施一项替代方案需要花费时间。如果实施时间很长或者不能与其他工作同时进行的话，那么就会对项目的完工时间造成重大影响。
- 质量：必须关注问题的解决不会降低项目可交付成果的质量。
- 资源：实施解决方案需要资源。最重要的是能否获得所需的具有必要技能的人员。
- 可行性：有的替代方案看上去可行，但实际上是不可行的。必须考虑替代方案的可行性或复杂性，否则情况会变得更糟。
- 风险：有的替代方案会使公司的风险增加。这些风险可能发生在项目完工之后，是在未来出现的风险（也可能是未来会出现的机会）。

我们还必须考虑替代方案的构成特点。每一个替代方案都包括若干特征，我们可以选择是否要包括这些特征。理解边界条件的其中一个原因是要了解每一个特征的重要性。这些特征可以划分为：

- 必须具有　如果不包括这类特征，替代方案会被放弃。
- 应该具有　大多数情况下替代方案应该考虑包括这类特征。如果没有考虑这些特征，会降低绩效。但是在满足竞争性制约因素时，如果这些特征会带来不利的后果，就需要删除某些特征。
- 可能具有　这些特征通常是为了提高绩效的附加特征，不属于项目需求的必要组成部分。在决定最终的解决方案时，它们最好是具备的选项，不是必须具备的选项。可能具备的特征就像附加的修饰物，属于“镀金”工作。

在考虑变量和评估了所有的替代方案之后，我们可能得出这样的结论：没有一个替代方案是可以接受的。在这种情况下，项目经理就被迫“在差的里面选择最好的”方案。

6.7.5　创造力

在评估完所有的替代方案后，另一种可能最佳的做法就是组合替代方案，也可称为混合替代。替代方案 A 的风险高，但实施成本低；替代方案 B 的风险低，但实施成本高。在组合方案 A 和方案 B 后，就可能得到一个成本和风险都可接受的混合替代方案。

有时，在制订替代方案时需要创造力。并不是所有的人都具有创造力，即使薪酬等级最高的人也不一定具有创造力。当人们长期重复干着同样的工作时，他们就会被认为专家，这些人能根据他们的经验和工作的年限获得薪酬的提升，但这并不意味着他们就具备创新技能。大部分人认为他们有创造力，实际上不是这样的。此外，公司也没有给员工提供有关创造性思维方面的培训课程。

在项目环境中，创造力是指运用某个人的想象力提出新颖的创意或事物，从而满足需求或解决问题。分派团队成员时，我们常常根据员工的经验进行分派。项目经理（有时甚至职能经理）不可能知道团队成员是否能创造性地解决项目进行期间出现的问题。除非你之前和这些人曾经一起工作，否则很难知道这些人是否具有创造力，创造力的典型特征包括想象力、灵感、独创性、发明的才能、远见及足智多谋等。

6.7.6 创新能力

创造力是指产生新思想，通过丰富的想象力发现和创造新事物的能力。新事物可以是问题的新解决方案、新方法或新设备等。创新能力是指解决问题，通过把想法转成现实的能力。这种转化可以是给客户提供一项产品、服务或任何形式的可交付成果。创新能力大于创造力。创造力和创新能力并不一定是密切相关的，就好比能提出新解决方案的问题解决团队并不一定能实施方案，能设计产品（或对产品进行改良）的设计团队并不一定能生产产品。

创新能力不仅是指把想法转变成现实的能力，它还是一个创造价值的过程。客户是在为事物的价值买单。无论使用哪种解决方案，最后都必须由客户承认其应有的价值。最好的做法是在客户需求和公司战略之间能以某种方式共享实际价值。在客户看来，最终选择的替代方案可能增加或减少最终可交付成果的价值。于是，选择方案里要包括一些客户可辨认的价值。

由于制约因素和限制条件，某些问题的解决方案可能减少项目原始需求的价值，这就是所谓的负创新。所以，减少价值的创新解决方案能给团队造成消极的或破坏性的影响。人们会认为负创新会破坏他们的声望和职业生涯。

如果创新的风险非常大，项目团队可能推荐使用开放式创新。开放式创新是指与企业之外的人进行合作，共享成果和风险。很多公司具有解决问题的创新性想法，但是缺乏实施解决方案的创新人才。在实际工作中，可以采用合伙制和合资形式进行化解。

有 4 种类型的创新，每一种类型的优点如下所述。

- 附加功能、增加功能、产品/质量的提高、降低成本：利用企业现有资源能快速达到这类创新。目的是解决问题，增加最终成果的价值。
- 技术方面的彻底突破：这类创新有风险。你无法预料何时能实现技术突破，你也无法估计这类创新的成本。即使获得了技术突破，也无法保证客户能接受最终成果增加的价值。如果不能获得技术突破，客户可能仍对部分解决方案感到满意。这类创新也许仅需要一两个人参与。

- 新产品：这是指创造新的产品，可能需要技术突破。
- 完全复杂的系统或平台（下一代项目）：这种类型风险最大。如果不能开发出一个复杂的系统，那么项目就可以认为是失败的。这类创新需要大量才华横溢的人才。

6.7.7　缩小项目规模

有时，我们在最好的项目启动条件下开始项目实施，后来发现，项目中出现了一些问题，可能导致项目提前终止。为了避免项目立即下马，可以拯救的方法是缩小项目范围和调整我们的创新尝试。下面是导致创新方法无法实施要做出项目调整的一些因素：

- 项目交付物的市场萎缩。
- 交付物定价过高导致市场丧失。
- 技术突破没有及时实现。
- 项目团队没有信念和热情，他们对创新方案失去了信心。
- 高级管理层和客户都认为创新方案不可能创造利润。
- 存在无法克服的技术壁垒。
- 在成功的可能性上贡献的是巨大负能量。

如果出现这些因素，那么，就应该考虑这种可能，选择另一个替代方案去拯救项目。只要客户愿意接受项目最终价值的可能减少，项目就可以继续进行下去。

6.8　头脑风暴法

在项目的任何一个生命周期阶段，项目团队成员会运用他们的能力在许可的范围内寻找最佳的问题解决方案。这在项目规划阶段经常发生，因为在规划阶段需要提出最佳的计划。此外，在生命周期的其他任何阶段只要出现问题，也需要寻找最佳解决方案。上述这些情形不适合使用头脑风暴法。很多人都听说过头脑风暴法，但是很少有人曾是头脑风暴团队中的一员，或者很少使用过这个方法。尽管头脑风暴法除了可以制订解决问题的替代方案，还可以用于进行问题的根源分析。

头脑风暴法有 4 个基本原则。这些原则旨在刺激构思诞生，提升团队的整体创造力，减少人们在团队工作中的顾虑和约束。

- 追求数量：该原则是指追求想法的数量，无论是好的想法还是不好的想法。该原则是基于这样的假设：想法的数量越多，寻找问题的最佳解决途径的机会就越大。
- 延迟评判：运用头脑风暴法时，评判想法会造成冲突及时间上的浪费，这些时间可用于提出更多的想法。当人们看到其他人的想法受到了批评时，为了避免受到批评他们就会保留想法。一切评价和判断都要延迟到会议结束以后才能进行。头脑风暴会议的持续时间最好不要超过1小时。

- 提倡与众不同的想法：无论是好的想法还是不好的想法，任何想法都要受到鼓励。必须鼓励大家发散思维，发表新的观点和新的思维方式。有时，那些起初看上去是激进的解决方案到最后往往就是最佳的解决方案。
- 综合想法、改进想法：最佳的解决方案可能就是综合各种想法，鼓励从现有的想法中综合出新的想法。

进行头脑风暴会议的步骤包括以下几个。

1．过程

- 鼓励有想法但不能进行陈述的参与人员把这些想法写下来，随后进行陈述。
- 想法记录员应该数出想法的数量，这样主持人能利用数据鼓励大家完成目标数量，如我们已经有14个想法了，我们的目标是20个！
- 想法记录员应该逐字逐句地记录各个想法，从而确保他所记录的能体现出陈述者的原有意思。
- 当参与人员都想陈述想法时，与主题最相关的具有优先权。这是鼓励参与人员对前一个最相关的想法进行更加详尽的展开。
- 在头脑风暴法会议期间，不鼓励经理和高层参与会议，因为这将会抑制或降低4项基本原则的运用效果，尤其是妨碍新颖想法的出现。

2．评估

头脑风暴法不仅是对他人产生的想法进行选择和评估。通常在会议的最后阶段，头脑风暴小组自己就会对小组提出来的问题解决方案进行评估和选择。

- 解决方案不能要求使用小组成员没有或不能获得的资源或技术。
- 如果一定要获得额外的资源或技术，那它们就应该是解决方案的首要部分。
- 需要有确认进展和成功的测量标准。
- 团队成员及可能被派遣到团队的其他人员都必须明确解决方案的实施步骤，这样每个人都会明白他要承担一个重要的角色。
- 要有一个常用的决策过程，随着项目的展开，确保工作可以继续进行，任务可以重新分配。
- 对里程碑事件要有评估标准，判断最终解决方案的制订是否步入正轨。
- 对参与人员要有激励机制，这样参与人员会一直努力工作。

6.9 预测决策的结果

制定决策需要项目经理预测替代方案会造成什么影响。在实施解决方案之前征求反馈意见看上去不错，但是在完全实施解决方案之前是很难确定决策的真正影响的。例如，在一个新产品开发项目中，市场部通知项目经理市场上已经有了功能相似的产品，市场部认为需要给正在开发的产品添加额外的功能。于是，项目团队给产品添加了一个特别功能，但是产品的售价却比竞争对手的高，回收期也变长了。当产品最终上市时，消费者认为不值得花钱购买这个附加功能。

在众多替代方案中进行选择时，虽然不一定总能评估或预测决策的影响，但是在完全实施之前征求反馈意见还是有帮助的。

表 6-3 介绍了一些用于选择替代方案的工具。要根据各种因素预测每一个替代方案的结果，如各种竞争性制约因素。例如，某个替代方案的质量很好，但是时间和成本却不容乐观。大部分影响结果表是定量评估的，而不是定性的。风险也是需要考虑的因素，但是风险的评价通常是定性的，而不是定量的。

表 6-3　结果表

竞争性制约因素					
方案	时间	成本	质量	安全	总影响
1	A	C	B	B	B
2	A	C	A	C	B
3	A	C	C	C	C
4	B	A	C	A	B
5	A	B	A	A	A

注：A=高程度影响；B=中程度影响；C=低程度影响。

假设某个问题有 3 个替代方案和 5 个制约因素，那么结果可能就会有 15 种。识别出这 15 种结果后，就能根据结果是否有利进行排序。如果这些结果都不能被接受，那么就可能需要对这些替代方案进行平衡分析。

在获得一致同意的替代方案之前，这个过程可能要重复进行。结果表可以是定量的，也可以是定性的。如果使用的是定量的表格，加权因子能用于评估每个竞争性因素的相对重要性。

表格准备人员应该是团队内部成员，而不是为了某个解决特定问题从外部邀请的专家。项目团队成员需要了解用于测量方案影响的评估技术和工具，这些评估技术和工具属于组织过程资产。

问题有好几种解决方案是一件令人高兴的事情。

遗憾的是，最终选择出来的替代方案是一定要实施的，这可能会导致其他问题的产生。

图 6-6 是一个影响分析矩阵，是根据对影响的分析得出的。每个替代方案对项目都有着或高或低的影响。同样，每个方案的实施难度也有大有小。

根据图可得出，每个替代方案都有其对应的象限，显而易见人们应该选择低影响、容易实施的替代方案。但是实际上，我们在这个象限中可获得的替代方案很少。

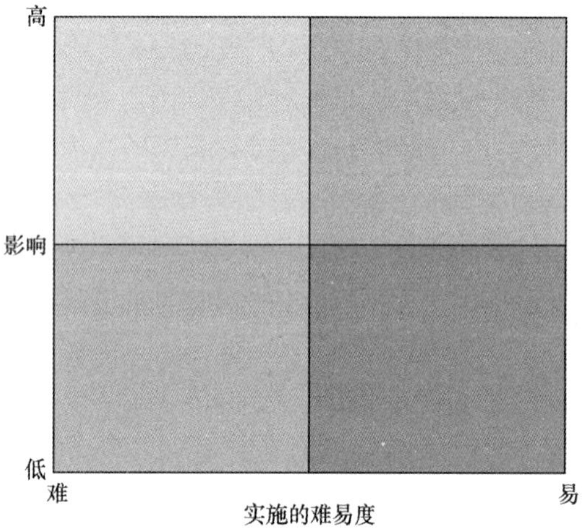

图 6-6 影响分析矩阵

6.10 主持

好的主持人在讨论中能帮助人们理解他们共同的目标，制定完成这些目标的规划。项目经理不适合担任这个角色，适合担任主持人的是：

- 推动者。
- 能帮助人们相互沟通、共同工作的人。
- 能在决策制定和问题解决中添加结构和过程的人。
- 能在决策制定过程中建立协同精神的人。
- 能让每个人完美发挥的人。
- 能激发个人创造潜能的人。

即使主持人对问题有自己个人的见解，他也不会引导小组成员按照他的想法回答问题。主持人不会对想法做评论。主持人的角色是帮助小组成员更好地提交他们各自的答案、决策、解决方案或可交付成果。有时，主持人还要扮演小组资源的角色，被当作数据分析工具和问题解决技术。为了帮助小组成员顺利实施任务，维护团队建设中必不可少的角色，主持人还需要了解团队构建技术和小组的工作流程。主持人要帮助小组成员保持专注力、构建凝聚力、完美地完成任务、开发最终产品。

要让会议顺利实施，主持人要清楚会议日程、时间及工作流程。主持技巧用于确保全员参与。主持人观察小组的进展，提示任务，维护角色，鼓励小组成员全面参与。主持人还需要有技巧去处理不合适的参与行为。

主持人的基本技巧要遵循如下会议规则：计时、遵守预先商定的议程、记录清晰。主持人还需要具备各类纵横术，包括积极倾听技巧、理解能力、吸引人们进行讨论、平衡参与者、给沉默寡言的小组成员制造发言机会等。主持人具备提高小组的创造能力的知识和技能很重要，但他不能引导小组成员偏离问题。

好的主持人应该具备的技能：

- 知道如何应对不易相处的人。
- 在会议期间，知道如何减少或阻止小动作。
- 知道在何时及如何进行有效的干预。
- 知道好的环境对会议的重要性。
- 能及时发现参与人员变得懒惰、令人厌烦或感到灰心。
- 在会议过程，保护团队成员免受言论攻击。

好的主持人不仅能看到表面的东西，还能看到其他人看不到的事情。简而言之，主持人要善于识别扰乱会议意图的消极行为。

主持人要维护用于集体动态的过程，尤其与项目纵横术需求有关时。主持人的技能储备包括用于维护小组正在进行过程的一套技术、知识、经验。主持的职能是确保会议集中讨论问题。不论是亲自参与还是监督，主持人要确保这些过程发生，有必要的时候还要进行干预。主持人是任务的管理人，但他不能影响小组讨论的内容和成果。主持人要关注小组工作的方式——过程。主持人帮助制定过程，调整过程，确保过程朝着正确的过程前进，最重要的是让团队成员能遵守这些过程。

如今，越来越多的项目采用虚拟团队的方式进行管理。团队成员有组织内部人员，也有组织外部成员。他们来自组织不同的层级、不同的职能领域。随着新团队成员加入团队，他们也带来了各自的知识、背景、信仰、组织文化、技术术语及个人行为等。主持人可能从来也没见过这些团队成员，因此理解文化差异很重要，文化差异包括：

- 明白每个人的学习方法不一样。
- 有容忍度，如有需要，要多次解释有歧义的话。
- 需要的话，体现谦卑。
- 理解文化差异。
- 体现耐心。
- 体现人际关系敏感度。
- 有幽默感。

由项目经理担任主持人是有风险的，项目经理会引导团队成员给出他所希望的答案。这很危险，因为项目经理具有他自己的观点。好的主持人没有先入为主的观点，也不会别有居心。项目经理担任主持人的另一个问题是团队成员会害怕提出想法。如果项目经理具有绩效考核权时，情况会变得更复杂。

遗憾的是，项目的预算通常不允许聘用一个专门的主持人，那么项目经理就有必要学习有效主持的技巧。此外，有的项目办公室成员具有主持技巧，这些人也能为各种项目团队提供支持。

相关案例研究（选自 Kerzner/*Project Management Case Studies*, 5th Edition）	相关练习（选自 Kerzner/*Project Management Workbook and PMP®/ CAPM® Exam Study Guide*, 12th Edition）	PMBOK®指南（第 6 版），PMP 资格认证考试参考部分
• Time Management Exercise • 沟通失败* • 团队会议*	• 多项选择题 • 沟通问题 • 会议，会议，还是会议 • 沟通管理的填字谜	• 项目资源管理 • 项目风险管理

6.11 PMI 项目管理资格认证考试学习要点

本节用于项目管理原理的复习，以巩固《PMBOK®指南》中相应的知识领域和范围，着重讲述了：

- 项目资源管理。
- 项目风险管理。
- 项目执行。

对于准备 PMP 考试的读者，通过下列练习将有助于对相关原理的理解。

- 怎样去强调与团队一起工作的项目经理的工作方法的绩效。
- 怎样去强调项目团队成员的绩效。

下列选择题将有助于回顾本章的原理及知识。

1. 对项目经理来说，下面的____领导风格经常导致增加时间陷阱。
   A. 指导　　B. 影响
   C. 参与　　D. 授权
2. 对项目团队来说，下面的____领导风格经常导致增加时间陷阱。
   A. 指导　　B. 影响
   C. 参与　　D. 授权

* 见本章末案例分析。

3. 下面____时间陷阱，项目经理最喜欢通过自己去处理而不是通过谈判去与他的团队成员平等地争论。

A. 采购支出的方式　　B. 向客户报告项目状态

C. 与高层发起人的直接冲突　　D. 挣值状态报告

4. 有 5 个人参加一个会议，并且彼此之间都要有相互间的交流沟通，大概有____条沟通渠道。

A. 4　　B. 5

C. 10　　D. 20

答案

1. A　2. D　3. C　4. C

思考题

6-1 职能员工参与项目时间较长以后，他有可能不再遵循项目或职能经理的指令吗？

6-2 以下是项目和职能员工之间可以沟通的 8 种方式：

a. 咨询会议　　b. 电话谈话

c. 个人谈话　　d. 正式信件

e. 项目办公室备忘录　　f. 项目办公室指令

g. 项目团队会议　　h. 正式报告

从上述方式中，选择一种用来完成以下活动的唯一沟通方式：

1）对职能经理定义项目组织结构。

2）对团队成员定义项目组织结构。

3）对高层管理者定义项目组织结构。

4）向职能经理解释他的员工和你的经理助理之间冲突的原因。

5）因为进度拖延而要求加班。

6）报告一个员工违反公司政策的行为。

7）报告一个员工违反项目政策的行为。

8）尽力解决职能员工的委屈。

9）尽力解决项目办公室成员的委屈。

10）指导员工提高产量。

11）指示员工按违反公司政策的方式工作。

12）向项目团队成员解释间接项目评价系统。

13）要求下游资源的投入。

14）向高层管理者或客户汇报每日的工作状况。

15）向高层管理者或客户汇报每周的工作状况。

16）向高层管理者或客户汇报每月或每季度的工作状况。

17）解释成本超支的原因。

18）建立项目计划指南。

19）要求副总裁参加你的团队会议。

20）通知职能经理项目状况的信息。

21）通知职能团队成员项目状况的信息。

22）要求职能经理做没有预算的工作。

23）向你的员工解释客户的委屈。

24）将客户交流会的结果通知给你的员工。

25）如果不能胜任就要求职能员工离岗。

6-3 项目经理如何才能发现来自职能部门的项目团队成员是否有做决策的权力？

6-4 下面是几个在项目组织中常见的问题。如果可能，说出每个问题对沟通和管理产生的影响：

a. 人们有拒绝开拓新思想的趋势。

b. 在临时管理情况下，人们有互不相信的趋势。

c. 人们倾向于保护自己。

d. 职能员工倾向于从事日常活动而不是长期工作。

e. 职能和项目职员通常在寻找个人认知而不是团体认知。

f. 人们倾向于建立输或赢的局面。

6-5 沟通的两极分化意味着什么？最常见的原因是什么？

6-6 客户要求在项目办公室所在的楼内建立一个客户代表办公室。你（项目经理）将客户办公室安排在了大楼的另一头，并且和项目办公室在不同楼层。客户说他想让客户办公室在你办公室的隔壁。允许这样吗？如果允许，在什么条件下？

6-7 项目经理可能参加极少的项目评审会议吗？

案例分析

案例1 沟通失败

背景

Herb来公司已经8年多了，一直从事各种研发及产品改良项目，这些项目的客户多数为外部客户。Herb具有工程学博士学位，并且在他所从事的行业是一位非常有声望的专家。因为他具备专业技术，他大部分时间可以独自工作，仅需要在项目团队会议期间与不同的项目团队成员会面。但是，这些就要改变了。

Herb的公司刚从它的最佳客户那获得了一个为期两年的合同，合同中约定第1年进行研发性工作，第 2 年进行制造性工作。因为 Herb 在研发和制造方面的知识，公司认为他最适合担任项目经理。遗憾的是，Herb 从来没接受过项目管理方面的培训，而且他很少参与项目团队的工作，所以任命 Herb 担任项目经理是有风险的。不过，管理层认为 Herb 能做好这份工作。

团队形成

Herb 的团队共有 14 人，大部分人在项目的第 1 年是全职的。Herb 每天都需要与 Alice、Bob、Betty 和 Frank 接触。

- Alice 有着丰富的经验，曾经与 Herb 共同工作过。Alice 来公司的时间比 Herb 长，负责协调研发人员的工作。
- Bob 来公司的时间也比 Herb 长，他负责协调工程与制图方面的工作。
- 相对来说，Betty 是公司的新员工，她将负责所有的报告、记录管理及采购。
- Frank 来公司已经 5 年，是一名制造工程师。与 Alice 不一样，在制订制造计划前，Frank 是兼职的。

在项目的头两个月中，工作看上去是按计划实施的。每个人都明白他在项目中承担的角色，没有产生问题。

星期五，13 日

每个星期五下午 2 点至 3 点，Herb 会召开团队会议。Herb 有点迷信，但是下个星期五是 13 日，这让他很烦恼。他想取消这次团队会议。

13 日上午 9 点，Herb 按以前的习惯会见了项目发起人。两天前，Herb 和项目发起人在走廊闲谈，项目发起人告诉 Herb 星期五他可能讨论未来 6 个月的现金流及如何降低项目的支出。项目发起人担心项目的某些支出。Herb 一走进发起人的办公室，发起人就说：

你好像没准备报告。我再次要求你准备有关现金流的报告。

Herb 对这有点不高兴了，他认为这只是一次谈论，不需要准备报告。但是 Herb 明白发起人有权制定项目的优先权，但他质疑发起人的沟通技能是错误的。显然，这一天已经有一个不好的开始了。

上午 10 点。Alice 来到了 Herb 的办公室。Herb 从 Alice 的表情就能感觉到她有点焦虑。Alice 说：Herb，我已经在上个星期一告诉了你公司准备提拔我，这个通知应该是在今天早上发出。但是，我并没有获得提升。你怎么不为我写一封推荐信呢?

Herb 回想起了当时的情景。Alice 的确告诉过他，她想升职，但是 Alice 并没有要求他写一封推荐信。难道 Alice 希望他能领会言外之意?

Herb 对此进行了真诚的道歉，但是这并不能让 Alice 感到高兴。显然，Herb 的这个 13 日变得更糟了。

Alice 刚走出 Herb 的办公室，Bob 又来了。Herb 知道 Bob 遇到难题了。Bob 说：在我们上个月的一次团队会议中，你说你和一些工程技术人员进行了沟通，告诉他们这个星期要分别进行 70 华氏度、90 华氏度和 110 华氏度的测试，我们都知道规格要求是 60 华氏度、80 华氏度和 100 华氏度。但这种做法是我们通常的做法，要求技术人员实施与规格要求不同的标准。

但是，工程技术人员显然忘了你说的，他们是按照规格要求进行测试的。我本以为你会按照你的日程计划与他们进行谈话，但事实并非如此。不过，也可能是他们忘了。

当我和我的工程技术人员打交道时，我的原则是“好记性不如烂笔头”。以后，你要让我与我的工程技术人员沟通，工程由我负责。此外，工程人员的请求应该先经过我的允许。

是的，13 日这一天对 Herb 来说已经非常糟糕了。Herb 在想，还有什么能变得更糟呢？现在是上午 11 点半，快到午饭时间了。Herb 考虑是否要锁上办公室的门，关闭手机，这样就没人能找到他了。但是看到前面走来的 Betty 和 Frank 的表情，Herb 知道他们也遇到问题了。Frank 首先说：我刚从采购部门获知他们已经采购了我们在制造阶段才需要的某种材料。我们距离开始制造还有一年，并且如果最终的设计出现变化的话，我们将不会使用计划的原材料。此外，我的制造预算也不支持过早采购。我应该参与所有涉及制造的采购决策，我采购的材料会比 Betty 获得的更便宜。所以，制定采购决策怎么少得了我？

在 Herb 说话之前，Betty 开口了：Herb，上个月你要我调查采购这些材料的成本。我发现能从一个供应商那获得非常优惠的价格，于是决定采购。我认为这是你要我做的。这也是我以前的公司常用的做法。

于是，Herb 说：我只是希望你确定这些材料的成本，不是让你做最终的决策，这不是你职责范围内的事情。

这个 13 日已经成了 Herb 职业生涯里最糟糕的一天了。Herb 决定不给任何人机会了。Betty 和 Frank 一离开，Herb 立马用电子邮件通知所有团队成员取消原本下午 2 点至 3 点举行的团队会议。

问题

1. 在项目管理中，沟通技能到底有多重要？
2. Herb 是否是担任项目经理的合适人选？
3. 与 Alice、Bob、Betty 和 Frank 之间都存在沟通问题。对每一个沟通问题而言，沟通的哪个流程出现了故障（编码、解码、反馈等）？

案例 2 团队会议

背景

每个项目团队都要召开团队会议，难的是决定何时召开会议。

清楚你的兴奋周期

Vince 在大学毕业后一直是一名“早晨型的人”，他喜欢早起。他了解自己的习惯：同下午相比，他在上午工作的效率明显更高。

Vince 每天早上 6 点开始工作，比正常工作时间早 2 小时。从早上 6 点到中午，他会关上办公室的门，也不接电话，这是怕别人在他最有效的工作时间内打扰他。Vince 认为像不必要的电话等浪费时间的事会导致项目失败。Vince 每天都有 6 小时的有效工作时间来从事与项目相关的工作。午饭后，Vince 会打开办公室，其他人也能找到他了。

艰难的决定

Vince 的工作习惯一直很好，至少对他来说能发挥作用。但是 Vince 刚被任命为一个大型项目的项目经理，Vince 知道他可能要牺牲一些宝贵的上午时间来召开团队会议。项目团队每周召开例会是常用的做法，并且大部分的项目团队会议是在上午召开的。

起初，Vince 打算不采用传统习惯，把会议时间调整为下午 2 点至 3 点，这能保证他可以在上午有效地工作。Vince 有点奇怪当讨论非常关键的问题时，团队成员不爱讨论，而且他们好像还在不停地看表。后来，Vince 明白了原因。项目团队中的大部分成员来自制造部门，他们都是在早上 5 点开始工作，下午 2 点下班，所以他们累了。

Vince 把下周的团队会议时间调整到上午 11 点至 12 点。很明显，Vince 需要牺牲他个人的有效时间。但是团队成员对项目关键问题的讨论仍然参与度不高，制造部门的成员仍在不停地看表。Vince 感到不高兴。当他走出会议室时，有一位制造部门的成员对他说："难道你不知道制造部门的人习惯在上午 11 点吃午饭？"

Vince 为下次的团队会议制订了一份计划。他给所有团队成员发送了邮件，邮件里指出：团队会议的时间仍为上午 11 点至 12 点，但是会议将提供午饭，如比萨饼和沙拉。出乎 Vince 的意料，这种方式的效果很好。在会议里进行了很多很有意义的讨论，也制定了很多决策，而不是仅仅为以后的团队工作制订行动计划。这使得团队会议变成了一个非正式的会议，而不是正式的会议。

因为在团队会议中提供比萨饼、沙拉、饮料，Vince 的项目成本会有所增加。如果每次团队会议都使用这种方法，这就会变成一种不好的习惯。于是在下次团队会议中，团队成员决定，每个月可以采用 1～2 次这种方式。在召开其他的团队会议时，团队会议的时间仍是上午 11 点至 12 点，不过团队成员可以自带午餐，项目仅提供饮料，有时还会提供一些饼干和布朗尼蛋糕。后来，这被称为"棕色袋"会议。

问题

1. 项目经理怎么决定何时召开团队会议？应该考虑哪些因素？
2. Vince 最早犯了哪些错误？
3. 如果你是公司的高层领导，你会允许 Vince 一直采用这种方式吗？

第 7 章　冲突

引言

PMBOK®指南，第 6 版
9.5　管理团队
9.5.2.1　人际关系与团队技能

在讨论项目环境时，我们有意回避了可能是最重要的一个属性——冲突。项目管理的反对者断言，许多公司回避转向项目管理类型的组织结构的主要原因在于害怕冲突，或者无力应付冲突。冲突是项目结构中的一种存在形式，它可能在组织的任何一个层次上产生，通常为相互矛盾的目标引发的一种结果。

项目经理常常被称作冲突经理。在许多组织中，项目经理不断地与冲突带来的危机做斗争，并且把使项目运转的各项日常职责分配给团队人员。虽然这不是最好的情形，却是难以避免的，尤其是在机构重建之后或者在项目开始需要新的资源的时候。

应付冲突，就需要了解它们产生的原因。这里提出了 4 个问题，对这些问题的回答将有助于处理或者避免冲突。

- 项目的目标是什么，是否会与其他项目冲突？
- 为什么会产生冲突？
- 我们该如何处理冲突？
- 能否预先做某种类型的分析，以识别可能产生的冲突？

7.1　冲突环境

在项目环境中，冲突是无法避免的。冲突常常发生，因为项目团队中每个团队成员的价值观、兴趣、情感和目标都不一样。如果项目经理不能及时解决这些冲突，那么项目是注定要失败的。有的冲突可以快速解决，有的冲突解决时间则比较长。一般来说，冲突涉及的人员数量越少，解决冲突的时间就越少。确定解决冲突所需要的时间是很难的。相比某些团队成员而言，与直系下属的团队成员一起解决冲突更容易一些，而其他团队成员还需要向他们的职能经理报告。

造成冲突的原因有很多。第一，项目经理是在商业论证已经完成之后加入项目的。因此，商业论证、进度计划、成本、假设及其他制约因素是强加给项目团队成员的。在项目计划制订前，项目的进展看上去一切都很好。一旦制订了最终的项目计划，在这些强加的需求和制约因素条件下不能按期完成可交付成果的情况也经常出现。

第二，公司在审批项目时，既不考虑资源容量规划，又不考虑项目一旦开始是否能获得足够的资源。这对于那些靠竞争性投标存活的公司来说更常见。这些公司不知道它们到底可以获得多少合同，于是，只要有可能，它们就会接受合同。最终的结果就是常常缺乏合适的资源。

第三，在不知道项目何时开始的情况下批准项目，并把项目加入公司的项目计划表中。高水平的进度计划是从项目批准之日开始制订的，而不是一个日历上的时间。再次强调，日历上的时间不考虑合适的或可获得的资源。当项目开始了，你发现团队成员的资质和工作习惯与项目的需求不一致，可是这是你目前唯一能获得的资源。

第四，你的项目不能影响公司现有的业务和其他正在进行的项目。如果你的项目优先级低，那你要认识到如果公司有需要的话，你项目中最关键的资源会随时撤出项目。这种情况常出现在非项目驱动型组织中。

第五，组织结构的类型也会导致冲突。例如，采用矩阵式组织结构的职能经理承受着巨大的压力，因为他可能需要同时给大量的项目配备员工。一个项目的推迟就会影响其他新开始项目的人员配备。

我们已经介绍了项目开始阶段常造成冲突的 5 种原因。当然，在项目执行阶段，还会有无数的其他冲突发生。Ginger Levin 很好地介绍了生命周期每个阶段可能发生的冲突类型及解决它们的方法[1]。

优秀的项目经理明白冲突是不可避免的，他们会试图寻找解决冲突的方法。例如，项目经理知道团队成员对彼此承担的角色和职责有误解，那么为了防止冲突，他就有必要制定一个责任分配矩阵或线性责任图。

7.2　冲突类型

为每一个项目制定一份有关冲突类型的表格是可行的办法，因为每个项目的规模、范

1　G. Levin, *Interpersonal Skills for Portfolio, Program, and Project Managers* (Management Concepts, Leesburg Pike, VA, 2010), Chapter 8.

围和复杂性是不同的。

最常见的冲突类型包括：

- 人力资源。
- 设备。
- 基本建设费用。
- 成本。
- 技术见解和机会成本。
- 优先权。
- 管理程序。
- 进度计划。
- 责任。
- 个性。

其中的每类冲突的剧烈程度，在整个项目生命周期中是有变化的。然而，项目经理认为，最常见的冲突是进度拖后，而最具有潜在危害性的冲突是个性冲突。其相对的剧烈程度可以看作以下因素的一种函数关系：

- 逼近项目约束条件。
- 只有 2 个约束条件，而不是 3 个（只有时间和性能约束，没有成本约束）。
- 项目生命周期本身。
- 产生冲突的当事人。

有时候，冲突是“有意义的”，并且会带来有益的结果。只要不突破项目约束，并且还能带来有益的结果，就可以允许这些有益的冲突继续存在。例如，两位技术专家都争辩说自己对问题有一个更好的解决办法，而且都极力寻求更多的数据来证明自己的假设。

任何人、任何事都会导致冲突。一些人认为人际冲突是最难解决的。

理想状况下，项目经理应该向足够高层的上级汇报工作进展情况，以便及时获得帮助，从而使冲突得以解决。遗憾的是，这事做起来比说要难很多。因此，项目经理应当为冲突的解决做出规划。就像下面这样：

- 项目经理也许应当允许一项不那么激烈的冲突存在，如果他知道在项目的后续环节上可能会产生更为激烈的冲突的话。
- Jones 建筑公司最近从一家地产公司手上获得了一项价值 1.2 亿美元的项目。此项目包括 3 个单体建筑项目，这 3 个项目的启动时间相同。其中两个项目的工期是 24 个月，第三个项目的工期是 36 个月。每个项目都各有一位项目经理。当项目之间发生资源冲突的时候，就需要把买主找来。
- Richard 是一位部门经理，他必须向 4 个项目提供资源。虽然每个项目的优先级已经确定了，但项目经理们还是会不断地争吵说部门资源没有被有效地分配。现在，Richard 每个月召开一次会议，让 4 位项目经理都来参加，并让他们来决定究竟该如何对资源进行分配。

许多管理人员认为解决冲突最好的办法就是确立优先级。只要优先级不经常变来变去，这种方法就能奏效。

对于项目优先级的设定，通常最重要的影响因素包括：

- 开发中的技术风险。
- 公司在财务和竞争方面将会遇到的风险。
- 交付日期的临近及重要程度。
- 延期交付的违约金。
- 预期的存款、利润增长和投资回报。
- 客户的影响，可能与项目规模有关。
- 对其他项目的影响。
- 对分支机构的影响。

最高一级的管理人员对优先级的设定负有最终的责任。但即便设定了优先级，冲突也会产生。

7.3　冲突解决的思路

PMBOK®指南，第 6 版
9.5.2.1　人际关系与团队技能

虽然从本质上来看，公司的每一个项目都有所不同，但是这些公司往往会希望按照同样的方式来解决冲突。最常见的 4 种方式：

- 制定公司范围的冲突解决政策和程序。许多公司曾经试图建立公司范围的冲突解决政策和程序，结果表明这种方法注定会失败，因为各个项目有所不同，而且不是所有的冲突都可以用相同的方式来解决的。此外，由于项目经理的个性不同，而且有时各自的权限和责任也有所不同，所以他们喜欢按照自己的方式来解决冲突。
- 在制定规划的早期建立项目冲突解决程序。解决冲突的第 2 种方法，就是在制定规划的时候对冲突也有所“计划”，这种方法常常会很有效。这就需要用到线性责任图。针对冲突进行规划的方法与第 1 种方法类似，只不过各个项目经理会按照自己的策略、原则和程序来处理问题。
- 采用分级处理的方式。从理论上来讲，分级处理冲突的方式似乎是最好的方法，因为项目经理和职能经理谁都不占优势。在这种安排下，项目经理和职能经理一致认为，为了保持一种彻底的平衡，必须由他们共同的上级来解决冲突，以保护公司的最大利益。遗憾的是，这种方法的效果并不理想，因为不能总是指望由共同的上级来解决下级的冲突。如果经常让共同的上级来解决冲突，会给他造成一种项目经理和职能经理谁都不能解决自身问题的印象。
- 直接进行接触。最后一种方法是直接进行接触，冲突的各方面对面地进行协商来解决争端。遗憾的是，这种方法并不总能够奏效，而且如果总是强调这么做，可能使个别人在面对面进行协商时隐瞒已经发现的问题，或者又出现新的问题。

通过与团队成员之间就项目目标进行反复的沟通，能够减少或消除许多冲突。很多时候，这种不断重复能够避免个人走入误区，从而避免冲突局面的产生。

7.4 冲突管理步骤

PMBOK®指南，第 6 版
9.5.2.1 人际关系与团队技能

好的项目经理知道，冲突是无法避免的，因此必须找到解决冲突的程序和技巧。一旦有冲突产生，项目经理必须遵循一些步骤，包括：

- 对问题进行研究并收集所有可以获取的信息。
- 提出一套具体的办法。
- 营造适宜的氛围或气氛。

如果冲突的各方举行会议来解决问题，项目经理必须知晓需要采取的合理步骤及顺序。这包括：

- 营造氛围——让人们愿意参与。
- 形象分析——你如何看待自己和他人，别人如何看待你。
- 收集信息——公开收集各人的想法。
- 对问题加以定义——对各种情况进行定义，并加以阐明。
- 共享信息——让大家都可以得到信息。
- 设置适当的优先级——召开工作会议，商讨优先级和时间表。
- 组织分工——组成跨职能问题解决小组。
- 解决问题——取得跨职能部门的参与，确保其承担义务，并设置优先级和时间表。
- 拿出行动计划——承担义务。
- 完成任务——按计划采取行动。
- 后续工作——按照行动计划获取实施过程中的反馈信息。

项目经理或小组负责人应当懂得将冲突减至最小的步骤。这包括：

- 行动之前先停下来思考。
- 建立信任关系。
- 试图去理解产生冲突的动机。
- 使会议得到控制。
- 听取各方意见。
- 保持平等交换的姿态。
- 巧妙地用你的意见来影响他人。
- 敢于承认自己的错误。
- 不要扮演超人的角色，同一时间只进行一项讨论。

因此，有效率的项目经理应当：

- 对组织很了解。
- 带着理解去倾听，而不是去评价。
- 搞清楚冲突的属性。
- 理解他人的感受。
- 就解决分歧的程序提出建议。
- 与争执的各方保持联系。
- 促进沟通过程。
- 寻求解决办法。

7.5　冲突解决方式

PMBOK®指南，第 6 版
9.5.2.1　人际关系与团队技能

冲突管理使项目经理陷入一种不确定的境地，以至于不得不选取一种解决冲突的方法（前面在 7.4 节对其进行了定义）。依据具体情况、冲突的种类及与谁冲突，这些方法被证明都是有效的。

7.5.1　正视（或协作）

这种解决问题的方法是，冲突的各方面对面地会晤，尽力合作解决争端。此方法应当侧重于解决问题，而不是争斗。这一方法采用的是协作与协同，因为各方都需要获得成功。这一方法应当用于：

- 当你和冲突方至少都能得到所需要的，甚至能得到更多时。
- 为了降低成本。
- 为了建立共同的权力基础。
- 为了攻击共同的敌人。
- 当技术较为复杂时。
- 当时间足够时。
- 有信任时。
- 当你相信他人的能力时。
- 最终目标还有待于认识时。

7.5.2　妥协

妥协是为了寻求一种解决方案，使得各方在离开的时候能够得到一定程度的满足。妥协常常是正视的最终结果。有些人认为妥协是一种“平等交换”的方式，能够导致“双赢”

结果的产生。另一些人认为妥协是“双败”，因为任何一方都没有得到自己希望的全部结果。妥协的方法应当用于：

- 当冲突各方都希望成为赢家的时候。
- 当你无法取胜的时候。
- 当其他人的力量与你相当的时候。
- 当你没有时间取胜的时候。
- 为了保持与竞争对手的联系。
- 当你对自己是否正确没有把握的时候。
- 如果你不这么做就什么也得不到的时候。
- 当利害关系一般的时候。
- 为了避免给人一种“好斗”的印象。

7.5.3 缓和（或和解）

这种方法是指努力排除冲突中的不良情绪，它的实现要通过强调意见一致的方面，淡化意见不同的方面。例如，告诉他人：“我们已经在 5 点意见之中的 3 点都取得了共识，为什么不能在剩下的两点达成一致呢？”缓和并不足以解决冲突，却能够说服双方继续留在谈判桌旁，还存在解决问题的可能。在缓和的过程中，一方可能牺牲自己的利益以满足另一方的需求。缓和的方法应当用于：

- 为了达到一个全局目标。
- 为以后的长期交易先做出让步。
- 当利害关系不明显的时候。
- 当责任有限的时候。
- 为了保持融洽。
- 当任何方案都合适的时候。
- 为了表示友好（显得宽宏大量）。
- 无论如何你都会失败的时候。
- 为了赢得时间。

7.5.4 强制（或对抗、不合作、固执己见）

这种方法是指一方竭力将自己的方案强加于另一方。当一项决议在最低可能的水平上达成时，强制的方法最能奏效。冲突得越厉害，就越容易采取强制的方式，其结果就是一种“赢—输”的局面，一方的获胜以另一方的失败为代价。强制的方法应当用于：

- 当你是正确的时候。

- 正处于一种生死存亡的局面。
- 当利害关系很明显的时候。
- 当基本原则受到威胁的时候。
- 当你占上风的时候（绝不要在不能够获胜的情况下挑起争端）。
- 为了获得某个位置或某项权力。
- 短期的一次性交易。
- 当关系并不重要时。
- 当明白这是在进行比赛的时候。
- 当需要尽快做出一项决策的时候。

7.5.5　退出（或规避）

退出常常被当作一种临时解决问题的方法。问题及其引发的冲突还会接连不断地产生。有人把退出看作面对困境时的怯懦和不得已的表现。退出的方法应当用于：

- 当你无法获胜的时候。
- 当利害关系不明显的时候。
- 当利害关系很明显，但你尚未做好准备的时候。
- 为了赢得时间。
- 为了消磨对手的意志。
- 为了保持中立或者保持名声。
- 当你认为问题会自行解决的时候。
- 当你通过拖延能够获胜的时候。

7.6　正确理解与上级、下级和职能部门的冲突[1]

PMBOK®指南，第 6 版
9.5.2.1　人际关系与团队技能

一个项目经理必须理解如何跟每个与项目有关的员工打交道，才能卓有成效地开展工作。这些员工包括上级管理人员、下级项目团队成员和职能部门的工作人员。通常，尤其是在冲突可能产生的情况下，项目经理必须表现出一种能够与各团队员工营造不同工作环境的能力。之所以有这样的要求，是基于前面的章节中所描述的事实，这个事实就是在项目生命周期之中，各种冲突的相对强度是会不断变化的。

图 7-1 显示，由于与项目经理合作的人的类型各异，冲突的类型和强度也会有所不同。

1　本部分内容（包括图）节选自 *Seminar in Project Management Workbook*, © 1977 by Hans J. Thamhain. Reproduced by permission of　Dr. Hans J. Thamhain。

无论是冲突诱因还是冲突源，都是按照其相对的冲突强度来评定的。

冲突诱因	冲突源：冲突常常发生在				
	职能经理	职能员工	项目人员之间	上级	下级
进度	■	■			
优先级	■	■	■		
人力	■	■			
技术	■	■	■		
管理流程	■	■		■	■
个性	■	■	■	■	■
成本	■	■		■	

高 ⟵ 冲突的相对强度 ⟶ 低（横向：从左到右；纵向：从下到上）

图 7-1　冲突诱因与冲突源之间的关系

图 7-2 显示，一个项目经理所采用的解决冲突的具体方法，很大程度上取决于他必须与之合作的人的类型。图 7-2 中的数据并不足以显示项目经理的偏好，但对那些能够增加或减缓冲突的强度的方法做出了鉴别。例如，虽然项目经理通常都最不喜欢采用退出的方法，但在解决与职能经理之间的冲突的时候，这种方法却相当有效。在与上级打交道的时候，项目经理更愿意采取立即妥协而不是正视的方式，因为这样很容易产生对上级管理者更为有利的结果。

（本表所示仅为在统计上 95%有效的关联）

项目经理所感受到的冲突强度	解决冲突的实际方法				
	强制	正视	妥协	缓和	退出
在项目经理和他的员工之间	■	▲	▲	▲	■
在项目经理和他的上级之间		■	▲		
在项目经理和他的职能支持部门之间	■	■			▲

▲ 与低冲突相关联的强烈偏好（−τ）

■ 与低冲突相关联的强烈反感（+τ）

• 肯德尔 τ 相关

图 7-2　感受到的冲突强度与冲突解决方式之间的关系

图 7-3 比较了项目经理所发现的有助于减少潜在冲突的不同影响方式。处罚、权威和技术专长这三项项目经理的权力越大，则导致冲突发生的概率越大。与我们所预计的相同，工作挑战与提拔（如果项目经理有权这么做）与项目经理和他的员工之间冲突的低发生率强烈正相关。

（本表所示仅为在统计上 95%有效的关联）

项目经理所感受到的冲突强度	项目经理们所感受到的影响方式						
	技术专长	权威	工作挑战	友谊	升职	加薪	处罚
在项目经理和他的员工之间	■	■	△		△		■
在项目经理和他的上级之间			△				■
在项目经理和他的职能支持部门之间		■					■

△　与低冲突相关联的强烈偏好（$-\tau$）

■　与低冲突相关联的强烈反感（$+\tau$）

● 肯德尔 τ 相关

图 7-3　对项目经理们的影响方式与他们所感受到的冲突强度之间的关系

相关案例研究（选自 Kerzner/*Project Management Case Studies*, 5th Edition）	相关练习（选自 Kerzner/*Project Management Workbook and PMP®/CAPM® Exam Study Guide*, 12th Edition）	PMBOK®指南（第 6 版），PMP 资格认证考试参考部分
• Mayer 制造公司的设备计划* • Scheduling the Safety Lab • Telestar 国际公司* • The Problem with Priorities	• 多项选择题	• 项目资源管理

7.7　PMI 项目管理资格认证考试学习要点

本节用于项目管理原理的复习，以巩固《PMBOK®指南》中相应的知识领域和范围，着重讲述了：

- 项目资源管理。
- 执行。

对于准备 PMP 考试的读者，通过下列练习将有助于对相关原理的理解。

- 项目环境中发生的不同类型的冲突。
- 不同的冲突解决方式及其适用的环境。

下列选择题将有助于回顾本章的原理及知识。

1. 项目经理认为最常发生的冲突是____。

   A. 优先级　　B. 进度

   C. 个性　　D. 资源

* 见本章末案例分析。

2. 在一个项目中，最有危害的冲突是____。
   A. 优先级　　B. 进度
   C. 个性　　D. 资源
3. 对项目经理来说，最喜欢的冲突解决方式是____。
   A. 妥协　　B. 正视
   C. 缓和　　D. 退出
4. ____冲突解决方式等同于问题的解决。
   A. 妥协　　B. 正视
   C. 缓和　　D. 退出
5. ____冲突解决方式避免了冲突却没有解决问题。
   A. 妥协　　B. 正视
   C. 缓和　　D. 退出

答案

1. B　2. C　3. B　4. B　5. D

思考题

7-1 为了解决冲突，在项目层次或公司范围建立正规的组织程序是否可行？如果建立了这样的程序，会产生什么问题？

7-2 如果一种情况的出现能够产生有益的冲突，只要它能够做出有益的贡献，项目经理是让它顺其自然，还是及早将其解决？

7-3 下面每一段都有两种论断：一种代表传统的观点，另一种代表项目组织的观点。请辨别。

a. 冲突是可以避免的。冲突是变革的一部分，因此是无法避免的。

b. 冲突是麻烦制造者和自我主义者引起的。冲突取决于系统的结构和各组成部分之间的关系。

c. 冲突可能是有益的。冲突不是好事。

7-4 你是否同意这样的论述："通过协作解决冲突，需要信任，人们必须相互信赖。"

7-5 给出下列各种情况下解决冲突的最佳方法。

a. 你的职能小组中的两个成员似乎有个性冲突，而且在决策过程中几乎总是互相唱反调。

b. 研发质量控制部门和生产运营质量控制部门就谁应该进行某项关于研发项目的测试进行争论。研发部门认为这是他们的项目，而生产部门认为这项测试最终将纳入生产过程，因此他们希望能够尽可能早些参与进来。

c. 两位职能部门的经理不断地就谁应该进行某项测试进行争论。你知道这种情形的存在，而且部门经理正竭力自行解决这些问题，这样就会很费力。但是，你无法确定他们究竟需要多长时间才能把问题解决。

7-6　组织中最常见的一种冲突与原材料和制成品有关。为什么财务或会计、市场或销售和生产部门的意见会有所不同？

7-7　解释冲突的相对强度作为下列情况的函数时会怎样变化？

a. 接近实际的约束条件。

b. 只有 2 个而不是 3 个约束条件（只有时间和性能约束，没有成本约束）。

c. 项目生命周期。

d. 产生冲突的当事人。

案例分析

案例 1　Mayer 制造公司的设备计划

Eddie Turner 很高兴听到自己被提拔的消息，他被提升为部门领导，负责新的工程研究实验室的日程安排。新实验室对于 Mayer 制造公司来说是必不可少的。工程部、制造部和质量管理委员会都非常需要新的测试设备。上级管理层认为这批新设备能够解决大部分过去存在的问题。

新的组织结构（见图 7-4）要求对使用实验室的政策加以改变。Eddie 在得到上级的批准后，将拥有为实验室的使用确立优先级的权限。上层管理人员认为在工程部、制造部和质量管理部之间产生冲突是免不了的，因此新的政策改变就显得很有必要。

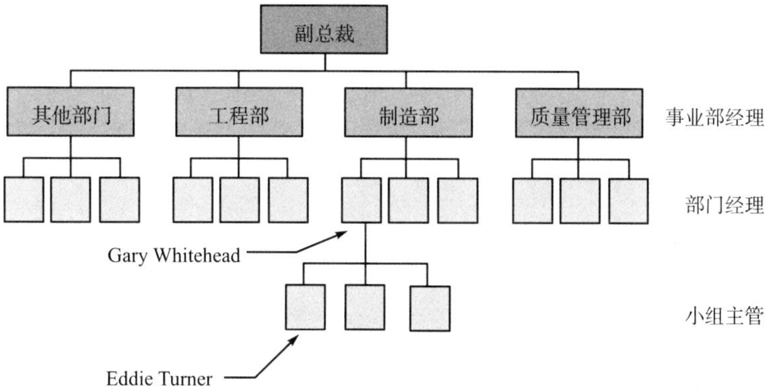

图 7-4　Mayer 制造公司的组织机构

经过一个月的运行，Eddie Turner 发现自己的工作很难做好，于是他与自己的部门经理 Gary Whitehead 进行了会晤。

Eddie："要想让所有的部门经理都满意，对我来说是很困难的一件事。如果我把主要的时间安排给工程部，那么质量管理部和生产部会说我太偏袒。试想一下，连我自己的人都说我对其他部门有偏袒。我简直没法让大家满意。”

Gary：“噢，Eddie，你知道这份工作就是会有这些问题。你得把事做好。”

Eddie：“问题在于我只是下级职能负责人，却不得不与各上级部门经理们打交道。这些部门经理们不把我放在眼里，好像我是他们的仆人似的。如果我是一个部门经理，或许他们多少会给我一些尊重。我真正想说的是，我希望由你来给这些部门经理发出通知，告诉他们新的优先级。他们不会像对我那样来与你争吵。我会向你提供必要的信息。你所要做的就是签上自己的名字。”

Gary：“确定优先级和做出设备的时间安排，不是我的工作，而是你的工作。这是一个新的职位，我希望你能够应付。我相信你做得到所以才选派你去。我自己并不想介入。”

接下来的两周里，冲突不断升级。Eddie 曾在一周的早些时候给 Gary 留条问他是否同意优先级安排。这两个留言条没有得到任何答复。Eddie 于是和 Gary 会面以讨论不断恶化的局面。

Eddie：“Gary，我给你留了两个留言条，想请你看看这样安排优先级和日程是否有什么不妥之处。你收到我的留言条了吗？”

Gary：“是的，我收到了。但我以前告诉过你，我有很多事情要忙，而不是去帮你做工作。如果你干不了，就告诉我，我会找能干的人去。”

Eddie 回到自己的座位，思考自己的处境。最后，他做出了决定。接下来的一周，他打算在自己的签名栏下面增加 Gary 的签名栏，然后将复印件送至各个部门经理处。“现在，让我们看看会发生些什么。”Eddie 说。

问题

1. Eddie 的问题是什么？
2. 是 Eddie 自己制造了麻烦还是其他人给 Eddie 制造的麻烦？
3. 是存在一个失败的项目发起人，还是公司的工作程序过于死板？
4. 对于这些冲突有更好的解决办法吗？如果有，是什么方法？

案例 2 Telestar 国际公司*

2008 年 11 月 15 日，国家能源部给了 Telestar 公司一份 47.5 万美元的合同，用于开发和监控两座垃圾处理厂。Telestar 公司用了两年中的大部分时间根据自己的研发活动开发垃圾处理的技术。这份新的合同使得 Telestar 公司有机会进军一个新的领域——垃圾处理。

合同按照公司固定价格商定，任何超支的费用都要由 Telestar 公司来承担。最初的投标报价是 84.7 万美元。但是，Telestar 公司的管理层很希望获取这份合同，认为至少他们从此能够进入新的市场。于是决定，Telestar 公司愿意以 47.5 万美元的价格“签约”。

---

* 2015 年修订。

原先 84.7 万美元的价格估算相当“粗略”，因为在垃圾处理领域，Telestar 公司并没有很好的人工标准用于制订人工计划。公司的管理层愿意花费不超过 40 万美元的自有资金来补足投标价。

2009 年 2 月 15 日之前，成本已经上升到远远突破预算的程度。当时估算的成本是 94.3 万美元。项目经理决定停止某些职能部门的全部工作，其中包括结构分析部门。结构分析部门的经理坚决反对在对第一个工厂的高压气囊和电路系统进行检测之前取消这些工作。

结构分析部经理：“如果你取消这些工作，那就是在冒险。你怎么会知道这些设备能够承受住检测时的压力？毕竟下个月就要进行检测了，到时候我大概就可以完成分析了。”

项目经理：“我知道你所关心的事，但我不能承担超出预算的风险。我的老板希望我在预算之内完成工作。工厂的设计与我们以前测试过的一个很相似，没有发现什么结构方面的问题。基于此，我认为你们的检测没有必要进行。”

结构分析部经理：“仅仅因为两个工厂有些相似，并不足以说明它们的表现就会相同。还是可能有结构上的缺陷。”

项目经理：“我认为这是我的风险。”

结构分析部经理：“确实，但是如果出现问题，也会使我这个部门受损，使我受到牵连。你知道，我们是在按照计划行事，并不会超出时间和资金的预算。你不经过任何真实的判断就削减我们的预算，这种做法很不好。”

项目经理：“我知道你所关心的事，但我们必须全力以赴，因为超出预算已经是无法避免的了。”

结构分析部经理：“在我的头脑中，这项检测毫无疑问是应该进行的。遗憾的是，我不打算在超支的情况下去进行。明天我会给我的人重新安排工作。顺便提一句，你最好慎重一些。我的人不会很乐于为一个很快将被取消的项目工作。下一次我就很难找到无私奉献的人了。”

项目经理：“好了，我相信你应付将来的工作是绰绰有余的。我会就取消你们部门的工作向我的老板汇报的。”

在接下来的一个月的测试中，工厂发生了爆炸。事后的分析表明，失败起因于结构上的缺陷。

问题

1. 这是谁的过错？

2. 结构分析部经理是否应该继续坚持自己的工作？

3. 如果一个职能部的经理认为他的职能组织是他最有力的支持，他是否还会致力于整个项目的成功？

案例 3 在项目管理中解决冲突

下面这个冲突管理案例，共 6 个部分。仔细阅读说明，注意该怎样得分，怎样使用后面的表 7-1、表 7-2 和表 7-3 中的空栏来记录你和你所在小组的选择。案例分析结束后，导师会教会你正确的分级方法来记录你的得分。

第 1 部分 面对冲突

新来的部门经理通过便笺告诉你，由于他的部门员工已经抱怨过好几次了，他决定修改对 MIS 项目的投入和产出的要求，而你正好就是该项目的项目经理。这和你与原先的部门经理一同制订的项目计划相抵触，而你们现在正按照这个计划在开展工作。部门经理声称他已经就此事与副总裁兼总经理讨论过了，这位副总裁兼总经理是你们两人的上级。该部门经理认为，前任的部门经理做出的决策有问题，按照最佳的系统要求，前任的部门经理没有得到足够的人手。你给他打电话，尽力想说服他收回这样的要求，有问题以后再讨论，但是被他拒绝了。

这时候提出改变投入和产出的要求，就必须引起很多改动，会使整个系统的进度向后倒退 3 个星期，而且会给其他项目经理带来影响，而他们正期望看到该项目能够按照原有的计划来运作。你可以向上级说明这些情况，但是所增加的项目费用却很难承担。以后再就费用超支的事情做出解释就会非常困难。

这时，你对自己也产生了一些不满，因为是你在招聘时发现了这位部门经理并且推荐他到现在这个岗位上的。你清楚地知道必须采取一些行动，下面是你的选择：

A. 你可以提醒该部门经理，你曾经在招聘委员会中推荐过他，然后要求他回报你的好意，因为他“欠你的人情”。

B. 你可以告诉该部门经理，如果他再不改变立场，你将组成一个新的招聘委员会来找人取代他。

C. 你可以服用一片镇静剂，然后要求手下人尽力在原定的时间和费用条件下完成附加的任务。

D. 你可以去见那位副总裁兼总经理，要求维持原先的要求，或者至少暂时先维持原状。

E. 你可以给这位部门经理发去一张便条，说明你的问题，并要求他来帮助你寻找解决方案。

F. 你可以告诉该部门经理，你的手下无法满足这些要求，他只能寻求其他方法来解决问题。

G. 你可以给这位部门经理发去一张便条，让他在方便的时候尽早与你见面协商，并帮助你一起来解决问题。

H. 你可以在当天下午晚些时候到该部门经理的办公室去，与他继续深入讨论此事。

I. 你可以给这位部门经理发去一张便条，告诉他你已经决定采用原来的方案，但会在以后满足他的要求。

虽然还会有其他的选择，这里假定当时你只有这些选择。先不要在小组里讨论该如何做出答复，在表 7-1 的第一行“个人”下面的适当位置上写下代表你选择的字母。

当整个小组成员都完成之后，在组内讨论这个问题，确定你们组认为最佳的选择。在表 7-1 的第一行“小组”下面写下来。这部分安排 10 分钟。

表 7-1　工作表

行	部　分	个　人		小　组	
		选项	得分	选项	得分
1	面对冲突				
2	了解情绪				
3	建立沟通				
4	解决冲突				
5	理解你的选项				
6	人际影响				
	总计				

第 2 部分　了解情绪

你以前从来没有与这位部门经理共过事，你努力设想在面对这个问题时他会如何反应。显然，他会有多种方式：

A. 他会什么问题都不问就完全接受你的方案。

B. 他会说出一些理由来，以便维护自己的立场。

C. 他对于不得不重新讨论这个问题感到非常恼火，表现出一种对立情绪。

D. 在与你共同解决问题的过程中，他表现出一种愿意合作的态度。

E. 他会躲避这次讨论，以避免在此时做出任何决定。

表 7-2 列出的是当这位部门经理遇到这个问题时可能做出的陈述。先不要在小组里讨论，在能够描述这种情绪的陈述旁边打上一个“√”。当所有组员都完成之后，确定你们小组的选择。在接下来的讨论中会给你们的选择打上分数。现在先不要在表 7-1 上做记号。这部分安排 10 分钟。

表 7-2 部门经理的陈述表

	你的选择					小组的选择				
	接受	维护	对立	合作	躲避	接受	维护	对立	合作	躲避
A. 我已经做出答复。如果你不乐意，就去见总经理。										
B. 我明白你的问题，就按你的方式来办。										
C. 我明白你的问题，但对我们部门来说，我所做的才是最佳的选择。										
D. 让我们一起讨论这个问题，也许还有变通的办法。										
E. 让我来向你解释为什么我们会有新的要求。										
F. 去见我的部门主管，这是他们的建议。										
G. 新上任的经理总会有一些新的做法，难道不是吗？										

第 3 部分 建立沟通

你对部门经理的便签回复和其后的电话交谈的结果感到不满，于是决定去见这位部门经理。你告诉他如果满足了他的要求，你会遇到一些问题。他告诉你他现在正忙于重新搭建自己部门的班子，暂时还无暇顾及你的进度和费用方面的问题。你大发雷霆，认为他的行为和意见对于项目和公司都没有益处。

当然，部门经理的行为不同于一个专门负责项目的经理。他会更加关注那些对公司有利的事情。当你对这种情况进行考虑的时候，希望知道如果你以其他方式与他打交道，是否会得到更好的答复。换句话说，什么方式才是你与部门经理之间建立沟通的最佳方式？从提供的选项中，选出最能准确描述你处理这种情况的方式，要求独立完成。当每位组员都做出自己的选择之后，重复这一过程，确定你们小组的选择。在表 7-1 的第 3 行记录你个人和小组的选择。这部分安排 10 分钟。

A. 按照部门经理的要求来做，并且用文件记录所有结果，以便将来能够证明这应该由部门经理来负责任，从而得以自保。

B. 立即给他发去一张便条，重申你的立场，并告诉他你会在一段时间以后重新考虑他的新要求。告诉他时间是最重要的，你需要得到他即刻的答复，虽然他感到不快。

C. 给他发去一张便条，申明你要让他对所有的费用超支和工期延误负责。

D. 给他发去一张便条，表明你正在考虑他的请求，并且准备在几天之后再次与他见面来讨论对需求做出变更的问题。

E. 尽快见到他。告诉他无须为自己的谈吐和行为表示歉意，而你已经重新考虑过自己的立场，并且希望与他讨论此事。

F. 先等上几天，待他完全冷静下来之后，再带着你们能够重新开始进行讨论的期望去见他。

G. 等上一天左右，等各自都冷静下来，然后再通过预约与他见面。就那天你的失态向他致歉，然后问他是否愿意帮助你来解决问题。

第 4 部分　解决冲突

你以前从来没有与这位部门经理共过事，你不知道哪种解决冲突的方式能够奏效。你决定先等上几天，再安排与该部门经理会面，但并不预先告诉他将要讨论什么问题。然后，你想根据对这位部门经理的公开评论来确定最主要的冲突解决方式。忽略你与该部门经理的交谈可能已被认为正视的事实，从下面的陈述中，选出部门经理最乐于接受的解决冲突的方式。当每位组员都在表 7-3 中写下自己的选择之后，确定小组的选择。稍后会在你们的回答后面打上分数。这部分安排 10 分钟。

A. 退出：规避潜在的冲突。

B. 缓和：强调意见一致的方面，淡化意见不同的方面。

C. 妥协：平等交换的意愿。

D. 强制：按一个方向或者相反的方向来做出决定，这是一种或赢或输的立场。

E. 正视：指通过面对面会晤来解决冲突。

表 7-3　冲突解决方式表

	你的选择					小组的选择				
	退出	缓和	妥协	强制	正视	退出	缓和	妥协	强制	正视
A. 这些要求是我们做出的决定，我们将按照自己的方式来做事。										
B. 我考虑过了，你是对的。我们将按照你的方式来做事。										
C. 让我们来讨论这个问题，也许会有变通的办法。										
D. 让我再向你解释一遍，为什么我们会有新的要求。										
E. 去见我的部门主管吧，他们现在会处理这个问题。										
F. 我已经对问题做了调查，我可以减少一些要求。										

第5部分 理解你的选项

假设这位部门经理拒绝与你再次见面讨论新的需求的事。时间也剩得不多了，你希望在费用和进度失去控制之前做出决定。从下面的序列中，做出你自己的选择，然后等每个小组成员都完成之后，做出小组的选择。

A. 对新的要求不予考虑，因为这不属于原先的计划。

B. 坚持新的要求，消化增加的费用和时间上的延误。

C. 请副总裁兼总经理介入，由他做出最终的决定。

D. 要求其他会认识到进度延误的项目经理来说服该部门经理降低他的要求或者推迟这些要求。

在表7-1的第5行记录你的选择。这部分安排5分钟。

第6部分 人际影响

假设上级管理层按照有利于你的方式将冲突解决了。为了达到原来的工作要求，你需要得到那位部门经理所在部门的支持。遗憾的是，你不知道该采用哪种人际影响的方式。虽然你在自己的领域被看成专家，你仍然担心该部门经理的员工会对他过于忠诚而对你的请求并不在意。在这种情况之下，下列哪种人际影响方式是最佳的？

A. 你凭借手中的处罚权威胁这些员工说，你会将记载了他们不良表现的报告交给他们的部门经理。

B. 你可以使用奖赏权，承诺给他们做出好的评价，有可能会提升他们，并在你的下一个项目中让他们承担更多的责任。

C. 你可以继续采用原来的方法，尽力说服这些职能部门的员工听从你的命令，因为你才是这个领域的专家。

D. 你可以使员工们认识到工作的挑战性，尽力激发他们做好工作。

E. 你确信他们知道你是得到了副总裁兼总经理的授权的，他们必须听从于你。

F. 通过努力与他们建立友谊和工作之外的联系。

在表7-1的第6行记录你个人和小组的选择。这部分安排10分钟来完成。

练习答案参见附录A。

第 8 章　专题

引言

每一章都有一些情况或专题是值得关注的，它们包括：

- 绩效衡量。
- 经济补偿与奖励。
- 小项目管理。
- 大项目管理。
- 道德、伦理及组织文化。
- 内部合作。
- 外部合作。
- 培训与教育。
- 综合项目团队。
- 虚拟团队。
- 创新项目。
- 敏捷项目管理。

8.1　绩效衡量

> **PMBOK®指南，第 6 版**
> 9.4.3.1　团队绩效评价
> 9.5　管理团队

一个好的项目经理将会使项目中所有新的职能员工明白，如果他们做得好，他（项目经理）会把他们的进步和工作成果告诉给他们的职能经理。要做到这一点的前提是，职能经理不对职能员工进行封闭式管理。相反，他将部分管理职责移交给项目经理——这是项目管理组织结构中的一般情况。

许多好的项目和项目管理结构因为不能对职能员工进行正确的评估而失败。项目管理结构中，一般有 6 种方法来评估职能员工在一个项目中的绩效。

- 项目经理准备一个书面的、秘密的评估报告并提供给职能经理。职能经理将评估项目经理意见的有效性，并提出自己的评估意见。只有直线职能经理的评估意见会告诉给员工，机密表格的使用并不会提及。因为首先它可能和政府的规定相抵触，其次它也不能提供一个员工改进所需的必要反馈。

- 项目经理准备一个可公开的评估意见并提供给职能经理。职能经理准备自己的评估表，并将这些评估意见向自己的职能员工公开。大多数职能经理和项目经理都偏爱这种方式。然而，这种方式也存在一些难点。如果职能员工是一个平均水平或低于平均水平的员工，并且在接受了评估后仍然被安排在项目中，那么仅仅为了避免一些恶意破坏和不满情绪的蔓延，项目经理可能视他为超过平均水平的员工。在这种情况下，由于知道职能员工将会看到这两种评估表，职能经理可能反而更需要一个机密的评估报告。如果员工收到低于平均报酬增长水平的收益时，他们会责怪项目经理，而当他们获得的收益比平均水平高时，他们只会更加信任他们的职能经理。在这里，最好的方法是项目经理定期告诉职能员工他们的工作情况，同时给他们中肯的评估。一些使用这种方法的公司允许项目经理先让直线职能经理看评估表以避免以后的冲突，然后再将这些评估意见拿给自己的员工看。
- 项目经理向职能经理提供对员工绩效的口头评估。虽然这种方法被普遍使用，但是大多数职能经理更喜欢将员工的工作进展记录下来。缺乏员工的反馈也使得员工不能在评估中获得提高。
- 职能经理在没有参考项目经理意见的情况下对员工进行全面评估。要使这种方法行之有效，职能经理必须有足够的时间不间断地监管每个下属的工作情况。遗憾的是，因为控制和管理的范围比较广，大多数职能经理不能做到这一点，因此他们必须参考项目经理的意见。
- 项目经理对员工做出全面评估，并将结果汇报给职能经理。只有当员工 100%投入在一个项目上，或者员工在很远的地方工作，职能经理无法看到他工作情况的时候才能够使用这种方法。
- 所有的职能经理和项目经理共同评估所有的职能员工。这种方法应该只能限于员工数在 50 人或少于 50 人的小公司采用。否则，对于主要员工来说，评估过程将会非常耗费时间，不好的评估结论也会被众人知道。

图 8-1 以一种诙谐的方式表现了项目人员是如何理解评估表的。遗憾的是，在现实中，即使最终的评估结果取决于职能经理，整个评估过程也是非常严肃的，而且会对个人的职业生涯及公司都产生较大的影响。

图 8-2 是一类比较简单的评估表，项目经理可以根据这张表格对员工的绩效做出最佳的描述。无论何时对员工进行评估，这种表格都适用。

表现方面	优秀（15 选 1）	很好（15 选 3）	好（15 选 8）	普通（15 选 2）	令人不满意的（15 选 1）
	远远超出工作的要求	超出工作要求	满足工作的要求	需要一些提高	达不到最低标准
质量	简单一跳就越过了高楼	通过助跑才越过高楼	只能越过没有尖顶的矮楼	撞在楼前	找不到大楼
及时	比子弹还快	与子弹一样快	没有子弹快	你相信有慢子弹吗	自己被子弹击伤
积极性	比火车头还强壮	与火车头一样强壮	比公牛还强壮	向公牛射击	看起来像头公牛
适应性	在水面连续行走	紧急情况下在水面行走	用水来洗	喝水	紧急情况下才通过有水的地方
沟通	与上帝交谈	与天使交谈	与自己交谈	与自己争辩	没有自己的主张

图 8-1　绩效评估指南

员工姓名	日期
项目名称	工作编号
员工工作安排	
到目前为止该员工从事项目的时间	该员工在项目上继续工作的时间

技术评估 ☐ 迅速得出合理的结论	☐ 经常得出合理的结论	☐ 较弱的决策能力	☐ 需要技术支持	☐ 得出错误结论
工作计划 ☐ 优秀的规划者	☐ 在别人的帮助下能够很好地制定规划	☐ 偶尔制定出好的规划	☐ 需要详细的指导	☐ 根本无法进行规划
沟通 ☐ 总是能够明白指令	☐ 有时需要进行说明	☐ 总是需要进行说明	☐ 需要反复	☐ 需要不断地对其下指令
态度 ☐ 总是对工作有兴趣	☐ 多数时间里对工作有兴趣	☐ 对工作没有兴趣	☐ 对其他活动更有兴趣	☐ 对工作漠不关心
协作 ☐ 总是非常热心	☐ 在工作完成之前干得都不错	☐ 一般情况下与他人协作得不错	☐ 与他人协作得很差	☐ 希望按照他自己的方式做事
工作习惯 ☐ 总是以项目为导向	☐ 常常以项目为导向	☐ 总是与要求相一致	☐ 与他人协作得很差	☐ 总是独自工作

补充内容：________________________________

____

____

图 8-2　基于工作描述的评估表

图 8-3 是另一种能够对员工进行评估的比较典型的表格。在每一个分项中都使用了一种主观尺度来评价员工。为了减少时间和工作量，也可以在项目结束时用一个简单的评估表对所有员工做出评价。如图 8-4 所示，在每一分项中按照 1 ~ 5 级对所有的员工做出评价。全部员工的情况都可以掌握，同时可以对员工进行比较。

员工姓名　　日期

项目名称　　工作编号

员工工作安排

到目前为止该员工从事项目的时间　　该员工在项目上继续工作的时间

	优秀	超出平均水平	平均水平	低于平均水平	不合格
技术评估					
工作计划					
沟通					
态度					
协作					
工作习惯					
利润贡献					

补充内容：

图 8-3　基于等级的评估表

如图 8-4 所示，评估表明显存在着严重的局限性，因为如果这些员工来自不同的部门，这种对所有项目员工一对一的比较是没有什么价值的。项目工程师怎么能和成本会计师做比较呢？

项目名称　　工作编号

员工工作安排　　日期

代码：

优秀——5

超出平均——4

平均——3

低于平均——2

不合格——1

姓名	技术评估	工作计划	沟通	态度	协作	工作习惯	利润贡献	自我激励	总分

图 8-4　项目结束时的评估表

虽然由项目经理填写评估表，但这也不能保证职能经理会认同项目经理的评估报告。

经常会有项目经理和职能经理在工作质量和工作方向方面意见不一致的情况。

在这种情况下，存在另一个问题，假设项目经理是一个技术 7 级水平的“全才”，同时他要求职能经理分派一个最好的员工到他的项目里。职能经理同意项目经理的要求，并且分派了一个技术 10 级水平的专家到他的项目中。对于这样一个问题的解决办法是，仅仅让项目经理在某些项目中对专家做出评估，如沟通能力、工作习惯和解决问题的能力，但不对技术专长方面的项目做出评估。

最后一点，对于职能员工是否应该对项目经理的评估提出一些间接的意见这个问题通常有着不同的看法。我们究竟应该将间接的评估程序应用到什么程度，这也是一个相当有意思的问题。

从上层管理的观点来看，间接的评估过程会导致一些令人头疼的问题。工资和薪金管理者通常认为有必要对白领和蓝领工人使用不同的评估表。但是，目前针对白领工人就有不止一种的评估体系。那些在项目驱动的职能部门里工作的员工被直接或间接评估，但是这种评估是按照正式的程序进行的。而那些将时间记入管理间接费用账户或非项目驱动部门的员工，可能仅仅通过简单的直接评估程序接受评估。

许多工资和薪金管理者声明他们无法忍受白领评估体系，曾试图将直接和间接评估表合并成一张表，如图 8-5 所示的那样。一些管理者做得更彻底，他们甚至在全公司范围内，对白领和蓝领工人都使用同一张表格。

8.2　经济补偿与奖励

> **PMBOK®指南，第 6 版**
> 9.4.2.5　认可与奖励

在任何组织中，适当的经济补偿与奖励对于激励员工和鼓舞士气都是非常重要的。在项目中也不例外。然而，一些问题使得有必要对项目人员采用不同于机构中其他人员的补偿策略。

- 对于项目人员来说，他们的工作分类和工作描述通常和其他的专业有所不同。要找出一种现成的分类方法并将它用到项目人员当中是非常困难的。他们担负很多业务职责，但若缺乏合适的调整，有限的项目权限和少量的直接汇报就可能使得他们不能对项目人员做出正确的评估。
- 项目人员的双重责任和双重汇报关系带来了一个问题：谁应该对绩效进行评估，同时控制奖励。
- 经济奖励的标准经常难以建立、定量和管理。“工作做得非常好”这个标准是很难量化的。
- 除了事先定好的成果奖励以外，还应考虑对加班、长途旅行和离家工作进行特殊补偿。奖金的确定是一个非常困难和微妙的问题，因为常常有许多人是由于这些激励

I. 员工信息：

1. 姓名 ________　　2. 评估的时间 ________
3. 工作安排 ________　　4. 上次评估的时间 ________
5. 薪酬等级 ________
6. 该员工的直接上级 ________
7. 该员工的直接上级的级别 □小组级 □部门级 □公司级 □总裁级

II. 评估人信息：

1. 评估人姓名 ________
2. 评估人的级别： □小组级 □部门级 □公司级 □总裁级
3. 按照下表对员工进行评估：

	优秀	很好	好	一般	差
能够承担责任					
与他人协作得很好					
忠诚于公司					
文档工作做得不错并且有成本和效益方面的意识					
能稳妥地做好工作					
能够接受批评					
愿意加班					
能仔细地执行工作计划					
技术知识					
沟通技能					
总体评估					

4. 将该员工与同事进行对比：

低 10%	低 25%	低 40%	相当	高 40%	高 25%	高 10%

5. 将该员工与同事进行对比：

应当立即提拔	下一年提拔	与同事一起提拔	还有待于进一步成长	绝不能提拔

6. 评估人的意见：________

签名：________

III. 确认栏：

1. 姓名 ________
2. 职位： □部门级 □公司级 □总裁级
3. 确认： □同意 □不同意
4. 意见：________

签名：________

IV. 人事栏：（只能由人力资源部门填写）

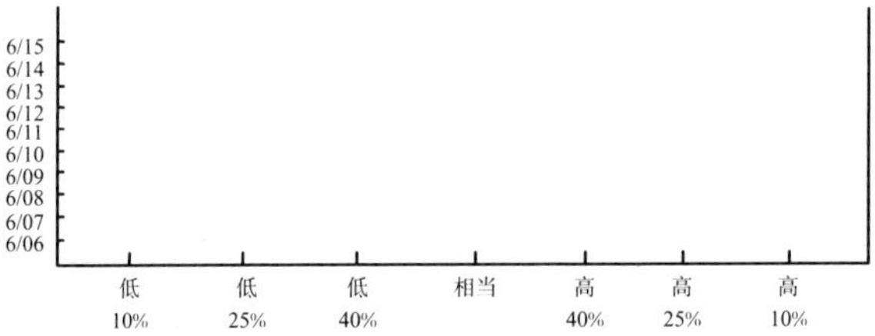

V. 员工签字：________ 日期：________

图 8-5　工作评估

才对工作做出贡献的。随意的奖金分发标准可能使项目组丧失斗志。

在本书中将提及一些具体的指导方针以帮助经理在项目组织中建立补偿体系。它们来自 4 个方面：工作划分、基本薪酬、绩效评估和价值增长。

8.2.1　工作划分与描述

我们在对项目人员划分新的等级时，应该尽可能与原来机构中建立的分级标准相适应。

第一步是对不同的项目人员及其相应的职责确定工作头衔。工作头衔的确定是非常重要的。它们意味着某种责任、职务权力、等级地位和薪金水平，而且头衔可以表示某种职能责任，比如技术主管的头衔[1]。因此，头衔应该被仔细地选择，并且对于每一个头衔都应有正式的工作定义和描述。

工作描述可以定义工作基本性质和每个人的职责。因此，工作描述不应仅仅针对一个人，而是应该面向相应工作级别的所有员工。好的工作描述应该是简洁和紧凑的，不超过一页。通常可分为 3 个部分：总体职责、具体职责和资质要求。表 8-1 给出了一个工作描述的示例。

表 8-1　工作描述示例

工作描述：项目督导
处理器开发工程师
总体职责
负责对新的中央处理器的技术开发进行指导，包括对参与开发工作的技术人员进行管理。项目督导工程师具有双重职能：①在技术实现和工程质量方面对职能部门的上级负责；②在按照规定的预算和进度开发进行管理方面对项目经理负责
具体职责
1. 为工程投入的规划、组织、开发与整合提供必要的程序上的指导，包括为处理器子系统设定具体的目标、进度和预算
2. 为处理器子系统的需求分析和需求确认、初步设计、详细设计、原型开发和检测提供技术指导
3. 将工作细分为单个的、可以清楚定义的任务。将这些任务分配给在督导工程师的职责范围和其他组织单位之内的技术人员
4. 根据具体的任务和整个项目的要求来设定、协商与分配预算和时间
5. 按照项目计划估量和控制成本、进度和技术性能
6. 如果出现与项目计划不符的情况，就向项目办公室报告
7. 一旦出现意外，就对项目的投入重新进行规划和指导，以便为达到项目的总体目标而对可用资源最好地加以利用
8. 对工程设备进行规划、维护和使用，以满足长期的项目需求
资质要求
1. 在最新的中央处理器开发方面具有较强的技术背景

1　在大部分的组织中，技术主管的头衔代表其要对所处职能团队的某个子项目的技术内容负责，同时对某职能上级和项目办公室负有双重责任。

续表

2. 能够证明以前曾经在除了 SIM 以外的多学科技术任务中进行过成本和进度的有效管理
3. 对高级工程人员进行领导、指导和激励的个人技能
4. 优秀的口头和书面表达能力

8.2.2 基本薪酬等级和激励机制

在对工作做出描述以后，一名员工能够拥有与他在工作中的职责相适应的薪金等级。如果将这个问题留给人力资源专家，这些工资等级就不是很公平了。这是可以理解的，因为从表面上看起来，项目工作不如同级别的职能部门的工作重要。在项目工作中对资源和直接汇报的正式的控制，不如在传统的职能工作中那样迫切。这样一种不平衡的报酬体系，项目管理可能被看作较低级别的职业，至多也只被认为进入职能部门的跳板。

许多公司通过如下两种方式解决了这个问题：①成立由高级经理和人力资源专家组成的小组一起制订补偿计划；②采用责任和成果贡献衡量体系，为项目人员制定与职能机构中其他工作相一致的工资标准。也就是说，经理在雇用员工时可以根据他们对实际的工作职责、应征者的条件、可用的预算和其他考虑因素的判断选择相应的薪金水平。

8.2.3 绩效评估

从传统意义上讲，绩效评估的目的：

- 评估员工的工作情况并与事先制定的目标做对比。
- 提供工资调整依据。
- 为下一阶段制定新的目标。
- 明确和处理与工作相关的问题。
- 作为职业发展道路升迁的依据。

然而，实际上，前两个目标是相互冲突的。因此，传统的绩效评估方法基本上是以证明后续经营管理的合理性为目的的薪金讨论方案。另外，这种局限于薪金的讨论通常不会对未来的目标设置、问题解决或职业规划起到什么帮助作用。

为了摆脱这种困境，许多公司将薪金方案的讨论从绩效评估中分离出来。此外，成功的经理人会非常仔细地考虑相关的复杂问题并且在内容、可量化性和信息来源的稳固基础上建立绩效评估体系。

首要问题是评估内容的确定，也就是决定“考察什么”和“如何衡量绩效”。现代管理方法试图尽量对职责进行个别化考虑，并将后续的动机或价值增长与利润绩效紧密结合起来。虽然大多数公司将这种原则应用于项目机构中，但它们对这种原则是抱有怀疑态度的。为了确保共同承担的职责的平衡性和平等性，在实际中经常要做出一些修改。在追求利润的领域也存在类似的情况。认识到这种现实状况，组织机构至少可以在以下两个方面衡量项目经理的绩效：

- 通过利润、余额分配、投资回报、新的商业机会和收入来衡量商业绩效。另外，及时交付、满足合同要求和预算内绩效也是衡量的重要内容。
- 管理绩效可以用综合的项目管理效力、组织、方向、领导水平和团队绩效来衡量。

上述第一个方面只有在项目经理确实对经营结果，如合同绩效或者商业收入负有责任时才能够应用。许多项目经理负责公司内部的一些工作，如新产品开发或可行性研究。在这些情况下，按计划体现成果和预算不超支成为主要的绩效评估指标。第二个方面的绩效显然更难评估，而且，如果处理不当，它将导致一种博弈的出现。表 8-2 提供了评估项目管理绩效的一些具体的指标。无论发起人对内还是对外，我们通常可以通过在组织团队方面的管理的时间、项目是否按计划和预算进行、对上级派发的整体任务的完成程度来衡量项目经理的绩效。

PMBOK®指南，第 6 版
9.4 管理团队
9.5.1.4 团队绩效评价

表 8-2 项目经理的绩效评估指标

进行评估的人

项目经理的职能上级

评估资料的来源

职能上级、资源经理、总经理

基本指标

1. 项目经理能否领导项目朝着预先设定的全局目标前进
   - 目标成本
   - 关键环节
   - 利润、净收入、投资回报、边际贡献
   - 质量
   - 技术实现
   - 市场估算、新业务、后续合同
2. 项目经理能否在各个阶段对整个项目进行有效的指导和领导，包括设定
   - 目标和客户需求
   - 预算和进度
   - 政策
   - 绩效手段和管理
   - 报告和审核系统

次要指标

1. 利用组织资源的能力
   - 削减管理费用
   - 与现有人员的协作
   - 能够在自制还是外购的问题上做出具有成本效益的决策

续表

2. 组建高效的项目团队的能力 • 招募项目人员 • 跨职能沟通 • 很少有团队冲突、抱怨和争端 • 满足职业要求的团队成员 • 与支持小组协同工作 3. 有效的项目规划和项目实施 • 计划详尽而且可以度量 • 关键的成员和管理者能够承担职责 • 与管理有关的事项 • 防患于未然 • 报告与审核 4. 顾客或客户满意 • 出资人对整个项目性能的理解 • 沟通、联络 • 对变化的反应 5. 参与商务管理 • 使管理者能够了解最新的项目—产品—商业机会 • 投标工作 • 商业计划、制定政策
附加考虑因素 1. 相关任务的难度 • 技术任务 • 行政和组织复杂程度 • 多学科属性 • 招募员工并开始工作 2. 项目规模 • 整个项目预算 • 相关工作人员的数量 • 相关的组织和分包商的数量 3. 工作环境变化 • 客户改变和重新定位的类型和程度 • 意外情况

在项目组织机构的另一方面，对于资源经理或项目人员主要可以依照他们指导具体项

目进行的能力来评估。

- 技术实现可以根据要求、质量、时间表和成本目标进行衡量。
- 团队绩效可以通过下属员工的能力、组建高效任务小组的能力、与其他小组的沟通能力，以及对不同职能的整合能力来衡量。

表 8-3 列出了具体的绩效指标。另外，在评估项目经理和他们的资源部门员工的实际项目绩效时，应该考虑项目完成的具体条件，包括任务的困难程度、复杂性、规模、变化情况，以及一般的商务基础。

表 8-3　项目人员的绩效评估指标

进行评估的人

项目人员的职能上级

评估资料的来源

项目经理和资源经理

基本指标

1. 成功地对达成一致认识的任务进行指导
   - 按照要求进行技术实施
   - 质量
   - 关键环节或进度
   - 目标成本、设计成本
   - 创新
   - 平衡
2. 作为团队成员或团队领导的效率
   - 组建高效的任务团队
   - 与他人的协作、参与
   - 与支持组织和分包商的联系
   - 跨职能协作
   - 与其他人相处
   - 做出承诺

次要指标

1. 除了完成按照职能授权进行的项目工作以外，还能成功而高效地完成职能方面的任务
   - 特殊任务
   - 先进技术
   - 建立组织
   - 资源规划
   - 职能性指导和领导

续表

2. 行政支持服务
   - 报告和审核
   - 特别工作组和委员会
   - 项目规划
   - 流程改进
3. 开发新业务
   - 投标支持
   - 客户演示
4. 专业发展
   - 及时掌握专业领域的最新动态
   - 出版物
   - 与社会、供应商、客户和教育机构保持联系

附加考虑因素

1. 相关任务的难度
   - 技术挑战
   - 对最新技术的研究
   - 变动和意外
2. 管理职责
   - 做多少项目人员的领导
   - 多项职能的整合
   - 满足预算要求的责任
   - 安置员工的责任
   - 特殊职责
3. 置身于多个项目
   - 不同项目的个数
   - 职能性任务与职责的数量和大小
   - 总的工作量

最后，需要决定由谁来执行绩效评估并确定薪金水平。在涉及双重责任的地方，要确立一个好的实行方法就需要听取两方上司的反馈意见。这种情况有可能在项目经理的身上发生，他不仅要向他的直接上级做汇报，同时对于另一个人来说，也应该对某一特定的经营结果负有责任。然而，具有双重责任的项目经理在大多数组织机构中仅仅是一个例外，对于项目资源部门人员来说，这种情况就很平常了。他们一方面在工作质量方面对职能上级领导负有责任，另一方面又要在预算和时间表范围内满足项目经理的各项要求。而且，

很多项目可能都会对资源部门人员提出要求。只有职能经理或资源部门经理能够对资源部门人员的整体绩效进行评估。

8.2.4 价值增长和奖金红利

PMBOK®指南，第 6 版
9.5.2.5 认可和奖励

在人们多年经历过的通货膨胀的条件下，工资的涨幅很少能够赶得上生活消费的增长幅度。为了解决这种实际工资的缩水，同时为了给予员工适当的激励，公司在组织机构中的各个环节都引入了奖金制度。问题是这些对于价值增长和奖金的标准计划都是基于个体责任的，而项目人员以团队的形式承担共同的职责、责任和管理。通常很难将项目的成功或失败归结于一个独立个体或小组。

大多数面临这种困境的经理求助于传统的绩效评估补救方法。如果这种方法执行得好，评估应该提供特定的工作绩效衡量指标。这些指标可以评估个人对项目成功所做贡献的程度和数量值，包括管理方面的情况和团队中各个环节的工作情况。因此，设计和执行得当的绩效评估应该包括所有可以说明的管理要素和员工成果的基本协定，它是未来薪金评判的合理基础。

项目团队激励是非常重要的，因为团队成员期望领导对他们优秀工作的奖励和认可。

项目团队激励计划常常是由以下这些基础尺度构成的。

- **项目里程碑**：到达一个里程碑，在规定的时间和预算范围内，所有的团队成员都能到达。虽然从理论上讲得通，但将经济激励和到达里程碑连在一起是有内在问题的。里程碑经常因为积极的原因（技术进步、市场转变、其他的发展）而改变，并且你也不希望团队和管理部门陷入触发激励期限的谈判。最好是使用事后认可奖励而不是经济奖励，除非里程碑不再改变并且达到仅仅是团队每天正常的工作职责。
- **奖励要及时和灵活，不必仅仅局限于时间节点。**如果团队在一定期限内到达里程碑，他们可以获得奖励。但如果一个产品开发团队准时调试好一个新软件，这并不意味着一定要奖励他们。但是，如果团队在交付日期前发现并解决了一个未知的问题或是编写了更好的代码，那么就一定应该得到奖励。
- **项目完工**：所有的团队成员在预算内准时完成项目（或者达到团队拥护者的质量标准）后就能得到给定数量的报酬。
- **附加值**：这种奖励是项目附加的一种价值职能，很大程度上依赖组织创造和跟踪目标测量的能力。例如，缩短客户要求的周转时间、提高产品开发的循环期、因新的过程效率而节省成本、因为项目团队开发或实施产品或服务带来的新增利润或市场份额。

8.3 小型商业机构中的有效的项目管理

这里我们主要讨论的是在大的集团公司内部的中小公司和小型机构的项目管理。下面我们就小型机构与大型公司的区别做一个说明。

- 在小公司里，项目经理不得不拥有各种头衔，并且可能不得不同时扮演项目经理和职能经理的角色。为了保持项目的持续性，大公司可能安排一名全职的项目经理。小一点的公司就不具备这种条件，因此可能要求职能经理同时兼任两项职务。这就会产生一个问题：与项目相比，职能经理可能对自己的职能部门给予更多的关注，因此，项目就会身受其害。当职能经理同时也担任项目经理职务时，就存在着一种风险：职能经理可能将最好的资源留给他自己的项目。因而，在他本应供给资源的其他项目遭受损失的前提下，他自己的项目反而能够获得成功。

在理想状况下，项目经理横向工作并且有项目贡献，而职能经理是纵向工作的并且有职能（或公司）贡献。如果项目和职能经理的工作关系比较好，那么可能在综合考虑项目和公司最大利益的前提下做出合理的决策。然而，当一个人身兼多职时，就很难在小公司里实现这种状态。

- 在小公司里，项目经理会以不同的优先级处理多个项目，而大公司的项目经理通常在一个时期内只负责一个项目。如果优先级相差较多，多个项目的处理可能带来严重的问题。因此，许多小公司避免建立优先权机制，因为优先级低的活动可能永远不会完成。
- 小公司的项目经理可以支配的资源是有限的。在大公司里，如果项目经理对提供的资源不满意，他可以对职能经理提出要求，或者协商其他的资源。在小公司中，分配给项目经理的资源可能就是今后的可用资源。
- 与大公司相比，小公司的项目经理对于人际关系的理解可能更深入。这是必然的。因为小公司的项目经理只有有限的资源，因此必须尽可能地对员工提供最大激励。
- 小公司的项目经理通常有更短的沟通渠道。在小公司中，项目经理几乎总是直接向最高领导作汇报。然而在大公司里，项目经理能汇报给任何管理层。小公司更趋向采用扁平的管理方式。
- 小公司没有项目办公室。大公司特别是航空或建筑公司有足够的资源很容易地建立和维持 20 ~ 30 人的项目办公室。然而在小一点的公司里，项目经理可能就是项目办公室的全部。这就意味着与大公司相比，小公司的项目经理可能需要更全面、更详细地掌握关于公司活动、政策和流程的信息。
- 在小公司里，一个项目的失败可能给全公司带来很大的风险。大公司可能能够负担得起上百万元的损失，而小一点的公司可能陷入严重的财务危机。因此，许多小公司就会避免对那些可能使公司处于比较脆弱境地的项目进行投标。因为如果接受这个项目，公司将不得不设法获取额外的资源或者放弃一些更小的商业机会。

- 在小公司中，财务可能控制得比较紧，但是控制手段并不复杂。小公司会因为一个项目的失败或成本超支而招致更大的风险，因此小公司的成本控制通常比大公司更严密和频繁。然而小公司一般靠的是手工或半计算机化系统，而大的组织机构依赖复杂的软件程序。
- 小公司通常存在着更多高层的干涉。这是可以预料的，因为小公司可能因为一个项目的失败而承担更大的风险。另外，相对大公司而言，小公司的总经理会管理更多的事务，同时经常会代表项目经理做出一些决定。
- 在小公司里对个人的评估过程通常更简单。这主要是因为项目经理更了解他的员工，同时正如前面提到的，小公司里更需要横向的人际关系沟通技巧。
- 在小公司里，基于以往的情况和标准做出的对项目的估计可能更准确。相对计算机化而言，这种进度规划通常是手工的。另外，小公司的职能经理通常认为必须要履行他们的承诺，而不像大公司那样仅仅是口头上的应承。

8.4　大项目

大项目（Mega Projects）可能会有一系列与小项目不同的规则和指导方针。例如，在大项目中：

- 经常急需大量短期人员。
- 当项目经过不同的生命周期阶段时，可能需要不断进行机构重组。
- 可能交替使用矩阵组织和其他项目组织形式。
- 下面是一些关键的成功要素
  — 项目管理培训。
  — 明确定义规则和流程。
  — 在多层次上进行沟通。
  — 质量前端计划。

弗吉尼亚・格雷曼（ Virginia Greiman）[1]提炼了反映大项目的 25 个通用特征：

- 工期长。
- 范围和维度大。
- 产出物是物体性的标志物。
- 设计和结构复杂。
- 需要独立发起人和融资。
- 生命周期复杂。
- 项目结束前的工作又多又复杂且很关键。
- 突出的公共特性。

1　Virginia A.Greiman,*Mega Project Management*(Hoboken,NJ:JohnWiley&Sons),pp.12-24.

- 需要公共监督。
- 需要大范围制定公共政策。
- 项目交付和采购任务多。
- 需要持续进行管理。
- 技术和程序复杂。
- 组织结构明确。
- 规则严格。
- 相关方广泛 。
- 动态的治理结构。
- 道德困境和挑战。
- 预算死板和绩效低下。
- 风险管理更加复杂。
- 社会经济影响大。
- 文化困境。
- 系统方法论复杂。
- 环境影响大。
- 需要合作的合同、整合和伙伴。

许多希望赢得大项目合同的公司会发现，它们得到的是灾难而不是金钱。大项目管理中的难点主要来自资源约束：

- 缺乏训练有素的工人。
- 缺乏接受过适当训练的现场管理。
- 缺乏原材料。
- 缺乏可用的当地工人（或本地劳动力）。

为了解决这些问题，公司会马上安排最好的员工去大项目，因此，小项目就会面临很大的风险。许多小项目的工作就会延长，通常要求加班和延长工作时间，这又会导致效率低下，也会使员工产生不满情绪。

当大项目计划完不成的时候，管理者会雇用额外的员工来支持项目。到项目完成的时候，机构已经超员了。这时，如果公司不能立即上马另一个大项目来维持现有的员工，很多员工就会客走他乡，另谋生路。

大项目并不总是如想象中那么辉煌。对于大项目来说，机构的稳定性和适当的增长速度可能比量化阶梯更重要。我们所得到的经验教训是大项目应该选择那些具有设备、专家、资源、能够管理并知道如何处理问题的公司来做。

8.5 道德、伦理和公司文化

PMBOK®指南，第 6 版
1.1.3 道德与专业行为规范

与那些不鼓励伦理、道德行为的公司相比，在企业经营过程中，支持伦理、道德的公司更容易形成一种合作性的文化。由非伦理行为带来的灾难既可能由外部推动，也可能来自企业内部。在你自己的公司中，当员工和经理要求你做一些会给公司带来利益的事情，但这些事却违反了你的原则和道德规范时，内部驱动灾难就有可能会发生。下面就是一些典型的案例：

- 你被要求在一次投标中对客户撒谎以赢得合同。

- 你被要求封锁来自自己管理不利的消息。
- 你被要求封锁来自客户的不利消息。
- 为了维持产品的配额，你被要求对客户隐瞒一些潜在的缺陷。
- 你被命令违反会计职业道德规范，使给高层的数字“看上去很好”。
- 你被要求掩饰盗用行为，或者使用不正当的商业数据。
- 你被要求泄露一个由团队成员做出的私人决定。

当你的客户要求你采取对客户有利的行为时（也可能对公司最有利），但是这些行为却违反了你的道德信仰，外部灾难就有可能发生，以下是典型的案例：

- 在你们与客户发生法律诉讼时，你被要求隐藏或破坏信息，这些信息可能对客户造成伤害。
- 你被要求替客户撒谎，以帮助维持客户的公共形象。
- 你被要求散播不真实的信息，那些信息可能对客户的竞争者造成伤害。
- 客户经理要求你在议案中撒谎，以便他在获得合同授权中处于更有利的位置。

某项行为会对公司和客户产生利益，但是该行为会造成员工的不安，项目经理经常处在这种情况中。以下的案例，就是从积极方面处理的：

- 一个项目有具体的交付日期，在 1 月 5 日前要完成一定数量的产品。该客户是公司最大的客户，它占有公司 30%的销售额及 33%的利润。但是，由于产品开发和时间因素，产品不能按时完成。因此，员工被告知他们每天要工作 12 小时，还可能在圣诞节和新年期间工作，以赶上时间进度。但事实上他们没有必要这么做。因为所有人都看到项目经理和他们一样也在工作，且在午餐和晚餐时间还允许家人与员工会面，同时产品交付之后，项目经理会安排所有的项目成员休息两个星期作为补偿。因此，项目完成时，团队成员还很乐意再次同项目经理工作。

要求成员在这些天工作是不符合规定的，项目经理已经意识到了这一点。但是因为他也同样在工作，他的行为就增强了完成工作计划的重要性。项目经理的行为实际上为公司增加了合作的文化理念。

并非所有的改变都是以公司和员工的利益为前提的，有时候，变化仅仅是为了生存，这就会迫使他们离开舒适的工作环境。因此，员工会认为这种改变是不道德的。看看以下的案例：

- 由于经济萧条，一家机床公司决定将公司由非项目驱动型转换成项目驱动型。管理部门意识到了这种变化，并且尽量使员工们确信，现在客户需要的是非标准化的产品，同时公司目前也处于危机中。既然要转换成以项目为驱动的经营模式，公司就雇用了一家项目管理咨询公司引进了项目管理概念。但是员工们却坚持认为，这种变化和培训是错误的，因为经济萧条一旦结束，客户会再次希望标准化而不是个性化的产品。到那时，项目管理会被认为浪费时间。当公司无法运营，员工离开时，他们也会认为项目管理导致他们失去了工作。

有的公司建立了“标准工作手册”，该手册具体描述了什么是在涉及客户和供应商时的伦理行为。然而，即使有工作手册，人也可能会无意识地发泄愤怒。以下就是例证：

- 有一个政府基金投资研发项目，在给客户提交数据之前，为了使数据看上去更好，项目发起人决定对数据进行“篡改”。因此，当客户意识到发生了什么的时候，以前那种相互信任、公开交流的关系被打破了，取而代之的是一种不信任，并以正式文字记录合作关系。由于发起人的自我炫耀行为，整个项目团队遭到了破坏。

有时候，项目经理会感觉到他们处于输-赢而非双赢的局面，假设有以下3种情况：

- 玛丽是一名项目经理助手，有一个可以让她管理即将开始的大型项目的提升机会。要接受这份工作，她需要获得经理的批准。但是，一旦她离开，至少在3个月内，她的经理不仅要完成他自己的工作，还要完成玛丽的工作。因此项目经理拒绝她离开，并且他还建立了一种机制，那就是在他的项目团队中，防止有任何人在项目存活期升职调离。
- 在一个为期12个月的项目的第一个月中，项目经理认为结束日期很乐观，但是他有意隐瞒，使客户相信是奇迹的发生。10个月后，项目经理仍然隐瞒，期待奇迹。第11个月，客户知道了真相，于是人们认为项目经理是一个宁愿撒谎也不想说真话的人，因为这对他更容易。
- 为了满足客户的时间进度计划，项目经理要求员工加班，并且知道这会带来问题。有一个疲惫的员工无意中从产品里收回了错误的原材料，导致公司损失了55 000美元，公司解雇了他。

以上这3个案例，项目经理都认为自己在那时的决定是正确的，但是每种情况的结果都导致我们认为，项目经理被贴上了不伦理或不道德的标签。

“金钱是一切罪恶的根源”。有时候公司会认为通过一个经济报酬系统评价个人的成就是恰当的，但是他没有考虑到对公司文化造成的影响。仔细考虑以下案例：

- 在一个项目极其成功地完成后，项目经理被提升了，同时给予了5 000美元的奖金和一个带薪的假期。对项目起到重要作用但拿着最低工资的员工们则一起到一家快餐店庆祝他们对公司做出的贡献，以及相互鼓励支持。项目经理此时孤单一人。

公司没有认识到项目管理是一个团队的共同努力。员工们认为给管理者的报酬政策是不道德和不伦理的，因为是整个团队的共同努力为项目经理带来了成功。

项目经理、项目发起人及职能经理的道德和伦理行为可以提炼成企业的文化。同样，错误的决策也可能破坏公司文化，而且破坏花费的时间通常比建立良好文化花费的时间更短。

8.6 职业责任

> **PMBOK®指南，第 6 版**
> 1.1.3　道德与专业行为规范

由于一些美国公司的公众形象不佳，项目经理的职业责任变得越来越重要。尤其在处理政府机构的问题时，项目经理的这些职业责任已经发挥了很好的作用。项目经理的职业责任既宽泛，又具体。

职业责任涉及两个主要领域：对职业的职责；对客户和公众的职责。

2010 年，PMI 发布了最新版本的角色描述研究（Role Delineation Study，RDS）。此外，PMI 更新了职业行为守则，并将此命名为道德和职业操守守则。PMI 已经从 PMP 考试中删除了有关职业责任的部分，把有关职业责任的问题融进了其他需要的领域。

道德和职业操守守则适用于每个从事项目管理工作的人，不仅仅是项目经理。因此，守则强调获得了 PMP 资格的项目经理应该起到“榜样”的作用，表现出诚实、正直、合乎伦理的行为。守则为从事项目管理职业的成员提供如何处理伦理问题的指导，以及为客户和相关方提供项目人员能做出正确决策的保证。

道德和职业操守守则分为 4 个部分。

- 职责：我们要对所制定或未制定的决策及所产生的后果承担责任，不管结果是好的还是不好的。
- 尊重：我们如何看待自己及提供给我们的资源。
- 公平：关注决策制定的方式。决策应该站在公正和客观的角度做出，不受利益、徇私和偏见等冲突的影响。
- 诚实：我们应该采取诚实的方式。

每个部分都有共识性准则和强制性准则。共识性准则是指以一种一致的、可重复的方式做事情。它可以是一份公开的文档，如一般规则、指导或定义。共识性准则通常是对好的或不好的实践进行总结，而不是仅对通用实践进行总结。尽管我们喜欢说必须遵守共识性守则，但共识性守则实际上是自愿使用的，不得强制执行。但如果某些共识性准则与法律法规相关，那么这些准则就有义务遵守了。

处理项目责任期望问题时，对于项目经理而言，各种情况产生各种问题，这些情况包括：

- 遵守职业操守。
- 坚持道德标准。
- 认识多样性。
- 避免或报告利益冲突。
- 不要以个人利益制定项目目标。
- 保护你自己公司的知识产权。
- 保护你客户公司的知识产权。
- 坚持安全和保密要求。
- 坚持职业行为规范。
- 遵守道德和职业操守守则。

- 接受供应商和客户的礼品。
- 为供应商和客户提供礼品。
- 真实呈报信息。
- 能够识别违规行为。
- 平衡相关方的需求。
- 屈从于相关方的压力。
- 报告疏漏和错误。
- 履行承诺。
- 不参与欺诈行为。
- 真实、准确的沟通。
- 合理使用权利和职权。
- 展示诚实的行为。

上述情况中的几个概念的含义如下分述。

（1）利益冲突。利益冲突是指个人处于一种危及原则的状况，在这种状况下个人可以获得私人利益，主要涉及谋取个人财富。这种情况非常多，例如：

- 内部人知道股票会上升或下跌。
- 被要求适当地允许员工借款，即使他不属于项目团队。
- 收取或给予适当的礼物。
- 收取不适当的报酬和回扣。
- 为了维持项目的持续，提供给客户虚假的数据。

项目经理要坚持PMI的职业行为规范，该规范明确了项目经理要以道德标准约束他的行为，不合适的报酬或所得不仅是不允许的，也是不能接受的。除非这些利益冲突情况明确，客户和公司的利益没有受到损害。

（2）不适当的接触。并非所有的相关方对项目经理的决策都具有同等的影响力。一些相关方会给予不正当的影响或报酬。例如：

- 低利率贷款。
- 以一种相当于赠送礼品的行为支付产品或服务。
- 接受免费的礼品，如飞机票、体育比赛门票、午餐券甚至现金。

还有针对家人或朋友的其他不适当的接触。在买卖中这些个人可能提供信息或影响个人收入。情况如下：

- 收到内部人员信息。
- 收到优先的信息。
- 不要亲自去打开一扇没有难度的“门”。

（3）接受礼品。如今，所有的公司都对收受和馈赠礼品制定了规则。因为在一些国家，赠送和接受礼品是一种习俗，所以规则通常会避免所有礼品。有的公司会规定何时收取礼品及适当的礼品。礼品可能是现金、免费餐券或其他形式。

（4）对公司相关方负责。不仅以前，当今的公司也处于维持客户和供应商之间的道德的压力下。公司一般制定了制度，该制度规定了项目经理和团队成员的职业行为，为项目经理和团队成员提供了专业化行为。有的公司关于如何体现职业行为甚至开发了“职业工作手册”。典型的有：

- 真实反映所有信息。
- 详尽披露所有信息。
- 保护公司产权信息。
- 负责呈报违规行为。
- 完全遵守团队审计规范。
- 适当、详尽地披露所有利益冲突。
- 确保团队成员遵守以上条款。

8.7 内外部合作关系

合作是由两个或两个以上成员组成的一个共同工作的群体，协作去完成一个共同的目标。在项目管理中，同内部合作者要保持极好的工作关系。从内部来说，关键的合作是项目经理和职能经理的合作。

在项目管理的早期阶段，项目经理的选择通常是基于谁掌握了最先进的技术。其结果是项目经理和职能经理之间存在一种非常差的工作关系。

当项目的数量和技术复杂性增加时，很明显，项目经理不能掌握项目各方所需要的全部技能。

管理层认为，要改善项目经理和职能经理的关系，同级与同级间合作是最好的。让项目经理和职能经理彼此平等，拥有同等的权力、职责、责任，确保项目的成功。好的项目管理方法体系强调在项目经理和职能经理之间要建立起协作性的工作关系。

PMBOK®指南，第 6 版
2.4.2　组织治理框架
第 13 章　项目相关方管理

好的项目管理方法体系同样也强调同外部组织的工作关系，如供应商。因为外部资源允许公司将它们的产品和服务以更快的速度和更好的竞争力价格带向市场，因此外部资源成为一种主要的趋势。外部合作对供应商和客户来说都是有利的。如果进行有效的管理，外部合作可以为客户和供应商带来长期利益。

8.8 教育和培训

考虑到大部分的公司都使用相同的基本工具作为管理手段，那么什么才可以使一家公司比另一家更出众呢？答案就隐藏在方法的使用上。教育和培训不仅能加速项目管理的完善过程，也可以提高使用方法的能力。

真正的学习发生在 3 个领域，如图 8-6 所示：在职工作经验、教育和知识转移。理想的项目知识管理允许每个员工都能分享公司的经验教训，包括风险管理、基准及持续不断地改进提高。遗憾的是，这种方法很少使用，而且理想化的学习也很难达到。更糟糕的是，因为缺乏知识，很难让大部分人愿意真正参与学习（见图 8-7）。甚至在公司里，为了维持低的员工流动率，反而需要知识缺乏。这两个图说明了在项目进行期间维持团队不变的重要性。

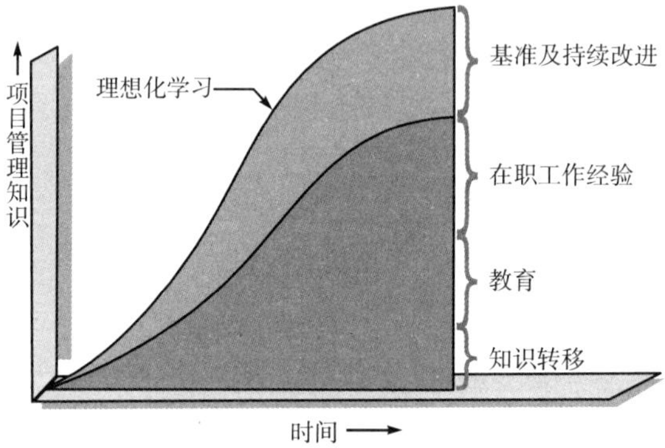

图 8-6 项目管理学习曲线 1

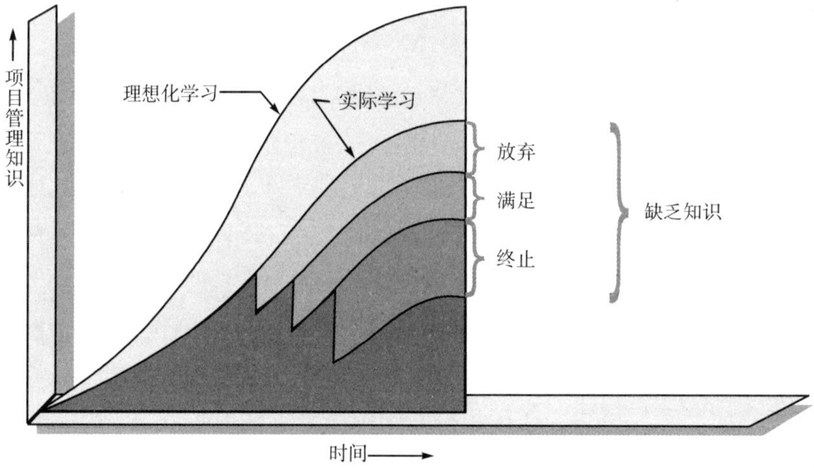

图 8-7 项目管理学习曲线 2

公司经常处于这样两难的境地：既要为一大部分人提供重要的创新方法，又要对即将开始的、长期的、艰难的及首次的项目提供简单的专业化培训。在这种情形下，要针对具体的目标和预想的结果进行专门培训。这种专门培训要考虑如下这些因素[1]：

- 对项目团队的需求和培训要求进行前端分析。
- 项目团队参与重要决策。
- 制定专门的培训，以满足团队的特殊要求。

1 改编自 *DoD Training Can Do More to Help Weapon System Programs Implement Best Practices*, Best Practices Series, GAO/NSIAD-99-206, Government Accounting Office, August 1999, pp.40-41, 51。

- 为具体方法的使用制定目标培训。
- 提高培训结果，包括更好的课程、时间和范围。

前端分析决定项目办公室使用方法的需求和要求。当使用新的方法时，该分析同样也用于识别和指导每个项目办公室面对的困难。美国培训与开发协会的培训标杆论坛的主任认为，这种分析方法对组织是至关重要的，它能够制定绩效提高的测量方法。培训机构根据该方法获得的信息，制订可以直接帮助团队的培训计划。在实行新的方法时，为了确保培训是针对项目团队的，培训组织会与全体成员共同制订培训计划。成员们帮助决定培训量、课程目标、课程覆盖深度及提供某个专门的工作描述。公司这样做是相信，它们的包含项目团队成员的培训方法在课程的深度、及时性和员工的覆盖面方面是正确合理的。

8.9　整合产品团队或整合项目团队

PMBOK®指南，第 6 版
第 9 章　项目资源管理
第 4 章　项目整合管理

近年来，人们一直努力持续改进开发新产品或实施新项目的项目团队的构建。团队成员来自整个组织，称为整合产品团队或整合项目团队（Integrated Product/Project Teams，IPT）。IPT 由发起人、项目经理和核心成员构成。大部分的团队中，成员是全职的，但整个项目持续期间，这些团队成员也不用一直待在项目团队中。

核心成员要具备以下技能：

- 自我管理能力。
- 在没有监督的情况下工作。
- 良好的沟通技巧。
- 合作性。
- 技术理解力。
- 乐于学习支持性技能。
- 能够进行可行性研究和成本/效益分析。
- 能够实施或帮助市场调研活动。
- 能够评估资产效用。
- 决策人。
- 掌握风险管理知识。
- 明白持续确认的需要。

每一个 IPT 都有一张项目图，该项目图规定了项目的任务并委任了项目经理。但是与传统的图不同的是，IPT 图也能靠姓名或工作职责确定 IPT 的重要成员。

与传统的项目团队不同的是，IPT 是靠共享信息和共同制定决策建立起来的。IPT 最终形成了自己的文化，并能在正式或非正式场合发挥作用。因为 IPT 的概念非常适合大型、长期的项目。美国国防部针对 IPT 进行最优方法研究是毋庸置疑的。[1]政府分别对公共的和私人的 4 个领域进行了研究，私人项目都在 IPT 方法上取得了成功，而 4 个政府项目仅仅获得了差强人意的结果。表 8-4 描述了成功的 IPT 项目，表 8-5 描述了失败的 IPT 项目。在图 8-8 中，政府给出了分析数据的结果，每条纵轴线代表 IPT 必须走出自己的领域以寻求信息和批准。每发生一次，都被认为一次“碰撞”。政府部门的研究表明，碰撞的次数越多，时间、成本、质量约束下完成项目的可能性就越小。研究证实，如果 IPT 拥有足够多的知识做出决策，并且有权做出决策，那么制定的绩效也能达到。碰撞会推迟决策，导致进度计划延误。

表 8-4　成功的 IPT 项目

项　　目	成本状况	进度状况	绩效状况
Daimler-Chrysler	产品成本降低	开发周期缩减了 50%	改善了产品设计
Hewlett-Packard	产品成本缩减了 60%	开发进度缩减了 60%	改善系统整合及产品设计
3M	实施情况比成本计划好	产品交付期减少了 12 ~ 18 个月	绩效提高了 80%
Advanced Amphibious Assault Vehicle	产品单位成本比预期估计要低	超前于计划进度	速度提高了 5 倍

表 8-5　失败的 IPT 项目

项　　目	成本状况	进度状况	绩效状况
CH-60S Helicopter	因为额外的支付导致成本增加	进度推迟	软件和结构困难
Extended Range Guided Munitions	开发成本增加	进度延误了 3 年	因为技术困难导致重新设计
Global Broadcast Service	经验成本增加	进度延误了 1.5 年	软件和硬件设计存在不足
Land Warrior	成本增加了 50%	进度推迟了 4 年	超重的设备，电力和设计存在不足

1 *DoD Teaming Practices Not Achieving Potential Results*, Best Practices Series, GOA-01-501, Government Accounting Office, April 2001.

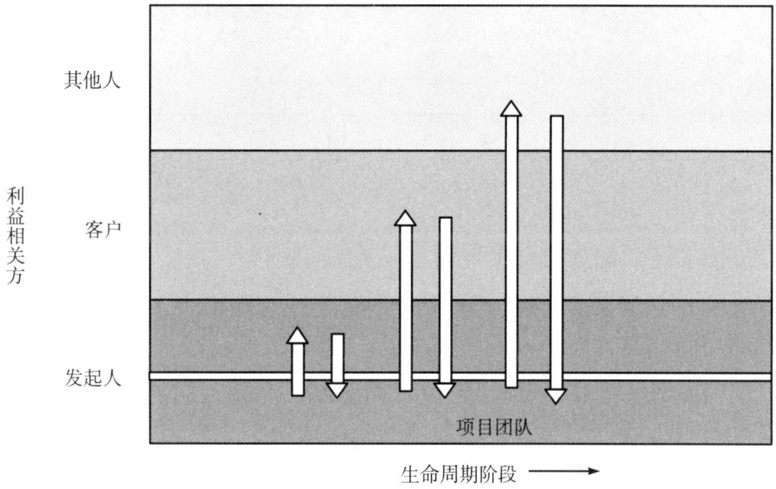

图 8-8　知识与授权

8.10　虚拟项目团队

PMBOK®指南，第 6 版
9.3.2.4　虚拟团队

过去，项目管理是一种面对面的环境，而召开团队会议时所有涉及人员都会集中在一个房间里。团队本身甚至都可能同处一室。如今，由于项目的规模和复杂程度，要让所有的团队成员在同一个地点工作是不可能的。虚拟团队的其他可能特征如表 8-6 所示。

表 8-6　虚拟团队的可能特征

特　征	传统团队	虚拟团队
隶属关系	团队成员都来自同一家公司	成员可能是多国的，并且所有成员都可能来自不同的公司和国家
接近度	团队成员彼此工作的距离很接近	成员可能从来不会面对面地碰到
使用的方法	全公司就存在一个企业项目管理方法	每个单元都可能有自己的方法
方法结构	基于政策和程序的该方法，可以以表格指南、模板和清单的形式而存在	每个单元方法都可能有自己的结构
信任	几乎没有信任存在	信任是必需的
权威	领导者注重权威	领导者注重影响力

Duarte 和 Snyder 定义了虚拟团队的 7 种类型[1]，如表 8-7 所示。文化和技术会对虚拟团队的绩效产生很大的影响，Duarte 和 Snyder 在这些关系中已经识别出了一些，如表 8-8

1　D. L.Duarte and N.T.Snyder, *Mastering Virtual Teams* (San Francisco: Jossey-Bass, an imprint of John Wiley & Sons, 2001), p.10; reproduced by permission of John Wiley & Sons.

所示。

表 8-7 虚拟团队的类型

团队类型	描 述
网络	成员关系是分散和流动的，成员按需要进出；在组织内，团队缺乏明确的边界
平行	团队有明确的边界和不同的隶属关系。团队只是短期一起工作，为改进程序或系统提出建议
项目或产品开发	团队有着流动的隶属关系、明确的边界及给定的客户基础、技术要求和产出。长期的团队任务是非常规的，而且团队有决策权
工作或生产	团队有着不同的隶属关系和明确的边界。成员常常在一个职能领域内执行常规的和输出的工作
服务	团队有着不同的隶属关系，并支持不断进行中的客户网络活动
管理	团队有着不同的隶属关系，并且在一个常规的基础上开展公司活动
行动	团队常常在紧急情况下立刻行动。隶属关系可能是流动的或者不同的

表 8-8 技术和文化因素对虚拟团队绩效的影响

文化因素	技术因素
权力距离	来自高权力距离文化的成员有更多的自由来参与，这与技术是异步的，并且允许匿名输入。这些文化有时会利用技术指出团队成员间身份的不同
不确定性规避	来自高不确定性规避文化的成员对技术的采纳更慢。而且，他们喜欢能产生更多讨论和决策记录的技术
个人主义与集体主义	来自高集体主义文化的成员更喜欢面对面的交流
男性化与女性化	成员来自带有更多“女性化”特质的文化，则倾向于以培养的方式使用技术，尤其在团队启动期间
语境文化	来自高语境文化的人们喜欢信息更丰富的技术，还有那些给社会偏好感提供机会的技术。他们坚持以低社会偏好使用技术，用来和从未谋面的人沟通。来自低语境文化的人更倾向于非同步的交流

资料来源：D. L.Duarte and N.Tennant Snyder, *Mastering Virtual Teams*. San Francisco: Jossey-Bass, 2001, p.60.

文化的重要性不能被低估了。Duarte 和 Snyder 提出了 4 个重要观点以记住有关虚拟团队的文化影响。这 4 点是[1]：

（1）国家文化、组织文化、职能文化和团队文化都可以是那些知道如何使用文化差异来产生协同作用的虚拟团队竞争优势的来源。理解并对文化差异敏感的团队负责人和成员能比想法和行动相似的团队成员所组成的类似团队创造出更显著的成果。如果团队能以积极的方式理解和利用文化差异，就会产生独特的优势。

1 见 P.251 注，Duarte 和 Snyder, p.70.

（2）理解并在文化差异下共同工作的最重要的一方面是创立一种能公开问题、以包容和礼貌的方式讨论文化差异的团队文化。

（3）将由于文化差异而产生的问题和基于绩效产生的问题进行区分是很重要的。

（4）商务实践和商务道德规范在世界不同地区表现不同。虚拟团队需要清晰的表达方法以便每个成员都能理解和履行。

8.11 管理创新型项目

8.11.1 理解创新

创新被认为用新方法做事情。新方法应该与旧方法大大不同，而不是少量的变化，如持续改进的活动。创新的最终目标是为公司、使用者、可交付成果本身制造长期的附加价值。创新还可以理解为是将想法转换成现金或现金等价物。

尽管成功的创新会增加价值，但是失败的创新造成的影响是消极的，甚至是毁灭性的，如团队士气低下、不受欢迎的文化变更、完全背离现有的工作方法等。创新性项目的失败会使得组织丧失斗志，让组织成员害怕风险、不敢冒险。

并不是所有的项目经理都有能力管理涉及创新的项目。下面是我们理解的创新项目的特征：

- 可能需要专门的创新工具和决策制定技术。
- 可能需要准备一个详细的进度计划，介绍创新会在何时出现。
- 可能需要决定合乎实际的创新预算。
- 创新条件不具备时，你只能学会放弃。
- 创新项目的可交付成果不要增加多余的功能，多余功能会令使用者花太多的钱。

很多创新项目要习惯失败。创新的需求越大，进行有效风险管理实践的必要性就越大。如果没有有效的风险管理，就不能在项目的合适时间“抽资脱身”，这样会导致现金的大量流出，项目也不可能获得成功。

标准的项目管理方法体系不一定适合要求创新的项目，只要基本框架就可以了。如果能很好地定义工作且有合理的估计的话，方法体系才能起作用。因为为整个项目制定一份详细的规划和进度计划是不太现实的，所以进度计划和 WBS 的制定通常采用滚动计划或行进式规划（Progressive Planning）。

8.11.2 项目选择

你的公司有 20 个项目需要完成，有的项目可能需要创新，有的项目可能不需要创新。如果现有的资金仅能支持几个项目，公司如何决定在这 20 个项目中哪些可以先实施？这就是项目选择和优先级排序。所有的项目都需要进行项目选择，但是如果需要创新的话，项目选择的难度就很大。基于公司的财政状况，公司会选择那些不需要创新的项目，而是选择那些能在短期内获利的项目。

项目选择决策不能在真空中进行。决策会受到其他因素的影响，如资金的限制、资金的时间安排、项目的紧迫性、项目与战略计划的一致性、获得项目收益的时间、与项目组合内其他项目的相关性、需求资源的可获得性，其中最重要的因素是获得合适的项目经理和项目团队成员。

如果其他完工的项目能及时释放创新项目所需的资源，就可以选择创新项目。选择创新项目会受到其他项目完工时间的限制，因为这样资源才能用于其他活动。每一次选择都需要有某种形式的选择过程，这很可能就会涉及 PMO。但是遗憾的是，项目经理通常是在项目选择后进入项目中的，因此他在项目选择过程很少具有话语权。

8.11.3 项目选择障碍

项目选择决策制定者经常不能获得他们所预期的、足够多的信息评估候选创新项目，尤其在他们不能向项目经理咨询的情况下。不确定性包括项目成功的可能性、市场反应、项目的最终市场价值、总成本、成功的概率或获得技术性突破的概率。缺乏足够的信息还会导致其他的困难，即项目的选择与评估缺乏系统的方法。要制定理性决策，需要有一致的标准和方法评估每个候选项目。尽管大部分的组织有明确的组织目标，但这些目标不够详细，不能用于项目决策制定的衡量标准。但不管怎么样，已经有了一个好的开始了。

项目选择和评估决策经常会受到某些行为和组织因素的影响。部门忠诚、欲望冲突、不同的观点、不愿意共享信息会妨碍项目的选择和评估过程。与不需要创新的项目相比，因为创新的不确定性及缺乏对创新项目复杂性的理解会使得创新项目决策的风险更大。很多项目评估数据和信息是属于个人的。因此，各方愿意共享信息并且信任彼此的观点也是一个重要的影响因素。

组织内有一个能共同承担风险的氛围或文化也对项目选择过程有着决定性的影响，也会给项目经理在项目执行阶段制造额外的问题。如果氛围是厌恶风险的，那么就不会选择那些高风险的创新项目。组织内部对创新方案和创新方案数量的态度会影响项目选择的质量。一般来说，创新方案的数量越多，选择能产生最大价值的项目的概率就越大。

8.11.4 识别项目

因为潜在项目的数量非常多，所以有必要进行系统分类。通常有 3 种常见的分类方法。第 1 种方法是将项目分为两个大类：生存性项目和成长性项目。这两类项目的资源和资金类型是不一样的。第 2 种方法源于典型的研发战略规划模型，这种方法将创造新产品或提供新服务的项目分为进攻性项目和防御性项目。进攻性项目用于开发新市场或扩大现有市场的份额。进攻性项目需要连续开发具有创新性的新产品和服务。防御性项目用于延长现有产品或服务的生命期。这可能包括增加附属功能或增强现有功能以保持现有客户，或者为现有产品或服务寻找新客户。防御性项目比进攻性项目的管理难度低，因此，成功的概率也大。划分项目的其他方法：

- 彻底的技术突破项目。
- 下一代项目。
- 产品系列化的新品种。
- 附属功能和增强现有功能。

彻底的技术突破项目是最难管理的，因为可能需要大量的创新。如果这些创新项目能成功，这些项目带来的利润远远大于最初的投入成本。但是不成功的创新项目会导致同样巨大的损失，这也是高级管理层必须谨慎批准创新项目的原因之一。在投入大量资源之前，必须识别并剔除劣势的候选项目。

毫无疑问，创新项目是费钱又难管理的项目。一些公司错误地认为，可以用这样的方法来解决创新项目的问题：缩小项目范围或限定创新方案的数量或限定项目类型的数量。对于公司的远景规划来说，这会付出更加昂贵的代价。

8.12　敏捷项目管理

第一次采用项目管理的公司都趋向于采用正式的项目管理方法。因为正式的项目管理方法包括一系列的项目管理方法体系，有可用的介绍项目工作如何进行的刚性政策和程序。高层人员不喜欢偏离计划，因为他们与生俱来就恐惧没有正式过程的控制。

随着公司的项目管理变得成熟，公司就会逐渐从采用正式的项目管理转成采用非正式的项目管理，如将文档的数量最小化（有时甚至希望无纸化项目管理），相信团队成员会做出正确的决策。为了在项目管理中可以使用更多的非正式方法，于是就出现了敏捷项目管理。敏捷项目管理有多种形式，大部分可用于缓解与传统的项目管理之间的冲突，如表 8-9 所示。

表 8-9　传统项目管理与敏捷项目管理比较

因素	传统项目管理	敏捷项目管理
结构重点	工具、过程	人
完成重点	文书工作、合同文档	结果和可交付成果
领导风格	独裁	参与式
文档数量	非常多	很少
信任状况	不信任	信任

续表

因素	传统项目管理	敏捷项目管理
客户界面	谈判	合作
客户反馈	很少，有时仅在项目结束时有	贯穿整个项目
项目指导	严格遵循计划	应对变更
解决方案	严格遵循合同要求	不断制订新的解决方案
交付状况	交付时间经常推迟	交付时间相对较短
无用特性	经常镀金	很少
特性数量	很多	客户需求的数量
可接受度	经常拒绝可交付成果	很少拒绝可交付成果
最佳实践和经验教训	只归纳成功的项目	归纳成功的项目和失败的项目

尽管敏捷项目管理实践最终会替代传统的项目管理实践，但运用这个方法仍然有可能失败。因此，如果没有首先使用传统的项目管理就直接运用敏捷项目管理是很困难的。

敏捷管理的好处是明显的。但如果公司只是对项目管理一知半解就仓促应用敏捷管理，不仅不会带来好处，还有可能产生风险。那些具有长期的项目管理实践经验的公司，应用敏捷管理更容易取得成功并收获利益。值得注意的是，传统项目管理知识是必需的，为我们掌握通用项目管理技能提供了基础。但这些知识不能直接应用在敏捷环境中。Charles Cobb 认为：

敏捷管理扩展了我们项目管理的视野，在敏捷项目中，项目经理如能扮演合格的角色将会对项目产生戏剧性的影响。以前，传统项目经理的标准形象就循规蹈矩，把精力集中在计划驱动的方法上。

确实，传统项目经理们已经掌握的知识都很好，但这些知识中的绝大部分在敏捷环境中都已经过时。敏捷环境需要与过去非常不同的方法。敏捷环境中，你可能没有足够的信息。如果不能制订详细项目计划和进行 WBS 分解，想用 PERT 图和甘特图去组织和预测所有的项目活动就会变得十分困难。敏捷管理需要大量流畅的、动态的方法，才能更好地去应对不确定的、不可预期的环境。

这并不意味着计划驱动型方法对项目环境来说，是过时的，不再使用了，但它确实不是管理项目的唯一方法。在一个更宽泛的环境中，潜伏的不确定性增加。项目经理的挑战是超越传统的、计划驱动的方法，学习适合这种更宽泛环境的项目管理实践，这就是越来越多的多维的、适应性的项目管理方法。

相关案例研究（选自 Kerzner/*Project Management Case Studies*, 5th Edition）	相关练习（选自 Kerzner/*Project Management Workbook and PMP®/CAPM® Exam Study Guide*, 12th Edition）	PMBOK®指南（第 6 版），PMP 资格认证考试参考部分
• American Electronics International • The Tylenol Tragedies • Photolite Corporation (A) • Photolite Corporation (B) • Photolite Corporation (C) • Photolite Corporation (D) • Jackson Industries • 这是欺诈吗？ *	• 潜在问题审计 • 状况审计 • 多项选择题	• 项目整合管理 • 项目资源管理 • 项目管理 • 职业职责

8.13 PMI 项目管理资格认证考试学习要点

本节用于项目管理原理的复习，以巩固《PMBOK®指南》中相应的知识领域和范围，着重讲述了：

- 项目资源管理。
- 职业职责。
- 规划。
- 执行。

对于准备 PMP 考试的读者，通过下列练习将有助于对相关原理的理解。

- 包含职业职责在内的方法和任务。
- 影响职业职责的因素，如利益冲突和礼品。
- PMI 职业行为规则（可以从 PMI 官方网站 www.pmi.org 下载）。
- 项目经理的职责之一是对人员进行绩效评价，无论是正式的还是非正式的。
- 大公司项目管理与小公司项目管理的区别。

下列选择题将有助于回顾本章的原理及知识。

1. 你被委派了一项任务，该任务让你调查参与竞标公司提案的有效性。一天晚上，该公司人员带你到一家很昂贵的餐厅共进晚餐，付账时你会____。
   A. 感谢他们的慷慨，并让他们付账
   B. 感谢他们的慷慨，并告诉他们你希望自己付账

* 见本章末案例分析。

C. 为每个人付账，并记到公司的账上

D. 为每个人付账，并记到公司的账上，同时在公司投标价上做出适当调整以掩饰餐费

2. 应你公司一个重要客户的邀约，你准备了一份建议书。你公司的销售人员希望你在建议书中“撒谎”，以提高公司获得合同的概率，你应该____。

A. 按他说的做

B. 拒绝该建议

C. 向你的上级、项目发起人或者公司法律部门报告这件事

D. 离开公司

3. 你正在为一个客户见面会做准备，项目发起人要求你就某些测试的结果对客户撒谎，你应该____。

A. 按他说的做

B. 从那时开始不再参与项目

C. 向你的上级、项目发起人或者公司法律部门报告这件事

D. 离开公司

4. 你公司的项目经理为了他们的项目向你要求使用项目的保密数据（该项目目前在预算下正常运转）。但是你的客户是外部客户，同时该合同是成本退还合同，你应该____。

A. 按他说的做

B. 拒绝，除非项目经理允许你以后使用他的保密数据

C. 向你的上级、项目发起人或者公司法律部门报告这件事

D. 要求项目经理离开公司

5. 作为竞标的一部分，你提交了一份建议书。有一个评标人告诉你，如果要获得合同，你最好向他们赠送礼品，你应该____。

A. 赠送礼品

B. 不赠送任何礼品，等待结果

C. 向你的上级、项目发起人或者公司法律部门报告这件事

D. 离开项目

6. 你偶然发现你姐夫的公司向你公司提交了一份建议书，你姐夫要求你尽量确保他们公司获得合同，因为这将关系到他的工作，你应该____。

A. 按你姐夫要求的去做

B. 拒绝参与该项目，并防止类似的事情发生

C. 向你的上级、项目发起人或者公司法律部门报告这件事

D. 询问律师的意见

7. 你作为评估组的成员，知道两天内会宣布合同将被授予 Alpha 公司。因为合同的授予，该公司的股票会迅速上升。你应该____。

A. 在两天内尽可能购进该公司股票

B. 吩咐亲戚购买

C. 告诉公司员工购买

D. 在没有正式宣布前，不进行任何股票交易

8. 只有极少数的人知道你公司决定取消与 Beta 公司的合同。取消发布会会在两天内举行。你拥有该公司的股票，明白这会对该公司的股票造成冲击，你应该____。

A. 尽快抛售股票

B. 抛售股票并告诉你知道拥有该股票的人

C. 通知发起人抛售股票，如果他们也是股票拥有者的话

D. 在没有正式宣布前，不进行任何股票交易

9. 你正在对你的供应商进行一个为期两天的质量审计，供应商希望你可以多待几天，到时可以带你到深海领域钓鱼或在当地娱乐场所娱乐，你应该____。

A. 如果在两天内完成审计，就接受该提议

B. 接受，但是要在假期娱乐

C. 在以后的时间接受邀请，确保审计不会受到干涉

D. 委婉地拒绝邀请

10. 你被派到 Pacific Rim 担任一个大型项目的项目经理。你的公司和客户都认为这个项目很重要。第一次与客户的洽谈中，客户分别赠送一套昂贵的礼品给你和你的丈夫，你也明白在该国这是一种习俗，你应该____。

A. 委婉地接受礼品

B. 委婉地接受礼品，并上交自己的那一份

C. 委婉地接受礼品，并全部上交

D. 委婉地拒绝

11. 你的公司正在为一个新工厂的财产支付情况进行调查，你是决策委员会中的一员，你发现当地的汽车经销商正是你自己汽车的经销商，他还告诉你，如果公司决定为他的厂房支付费用，他会免费为你提供一辆新型的轿车使用 3 年，你应该____。

A. 乐意接受

B. 因为利益上的冲突，退出委员会

C. 向你的上级、项目发起人或者公司法律部门报告这件事

D. 只要该车属于你，就接受

12. 你公司开始着手一个大型项目（你是项目经理），但是项目的进行过程中会产生一些废品。针对污染、毒废品的处理专门设计了一个子计划。但是该信息并没有对公众公开，公众也不会知道这个问题。在当地报纸的一次采访中，你将会谈到这个项目及随之出现的环境问题，你应该____。

A. 说不存在任何环境问题

B. 说你们还没有对环境问题进行研究

C. 不发表意见，并转向下一个问题

D. 如实回答

13. 作为项目经理，你制定了一个项目政策，要在项目审核会议开始之前审阅所有的单据。这些单据将呈送给你的外部客户。当审核数据时，你发现有一张幻灯片包含着公司的机密信息，但是这些信息公布肯定能提高效益，你应该____。

A. 对客户展示这些信息
B. 立即删除这些机密信息
C. 在采取行动之前，同上级部门和法律部门讨论可能的违规
D. 先和制作该幻灯片的同事讨论该情况

14. 你正在管理一个外部客户的项目，你公司开发了一种新的用于证实产品特性的测试软件，但该程序是用内部资金开发的。你公司拥有对这个新测试软件相关的所有知识产权。开发新测试软件的员工使用了你现有客户的一部分资源。使用该测试的结果表明，该结果超出了客户的期望，你应该____。

A. 将结果提交给客户，但是隐瞒结果是来自新测试程序的事实
B. 既然客户专门要求使用旧的测试软件，就不告知新程序的测试结果
C. 首先改变客户的具体要求，接着告知结果
D. 在采取行动之前，同上级和法律部门讨论可能的情况

15. 沿用上一个案例，假设新程序测试情况比旧的更准确，而结果表明新的测试情况没有达到要求，但是旧的则勉强合格，你应该____。

A. 将旧程序的结果告知客户，并说达到要求
B. 将两个结果都告诉客户，并解释新技术还没有完全证实
C. 首先改变客户的具体要求，接着告知结果
D. 在采取行动之前，同上级和法律部门讨论可能的情况

16. 你的客户要求审阅上星期测试的“原始数据”。通常在公司有结论前，测试结果是不能告知客户的。但你的客户通过小道消息了解该测试的结果不理想，管理层给了你决定权，你应该____。

A. 告诉顾客结果，并解释这仅是原始数据，而且结果的说明也即将出来
B. 在结果证实之前隐瞒该消息
C. 拖延时间，即使这意味着你要向客户撒谎
D. 向客户解释你公司不允许资料外泄的政策

17. 你团队中的一个成员同你客户的项目经理打了一场高尔夫球。你发现该员工向客户泄露了公司的敏感信息，你应该____。

A. 通知客户，除了由项目经理发布的，其余任何人透露的信息都是不正式的
B. 改变合同条件及环境，以及信息的发布
C. 把员工从项目中调离
D. 向员工解释他的行为带来的结果，以及即使他不是在工作场合，他也代表了公司。同时向上级呈报这项违规

18. 你公司规定，每天下班前公司任何敏感性材料都要放在保险柜里。你的一个员工

被发现经常违反这项政策，你应该____。

A. 谴责该员工

B. 把员工从项目中调离

C. 要求人力资源部将他开除

D. 同该员工及其他成员讨论保密的重要性，以及违规可能带来的后果

19. 你已经收到了上个月的挣值分析结果，这个结果将在月度状况评审会议中提交给客户。而上个月的数据呈现出一些不愉快的变化。该变化超出了时间和成本计划。在制造业，这是能量损耗造成的。你的制造工程师告诉你这不是大问题，下个月成本和时间会同前 5 个月一样回到预订的轨道上，你应该____。

A. 给客户提供数据，并如实地解释变化

B. 既然问题可以在下个月解决，那么调整数据，让它处于计划之内

C. 这个月不提交任何变化

D. 扩大可接受范围，但不告诉客户

20. 你正在外国工作，为了表示对你工作上的肯定，按该国的风俗习惯，客户会给承包方的项目经理赠送礼品，如果拒绝该礼品会被视为一种侮辱。你公司有一项关于如何处置收到礼品的政策，你认为处理这种情况最好的方法是____。

A. 拒绝所有的礼品

B. 在收到礼品的时候，给予客户你公司的政策文件

C. 接受礼品并按政策上交

D. 上交所有礼品，即使政策说明有的礼品不用上交

21. 你正在采访公司的一名项目经理候选人，她自己介绍说她是一名 PMP，但是一位熟知该候选人的员工告诉你她还不是 PMP，虽然她计划下个月参加考试，而且肯定可以通过，你应该____。

A. 等她通过考试之后再采访她

B. 采访她，并问她为什么要撒谎

C. 通知 PMI 违规行为

D. 如果她是该项目合适的人选，忽略此事并雇用她

22. 你正在芝加哥对一个跨国项目进行管理，你的团队中有一半人来自别的国家。项目进行过程中，他们也在芝加哥。这些人告诉你下个星期有两天是他们国家的法定假日，他们希望可以获得假期，你应该____。

A. 尊重他们的信仰，不发表任何意见

B. 强制他们工作，因为这是在美国

C. 通知他们，当他们返回工作时，他们必须加班，以赶上进度

D. 如果条件许可，将他们从团队中除名

23. PMI 通知你，在你的团队中，有一个人上星期参加了 PMP 考试，并且通过了。但是他可能事先就知道答案。你团队的一名 PMP 给他提供了答案，且对他进行了辅导，

你应该____。

A. 协助PMI对违规行为进行调查

B. 召集员工审议和商议

C. 召集其他人员审议和商议

D. 通知PMI这是他们的问题，并非你的问题

24. 你团队中的一名成员自从大学毕业后就跟随你，他告诉你他已经是一名PMP，并给你看了他的资格证书。你想知道他是如何获得资格参加考试的，因为他加入你的团队仅仅1年，没有足够的经验。你应该____。

A. 通知PMI可能的违规行为

B. 召集员工商议

C. 要求员工放弃他的资格证书

D. 不采取任何行动

25. 有4家公司对你的RFP做出了反应。对你的问题，每一份建议书都有不同的解决方法，建议书中的信息属于公司的知识产权，不能与外人分享。在对建议书进行评估之后，你发现最好的方案是标价最高的建议书，你对此感到很不满意。因此，你决定将标价最高的建议书给标价最低的投标者看，询问他们能不能以一个更低价格提供同样的技术方法。这种情况属于____。

A. 可接受的，因为一旦建议书提交了公司，你就拥有了建议书中的知识产权

B. 可接受的，因为所有公司都是这么做的

C. 可接受的，只要你通知最高标价者，你将他们的建议书给最低标价者看

D. 不可接受的，这违反了职业行为准则

答案

1. B　2. C　3. C　4. C　5. C　6. C　7. D　8. D　9. D　10. C　11. C　12. D　13. D　14. D　15. D　16. A　17. D　18. D　19. A　20. D　21. C　22. A　23. A　24. A　25. D

思考题

8-1 Beta公司决定修改其薪酬管理机制。在此机制下，对职能经理进行提升的评估基于他们委托给项目经理的任务的完成程度。这种方法的优点和缺点分别是什么呢？

8-2 职能员工有权对项目经理公开的评估表的任何栏目提出质疑吗？

8-3 一些人认为在项目结束以后职能员工应该对项目经理的作用的大小进行评估。为此目的设计一个表格。

8-4 作为一个职能员工，如果项目经理告诉你："在这些文件上签字，否则我会解雇你。"这种情形应当怎样处理呢？

8-5 在一个人力资源流动的环境下应当怎样进行项目管理才有效率？

8-6 公司的薪酬结构及每年分配的限制常常会妨碍正常的项目管理酬劳。解释下列的每一条怎样才能成为激励因素？

a. 工作满意度

b. 自我认识

c. 知识增长

案例分析

这是欺诈吗？

背景

Paul 是一名项目管理咨询人员，常在军法署总部（the Judge Advocate General's Office, JAG）担任专家，处理政府部门与承包商之间的诉讼案件。尽管大部分的诉讼案件是由承包商提供的产品性能不足导致的，但本案却不同，本案是由性能优越造成的。

与 Jensen 上校会面

Paul 坐在陆军上校 Jensen 的办公室里听他介绍这个合同的背景。Jensen 上校说：

我们与 Welton 公司合作已经快 10 年了，这个合同是其中的一个。该合同为期一年，为海军部门提供 1 500 个部件。在合同谈判期间，Welton 公司告诉我们，他们需要两个季度来制订生产计划及进行采购。他们会在第三季度末交付 750 个部件，第四季度末再交付剩余的 750 个部件。但是其他类似的合同是能在一个季度内制订生产计划和进行采购的。

参考其他一些类似的合同，海军部门希望该合同是一个固定价格合同，因为这样买卖双方的风险都相对较低。政府的采购规则认为这个合同也应该是一个固定价格合同。但是在合同的最终谈判阶段，Welton 公司变得很固执，希望这个合同是一个有奖金的激励合同，认为如果项目能在预算范围内提前完成的话，Welton 公司就可以获得奖金。

我们对他们想要一个激励合同感到很困惑。如今，美国的经济不景气，像 Welton 这样的公司应该是非常希望获得政府合同的，这样也能维持公司的就业率。在这样的经济情况下，我们认为他们会尽力完成合同。

他们要求一个激励合同对我们来说没有意义，但是我们还是同意了。我们也会经常根据特殊的状况调整合同的类型。我们制定了一个固定价格加激励酬金合同，该合同有一个包括一大笔奖金的激励条款。如果他们能提前完成工作，并成功交付 1 500 个部件的话，他们就能获得这笔奖金。该合同的目标成本是包括 1 000 万美元外购材料成本在内的 3 500 万美元的总成本（超支分担比例：公司 10%，政府 90%），以及 400 万美元的利润。合同最高成本价预计是 4 350 万美元。

Welton 公司说他们在第一个季度完成了采购并制订好了计划。他们在第二个季度末交付了 750 个部件，第三个季度末提供了另外的 750 个部件。根据他们的票据，这些票据我们已经审计过了，他们前 9 个月的人力成本是 3 000 万美元，外购材料成本是 1 000 万美元。政府部门估计该合同的成本总计在 4 950 万美元，包括 4 350 万美元的成本及 600 万美元的激励费用。

JAG 认为 Welton 公司利用了海军部门获得了一个固定价格加激励合同。我们希望你能调查他们的建议书及他们是怎么做的，看看是否有什么疑点。

咨询人员的审计

Paul 首先审查了合同的最终成本：

人力成本：	30 000 000 美元
材料费：	10 000 000 美元
	----------------------------
	40 000 000 美元
成本超支：	5 000 000 美元
Welton 分担超支：	500 000 美元
最终盈利：	3 500 000 美元

Welton 公司正好按照合同最高价格完成项目，也就是说，是 4 350 万美元。

成本的超支都在人力方面。Welton 公司最早计划 12 个月的人力成本是 2 500 万美元。平均每个月的成本是 2 083 333 万美元。但是 Welton 公司在 9 个月内花了 3 000 万美元，平均每个月的成本是 3 333 333 万美元。Welton 公司前 9 个月每个月多花了 125 万美元。Welton 公司解释说人力成本的超支是因为加班和投入更多的人员造成的。

现在 Paul 非常清楚 Welton 公司是怎么做的。Welton 公司在人力成本方面多花了 500 万美元，但因分享比例，Welton 公司仅需要为其中的 50 万美元买单。此外，由于提前交付产品，Welton 公司还额外获得了 600 万美元的奖金。简而言之，Welton 公司用 50 万美元的投资换来了 600 万美元的回报。

Paul 明白，现在调查到的这个事实仅有部分证据，如果要在法庭上进行证实则需要做更多的工作。接下来，他要仔细研究 Welton 公司的建议书。建议书第 1 页的底下部分有一段称为“真实的谈判”，该段介绍建议书中的任何部分都是真实的。建议书是由 Welton 公司的一名高级官员签字的。

Paul 接下来开始阅读建议书的管理部分。在管理部分，Welton 公司说，该合同与海军和政府其他部门的合同是一样的。Welton 公司还说参与该合同的人员也参与过以前的合同。Paul 在建议书的其他部分还发现合同的生产计划与其他合同的相似度很大。于是 Paul 就想知道为什么 Welton 公司要按两个季度制订生产计划。Paul 可以确认有些事情是错误的。

问题

1. Paul 需要哪些信息来确认这件事情是错误的?

2. 要知道你并不是一个律师，从项目管理来看，是否有足够多的信息来进行法律方面的诉讼，从而收回全部或部分由于产品提前交付而支付的奖金?

3. 你认为这个案例最终会如何结束?

（这是一个真实的案例，作者就是该项目的顾问。）

第 9 章　成功变量

引言

如果项目经理不采取分析成功变量和失败变量的系统方法，项目管理是不会成功的。本章简要讨论了在项目管理中采取这种方法以及不采取这种方法的情形，并列举了一些成功变量。主要包括以下 5 个部分：

- 预测项目是否成功。
- 项目管理效力。
- 期望值。
- 经验教训。
- 最优方法。

9.1　预测项目是否成功

PMBOK®指南，第 6 版
1.2.6.4　项目成功标准

预测项目是否成功是比较困难的。大多数以目标为导向的管理者只注重时间、成本和绩效。如果存在不可容忍的条件，就需要通过额外的分析来识别引发问题的原因。只注重时间、成本和绩效的做法可能导致只关注那些直接影响利润的因素，而不去关心项目管理本身是否正确。如果组织的生存是建立在一系列成功的项目管理的基础上，这一点就会变得非常重要。如果只是一两次，项目经理也许能通过自身的努力（就像不断地挥动巨大的棒球拍）推动项目成功。然而，一段时期后，要么是棒球拍的效力开始下降，要么是人们拒绝对这个项目付出努力而最终导致项目失败。

项目的成功通常通过 3 方面的团队来衡量：项目经理及其团队、业主和客户。为了促进项目成功，项目经理及其团队可以采取某些行动。这些行动包括：

- 保留自己选择项目团队关键成员的权力。
- 选择团队关键成员并审核他们在各自领域内的记录。
- 从一开始就信守承诺和建立使命感。
- 寻求充分的职权和项目组织形式。
- 与客户、业主和项目团队协调并保持一种良好的关系。
- 力求提升项目的公众形象。
- 在决策和解决问题时获得团队关键成员的协助。
- 制定实际成本表、进度计划表和绩效评估与目标。
- 对潜在的问题有备选方案。
- 团队的结构要合理、灵活和具有弹性。
- 为了最大化对人和关键决策的影响，允许越权。
- 采用切实可行的一套项目规划和控制工具。
- 避免对某种控制工具的过度依赖。
- 强调完成成本、进度和绩效目标的重要性。
- 给结束条款的使命或功能以优先权。
- 控制与变更并存。
- 确保关键的项目团队成员有效、安全地工作。

在第 4 章中我们谈到，一个项目只有在获得了正式授权且得到高层管理人员的支持下，才可能成功。高层管理人员要承诺提供公司的资源并给予必要的行政支持，帮助项目较好地适应公司每天的例行事务。此外，业主必须营造一种环境，使项目经理、业主和客户之间有一个良好的工作氛围。

谈到业主和客户，有大量可以用来评价业主和客户支持力度的变量。这些变量如表 9-1 所示。

表 9-1　业主和客户支持力度变量

业　主	客　户
• 合作的意愿	• 合作的意愿
• 维持结构灵活性的意愿	• 保持和睦
• 适应变化的意愿	• 制定详细合理的目标和标准
• 有效的战略计划	• 成熟的变更程序
• 保持和睦	• 及时准确的沟通
• 对过去经验的适当重视	• 对资源的承诺
• 外部缓冲	• 减少繁文缛节
• 及时准确的沟通	• 提供足够多的授权（尤其是决策制定方面）

续表

业　主	客　户
• 热情洋溢的帮助	
• 对项目中为业主竞争力做出贡献的相关部门的确认	

仅识别和确认这些变量并不能保证项目成功。相反，这些变量能帮助项目经理、团队成员、业主和客户采取合适行动，为他们提供一个好的工作基础，这样，项目就有可能成功。

业主应该采取的行动有：

- 较早选定领导项目团队的管理者，要选择具备技术技能、人际关系技能和管理技能等方面经验的人。
- 为项目经理建立清楚且可行的工作指南。
- 给项目经理充分的授权，要让他与关键团队成员一起做决策。
- 对于项目和团队要表现出热情，并做出承诺。
- 建立并保持快速的非正式的沟通。
- 避免为赢得合同而对项目经理施加更大的压力。
- 避免武断地消减或增加对项目团队成本的估计。
- 避免大宗采购。
- 与主要的客户和项目经理建立密切（不是干涉）的工作关系。

业主和项目团队都要采用适当的管理技术，以确保有一个明智、充分而不过度的计划及控制和协调系统。这些适当的管理技术也应该包括以下这些前提，例如，明确的制度和设计、合理的进度计划表、合理的成本估计、避免大宗采购、避免过度乐观。

客户可以通过减少团队会议、对信息要求的迅速反应以及不加任何干预地让合约人处理自己的事务等做法对项目成功产生巨大影响。

有了表 9-1 介绍的这些变量作为基础，项目管理团队可能做以下事情：

- 从一开始就鼓励所有的参与者开放和诚实。
- 创造健康竞争的氛围，而不是残酷竞争和相互欺骗的氛围。
- 做好能完成整个项目的资金计划。
- 对成本、进度和绩效目标的重要性有清晰的认识。
- 建立快速的非正式的沟通渠道和扁平的组织结构。
- 充分授权给主要委托人，允许其迅速接受或拒绝重要决策。
- 拒绝“大宗采购”。
- 关于合同奖励或进展的问题及时做出决策。
- 与项目参与者建立密切（而不是干涉）的工作关系。

- 避免过于亲近的关系。
- 避免过多报告的机制。
- 对变更迅速做出决策。

通过将项目团队、业主和客户的相关行为结合在一起，我们可以得到以下基本的管理原则。

- 项目管理自始至终要有计划：
  — 识别职责之间的冲突——解决。
  — 识别变更的影响——变更代理人。
- 每个人都要有适合自己的工作。
  — 执行工作的人是最适合的人。
- 分配足够的时间和精力来制定项目的基础和定义工作：
  — 工作分解结构。
  — 网络计划。
- 确保工作包大小适当：
  — 可管理。
  — 可衡量。
- 将建立和应用计划控制系统作为项目实施的关键点：
  — 知道你要到哪里去。
  — 知道你什么时候曾去过那里。
- 确保信息流是真实的：
  — 信息是解决问题和决策的基础。
  — 沟通障碍是造成项目困难的重要原因之一。
- 准备好重新做计划，并付诸行动：
  — 最好的计划也会有失误。
  — 变更是不可避免的。
- 将责任、绩效和奖励紧密联系在一起：
  — 实行目标管理。
  — 动机是高效的关键。
- 在项目结束之前尽早为收尾工作做计划：
  — 人员部署。
  — 材料和其他资源的安排。
  — 知识转移。
  — 结束工作命令。
  — 客户或合同财务支付和报告。

9.2 项目管理效力[1]

PMBOK®指南，第 6 版
第 4 章 项目整合管理
第 9 章 项目资源管理

项目经理与上层管理者的接触比与职能经理的接触更频繁。不只是项目的成功，还有项目经理的事业道路都依赖于他们同上层管理者建立的工作关系和预期。与上层管理者沟通效力的关键变量有 4 个：可信度、优先级、可接近度和可见度。

- 可信度：
  — 可信度来自决策者好的形象。
  — 一般是建立在大量工作实践基础上的。
  — 经理和他的项目地位可以增加可信度。
  — 让别人看见自己的成功可以增加可信度。
  — 强调事实比强调观点更令人可信。
  — 信任其他人的同时，其他人也会信任你。
- 优先级：
  — 向整个组织推销项目的重要性。
  — 在合适的情况下，强调项目的竞争性。
  — 强调变更对成功的影响。
  — 保证获得来自其他诸如职能部门、其他经理、客户和独立资源等的书面支持。
  — 重视项目中的派生问题。
  — 预测优先级问题。
  — 一对一地介绍优先级。
- 可接近度：
  — 可接近度包括直接与高层管理者交往的能力。
  — 表明你的建议对整个组织有益，而不只是对这个项目有益。
  — 仔细衡量事实，解释正反两面的因素。
  — 表达既要有逻辑又要精练。
  — 让高层管理者了解你个人。
  — 让客户对你的能力和项目产生期望。
  — 为自己创造有挑战性的工作。

1 本部分和 9.3 节改编自 *Seminar in Project Management Workbook,* copyright 1977 by Hans J.Thamhain. Reproduced by permission of Dr.Hans J.Thamhain。

- 可见度：
  — 清晰了解项目的可见度。
  — 向高层管理者汇报时要给他留下一个好印象。
  — 适当的时候管理者要采取不同的风格。
  — 利用团队成员来调节项目的可见度。
  — 与权威人士定期举行信息沟通会议。
  — 利用现有的公共媒体。

9.3　期望

PMBOK®指南，第 6 版
第 9 章　项目资源管理
第 10 章　项目沟通管理

在项目管理环境中，项目经理、团队成员和上级管理层，这些群体中的每一个人，都对他与另一方的关系存在各种期望。为了说明这一点，高层管理者期望项目经理做以下事情：

- 解释导致项目最终结果成功或失败的原因。
- 提供有效的报告和信息。
- 在项目执行过程中使组织的干扰最小。
- 提供建议，而不仅仅是备选方案。
- 有处理个人问题的能力。
- 体现出主动做事的才能。
- 每项任务都能体现出成长性。

初看起来，这些品质似乎是对所有经理人而不只是对项目经理的期望。但事实并非如此。前 4 条是不同的。部门主管只负责由他们直线组织完成的那部分工作而不是整个项目的成功。提升部门主管可以只依赖于他的个人技术能力，而不是他写的生动有效的报告。部门主管不能干预整个项目，但项目经理可以。部门主管不必做决策，只需提供备选方案和建议。

正如高层管理者对项目经理有期望一样，项目经理也会对高层管理者有一定的期望。项目经理期望高层管理者做以下事情：

- 提供有详细说明的决策渠道。
- 及时按需采取行动。
- 促进与支持部门之间的沟通。
- 在冲突管理时提供帮助。
- 提供足够的资源或章程。
- 提供足够多的战略或长期的信息。
- 提供反馈。
- 给予建议和阶段性的支持。
- 对期望说明要详细清晰。
- 保护不受政治混战的干扰。
- 为个人和职业发展提供机会。

项目团队对他们的领导——项目经理也有期望。项目团队期望项目经理做以下事情：

- 提出想法帮助解决问题。
- 提供正确的方向和领导。
- 提供一个轻松的环境。
- 与团队成员之间的非正式交往。
- 促进团队发展。
- 帮助新成员的适应。
- 减少冲突。
- 保护团队不受外界压力侵袭。
- 抵御变化。
- 担任团队代言人。
- 作为团队代表与上层领导接触。

高效率和高生产力的项目团队通常具有某些显著的特征。项目经理期望团队具有以下特点：

- 体现出团队成员的自我发展。
- 体现出创新和创造行为的潜力。
- 有效地沟通。
- 对项目负责。
- 体现出解决冲突的才能。
- 以结果为导向。
- 以变更为导向。
- 有效且士气高。

总之，团队成员都希望满足主要的需求。项目经理在实现团队成员的期望之前要理解他们的需求。项目团队成员的需求：

- 归属感。
- 对工作本身的兴趣。
- 尊重他正在从事的工作。
- 不受政治混战的干扰。
- 工作有保障并能持续。
- 职业生涯的潜力。

项目经理必须记住，成员们可能不会明确提出这些需求，但是他们确实有这些需求。

9.4 得到的经验教训

我们可以从每一个项目中得到经验教训，即使失败的项目。大多数公司不愿意记录教训，因为文献资料上记录的经验教训是自己曾经犯过的错误，所以员工们不愿意在文献资料上签名。这也就是为什么其他员工一直重复前人所犯的错误。

如今的企业，非常重视记录经验教训。例如，波音公司会对每次飞机项目中得到的教训进行记录。有的公司会举行项目后期会议，要求参会成员准备 3 ~ 5 页文档，介绍项目的成功或失败。这些资料随后会被移交给培训部门，用来培养未来的项目经理。此外，还有的公司甚至要求项目经理不仅要存储所有项目的相关文件，还要保留所有与决策相关的项目记录。但对于大型项目来说，这种做法不太实际。

看起来大多数公司都偏爱召开项目后期会议，研究相关案例。问题是什么时候适合举行项目后期会议。有一家在新产品研发阶段实施项目管理的公司，当第一批生产结束时，举行一次项目后期会议来讨论项目中的经验教训。大约 6 个月后，公司举行第二次项目后期会议讨论客户对产品的反应。现实中曾经发生过这样的情况：公司的想法与客户对产品的反应截然相反。因此，有必要在在第二次会议中增加一个案例分析。

9.5 了解最优方法

PMBOK®指南，第 6 版
4.4.3.1　经验教训登记册
第 9 章　项目资源管理
9.5　管理团队

了解成功变量的好处之一是，它能给你提供获取和储存最优方法的手段。遗憾的是现实中，这很难实施。最优方法的定义有很多：

- 它能起到作用。
- 它能起到很好的作用。
- 它能针对重复工作起到很好的作用。
- 它能够带来竞争优势。
- 它能够运用到建议书中，并带来商业价值。

作者认为，最优方法是由公司或者个人采取的各种行动或行为，它们能给项目管理带来持续的竞争优势。

近几年，最优方法的重要性才逐渐显示出来。而在项目管理的早期阶段，对于项目管理有着许多的错误想法。

随着项目管理的发展，最优方法也变得重要起来。我们不仅可以从成功的项目中获取最优方法，也能从失败的项目中获取最优方法。在项目管理的早期阶段，私营企业主要是从成功的项目中学习最优方法。然而，政府部门却从失败的项目中总结最优方法。但是，政府部门研究成功项目的最优方法，一般来自他们同主要的承包商及子承包商之间的关系。下面是政府部门总结出的最优方法：

- 使用生命周期法。
- 标准化和一致化。
- 使用规划、进度表、控制及风险模板。
- 对同一地区的项目，让军方人员在项目中任职。
- 使用整合项目团队。
- 控制由承包商引起的范围变更。
- 使用挣值分析法（将在第 14 章中讨论）。

9.5.1 关键问题

在某项活动被认为最优方法之前，有 3 个问题必须要提出，它们是：

- 谁将决定该活动是最优方法？
- 对于你认为的最优方法，你怎样合理地评估、证实其是最优方法？
- 你怎样让高层管理人员认识到最优方法是价值增值的活动，且应该受到高级管理层的认可？

有的组织还设置了委员会，其首要职能是评估潜在的最优方法；还有的组织是由项目管理办公室来实施这项工作。这些委员会通常是向高层报告的。

经验教训和最优方法是有差异的。经验教训可以是好的也可以是不理想的，然而最优方法常常是好的结果。

评估是不是最优方法并不耗时，但很复杂。简单地认为一项活动是最优方法并不意味着它就是最优方法。PMO 会设计一些模板和标准，用于评价某项活动是否最优方法。模板中可能包括以下选项：

- 它是可用于衡量的标准吗？
- 它能识别出可衡量的效率吗？
- 它能识别出可衡量的效能吗？
- 它可以给公司增值吗？
- 它可以给客户增值吗？
- 它可以转移到其他项目上吗？
- 它有潜在的寿命吗？
- 它能否用于各种各样的客户？
- 它能否使我们和竞争对手有所差异？
- 最优方法需要管理吗？
- 最优方法需要员工培训吗？
- 最优方法是公司的知识专利吗？

每个公司的最优方法模板都有两个特点：

- 帮助避免失败。
- 能在危急时刻帮助解决问题。

实际上，高层管理人员必须意识到最优方法是对整个组织有利的知识产权。如果能够定量分析最优方法，就能较容易地说服高级管理层认可该项最优方法。

9.5.2　最优方法与实践证明方法

十几年来，最优方法这个表述已经得到了各方的接受和认可。但十几年后的今天，我们开始重新审视这个术语，从而确定是否存在更好的表述方法。

最优方法起源于一个想法：相比其他方法而言，我们认为存在某一种技术、过程、方法或者活动能帮助我们更有效地交付成果，能让我们更好地（较少的困难和阻碍）提供理想的产品。因此，最优方法就是我们能用一种最有效的方式完成任务，这种方式是经过大量的项目实践检验并可重复使用的。

一旦这个想法被认为是合理的，我们会将这些最优方法运用到项目的各个过程中，从而形成一套标准的行为模式。因为这些“最优方法”是经过实践证明的，所以我认为对它们的表述不应是最优方法，而是“实践证明方法”（proven practice）。

业内一直存在这样一个争论：应该用实践证明方法取代最优方法，因为最优方法就是一个流行词而已。

业内还存在另一个争论：识别最优方法会导致有些人认为以前从事的某些活动是错误的，但事实上也许并非如此。最优方法只是在完成可交付成果方面更有效而已。

未来，最优方法这个术语也许会被实践证明方法所替代。但是，本书中的其他部分，仍会使用最优方法这个术语。希望读者能够理解和明白，其他的术语也许更合适。

9.5.3　最优方法的分级

最优方法可以在组织内外的任何地方获取。图 9-1 介绍了最优方法的不同级别。最低一层是职业标准层，它包括 PMI 制定的职业标准。职业标准层包含了最优方法的大部分，但它们是大众化的，并非特有的，因此复杂性较低。

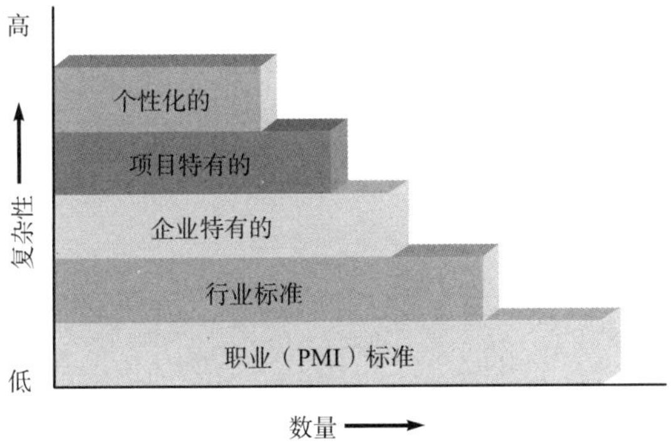

图 9-1　最优方法的级别

行业标准层包括与行业绩效有关的最优方法。例如，汽车行业就制定了专门针对汽车行业的标准和最优方法。

在图 9-1 中，随着进入了个性化的最优方法时代，最优方法的复杂性从大众化到个性化，而且最优方法的数量也与预期的一样随之减少。以下是每一级别的最优方法案例（从大众化到个性化）：

- **职业标准。**准备和使用风险管理计划，包括风险管理的模板、指南、格式及项目清单。
- **行业特有的。**风险管理计划包括行业的最优方法，如从设计到制造转变的最优方法。

- **企业特有的。**风险管理计划制定了设计、生产、质量保证部门在转变期间的角色和相互作用。
- **项目特有的。**风险管理计划制定了与客户相关的具体产品或服务部门的角色和相互作用。
- **个性化的。**基于个人对风险的容忍度，风险管理计划制定了相关部门之间的角色和相互作用，可以借助项目经理制定的责任分配矩阵进行。

最优方法尤其适合在战略规划活动期间使用。在图9-2中，最下面两层适用于项目战略制定，上面的三层则适用于项目战略实施。

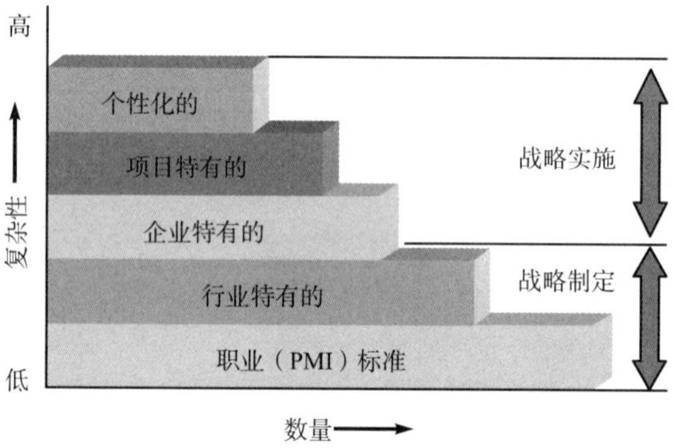

图9-2 最优方法的使用

9.5.4 常见的观点

关于最优方法，有一些常见的观点，部分如下：

- 因为最优方法是相互关联的，一个最优方法的确认能帮助识别另一个最优方法，尤其是处于同一类型或同一级别的最优方法。
- 由于最优方法之间互相存在依赖性，因此识别同类型之内的最优方法比识别个性化的最优方法更容易。
- 最优方法可能是无法转移的。有的最优方法在某些企业能起作用，在另一些企业则不行。
- 即使有的最优方法在多数企业看来很简单也很常见，但是经常强调和使用最优方法会带来优良的业绩和提升客户的满意度。
- 最优方法不仅仅存在于经济状况良好的公司。

当实施最优方法并产生了有害的结果时，企业更应该高度关注。表9-2介绍了一些可能的期望及可能发生的有害结果。有害结果可能是低期望值或者没有完全理解就实施的结果造成的。

表 9-2　实施最优方法的结果

最优方法的类型	期望优势	潜在劣势
使用交通灯报告	速度和简单	信息不准确
使用风险管理模板或格式	远见和准确度	不能预见某些重要的潜在风险
非常详细的 WBS	控制、准确度及完成度	过多的控制和成本报告
在所有项目中使用 EPM	标准化和一致性	在某些项目中严重超支
使用定制的软件	更好的决策制定	对工具的过度依赖

还有一些原因能解释最优方法的失败或产生不满意的结果，它们是：

- 最优方法缺乏稳定性、透明度或理解力。
- 不能正确地使用最优方法。
- 最优方法的确认不严谨。
- 基于不正确的判断识别最优方法。

9.5.5　最优方法数据库

假定项目管理知识和最优方法属于知识资产，企业该如何获得这种信息？解决的途径是建立最优方法数据库。图 9-3 指出的 3 个级别的最优方法，最好存储在最优方法数据库中。

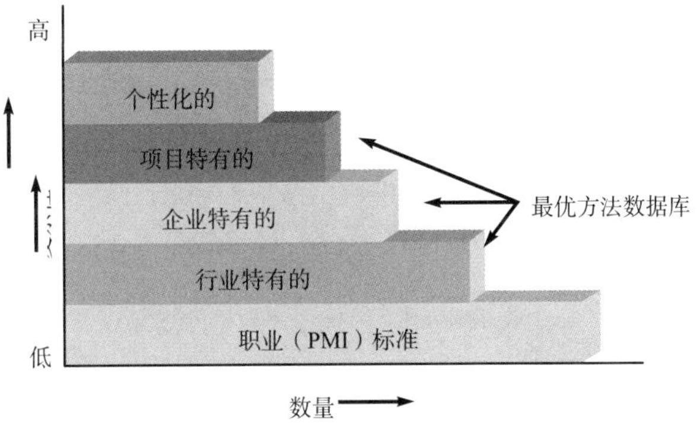

图 9-3　最优方法的级别

图 9-4 介绍了最优方法数据库的建立过程。最下面一层用于发现和了解“潜在的”最优方法。潜在的最优方法存在于组织的任何地方。

第 2 层是评估层，用于确认最优方法。评估由项目管理办公室或委员会执行，但高层人员应该参与。评估程序通常很复杂，因为一次好的效果并不一定就是最优方法。因此必须有一个确定的标准用于评估最优方法。

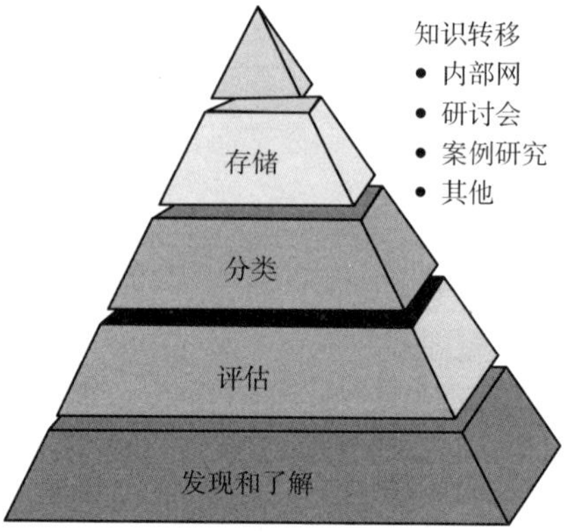

图 9-4 建立最优方法数据库

只要最优方法获得了确认，就应该对它进行分类，并存储于检索系统中，如企业内部网的最优方法数据库。

图 9-1 介绍了最优方法的级别，但是以存储为目的的系统分类则是完全不同的。图 9-5 介绍的最优方法数据库是一种常用的系统分类。

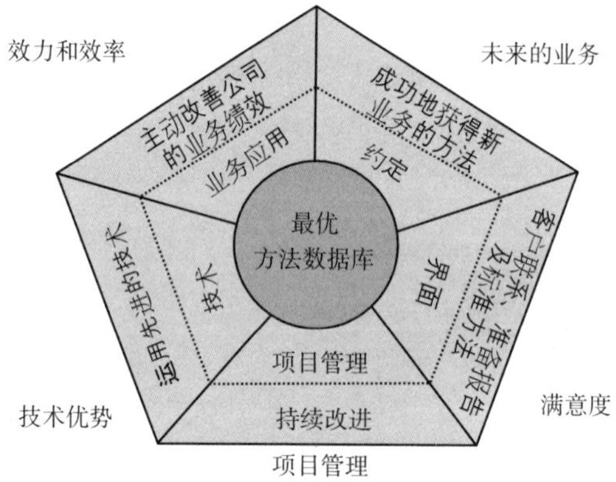

图 9-5 最优方法数据库

另一个重要的问题是存在过多的最优方法。公司一旦建立了最优方法数据库，多年后就会累积大量的最优方法。没有人愿意重新评估它们是否仍然是最优方法。如果重新评估，有可能只有不到 1/3 的内容仍能被认为最优方法。有的不再最优方法，有的则需要更新，还有的应该由最新的最优方法替代。

相关案例研究（选自 Kerzner/*Project Management Case Studies*, 5th Edition）	相关练习（选自 Kerzner/*Project Management Workbook and PMP®/CAPM® Exam Study Guide*, 12th Edition）	PMBOK®指南（第 6 版），PMP 资格认证考试参考部分
• Como Tool and Die(A) • Como Tool and Die(B) • Radiance International*	• 多项选择题	• PMBOK®所有过程

9.6 PMI 项目管理资格认证考试学习要点

本节用于项目管理原理的复习，以巩固《PMBOK®指南》中相应的知识领域和范围，着重讲述了：

- 沟通管理。
- 启动。
- 规划。
- 执行。
- 监督。
- 收尾。

对于准备 PMP 考试的读者，通过下列练习将有助于对相关原理的理解。

- 获取和报告作为所有项目管理过程一部分的最优方法的重要性。
- 成功变量。

下列选择题将有助于回顾本章的原理及知识。

1. 获取经验教训和最优方法的最佳时间是____。
   A. 仅在项目末期
   B. 仅在项目实施完成之后
   C. 仅当项目发起人要求时
   D. 任何时候，但主要是在每个生命周期阶段的结束时期
2. 负责确认最优方法的人员是____。
   A. 项目经理　　B. 项目发起人
   C. 团队成员　　D. 以上都是
3. 获取经验教训的主要目的是____。
   A. 使客户满意
   B. 使项目发起人满意

* 见本章末案例分析。

C. 在持续发展的基础上使整个企业获利
D. 遵循《PMBOK®指南》的报告要求

答案

1. D　2. D　3. C

思考题

9-1 什么是项目经理之间的有效工作关系？

9-2 是否组织中的每一个人都要理解有效项目管理的“游戏规则”？

9-3 举例说明，项目管理工作的第一步是对项目经理活动的界限有一个完整的定义。

案例分析

Radiance International*

背景

Radiance International（RI）花了 5 年多的时间成为在污染、环境公害和环境保护项目管理的全球领先者。它在全球有 10 个办事处，每个办事处约有 150 名员工，项目金额从几十万到几百万美元，项目周期为六个月到两年。

当 2008 年公司开支开始下降的时候，RI 的增长停滞了。以前大部分时间都花在与不同项目团队接触的部门主管们现在花费更多的时间写项目报告和备忘录，以此证明自己职位的合理性，以防被裁员。项目团队被要求提供更多的信息，而部门主管则需要耗费时间证明这些信息是否真实。这会对项目产生负面影响，并迫使项目团队成员做许多与他们的项目职责无关的工作。

重组计划

管理层决定重组公司，主要是基于项目管理的成熟度水平。多年来，公司的项目管理已经成熟：高层管理者十分放心让项目经理做基于项目的和基于业务的决策，而不需要高层管理者或部门主管的指导。部门主管的职责仅仅是给项目配置员工，然后便不再插手。有些部门主管会参与到项目中，但事实上他们的干涉弊大于利。管理层的支持常常显得微不足道，因为他们信赖项目经理可以做出正确的决策。

重组公司是为了摒弃直线管理，采用池管理的概念。一名部门主管被任命为池经理并且负责管理池中的 150 个职员。公司之前的部门主管有的被解雇，有的成为项目经理，有的则被任命为池内专家。公司留下来的部门主管不会被削减薪资。

项目经理是池的核心。公司有新项目时，高层管理者和池管理者会决定任命哪个项目经理领导这个新项目。之后，项目经理就有权力与池内具有项目所需要专业技术的任何人交涉。如果这个人说明他可以为项目工作，项目经理将提供给那个人一定的费用额度，授予他为自己的工作包做预算和计划的权力。如果这个人的工作最终超出了预算或延期，项目经理将不再聘用这个人。超出预算或不再被项目经理聘用的池工作人员将会被公司解聘。项目经理将会在项目结束时填写每个职员的绩效考核表，并将它转交给池经理。池经理会根据项目经理提供的相关信息，评估每个职员的工资和薪酬。

这种企业文化培养了有效的团队协作、沟通、合作和信任。不论何时项目出现了问题，项目经理将站在池中间，陈述他的危机，然后 150 名职员涌到项目经理处询问自己可以帮助做些什么。这样的组织能很好地在面对复杂项目时，实现有效的群体思考和群体解决方案。这个系统运转良好，几乎不需要外部支持。每隔一周甚至更长时间，项目发起人将会走进项目经理办公室，问"有什么我需要了解的问题吗"。如果项目经理回答"没有"，发起人就会说"我一两个星期内再和你沟通"，然后就离开了。

两年之后

两年之后，池管理运行得比预期更好。公司内的项目通常都提前完成并低于预算。组织内充满了团队协作精神，在 RI 的每个办事处士气都时刻高涨。每个人都认同这个新文化，重组第一年之后没有一个人被解聘。即使在经济不景气的时候业务也依然很繁忙。毫无疑问，RI 池管理的方法起作用了，并且运作得很好！

到第三年的年中，RI 的成功故事出现在全世界的商业杂志上。而且所有的评论都是正面的，给企业带来了更多的业务。RI 成了大型建筑公司的接管目标，它们认为兼并 RI 是一个很好的发展机会。到第三年年末，RI 被一家大型建筑公司收购了。这个建筑公司信赖强大的直线管理，每个管理者直接管理大约 10 名员工。RI 原来的池管理概念被摒弃了，RI 的每个办事处都设立了几个直线管理职位，并从建筑公司中指派人员担任这些直线管理职位。一年之内，就有几个员工离开了公司。

问题

1. 放弃所有的直线管理职位是个好主意吗？
2. 如果池管理不起作用，直线管理职位会被恢复吗？
3. 企业文化对池管理概念的重要性有多大？
4. RI 有项目发起人吗？

第10章　与高层管理者共事

引言

PMBOK®指南，第6版
第4章　项目整合管理
第9章　项目资源管理
第13章　项目相关方管理

在项目管理环境中，不管是规划阶段还是执行阶段，项目经理必须不断地与高层管理者接触。除非项目经理了解高层管理者的角色和他的想法，否则他们之间不会有很好的工作关系。为了理解高管与项目的界面，需要讨论以下两个主题：

- 项目发起人。
- 内部代表。

10.1　项目发起人

PMBOK®指南，第6版
第13章　项目相关方管理

二十多年来，项目所涉及的高级管理者一直担任项目发起人的职能。

项目发起人通常来自高级管理层，他们负责维护高层管理者与客户的合同关系。发起人要保证来自承包商的信息正确传输给客户，即信息从承包商到客户没有被遗漏，高层管理者要保证客户的钱不会被乱用。项目发起人通常会将有关项目成本和可交付成果的信息传递给客户，而进度信息和绩效数据则来自项目经理。

除了高层管理者与客户的合同关系，发起人还要在以下几个方面提供指导：

- 目标的制定。
- 优先权的设定。
- 项目组织结构。
- 项目方针和程序。
- 项目主计划。
- 前期规划。
- 关键人员配置。
- 监测执行情况。

- 冲突的解决。

10.1.1　发起人与项目的界面

项目所处生命周期的不同，项目发起人的角色也会不同。在项目的规划或启动阶段，发起人是一个主动的角色，主要进行下列活动：

- 帮助项目经理制定正确的项目目标。
- 在项目执行过程中为项目经理提供可能影响其进程的环境或政治信息。
- 制定项目的优先级（个人决策或者同其他高层管理者协商），将项目的优先级通知项目经理的同时并告知原因。
- 对需要提供治理的项目，指导建立方针和程序。
- 作为高层管理者与客户合同的关键人物行使职责。

在项目启动阶段或开始阶段，项目发起人必须主动地参与项目目标和优先级的设立。但是，高层管理者如果要求在业务部门和技术部门也建立优先级，就太过于强制了。

在项目的执行阶段，项目发起人的角色由主动变为被动。如果项目经理需要的话，发起人将提供除了一些例行情况简报以外的其他帮助。

在项目的执行阶段，项目发起人必须有选择性地参与解决问题。试图干预每一个问题不仅不能帮助实现宏观管理，还会降低项目经理解决问题的能力。

从某种角度而言，发起人就像仲裁人一样。表 10-1 表明了在成熟组织和不成熟组织中项目经理和部门主管的工作关系。当在项目—直线界面存在冲突或问题并且在该层次无法解决时，发起人就应该介入并提供帮助。表 10-2 介绍了项目发起人介入项目的成熟做法和不成熟做法。

表 10-1　项目—直线界面

不成熟组织	成熟组织
• 项目经理的的权力或权威大于部门主管	• 项目经理和部门主管共享权力和权威
• 项目经理是协商的最佳人选	• 项目经理为部门主管的委托而协商
• 项目经理直接与职能员工一起工作	• 项目经理通过部门主管开展工作
• 项目经理对员工的绩效评估不发表意见或无权发表意见	• 项目经理为部门主管提供建议
• 以项目经理为领导核心	• 以团队为领导核心

表 10-2　高层管理者界面

不成熟组织	成熟组织
• 高层管理者主动参与项目	• 高层管理者的参与是被动的
• 高层管理者担当项目的拥护者	• 高层管理者充当项目发起人的角色
• 高层管理者对项目经理的决策提出质疑	• 高层管理者相信项目经理的决策

续表

不成熟组织	成熟组织
• 优先级经常发生调整	• 不允许调整优先级
• 高层管理者视项目经理为不利因素	• 高层管理者认为项目管理是有益的
• 几乎不提供项目管理支持	• 提供可见的、持续的支持
• 高层管理者不鼓励向上级反映问题	• 高层管理者鼓励将问题反映到上级
• 高层管理者不负责项目的发起	• 高层管理者负责项目的发起
• 高层管理者只在项目启动阶段提供支持	• 高层管理者的支持始终存在
• 高层管理者参与项目决策	• 高层管理者参与业务决策
• 指派项目发起人的程序不完善	• 指派项目发起人的程序完善
• 高层管理者追求完美	• 高层管理者只做那些能做的事情
• 高层管理者不鼓励使用项目章程	• 高层管理者了解项目章程的重要性
• 高层管理者不参与项目章程的制定	• 高层管理者负责章程的制定
• 高层管理者不清楚章程的内容	• 高层管理者清楚章程的内容
• 高层管理者不认可项目团队的工作	• 高层管理者相信项目团队正在发挥作用

10.1.2 发起人的职责

项目发起人要为项目中的每一个成员服务，包括部门主管和员工，这一点是应该理解的。项目发起人应该保持一种开放的方针，即使这种方针会有不利影响：首先，员工会因为大量的琐事寻求项目发起人的帮助。其次，员工可能认为他们可以越过领导层而直接同项目发起人进行交谈。这里的行为准则是指鼓励包括项目经理在内的员工要经常思考在什么情况下他们的做法是合适的。

项目发起人除了正常的工作外，当项目需要时，必须能够提供必要的帮助。发起人做的是一项很耗时的工作，尤其是出现问题的时候。因此，高层管理者要限制他负责发起的项目的数量。

高层管理者在一些问题上能立即履行发起人的职能，这些问题包括：

- 导致问题解决拖延的决策。
- 引起难以解决且影响决策的政策问题。
- 必要时不能决定项目的优先级。

当组织的项目管理能力走向成熟时，高层管理者开始相信中层或低层的管理者，并让他们担任项目发起人。这样做主要有以下几个原因：

- 高层管理者没有足够的时间担任每一个项目的发起人。
- 并不是所有项目的发起人都要求由高层管理者担任。
- 中层管理者与项目工作关系更密切。

- 中层管理者能更好地应对某些风险，并提出相关建议。
- 项目团队成员更容易与中层管理者沟通。

在多元化的大公司中，高层管理者有时忙于战略规划，以致没有足够的时间担任项目发起人。这种情况下，发起人就会由低级别的管理人员担任。

图 10-1 表明了项目发起人的主要职能。项目启动时，发起人要开会决定该项目是否应获得高优先级。如果项目是关键的或是战略性的，委员会就指派一名高级经理担任发起人，也许他就是委员会的一名成员。指导委员会的人担当由指导委员会监察项目的发起人是常有的事。

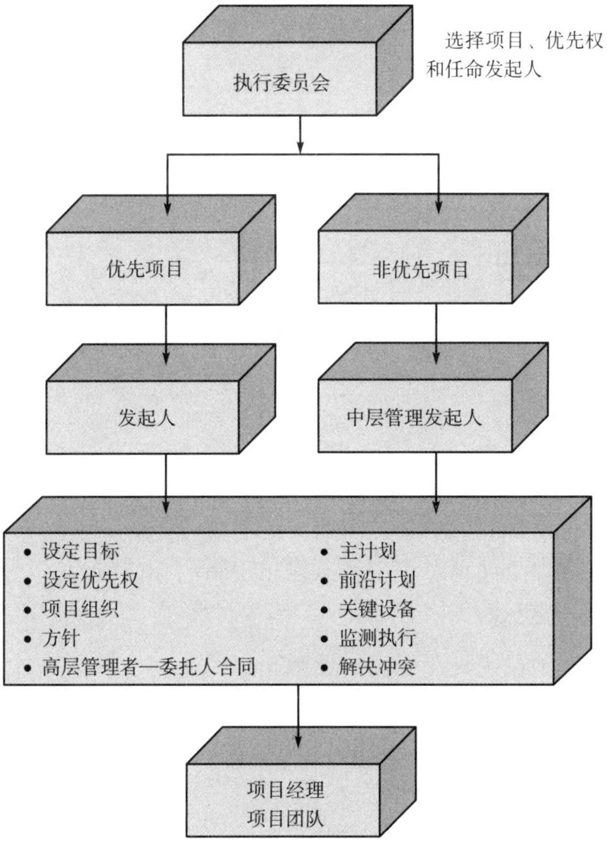

图 10-1　项目发起人

对于那些常规的、维护性的、不关键的项目可以委派一个中层管理者担任发起人。让中层管理者担任发起人，能提升中层人员的认同感。

并非所有的项目都需要发起人。只有在项目需要大量资源，或需要较多职能部门参与，或存在潜在的破坏性冲突，或需要与客户保持良好的沟通时才需要发起人。例如，客户通常希望确保承包商的项目经理能谨慎使用资金。所以，客户会希望高层管理者担任项目的发起人，监督项目经理的资金使用情况。

经常参与招投标的公司不仅会在它们的投标书中介绍项目经理的经历，还会强调发起人的阅历。在其他条件相同时，这会使投标者更具竞争优势。因为，客户认为他们现在有一个与高层管理者沟通的直接渠道。承包商认为高层管理者担任项目发起人需要履行的职能：

- 主要参与销售和合同的协商。
- 建立和维护与重要客户的关系。
- 帮助项目经理顺利地开展项目（规划、程序、人员配置等）。
- 了解项目主要活动的进展信息（接收项目信息报告、参加项目评审会议、定期审查项目等）。
- 处理重大合同问题。
- 为项目经理解释公司方针。
- 帮助项目经理识别和解决主要问题。
- 传达总经理和公司管理层对主要问题提出的建议。

10.1.3 现今的项目发起人

一直以来，发起人只需要与项目经理沟通，中小型项目尤其如此。现在，我们做的项目越来越复杂，需要发起人和整个项目团队沟通。因此，项目发起人的角色被赋予了以下新的责任：

- 在项目过程中与整个项目团队保持紧密联系。
- 准备并签署项目章程。
- 确保项目经理在整个项目过程中都有做出决策的相应权力。
- 确保项目的优先级合适。
- 向项目团队解释项目优先级确定的原因。
- 制定项目的商业目标和技术目标。
- 确保所有的截止日期都是可达到的。
- 重申截止日期的重要性。
- 解释能够对项目产生影响的企业环境因素和政治因素。
- 在设计项目组织结构时提供帮助。
- 为项目制订应急资源计划。
- 为项目具体的方针和程序的制定提供指导。
- 为其他高级管理层提供关键的项目状态信息。
- 陈述他们对项目经理和团队的期望。
- 作为终身学习的一部分，说明他们希望项目经理拥有或提升的技能。

- 解释如何处理专利。
- 制定项目范围变更流程。
- 为缺乏经验的项目经理提供帮助。
- 提出建设性反馈而不是针对某个人提出批评。
- 各参与方的沟通桥梁。
- 不论是好的信息还是坏的信息，都鼓励报告，但不过分渲染坏消息。
- 及时发现项目团队是否承受过大的压力。
- 了解文档工作的成本。
- 采取走动式管理（Walk-the-Halls Management）。
- 安抚愤怒的客户。
- 建立认同或奖励制度，即使不是金钱奖励制度。
- 坚持对整个项目团队而不是项目经理实行开放政策。

10.1.4 多项目发起人

可以考虑将项目分解成两个生命周期阶段：规划阶段和实施阶段。对于短期项目（通常 2 年或更短）而言，建议这类项目只派遣一个项目发起人。但对长期项目（如 5 年甚至更长）而言，则建议在不同的项目生命周期阶段派遣不同的项目发起人，但这些发起人最好来自同一个管理层。项目发起人不一定来自与项目工作有关的直线组织，有的公司甚至会要求发起人来自与项目无直接利益的直线组织。

项目发起人实际上就像项目经理的“大哥”或指导老师。在任何情况下，项目发起人都不应该行使项目经理的职能。项目发起人应该协助项目经理解决那些项目经理自己不能解决的问题。

10.1.5 看不见的项目发起人

在有些行业，如建设业，项目建议书中就明确了项目发起人，因此项目发起人是可见的。遗憾的是，有些情况下项目发起人是“隐藏”的，项目经理不知道谁是项目发起人，或者不清楚客户是否知道谁是项目发起人。看不见的发起人常见于高级管理层，也被称为缺席的发起人。

看不见的项目发起人经常发生于以下几种情形中。第一种是被任命为项目发起人的经理拒绝担任发起人，因为他们害怕自己的决策失误或项目的失败会对他的事业造成负面影响。第二种是被任命的项目发起人既不了解发起人该承担的职责，也不了解项目管理的理论，认为项目发起人仅需要提供简单的服务。第三种是被任命的发起人工作量过多，没有足够的时间履行项目发起人的义务。第四种是项目经理排斥项目发起人，拒绝向项目发起人汇报有关的项目进展信息，导致项目发起人认为项目进展顺利，不需要他的参与。

有的人认为较好的应对方式：项目经理先做决策，然后递交给发起人相关的备忘录，备忘录上可以这样写“这是我做出的决策，除非我在 48 小时内听到你的答复，否则我会认为你同意了我的决策”。

事实上，还有的项目发起人喜欢进行微观管理。有的人认为应对这种情况的较好方式是让项目发起人处于极其忙碌的状态，以期项目发起人能自行离开。

遗憾的是，这样做的结果可能使得项目发起人更加坚信自己的做法是正确的。我认为对于喜欢微观管理的项目发起人，可以要求角色界定。项目经理应该尽力与项目发起人一起界定项目经理和项目发起人各自的职责。

相比看不见的项目发起人和专横的项目发起人而言，更糟糕的是“不会说不”的项目发起人。当项目发起人不断地对客户说“是”时，执行组织中的每个人最终都会受到伤害。

有时候项目发起人的存在会弊大于利，尤其当项目发起人围绕一个错误的目标做决策时更是如此。

有一个理解项目管理而不是简单帮助决策的项目发起人是有必要的。项目发起人的目标不仅要与整个项目的目标一致，而且这些目标还要是现实的。如果发起人来自高级管理层，发起人必须是可见的，且随时了解项目的进展状况。

10.1.6 跨国的项目发起人与相关方

全球项目的跨国沟通，明显会存在许多不可预测因素，这些不可预测因素能对项目造成直接的影响。更糟糕的是，全球项目的实施环境相当复杂，受到社会政治因素的高度影响。与全球项目相关方沟通的要点包括：

- 并不是所有的项目相关方都可以识别出来。
- 显然，全球项目的相关方数量比非全球项目的相关方数量多。
- 全球项目的相关方在项目持续期内变化得更快。
- 相比可预见的全球项目相关方而言，未识别出的相关方的级别可能更高。
- 并非所有与全球项目相关方有关的问题都可以识别出来。
- 全球项目的某些问题可能需要比全球相关方更高级别的人员参与解决。
- 与相关方有关的问题，非全球项目的解决方案并非适合全球项目使用。
- 与非全球项目相关方相比，全球项目的相关方日程安排更复杂。
- 与非全球项目相关方相比，全球项目的相关方需要采用不同的冲突解决模式。

Aaltonen 和 Sivonen 在文章[1]中讨论了全球项目相关方的各种冲突解决模式，如下：

1 Kirsi Aaltonen and Risto Sivonen, “Response Strategies to Stakeholder Pressure in Global Projects,” *International Jouranl of Project Management*,27(2009)131-141.

- 接受　接受相关方的原则、方针和程序。
- 妥协　协商与对话。
- 回避　放弃与相关方之间的合同。
- 驳回　不理会相关方的需求。
- 影响　积极地改变相关方的需求。

新兴市场国家的项目相关方管理与其他市场是不一样的。在全球项目中，熟悉项目相关方的文化背景这一点至关重要。

10.1.7　委员会发起人

多年来，很多公司一直采用委派一个人承担某个项目的发起人。这样做的风险在于：发起人因对直线组织表示偏爱而做出次优的决策。现在，有的公司开始考虑由委员会来担任项目发起人。

在负责协同设计与缩短产品开发时间的组织中，委员会发起人非常常见。委员会的成员由中层管理者组成，来自市场营销、研发和运营等部门。这种做法的好处是委员会的决策比个人决策对公司更有利。

委员会发起人也有其局限性。在高级管理层，几乎很难找到所有高层经理们可以同时碰面的时间。委员会发起人不太适合项目众多的公司。

当项目出现危机，项目经理可能需要及时与发起人联系。如果发起人是委员会，项目经理如何以最少的时间召集委员会成员？当然，个人担任项目发起人比委员会的反应更迅速一些。如果委员会中的某一个成员担任某个项目的主要发起人时，委员会就能很好地发挥作用。

10.1.8　什么时候寻求帮助

项目经理可以用亮红灯、黄灯或绿灯的方式介绍项目的状态。这就是所谓的“交通灯”报告系统。对状态报告的每一个元素，项目经理可以根据下面的准则启动三盏灯中的一盏：

- 绿灯——工作按计划进行，发起人不必参与。
- 黄灯——存在潜在问题，发起人要知情，但不必采取行动。
- 红灯——存在可能影响时间、成本、范围或质量的问题。发起人需要进行干涉。

黄灯是警告，应该由中层及下层管理者来解决。

如果项目经理亮的是红灯，发起人应该积极地参与进来。红灯就意味着项目的时间、成本或者绩效会受到影响，必须尽快做出决策。发起人的主要职能是帮助及时制定最好的决策。

项目经理和发起人不主张员工出了问题来找他们，除非员工能同时提供备选方案或建议。通常，一旦员工们制定了备选方案或建议，他们自己就能解决大部分问题。

好的企业文化鼓励员工尽快提出问题，寻求解决方案。越快发现问题，越快解决问题。

有的公司采用不止 3 种颜色来表示项目的状态。有一家公司除了用上面定义的红灯、黄灯和绿灯外，还有一个橘黄灯。橘黄灯代表项目工作在目标里程碑日期之后仍在执行。

10.1.9 高层管理者的新角色

当项目管理成熟时，高层管理者会授权给中层及下层管理者。高层管理者担任的新的角色：

- 为优秀的项目管理人员建立中心机构。
- 建立项目管理办公室或项目管理职能中心。
- 建立项目管理职业发展路径。
- 为新任命的项目经理建立指导程序。
- 成立一个专门管理最优方法的部门，为组织内的其他部门服务。
- 为风险管理提供战略信息。

由于进度紧张给项目经理带来的压力，使得风险管理技能成为项目经理必备的管理技能。高层管理者会发现有必要为项目管理提供战略型商业人才，帮助识别风险、评估风险及选择风险处理的优先次序。

10.1.10 主动参与与被动参与

在委派项目发起人时，高级管理层面对的一个问题是项目发起人应该是项目的既得利益者还是独立的第三方。表 10-3 说明了这个问题的正反两方面。在项目中没有既得利益的发起人似乎更像一个离场拥护者，而不是项目发起人。

表 10-3 有没有既得利益

既得利益	公 正 的
• 给缺乏资金的项目提供资金	• 不再提供额外的资金，支持力度有限
• 确保项目存活	• 结束项目
• 遇到阻碍时，尽力保护	• 遇到阻碍时，有限度的保护
• 阻止内部敌人	• 回避政治和敌人
• 主动参与	• 走过场
• 参与人员配置	• 部分地参与人员配置

10.1.11 管理范围蔓延

PMBOK®指南，第 6 版
5.6 控制范围

以技术为导向的团队成员不仅希望达成产品的规格要求，还希望提供更高规格要求的产品。但是，更高的规格意味着更高的成本代价。项目经理必须控制变更，制定出相应的计划控制范围变更。如果范围蔓延是由项目经理引发的，该怎么处理？项目发起人必须同项目经理定期保持密切联系，检查项目范围基准是否变化，检查项目是否存在未经授权的变更，检查是否存在由范围变更引起的成本增加。

10.1.12 高层管理的拥护者

变更的实施需要高层管理者的拥护。例如，在公司中推行项目管理。高层管理的拥护者能促使项目管理从上到下彻底实施，让成员迅速接受项目管理这种方法体系，因为高层的参与意味着高层的支持和兴趣。

10.1.13 失败的项目治理

仅仅因为项目治理委员会的成员来自高级管理层，就认为他做的所有决策都是正确的，这是一种错误的想法。与其他人一样，高层管理者也会犯错误。即使由于治理的失败导致项目的失败很少见，但是治理失败造成的损失远远大于项目经理决策错误造成的损失。

由治理导致项目失败的原因包括：

- 未总结项目的经验教训，或者治理委员会不清楚之前的治理委员会的做法。
- 拒绝聆听项目经理的建议。
- 基于政治而非项目做出决策。
- 决策的制定不考虑对其他项目造成的影响。
- 在项目中期更换相关方。
- 拒绝中止可能失败的项目。
- 治理方式过于细致。
- 未经过商业论证。

随着治理委员会需求的增加，我们也要识别出新的风险。治理委员会的成员可能并不完全了解项目管理的实质。这样做的后果是委员会做出的决策看上去有利于项目，实际上对项目管理是不利的。例如，影响大的范围变更导致现有资源的重新安排以及人员的重新配置。

10.2 协调与发起人的不一致

如果项目经理认为发起人做出了一个错误的决定，他该怎么办？在这种情况下，项目经理是否有权进行追索？

导致项目经理和项目发起人之间矛盾的原因有很多种。第一，项目发起人不具备足够多的技术知识或信息评估决策的潜在风险；第二，项目发起人可能忙于其他活动，没有足够的时间做出决策；第三，有的公司愿意指派第三方发起人，因为这些人对项目没有既定的利益，所以做出的决策相对公平；第四，被派遣的发起人可能来自中层管理部门，他缺乏足够的商业知识做出最佳决策。

项目经理要不断地进行项目假设。这虽然合理，但也会导致项目经理和项目发起人之间的不一致和矛盾。在这种情况下，需要执行委员会的干涉。发起人必须明白，项目经理有权质疑发起人做出的决策。

当公司意识到了这类矛盾的存在，会成立执行委员会或执行政策董事会帮助迅速解决矛盾。但是很少有矛盾会提交到委员会，而那些提交的议案也往往会对公司造成重大影响。

当一个部门希望取消项目，而另一个部门认为应该继续时，执行委员会需要开始干涉这类冲突。

10.3 集体信念

有些项目，尤其是长期项目，需要集体信念。集体信念是狂热的也可能是盲目的，它将对目标达成的渴望渗透到整个团队、发起人甚至大多数高层管理者。集体信念会使一个理性的组织以非理性的方式行动。项目发起人将矛头指向集体信念，这也是可能发生的。

当集体信念存在时，那些支持集体信念的人们将被挑选出来。没有集体信念的人被迫支持集体信念且不允许团队成员质疑项目成果。随着集体信念的增强，拥护者和没有信念的人都会被轻视。集体信念的压力会比现实更沉重。

以下是集体信念的一些特征，这就是为什么一些大型的高科技项目常常很难扼杀它的原因：

- 无法识别或是拒绝承认失败。
- 忽视带警示性的信号。
- 只看自己想看的。
- 害怕暴露错误。
- 将坏消息看作个人的失败。
- 将失败看作软弱的信号。

- 将失败看作对个人职业生涯的破坏。
- 将失败看作对个人声誉的破坏。

10.4　项目离场拥护者

项目发起人和项目拥护者会做一切有可能促使项目成功的事情。但如果项目的拥护者和项目团队都盲目相信项目能成功完成怎么办？如果坚持强烈的信念和集体主义信条导致忽视了预警信号，那么会发生什么？如果集体信念掩盖了反对声音，那么又会发生什么？

在这种情况下，就需要指定项目离场拥护者。有时，项目离场拥护者需要直接参与过项目，从而确保他的可信度。但是，是否直接参与项目并不是项目离场拥护者的必要条件。项目离场拥护者必须愿意冒着牺牲名誉并面对有可能被逐出项目团队的风险。

项目越大、公司的财务风险越大，项目离场拥护者的职位越高。如果项目拥护者碰巧是 CEO，那么在董事会的某个人甚至整个董事会应该担当项目离场拥护者的角色。遗憾的是，有时集体信念会在整个董事会中弥漫开来。在这种情况下，集体信念能迫使董事会逃避他们失察的责任。

相比小项目而言，大型项目的成本超支和进度滞后造成的损失更严重。这类项目一旦开始，再要决定取消它就很难了。

项目工期越长，项目离场拥护者和发起人就越有必要确保商业计划有“出口匝道”，以便项目可以在大量资源投入和消耗前被终止。遗憾的是，当集体信念存在时，出口匝道会从项目和业务计划中有意被删除。需要项目离场拥护者的另一个原因是使项目收尾过程能尽可能快地实施。随着项目接近尾声，团队成员常常想到下一个任务并试图离开现有项目直到他们准备离开。在这种情况下，项目离场拥护者的角色是在不影响项目完整性的前提下加快收尾进程。

有的组织指派投资组合评审委员会作为项目离场拥护者，该委员会不仅拥有项目选择权，还有权决定项目是否需要中止。通常，董事会的某个成员会担任项目离场拥护者，并向董事会其他成员做最后陈述。

10.5　内部代表

对高风险、高优先级或信任度不够的项目，客户就会希望在承包商组织内派遣内部代表。如果恰当对待的话，这些代表就像项目办公室的额外职员，不需要承包商来支付工资。他们审查报告草稿，并站在公司的立场提出针对报告的建议。

因为项目经理需要个人空间，所以内部代表通常会远离承包商办公。除了处于设计阶段的建设项目，内部代表能帮助设计人员了解客户的具体需求，并快速做出决策。

大多数内部代表知道他们的权限范围。因此巡视厂房、同职能官员谈话，或者简单地检查、测试和制造组件时，一些公司会要求内部代表有一个项目办公室人员陪同。

但也可能存在这种情况：内部代表引起了混乱，公司将其撤销。这一行动往往需要来自承包商的项目发起人的大力支持。需要强调的是，高层管理者和项目发起人应该同内部代表保持适当的联系并加以控制，这种工作他们可能做得比项目经理多。

10.6 相关方关系管理

PMBOK®指南，第 6 版
第 13 章 项目相关方管理

随着项目规模越来越大、越来越复杂，项目发起人的角色被治理委员会承担，而项目发起人只是该委员会的其中一名成员。项目发起人和其他相关方的关系变得很重要。

不管怎样，相关方是受到项目成果或项目管理方式影响的个体、企业或组织，他们可以直接或间接地参与到整个项目中或只是作为观察者，可以从被动的角色转变为团队的积极成员，并参与重大决策。积极的相关方能起到发起人的作用。

在小项目或传统项目中，项目经理一般只与项目发起人沟通。项目发起人通常是这类项目的主要相关方，是由资助项目的组织任命的。内部项目和外部项目都一样。但是项目越大，需要管理的相关方数量越多。如果相关方的数量众多，他们可能分散在不同的地方，身处不同的管理层级，具有不同的权力而且语言文化也各不相同，那么项目的潜在问题就越多。想要定期地与这些相关方沟通并做决策是很耗时间的，特别是大型、复杂的项目。

10.6.1 承诺

相关方关系管理的一个复杂之处是在管理这些关系的同时，又不牺牲企业的长期使命和愿景。另外，你的企业可能有关于这个项目的长期目标，但这些目标不一定与项目目标或每个相关方的目标一致。让所有的相关方一致同意所有的决策只是一厢情愿而已。你会发现不可能使所有的相关方都同意，但你可以在特定时间满足尽可能多的人。

缺乏所有相关方的承诺很难高效地进行相关方关系管理。如果相关方看不到在项目完成时能为自己带来什么，即他们期望的价值或其他个人利益，那么很难获得这些承诺。问题在于某个相关方看来有价值的东西在另一个相关方那里却不是。例如，第一个相关方可能把这个项目看作威信的象征，第二个相关方可能认为它的价值仅仅在于为社会提供了就业机会，第三个相关方可能从项目最终可交付成果和内在质量中看到价值，第四个相关方可能把这个项目看成与特殊客户进一步合作的契机。

可以制定一份相关方相互之间如何沟通的协议。协议界定了相关方要相互沟通、共享资源、及时提供资金支持、共享知识产权等。尽管所有相关方都认可这些协议，但他们会受到政治、经济状况和其他事业环境因素的影响，这些都是项目经理无法控制的。某些国家可能因为文化、宗教、人权观和其他类似因素而不愿意与其他国家合作。

对项目经理来说，在项目一开始就必须获得这些协议。有些项目经理很幸运能够做成，但有的则不能。

我们应该知道，不是所有的相关方都希望项目成功。例如，相关方认为当项目完成时，他们会失去权力、权威、职权甚至工作。直到项目结束，这些相关方要么保持沉默，要么作为项目的支持者。如果项目不可能成功，相关方就会说“我早说过会这样”。如果看起来项目可能成功，相关方就会突然从支持者或沉默者变成反对者。

相关方的幕后动机很难识别。他们可以掩饰自己的真实感受，且不愿意分享信息。通常，几乎没有多少预警信息能表明他们对项目的真实信念。然而，如果相关方不愿意批准项目范围变更、提供额外的资金或分配高质量的资源，这可能表明他们对项目失去了信心。

10.6.2　相关方的期望

不是所有的相关方都懂项目管理；不是所有的相关方都理解项目发起人的角色；不是所有的相关方都明白如何与项目或项目经理沟通，即使他们乐意接受和支持这个项目。简单地说，大部分相关方从来没有接受过如何恰当地行使相关方职能的培训。遗憾的是，这不能在早期就察觉，而是随着项目的进展变得清晰起来。

有些相关方可能觉得他们仅仅是观察者，不需要参与决策制定或项目范围变更授权。对于那些仅仅希望成为观察者的相关方来说，这会是一个“好建议”。有些人会接受新角色但有些人不会，那些不愿接受新角色的人往往是害怕做出错误的决策，影响他们的政治生涯。

有些相关方把他们的角色看成微观管理者（Micromanagers），他们会经常抢夺项目经理的决策权，做出他们授权范围之外的决策。显然，相比仅是观察者的相关方而言，微观管理的相关方对项目造成的危害更大。

项目经理准备一张相关方的期望清单可能个好主意，即使相关方是支持项目的。相关方的角色界定应该同团队成员角色界定一样，在项目启动会议时就完成。

10.6.3　解决方案提供者

“参与式项目管理”（Engagement Project Management）方法的实施导致当前相关方关系管理的观点已经改变。过去，每当完成一次销售之后，销售人员将继续寻找新的客户，他们把自己看成产品或服务的提供者。现在，销售人员把自己看作业务解决方案的提供者。换句话说，现在销售人员告诉客户他可以提供符合所有业务需求的解决方案，作为交换，他希望能成为客户的战略业务伙伴。这对买卖双方都有好处，因为：

- 不是所有企业（顾客）都有能力管理复杂的事物。
- 解决方案提供者在管理项目时已经接受过培训。
- 解决方案提供者能与客户分享他们的经验。
- 解决方案提供者对文化变迁有更好的理解，具有在任何文化下工作的能力，能接受虚拟团队。

因此，作为解决方案提供者，项目经理主要关注与客户和相关方的未来和长期合作协议。这个关注主要是价值导向的，而不是短期利益导向。

10.6.4 相关方识别

相关方关系管理始于相关方识别，这实施起来很难，特别是涉及跨国项目。相关方存在于任何管理层级。企业相关方经常比政治或政府相关方更容易识别。各个相关方都可能给项目制造难题。相关方必须协同工作而且经常参与到整个项目治理过程中。因此，了解哪些相关方将参与项目治理、哪些人不会是非常必要的。

作为相关方识别的一部分，项目经理必须知道他是否有权力或依据项目现状与相关方沟通。有的相关方认为他们高于项目经理，在这种情况下，可能项目发起人就要介入沟通。

有几种方法可以识别相关方，至少有一种方法可以用在项目上。

- **群组**：包括金融机构、债权人、监管机构等。
- **个体**：可以是名字或头衔，如 CIO、COO、CEO，或者只是相关方组织里联系人的名字。
- **贡献**：可以根据财务贡献者、资源贡献者或技术贡献者来确定。
- **其他因素**：可以根据做决策的权力或其他类似因素来判断。

要知道，不是所有的相关方对项目都有同样的期望。有的相关方希望不惜任何代价使项目成功，而其他相关方则宁愿项目失败，即使他们表面上似乎支持项目。有的相关方认为完工了的项目就是成功，而不管成本是否超支，然而其他相关方只认可财务上的成功。相关方注重他们在项目中能获得的价值，这就是对他们对成功的定义。但真正的价值只有在项目完成几个月之后才能显现出来。有的相关方把项目看成引起公众注意、提高知名度的一个机会，因此他们会积极参与，而其他相关方更倾向被动参与。

10.6.5 相关方分析

对于大型、复杂且有很多相关方的项目，项目经理想要满足所有相关方是不可能的。因此，项目经理必须知道哪些是最有影响力的相关方，哪些人可以为项目提供最大的支持。通常要问的问题包括：

- 谁有权力，谁没有权力？
- 谁将直接或间接地参与项目？
- 谁有权力中止项目？
- 项目可交付成果的紧急程度？
- 谁比其他人需要更多或更少的信息？

不是所有相关方都有相等的影响力、权力、权威来及时做出决策。项目经理迫切需要知道谁是最重要的。

最后，必须牢记，相关方在项目生命周期中是变化的，特别是在长期项目中。同样，某些相关方的重要性在整个项目生命周期和每个生命周期阶段中也会变化。因此，相关方名单是一个随时变化的动态文件。

相关方映射图往往显示在一个坐标网络中，根据他们的权力和利益水平不同来排列。如图 10-2 所示，四个单元格分别表示：

- 亲密型。他们是高权力、高兴趣的相关方，可以开始或中断你的项目。你必须尽最大的努力去满足他们。注意有些因素可以让他们迅速改变象限。
- 满意型。他们是高权力、低兴趣的相关方，同样可以开始或中断你的项目。你必须做出一些努力来满足他们，但不要给他们导致厌倦和完全失去兴趣的过多细节信息。他们可能直到项目快要结束时才会参与。
- 知会型。他们权力有限，但是高兴趣。他们能充当问题的早期预警系统，并有技术可以帮助解决技术问题。他们是经常提供隐藏机会的相关方。
- 监督型。这类相关方拥有有限的权力，除非灾难发生否则不会对项目感兴趣。向他们提供的信息不要太详细，不然他们会失去兴趣或感到厌烦。

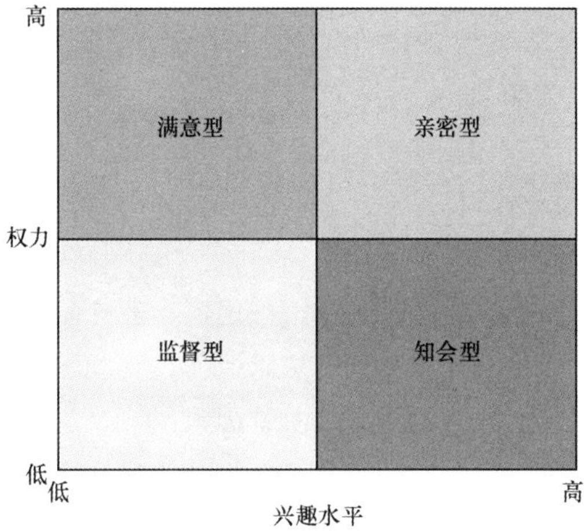

图 10-2　相关方权力—兴趣映射图

10.6.6 相关方参与

相关方参与是你亲身见到相关方并弄清他们的需求和期望。作为相关方参与的一部分，你必须：

- 理解他们和他们的期望。
- 理解他们的需求。
- 评估他们的意见。
- 找到获得他们持续支持的方法。
- 在早期识别出会对项目产生影响的相关方问题。

尽管相关方参与在相关方识别之后，经常是通过相关方参与我们才能弄清哪些相关方是支持者、倡导者、中立者或反对者。这也是项目经理与相关方建立互信关系的第一步。

10.6.7 信息流

作为相关方参与的一部分，项目经理有必要了解每个相关方的利益。实现这个目的的一种途径是询问相关方（经常是关键相关方）他们想在绩效报告中看到什么信息。这个信息有助于识别服务于这类相关方所需要的关键绩效指标（Key Performance Indicators，KPI）。

各个相关方有一套不同的 KPI 兴趣，项目经理要维持多重 KPI 追踪和信息报告是很费时费力的，但这对于成功的相关方关系管理很有必要。使所有相关方同意一套统一的 KPI 报告和仪表板几乎是不可能的。

必须有一个关于每个相关方需要什么信息、什么时候需要、信息以什么样的方式呈现的协议。有的相关方可能希望有每天或每周的信息流，而其他人可能喜欢每月的数据。多数情况下，信息将会通过互联网提供。

需要进行有效的相关方沟通：

- 需要定期地与相关方沟通。
- 通过了解相关方，或许你能够预料他们的行为。
- 有效的相关方沟通能建立信任。
- 虚拟团队依靠有效的相关方沟通。
- 尽管我们根据群组或组织分类相关方，我们依然是与人沟通。
- 无效的相关方沟通会使一个支持者变成阻拦者。

成功的相关方关系管理必须考虑另三个关键因素：

- 有效的相关方关系管理需要时间。有必要与发起人、高级管理层和项目团队成员共担责任。
- 基于相关方的数量，面对面地沟通是不可能的。你必须借助互联网的力量增强你的沟通能力。这在管理虚拟团队时也非常重要。

- 不管相关方数量有多少，与相关方工作关系的文件必须存档。这对未来项目的成功很关键。

有效的相关方关系管理在一个卓越的成功项目和一个糟糕的失败项目之间是不同的。成功的相关方关系管理会导致具有约束力的协议的产生。产生的好处包括：

- 更好、更及时地决策。
- 更好地控制范围变更，预防不必要的变更。
- 相关方的后续订单。
- 最终用户的满意与忠诚。
- 最小化政治对项目的影响。

有时，不管我们如何努力去尝试，相关方关系管理还是会失败。典型的原因如下：

- 过早地邀请相关方参与，导致频繁的范围变更和支付不必要的工期延误成本。
- 太晚地邀请相关方参与，如果采纳他们的建议，工期延误成本更高。
- 邀请错误的相关方参与重大决定，因而导致不必要的变更和关键相关方的批评。
- 关键相关方对项目失去了兴趣。
- 关键相关方对项目没有进展失去了耐心。
- 让关键相关方误以为他们的付出是没有意义的。
- 用不道德的领导风格管理项目或用不道德的方式与相关方接触。

10.7　项目组合管理

PMBOK®指南，第 6 版
1.2.3.3　项目组合管理

即使最优的项目管理方法也存在项目决策局部最优化的风险，即决策是对项目有利并不意味着对投资组合项目有利。公司需要面对的风险包括：

- 关键资源的争夺更激烈。
- 缺乏优先级系统。
- 即使存在优先级系统，过多的范围变更也会导致项目工作的大量返工。
- 项目目标与战略目标不一致。
- 在项目获批时，不能识别项目的利益和价值。
- 浪费了大量时间在无价值的工作上。

公司可以通过实行项目组合管理的最优方法解决以上这些问题。项目组合是由一组项目和项目集组成的，它们出于战略的角度组合在一起，对公司的生存至关重要。组合项目中关键项目的数量要控制在 10~12 个，其他的项目可以多达上百个。同一公司的项目组合类型可以有好几种。

项目组合管理是对项目经理使用的管理过程、方法和技术进行集中化管理，确保组合项目价值的最大化，确保项目的目标与战略目标一致。项目组合治理委员会的成员由发起人和相关方构成，他们的职能包括：决定是否还存在商业机会，选择最适合公司的项目，确定项目的优先级，根据现有资源容量决定最优的资源分配、资金控制、范围变更控制、投资组合风险管理等。管理组合项目的项目经理要向项目组合治理委员会进行报告，有必要的话，还要向有关的相关方进行报告。

从宏观层面上来讲，项目组合治理委员会要做出明智的决策。关于投资组合项目，他们需要回答以下三个问题：

- 我们选择的项目正确吗？
- 我们是否在用正确的方式管理好项目？
- 我们是否做了足够多的好项目？

从微观层面或个人层面来讲，项目组合治理委员会需要承担的责任包括：

- 核实正在创造的价值。
- 了解风险，知道怎么缓和风险。
- 知道何时进行干预。
- 知道何时中止绩效差的项目。
- 预测公司未来的绩效。
- 确保项目的目标与战略目标一致。
- 需要的话，重新优化资源。
- 需要的话，知道何时重新安排项目的优先级。

基于之前介绍的内容，治理委员会需要定期评估：

- 有没有投资需要取消或替换？
- 项目集或项目需要合并吗？
- 项目需要加快工期或延缓进度吗？
- 战略一致性怎么样？
- 投资组合项目需要再调整吗？

因为治理委员会需要做出明智的决策，所以他们还需要时间、成本和范围以外的指标信息。传统的项目一般只设置三重约束条件，而如今由于存在竞争性约束条件，项目经理需要报告多达 10~12 类的指标，其中大部分是以商业为导向的指标。正如本书第 1 章介绍的，如今的项目经理越来越以商业目标为导向。

10.8 政治因素

PMBOK®指南，第 6 版
3.4.4.3 政治、权力和办好事情

每个年轻或没有经验的项目经理开始他们的第一个项目时总会“两眼放光”地认为这将是他们的一项伟大的成就。然后，经常毫无征兆地，项目政治、外部政治或两者兼有及夸大妄想等现实情况总是干扰着项目进程，于是，他们不得不反问自己“我对自己做了什么”。

人们通常都基于自己的利益做出决策，这是很自然的。例如，当存在以下情况时政治会出现：

- 试图明确项目需求和所有相关方之间的分歧。
- 制定工作说明书。
- 为争夺稀缺资源进行谈判。
- 围绕团队成员的偏好制订进度计划。
- 有关优先级的冲突。
- 试图解释不利偏差的原因。

上面的情况还可以列举很多。政治因素出现时，项目发起人使团队免受政治影响的能力有限。发起人是保护项目免受外部因素影响的第一道防线。政治存在于项目的生命周期的任何阶段。对于即将出现的政治，你需要的是两个或者更多的人甚至一个群体的帮助。

大部分人相信政治对项目来说是不利的，这并不一定是正确的。政治可以是好的也可以是坏的，对项目造成积极或消极的影响。让你的发起人施加他的政治影响力，帮助你获得所需的资源或是高的项目优先级会导致积极的结果。

如果人们利用政治来获取更多的权力、权威、控制或晋升机会，不利的结果就会出现。这种类型的政治游戏会使项目中断或功能失调。这些坏的政治生态比好的政治生态更频繁地发生。如果这些坏的政治游戏不受控制，结果就是在冲突和决策中出现非赢即输的两极情况。所有结果都会降低团队士气。

相关案例研究（选自 Kerzner/*Project Management Case Studies*, 5th Edition）	相关练习（选自 Kerzner/*Project Management Workbook and PMP®/CAPM® Exam Study Guide*, 12th Edition）	PMBOK®指南（第 6 版），PMP 资格认证考试参考部分
• Greyson Corporation • The Blue Spider Project • Gorwin Corporation • 项目的优先级* • 不负责任的发起人* • 向高层推销项目管理*	• 多项选择题	• 整合管理 • 范围管理 • 项目资源管理

* 见本章末案例分析。

10.9　PMI 项目管理资格认证考试学习要点

本节用于项目管理原理的复习，以巩固《PMBOK®指南》中相应的知识领域和范围，着重讲述了：

- 整合管理。
- 范围管理。
- 项目资源管理。
- 启动。
- 规划。
- 执行。
- 监督。
- 收尾。

对于准备 PMP 考试的读者，通过下列练习将有助于对相关原理的理解。

- 高管层发起人或项目发起人的角色。
- 项目发起人不一定来自高级管理层。
- 有的项目有发起人委员会。
- 何时将问题提交给发起人，以及提交什么信息。

本章可用的附录 C 中的 Dorale 产品的案例有：

- Dorale 产品（G）（整合管理和范围管理）。

下列选择题将有助于回顾本章的原理及知识。

1. 项目启动阶段，项目发起人的作用是帮助____。
   A. 界定项目的目标，包括商业目标和技术目标
   B. 制订项目计划
   C. 进行可行性研究
   D. 实施项目成本—效益分析
2. 项目实施阶段，项目发起人的作用是____。
   A. 验证项目的目标
   B. 证实项目计划的有效实施
   C. 做出所有的决策
   D. 解决组织其他地方不能解决的问题
3. 项目收尾或者每个生命周期阶段的结束部分，项目发起人的作用是____。
   A. 核实利润数据　　B. 签字移交产品
   C. 对项目团队成员进行绩效评价　　D. 以上皆是

答案

1. A　2. D　3. B

思考题

10-1 如果发现职能部门人员缺乏效率，项目经理应该怎么做？高层管理者应介入吗？

10-2 根据公司的标准程序，允许项目经理对高级管理者预先提要求吗？

10-3 项目发起人有权力撤销内部代表吗？

10-4 项目管理什么时候变成了管理过度？

10-5 你是一个部门主管，两个项目经理（每个分别向副总裁汇报）向你寻求资源帮助。每个项目经理都说他的项目被副总裁列为最高的优先级。作为部门主管，你如何解决这一问题？有什么建议可以防止这种情况再次发生？

10-6 客户有权同项目团队成员而不是项目经理进行直接的沟通吗？或许这可以由项目经理自行决定？

10-7 你的公司现在任命一个副总裁作为项目发起人。遗憾的是，发起人拒绝做任何关键决策，一直将“皮球”踢回给你。你该怎么做？你的选择是什么？对他这种做法有多少支持和反对意见？为什么会出现这种情况？

案例分析

案例 1　项目的优先级

背景信息

工程、市场、制造、研发部门都有正在从事的项目，每个部门都为项目设立了一个优先级。问题在于员工同时参与多个项目，必须处理相互矛盾的优先级。[1]

优先级问题

Lynx Manufacturing 是一个低成本电缆电线制造商。这个行业本身被认为一个低技术含量的行业，有些产品的生产方式数十年没有变化。有一些改进生产过程的项目，但少之又少。

工程、市场、制造和研发这 4 个部门都有项目，但这些项目一般都很小而且只使用自己部门的资源。

世纪之交时，制造技术开始发展，Lynx 必须准备面对将会对自身业务产生影响的技术革命。每个部门开始准备列出需要继续的项目目录，有些目录上的项目多达 200 个。这些项目比以前从事的项目更复杂，来自所有部门的项目团队成员都被分配了全职或兼职的工作。

每个部门主管将为源于他的部门的项目设立优先级，尽管这些项目还需要从其他部门获取资源。这就造成了重要的人事问题和许多冲突：

- 每个部门都会保留最好的项目资源，即使有些（本部门之外的）项目被认为对企业的总体成功更重要。
- 每个部门都试图从外部寻找员工来解决问题，而不肯动用本部门内部项目的员工。
- 每个部门似乎对其他部门在做的项目毫不关心。
- 各个部门内的项目优先级可能因为部门主管的个人意志而每天变化。

唯一重要的成本和进度报告都是与源自本部门的项目相关的成本、进度报告。

企业高层管理者拒绝参与解决部门之间的冲突。

部门之间工作关系恶化到高层管理者都不愿意介入的地步。这 4 个部门未来几年想要完成超过 350 个项目，大部分项目都需要跨部门的成员组成的团队来完成。

问题

1. 为什么高层管理者介入是必要的，而不是让部门主管自己解决冲突？
2. 要解决这个问题，高层管理团队应该怎么做？
3. 假设建立一个包括 4 个部门所有项目的目录，有多少项目应该有一个优先级号或优先级代码？
4. 部门主管可以指定优先级吗？还是必须要有高层管理者的参与？
5. 项目优先级目录多久需要审核一次？谁应该参加审核会议？
6. 假设有些部门主管拒绝根据优先级清单分配资源，而只关注自己的“宠物项目”（Pet Projects）。这个问题怎么解决？

案例 2　不负责任的发起人

背景信息

这个公司的两个高管各自资助一个成功可能性很小的“宠物项目”。尽管项目经理多次要求取消项目，发起人仍然决定在遭受损失之后投入更多的资金，因为发起人必须找到一个方法来防止这个错误导致的难堪。

案例情节

两名高管想启动两个“宠物项目”，并从他们各自的职能领域为项目募资。两个项目的预算都接近 200 万美元，项目周期约为一年。两个项目都有高风险，因为需要有重大技术突破两个项目才能成功。但技术突破能否实现尚属未知；如果实现了技术突破，两位高管预计项目的产品寿命都约为一年，不过还是能轻松收回研发经费的。

这两个项目之所以被视为“宠物项目”，是因为他们是在两个高层管理者的个人要求下启动的，并没有经过商业论证。如果让这两个项目进入项目组合选择的正式流程，那么一个都无法获批。两个项目的预计结果远低于公司能从其他项目中获得的价值；此外，即便实现了技术突破，投资回报也低于最低水平。积极参与到项目组合选择中的项目管理办公室的人员也称他们绝不会建议通过一个产品寿命只有不到一年的项目。

简而言之，这两个项目的存在只是为了满足两名高管的个人需求，让他们得以在同事中建立起威信。

然而，两位高管都资助项目，并都愿意让项目在不经标准批准流程的情况下开展下去。他们都寻求了一名有经验的项目经理来管理他们的“宠物项目”。

门径审查会议

在第一次门径审查会上，两个项目经理都建议将他们的项目取消并将资源用在更有前景的项目中。他们认为项目所需要的技术突破无法及时实现。通常来说，这两位项目经理能有此举动实属勇气可嘉。因为他们的建议是符合公司利益的。

但是，两名高管都不愿意轻易放弃他们的项目。因为这样是对资助项目的他们的侮辱。两位高管坚持项目应该继续下去，等下一次的会议再讨论。到那时，再决定是否取消这两个项目。

在第二次门径审查会议上，两位项目经理再次建议取消项目。而两位高管再次强调等到下一次会议再做决定。

幸运的是，项目所需的技术突破终于实现了，不过比要求的时间晚了六个月。这也就意味着盈利的机会在减少，卖出产品并收回研发经费的时间期限由一年缩减至半年。更遗憾的是，市场情况显示这些产品半年后就会过时并无法卖出。

两位高管都要想办法保住脸面，并避免承认他们浪费了几百万美元在两个没用的项目上。这一定会对他们的年终奖金数额有很大的影响。

问题

1. 公司允许管理层开展未经常规程序批准的“宠物项目”这一现象是否常见？
2. 本案例中，谁升职了，谁又被解雇了？换句话说，高管们是如何保住颜面的？

案例 3　向高层推销项目管理

背景信息

看着公司的销售额逐渐下滑，Levon Corporation 的主管们却并不理会员工的建议，项目管理方式能提升公司的销售额。最终，主管们还是同意听一次项目管理顾问的报告。

需要项目管理

近 20 年来，Levon Corporation 在电子零件生产方面一直是一家成功的企业。公司既是项目驱动的，又不是项目驱动的。公司的大部分业务来自为全球政府机构和私企提供和研发定制化产品。

不过，公司定制化业务，也就是项目驱动业务，逐渐开始受到冲击。尽管公司的声誉良好，但公司的大部分合同都是通过竞标获得的。每位客户的建议邀请书都要求承包方拥有项目管理的能力。Levon 并没有真正的项目管理能力。大多数招投标项目都采用的是打分法，而不是最低报价法，这样一来，Levon 在标书评审中就不断降级，因为 Levon 并没有项目管理能力。

销售和市场人员不断向公司的高层管理者表示他们的忧虑，不过他们的话被当作耳旁风。管理层担心，他们如果支持开展项目管理，那么公司的权利平衡就会被改变。无论哪位高管掌管项目管理部门，其权力都会大于其他高管。

差距分析

最终，高管们很不情愿地答应聘请一位项目管理顾问。主管们要求顾问详细说明 Levon 和其他同行之间的差距，并展示项目管理如何能使公司获益。主管们还要求顾问介绍一旦开始实施项目管理，高管们的职责是什么。

经过几周的研究后，顾问准备好了向高管层作的报告。报告中，顾问展示的第一张幻灯片如图 10-3 所示，上面显示 Levon 的销售额并没有他们想象中那么好。Levon 的销售额显然在行业平均水平以下，而且 Levon 与同行业领头企业之间的差距越来越大。

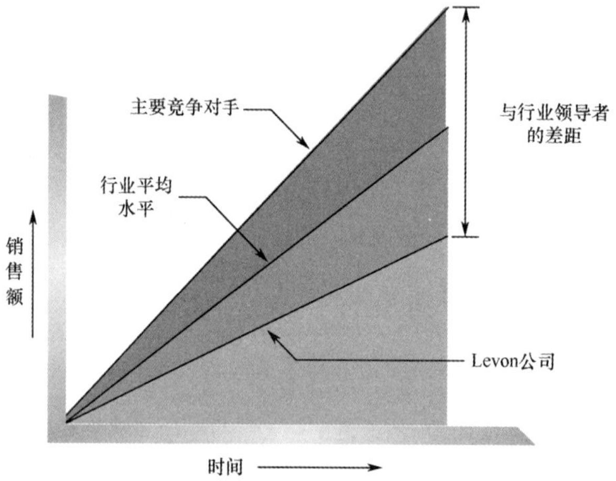

图 10-3 Levon 的差距分析

顾问随后展示了图 10-4。基于诸如时间、成本、项目范围、风险处理能力、产品质量、客户界面等要素建立了项目管理成熟度要素。顾问用项目管理成熟度要素向管理层展示了 Levon 对项目管理的理解以及项目管理成熟度远落后于行业潮流。

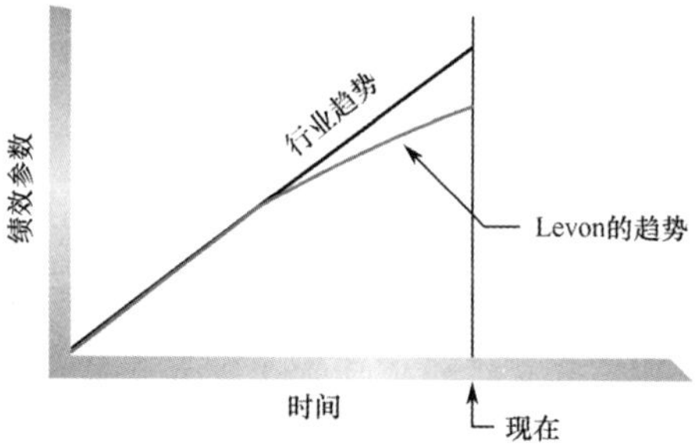

图 10-4 项目管理绩效趋势

顾问随后展示了图 10-5，上面清晰地显示除非 Levon 提高其项目管理能力，否则差距还会扩大。主管们似乎理解了，但顾问依旧能看出他们对实施项目管理尚存担忧。

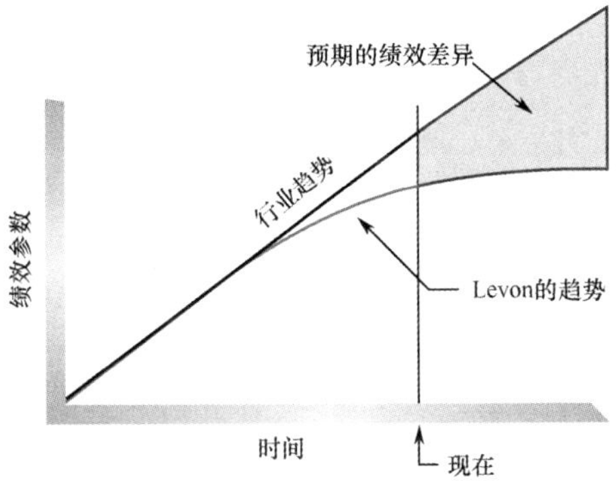

图 10-5　不断扩大的绩效差距

问题

1. 为什么高管拒绝听取自己员工的建议却听从顾问的建议？
2. 一开始，顾问以 Levon 和行业内其他企业间的差距来进行展示，这是正确的吗？
3. 为什么看了顾问的展示之后，高管们依然看起来忧虑不安？
4. 下一步顾问应该说什么以使高管们理解并支持项目管理？

第 11 章　规划

引言

PMBOK®指南，第 6 版
第 5 章　项目范围管理
5.3　定义范围

项目经理最重要的职责是制订计划、整合计划和执行计划。由于项目的工期相对较短以及受到资源的优先控制，几乎所有的项目都需要正式的、详细的规划。因为每个职能单位可能只按自己的工作来进行规划，很少顾及其他职能单位，所以规划活动的整合是必要的。

一般来讲，规划的职能可以描述为选择企业目标，制定为实现这些目标所需的方针、程序和方案。项目环境下进行的规划是指在已预测的环境中建立一个预定的行动路径。项目要求设定重大里程碑，但是如果职能经理认为这些里程碑不现实而无法达到的话，项目经理就要提出备选方案，对里程碑进行更改。在制订备选方案时，需要上层领导的参与。

项目经理是成功项目规划的核心。从项目的概念阶段到执行阶段都需要项目经理的参与。项目规划要有系统、能够灵活地处理独特的活动、定期进行评审和控制以及接受多功能的输入。成功的项目经理一直明白项目规划是一个迭代的过程，必须贯彻项目的整个生命周期。

PMBOK®指南，第 6 版
5.3　定义范围

项目规划的目标之一是去完整地定义所有需要的工作（可能通过项目规划文件的建立来实现），以便每个项目参与者都能较容易地确定自己的角色。这在项目环境中是必要的，因为：

- 如果在执行前能很好地理解每项任务，大部分工作都可以提前规划。
- 如果执行者对任务理解不到位，那么在任务的实际执行过程中就需要了解得更多，否则会导致资源重新分配、进度计划的重新安排以及优先级的重新调整。
- 任务不确定性越大，保证项目有效执行所需要处理的信息量就越大。

这些因素在项目环境中之所以重要，是因为每个项目都是独特的。它们要求不同的资源，又不得不在规定工期、预算范围内交付合乎质量的产品。

11.1　商业论证

> **PMBOK®指南，第 6 版**
> 1.2.6.1　项目商业论证
> 1.2.6.2　项目效益管理计划
> 5.2　收集需求

通常，项目的首要工作是进行商业论证。商业论证最好在范围定义之前完成。商业论证是指介绍项目启动原因的文档。以前，商业论证就是一份用于启动项目的小文档或演示文件，由提出项目需求的人制定。如今，商业论证是一份完善的书面文件，明确地说明商业需求。每份商业论证都要详细介绍项目的边界，决策者可以根据它预测项目的商业价值、收益以及完成项目所需的成本。

商业论证既有定量的信息，也有非定量的信息，证明对项目投资的合理性。通常，商业论证要包括以下信息。

- 商业需求：介绍目前存在的问题及投资的必要性。
- 机会选项：介绍项目与战略商业目标的一致性。
- 收益实现计划：介绍可能获得的价值或收益（不是产品或可交付成果），不包括成本的节约、额外收益及其他机会等。
- 假设：介绍需要验证的所有项目假设。
- 高级目标：介绍项目的高级目标或战略目标。
- 评估建议：介绍用于项目评估的技术，比如利润率、现金流、战略选择、机会成本、投资回报、净现值及风险等。
- 项目指标：介绍用于跟踪项目绩效的财务指标和非财务指标。
- 退出战略：需要的话，介绍用于中止或取消项目的标准。
- 项目风险：简要介绍项目的商业定位、合法性、技术性及其他风险，帮助决策者评估项目。
- 项目复杂程度：站在风险的角度介绍项目的复杂程度，说明组织和组织现有的技术是否有能力管理这种复杂程度。
- 需要的资源：介绍需要的人力资源和其他资源。
- 时间：介绍项目的主要里程碑。
- 法律要求：介绍必须遵循的法律条款。

上述信息不仅能用于项目的获批，还能用于项目优先级的评定。

商业论证的大部分条款可以参考相应的模板。有时，收益实现计划并不包含在商业论证中，是一个独立的文档。收益实现计划模板包括：

- 介绍收益。
- 识别项目的有形收益和无形收益。

- 识别每类收益的获利者。
- 介绍收益的实现方法。
- 介绍收益的衡量方法。
- 介绍每类收益的实现日期。
- 将活动移交给另一个部门意味着可交付成果的利益实现。

决策者要知道：在项目整个生命周期内，环境的变化会导致需求的变化、优先级的变化及可交付成果的重新定义。如果发现项目的可交付成果是有害的，那么就需要改变商业论证和收益实现计划，推迟项目甚至直接取消项目。导致商业论证或收益实现计划变化的因素包括：

- 企业所有者或高级管理层的变化：项目生命周期内，领导层会发生改变。原来维护项目的高层将项目交付给了其他人。当看到其他项目的高收益时，新的高层既不愿意等待项目收益的实现，也不愿意为项目做出承诺。
- 假设的变化：在项目运行期间，假设是最可能发生变化的，尤其是那些与企业环境因素有关的假设。因此，需要制定跟踪指标，确保原有的假设或已变更的假设仍然与预期收益一致。
- 约束条件的变化：市场环境或风险的变化会导致约束条件发生变化。公司会批准某些范围变更以期获得额外的机会，或因为现金流的短缺减少资金的投入。需要制定相关的指标跟踪约束条件的变化。
- 资源可获性的变化：如果想要取得技术突破或寻求低风险且更好的技术方法，能否获取关键的技术资源至关重要。

项目管理原理认为：项目经理指派越早，制订的计划就越好，项目获得的承诺也越多。当今项目管理的趋势是让项目经理尽早参与商业论证的制定。

有人认为，应该在商业论证后再指派项目经理，原因在于：

- 项目经理缺乏足够的知识，此时不适合参与项目。
- 项目还没有获批或者项目的资金还不到位，让项目经理尽早参与会增加项目的成本。
- 早期阶段项目定义不完善，不能决定谁最适合担任项目经理。

上述原因看上去很有道理，但是问题在于最终指派的项目经理也许不能完全理解商业论证上有关项目的假设、约束条件和备选方案，导致项目计划的制订不够理想。由不参与项目实施的人员制定包括假设、备选方案和结束条件在内的商业论证，是一厢情愿的想法。

商业论证的制定有时会过于乐观，忽视项目的成本和进度问题，这时候就需要项目经理冷静地提出各种不利的假设和问题。但是，如果项目最终不能达成商业论证上提出的目标，项目经理也要接受各方的指责。

11.2　确认假设

> **PMBOK®指南，第 6 版**
> 2.2　企业环境因素
> 2.3　组织过程资产
> 4.1.3.2　假设日志
> 5.2　收集需求

规划的首要工作是了解需求、约束条件和假设。项目规划是基于过去的经验推测出来的计划。如果经验欠缺，或者推测时缺乏关键信息，那么就需要进行假设。

通常情况下，假设包含在由市场人员和销售人员制定的项目商业论证中，作为项目选择和批准流程的一部分，需要高级管理层的批准。项目最终的成果就是基于假设制定的。

为什么最终的项目成果往往不能满足高级管理层的期望？在项目开始时，要确保高级管理层所期望的利益能在项目完工后得以实现是不可能的。虽然项目工期的长短是一个重要因素，但改变假设才是真正的罪魁祸首。有时，我们会存在假设“盲点”，不能意识到有些我们常用的假设不再适用。

假设由团队以及团队以外的人员执行，能影响项目的成果。项目经理通常围绕事业环境因素和组织过程资产制定假设。

- **事业环境因素：**有些外部环境条件的假设会影响项目的成功，如利率、市场条件、客户需求的变化、客户的参与、技术的改变、政治气候的变化及政府政策的变化。
- **组织过程资产：**有关公司现在或未来组织资产的一些假设也会影响项目的成功，如企业项目管理的成熟度、项目管理信息系统、表格、模板、指南、清单，以及获取和使用经验教训数据、最优方法、资源获取、技术水平等的能力。

> **PMBOK®指南，第 6 版**
> 2.2　事业环境因素
> 2.3　组织过程资产

项目启动时，需要证实所有的假设。随着项目的进展，也需要随时跟踪和证实这些假设。如果假设发生变化或者不再适用，那么项目可能需要重新定位甚至取消。遗憾的是，许多项目经理不会跟踪确认假设的有效性，虽然项目在预算范围内、按时且合乎质量地完成，但是项目并没有为客户或者公司带来额外的价值。

要确保假设的准确程度几乎是不可能的。但是，如果假设被证实是错误的，就需要提前制订应急管理计划。

11.2.1　假设的类型

假设的类型有很多种，最常见的两类是明确的假设和隐含的假设，关键的假设和非关键的假设（也称为主要的假设和次要的假设）。这两类假设并不冲突。

明确的假设是定量的、没有表述歧义的。隐含的假设是隐藏的、未被发现的。明确的假设经常涵盖隐含的假设。例如，有一个明确的假设是完成项目需要 5 个全职人员。隐含的假设则是派遣的员工不仅全职，还具备足够的技术知识。如果隐含的假设被证实是错误的，会导致极其严重的后果。

关键的假设是指会对（即使很小的变更）项目造成明显损害的假设。关键的假设需要密切跟踪，而非关键的假设在变成关键的假设之前，是不需要进行跟踪和采取行动的。项目经理要制订专门的计划，用于衡量、跟踪和报告关键的假设。其中，衡量是指假设应该是定量的。虽然假设能预测未来的成果，但除非风险诱因出现，是不需要进行测试和来衡量的。敏感性分析可用于决定是否出现风险诱因。

在敏捷固定总价合同中，项目经理要与客户一起识别假设，达成与关键假设有关的协议，尤其是与商业价值、风险和成本有关的假设。此外，还要达成哪些关键假设的变化会触发范围变更的一致意见。要达成这些协议和意见，项目经理与客户在整个生命周期内要密切合作。

有的假设是项目经理从来没有见到过的，这类假设被称为战略假设。当某个项目或某个投资组合项目获批时，决策者会保留这类假设。因为这类假设可能涉及公司的保密信息，高层不希望项目团队获取。

11.2.2 记录假设

假设必须在项目启动时被存档记录，可以把假设记录在项目章程中。在整个项目过程中，项目经理必须重新证实和质疑假设。改变假设可能会导致项目终止或者改变项目的目标体系。

项目管理计划是在项目章程所述的假设的基础上制订的。但是，团队成员制定的额外假设也是项目管理计划的输入项。公司使用项目章程的主要原因之一是在项目选择过程和批准过程完成之后，项目经理经常使用项目章程。因此，项目经理需要了解哪些假设需要考虑。

- 事业环境因素：有些外部环境条件的假设会影响项目的成功，如利率、市场条件、客户需求的变化、客户的参与、技术的改变、政治气候的变化以及政府政策的变化。
- 组织过程资产：有关公司现在或未来组织资产的一些假设也会影响项目的成功，如企业项目管理成熟度、项目管理信息系统、表格、模板、指南、清单，以及获取和使用经验教训数据、最优方法、资源获取、技术水平等的能力。

记录假设有利于跟踪变更。假设会随项目的工期而变化，尤其是在长期项目中。这些假设可能是：

- 项目的贷款和融资成本不变。
- 采购成本不会增加。
- 技术上的重大突破会如期发生。

- 当需要的时候，资源和必要的技术都是可获得的。
- 市场很可能接受这个产品。
- 竞争对手不会赶上我们。
- 风险很低且容易减轻。
- 项目所在地的政治环境不会变化。

存在错误假设的问题在于它们会导致错误的结论、不好的结果及客户不满意。应对糟糕假设的最好方法就是在项目启动时做最好的准备，包括制定风险减轻战略。一种可行的方法就是使用假设确认清单，如表 11-1 所示。

表 11-1　假设确认清单

确认假设的清单	是	否
假设是不受项目团队控制的		
假设是不受相关方控制的		
假设需要证实		
假设的变化是可以控制的		
假设条件没有重大错误		
假设真实的可能性很清晰		
假设的结果会对项目造成严重危险		
假设中不利的变化对项目可能是致命的		

11.3　确认目标

PMBOK®指南，第 6 版
5.5　确认范围

当项目经理被指派到项目中并审查商业论证时，他首先要了解的是项目的目标和假设。高层的项目目标为项目的行动指明了方向。项目经理需要根据高层的目标制定具体的目标。

目标用特定的术语描述，易于测量，可达到且以行动为导向，受时间的约束。表达明确、易于理解的目标是必不可少的，这样项目团队就能知道项目什么时候结束。遗憾的是，目标往往是强加给项目经理的，而不是较早地指派项目经理，以便其能参与制定项目目标。

目标的制定要遵循 SMART 原则：

- S=Specific（具体明确）。
- M=Measurable（可衡量）。
- A=Attainable（可达成）。
- R=Realistic or Relevant（现实或相关）。
- T=Tangible or Time-bound（实际或有时限）。

没有项目发起人的帮助，项目经理不能独立地确立项目目标。大部分项目经理或许能建立技术部分的项目目标，但只有在项目发起人的帮助下才能确立商业部分的目标。

如果项目经理认为需求是不现实的，他可以考虑缩小项目目标。尽管还有其他缩减目标的技术，缩减项目范围通常是首选的方法。Eric Verzuh[1]认为：

如果要达成目标需要很长时间、耗费大量的成本，那么第一步就是缩减目标——产品范围，即减少项目的产品范围。例如，减轻飞机的重量，减少软件的功能，减少建筑物的面积或者使用更便宜的材料。

（产品范围与项目范围不同，产品范围是指产品要满足的功能和特点，项目范围则是指完成产品所需要做的工作。）

积极影响：拯救项目，尤其是缩短工期、节约成本。

消极影响：当产品功能减少时，产品的价值也在降低。如果减轻飞机的重量，客户还会购买吗？如果软件的功能减少，那它还有竞争力吗？如果办公室面积减少，使用的是廉价的材料，还能出租吗？

最优运用：缩减项目范围的同时又不降低项目价值的关键是，重新评估商业论证中的商业需求。很多产品由于过度设计，导致预算过多。质量是指"与需求的一致性"。因此，减少产品范围不仅能交付更符合质量的产品，还能提升产品的价值。同时，还可以缩短项目的工期、降低项目的成本。

11.4　总规划

PMBOK®指南，第6版
第5章　项目范围管理
第3章　项目经理的角色

规划要决定需要做什么、由谁做、什么时候做，从而确定每个人的职责。规划阶段有9个主要组成部分。

- **目标**：某个目的、指标或在一定时间内完成的份额。
- **方案**：为达到或超过目标要采取的战略和主要的行动。
- **进度计划**：显示个人或集体活动（任务）开始或结束的时间。
- **预算**：为达到或超过目标所需的费用。
- **预测**：在某一时间会发生什么情况。
- **组织**：为达到或超过目标所需要的职位的数量、种类及其相应的权利和责任。
- **方针**：决策制定和个人行动的总指南。
- **程序**：方针执行的详细方法。
- **标准**：用足够或可接受来定义的个人或团队的绩效。

近年来还有一个因素变得越来越重要：记录假设，把假说记录在企业的具体目标、项目计划或子计划中。假设是指那些认为真实的事情，它们并非事实，实施起来有风险。由于经济、技术更新及市场条件的改变，即使短期项目，随着项目的进行，假设也可能改变。

1　Eric Verzuh, *The Fast Forward MBA in Project Management*(Hoboken, NJ:John Wiley&Sons,2016),p.278.

这些改变使原来的假设无效，或者要求制定新的假设。这些改变也会导致项目的终止或取消。如今，公司一般在项目门径评审会议时验证假设。

这些因素中的一些因素要另外探讨。预测将来发生什么不是件容易的事，尤其是预测环境反应的变化。预测通常划分为战略式预测、战术式预测或作业式预测。战略式预测一般是 5 年或更多，战术式预测是 1 ~ 5 年，作业式预测则是 6 个月至 1 年。尽管大多数项目都是作业式的，但当前序或后序工作很有希望时也可被认为战略式的。可以通过以下几个方面来了解预测的优势和劣势：

- 竞争环境。
- 市场营销。
- 研究开发。
- 生产。
- 财政。
- 人事。
- 管理结构。

如果项目预测是严格作业式的，这些因素就可以清楚定义。然而如果有必要用战略式长期规划，那么未来的经济状况可能每年都变，必须定期进行重新规划，因为目标可能已经发生变化。

最后 3 个要素——方针、程序和标准，也会因项目的变化而变化，因为项目是独特的。虽然方针的制定属于高级管理层的职责，项目经理有时也可以建立项目方针。

项目方针必须同公司方针一致，通常不同项目的方针在本质上也是相似的。另外，不同项目的活动虽然很相似，程序却可能相差很远。比如，即使生产相同产品的两个项目，其各自的生产计划也需要分别签字。

组织的层次不同，规划也会不同。个体层的规划可以统一不同个体的认知度，以避免发生不可挽回的行为。

工作团队或职能层的规划应包括：

- 对目标达成一致意见。
- 个人责任的分派和接受。
- 工作活动的协调。
- 对团队目标的承诺。
- 相互沟通。

组织层或项目层的规划必须包括：

- 识别和解决各团队间目标冲突。
- 分派和接受团队责任。
- 提升组织目标的动机和承诺。
- 纵向和横向沟通。
- 不同团队之间活动的协调。

为了全面理解备选方案和约束条件，规划时需要回答几个问题，其中部分问题包括：

- 准备环境分析：
  — 我们在哪里？
  — 我们如何到这里，为什么要到这里？
- 设立目标：
  — 这是我们想去的地方吗？
  — 我们想去哪里？是在 1 年内，还是在 5 年内？
- 列出备选战略：
  — 如果我们像以前那样的话，我们将去哪里？
  — 那是我们想去的地方吗？
  — 我们如何才能到达我们想去的地方？
- 列出机会和威胁：
  — 什么可能阻止我们到达那里？
  — 什么可能帮助我们去那里？
- 准备预测：
  — 我们能去哪里？
  — 我们到想去的地方应该带什么？
- 选择战略投资组合：
  — 我们应采取的最好的路线是什么？
  — 潜在利益是什么？
  — 风险是什么？
- 准备行动方案：
  — 我们需要做什么？
  — 我们什么时候做？
  — 我们如何做？
  — 谁来做？
- 监测与控制：
  — 我们是在原计划轨道上吗？如果不是，为什么？
  — 为了按原计划路线走，我们需要做什么？
  — 我们能做吗？

在项目中最困难的活动之一是确保规划与目标一致。下面的这些程序可以帮助项目经理进行规划：

- 让职能经理自己做规划。一般来说，操作者是操作者，规划者是规划者，两者永远不会接触。
- 在规划前建立目标，否则只能做短期考虑。

- 为规划者设立目标，这样规划者不会浪费精力在毫无意义的事情上。
- 保持灵活。利用人与人的沟通，加强快速反应。
- 保持一种平衡观。不要行为过激，注重换位思考。
- 欢迎高层管理者的参与。高层管理者有制订计划和取消计划的能力，是唯一的且最重要的变量。
- 要制订未来的费用支出计划，这可以消除低估的倾向。
- 在预测后检验假设。这是必要的，因为一般专业人员都太乐观。不要太依赖一套数据。
- 不要集中于今天的问题。尽力避免危机管理和灭火式应急。
- 奖励那些驱除谬误的人，项目参与人员不要恐惧坏消息。奖励第一个报告坏消息的人。

最后一点，如果项目启动时不能获得足够的信息，是不能制定出有效的总体规划的。这些信息包括：

- 工作说明书（SOW），见 11.10 节。
- 项目规格要求，见 11.11 节。
- 里程碑进度计划，见 11.6 节和 1.12 节。
- 工作分解结构（WBS），见 11.13 节。

11.5　生命周期阶段

PMBOK®指南，第 6 版
1.2.4.1　项目和开发生命周期
1.2.4.2　项目阶段

可以在两个层次上进行项目规划，第一个层次是企业文化层次，第二个层次是个人层次。企业文化层次将项目分成生命周期阶段。生命周期阶段并不是给项目经理带上“手铐”，而是为项目规划提供一致性的方法论。许多公司包括政府办事处，都要编制在每个阶段应该考虑的活动清单，这些清单可以帮助确保规划一致性。项目经理在每个阶段都要从事与规划有关的工作。

生命周期阶段的另一个优势是控制。在每个生命周期阶段的结束时间，项目经理、发起人、高级管理层和客户要召开会议，评价这个生命周期阶段的完成情况，并讨论是否可以进入下一个阶段。这些会议经常叫作关键设计评议、“转接梯”（on-off ramp）和“门径”（gate）。在某些公司，这些会议还会强调下个阶段的预算和进度。除了资金和进度的考虑外，生命周期阶段还可用于人力开发和设备或设施的应用。有的公司甚至根据生命周期阶段，编制项目管理方针和项目手册。它们包括：

- 根据已批准的资金状况，继续进入下个阶段。
- 在新的或修改的目标基础上，继续进入下个阶段。
- 基于新的需求信息，推迟进入下个阶段。
- 终止项目。

11.6 生命周期里程碑

当我们谈论生命周期阶段时，还需要了解的是：在每个生命周期阶段的结束时间是否完成了里程碑，这些里程碑决定了项目是否可以进入下一个阶段、是否存在资金或需求上的变化等。但是仍有一些其他的里程碑，用于表明项目阶段的结束或者某些特殊事项。

11.6.1 范围冻结里程碑

范围冻结里程碑即范围确定里程碑，是指在某个时间节点上范围已经确定，未来不再接受有关范围的变更。在传统的项目管理中，我们几乎不使用范围冻结里程碑，因为我们假设项目范围在启动时已经被很好地界定了。但是在有些项目中（尤其是 IT 项目），项目是基于一个想法开始的，项目范围会随着项目的逐步开展而发生改变。这时候，常采用敏捷开发技术。

Melik[1]认为：

范围冻结是存在阻力的：过早的话，会使客户不满意；过迟的话，项目成本可能超支，项目工期可能延迟。项目经理需要做出判断，如何在客户和约束条件之间取得平衡。虽然每个项目都是独特的，但是范围应该在资金到位之前就确定好。

如果范围基准不能达成一致怎么办？以下方法也许管用：

- 在范围冻结前，经常与客户沟通。
- 以阶段的形式开展工作：先实施部分项目工作，在阶段结束时再确认以后阶段的工作，比如试点、原型等方法。
- 提前设置一些持续时间短的里程碑，这样才能与项目的最终目标保持一致。

11.6.2 设计冻结里程碑

除了范围冻结里程碑外，还有设计冻结里程碑。即使被界定得很好且获得了一致认可的范围，仍会存在多种不同的设计方案。有时，最好的设计是需要进行范围变更的，这时候范围冻结里程碑就不再适用了。

设计冻结里程碑是指在某个时间点上不再接受与产品设计有关的变更，否则会给项目带来极大的财务风险，尤其是对于即将进入制造环节的项目。这个决策时间点常设置在生命周期的某个具体阶段的结束。冻结的类型有好几种，适合任何一个项目，常用于新产品开发项目（New Product Development，NPD）。

---

1 Rudolf Melik, *The Rise of the Project Workforce*(Hoboken, NJ:John Wiley& Sons,2007),pp.205-206.

新产品开发项目通常使用规格冻结和设计冻结。规格是指最终设计必须满足的要求。在规格冻结和设计冻结完成之后，才可以把最终的设计运用到制造环节。冻结设计有利于及时地采购交货时间长的物品，比如用于最终组装的零部件。设计冻结的时间是由订货至交货时间决定的，有时候不受企业的控制。不好的设计冻结会对制造环节造成重要的影响。

虽然设计冻结能帮助控制下游活动的范围变更，但是即使设计变更耗费成本，不少工期仍接受设计变更，原因在于：接受设计变更不仅能避免相关的法律诉讼，还能满足客户的具体需求。

在制造阶段接受产品变更是代价高昂的。一般来讲，在设计冻结之后接受变更的成本是之前阶段接受变更成本的十倍之多。如果设计变更之前出现了错误，纠偏成本可能是 100 元；如果这个错误直至制造阶段才发现，那么纠偏成本可能是 1 000 元；如果这个错误是在客户验收产品之后发现的，那么纠偏成本则高达 10 000 元。尽管“十倍法则”看上去有点夸张，但它确实显示了下游纠偏成本的趋势。

11.6.3 客户批准里程碑

项目经理经常错误地认为，客户的批准程序会很迅速。项目经理虽然了解自己企业的批准流程，但不清楚客户的批准流程。能影响批准速度的因素包括：

- 有多少人参与批准程序。
- 是否存在新的参与人员。
- 参与人员何时能达成一致意见。
- 参与人员需要多少时间评审数据、了解数据、做出决策。
- 参与人员对项目管理的理解程度。
- 确认之前的决策是由参与人员做出还是其他人做出的。
- 参与人员是否了解延误决策对项目造成的影响。
- 参与人员是否需要其他信息。
- 决策是口头的还是书面的。

在进度计划中增加一个“客户批准”里程碑并不能解决这个问题。项目经理需要了解客户要花多少时间做出决策，所以建议把“客户批准”当成一个活动来对待。

11.7 启动会议

PMBOK®指南，第 6 版
5.1 规范范围管理

通常来讲项目启动的首要工作是召开项目启动会议，由负责制定规划的成员参与，具体包括：项目经理、某一知识领域的项目经理助理、专门领域的专家和职能领导，如图 11-1 所示。

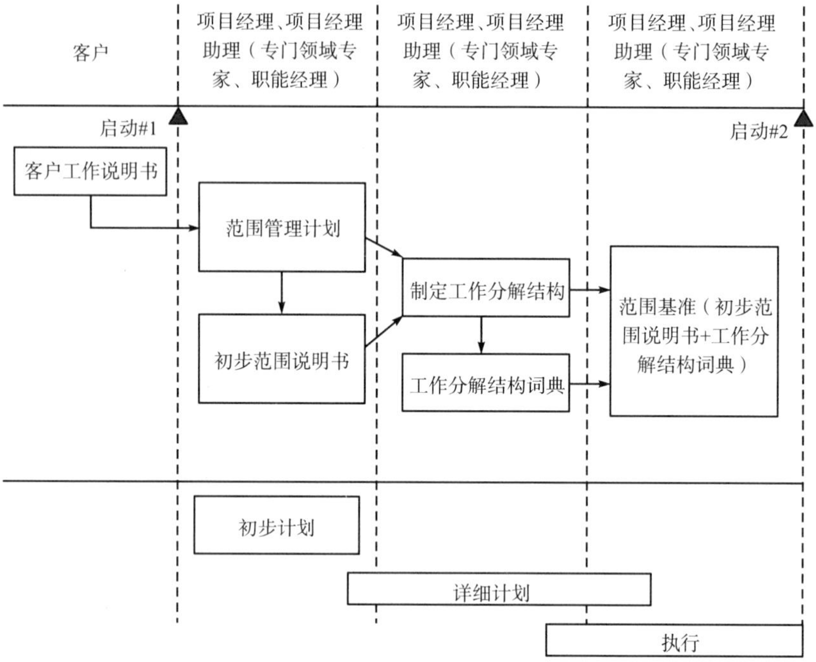

图 11-1　典型的项目启动

由于项目的规模、复杂程度和时间要求不同，启动会议的形式也不同。主要成员可以得到与他们职能领域有关的授权，确定相关工作的时间、成本和资源。

启动会议上要讨论的一些条款包括：

- 如果可行的话，工资和薪金管理。
- 让员工了解他们的老板会知道他们绩效状况。
- 讨论项目的范围，包括技术目标和商业目标。
- 定义项目成功。
- 在项目章程中确认项目假设和约束条件。
- 项目的组织图（如果在那时被告知）。
- 参与者的角色和职责。

对于小型短期的项目而言，应该在启动会议上估计成本和工期，这类项目通常不需要制订成本估算进度计划。但是如果项目的估算周期需要几个星期，而且需要来自各个部门的人员参与，那么就需要估算进度计划。这类项目还需要召开一个预启动会议来决定估算。在成本估算进度计划中，至少需要以下这些关键里程碑：①预启动会议；②基本规则评审会议；③资源的输入和评审会议；④总结会和陈述会。有关这些会议的内容分述如下。[1]

- 预启动会议：在估算进度计划中首要的正式里程碑是评估预启动会议。这个会议的

1　R. D. Stewart, *Cost Estimating* (New York: Wiley, 1982), pp. 56-57.

所有人都被期望投入成本估算。预启动会议应该有充分时间来陈述所有项目的基本规则、约束条件和假设，分发技术规格、草图、进度计划、工作元素说明书和资源估算图表，以及讨论这些条目和回答可能出现的问题。预启动会议允许有 6 周到 3 个月的充足时间进行全盘的估算。

- 基本规则评审会议：预启动会议之后的几天，当参与者研究了相关材料后，就需要召开基本规则评审会议。在这个会议上，估算负责人要回答有关成本估算、假设前提、基本规则和估算任务的问题。
- 资源的输入和评审会议：预启动会议和基本规则评审会议之后的几个星期，要求每个有资源（工时和/或物料）投入的成员提交他们的投入计划表。因此可以启动估算进程中最有价值的部分之一——资源的输入和评审会议。团队成员之间相互沟通，以减少资源库的重叠、重复和遗漏。在这个评审会议中，每个职能领域的估算人员都有机会证实和解释有关估算的基本原理，也许有的活动在他的同事看来是不必要的。
- 总结会和陈述会：一旦资源输入收集完毕、调整好并“定价”成功，估算团队将成本估算作为最后陈述的“彩排”展现给公司的管理部门或者所负责的组织。这种“彩排”在巩固和协调过程中可以使估算中所表现出的更深一层的分歧或错误变得清晰可见。

11.8 理解参与人的角色

那些有成功规划历史的公司，拥有能理解自己在项目规划过程中应该扮演什么角色的员工。好的前期规划不能消除所有的变更，但能减少变更的数量。以下是主要人员的责任：

- 项目经理将确定：
  — 目的和目标。
  — 主要里程碑。
  — 要求。
  — 基本原则和假设。
  — 时间、成本和绩效等约束条件。
  — 作业程序。
  — 行政方针。
  — 报告要求。
- 职能经理将确定：
  — 实现目标、要求和里程碑的详细任务。
  — 支持预算和进度计划的详细进度计划和人力安排。
  — 风险、不确定性和冲突的确认。

- 高级管理者（项目发起人）将：
  — 协商项目经理和职能经理之间的冲突。
  — 澄清关键问题。
  — 同客户的高级管理者进行沟通。
  — 成功的规划要求项目经理、职能经理和高级管理者在规划上达成一致。

11.9 制定项目目标

> **PMBOK®指南，第 6 版**
> 第 5 章 项目范围管理
> 5.3 定义范围

成功的项目管理者，不论是响应内部代表还是客户的要求，都必须运用有效的规划技术。第一步是理解项目目标。这些目标可能是在某个特定领域内开发专门技术，可能是为了更具竞争力，可能是改进设备以备将来使用，还可能只是为了将关键人物留住。

目标一般不是独立的，而是相关的，既模糊又明确。通常不可能同时满足所有目标。所以，管理者必须将目标赋予不同优先权，即哪些是战略的，哪些不是。关于规划目标的典型问题包括：

- 项目目标或目的并非与所有部门一致。
- 项目目标过于僵化，不能适应优先级的变化。
- 没有足够的时间制定完善的目标。
- 不能量化目标。
- 目标描述不清。
- 客户和项目人员的工作不协调。
- 人员流动率太高。

一旦明确定义了目标，就要考虑下列 4 个问题：

- 什么是满足目标工作的主要因素，这些因素是如何相互作用的？
- 哪些职能部门将承担完成这些目标和主要因素工作要求的责任？
- 需要的公司资源和组织资源可用吗？
- 项目的信息流要求是什么？

11.10 工作说明书

> **PMBOK®指南，第 6 版**
> 5.1 规范范围管理
> 5.1.3.1 范围管理计划
> 5.3.3.1 项目范围说明书

规划通常会涉及 4 个有关范围的基本概念：

- 范围。范围是项目的一部分，是所有可交付成果的总和，包括所有的产品、服务及最终成果。

- 项目范围。这是为了达到项目最终范围，也就是产品、服务及最终成果必须完成的工作。
- 范围说明书。这是提供制定像范围变更之类的未来决策的基本文件。文件的目的在于确保所有的相关方对项目范围有一个共同的认识。文件包括具体目标、可交付成果的描述、最终成果或产品及项目的确认。范围说明提出了 7 个问题：谁、什么、何时、为什么、哪里、怎样及多少。与客户提供的工作说明书不同的是，这个文件还包含了项目范围。
- 工作说明书。这是对项目的最终成果的狭义描述。本节后面的内容将对工作说明书做具体介绍。

工作说明书（SOW）是项目要求的狭义工作描述。SOW 的复杂性是由高级管理层、客户或用户群体的意愿决定的。对公司内部项目，SOW 是在用户群的帮助下由项目办公室编制的，原因是项目管理办公室常常由有写作技能的员工组成。

对于组织外的项目，尤其是招投标项目，承包商必须为客户提供 SOW。因为客户可能没有专门接受过这方面培训的人编制 SOW。像以前一样，在这种情况下，承包商会把 SOW 交由客户来批准。对项目经理来说，重写客户的 SOW 是很正常的，这样承包商的职能经理也可以对所做的工作进行定价。

在招投标项目中有两种 SOW，即用于建议的工作说明书以及用于合同的工作说明书（Contract Statement of Work，CSOW）。事实上，还有用于建议的 WBS 和用于合同的工作分解结构（Contract Work Breakdown Structure，CWBS）。合同和谈判团队必须区分 SOW 和 WBS 及 CSOW 和 CWBS 之间的差别，否则可能导致额外成本。好的（或获胜的）建议书并不能保证客户或承包商理解和同意 SOW。对大型项目而言，在最终谈判前要注重调查事实，因为让客户和承包商理解和同意 SOW、需要做哪些的工作、已准备了哪些工作、成本的计算基础以及其他相关要素很重要。另外，最终的 CSOW 和 CWBS 之间的一致性也很重要。

SOW 的编制并不像听起来那么简单，对 SOW 的错误理解可能导致每年数亿美元的损失。错误理解的原因一般有：

- 将任务、规格、批准和特定指示混在一起。
- 使用了不准确的语言如几乎、最优、大概等。
- 没有格式、结构或年历顺序。
- 任务规模差异很大。
- 对工作细节的描述差异很大。
- 没有得到第三方的评价。

不管多么仔细，对工作说明书的误解都可能或将发生。控制范围蔓延的最好的方法是，如果可能的话，提前定义需求。

SOW 编制手册也包括编辑和写作人员的指导[1]：

- 每个超过两页的 SOW 应该有同 CWBS 代码结构一致的内容表。几乎所有在 SOW 中的项在 CWBS 中都有。
- 清楚明确的任务表述是非常重要的，SOW 会被不同背景的人阅读和翻译。好的 SOW 能明确阐述产品或服务要求。SOW 的明确度将影响合同的管理。
- 在编制 SOW 时必须尽力避免模棱两可。
- 记住任何控制工作如果背离承包商控制工作的条款，即使暂时的，都可能导致承包商责任免除。
- 在特殊要求中，用主动术语而不是用被动术语。
- 尽量限制使用缩略语。在 SOW 一开始列举相关的缩写和首写字母缩略词。
- 在 SOW 中要细分承包商和其他代理人之间的责任。
- 包含程序。当不能立即做决策时，应包含做决策的程序。
- 不要过于死板。理想的状态是指定要求的结果或最终条款被交付，让承包商给出最好的建议。
- 用足够详细的资料来描述要求，确保要求清晰明白，不仅因为法律的原因，也因为实际应用的需要。需要注意的是：忽略许多细节很容易，重复也很容易。
- 避免将外来的材料和要求混合在一起，它们可能增加不必要的成本。
- 筛选出不必要的数据，只需要确认什么是必要的以及什么时候需要。
- 不要重复已经在文献中说明过的细节要求或规定，可以标记成参考文献。

11.11 项目规范

PMBOK®指南，第 6 版
5.2 收集需求
5.3 定义范围

如表 11-2 所示，规范列表是单独作为工作说明书一部分而独立说明或确认的。规范用于工时、设备和材料的估计。规范的微小变化可以引起成本的很大变动。

表 11-2 工作说明书规范列表

名　称	规范编号	名　称	规范编号
内部	100（索引）	• 土壤实验	123
• 混凝土	101	• 结构设计	124
• 实地设备	102	电子	200（索引）
• 堆积物	121	• 电子实验	201
• 屋顶和侧面	122	• 热追踪	201

1 改编自 *Statement of Work Handbook* NHB5600.2, National Aeronautics and Space Administration, February 1975。

续表

名　称	规范编号	名　称	规范编号
• 发动机	209	• 绝缘	302
• 能源系统	225	• 冻结管	318
• 交换齿轮	226	• 铁板管道工作	319
• 同步发生器	227	安装	400（索引）
HVAC	300（索引）	• 输送机和斜槽	401
• 危险环境	301	• 火力发热和沸腾设备	402
		• 热交换器	403
		• 反应堆	414
		• 塔	415
		• 器皿	416

确认规范的另一个理由是确保下游客户不会有意外。规范应使用最新的修订版本。客户通常雇用外部机构来评价技术建议书以确保规范应用正确。

实际上，规范是建议书的一个定价标准。如果规范不存在或没有必要存在，那么建议书中应该包含工作标准。此外，工作标准也可以包含在建议书的成本部分中。根据 RFP 和 RFQ 的要求，劳动力评估备份清单可以包含或不包含在建议书中。

11.12　项目里程碑进度计划中的数据项

PMBOK®指南，第 6 版
第 6 章　项目进度管理

通常，项目里程碑进度计划应包括下列信息：

- 项目开始日期。
- 项目终止日期。
- 其他主要里程碑（见 11.6 节介绍）。
- 数据项（可交付成果或报告）。

如果可以的话，项目里程碑进度计划要包含项目的起始日期和终止日期。其他主要的里程碑如评审会、原型、购买、试验等也应该加以确认。最后一个主题，数据项经常被忽略。为数据项编制独立的进度计划的理由有两个。第一，在职能经理看来，独立进度计划应指派给那些有写作技能的员工；第二，数据项要耗费写作、录入、编辑、校对、校改、图形设计和修改等直接劳动力工时。许多公司按数据项的进度计划来确定数据项大约几页，根据每页的成本来定价，如每页 500 美元。必须注意的是，将资料项单独定价会导致客户要求更少的信息。

初期调查工作或信息收集后，报告的编制包括：

- 组织报告。
- 写作。

- 录入。
- 编辑。
- 重新输入。
- 校对。
- 图形设计。
- 提交。
- 修改和分配。

一般每页都要 6 ~ 8 小时的工作。以每小时 150 美元的工作成本计算，文件成本很容易过高。

11.13 工作分解结构

PMBOK®指南，第 6 版
5.4 创建 WBS
5.4.2.2 分解

在项目规划中，项目经理必须将工作分解成小要素：

- 可管理的，能够分配专门的职权和职责。
- 独立的或同其他进行的要素有最小的搭接和依赖性。
- 可组合的，以利于形成整个工作包。
- 根据进展可进行度量。

WBS 是以产品为导向的，以硬件、服务及为生产最终产品所要求的数据组成的树族。WBS 以工作进行的方式来设计，反映了项目成本和数据。WBS 的编制还要考虑其他要求因素，如进度计划、配置管理、合同资金和技术绩效参数等。WBS 是唯一最重要的要素，因为它提供了一个框架，包括：

- 能描述所有子分支要素的总项目（项目集）。
- 能帮助进行项目规划。
- 能帮助制订成本和预算计划。
- 可以跟踪时间、成本和绩效状况。
- 能用一种合理的方式将项目目标与企业资源联系起来。
- 能帮助制定进度计划和状态报告程序。
- 可以帮助制订网络计划和控制计划。
- 可以帮助制定责任分配矩阵。

WBS 就像将工作分成小的要素的一个媒介物，这样对每个主要和细微的需要解释的活动提供了更大可能性。尽管存在多种工作分解结构，最普通的是如下所示的 6 层结构。

第一层是总项目，由一组项目构成。所有与项目相关的活动和成本的总和等于总项目或项目集。但每个项目（第二层）也可分解为任务（第三层），所有任务的总和等于所有项目的总和，反过来项目又组成了总项目。这种分解方法只是为了便于控制。因此项目集管理与活动整合成了同义词。作为组织者，项目经理用工作分解结构作为通常的实施框架。

	层	描述
管理层	1	总项目（项目集）
	2	项目
	3	任务
技术层	4	子任务
	5	工作包
	6	工作单元

设计和开发 WBS 要经过仔细的考虑。从图 11-2 中看出，工作分解结构可以为以下各项提供基础：

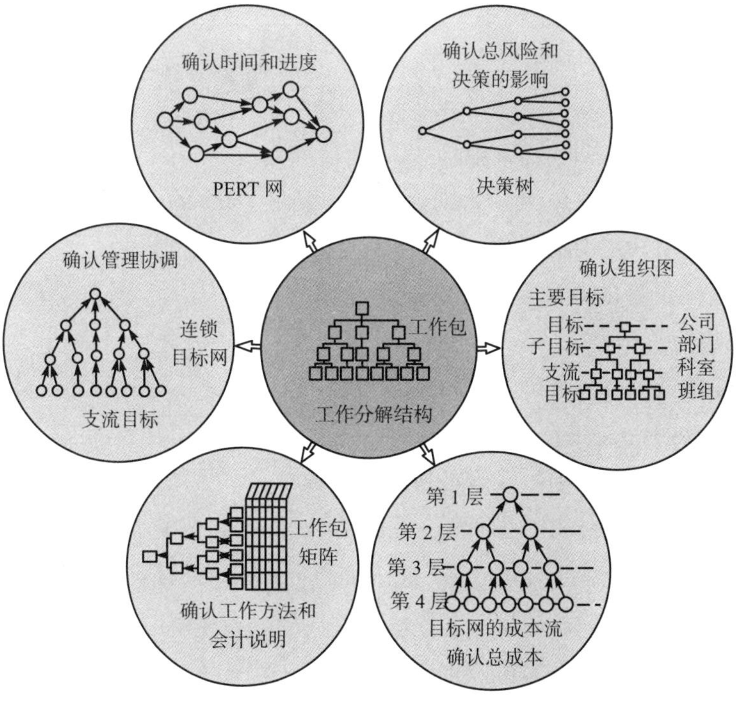

图 11-2　目标控制和评价的工作分解结构

资料来源：Paul Mali, *Managing by Objectives* (New York: Wiley, 1972), p.163. Copyright © 1972 by John Wiley & Sons. Reprinted by permission of the publisher.

- 责任分配矩阵。
- 网络进度计划。
- 成本。
- 风险分析。

- 组织结构。
- 目标协调。
- 控制（包括合同管理）。

WBS 上边三层一般由客户指定（如果是 RFP/RFQ 的一部分），作为报告目的的总结层。较下层由承包商为内部控制而设计。每层都有各自的重要目的：第一层用于工作授权和解除；第二层用于预算编制；第三层用于进度计划的编制。现在可以总结一下这些层的某些特点：

- WBS 上面三层反映了整合工作，它们不应该同某一特定部门相连。部门或分支要求的工作应该在子任务和工作包中确定。
- 一层内所有要素之和应该是下一层所有工作之和。
- 每一个工作要素应指派给一个层次而且只能是一个层次的人员。例如，房屋地基建设应包括在一个项目（或任务）内，不要延伸至两个或三个项目（在第五层，工作包应当确定且同质）。
- 被管理的项目层经常叫工作包层。实际上工作包可以存在于任何一层下的其他各层。
- WBS 要求描述工作的范围，否则只有那些编制 WBS 的人才能全面理解要完成的工作。重新按 WBS 的描述做客户工作说明也很常见。
- 对项目经理最好的方法是不考虑项目经理的技术特长，允许所有的职能经理评价 SOW 的风险。毕竟，职能经理通常是组织中公认的专家。

项目经理正常情况下只管理 WBS 的上三层，也只向这几层的管理人员做状态报告。

工作包是 WBS 最关键的一层，如图 11-3 所示。然而，工作包的实际管理是由职能经理进行的，状态报告则是由项目经理汇报的。

工作包是成本账户的分支，包括承包商在规划、控制和衡量承包商绩效时的基本因素。一个工作包只是基层任务或工作的指派。它描述了应该由专门执行组织或一个成本中心小组完成的工作，同时起到监督和报告工作进展的作用。工作包的描述必须让成本会计管理者和工作包监管人员理解和清楚区分不同工作包的工作。

在建立工作分解结构时，任务应该：

- 有明确的开始时间和完成时间。
- 作为一种沟通工具，它的结果可以同预期相比较。
- 在“整个”工期内估计，而不是任务必须何时开始或何时完成。
- 要结构化，这样才有可能最小化项目办公室的控制和文档（如格式）。

对大型项目，规划是 WBS 工作包层的工作。工作包有如下特征：

- 代表工作执行层的工作单位。
- 将分派到同一个职能组的工作包同其他工作包区分开来。
- 包含明确定义的开始时间和完成时间（这一步是在进度计划完成之后进行的）。

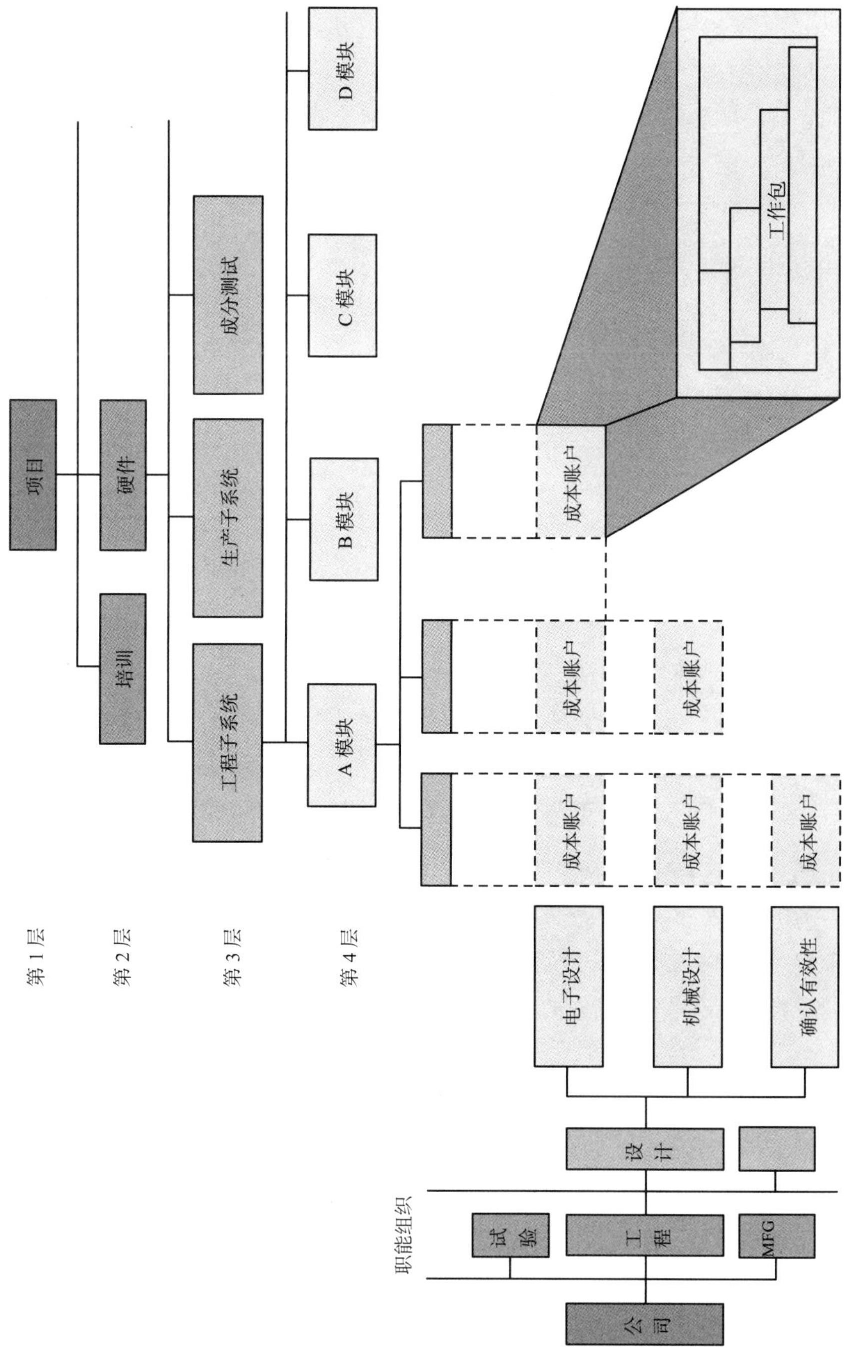

图 11-3　成本会计交叉部分

- 根据货币、工时或其他可测单位制定预算。
- 将工作分解成一个个持续时间更短的单位。

表 11-3 表示一个简单的工作分解结构，并带有相应的编码系统。第一个数字代表项目集（这时，用 01 代表），第二个数字表示项目，第三个数字表示任务。因此，数字 01-03-00 代表项目集 01 中的项目 3，而 01-03-02 代表项目 3 的任务 2。这种编码系统不是唯一的。每家公司都有自己的编码系统，取决于如何控制成本。

表 11-3 新厂建设和开工的工作分解结构

大型项目 新厂建设和开工	01-00-00
项目 1 分析研究	01-01-00
任务 1 市场营销/生产研究	01-01-01
任务 2 成本效益分析	01-01-02
项目 2 设计和布局	01-02-00
任务 1 生产过程框架	01-02-01
任务 2 生产过程蓝图	01-02-02
项目 3 安装	01-03-00
任务 1 装配	01-03-01
任务 2 启动	01-03-02
任务 3 检测与运行	01-03-03
项目 4 大型项目支持	01-04-00
任务 1 管理	01-04-01
任务 2 购买原材料	01-04-02

11.14 WBS 分解问题

有一个常见的误解是 WBS 分解是件容易的事。在制定 WBS 时，上三层或管理层经常是滚动层。一般都在这些层编制和采用模板。但在 WBS 的 4 ~ 6 层，模板就不适合了。理由如下：

- 将工作分解到相当小和详细的工作包可能要求数百甚至数千个成本账户。这可能增加这些工作包的管理、控制和报告成本，有可能使成本超过收益。
- 当且仅当职能经理可以确定低层的成本时，将工作分解到小工作包可以提供正确的成本控制。但是，职能经理必须有权告知项目经理成本不能在所要求的详细层次上确定。
- WBS 是双代号网络图和单代号网络图等进度计划技术的基础。在 WBS 的低层，活动之间的相关性如此复杂以至于不能进行有意义的网络工作。

从成本控制的观点来看，成本分析放在第 5 层是有利的。但应注意每个较低层编制成本分析数据所需的成本较之上一层可能呈指数增加，尤其当客户要求数据以一种公司标准运行程序中没有的特殊格式呈现时。第 5 层工作包只在内部控制是正常的。有的公司还会给客户提供 3 层以下的成本报告。

一旦建立了 WBS，大型项目“开始”实施，增加或减少活动，或由于成本控制改变报告水平都要付出很高的代价。许多公司对正确建立 WBS 的重要性没有进行仔细的预先考虑，最终它们在以后工作中会承担成本控制的风险。WBS 的一个重要应用是对将来下一步或相似工作做成本控制标准。

PMBOK®指南，第 6 版
5.4　创建 WBS

工作分解结构常常伴随客户的 RFP。客户的 RFP 包括了比现有资金支持更多的工作范围。这是客户有目的地做的，他希望承包商有“买进”意愿。如果承包商的价格超过了客户资金限额，必须减少 WBS 中的工作来减少工作范围。通过为行政管理和非直接活动建立独立的项目，客户可以通过减少或取消工作来修正他的成本。

以下几条可以应用到 WBS 的编制中[1]：

- 出于请求目的建立不低于上三层的基本 WBS（如果出于特殊原因也可以低于上三层）。
- 作为对请求的反应，确保承包商能达到基本的 WBS，将所有与其组织和管理系统相适应的承包商工作加以确定和结构化。
- 协商后，合同中包含的 CWBS 不应该低于第三层。
- 确保协商的 CWBS 结构同报告要求相适应。
- 确保协商的 CWBS 同承包商的组织和管理系统一致。
- 审核 CWBS 要素，保证同以下相关：
  — 规格树。
  — 合同直线条款。
  — 合同的终止条款。
  — 所要求的数据资料项。
  — 工作说明任务。
  — 配置管理要求。
- 出于管理目的，对 CWBS 要素进行定义，这种定义是有意义的和必要的（WBS 词典）。
- 如果需要改变标准报告要求，要明确 CWBS 的报告要求。

1　*Handbook for Preparation of Work Breakdown Structures*, NHB5610.1, National Aeronauics and Space Administration, February 1975.

- 如果适用的话，保证 CWBS 包含了所有可测度的工作、工作水平、工作比例及子合同。
- 保证每一特定层的总成本等于下个层次构成要素的成本总和。

小项目的 WBS 可以用“树图”来构建（见图 11-4）或根据逻辑流构建。在图 11-4 中，树图可以表示公司的工作甚至组织结构（事业部、部门、组），第二种方法是建立逻辑流（见图 12-21），将某些要素集中起来代表任务和项目。在树图方法中，低层职能单位只可以被指派到一个工作要素中，而在逻辑流中，低层职能单位可以服务于几个 WBS 要素。

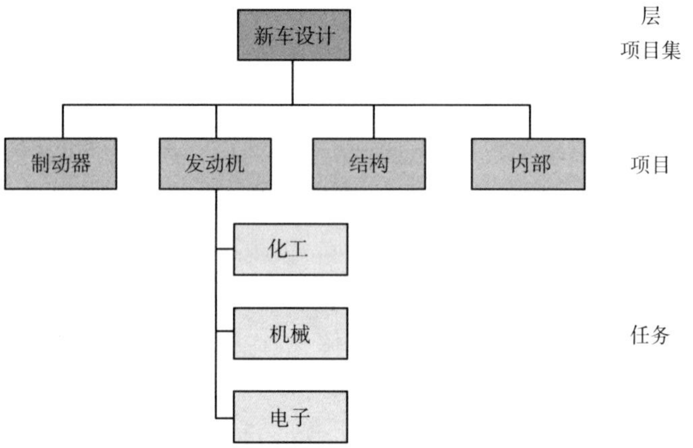

图 11-4　WBS 树图

表 11-4 为建 WBS 的 3 个主要常用方法。

表 11-4　建 WBS 的 3 个主要常用方法

层	方法		
	逻辑流	生命周期	组织
项目集	项目集	项目集	项目集
项目	系统	生命周期	事业部
任务	子系统	系统	部门
子任务	人	子系统	组织
工作包	人	人	人
工作水平	人	人	人

逻辑流方法将工作分解成系统和子系统，这种方法适合不到两年的项目。对长期项目，建议使用生命周期方法，它同逻辑流方法相似。组织方法用于那些可能重复性的或很少需要职能单位间整合的项目。

11.15　工作分解结构词典

PMBOK®指南，第 6 版
5.4.3.1　范围基准
（创建 WBS 词典）

工作分解结构事实上是编号系统，就像表 11-3 的最后一列那样，往往需要在 WBS 中加入些文字以使 WBS 表述得更清晰。例如，项目管理软件把 WBS 当作一个编号系统，但是可能需要工作包的描述和负责这个工作包的人的名字或姓名首字母。

或许理解每个工作包的意义和内容的最好方法就是使用 WBS 词典。对于 WBS 中的每个要素，词典简要描述了每个要素、负责人或成本中心的名字。例如，责任分配矩阵、要素里程碑及最终可交付成果。WBS 词典也可以确认与这个要素相关的成本、即将用到的账号和按姓名或技术等级需要的人力资源。词典还可以提供各个要素的详细技术描述、与其他 WBS 要素的关系、质量需求及合同文本等。WBS 词典编号还要与项目的工作授权相对应，这将在第 15 章讨论到。

WBS 和 WBS 词典可以被用到范围核实过程中。Norman、Brotherton 和 Fried 指出[1]：

在项目执行过程中，可交付成果的确认可以通过参照 WBS 和 WBS 词典中可交付成果的描述来完成。由于 WBS 和 WBS 词典各自描述了项目可交付成果，包括验收和完成的标准，然后这些就变成了确认和验收已完成的可交付成果的参照点。WBS 和 WBS 词典与已经认可的项目范围相对应，经常被用作监控和衡量"想要"和"需要"的基准，这保证了项目不会试图交付不在需求之内的成果。WBS 和 WBS 词典有助于保证项目团队在控制范围蔓延时，不做无用之功，也不锦上添花。

WBS 和 WBS 词典帮助支持项目经理、项目团队、发起人和相关方之间沟通项目可交付成果的内容和完成标准。如果不先建立 WBS，可交付成果验收和完成的标准就不清晰，会导致对完成特定项目成果的误解和争论。

随着项目进展，WBS 可以作为检查表来决定哪些可交付成果已经完成或被验收、哪些没有。通过状态报告和项目沟通计划中的其他媒介来沟通，有助于保证所有的项目相关方清晰了解项目当前的状态。

在项目结束的时候，范围核实帮助项目转化到继续运作，以及任何开放合同或分包合同的完成。这里，WBS 再一次被用作核实的基础并作为合同和项目终止过程的主要依据。

1　E. S. Nroman, S. A. Brotherton, and R. T. Fried, *Work Breakdown Structure* (Wiley, Hoboken, NJ, 2008), pp. 144-145.

11.16 项目选择

高级管理层（可能是项目发起人）的主要责任是选择项目。大多数组织都有一个选择标准，可能是客观的、主观的、定量的或只是猜测。不管是哪种情况，选择项目都要有合理的理由。

从财务观点看，项目选择基本由两部分构成。第一部分是组织将会进行一次可行性研究以确定项目是否可以做。第二部分是做成本收益分析来看公司是否应该做。

可行性研究的目的是使项目满足成本、技术、安全、市场的可行性和易达到实施要求。公司有可能用外部咨询公司或学科专家（Subject Matter Expert，SME）来帮助它们做可行性研究和成本收益分析。只有当可行性研究完成后才能任命项目经理。

作为项目选择中可行性研究的一部分，高级管理层经常用比率模型向 SME 和下层管理者征求所需信息。比率模型一般用于确定商业标准和技术准则。图 11-5 所示为单个项目的比率模型。图 11-6 所示为同时评价 3 个项目的比率系统。图 11-7 所示为用权重平均值加权项目的打分模型。

PMBOK®指南，第 6 版
5.3 定义范围

如果项目被认为可行并且同战略规划很吻合，那么项目就会被赋予优先权，同其他项目一起开发。一旦确定了项目的可行性，成本收益分析也有效表明如果正确执行的话可以为公司带来财务收益和非财务收益。成本收益分析需要比在可行性研究中使用多得多的信息。这可能是一项很昂贵的建议。

从时间上估计收益和成本是很困难的。收益通常被定义为：

- 有形收益，可以用货币合理地量化和衡量。
- 无形收益，可能是用货币以外单位的量化，还可以主观地确定和描述。

成本更难量化。要确定最小的成本，尤其是同收益比较的成本，包括：

- 目前的运营成本或在当前环境中的运营成本。
- 未来期间预期或计划的成本。
- 难以量化的无形成本。如果量化对决策过程贡献很小的话，这些成本通常忽略不计。

在计算收益和成本时用的所有已知假设和约束都必须仔细记录。不现实和不被承认的假设是收益未实现的原因。项目继续或不继续的决策可能很大程度上依赖假设的有效性。

表 11-5 介绍了可行性研究和盈亏分析的主要区别。

		比率				
	准则	−2	−1	0	+1	+2
高级管理者	资本要求				×	
	竞争反应			×		
	投资收益				×	
	支付时间	■			×	■
	华尔街的影响				×	
工程	要求的设备					×
	现有职员				×	
	技术机密					×
	设计困难	■	■	■	■	■
	现有装置				×	
	管道铺设				×	
研究	专利情况			×		
	成功可能性					×
	技术机密					×
	项目成本		×			
	现有职员	×				
	现有实验室	×				
市场	产品寿命		×			
	产品优势	■	×	■		■
	适当推销	×				
	市场规模	×				
	竞争者数量	×				
生产	加工能力					×
	技术机密					×
	现有装备					×
						×
	X 的数量	5	3	2	7	7

注：+2=优秀　　■=不可应用
+1=好
0=一般　　×=项目 A 的分数
−1=不好
−2=不可接受

图 11-5　项目 A 的比率模型说明

资料来源：William E. Souder, *Project Selection and Economic Appraisal*, p.66.

	利润			市场化			成功可能性			
	3	2	1	3	2	1	3	2	1	总分
项目 A	√				√			√		7
项目 B		√		√					√	6
项目 C			√			√			√	3

图 11-6　3 个项目的清单说明

资料来源：William Souder, *Project Selection and Economic Appraisal*, p.68.

准则	利润	潜力	市场力	生产力
准则权数	4	3	2	1

项目	准则分数				总权值分
项目 D	10	6	4	3	69
项目 E	5	10	10	5	75
项目 F	3	7	10	10	63

总权值分=∑（准则分×准则权重）

10=优秀；1=不合格

图 11-7　计分模型说明

资料来源：William Souder, *Project Selection and Economic Appraisal*, p.69.

表 11-5　可行性研究和盈亏分析的主要区别

	可行性研究	盈亏分析
基本问题	**我们能做吗**	**我们应该做吗**
生命周期阶段	预先概念	概念
项目经理选择	通常没有	通常确定了但只是部分参与
分析	定性	定量
继续或终止的关键因素	• 技术 • 成本 • 质量 • 安全 • 执行容易程度 • 经济	• 净现值 • 折现现金流 • 内部收益率 • 投资回报率 • 成功的可能性 • 约束和假设的现实性

续表

	可行性研究	盈亏分析
	• 法律	
执行决策准则	战略上合适	收益大于成本

如今，项目经理也直接参与项目的选择过程。在第 1 章中，我们讨论了一类新型的项目经理，即有着卓越商务技能和项目管理技能的人。这些商务技能让项目经理在启动阶段开始而不是结束时参与项目，因为项目经理可以为项目选择过程做出有价值的贡献。在选择项目过程中，项目经理能够提供商业论证知识，这些知识包括：

- 机会选择（销售量、市场份额和跟进业务）。
- 资源条件（团队知识要求和技能设置）。
- 精确的项目成本。
- 精确的成本节约。
- 收益（财务上的、战略上的、投资回报方面的）。
- 项目指标（关键绩效指标和关键成功因素）。
- 收益的实现（符合公司业务计划）。
- 风险。
- 退出战略。
- 组织意愿和优势。
- 进度计划或里程碑。
- 复杂程度。
- 技术的复杂性和约束（如果有的话）[1]。

11.17　高级管理层在规划中的角色

高级管理层负责挑选项目经理，所选的人员应该擅长规划，因为并不是所有的技术专家都是很好的规划者。同样道理，在执行时表现杰出的人员也可能缺乏规划的技能。高级管理层必须确保挑选的项目经理要拥有规划和执行能力。另外，高级管理层在项目规划期间要积极参与，尤其当他是项目发起人时[2]。

1　For additional factors that can influence project selection decision making, see J. R. Meredith and S. J. Mantel, Jr., *Project Management,* 3rd ed. (New York: Wiley, 1995), pp. 44-46.

2　虽然本节的标题是“高级管理层在规划中的角色”，但如果项目的发起人由中层管理人员或职位更低的人员担任的话，它也同样适用于职能经理。在项目管理运用得很成熟的组织里，这种情况很普遍。因为该组织的高层管理者对职能经理担任项目发起人的能力有足够的信心。

高级管理层不能任意设立不现实的里程碑，然后“强迫”职能经理去完成。项目经理和职能经理应尽力理解不现实的里程碑，但如果职能经理说他不能完成，高级管理层应该服从。因为职能经理是公认的专家。

为了确定需求和设定合理的期限，高层管理人员应该在规划阶段同项目人员与职能人员沟通。高级管理层必须认识到设定一个不现实的期限可能改变优先级。当然，优先级的改变会将里程碑向后推而不是向前推。

11.18 成本管理和控制系统

对于长期项目，阶段过多会导致成本超支、进度滞后。为防止这种状态，许多项目驱动公司开始采用其他类型系统，如成本管理和控制系统（Management Cost and Control System，MCCS）。没有成本管理和控制系统，项目或项目集就不可能有效组织和管理。图11-8介绍了成本管理和控制系统的5个阶段。第一个阶段是规划周期，其余4个阶段是运营周期。

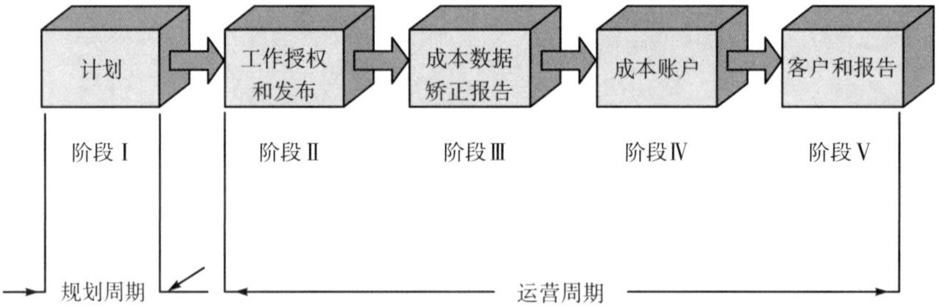

图11-8 成本管理和控制系统阶段

图11-9介绍了规划周期的活动。规划始于WBS，WBS在各个阶段的沟通和运行中起关键作用。第15章会详细介绍成本管理和控制系统。

11.19 工作规划授权

PMBOK®指南，第6版
4.3 指导与管理项目工作

接到合同后，在开始工作前，即使在规划阶段也需要某种形式的授权。工作授权和工作规划授权用于提供资金，但是它们的目的不同。工作规划授权提供资金（主要对职能管理者）用于制订进度、成本、预算和其他类型的计划，要在运营周期资金（这里应指工作授权）正式启动前准备好。两种形式的授权需要相同的文档工作。在许多公司，这种工作授权被定义为细分工作描述（Subdivided Work Discription，SWD），它是成本中心（最小分支层）

所做的工作的狭义描述。

SWD 是大型项目（项目集）计划中的关键要素，如图 11-9 所示。合同控制和管理部门通过发布 SWD 来提供合同资金。SWD 提出了总的合同要求，并授权项目集经理开始工作。项目集经理发布 SWD 来提出对职能单位的合同指导和要求。SWD 界定了工作完成的方式、每个参与方的职责以及特定时期的资源使用权。

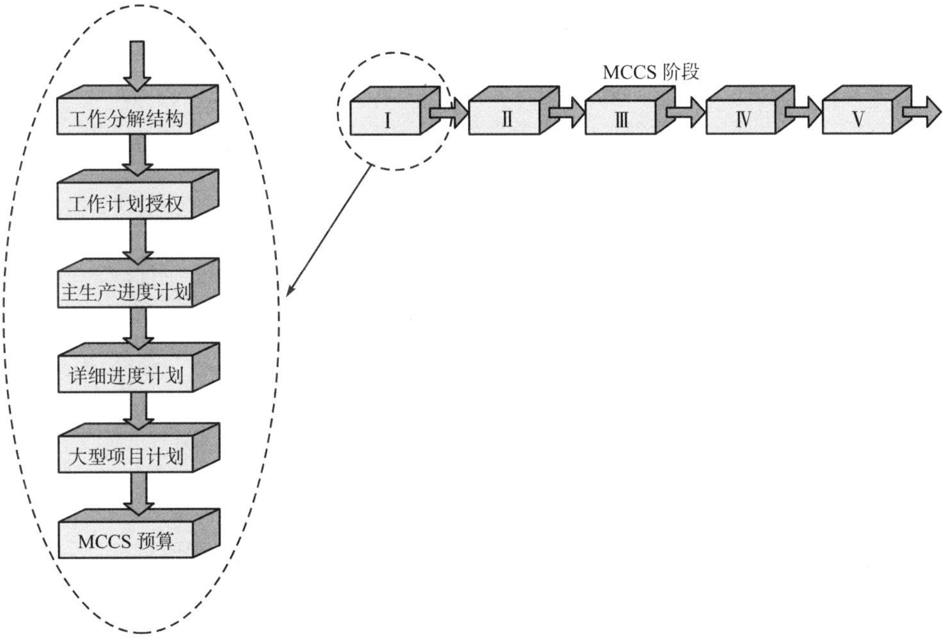

图 11-9　成本管理和控制系统的计划周期

运营组织采用细分工作描述包来进一步细分由 WBS 定义的工作，将其分成更小的部分或工作包。

有的人认为，如果工作授权文件里的数据同最初建议书中的不一样，那么项目从一开始就陷入了困境。但事实可能并非如此，因为大多数项目是在“无限”资源情况下定价的，而授权文件中则是以“有限”资源为基础计算的，这在招投标项目中很常见。

11.20　规划为什么失败

不论我们如何努力，也不能制定出完美的规划。甚至有时候，规划也会失败。规划失败的典型原因：

- 低层组织不理解公司目标。
- 在短时间内要规划的内容太多。
- 财务估计不理想。

- 在数据不充足的基础上做计划。
- 没有尝试使用系统的方法进行规划。
- 规划是由规划组执行的。
- 没人知道最终目标是什么。
- 没人知道人员配备要求。
- 没人知道重要的里程碑日期，包括书面报告日期。
- 项目估计靠猜测，而不是以历史信息或标准为基础的。
- 没有足够的时间进行适当的估计。
- 没有仔细地去调查职员是否具备所需技能。
- 人们工作的目标不一致。
- 人员进出频繁，很少考虑进度计划。

为什么会发生这种情况？如果公司目标未被理解，是因为公司高层管理人员忽略了提供必要的信息和反馈。如果规划失败是因为过于乐观，责任在于项目经理和职能经理没能评估项目的风险。项目经理应询问职能经理评估是否过于乐观或悲观，并期望得到一个诚实的回答。错误的财务估计也是职能经理的责任。如果项目失败是因为需求识别导致的，那么项目经理应负全责。

有时项目失败是由于忘记或忽视一些简单的细节，例如：

- 忘记提前告诉职能经理没有准备好原型，有必要重新制订进度计划。
- 忘记询问职能经理是否能为两周后的工作提供额外的员工，按道理这应该在 6 个月前就确定好。

11.21 终止项目

PMBOK®指南，第 6 版
4.7 结束项目或阶段

经常会出现一些情形，使项目不得不终止。下面是项目终止的 9 个原因：

- 目标最终实现。
- 初期规划不完善和市场诊断失误。
- 发现了更好的选择。
- 公司兴趣和战略发生了变化。
- 超出工期要求。
- 超出预算。
- 关键人物离开了组织。
- 管理者的个人幻想。
- 对现有资源来说问题过于复杂。

现在项目不能按时在成本预算内完成的原因往往是行为上的考虑，而不是定量上的考虑。包括：

- 士气低。
- 人际关系差。
- 劳动生产率低。
- 项目参加人员不承担责任。

在许多情况下，看来最后一条应是前 3 条的原因。

一旦确认了取消项目的原因，下一个问题是如何终止项目，主要方式：

- 有序、有计划地终止。
- 动用“短柄小斧”（资金抽回、撤离职员）。
- 将人员派往更高优先级的任务。
- 重新确定努力的目标。
- 让项目自然失败（不要采取任何公开行动）。

11.22 阶段成果交付和移交

PMBOK®指南，第 6 版
4.5 监控项目工作

通过前面定义的介绍，项目（甚至生命周期阶段）总会有一个终点。收尾阶段是项目生命周期中最重要的阶段之一，它应该遵循特殊的原则和程序，目标是：

- 按协议合同要求有效地将项目收尾。
- 准备转移到下一个运营阶段，如从生产到实地安装、实地操作或培训。
- 结合财务数据、进度计划和技术工作等因素，分析项目绩效状况。
- 关闭项目办公室，转移或卖掉所有原分配给项目的资源，包括职员。
- 识别和寻找以后的业务。

尽管大多数项目经理完全清楚，在项目一开始就要制订出完善的计划，但是许多项目经理忽略了为项目收尾也需要制订计划。项目收尾计划包括：

- 转移责任。
- 完成项目记录：
  — 历史报告。
  — 项目后评价。
- 记录结果来反映“建好的”产品或安装。
- 发起人或用户的认可。
- 满足合同要求。
- 释放资源：

— 重新分配项目办公室团队成员。
— 解散职能职员。
— 材料转移。

- 结束工作订单（财务收尾）。
- 准备付款。

在最后阶段，项目成功或失败经常依赖管理者处理人事事务的能力。

在某些特定情况下，很难将项目团队成员转移到理想的职位。下面给出的有关项目收尾时的建议，能增强组织的管理效率，降低团队成员的压力：

- 项目经理和职能经理都要认真制订项目收尾计划，可参考使用清单。
- 制定一个简单的、包含主要步骤和责任的项目收尾程序。
- 像对待其他项目阶段一样对待收尾阶段，定义任务、责任、进度计划、预算、交付条款及结果等。
- 为建立一个在最后项目阶段有利于团队工作的氛围，要理解行为和组织要素之间的相互作用。
- 强调项目的总目标、用途和效用及业务影响。
- 保证高层管理人员的参与和支持。
- 关注冲突、疲劳、优先级转移和技术或逻辑等问题。当开始制订计划时，要尽力确认和处理这些问题。定期召开进度计划状态会议是处理这些问题的关键。
- 让项目团队成员知道未来的工作机会，人力资源经理应该以专业的方式同团队成员讨论和协商新任务，并带领他们进入下一个项目。
- 注意谣言，如果有一部分人注定会失业，应该用专业方式来说明这种情况。
- 建议在以公司导向的项目中指定一个合同管理员。他可以协助管理客户的签字以及最终款项支付，确保项目的财务状况和商务利益。

11.23 详细的进度计划和图表

项目启动后，项目办公室需要的首份文档是有关活动的进度计划。如果活动不太复杂的话，通常由项目办公室承担制订进度计划的责任。

活动进度计划可能是决定公司资源应该如何组合的唯一且最重要的工具。活动进度计划对以时间阶段为基础的资源利用要求非常有价值，能用于跟踪项目的绩效和估计项目成本。进度计划作为一个主计划的作用是使客户和管理人员及时了解项目的运营状况。

在进度计划编制之后应该有相应指南：

- 必须识别出所有的重要事件和日期。如果工作说明书是由客户提供的，那么工作说明书内应该包括进度计划。如果由于某种原因，客户的里程碑日期不能达到，则应立即通知客户。

- 通过网络计划识别工作的顺序以及工作之间的相互关系。
- 进度计划应直接同工作分解结构相关。如果 WBS 是根据工作的特定顺序制定的，那么在进度计划中确定工作顺序就会很简单，可以采用 WBS 中相同的数字系统，只是要求表明任务的开始时间和结束时间。
- 所有进度计划必须确认时间约束，如果可能的话，还要识别每个事件所需要的资源。

尽管这 4 条指南与进度计划编制相关，但它们并不能确定进度计划的复杂程度。在编制进度计划前，应考虑以下 3 个问题：

- 每个网络计划应该包含多少事件或活动？
- 应包含多少详细的技术分解？
- 谁需要进度计划？

很多组织会建立多个进度计划，如为管理层和计划人员制订的总体进度计划，为实施人员和低层控制人员制订的详细进度计划。详细进度计划可能严格限制各部门的活动。WBS 中上三层中所有的进度计划，项目经理必须申请批准；较低层的进度计划（详细部门间的）项目经理可以自行决定。

进度计划中最难识别的问题之一就是障碍状态（Hedge Position）。障碍状态是指承包商在没有任何风险的情况下不能达到客户的里程碑日期，或者可能由于合同要求达不到活动要求。下面我们举例来说明一般的障碍状态。

几乎每个活动都要有详细的进度计划。项目集办公室要将所有详细进度计划组成一个主进度计划以证明所有活动都可以按计划完成。进度计划的编制次序如图 11-10 所示。项目办公室将详细进度计划请求递交给职能经理。职能经理编制总进度计划和详细进度计划。如果时间允许的话，还要编制部门进度计划。每个部门经理同项目办公室一起评审进度计划。将所有计划和进度计划综合在一起，确保所有合同日期均满足。

在进度计划发布之前，还要同客户评审每个计划和进度计划草稿。这个程序包括以下几项：

- 核实没有丢掉任何环节。
- 防止修改刚公布的文件，避免尴尬的情况。
- 通过减少早期修改次数降低生产成本。
- 告诉客户，你欢迎他们帮助制订计划。

文件公布后，应分发给所有项目办公室成员、职能团队成员、职能管理人员和客户。除了详细进度计划，在职能管理者的帮助下，项目集办公室还要制定组织图。组织图显示了所有参与者应负责的活动。组织图还表示了正式的（还有非正式的）沟通渠道。有时，项目集办公室可能还要建立线性责任图（Linear Responsibility Chart，LRC）。哪怕是最好的管理方法，组织中仍有许多职能会在不同单位内重叠。同样，管理人员可能希望某职能单位负责某一活动，而一般来讲，此单位没有承担过这种责任。这常见于工期短的项目，管理人员希望降低成本和赤字。

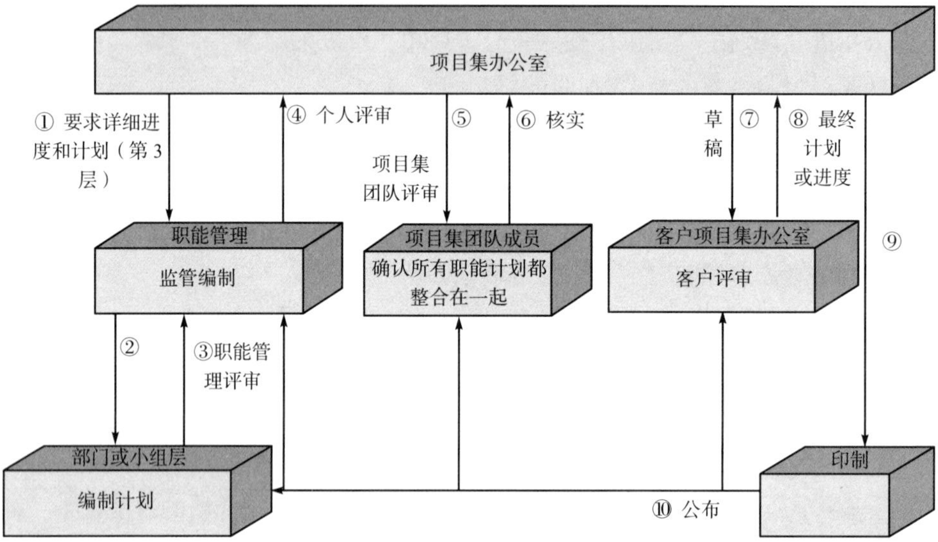

图 11-10　进度计划和项目集计划的编制次序

项目团队成员要了解为什么需要制订进度计划。详细进度计划的基本目的通常是将活动与主计划协调，以完成下列条件下的项目：

- 最优时间。
- 最小成本。
- 最低风险。

进度计划还有第二个进度目标：

- 研究替代方案。
- 制订最优进度计划。
- 有效利用资源。
- 沟通。
- 细化估计准则。
- 获得好的项目控制。
- 进行简单修改。

大型项目，尤其是需要长期努力的，可能需要一个“作战室”。“作战室”里所有的墙都被巨大的进度计划表覆盖，也可能被钉上蓝图纸，而且每一面墙都有数不清的滑动板。墙上的进度图表每天都要更新。这间“作战室”可用于客户简报、团队会议和其他任何与项目相关的活动。

11.24　主生产进度计划

主生产进度计划介绍了该做什么、做多少和什么时候做[1]。它是一个生产计划，不是销售计划，考虑对工厂资源的总需求，包括成品的销售、剩余部分和工厂间的需求。MPS 还要考虑工厂的规模和对供应商的要求。总计划中要有针对每个制造车间的条款。所有关于材料、人力、厂房和设备的计划都是由主生产进度计划来驱动的。

主生产进度计划的目标：

- 帮助高层管理者进行授权，并控制人力水平、存货投资和现金流。
- 通过设定共同的目标，协调市场、制造、工程和财务等方面的活动。
- 调节市场和制造需求。
- 提供全面的绩效测度。
- 对材料计划和产能计划提供数据。

编制主生产进度是规划周期中非常重要的一步。主生产进度计划直接将人力资源、材料、设备和设施联系起来，如图 11-11 所示。主生产进度计划还制定了重要的日期，以及是否应该在这个具体期间与承包商会面。

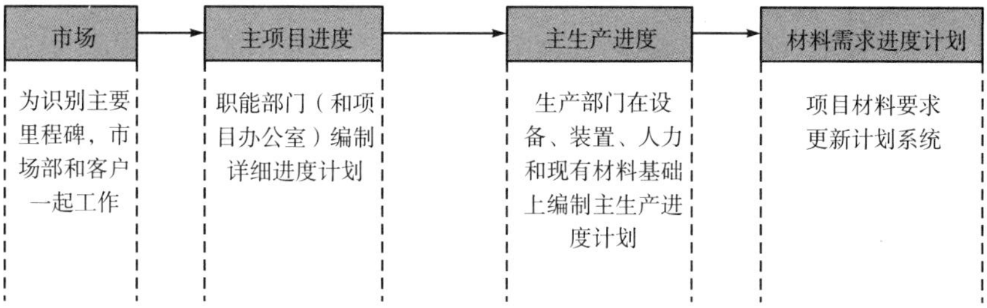

图 11-11　材料要求计划的相关关系

11.25　项目计划

> **PMBOK®指南，第 6 版**
> 第 5 章　项目范围管理
> 第 4 章　项目整合管理

项目文件是项目成功的基础。对于大型且复杂的项目而言，客户可能要求一份包含所有活动记录的项目计划。项目计划可以作为项目指南，更新的次数取决于项目环境和项目类型。通常是一个月更新一次，但研发项目比生产或建设项目更新频繁一些。项目计划提供了以下框架：

- 消除职能经理间的冲突。

1　这里讨论生产进度计划是因为它在计划周期中的重要性。没有有效存储控制程序，MPS 不能得到充分利用。

- 消除职能经理和项目集经理之间的冲突。
- 在项目整个寿命期内提供标准的沟通工具（它应同工作分解结构相吻合）。
- 提供承包商理解客户的目标和要求的证明。
- 提供一种识别规划阶段不一致现象的方法。
- 提供一种早期判断问题及风险的方法，这样以后工作中不会有意外。
- 包括所有做进度分析和报告需要用的进度计划。

项目计划的制订耗时耗力。组织的各层人员都参加。上层提供总信息，下层提供细节。项目计划像活动进度计划一样，不能排除各部门制订自己的计划。

项目计划必须说明企业的资源是如何整合的，类似于进度计划中的事件排序（见图 11-10）。项目计划要解释图 11-10 中各个事件，如果出现了变更，那么就需要额外的迭代（见图 11-12）。

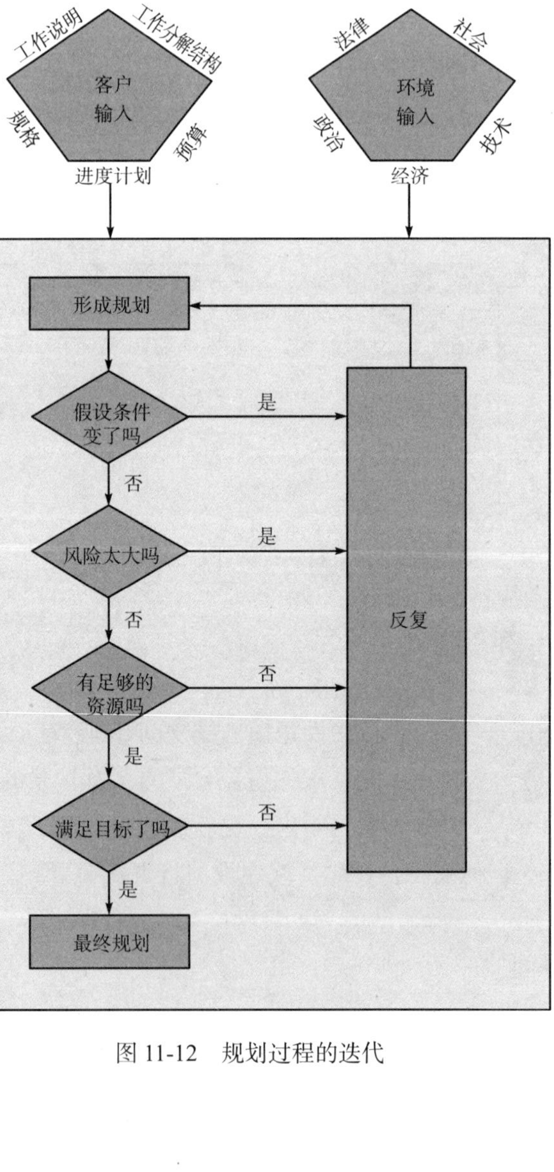

图 11-12　规划过程的迭代

项目计划是一个标准，客户、项目经理以及职能经理可以用它测量项目绩效。计划通过回答以下这些问题在项目期内起到指导作用：

- 要完成什么？
- 何时完成？
- 如何完成？
- 为什么完成？
- 在哪完成？

这些问题的回答迫使承包商和客户谨慎对待：

- 项目要求。
- 后勤保障。
- 项目管理。
- 财务支持。
- 项目进度。
- 人力和组织。
- 设备要求。

项目计划不仅仅是一组指令。它试图通过阻止任何事情“从天花板掉下来”而消除危机。客户和承包商要记录和批准项目计划，确定是否丢失了数据以及可能造成的影响。随着项目的进展，要更新项目计划来解释新的或遗漏的数据。更新项目计划的原因：

- 通过“赶工”活动来满足工期要求。
- 平衡人力、进度和绩效。
- 调整和层化人力要求。

各个承包商制订的项目计划是不一样的。大部分项目计划可以分成 4 部分：引言、总结和结论、管理和技术。信息的复杂性通常是根据客户的需求，由承包商自己决定的。

引言部分包括项目的定义和主要部分的介绍。如果项目是另一个项目的后续部分，或是相似活动的拓展，还需要简要介绍项目历史和背景。

总结和结论部分通常是项目计划的第二部分，便于客户高层管理人员不必通过技术信息的研究就可了解项目的全貌。该部分介绍项目的目标、项目能在多大程度上成功和如何解决问题。本部分还必须包括项目主进度计划，介绍项目各活动间的关系。

项目计划的管理部分介绍了程序、图表和进度计划，如下所示：

- 介绍了分派到项目的关键人员，即项目办公室成员和团队成员，因为通常是由他们与客户沟通的。
- 讨论人力资源、规划和培训，向客户保证参与项目的人员是称职的职能人员。
- 向客户提供线性责任图，来说明项目集的职权关系。

有时候，建议书中会删去管理部分，对后续项目，如果管理人员的位置没有变化的话，客户可能不要求这部分内容。如果管理信息在以前的建议书中出现过，或如果客户和承包商还有继续业务往来的话，也不需要管理这部分。

技术部分可能包括项目计划的 75%～90%，尤其涉及研发工作时。随着项目的进展，技术部分要不断地更新。技术部分可能包括：

- 用于项目主进度计划的图表和进度计划的详细分解，可能包括进度计划或成本估计。

- 每个活动要进行的测试清单（最好包括确切的测试模型）。
- 完成测试步骤，可能还包括运营计划或制造计划的关键要素的描述以及设备和物流需求的清单。
- 识别材料和材料规格（还可能包括系统规定）。
- 尽力确定与专门技术要求相关的风险（并不是都包括）。这种评价会让不熟悉技术步骤的管理人员感到害怕，所以如果可能应略去。

这里用的项目计划包括项目所有阶段的描述。对许多项目，尤其是大型项目而言，对主要事件和活动都需要详细的计划，表11-6所示为单个计划的种类，它有可能替代（总）项目计划，也称为辅助计划。

表11-6 单个计划的种类

计划种类	说　明
预算	分配给每个事件的资金是多少
配置管理	技术变化是如何产生的
设施	具备什么样的设施资源
后勤保障	如何进行补充
管理	项目集办公室是如何组织的
生产	生产事件的时间顺序是什么
采购	有哪些？是什么？自制还是外购？如果供应商不合格，应该怎么要求他们
质量保证	如何保证能满足规格要求
研究或开发	技术活动是什么
进度计划	所有关键日期都达到了吗
工具	各阶段的工具要求是什么
培训	如何留住合格的职员
交通	货物和服务如何转移

只要承包商和客户达成了一致意见，项目计划就能指明方向，如图11-13所示。如果项目计划写得清楚，任何职能经理或监管都能清楚自己的职责。项目计划应该分发到每个项目团队成员、所有的职能经理、项目监管人员及所有关键职能人员手中。

最后需要提到的是，要关注项目计划的合法性。项目计划可能用于满足客户工作说明书中某些特定的要求。当然，除非在SOW中也加以确认，承包商有权决定如何完成工作。

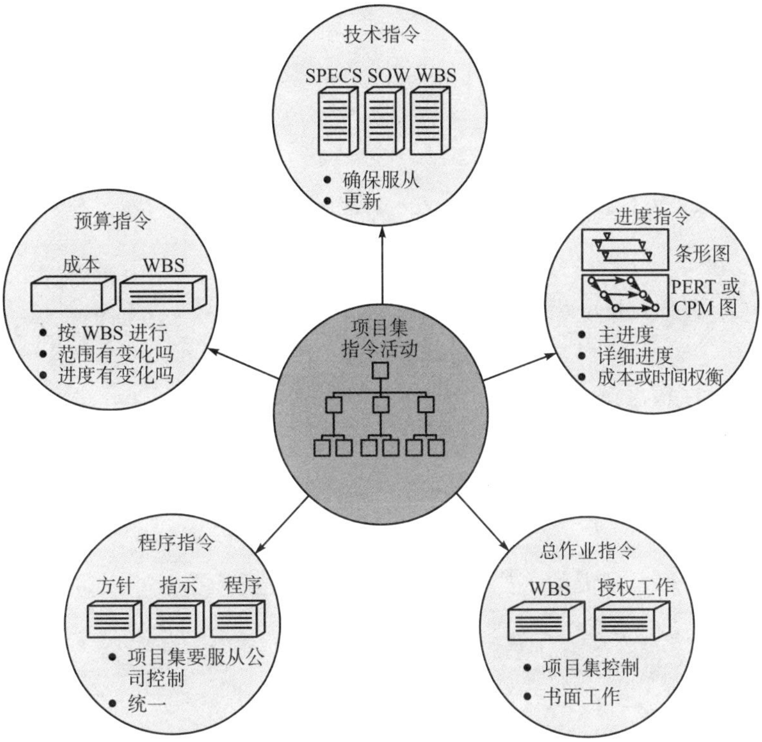

图 11-13　项目指令活动

11.26　项目章程

> **PMBOK®指南，第 6 版**
> 4.1　制定项目章程

项目章程的原意是记录项目经理的职权和职责，尤其是那些远离母公司的项目。如今，项目章程还是一份内部法律文件，确认了项目经理、职能经理及团队成员的职责和职权，还介绍了管理者或客户批准的项目范围。

理论上，项目发起人编制章程并签名。但实际上可能是项目经理编制，发起人签字。项目章程至少应包含：

- 项目经理和他对资源的控制权。
- 项目的商业目的，包括所有假设和约束。
- 项目的条件总结。
- 项目描述。
- 项目目标和约束条件。
- 项目范围（包含什么和不包含什么）。
- 关键相关方和他们的角色。

- 风险。
- 某些相关方的参与。

项目章程是项目经理和公司之间的“合法”协议。有的公司还为章程提供“合同”，作为项目和职能组织之间的协议。

有的公司已将章程转换成了非常详细的文件，包括：

- 范围基准或范围说明：
  - — 项目范围和目标。
  - — 规格。
  - — WBS（模板层）。
  - — 确定时间。
  - — 支出计划（S曲线）。
- 管理计划：
  - — 资源要求和人员负荷（如果已知）。
  - — 关键人员的履历。
  - — 组织关系和结构。
  - — 责任分配矩阵。
  - — 来自其他组织的支持。
  - — 项目方针和程序。
  - — 变更管理计划。
  - — 上述计划的管理许可证。

当项目章程包括范围基准和管理计划时，项目章程可以起项目计划的作用。这并不是项目章程的有效运用，仅对某些内部客户管用。

11.27 项目基准

PMBOK®指南，第6版	
5.4.3.1	项目基准
7.2.1.1	项目管理计划
6.1.3.1	进度管理计划
8.1.3.1	质量管理计划
7.1.3.1	成本管理计划

高级管理层和客户都希望项目经理能有效监督和控制项目。作为监督和控制项目的一部分，项目经理必须准备项目进展报告、状态报告和预测报告，以清楚地介绍项目绩效。不过，要衡量项目绩效，就要有一个参照点或基准，原因在于：

- 没有基准，就无法衡量绩效。
- 如果不能衡量绩效，就无法管理绩效。
- 只有衡量过的绩效才能监督和控制。
- 只有受监督和控制的绩效才能得以完成。

要想能控制一个项目，就必须将其组织为一个封闭的系统，即项目管理计划。项目管理计划要求制定范围基准、质量基准、时间基准及成本基准。没有这些基准，项目就是不可控制的，也不知道项目是从哪儿开始出现了变更。

项目管理通常包括以下几类计划：

- 范围管理计划，介绍项目的范围基准，包括范围说明书、WBS 和 WBS 词典。
- 进度管理计划，介绍进度规划、监督和控制的程序。
- 质量管理计划，介绍达成质量目标所需要的活动。
- 成本管理计划，介绍成本估计和成本控制的步骤。

项目管理计划中可能还包含了其他的管理计划。

11.27.1　绩效衡量基准

衡量绩效的参考点是绩效衡量基准（Performance Measurement Baseline，PMB）。这个基准是一个指标标杆，以此为参照衡量项目的时间、成本和范围。绩效衡量指标还可用于跟踪商业价值。

制定、批准、控制和记录绩效衡量基准的首要原因在于：

- 确保项目目标完成。
- 管理和控制项目进展。
- 确保与项目需求和可交付成果完成有关的准确信息。
- 建立绩效衡量标准。

在规划阶段末期，一旦确定了需求、项目成本和项目进度，绩效衡量基准也就确定了。在建立了绩效衡量基准后，它就能作为标杆来衡量项目的进展状况。这个基准是用来比较计划绩效与实际进展的。如果没有精确的基准作为起始点，那么绩效衡量就没有意义了。遗憾的是，项目经理倾向于仅仅以他们认为重要的因素为基础设定绩效衡量基准，这可能（也可能不）能与客户要求相吻合。绩效衡量基准是项目经理需要做的事，而不是客户要求的事。

11.27.2　重新制定基准

PMBOK®指南，第 6 版
5.6　控制范围

项目范围变更的原因有很多种，包括：

- 客户要求变更或扩展。
- 团队要求变更或扩展。
- 此前对客户要求的理解和解读有误。
- 绩效定义不完善或基准有漏洞。
- 不可更改的负偏差。

当需要对基准加以修改时，就需要经由客户和承包商组成的变更控制委员会批准。在变更控制会议上，至少要解决以下问题：

- 变更的成本。
- 对进度计划的影响。
- 对其他竞争性因素的影响
- 给客户带来的额外价值。
- 额外的风险。
- 对其他项目的潜在影响

如果变更控制委员会同意变更，那么首先要更新绩效基准。一旦需要重新制定绩效基准，新基准是在原有的基准再加上批准的变更。所有的变更都要记录在案，显示项目计划的变化。很重要的一点是，项目很难完全按照计划执行，因此有必要跟踪项目变更。

11.27.3　制定绩效衡量基准

以下步骤展示了制定绩效衡量标准的逻辑方法。

- 审查项目商务论证、约束条件及假设：帮助了解绩效衡量标准的业务范围。
- 建立需求基准：这来自对客户要求和合同工作说明书的审查。要求基准是项目经理计划实现的事，并可能包含或不包含客户的初始需求文件，它为绩效测量基准建立了技术边界，是项目范围说明书的一部分。
- 将需求基准转换为工作分解结构：将工作分解为工作包。每个工作包都应该有可测量的里程碑，从而可以衡量可交付成果和绩效。此外，还需要制定工作分解结构词典。项目范围包括项目范围说明书、工作分解结构及工作分解结构词典。
- 按照逻辑关系对工作包进行排序：这就是进度基准。
- 计算每个阶段的成本，包括直接和间接成本：这就是已分配预算。如果项目耗时数年，即使每年都会建立预算，也不会把未来几年的工作分解为工作包，这就是未分配预算。已分配预算和未分配预算共同构成项目成本基准。
- 发布 PMB，它包括范围基准、进度基准和成本基准。
- 准备需求跟踪矩阵：需求跟踪矩阵将项目需求、WBS 及 PMB 联系在一起，用于确认项目需求是否得到满足。
- 确定关键指标或关键绩效指标：指明了哪些指标需要监控，来决定可交付成果和需求的绩效完成情况。

这些基准对变更控制来说是必要的。没有这些基准，项目进展状态和绩效衡量就没有意义。如果衡量没有一定的准确性，那么就没有客观的信息，也不可能决定已完成工作的价值。

尽管基准是很好的参照点，但项目还是会出现偏差，导致 PMB 的不断变化。典型的原因包括：

- 未能正确管理工作顺序。
- 项目管理信息系统未能提供有用的数据。
- 对挣值方法的使用和理解欠缺。
- 管理服务知识库使用不当。
- 不断更改规划和基准。
- 管理方面出现了不必要的变化。

11.27.4　基准类型

除了范围基准外，常用的基准包括技术基准、成本基准及进度基准。此外，根据公司业务类型和行业类型，还有其他的基准类型。

- 职能基准：系统或职能要求，如规范、合同等。
- 分配基准：一旦要求获得通过，工作产品的状况。
- 发展基准：工作和产品在开发过程中的状况。
- 产品基准：项目的职能或物理特性。
- 资源基准：项目使用的资源数量和质量。
- 固定基准：项目进行过程中始终不变的基准。
- 可修改基准：在项目进行过程中可以改变的基准。
- 特定项目基准：仅为一个项目特别设计的基准。
- 多项目基准：为多个类似项目设计的基准。

11.28　核实及确认

PMBOK®指南，第 6 版
5.2.3.2　需求跟踪矩阵
5.5　确认范围

核实和确认这个术语经常同 PMB 一起使用。核实有时被认为质量控制过程，是指检查产品、服务、系统是否符合惯例、规范和条件。核实，这个过程有时是由利益不相关的第三方来完成的。发展、扩大规模或生产都需要核实。这通常是内部实施的评估流程。

核实是指可交付成果的接受性，而质量控制指的是可交付成果的正确性。核实和质量控制可以平行完成，但通常来说是先完成质量控制的。

确认是建立证据或保障的质量保证流程，即一个产品、服务或系统能实现预计要求。这通常需要产品验收标准。当相关方或客户提供项目要求的时候，也就提供了验收已完成的可交付成果的标准，即产品验收标准。验收标准应当包括以下信息：

- 目标日期。
- 职能。

- 外观。
- 绩效。
- 使用方便。
- 产能。
- 实用性。
- 可维修性。
- 可靠性。
- 运营成本。
- 安全性。

有时，核实可以通过“你在正确地制造东西吗？”来表达，确认可以表达为“你在制造正确的东西吗？”。“制造正确的东西”指回到用户需求上，而“正确地制造东西”指检查规范是否被系统正确地实施（见表 11-7）。在有些语境下，两者都需要有书面要求。此外，决定合规性的正式程序和协议也是需要的。

表 11-7 核实与确认的对比

核　实	确　认
我们在正确地制造产品吗？	我们在制造正确的产品吗？
内部实施，或许由项目团队进行	由客户内部实施
衡量规范、需求、规则和其他强加条件的一致性和合规性	衡量客户验收标准的一致性
使用检查、审计、审查、寻查和分析	由客户或用户检验可交付成果的功能

核实并不必去检测出错误输入的规范。因此，必须实施核实和确认，以保证系统或可交付成果是可以运作的。完成核实和确认之后，我们会获得一个证书或书面的保证，说明这个系统、组件或可交付成果符合规定的要求并可以操作使用。

11.29 管理控制

PMBOK®指南，第 6 版
4.6 实施整体变更控制

因为规划阶段为项目的剩余工作做了基本指导，必须制定详细的管理控制。

另外，因为规划是一个针对大量不同项目而进行的活动，必须在公司范围的基础上制定管理指南，以便获得统一和协调。

在一个项目集中，所有从事直接或间接工作的职能组织和个人，都负责识别进度计划和规划中的各种问题，并向项目集经理汇报。项目集经理不仅在规划期和运营期要对这些问题采取纠正措施，还要承担最终责任。管理方针和指令要写下来，专门帮助项目集经理定义需求。如果在规划阶段没有明确定义的话，许多项目就会各自为政。

11.30 配置管理

> **PMBOK®指南，第 6 版**
> 4.6 实施整体变更控制

项目经理应用的最关键的工具之一是配置管理或配置变更控制。随着项目的进展，工程费用变化会越来越多。公司投标时经常低于它们成本的 40%，期望通过工程变更得到补偿。高层管理人员也常常会“鼓动”项目经理去寻找有利润的工程变更。

配置管理是一个控制技术，通过有序的过程，对配置变更做正式评审和认可。如果正确实施，配置管理可以提供：

- 由合适的管理层审核和批准变更。
- 聚焦于寻找做出改变的地方。
- 最重要的一点是争取客户和承包商办公室代表对变更的支持。

配置控制委员会至少应包括来自客户、承包商和提出变更请求的职能部门的代表。讨论要回答如下问题：

- 变更的成本是什么？
- 变更能提高质量吗？
- 这次质量调整会增加额外的成本吗？
- 变更有必要吗？
- 对交付期有影响吗？

实施变更需要资金，因此，必须正确实施配置管理。下面的步骤可以提高实施过程：

- 定义配置的起始点或“基准线”。
- 定义变更的“级别”。
- 定义对客户和承包商的必要控制或限制。
- 确定如下方针和程序，例如董事长、选举人或候选人、会议时间、会议议程、批准讨论会、按部就班的过程，以及紧急情况下的快速反应过程。

有效的配置控制能增加用户和承包商的满意度。总的好处包括：

- 成员间更好的沟通。
- 同客户更好的沟通。
- 更优秀的技术人才。
- 减少变更的迷惑。
- 审查琐碎的变更。
- 提供一份书面记录。

最后，配置控制不是设计评审会或客户见面会的替代品。这些会议仍然是项目整体的一部分。

11.31 企业项目管理方法论

企业项目管理方法能够加快项目规划进程，也能增强标准化和一致性程度。

公司开始认识到，如果企业项目管理方法是以模板而不是刻板的政策和程序为基础的，那么该方法能起到很大的作用。国际研究机构依据《PMBOK®指南》知识领域[1]用分类模板创立了统一的项目管理方法论（Unified Project Management Methodology，UPMM™）。表 11-8 介绍了可用于不同领域的模板。

表 11-8 项目模板类型

沟通

项目章程、项目程序文件、项目变更申请日志、项目状况报告、项目管理质量保证报告、采购管理总结、项目问题日志、项目管理计划、项目绩效报告

成本

项目进度计划、风险应对计划和登记册、工作分解结构、工作包、成本估算文件、项目预算、项目预算清单

人力资源

项目章程、工作分解结构、沟通管理计划、项目组织图、项目团队名册、责任分配矩阵、项目管理计划、项目程序文件、启动会议清单、项目团队绩效评估、项目经理绩效评估

整合

项目程序概述、项目建议书、沟通管理计划、采购计划、项目预算、项目程序文件、项目进度计划、责任分配矩阵、风险应对计划和登记册、范围说明书、工作分解结构、项目管理计划、项目变更申请日志、项目问题日志、项目管理计划变更日志、项目绩效报告、经验教训登记文件、项目绩效反馈、产品验收文件、项目章程、收尾过程评估清单、项目档案报告

采购

项目章程、范围说明书、工作分解结构、采购计划、采购计划清单、采购工作说明书、建议文件大纲申请、项目变更申请日志、合同订立清单、采购管理总结

质量

项目章程、项目采购概述、工作质量计划、项目管理计划、工作分解结构、项目管理质量保证报告、经验教训文件、项目绩效反馈、项目团队绩效评估、项目管理过程改进文件

风险

采购计划、项目章程、项目采购文件、工作分解结构、风险响应计划和登记册

范围

项目范围说明书、工作分解结构、工作包、项目章程

1 Unified Project Management Methodology（UPMM™）a trademark of the International Institute for Learning, Inc.,©2003-2012 by the International Institute for Learning,Inc., all rights reserved.

续表

时间 活动持续时间评估工作表、成本估算文件、风险反应计划和登记媒介、工作分解结构、工作包、项目进度计划、项目进度计划评审清单

11.32　项目审计

对各个部分的业务（包括项目）进行必要、独立的结构化评审起着越来越重要的作用，部分可归因于服从美国萨班斯—奥克斯利法案（Sarbanes-Oxley Law）的要求。这些独立的评审是以发现和决策为焦点的审计。审计可有计划或随机进行，也可由内部人员或外部审查人进行。

常见的审计类型包括：

- **绩效审计**　常用于评估特定项目的进展和绩效。项目经理、项目发起人或执行督导委员会能进行这种审计。
- **合规性审计**　常由项目管理办公室执行，以确定项目正在使用正确的项目管理方法。通常，项目管理办公室有权开展审计但没有权力强迫别人服从。
- **质量审计**　确保项目能达到质量要求，并遵守所有的法律和规定，由质量保证小组来开展。
- **退出审计**　用于在困境中的或需要终止的项目。由项目外部人员（如离场拥护者、执行督导委员会）来进行。
- **最佳实践审计**　在每个生命周期的结束阶段或项目结束时进行，项目经理不是开展审计的最佳人选，需要专业的、培训过的人员进行最佳实践评审。

相关案例研究（选自 Kerzner/*Project Management Case Studies*, 5th Edition）	相关练习（选自 Kerzner/*Project Management Workbook and PMP®/CAPM® Exam Study Guide*, 12th Edition）	PMBOK®指南（第 6 版），PMP 资格认证考试参考部分
• Quantum Telecom • Margo Company • Project Overrun • The Two-Boss Problem • Denver International Airport (DIA)	• 工作说明 • 技术预测 • 违约项目 • 多项选择题 • 范围管理中的填字谜	• 范围管理

11.33 PMI项目管理资格认证考试学习技巧

本节用于项目管理原理的复习，以巩固《PMBOK®指南》中相应的知识领域和范围，着重讲述了：

- 范围管理。
- 启动。
- 规划。
- 实施。
- 监控。
- 收尾。

对于准备PMP考试的读者，通过下列练习将有助于对相关原理的理解。

- 需要有效的规划。
- 编制项目计划和子计划。
- 了解和编制工作说明书（建议书和合同）。
- 如何设计工作分解结构，以及了解设计非常详细的层次的优缺点。
- 工作分解结构的种类。
- 工作包的目的。
- 配置管理的目的和变更控制委员会的作用。
- 了解和编制项目章程。
- 需要项目团队参与到项目规划活动中。
- 有必要对规划或基准的变更进行管理。

本章可用的附录C中的Dorale产品的案例有：

- Dorale产品（C）（范围管理）。
- Dorale产品（D）（范围管理）。
- Dorale产品（E）（范围管理）。

下列选择题将有助于回顾本章的原理及知识。

1. 正式批准项目的文件是____。
   A. 项目章程　　B. 项目计划
   C. 可行性研究　　D. 成本—收益分析
2. 项目管理过程中，工作分解结构的“控制点”有____。
   A. 里程碑　　B. 工作包
   C. 活动　　D. 约束条件

3. 项目进行范围变更的最常见的原因是____。
   A. 工作分解结构不完善　　B. 工作说明书不完善
   C. 缺乏资源　　D. 缺乏资金
4. 以下哪一项不能说明项目使用了工作分解结构?
   A. 进度控制　　B. 成本控制
   C. 质量控制　　D. 风险管理

以下是一个工作分解结构（在括号里的数字代表了一个单独要素的美元价值），回答问题 5 ~ 8：

1.00.00	
1.1.0	（25 000 美元）
1.1.1	
1.1.2	（12 000 美元）
1.2.0	
1.2.1	（16 000 美元）
1.2.2.0	
1.2.2.1	（20 000 美元）
1.2.2.2	（30 000 美元）

5. WBS 要素 1.2.2.0 的成本是____。
   A. 20 000 美元　　B. 30 000 美元
   C. 50 000 美元　　D. 不能决定
6. WBS 要素 1.1.1 的成本是____。
   A. 12 000 美元　　B. 13 000 美元
   C. 25 000 美元　　D. 不能决定
7. 整个项目（1.00.00）的成本是____。
   A. 25 000 美元　　B. 66 000 美元
   C. 91 000 美元　　D. 不能决定
8. 在 WBS 中，工作包处于 WBS 的层次是____。
   A. 仅仅是 2　　B. 仅仅是 3
   C. 仅仅是 4　　D. 3 和 4
9. 绩效测量基准由____三个基准构成。
   A. 成本、进度和风险基准　　B. 成本、进度和范围基准
   C. 成本、风险和质量基准　　D. 进度、风险和质量基准
10. 以下____是开发一个低层次项目的优点。
   A. 较好的成本估计　　B. 较好的控制
   C. 不太可能存在“穿透缝隙”的情况　　D. 以上都是
11. 基准一旦建立了，识别____。

A. 客户和承包商同意什么
B. 发起人和客户同意什么
C. 客户想做但不一定是项目经理计划做的事
D. 项目经理计划做的事但不一定是客户要求做的

12. 你的承包商向你发了一封邮件，邮件中说他只允许进行8项测试而非工作说明中的10项，项目经理首先应该做的是____。

A. 变更范围基准线　　B. 向承包商提出变更请求
C. 查阅合同中的惩罚条款　　D. 询问发起人的观点

13. 你的承包商向你发了一封邮件，要求在你的项目中使用高质量的原材料，他认为这样可以增加价值并提高质量。项目经理首先应该做____。

A. 变更范围基准线　　B. 向承包商提出变更请求
C. 询问发起人的观点　　D. 变更WBS

14. 一个项目计划最多能包括____个项目辅助计划。

A. 10　　B. 15
C. 20　　D. 数量无限制

15. 你是项目变更委员会中的一员，该委员会通过了一个重要的范围变更。项目经理应该修正的文件是____。

A. 范围基准线　　B. 进度计划表
C. WBS　　D. 预算

答案

1. A　2. B　3. B　4. C　5. C　6. B　7. C　8. D　9. B　10. D　11. D　12. B　13. B　14. D　15. A

思考题

11-1 有人让你为项目制定一个工作分解结构，你该如何进行？WBS应该按时间分解、部门分解、小组分解还是其他方式？

11-2 你刚刚被要求制订一个新产品进度计划。下面列的是进度计划中必须包括的，你需要将这些要素安排到工作分解结构中（一直到3层），然后画出箭线图。必要时你可以自己增加一些要素。

- 生产设计
- 市场测试
- 分析销售成本
- 分析客户反应
- 存货和运输成本
- 印制宣传单
- 选择销售人员
- 培训销售人员
- 培训分销商
- 分发给销售人员宣传单
- 分发给分销商宣传单
- 分配销售人员

- 促销
- 销售手段
- 贸易广告
- 审核工厂成本
- 选择分销商
- 设计艺术制品
- 批准艺术制品
- 交易展示
- 建立结账程序
- 建立信用程序
- 修改生产成本
- 修改销售成本
- 批准会议*
- 评审会议*
- 最终规则
- 材料要求

（* 批准会议和评审会议可以出现几次。）

11-3 项目启动阶段完成，你要开始准备制订运营计划。下面是最终程序中常用的 6 步，将它们按正确顺序排列。

1. 对每个 WBS 要素制图。
2. 建立工作分解结构，确定报告要素和水平。
3. 根据 WBS 制定一个粗略的（箭线）网络。
4. 通过将所有部分组合到一个计划中来细化，然后决定工作安排。
5. 如果有必要，尽可能在不失清晰性的前提下压缩图。
6. 将每层图结合成一个，然后开始整合进 WBS 高层，直至满足所需计划。

11-4 下面是在最终进度计划之前应考虑的 7 个因素。假设如果下列各个因素变化时，进度计划如何改变？

- 在市场中引入产品。
- 现有或计划的人力资源。
- 项目的经济约束。
- 技术困难程度。
- 拥有的人力资源。
- 是否有员工培训。
- 项目的优先权。

11-5 下面是 12 条指令。哪些是描述计划的，哪些是描述预测的？

a. 定义一个完整的工作。
b. 介绍建议的进度计划。
c. 制定项目里程碑。
d. 决定不同资源的需求。
e. 决定对每个 WBS 任务或要素的技能要求。
f. 改变工作范围，得到新估计。
g. 估计完成要求工作的总时间。

h. 考虑资源的变化。

i. 给每个 WBS 要素指派合适的人员。

j. 重新对项目资源制订进度计划。

k. 开始对 WBS 要素制订进度计划。

l. 改变项目优先级。

11-6 “预期麻烦”是指好的项目经理知道在项目的不同阶段可能有什么样的麻烦。下面所列的以数字表示的活动表明了项目不同阶段，以字母表示的表明了主要问题。选择和列出每个项目阶段可能遇到的问题。

1. 建议书的要求______________
2. 向客户提交________________
3. 授予合同__________________
4. 设计评审会________________
5. 检测产品__________________
6. 客户接受__________________

a. 工程终期生产率不需要生产投入

b. 工作分解结构定义不完善

c. 客户没完全意识到技术变化将对进度计划和成本造成的影响

d. 时间和成本约束同工艺不相符

e. 项目—职能界面没定义好

f. 不合适的系统组合造成冲突及沟通失败

g. 有的职能经理没意识到他们对某些风险应负责任

h. 没有系统估计设计变化的影响

11-7 表 11-9 确定了项目规划和控制中的 26 个步骤。下面是对 26 个步骤的描述。将这些信息填入表 11-9 的第 1 列和第 2 列（第 2 列是组的反映），你的老师指导你填写第 3 列后，将表其余部分填上。

表 11-9 项目计划和控制的步骤

活动	描述	第 1 列 你的次序	第 2 列 组次序	第 3 列 专家次序	第 4 列 第 1 列和第 3 列的差别	第 5 列 第 2 列和第 3 列的差别
1	建立线性责任图					
2	协商合适的职能人员					
3	确定规格					
4	决定衡量进展的方法					
5	编制终期报告					
6	授权部门开始工作					

续表

活动	描　　述	第 1 列	第 2 列	第 3 列	第 4 列	第 5 列
		你的次序	组次序	专家次序	第 1 列和第 3 列的差别	第 2 列和第 3 列的差别
7	建立工作分解结构					
8	结束职能工作命令					
9	建立范围说明书和设立目标					
10	建立总进度计划					
11	为每个项目要素确定优先级					
12	建立另一套行动路线					
13	制订 PERT 网络计划					
14	建立详细进度计划					
15	建立职能职员资格认证					
16	协调进行的活动					
17	确定资源要求					
18	衡量进展状况					
19	行动的基本路线决策					
20	为每个 WBS 要素建立成本					
21	同职能经理评审 WBS 成本					
22	制订项目计划					
23	为每个基本事件要素制定成本偏差					
24	定价 WBS					
25	建立带检查点的逻辑网					
26	同总监一起评审基本事件成本					

1. **建立线性责任图**。这个图识别了工作分解结构，并为确保所有 WBS 要素都有人负责，将具体的职权分派给不同个人。线性责任图可以用题目或个人的名字编制。假定同负责人员协商后，你就会知道指派的个人的名字或能力。

2. **协商合格的职能人员**。工作确定后，项目经理尽力确定合适的人员，这是协商过程的基础。

3. **确定规格**。这是项目要求初始定义中的 4 个文件之一。假定这些要么是执行情况，要么是材料规格，由用户或客户在初始计划阶段提供给你。

4. **决定衡量进展的方法**。在项目计划发布和项目执行前，项目经理必须确定衡量进展的手段。具体来说，不可容忍的条件意味着什么，每个 WBS 基本事例要素的容忍值（阈值或者偏差值）是什么？

5. **编制终期报告**。这是项目终止时要编制的报告。

6. **授权部门开始工作**。这一步授权部门开始实施项目，不是规划项目。这一步在项目计划制订和发布后进行，可能要经过客户或用户组同意，这是项目实施工作的开始。

7. **建立工作分解结构**。这是项目计划阶段早期项目定义要求的 4 个文件之一。假定 WBS 使用的自下而上法，换句话说，WBS 是从逻辑网络（箭线图）和检查点建立的，它最终将成为 PERT 或 CPM 表（见活动 25）的基础。

8. **结束职能工作命令**。项目经理通过结束职能工作而尽力阻止项目费用过多(活动 6)，包括取消除那些管理项目终期和最终报告的编制所需要工作以外的所有工作。

9. **建立范围说明书和设立目标**。工作说明书也是确定项目要求的 4 个文件之一。通常，WBS 是工作说明书的结构化体现。

10. **建立总进度计划**。在项目初期需要总进度计划或里程碑进度计划，帮助制定项目要求的 4 个文件。总进度计划包括开始日期和终止日期（如果知道的话），其他主要的里程碑和数据项。

11. **为每个项目要素确定优先级**。确定了基本事件和考虑了另一套行动路线后（应急计划），项目团队对每个 WBS 要素进行敏感性分析，这要求对 WBS 每个要素制定优先级，而且可能没必要将最高优先级的要素赋予关键路径上。

12. **建立另一套行动路线**。掌握了基本事件和详细行动路线（详细进度计划）后，项目经理执行“如果……就……”的方法来建立应急计划。

13. **制定 PERT 网络计划**。完成 PERT 或 CPM 网络计划，它们是详细进度计划的基础。PERT 网络计划能在规划阶段的早期进行，但网络计划的发布和持续时间一般由相关负责人确定。换句话说，活动持续时间不仅是绩效标准的函数，也是个人的专长和责任或权力的函数。

14. **建立详细进度计划**。详细的项目进度计划是相关负责人根据 PERT 或 CPM 制订的。

15. **建立职能职员资格认证**。一旦高级管理人员审核了基本事件的成本，而且批准项目进行。项目经理开始将粗略计划转为详细计划，包括确定所需要的资源以及各自的资格认证。

16. **协调进行的活动**。协调项目执行阶段中进行的活动，不是项目规划中的活动，授权活动 6 开始。

17. **确定资源要求**。高级管理人员批准了粗略计划中的成本后，开始计算详细计划中的资源要求，包括人力资源。

18. **衡量进展状况**。项目团队协调执行阶段中进行的活动，衡量进展状况和编制状态报告。

19. **行动的基本路线决策**。项目经理得到了每个 WBS 要素的粗略成本估计后，将所有的各部分集中到一起决定行动的基本路线。

20. **为每个 WBS 要素建立成本**。在基本事件决策后，项目经理为每个 WBS 要素建立基本事件成本，为高级管理层定价评审会议做准备。这些成本通常与职能经理提供的相同。

21. **同职能经理评审 WBS 成本**。每个职能经理要参与 WBS 的制定，确定他们的角色和职能。然后项目经理评审 WBS 成本，确定每件事都有人负责且不会有重复工作。

22. **制订项目计划**。这是详细规划的最后一步。接下来就可以开始实施项目了（不考虑项目计划同项目实施同时进行的情况）。

23. **为每个基本事件要素制定成本偏差**。每个基本事件要素的优先级确定后，项目经理要确定可接受的成本偏差，是衡量进展的手段。只要实际成本保持在允许变动范围之内，成本报告都是可接受的。

24. **定价 WBS**。项目经理向职能经理提供初始活动 WBS 定价。

25. **建立带检查点的逻辑网**。经常用自下而上法建立 WBS、PERT 或 CPM。

26. **同总监一起评审基本事件成本**。项目经理拿到了在 WBS 职能定价和评审阶段的一些粗略的成本后，寻求管理人员同意开始详细计划。

第12章　网络进度计划技术

引言

PMBOK®指南，第6版
第6章　项目进度管理

管理总在不断寻求新的、更好的控制技术，帮助应对激烈竞争行业所特有的、复杂繁多的数据与紧迫的最后期限。同时，也在不断寻求更好的方法为客户展示技术与成本数据。

进度计划技术能够帮助我们达到以上目标，最常用的进度技术列举如下：

PMBOK®指南，第6版
6.2.3.3　里程碑清单
6.3　排列活动顺序

- 甘特图或横道图。
- 里程碑图。
- 平衡线[1]。
- 网络计划技术。
- 计划评审技术（Program Evaluation and Review Technique，PERT）。
- 箭线图法（Arrow Diagram Method，ADM）[也称关键路径法（Critical Path Method，CPM）][2]
- 前导图法（Precedence Diagram Method，PDM）。
- 图形评审技术（Graphical Evaluation and Review Technique，GERT）。

网络进度计划技术有以下优点：

- 是所有规划和预测的基础，帮助管理人员决定如何在有限的时间与预算内最有效地利用资源。

1　平衡线更适用于产品线活动的制造业务。然而当一定数量的可交付成果必须在确定的时间内生产时，它也可以用于项目管理活动。要想更多了解该技术，读者需要参考各种生产管理资料。

2　也用CPM代替ADM，读者要知道它们是可以相互转变的。

- 可见性，帮助管理人员控制“一次性”类型的项目。
- 通过回答以下问题帮助管理人员评估备选方案：工期延误会对项目的完成造成多大的影响？哪些工作之间存在时差？影响项目完成时间的关键因素是什么？
- 为决策的制定提供了必要的客观事实。
- 使用所谓的时间网络分析法来决定人力、物资及资本需求，是一种衡量项目进展状况的工具。
- 提供了报告信息的基本结构。
- 展现了项目活动间的相互关系。
- 简化了诸如“如果……怎样”的练习。
- 能够识别最长路径或关键路径。
- 有助于进度风险分析。

PERT 最初是在 1958 年和 1959 年为满足“大工程时代”的需求而发展起来的。从那时起，PERT 技术在各个行业得到快速推广。同时期，杜邦公司启动了类似的技术，即关键路径法，该方法也得到了广泛应用，尤其是在建筑业和加工业。

20 世纪 60 年代早期，PERT/时间的基本需求如下：

- 项目中的所有单个任务能够以一种足够明确的方式放入网络计划中，包含事件与活动，也就是遵循工作分解结构。
- 事件与活动必须遵循逻辑规则按序排列在网络上，即能够决定关键路径与次关键路径。网络中可以包含 100 个甚至更多的事件，但不能少于 10 个。
- 每一活动的时间估算必须有 3 方面的依据，即最熟悉活动的人所做的最乐观的时间、最可能的时间和最悲观的时间。
- 计算关键路径与时差。关键路径是指需要最长预期时间来完成的那些事件与活动的顺序构成的路径。

PERT 技术的最大优势在于它能建立较大的网络。网络开发与关键路径分析展现了活动间的关系与问题，这一点正是其他规划方法的欠缺之处。因而，PERT 技术能够最大限度地保证项目按进度实施。

PERT 技术的第二大优势是可以通过制订备选方案来满足最后期限。如果决策者是统计方面的专家，他就能够检查标准偏差与数据的完整度。如果只存在最小程度的不确定性，在保留网络分析法优势的同时，当然也可以使用单一时间法。

PERT 的第三大优势是能用来评估项目变更造成的影响。例如，PERT 技术可以估算出资源从非关键活动预期转移到可能是瓶颈的关键活动上去所产生的影响，PERT 技术还可以评估实际所需时间与预测时间之差所造成的影响。

最后，PERT 技术可以将大量复杂的数据展现在一张组织完好的图表中，承包商与客户可以共同做出决策。

当然，PERT 技术也有其不足之处。PERT 技术的复杂性增加了项目的实施难度。PERT 技术组织的报告系统所需的数据要多于大多数其他系统。因此，PERT 技术较为昂贵，一般只用于大型复杂项目中。

许多公司都已经关注 PERT 技术在小型项目中的使用，结果便形成了 PERT/LOB 程序。如果使用适当，可以完成以下工作：

- 缩减项目成本与时间。
- 协调并加快规划的制定。
- 消除无效时间。
- 对分包商活动提供更好的调度与控制。
- 制定更好的问题解决程序。
- 缩减例行工作时间，将更多的时间用于决策制定。

尽管有这些优势，大多数公司还是应该审视自己是否真的需要使用 PERT 技术。即使有统一软件包，结合 PERT 技术仍然不容易使用且耗费成本。批判性意见有：

- 需要付出大量的时间与劳动力。
- 降低了高层管理的决策能力。
- 估算时缺乏对职能所有权的考虑。
- 时间—成本估算中缺乏历史数据。
- 无限资源的假设可能不恰当。
- 可能需要太多的细节。

12.1 网络基础

> **PMBOK®指南，第 6 版**
> 6.3 排列活动顺序
> 6.3.2 排列活动顺序：工具与技术

甘特图、里程碑或气泡图的主要问题在于不能表现事件与活动间的相互关系。编制主计划时，必须识别出这些相互依赖关系，以便随时提供最新的操作图。

依赖关系可通过网络结构表现出来。网络分析技术可为编制规划、规划集成、时间研究、进度制定及资源管理提供有价值的信息。网络计划编制的根本目的是通过提供直观的图形展示整个项目，消除可能的危机。可从这种表示中获取以下管理信息：

- 活动之间的相互依赖关系。
- 项目完成时间。
- 晚开始的影响。
- 早开始的影响。
- 资源与时间的权衡。
- “如果……怎么样”练习。
- 赶工成本。
- 规划或绩效的变动情况。
- （实施）绩效评估。

网络是由事件与活动组成的。下面的术语对理解网络图会有所帮助。

- 事件：相当于里程碑，表示一个活动的开始时间或结束时间。
- 活动：工作必须完成的基本单元。
- 持续时间：完成活动需要的总时间。
- 工作量：在持续时间内完成的工作总量。例如，一项活动的持续期间可以是一个月，但工作量可能仅是两个星期。
- 关键路径：是指网络图上的最长路径，并且决定了整个项目的总工期。它也是完成整个项目所需时间的最小值。

图 12-1 介绍了 PERT 网络图的标准术语，其中，圆圈表示事件，箭头表示活动。圆圈中的数字表示特定的事件或结束，箭头上的数字表示从事件 6 到事件 3 所需的时间（小时数、天数、月数）。事件编号不需要遵循任何顺序（中国当前的国家标准中认为要遵循一定的顺序，箭头的编号应该大于箭尾的编号。——译者注）。但是，事件 6 必须在事件 3 完成（或开始）之前发生。在图 12-2（A）中，事件 26 必须在事件 7、事件 18 和事件 31 之前发生；在图 12-2（B）中则相反，事件 7、事件 18 和事件 31 必须在事件 26 之前发生。图 12-2（B）类似于逻辑图中的“与非门”[1]。

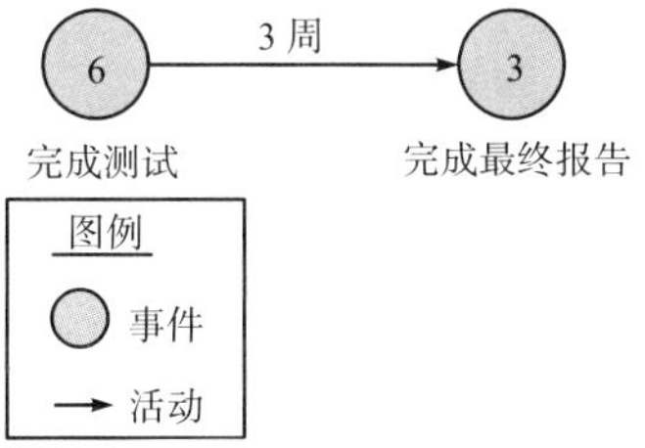

图 12-1　标准 PERT 命名系统

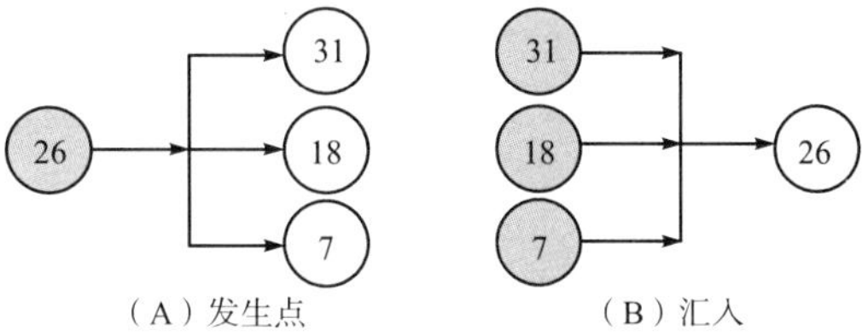

图 12-2　PERT 源（发生点）与汇入

本章的引言部分已经介绍过甘特图与里程碑图的优缺点。然而，这些图可按如图 12-3 所示那样用于编制 PERT 网络。图 12-3（A）中的横道图可转换为图 12-3（B）中的里程碑图。通过在里程碑图中定义位于不同横道上的事件之间的关系，我们就能够建立如图 12-3（C）所示的 PERT 图。

1　事实上，PERT 图可以看作逻辑图，PERT 中使用的许多符号源自逻辑流术语。

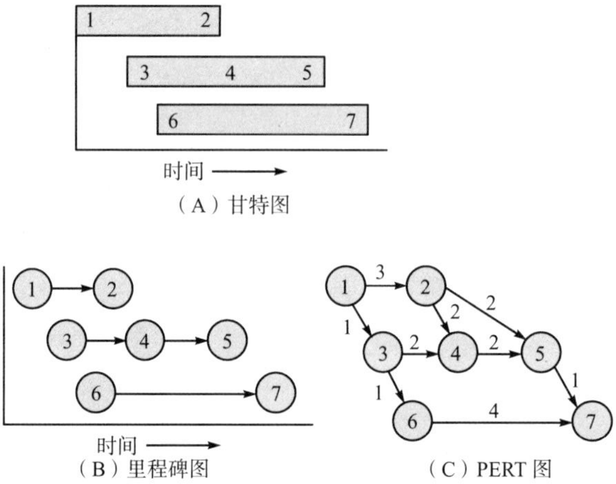

图 12-3　从条形图到 PERT 图的转换

PERT 基本上可以说是管理规划与控制的工具，可看作一张为某个特定方案或项目编制的路径图，其中识别了所有主要活动（事件）及其相应的相互关系[1]。PERT 图常从后往前构建，因为多数项目的结束时间都是固定的，而开始点可以由承包商灵活掌握。

PMBOK®指南，第 6 版
6.3.2　排列活动顺序：工具与技术

确定完成项目所需的时间是构建 PERT 图的目的之一。因此，PERT 使用时间作为分析影响项目成功的直接因素，即时间、成本和绩效。构建 PERT 网络需要两项输入：首先，事件表示一个活动的开始或结束？通常代表事件的结束。其次，如表 12-1 所示，定义事件的顺序，将每一事件与其紧前工作联系起来。一旦回答了如下问题，大型项目可以很容易地转换到 PERT 网络：

- 本任务的紧前工作是什么？
- 本任务的紧后工作是什么？
- 哪些任务可以并行实施？

表 12-1　事件顺序

活　动	名　称	紧前工作	活动时间（周）
1—2	A	—	1
2—3	B	A	5
2—4	C	A	2
3—5	D	B	2
3—7	E	B	2
4—5	F	C	2

1　PERT 图中的这些事件应该至少分解到工作分解结构中确定的相同报告层次。

续表

活　动	名　称	紧前工作	活动时间（周）
4—8	G	C	3
5—6	H	D，F	2
6—7	I	H	3
7—8	J	E，I	3
8—9	K	G，J	2

图 12-4 表示了典型的 PERT 网络。图 12-4 中的实线代表关键路径，是整个事件系统中时间最长的路径。关键路径由事件序列 1-2-3-5-6-7-8-9 组成。关键路径是成功控制项目的关键，因为它表明了管理以下两件事。

- 因为在关键路径上任意两个事件之间都没有时差，因而任何延误都将导致相应的项目结束日期的后延，除非这个时间延误能在后续（关键路径上）的某个事件中得到弥补。
- 因为该路径上的事件是决定项目成功与否最关键的事件，所以必须十分关注这些事件来改善整个项目方案的执行情况。

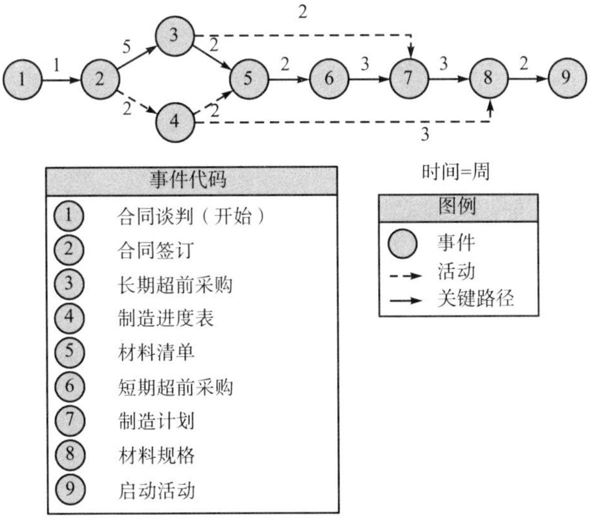

图 12-4　简化的 PERT 网络图

现在，我们可以使用 PERT 技术识别出一个事件的最早可能开始的时间，以及活动的起止点。用这种方式计算并不是太神秘的事情，但要是没有网络分析，可能信息就难以获取。

既可以从事件的角度也可以从活动的角度来管理 PERT 图。在 WBS 中的 1 ~ 3 层，项目经理先关心的是里程碑，因此事件尤为重要。但对于 WBS 中的 4 ~ 6 层，项目经理关心的则是活动。

PMBOK®指南，第 6 版
6.3 排列活动顺序

以上我们所讨论的原理不仅适用于 PERT 技术，也同样适用于关键路径法。两者的术语是相同的，而且两项技术也常常用单代号网络图或双代号网络图来表示。PERT 与 CPM 的不同之处在于以下几个方面：

- PERT 使用 3 时估算法（如 12.7 节介绍的乐观的、最可能的、悲观的），可从这些估算中计算出期望时间。而 CPM 则使用一种表示正常时间的时间估算（CPM 估算精度更高）。
- PERT 从本质上说是或然论的，每个活动时间基于 β 分布，期望时间基于正态分布（见 12.7 节）。这使我们能在项目完成过程中估算“风险”。CPM 基于单一的时间估算，从本质上说是决定论的。
- PERT 与 CPM 都允许使用虚拟活动来表示逻辑。
- PERT 常用于估算时间的风险具有高度可变性的研发项目；而 CPM 则常用于基于精确的时间估算，并有较强的资源依赖性的建筑项目。
- PERT 技术常用在诸如研发类项目上，对于这类项目，除非用已完成的项目里程碑，否则不可能确认项目的完成百分比。CPM 则常用在诸如建筑类项目上，在这类项目中，可以理性地精确计算项目的完成百分比，而且可根据这个完成百分比向客户申请费用支付。

12.2 图形评审技术

PMBOK®指南，第 6 版
6.5.2.1 进度网络分析

图形评审技术类似于PERT技术，但又有其独到之处。GERT允许出现循环、分支及多个项目结果。如果进度计划运行失败，使用 PERT 技术较难表现出来，可能需要重复做多次计划。使用 PERT 技术，我们无法根据计划执行的结果，从不同的分支中选择一种计划方案继续项目的执行。如果使用 GERT 技术，这些问题都将迎刃而解。

12.3 依赖关系

PMBOK®指南，第 6 版
6.3 排列活动顺序
6.3.2.2 确定和整合依赖关系

有 3 种基本的相互关系或依赖关系。

- 强制性依赖关系（硬逻辑）。这些依赖关系是不能改变的，如在搭屋顶之前，必须先将墙体建好。
- 自由依赖关系（软逻辑）。这些逻辑关系由项目经理自由处理，每个项目都不一样。

如在采购前，不一定要完成整个材料清单。

- 外部依赖关系。有些依赖关系可能超出项目经理的控制范围，如使承包商遵循关键路径实施项目。

画网络关系图经常包含虚活动。虚活动是实际并不存在的活动，用虚线表示，不消耗资源，也不需要时间，仅仅是为了表示活动间的逻辑关系。

在图 12-5 中，活动 C 紧前工作只有活动 B。现在，假设存在一个活动 D 的紧前活动是 A 和 B。如果没有一个虚活动（如用虚线表示），就不能体现活动 D 的紧前活动是 A 和 B。使用一个虚活动，从活动 A 到活动 D 或者从活动 B 到活动 D，都能够完成这种表示。软件程序中嵌入了虚活动的最小数字。同时，箭头的方向也是很重要的。在图 12-5 中，箭头必须朝上。

PMBOK®指南，第 6 版
6.3　排列活动顺序

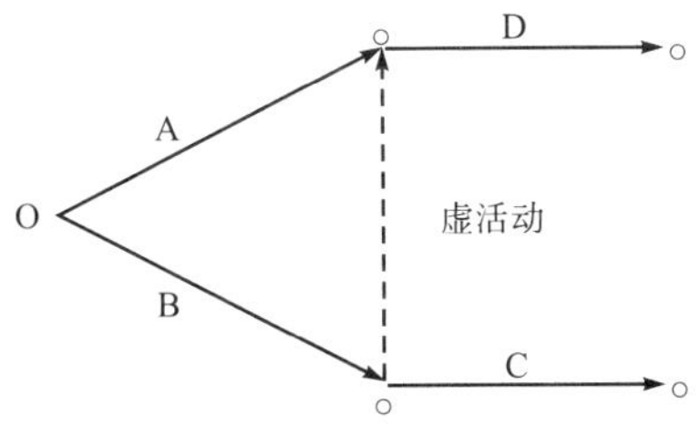

图 12-5　虚活动

12.4　时差

PMBOK®指南，第 6 版
6.5　制订进度计划
6.5.2.2　关键路径法

由于网络中必存在一条最长路径，网络中的其他路径都一定等于或短于这条路径。因此，一定存在一些事件和活动能在它们实际所需的时间之前完成。时间表上的完成日期与关键路径上所需日期的时间差，即时差[1]。在图 12-4 中，事件 4 不在关键路径上，如果按路径 2-3-5，则在关键路径上的事件 2 到事件 5 需要 7 周时间；若选择路径 2-4-5，只需要 4 周时间。因此，需要 2 周完成的事件 4，可以在事件 2 完成后的 0～3 周内任意时间开始。这 3 周内，管理者可以将完成事件 4 所需的人力、费用、设备及设施资源派作他用。

关键路径对于资源计划和分配很重要，因为项目经理在职能经理的协助下，在不延长关键路径时间的情况下，在实现资源最充分利用的其他时段内，能够更新那些非关键路径事件的进度计划。这种通过利用浮动时间（时差）更新进度计划的方法，在全公司范围内提供了一种较好的资源平衡，并可能通过减少空闲或等待时间降低项目成本。

1　极少数的情况下，关键线路上存在时差。本书不考虑这种情形。

时差可定义为基于下列术语的最晚可允许日期与最早期望日期之差：

T_E=期望事件发生的最早时间（日期）

T_L=不延长项目结束日期事件发生的最晚日期

时差=T_L-T_E

如图 12-6 所示，网络中每个事件的时差是通过确定最早期望日期与最晚开始日期进行计算的。对于事件 1 来说，$T_L-T_E=0$，事件 1 作为网络的参考点，并被简单定义为日历日期。与前面相同，关键路径用黑线表示。关键路径上的事件没有时差（$T_L=T_E$），并为非关键路径事件提供了边界。由于事件 2 是关键的，对于事件 5 来说，$T_L=T_E=3+7=10$。事件 6 终止了关键路径，表示了 15 周的完成时间。

事件 3 不在关键路径上，假定它尽早开始，则其最早时间将是 2 周（$T_E=0+2=2$）。最晚允许日期等于事件 5 的最晚开始日期减去从事件 3 到事件 5 完成活动需要的时间。因此，事件 3 的 $T_L=10-5=5$（周）。事件 3 可以在第 2 周到第 5 周之间的任何时候进行，并不影响项目的进度计划的完成。同理可适用于事件 4，其 $T_E=6$，$T_L=9$。

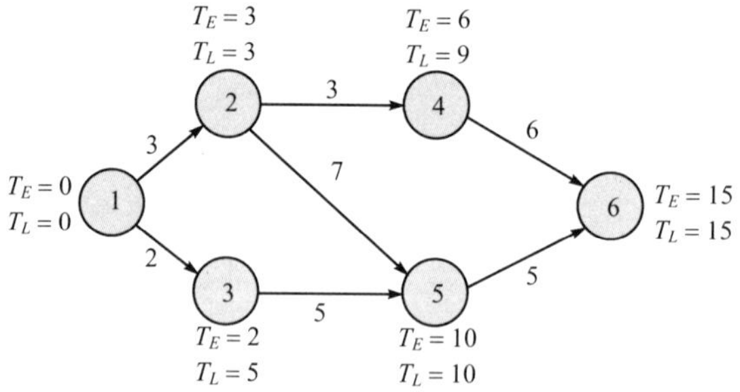

图 12-6　带有时差的 PERT 网络

图 12-6 是一个简单的 PERT 网络，时差的计算并不很复杂。对于包含多个路径的复杂网络来说，最早开始日期必须通过整个网络从开始到完成的计算才能确定，而最晚允许开始日期需要通过从完成到开始的逆推计算。

因为存在时差，一般不用时间标度绘制 PERT 网络。然而，当必须决定是用最早时间，还是用最迟时间作为时差变量时，在这种情况下，就可以要求重构带有时标的 PERT 图（见图 12-7）。该图用项目总成本与人力规划的比较，在图中，利用了要求的最早时间作为时差变量。

最早时间与最晚时间结合在一起来决定达成进度计划的概率。表 12-2 展示了一个需求信息的例子，最早时间与最晚时间被看作随机变量，表中原始进度是指项目开始时建立的事件发生进度。表的最后一列给出了事件的最早发生时间不大于原定时间的概率。12.5 节描述了确定此概率与变量的确切方法。

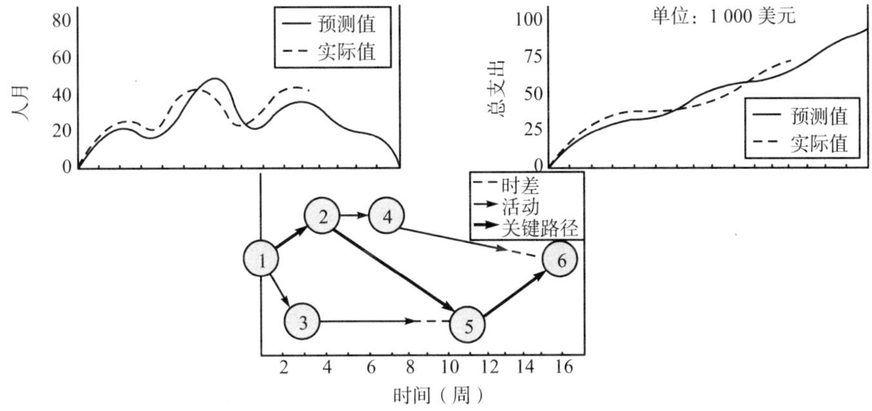

图 12-7　时间阶段 PERT 图模型比较

表 12-2　PERT 控制输出信息表

事件序号	最早时间		最迟时间		时差	初始进度	满足进度的概率
	期望	偏差	期望	偏差			

图 12-6 展示的例子中，每个事件都计算了最早时间与最晚时间。有的人喜欢计算每一活动的最早时间与最晚时间，最早时间与最晚时间可以采用预期发生的时间或日期。为了充分使用 PERT/CPM，应标出以下 4 个值：

- 活动可能发生的最早时间（ES）。
- 活动可能完成的最早时间（EF）。
- 活动可能发生的最晚时间（LS）。
- 活动可能完成的最晚时间（LF）。

图 12-8 表示了标示在活动上的最早时间与最晚时间。

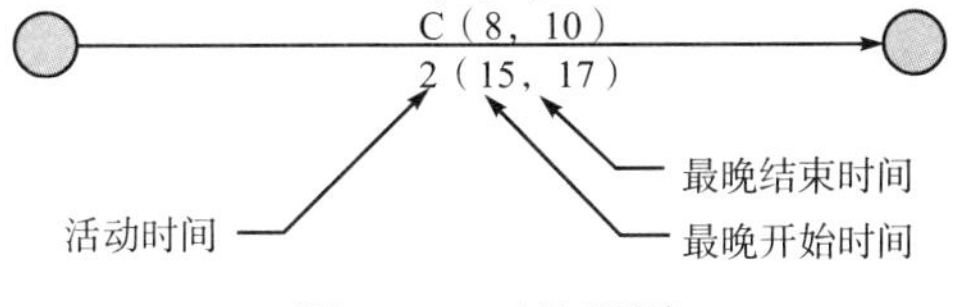

图 12-8　时差识别

要计算最早开始时间，我们必须正向通过整个网络（从左到右）。后序活动的最早开始时间是所有前序活动的最早完成时间中的最大时间。其最早完成时间是最早开始时间与活动持续时间的总和。

要计算完成时间，必须通过计算最晚完成时间逆推通过整个网络。既然活动的时间是知道的，那么活动的最晚开始时间可以通过从最晚完成时间减去活动时间计算出来。一个活动进入一个节点的最晚完成时间是该活动离开该节点的最早开始时间。图 12-9 展示了一个典型网络的最早与最晚的开始与完成的时间。

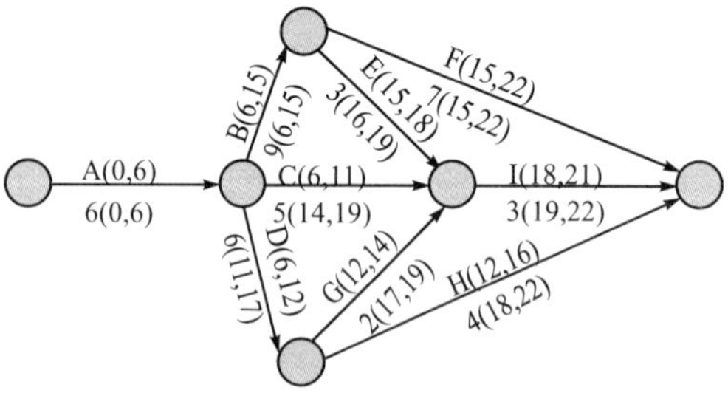

图 12-9　带有浮动时间的典型 PERT 图

时差的识别可以作为项目经理的早期预警系统，例如，从一个报告时段到下一个报告时段，如果现有的总时差开始减少，则可能表明现在工时比预期的时间要长或需要技术更高的工作人员，并可能要形成一个新的关键路径。

最早与最晚的开始与结束时间可以标示时差。在情况 a 中，时差被简单地表示为 4 个工作单元，工作单元可以用小时、天、周甚至用月来表示。在情况 b 中，时差是负 5 个工作单元，这是指负时差或负浮动时间。

是什么导致了负的时差呢？如图 12-10 所示，当正向通过网络时，从客户的开始里程碑处（位置 1）起从左至右。然而，当逆向通过网络时，则从客户的结束日期里程碑处（位置 2）起，并非（课堂上所说的）从正向通过网络的结束点开始。如果正向通过网络的结束点在位置 3，该位置先于客户的结束日期，那么在关键路径上可能存在时差。这个时差常称作储备时间，可以用来加在其他活动上，或用于添加诸如写报告之类的活动，以便将正向通过网络的结束点延长到客户要求的结束日期。

如图中位置 4 所示，当正向通过网络的结束时间长于客户要求的结束日期时，而逆向通过网络仍然从客户要求的结束日期开始，这样便会发生负时差。这通常可能由以下原因导致：

- 初始计划太过乐观，但不现实。
- 客户要求的结束日期不现实。
- 项目执行过程中，一个或多个活动被向后推延了。

- 所分配的资源没有达到正确的技术水平。
- 所需资源没有及时到位。

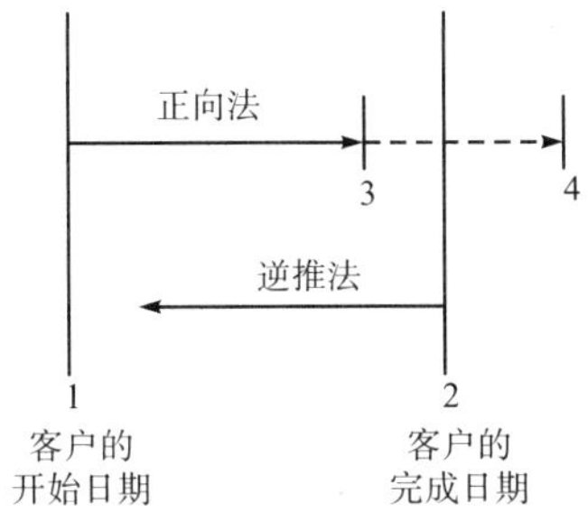

图 12-10　时差

对于任一事件，负时差都预示着需要采取修正行动，以满足客户对结束日期的要求。

从这个观点上来讲，理解时差的本质是重要的。时差是指计算一个事件能够多早或多晚开始或者完成。在图 12-6 中，圆圈代表事件。时差是以事件计算的。但是今天大部分的网络图关注于活动而非事件，如图 12-9 所示。如果以活动为基础计算时，它通常是指机动时间而非时差。大部分的项目经理通常互用这两个术语。在图 12-9 中，活动 C 的机动时间是 8 个单位。如果在某个活动中，浮动时间是 0 的话，那么该活动就是关键路径上的活动，如活动 F。如果在某个事件中，时差是 0 的话，那么该事件就是关键路径上的事件。

另一个术语是最大浮动时间。最大浮动时间的公式是：

最大浮动时间=最晚完成时间–最早开始时间–持续期间

在图 12-9 中，活动 H 的最大浮动时间是 6 个单位。

12.5　网络优化与调整

PMBOK®指南，第 6 版
6.5　制订进度计划
6.5.2.5　提前量和滞后量

一旦建立 PERT/CPM 图，就提供了制定详细规划及跟踪与控制成本的框架。但在 PERT/CPM 图完成之前，制定规划期间常常会有很多次迭代。图 12-11 介绍了这种迭代过程。时差构成了额外迭代或网络优化的基础。不管在项目概念阶段为了缩短关键路径，还是在项目展开过程中都不期望重新规划网络。如果一切都遵循时间表，那么初始的 PERT/CPM 图在项目执行过程中就不会改变，但是又有多少项目能够从头至尾精确无误地遵循时间表呢？

假定图 12-6 中活动 1-2 与活动 1-3 都需要来自同一个职能单位的人员。通过与项目经理的沟通，职能经理认为如果将活动 1-3 的人力资源调到活动 1-2 上，活动 1-2 的工期即可缩短一周。然而，如果这么做了，活动 1-3 的工期将会延长一周。如图 12-12 所示的 PERT/CPM 网络重构，关键路径上的长度减少了一周，相应的时差事件可能发生改变。

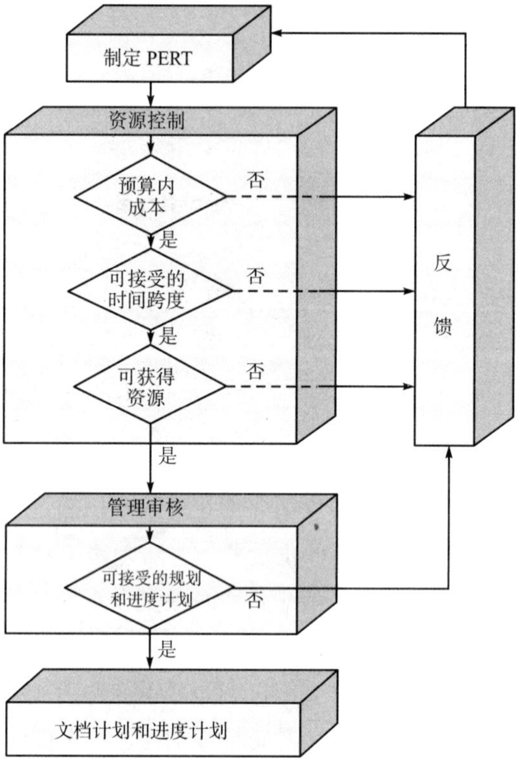

图 12-11　PERT 进度开发的迭代过程

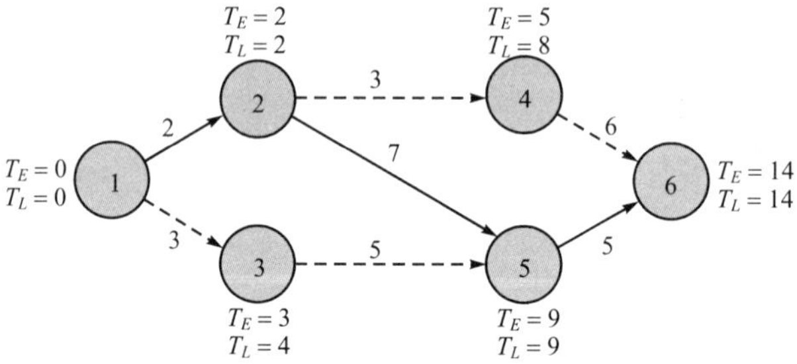

图 12-12　网络优化图 12-6

PMBOK®指南，第 6 版
6.5.2.3　资源优化

有两种几乎完全基于资源的网络优化的技术：资源平衡与资源分配。

- 资源平衡试图通过平衡每一阶段的人力资源需求，消除人力资源需求的高峰和低谷。理想情况是，这样做不会改变结束期限。但在实际工作中，常会超出时间期限且会发生附加费用。
- 资源分配（也可以称作资源受限规划）是试图根据可用的或固定的资源，寻找最短关键路径。这种方法的问题是员工可能没有足够的技术承担一个以上的活动。

资源平衡将项目生命期内每天的资源波动降到最低。资源平衡可能会导致项目工期延长、成本超支。但是，在建筑项目中，资源平衡能明显缩减成本。Seleh Mubarak 说：

资源平衡也能用于价格昂贵的设备。例如起重机，不仅租金成本高，而且运输、安装、运营、维护和卸装转场费用也很高。假设有两个活动同时需要这台起重机，如果能推迟某项活动的开始直到另一个活动完成，就可以重新分配起重机。这么做的话，能做到起重机的均衡使用，每个时间段只使用一台起重机，从而节约费用[1]。

有的资源可以在项目之间共享，问题是哪些资源能够分享及该怎么分享。例如，相近地区小项目的人员（项目经理、安全经理、质量经理、秘书等）和资源可以分享。当项目可能遇到危险时，项目经理应该做出决策。比如，为项目再聘用一个人员，还是让一个成员参与两个项目，即使这个成员没有足够的时间。有时，设备也会出现这种情况。通常是根据便利性和经济性做出选择。然而，还需要考虑其他因素：长期或短期需求、未来市场期望、人员士气、疲劳度与满意度、与相关方的关系、突然出现需求的概率等。要注意的是，将一个项目的资源长期地转移到另一个项目不属于资源共享。

可以考虑不需要每天在岗的人员，让他们承担多份工作。当然，薪水高的人员一般一周仅有一天或者两周仅有一天在项目中，甚至同时担任好几个距离较远项目的工作。例如，安全办公室人员、进度计划人员及项目控制经理等。先进的沟通工具也可用于远距离的项目，比如移动电话、因特网或视频会议等[2]。

遗憾的是，并非所有的 PERT/CPM 网络都允许这样简单的资源重组。如果没有故意将时差计划作为安全阀门，项目经理要做各种尝试重新分配资源，以缩短关键路径。

将资源从非关键路径上调拨到相对更关键的路径上去，是缩短项目工期的一种方法，还有其他几种方法列举如下：

- 缩小项目的工作范围。
- 追加更多的资源（赶工）。
- 替换耗时间的工序或活动。
- 活动并行展开。
- 缩短关键路径上活动的时间。
- 缩短早期活动的时间。
- 缩短最长活动的时间。
- 缩短最简单活动的时间。
- 缩短赶工增加费用最少的活动的时间。
- 缩短资源富余的活动的时间。
- 增加每天的工时数。

在理想情况下，项目开始时间与结束时间是固定的，而且必须在这个时间内遵循工作说明书的描述完成项目。若不得不缩减范围去满足其他需求，那么承包商将可能遭遇项目被取消的重大风险，或不可能完成期望值。

1　Seleh Mubarak, *Construction Project Scheduling and Control,* 3rd.(Hoboken, NJ:John Wiley&Sons,2015),pp.9,125.
2　同上，pp.126-128。

追加项目资源并不是总有效的。如果这些需要追加资源的活动还需要特殊专家的加入，而承包商又没有受过培训或有经验的员工，那么为了回避风险，即使承包商有时间和资金培训新员工，也仍会拒绝追加资源。因为一旦这个项目结束了，他可能就没有其他项目来安排这些追加的人员了。如果是建造一个新设施的项目，那么劳动组织机构也许有能力提供额外的专业人员。

并行活动是有风险的，即假定某一事件可以与原本与其顺序执行的第二个事件并行开始，如图 12-13 所示。任何项目开始时最头疼的事情之一就是工具与原材料的采购。正如图 12-13 所示，在合同商谈结束后，在等待签订合同的那一个月前，发出采购订单可节省 4 周时间。但是，承包商面临着风险，如果合同签订之前工作说明书发生了变化，客户只承担来自制造商的最后责任费用。这种风险常常通过在合同商定后立即发布长期采购函来回避。

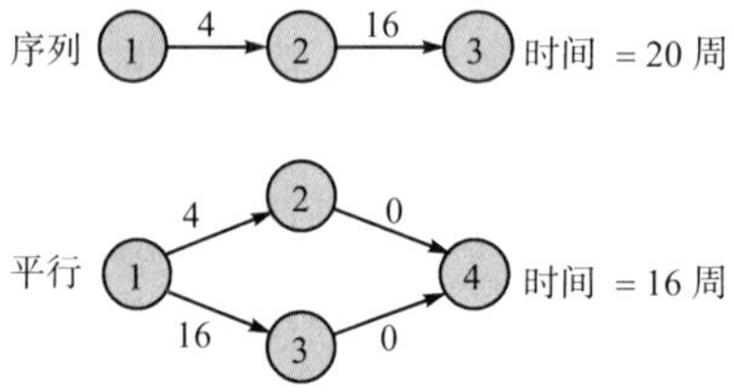

注：为了建立一个完整的网络，事件 4 是一个零活动时间的虚事件。

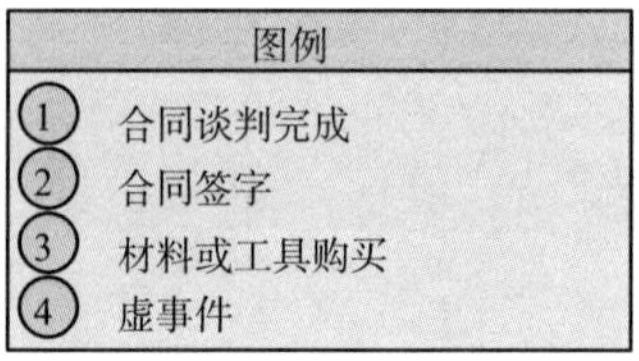

图 12-13　并行活动的 PERT 图

还有其他两种常见风险。第一种是，为了确保完工日期不变，在工程还没有完成原型设计时，制造商就必须订购工具设备。这样，工程最终设计也许符合工具设备的原型。第二种是，分包商发现很难按照初始蓝图执行项目。为了节省时间，客户也同意承包商在没有蓝图时就开始工作，这样，蓝图是会根据项目的实施而调整的。

因为大型项目的复杂性，当要分析整个大型项目的活动时，重新规划网络不太可能。通常，最好在项目办公室的认同下，由每个部门根据工作分解结构设计自己的 PERT/ CPM 网络。然后，将这些单个 PERT 图集成为一个主图，以识别整个项目的关键路径，如图 12-14 所示。

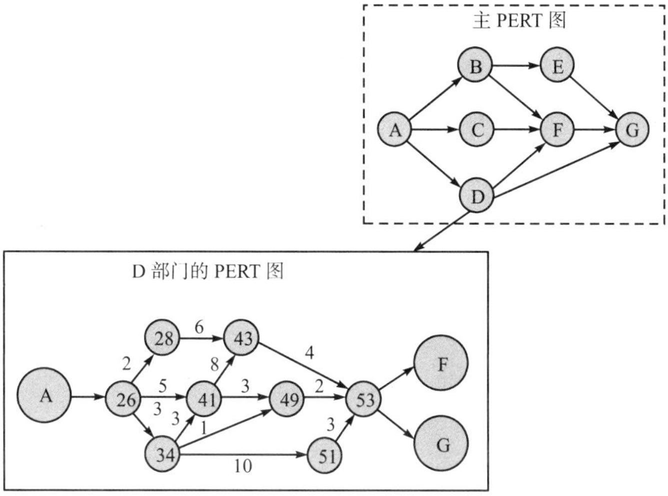

图 12-14　部门的 PERT 图

PMBOK®指南，第 6 版
1.2.4.1　项目和开发生命周期

分割 PERT 图也可用在多个承包商共同承包同一大项目时。每个承包商开发自己的 PERT 图，然后由主承包商负责将所有分包商的 PERT 图集成起来，以确保达到整个项目的要求。

12.6　估算活动时间

PMBOK®指南，第 6 版
6.4　估算活动持续时间

决定每个事件的持续时间时，可以要求相关的职能经理们评估环境并提交他们的最佳估算。前面几节中关键路径与时差的计算就基于这些最佳估算。

PMBOK®指南，第 6 版
6.4.2.4　三点估算

在这种理想环境下，职能经理会处理大量的历史数据来做出估算。显然，历史数据可用性越高，所做估算就越可靠。然而，许多项目的事件与活动都是非重复的。这时候，职能经理应该使用三点估计法进行估算。

- 最乐观完成时间。这个时间假定一切按计划进行，且只遇到最少困难。这种情况的发生概率大约为 1%。
- 最悲观完成时间。这个时间假定一切都不按计划进行，且会遇到非常大的困难。这种情况的发生概率大约也为 1%。
- 最可能完成时间。这个时间是职能经理认为最常发生的情况。[1]

PMBOK®指南，第 6 版
6.4.2.4　三点估算

将这三种时间合并为单个时间期望值的表达式之前，必须做两个假设。第一个假设是标准偏差 δ 是时间需求范围的 1/6，

1　假定职能经理实施所有的估算。读者应该明白存在例外，即项目集或项目办公室进行自己的估算。

这个假设源于概率论，曲线终点离平均值 3 个标准方差。第二个假设要求活动所需时间的概率分布可用 β 分布表示。

事件之间的时间期望值可从如下表达式获得：

$$t_e = \frac{a+4m+b}{6}$$

式中 t_e ——时间期望值；

a ——最乐观时间；

b ——最悲观时间；

m ——最可能时间。

例如，如果 a=3 周，b=7 周，m=5 周，那么，时间期望值就是 5 周。然后，在构建 PERT 图时，t_e 的值用作两个事件之间的活动时间，用这种方法获取最佳估算时间有很大的不确定性。如果我们将变量值改为 a=2 周，b=12 周，m=4 周，而 t_e 的值仍为 5 周。因为最乐观时间与最悲观时间之间的范围更宽，后一种情况具有更大的不确定性，因而必须对时间期望值进行风险评估。

12.7 总项目时间估算

PMBOK®指南，第 6 版
6.4 估算活动持续时间

为了计算项目按时完成的概率，必须知道每一活动标准差，标准差可从如下表达式获得：

$$\sigma_{t_e} = \frac{b-a}{6}$$

其中 σ_{t_e} 为期望时间 t_e 的标准差。另一个有用的表达式是方差 v，它是标准差的平方。方差主要用于期望值的比较，然而，除了确定是否一个、两个还是三个 σ 区间方差外，使用标准差确实简单。图 12-15 表示了图 12-6 的关键路径、计算期望时间的相关值及标准差。整个路径标准差通过各活动标准差平方和的平方根计算而得，如下表达式：

$$\sigma_{\text{total}} = \sqrt{\sigma_{1-2}^2 + \sigma_{2-5}^2 + \sigma_{5-6}^2} = \sqrt{(0.33)^2 + (1.0)^2 + (0.67)^2} = 1.25$$

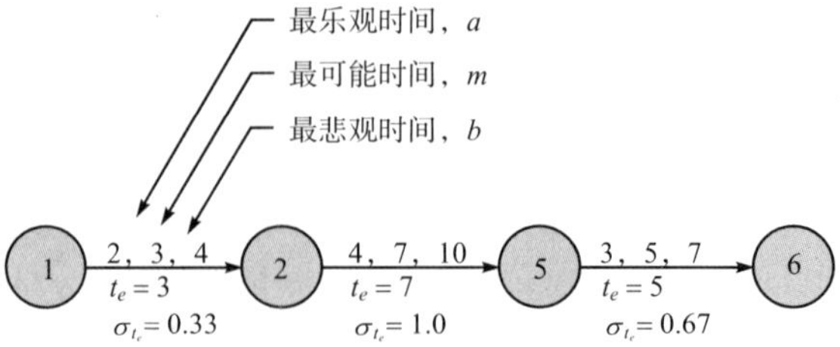

图 12-15 关键路径事件的期望时间分析

计算 σ 的目的在于它可以为每项活动和关键路径设立一个置信区间。从统计学的角度讲，使用正态分布的方法，我们知道一个标准差内完成项目的概率是 68%；两个标准差内完成项目的概率是 95%；三个标准差内完成项目的概率是 99.73%。

这种分析方法可以用在计算评估时存在的风险、完成每项活动的风险以及完成整个项目的风险。换句话说，标准偏差、σ 是风险测量的一种手段。这种分析方法以正态分布的运用为前提，然而现实中往往不是这样的。

举个衡量风险的例子，一个网络在关键路径上只有 3 个活动，如下：

活动	乐观时间	最可能时间	悲观时间	T_{ex}	σ	σ^2
A	3	4	5	4	2/6	4/36
B	4	4.5	8	5	4/6	16/36
C	4	6	8	6	4/6	16/36
				15		1.0

从上面的表格看出，关键路径的长度是 15 周。方差（也就是 σ^2）是 1.0，那么 σ_{path}（方差的平方根）一定是 1 周。

现在我们可以计算在一定时间限制内完成项目的可能性有多大：

- 在 16 周内完成工作的可能性是 50%+(1/2)×(68%)，即 84%。
- 在 17 周内，可能性是 50%+(1/2)×(95%)，即 97.5%。
- 在 14 周内，可能性是 50%–(1/2)×(68%)，即 16%。
- 在 13 周内，可能性是 50%–(1/2)×(95%)，即 2.5%。

12.8　全面 PERT/CRM 规划

在我们继续之前，有必要讨论准备 PERT 进度计划的方法论。PERT 进度计划分 6 个步骤。步骤一和步骤二分别是列出活动和对活动进行排序，这样就可以确定活动之间的依赖关系。项目经理绘制的这些图表也叫作逻辑图、箭线图、工作流程图或简单网络图。箭线图看起来类似图 12-6，但有两点不同：活动时间不确定，关键路径也不确定。

步骤三是与部门主管们（真正的专家）审查箭线图，以便他们确认活动的数量既不太多，也不太少，并且活动间的逻辑关系正确。

在步骤四中，通过确定每项活动的持续时间，职能经理将箭线图转换成 PERT 图。这里应该强调部门主管提供的时间估算基于无限资源的假设，因为日历日期尚未确定。

步骤五是在关键路径上的首次迭代。在项目需求定义中，项目经理要关注关键日历日期。如果关键路径不满足日历需求，那么项目经理必须运用 12.3 节说明的方法，或者要求部门主管对他们的估算“减肥”，以尽力缩短关键路径。

步骤六常常是最容易忽略的步骤。该步骤中项目经理将日历日期分配给PERT图中的每个事件，这样就从无限资源条件下的规划变成有限条件下的规划。尽管部门主管已给你一个时间估算，但仍不能保证在需要的时候可获得正确的资源。这就是该步骤重要的原因。如果部门主管不能按日历日期执行，那么就有必要重新规划。大多数公司竞标都是基于无限资源设计建议书的进度计划。签订合同后，又要重新分析进度计划，因为此时公司的资源是有限的。毕竟，在不能确保能赢得多少合同的前提下，一个公司怎能同时竞标三个合同，又对每一份建议书制订详细计划呢？所以，客户需要在合同授予后的30~90天内得到项目的正式规划与进度计划表。

最后，在项目执行期间，PERT的重新规划应该是一项不断进行的工作。优秀的项目经理要持续地估计什么会出错，以及对进度计划做扰乱分析。（这应该是明显的，因为在实施期间，项目约束条件与目标可以变化。）进度计划的主要目标：

- 最佳时间。
- 最少成本。
- 最小风险。

次要目标：

- 研究备选方案。
- 最优进度计划。
- 有效使用资源。
- 沟通。
- 改进评估过程。
- 简化项目控制。
- 简化时间与成本修订。

显然，这些目标局限于如下约束条件：

- 完工日历。
- 现金或现金流限制。
- 有限资源。
- 管理审批。

12.9 赶工时间

PMBOK®指南，第6版
6.5.2.6 进度压缩

在前面的部分中，没有区分PERT与CPM。PERT与CPM最根本的区别在于计算完工百分比的能力方面。PERT用在研发或只是开发活动上，在这种活动中几乎无法确定完工百分比。因此，PERT是面向事件的而不是面向活动的。在PERT中，常常为已完成项目的里程碑（事件）提供资金，因为沿着活动路线的款项增额是以完工百分比为依据的。另外，CPM则是面向活动的，因为在诸如建筑类活动中，沿着活动路线的完工百分比是可以决定的。没有PERT，CPM可用作箭线图网络。两种方法的区别在于所处的使用环境和如何应用。

CPM（活动型网络）曾经广泛地用在加工业、建筑业和单项目工业活动中。常见问题包括没有地方存放早到的原材料以及项目会因材料晚到而拖延。

严格使用 CPM 方法，项目经理应该考虑快速跟进或赶工项目的某些阶段所带来的成本增加。为了应用这些方法，有必要计算单位时间的赶工成本和每个活动的正常期望时间。与 PERT 图密切相关的 CPM 图能直观地体现赶工造成的影响。这些要求有：

- CPM 图强调的是活动，而不是事件。因此，在 PERT 图中，如果圆圈表示的是事件而不是活动的话，那就需要重画。
- 在 CPM 图中，每个活动的时间与成本都进行了考虑。[1]
- 只需要考虑关键路径上的活动，分析单位时间赶工成本最低的活动。

图 12-16 展示了所有关键和非关键路径活动带有相应的赶工时间的 CPM 网络。圆圈代表活动，包含一个活动识别代号和活动估计时间。图中表示的成本通常只是直接成本。

要计算赶工成本，可以从赶工成本最低的工作开始。活动 A 每周赶工成本是 2 000 美元，尽管活动 C 的赶工成本更小，但它不在关键路径上，只有关键路径上的活动才考虑赶工。活动 A 首先赶工，以每周 2 000 美元赶工成本，最长赶工两周。下一个考虑赶工的是活动 F，以每周 3 000 美元赶工成本，最长赶工三周。这些赶工成本是正常估算之外的额外费用。

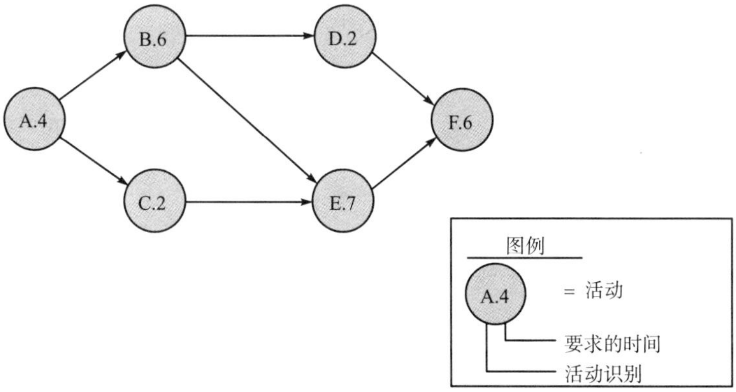

活动	要求的时间（周）		费用（美元）		每周压缩成本（美元）
	正常	压缩	正常	压缩	
A	4	2	10 000	14 000	2 000
B	6	5	30 000	42 500	12 500
C	2	1	8 000	9 500	1 500
D	2	1	12 000	18 000	6 000
E	7	5	40 000	52 000	6 000
F	6	3	20 000	29 000	3 000

图 12-16　关键路径法网络及赶工成本

关于赶工活动的选择与顺序要注意：当赶工一个活动时，很有可能出现新的关键路径。这个新的关键路径可能包含或不包含那些原来不在关键路径上而被忽略的活动。

1　虽然 PERT 主要考虑时间，但也可通过 PERT/成本分析的修正来考虑成本因素。

回到图 12-16（而且假设没有产生新的关键路径），活动 A、F、E 和 B 依次赶工。赶工成本将从基本的 120 000 美元增加到 157 500 美元，即增加了 37 500 美元，相应的时间从 23 周减到 15 周。图 12-17 阐明了在时间与成本之间如何平衡。图 12-17 也展示了非关键路径上活动增加的赶工成本，赶工这些活动将增加成本 7 500 美元，而不会缩减整个项目的时间。这张图的假设是不现实的，因为在赶工期间是没有或不可能有充裕的资源的。

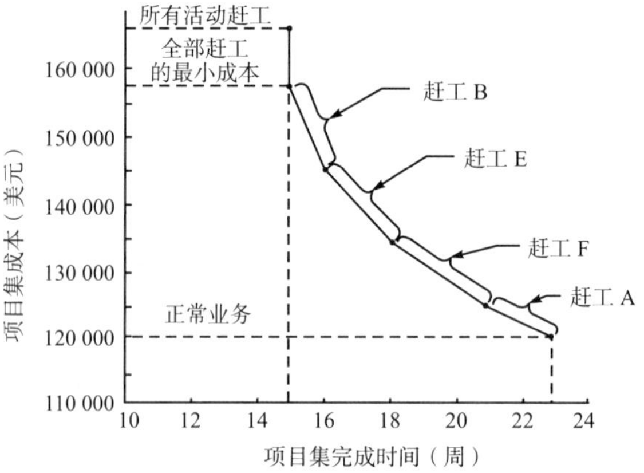

图 12-17　关键路径法赶工成本

平衡时间与成本的目的是避免资源浪费。如果能够精确地获取直接或间接成本，那么就可以得到受最早开始（赶工）和最晚开始（或正常）的活动约束的可行预算区域，如图 12-18 所示。

虽然直接成本或间接成本不一定是线性的，同样可通过寻找满足可行预算区域内可能的最小总成本（如直接的和间接的）得到时间—成本的平衡关系，这种方法如图 12-19 所示。

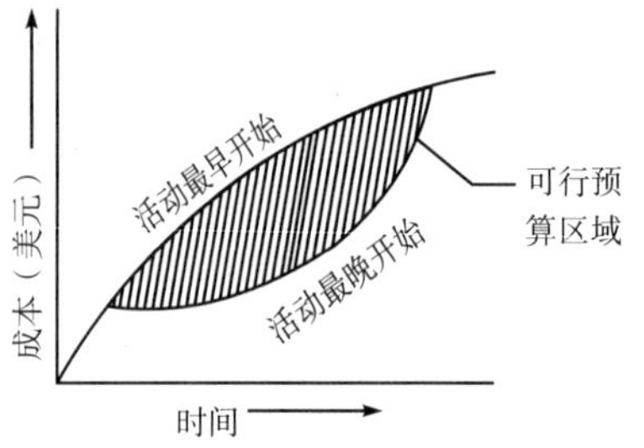

图 12-18　可行预算区域

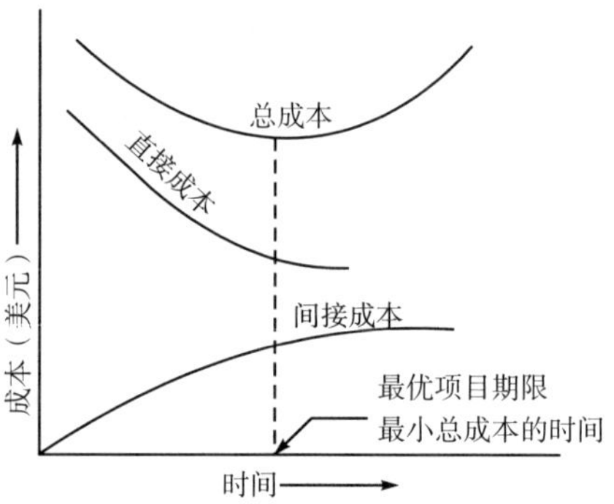

图 12-19　决定最优项目工期

像 PERT 一样，CPM 也有时差，即在不延误项目完工时间的情况下，一个任务较其最早开始时间可拖延的最长时间。图 12-20 介绍了典型的用 CPM 图表示的时差，图中还表示了如何识别目标活动的成本。可以将图 12-20 修改为包含正常时间与赶工时间，以及正常成本与赶工成本。这样，图中成本框中将包含两个数字：第一个数字是正常成本，第二个数字是赶工成本。这些数字也可能作为运营总成本。

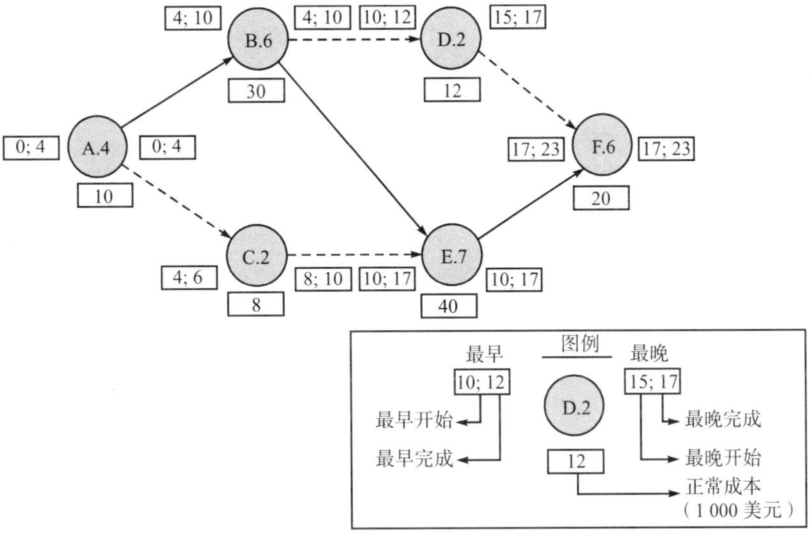

图 12-20　带有时差的关键路径网络

12.10　PERT/CPM 问题领域

PERT/CPM 模型也有缺点和问题。即使有多年经验的大公司也会同新公司或小公司一样在应用时遇到同样的问题。

许多公司在使用 PERT 系统时感到很困难，因为 PERT 是以产品为导向的。许多高级经理觉得使用 PERT/CPM 会剥夺他们的决策权。在那些合同要求使用 PERT/CPM 的公司，这种情况尤其明显。

在 PERT 系统中，规划者与执行者之间存在明显区别。在大多数组织，PERT 计划由项目集办公室和职能经理来制定。然而，一旦网络构建好后，规划者和管理者都成为观察者，需要执行者在时间与成本约束条件内完成任务。管理者必须说服执行者，他们有义务成功完成已建好的 PERT/CPM 计划。

PERT 网络的假设是，所有活动都尽早开始，能得到合格的人员与设备。不管我们计划得多好，实际的实施效果与期望的总会存在差异。对于所选模型，时间与成本估算都应深思熟虑，而不是瞬间草率决策。

项目成本与控制系统与公司的政策不兼容时，就会带来成本控制问题。在编制年度预算时，以项目为导向的成本可与非 PERT 控制的任务编在一起。这使得成本报告变成一项特别烦琐的工作，尤其是每个项目都有自己的成本分析与控制方法时。

12.11 PERT/CPM 的备选模型

由于 PERT/时间模型的许多优点，许多行业已发现这种网络图的适用性。部分优点包括：

- 资源控制的平衡研究。
- 项目的早期阶段提供应急规划。
- 直观跟踪最新绩效情况。
- 展示集成规划。
- 直观地提供直至最低层的工作分解结构图。
- 提供一组用于控制的标准结构，确保与工作分解结构和工作说明书保持一致。
- 增加职能成员与整个项目集的相关能力，为参与者提供归属感。

即使有这么多优点，在许多情况下，PERT/时间在资源控制方面还是效率低下的。在本章的开始，我们定义了 3 个资源控制的必要参数：时间、成本和绩效。以这些参数为基础，公司将 PERT/时间模型重构成 PERT/成本模型和 PERT/绩效模型。

PERT/成本模型是 PERT/时间模型的扩展，并试图克服估算最乐观、最悲观完工日期带来的问题。PERT/成本模型可以看作基于工作分解结构的成本报告网络，而且可以分到最低工作单元或工作包。PERT/成本模型的优势：

- 包括 PERT/时间模型的所有特点。
- 允许在工作分解结构的任意层实施成本控制。

开发 PERT/成本模型的主要原因是，项目经理能够及时发现进度滞后与成本超支等问题，从而采取必要的纠正措施。

12.12 紧前关系网络图

PMBOK®指南，第 6 版
6.3.2.1 紧前关系绘图法

项目管理可为以下这些问题提供答案：

- 项目是如何受有限的资源影响的？
- 项目是如何受需求变更影响的？
- 项目（和工作分解结构中每项活动）的现金流是怎样的？
- 加班有什么影响？
- 需要什么额外的资源来满足项目的约束条件？
- 工作分解结构中的某一项活动发生变更会对整个项目带来什么影响？

复杂的软件包可对进度和成本提供答案，依据如下：

- 不利的天气条件。
- 周末活动。

- 非标准的人力资源需求。
- 可变的团体人数。
- 活动细分。
- 未使用资源的分配。

PMBOK®指南，第 6 版
6.3.2.1　紧前关系绘图法

无论计算机系统如何复杂，打印机和绘图仪更擅长画直线而不是圆圈。现在大多数软件系统都使用紧前关系网络图，试图显示横道图中各个工作的相互关系，如图 12-21 所示。在图 12-21 中，任务 1 与任务 2 之间是以实线相连的，表示它们是关联的。当任务 2 完成一半时，任务 3 和任务 4 可以开始。（若不拆分活动，很难用 PERT 网络表示这种情况。）虚线表示时差。关键路径可通过在关键项活动上标记星号（*）来表示，用不同颜色来标记关键连接，也可以用粗线形来表示关键路径。

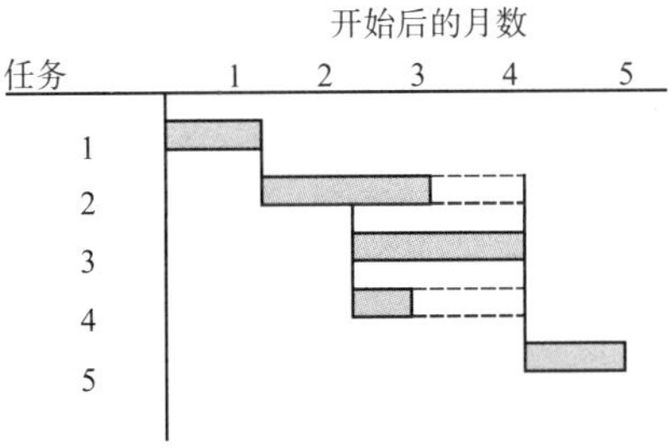

图 12-21　紧前关系网络图

更复杂的项目管理软件以如图 12-22 所示的格式显示紧前关系网络图。在每个图中，任务在活动期间完成。这有时称作单代号网络方法，箭头代表活动间的相互关系与约束。

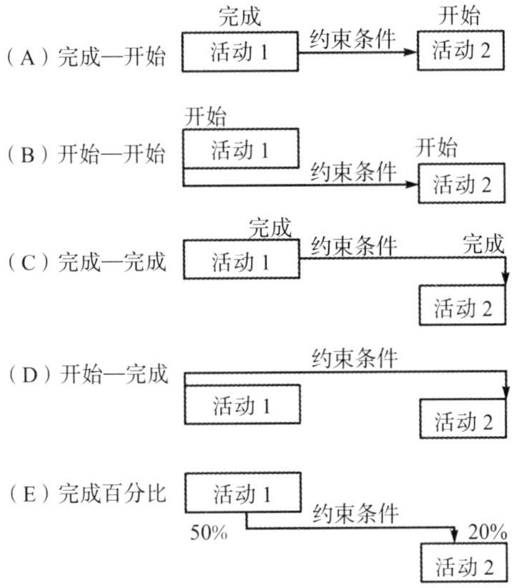

图 12-22　典型的紧前关系

图 12-22（A）表示完成—开始约束条件，该图中活动 2 的开始不早于活动 1 的完成。所有的 PERT 图都表示完成—开始的约束条件。图 12-22（B）表示开始—开始约束条件，活动 2 的开始不能早于活动 1 的开始。图 12-22（C）表示完成—完成约束条件，该图中活动 2 只有在活动 1 完成时才完成。图 12-22（D）表示开始—完成约束条件。

例如，你必须在考试前开始复习一段时间。这是个比较少见的紧前关系网络图的类型。图 12-22（E）表示完成百分比约束条件，该图中活动 2 的最后 20%部分只有在活动 1 完成 50%后才能开始。[1]

PMBOK®指南，第 6 版
6.2.3.2 活动属性

图 12-23 介绍了图 12-22 各个活动框表达的信息。"责任成本中心"的方框也可使用负责该活动的人员姓名、头衔或徽章号码代替。

图 12-23 计算机化的信息流

12.13 时距

PMBOK®指南，第 6 版
6.3.2.3 提前量和滞后量
6.3.2.1 紧前关系绘图法

在连续链中，一个活动的最早开始或完成与另一活动的最早开始或完成之间的时间间隔叫时距（Lag，也叫滞后量）。时距常用于紧前关系网络图中。图 12-24 介绍了 5 种计算时距的方式。

时差用于测量活动内部时间，而时距则是用于测量活动与活动之间的时间间隔。比如，在图 12-24（A）中，假设活动 A 在 3 月的第 1 个周末完成。因为它是一个完成—开始的前导图，因此可以推测活动 B 的开始时间为 3 月的第 3 周，这也表示即使在活动内部可能存在时差，活动 A 和活动 B 之间也存在了 1 周的时间间隔。简单地说，时差测量活动内

1 Meredith 和 Mantel 把紧前关系分为三大类：自然紧前关系、环境紧前关系及优先紧前关系。有关这些紧前关系的额外信息见 Jack R. Meredith 和 Samuel J. Mantel, Jr., *Project Management*, 3rd ed. (New York: Wiley; 1995), pp.385-386。

部时间，而时距则是用于测量活动与活动之间的时间间隔。时距有可能是由资源限制所导致的。

（A）完成—开始（FS）关系。活动 B 必须在活动 A 完成 6 天后开始。

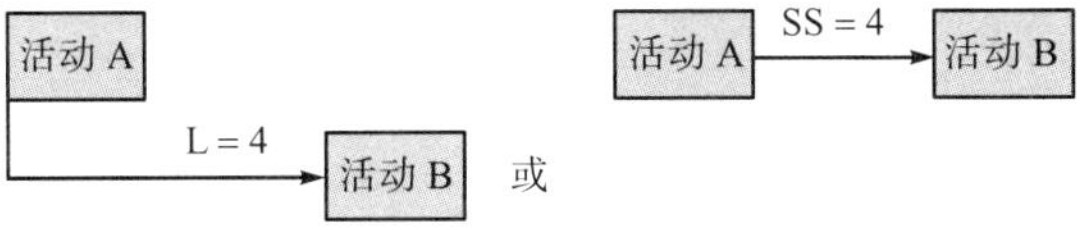

（B）开始—开始（SS）关系。活动 B 必须在活动 A 开始后 4 天开始。

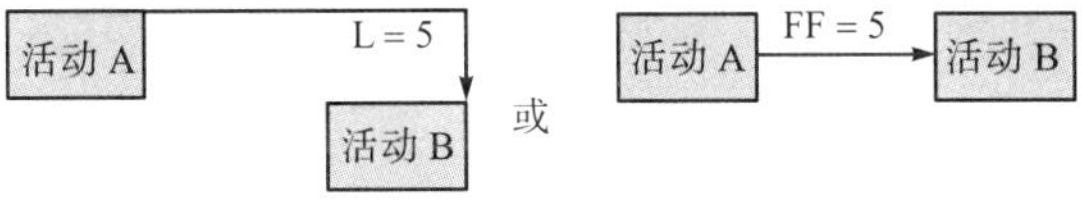

（C）完成—完成（FF）关系。活动 B 必须在活动 A 完成之后 5 天后完成。

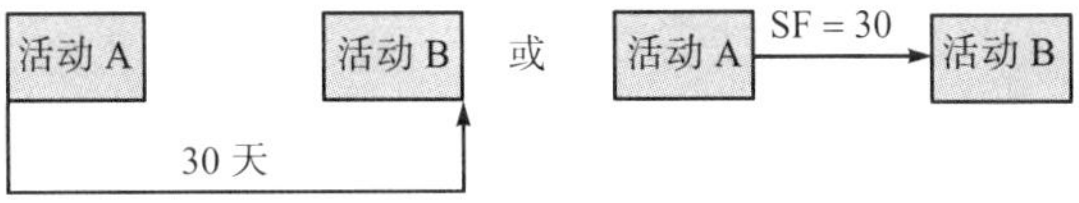

（D）开始—完成（SF）关系。活动 B 的完成必须在活动 A 开始后的 30 天之后。

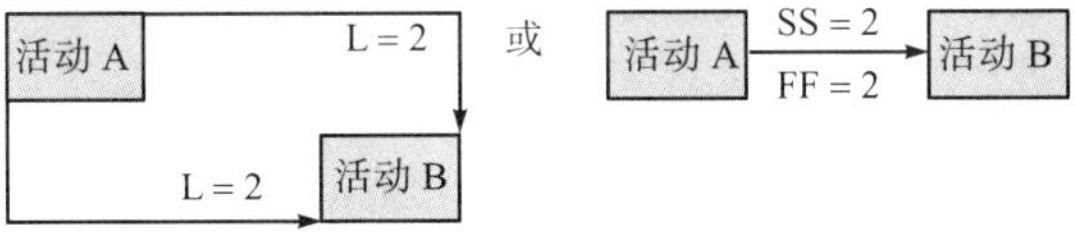

（E）开始—开始和完成—完成的组合关系。活动 B 必须在活动 A 开始 2 天后开始，并且在活动 A 完成后 2 天后完成

图 12-24　有时距的紧前关系图

另一个常见的术语是提前量（Lead）。再次回到图 12-24（A），假设活动 A 的完成时间是 3 月 15 日，但是从紧前关系图来看，活动 B 的开始时间是 3 月 8 日，比活动 A 的完成时间早了 7 天。在这个情形中，$L=-7$，负数说明活动 B 的开始导致活动 A 的完成时间提前了 7 天。为了更好地说明它是如何发生的，考虑下面的案例：负责活动 B 的部门主管向你承诺，你要求的资源会在 3 月 16 日抵达，该日期处在原计划活动 A 的完成时间之后。但是他通知你，这些资源会在 3 月 8 日抵达。如果你在那时不接受的话，他们可能将资源派往别的活动，而 16 日你会没有资源使用。即使从理论上说只要活动 A 不完成，活动 B 就不会开始。但大部分的项目经理会在 8 日接受这些资源，并尽可能地使用。

12.14　进度计划的问题

每项进度计划技术都有优缺点。一些进度计划的问题是由于组织的优柔寡断导致的，如项目发起人拒绝告知项目经理，进度计划是应该建立在最少时间、最少成本还是最低进度目标风险基础上。因此，大量时间就浪费在重做进度计划上了。

然而，有些进度计划问题会对所有的进度计划技术造成影响。包括：

- 对工作量和持续时间估计不准确。
- 不能处理员工工作量的不平衡。
- 几个项目共享关键资源。
- 资源的过度使用。
- 因范围变更不断调整工作分解结构。
- 无法预见的瓶颈。

12.15 压缩进度计划的谎言

有了进度压缩技术并不意味着它们就可以起到作用。管理者倾向于以积极正面的想法考虑项目启动，他们认为进度计划压缩技术能够有效地运用。

有 5 种常见的进度压缩技术，并且每种技术都有显著的缺陷，如表 12-3 所示。

表 12-3 进度压缩的神话和现实

压缩技术	神　话	现　实
加班	加班时工作将会在同一速率开展	工作速率在加班时更低，可能发生更多的错误，并且延长加班时间会导致职业倦怠
增加更多的资源（“赶工”）	绩效将会因为资源的增加而提高	寻找资源是耗时的；加速也是耗时的；用来培训的资源必须来自现有资源
缩小范围（必需的，减少功能）	客户总是要求比实际需要还多的努力	客户需要所有的工作任务与工作说明书描述的一致
外包	有许多合格的供应商存在	供应商的工作质量会影响公司声誉；供应商也有可能停业不干；供应商对公司的进度日期关注程度有限
并行作业	在前一项活动完成前开始另一项活动	风险增加和返工导致成本增加，因为很多活动都开展了

12.16 理解项目管理软件

PMBOK®指南，第 6 版
6.3.2.4 项目管理信息系统（PMIS）

很明显，即使最先进的软件包也不能完全替代有能力的项目领导，软件本身不能识别和纠正任何与任务有关的问题，但它能极大地帮助项目经理跟踪许多相互关联的变量和任务，进而在项目管理中发挥越来越大的作用。项目软件的作用包括：

- 项目数据一览表，如支出、时间安排和活动数据。
- 项目管理和业务图的功能。
- 数据管理和报告的功能。
- 关键路径分析。
- 定制化或标准化的报告格式。
- 多项目跟踪。
- 子网络。
- 影响分析（如果……将会怎么样）。
- 尽早警示系统。
- 备选方案的在线分析。
- 成本、时间和活动数据的图形表示。
- 资源规划和分析。
- 成本分析和偏差分析。
- 多个日历方案。
- 资源平衡。

12.16.1　特征

不同项目管理软件产品，其性能和特征千差万别。可是，差别更多地集中在深度和特征的复杂性，如存储、显示、分析、互用性及用户友好性，而不是提供的特征类型。大多数软件程序的特征都很类似，提供下列特性。

（1）规划、跟踪和监控。为项目任务、资源和成本提供规划和跟踪。计算机描述项目的数据格式通常基于标准网络技术，如关键路径法，计划评审技术或紧前关系网络法。随着项目的进展，任务要素及其估算的开始和完成时间、分派的资源和实际成本数据可以得到输入和更新。软件提供数据分析，对照其进度和初始计划将项目的技术和财务状况形成文档。通常，软件也提供计划偏差、资源和进度的影响评价。许多系统还提供资源平衡，即分摊可获得资源以确定任务持续时间，并产生一个平衡的比较进度。

PMBOK®指南，第 6 版
7.4.2　控制成本：工具与技术

（2）报告。项目报告通常通过一个菜单引导的报告编写系统获得，它为用户提供了几个标准格式。用户也可以变更这些报告或者建立新报告。报告的功能包括：

- 计划工作的预算成本（Budgeted Cost for Work Scheduled，BCWS）或工作的计划成本（Planned Value，PV）。
- 完成工作的预算成本（Budgeted Cost for Work Performed，BCWP）或挣值（Earned Value，EV）。

- 实际与计划支付比较。
- 挣值分析。
- 成本和进度绩效指标。
- 现金流。
- 关键路径分析。
- 变更请求。
- 标准政府报告（DoD、DoE、NASA），形成格式化的绩效监控系统（Performance Monitoring System，PMS）。

此外，许多软件包具有面向用户、风格化的自由格式报告等特点。

（3）项目日历。该功能允许用户基于实际工作日建立工作计划。因此，用户可以标注非工作日期，如周末、假期、休假等。项目日历详细、全面，是进度编制的基础。

（4）如果……那么分析。某些软件的设计使得如果……那么分析变得容易。建立一个独立的、完全相同的项目数据库，输入预想的变更，能够迅速地得出与原计划的比较分析。以图形或表格的方式展现，也能方便管理人员评审和分析项目状况。

PMBOK®指南，第 6 版
第 6 章 项目进度管理
第 10 章 项目沟通管理
6.6.2.1 数据分析

（5）多项目分析。一些更先进的软件包具有简单、综合数据库的特征，使得交叉项目分析和报告变得容易。成本和进度模块分享共同的文件，允许项目之间集成，减少了数据不一致和冗余等问题。

12.16.2 报告

第 11 章介绍了制订包含详细进度计划在内的正式的项目计划的步骤，用于管理项目。不论是进度计划还是草图或规格说明，任何计划都需要多人的参与，用一种读者能理解的语言进行表达。

理想的情况是制定各种图表及进度计划时，可以考虑对图表进行注释。这种方法既能帮助内部代表控制项目，也方便外部客户获取报告。遗憾的是，说起来容易做起来难。

各种进度计划和图表需要考虑时间、成本、绩效及资源。

项目评估需要足够的信息。通常可以通过以下方法获得信息：

- 第一手资料。
- 口头报告和书面报告。
- 评审会议和技术交流会。
- 图表。

第一手资料是用于获取未过滤的真实信息的工具，但是不适合大型项目。尽管口头报告和书面报告是一种获取信息的方式，但是这种方式要么提供了太多的信息，要么信息不够详细，要么重要的信息被忽略了。评审会议和技术交流会是一种面对面的沟通方式，能够迅速达成一致，获得解决方案。困难在于很难选择出一个能让客户和承包商都适合的时间。获取信息的简易方式是完善的图表，图表也是跟踪成本、进度和绩效的主要方式。图表可以：

- 降低项目成本、缩短项目工期。
- 协调和推进规划的制定。
- 消除冗余的时间。
- 获得更好的进度计划，控制分包商的活动。
- 制定更好的程序。
- 缩减日常工作，争取更多的时间进行决策。

相关案例研究（选自 Kerzner/*Project Management Case Studies*, 5th Edition）	相关练习（选自 Kerzner/*Project Management Workbook and PMP®/CAPM® Exam Study Guide*, 12th Edition）	PMBOK®指南（第 6 版），PMP 资格认证考试参考部分
• 无形的发起人*	• 赶工时间 • 选项选择题 • 时间（进度）管理中的填字谜 •（进度）管理	• 项目进度管理

12.17　PMI 项目管理资格认证考试学习要点

本节用于项目管理原理的复习，以巩固《PMBOK®指南》中相应的知识领域和范围，着重讲述了：

- 项目进度管理。
- 规划。
- 控制。

对于准备 PMP 考试的读者，通过下列练习将有助于对相关原理的理解。

- 如何识别进度计划技术的三种类型以及它们各自的优缺点。
- 单代号网络图和双代号网络图的区别。
- 紧前关系网络图的四种类型。
- 网络图的基本术语，比如活动、事件、关键路径及时差（浮动时间）。
- 正时差与负时差的区别。

* 见本章末案例分析。

- 进度压缩技术以及赶工、快速跟进（并行项目）。
- 工作分解结构在网络图制定中的重要性。
- 网络图制定的步骤和先后顺序。
- 依赖关系的三种类型。
- 如何进行正向通过网络以及逆向通过网络计算。
- 资源平衡。
- 资源受限规划。
- 工作量和持续期间的区别。
- 哪种网络技术需要最乐观的时间、最悲观的时间、最有可能的时间。
- 虚活动。
- 滞后量。
- 无限制和有限制资源规划/进度计划的区别。

下列选择题将有助于回顾本章的原理及知识。

1. 网络工作中，完成所有活动的最短时间称为____。
   A. 活动持续长度　　B. 关键路径
   C. 最大时差路径　　D. 压缩路径
2. 在进行正向通过网络以及逆向通过网络估算之后，仍不能确认以下哪一项？
   A. 虚活动　　B. 时差
   C. 关键路径活动　　D. 加班计划的程度
3. 下面____不属于经常使用的进度缩短技术。
   A. 减少资源　　B. 缩短范围
   C. 快速跟踪　　D. 加班
4. 一个网络进度计划有四条路径，持续时间分别为 7 周、8 周、9 周和 10 周。如果将 10 周的路径压缩为 8 周，那么____。
   A. 存在两条关键路径　　B. 9 周的路径是关键路径
   C. 只有 7 周的路径有时差　　D. 提供了足够多的信息做出决策
5. 使用条形图管理项目的主要缺点在于，条形图____。
   A. 没有显示活动与活动之间的依赖关系
   B. 对于项目时间小于 1 年的项目没有实效
   C. 对于项目资金少于 100 万美元的项目没有实效
   D. 不能确认进度计划的开始时间和完成时间
6. 进度计划开发的第一个步骤是____。
   A. 列出活动　　B. 决定依赖关系
   C. 计算工作量　　D. 计算持续时间
7. 在人力资源计划中，“削峰填谷”可以获得一个相对平滑的人力资源曲线，该过程被称为____。

A. 人力资源分配　　B. 人力资源平衡

C. 资源分配　　D. 资源规划

8. 没有持续时间的活动称为____。

A. 储备活动　　B. 虚活动

C. 零时差活动　　D. 监督活动

9. 最乐观的时间、最可能的时间、最悲观的活动时间预算适用于____。

A. PERT　　B. GERT

C. PDM　　D. ADM

10. 在前导网络图中，最常见的“约束”或者关系是____。

A. 开始—开始　　B. 开始—完成

C. 完成—开始　　D. 完成—完成

11. 允许出现循环和分支的网络技术是____。

A. PRET　　B. GERT

C. PDM　　D. ADM

12. 如果一个在关键路径上的活动花费了比预期更长的时间，那么____。

A. 不在关键路径上的活动有额外时差

B. 不在关键路径上的活动有更少的时差

C. 将会出现另一条或几条关键路径

D. 以上都不是

13. 下面____不属于三种基本的依赖关系。

A. 强制依赖关系　　B. 自由依赖关系

C. 内部依赖关系　　D. 外部依赖关系

14. 假设有一项活动，最早的开始时间是第 6 周，最早的完成时间是第 10 周；最晚的开始时间是第 14 周，最晚的完成时间是第 18 周。该活动的时差为____。

A. 4 周　　B. 6 周

C. 8 周　　D. 18 周

答案

1. B　2. D　3. A　4. D　5. A　6. A　7. B　8. B　9. A　10. C　11. B　12. A　13. C　14. C

思考题

12-1 PERT/CPM 网络是一种理解报告和进度计划的方式，还是相反？

12-2 PERT 网络的制定应该以 WBS 为基础吗？

12-3 关键里程碑应该在最可能出现转折点的地方建立吗？

12-4 你同意还是不同意以下观点：随着加速项目进度，成本会呈指数上升，尤其是在项目临近结束时。

12-5 应用 PERT 网络的主要困难是什么？怎样克服它们？

12-6 画出网络图和关键路径，并计算每个活动的最早—最迟开始和完成时间。

活　动	紧前活动	时间（周）
A	—	4
B	—	6
C	A，B	7
D	B	8
E	B	5
F	C	5
G	D	7
H	D，E	8
I	F，G，H	4

12-7 作为一个小的管理信息系统项目（所有时间以天为单位，网络从节点 1 进展到节点 10），绘制网络图并确定关键路径。

工作（活动）	网络		估计时间（周）
	初始节点	最终节点	
A	1	2	2
B	1	3	3
C	1	4	3
D	2	5	3
E	2	9	3
F	3	5	1
G	3	6	2
H	3	7	3
I	4	7	5
J	4	8	3
K	5	6	3
L	6	9	4
M	7	9	4
N	8	9	3
O	9	10	2

12-8 PERT 图比 WBS 更详细吗？

12-9 根据网络图 12-25 所介绍的，回答以下问题：

a. 如果活动 B 延后 2 周对项目的完成日期会有什么影响？

b. 如果活动 E 延后 1 周对项目的完成日期会有什么影响？

c. 如果活动 D 延后 2 周对项目的完成日期会有什么影响？

d. 如果客户因为你在不超过 16 周的时间内完成项目而给你一笔奖金，你首先会把哪一个活动作为压缩（“赶工”）分析的一部分？

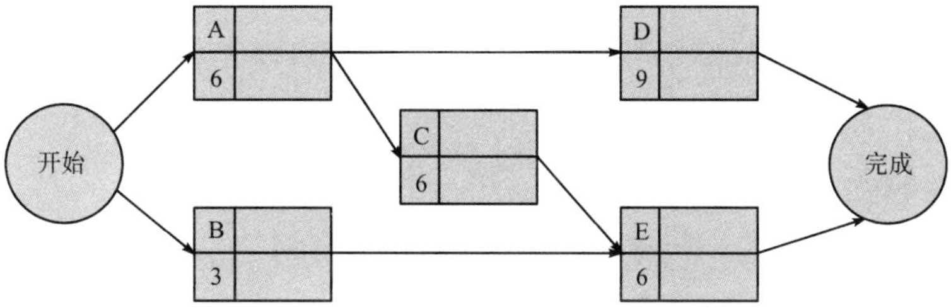

图 12-25　网络图

12-10 项目经理发现他的团队忽视完成项目网络图，如图 12-26 所示的网络图。但是，项目经理有些可用的信息，尤其是 A ~ G 的每个活动在 1 ~ 7 周有不同的持续期。并且，每个活动的时差如下所示：

持续期（星期）：1，2，3，4，5，6，7

时差（星期）：　0，0，0，3，6，8，8

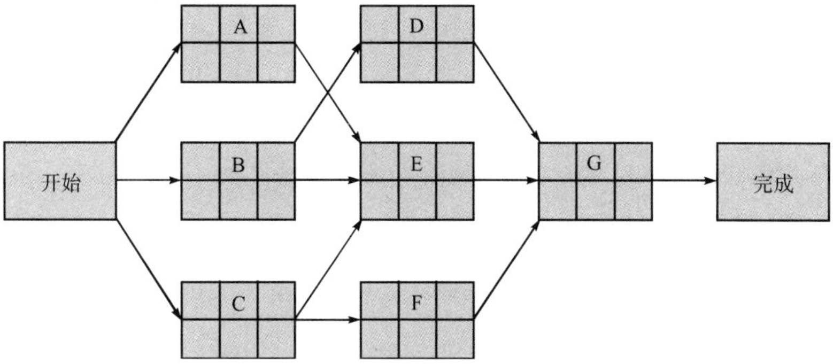

图 12-26　网络图

用以下提供的线索，决定每个活动的持续期和每个活动最早开始、最早完成、最迟开始和最迟完成的时间。

线索：

1. 只存在一条关键路径，而且数字是所示持续时间中给出的最大数字。

2. 活动 E 的时差数最小且大于 0。

3. 活动 A 的最早完成（EF）时间是第 4 周，并且和最晚完成（EF）时间不相等。（注：网络图中没有负时差。）

4. 活动 C 的时差是 8 周。

5. 活动 F 的持续时间比活动 C 的时间至少长 2 周。

活动	持续时间	最早开始	最早完成	最晚开始	最晚完成
A	——	——	——	——	——
B	——	——	——	——	——
C	——	——	——	——	——
D	——	——	——	——	——
E	——	——	——	——	——
F	——	——	——	——	——
G	——	——	——	——	——

案例分析

无形的发起人

背景

一些高管倾向于对项目进行非常细致的管理，而另一些高管则害怕做决策，这是因为如果他们做出了错误的决策，就有可能影响他们的饭碗。在这个案例中，公司总裁任命一位副总裁做项目发起人，项目内容是为顾客制造工具。但是，这位发起人不愿做任何决策。

任命副总裁

Moreland 公司是在工具设计和制造方面久负盛名的公司。Moreland 公司是项目驱动型公司，因为其所有的收入都源自做项目。Moreland 公司在项目管理方面做得也很成熟。

当 Moreland 公司前任工程副总裁辞职时，公司雇用了一名此前就职于制造业的高管来替代他。公司的新工程副总裁 Al Zink，有着丰厚的工程知识储备，不过他此前就职的公司并非项目驱动型公司。Al 对项目管理不熟悉，也从未做过项目发起人。由于 Al 缺乏做发起人的相关经验，总裁决定让 Al 尽快熟悉业务并给了他一个中型项目让他做发起人。该项目的项目经理是 Fred Culter。Fred 有 20 多年的工程工具设计和制造经验。Fred 直接向 Al 汇报项目情况。

Fred 的窘境

Fred 理解他所处的局势，他要训练 Al 让他学会做一名项目发起人。这对 Fred 来说也是全新的经历，因为下属通常是不能训练上司如何做工作的。Al 能接受这一切吗？

Fred 向 Al 解释项目发起人的任务及为何有的项目文件需要项目经理和项目发起人共同签名。一切似乎进展得很顺利，直到 Fred 告诉 Al，项目发起人最终负责项目的成败。Fred 可以感觉到 Al 很不喜欢这点。

Al 意识到，他作为发起人，项目若失败了，就会毁掉它的职业和声誉。Al 感到很不舒服，因为他不得不做这个项目的发起人，否则他还会被分配到其他项目去当发起人。Al 也明白这个项目是有高风险的。如果 Al 只是一个无形的发起人，他就可以避免做任何重要决策。

在 Al 和 Fred 就 Al 做发起人的项目的首次会议中，Al 问 Fred 要了一份项目进度计划。

Fred 回答道：

“我现在正在制订进度计划。如果你不告诉我你是否想基于最佳时机、最低成本或最低风险制订进度计划，我就无法完成计划制订。”

Al 说他要考虑一下这个问题并尽快给 Fred 答复。

到了第二周中期，Fred 和 Al 在公司餐厅见面。Al 又问 Fred：“进度计划制订得怎么样了？”Fred 回答：

“如果你不告诉我你是否想基于最佳时机、最低成本或最低风险制订进度计划，我就无法完成计划制订。”

Al 大怒，转身离开了。Fred 很紧张，怕 Al 会解雇他。但他还是坚持自己的原则并让 Al 做出决策。

在 Al 和 Fred 参加的每周发起人会议上，Al 又一次问了同样的问题，而 Fred 还是给出了跟此前一样的回答。Al 十分生气，并喊道：“赶紧给我一个时间最短的计划。”

Fred 终于迫使 Al 做出了第一个决策。Fred 做好了进度计划并在两天后呈递给 Al 让他签字。Al 一直拖延着并拒绝在进度计划上签字。Al 相信，只要他拖着不做决策，Fred 就会主动拿着没有 Al 签名的进度计划去做项目了。

Fred 不停地给 Al 发邮件问他究竟要不要签字，还是计划有什么错误需要修正。如他所料，Al 一直没有回复他。Fred 决定他要给 Al 施加压力，让 Al 以发起人的身份尽快做出决策。Fred 给 Al 发了一封邮件，说：

“我上周就把项目进度计划发给你了。如果你这周五之前还不签字，那将会拖延项目的完成时间。如果我在周五前没有得到你的答复，无论你同意计划与否，我都会默认你同意了计划并拿去实施。”

这份邮件同时被发到了总裁那里。第二天早晨，Fred 就在办公桌上发现了进度计划，Al 已经在上面签了字。

问题

1. 为何一些高管不愿意做项目发起人？
2. 高管可以被“强迫”做项目发起人吗？
3. 让项目发起人对项目成败负责是否正确？
4. Al Zink 的行为是否说明他想做个无形的发起人？
5. Fred Culter 努力让 Al 成为一名合格的发起人的做法是否恰当？
6. 设想一下，Al Zink 和 Fred Culter 的工作关系最终最有可能是什么结果？

第 13 章　报价和估算

引言

PMBOK®指南，第 6 版
6.4.2.5　自下而上估算
6.4　估算活动持续时间

由于报价的复杂性，许多商务经理将报价看作一门艺术。拥有客户成本预算和竞争性报价的正确信息无疑会很有帮助。但事实是，一个竞标者可以得到的信息，其他竞标者也可以得到。严谨方法的一个好处是有助于进行合理的报价；另一个好处是，在以后的时间里可以记录下当时所涉及的因素和假设，便于进行比较和分析，从而有助于积累进行商务决策的经验教训。估算并不是凭空猜想，而是在现有信息基础上反复思考后的决策。有些估算是成本估算关系，有些则是成本模型。一般来说，成本估算关系（Cost Estimating Relationships，CER）是成本模型的结果。典型的 CER 是：

- 回归分析基础上的数学公式。
- 成本—数量关系，如学习曲线。
- 成本—成本关系。
- 以物理特征、技术参数或绩效特征为基础的成本—非成本关系。

13.1　全球报价战略

对每一种情况都要有具体的报价战略。通常，当你正积极努力地想竞标一个项目时，可能出现以下两种情况之一。首先，新的商业机会可能没有或很少有潜在的后续项目，这种情况下竞标的项目是第Ⅰ种类型。其次，新商业机会可能是较大的后续业务的切入点，或者可能是有计划地突破新市场，这种情况下竞标的项目是第Ⅱ种类型。

显然，每种情况下都有明确但不同的商业目标。第Ⅰ种类型的目标是赢得项目，根据协议执行并获利，其结果令人满意。第Ⅱ种类型的目标是赢得项目并很好地执行它，以期在新的细分市场上站住脚或建立新的客户群。因此，每个竞标项目的类型都有自己独特的报价战略，其总结如表 13-1 所示。

表 13-1 两种全球报价战略

第Ⅰ种竞标类型 没有或很少有后续业务	第Ⅱ种竞标类型 有大的后续项目或很有希望进入新市场
1. 建立成本模型和估算指标；设计满足客户最低要求的最低成本的项目基准 2. 按最低要求估算成本 3. 简化基准，去掉不必要的成本 4. 确定最低成本，获得执行组织的承诺 5. 根据风险因素调整成本估算 6. 加入所希望的边际利润，确定价格 7. 同客户的预算和其他竞争性成本信息比较 8. 只有当价格在竞争范围内时才投标	1. 按照客户的要求设计项目基准，有创新性但风险最小 2. 估算成本 3. 简化基准，去掉不必要的成本 4. 确定最低成本，获得执行组织的承诺 5. 确定包括风险考量在内的“应该的成本” 6. 同客户的预算和“最可能”赢的价格比较 7. 确定边际毛利润，这个边际应该是负的 8. 根据“必须—赢”的要求决定边际毛利润是否可以接受 9. 用“最可能”赢的价格或更低的价格投标，这取决于你在多大程度上希望成功 10. 如果投标的价格低于成本，有必要向客户详细说明额外资金的来源，来源可以是公司的利润或相关活动的收益。不管怎样，为了确保成本的可信性，应该向客户展示一幅清晰的画面

比较在两种整体情况下的报价战略（见表 13-1），你会发现前 5 点中有很大的相似性。基本的区别在于，第Ⅰ种竞标类型为了中标获利，其报价是根据实际成本的；而第Ⅱ种竞标类型的报价是由市场规律来决定的。应该强调的一点是，在报价决策中，最关键的输入是所建议的成本基准的估算。根据之前定义的基本规则、成本模型和成本目标，应该尽早开始设计满足最低要求的基准。通常，基准设计和建议书的制定是同时进行的。在建议书阶段再去检查和调整基准就太晚了，开始较晚的话也不允许最终决策有太多的选择。即使价格在竞争范围外，也不意味着要终止制定建议书。尽管中标的概率很低，但既然已经使用了所有的资源，最好还是进行投标。

显然，要在制定建议书之前准备有效的报价。有效报价以基本的客户需求、容易理解的子任务和应该成本目标的上下区间估算为基础。职能组织先设计一个满足客户需求的基准和成本目标，在提交建议书前给管理者充分的时间检查以及重新调整设计。而且，管理者能较早地估算赢得项目的机会有多大，从而决定应该投入多少额外资源，或看到没有机会赢得项目时及时终止资源的投入。

最终报价评审阶段应该是对所获得信息的评审和组合。这里所列举的过程和管理工具可以为在有序和有效的方式下得出报价决策提供一个框架。

13.2 估算的类型

任何公司或企业要想保持获利，就必须不断地提高估算能力和报价方法。尽管有的公司在没有好的成本估算和报价方法下也能成功，但这种成功是很难维持的。

PMBOK®指南，第 6 版

6.4 估算活动持续时间
7.2.2 估算成本：工具与技术
7.2.2.1 专家判断
7.2.2.2 类比估算
7.2.2.3 参数估算
7.2.2.4 自下而上估算
7.2.3.2 估算依据

好的估算要求提前收集启动估算过程所要用到的信息，这些典型的信息包括：

- 类似工作的最新经验。
- 专业的参考材料。
- 市场和行业调查。
- 有关运营和过程的知识。
- 使用估算软件和数据库（如果可以）。
- 与行业专家的访谈。

项目可能涉及很广泛的范围，从可行性研究、现有设备的调整、完整的设计、采购，到复杂建筑的施工。项目有大有小，类别不同，所以估算和所需要的信息类型可能完全不同。为了节省时间，公司会首选参数估算法、类比估算法或专家判断法。参数估算法以统计数据为基础。类比估算法将新项目与类似的旧项目进行比较，根据变更的程度调整项目成本。专家判断法中的专家来自有经验的专业技术人员或团体。

第 I 种估算类型是量级估算，是在没有任何详细的基础资料的情况下进行的。这种分析方法的准确度在项目范围的±35%。这种类型的估算可能用历史经验（没有必要相似）、比例因素、参数曲线或规模进行估算（如产品　美元/台；电力　美元/千瓦）。

量级估算是一种自上而下估算（Top-down Estimate），通常用于工作分解结构的第一层，但是在某些行业也会运用到参数估算。参数估算以统计数据为基础。比如，你住在芝加哥市的郊区，你希望按照自己的想法建造自己的房子，因此你联系了一位建筑承包商，他告诉你在你所处的位置，要建造一栋房子的参数或统计成本是每英尺 120 美元，而在洛杉矶则是每英尺 350 美元。

其次，有一种“近似估算”（Approximate Estimate），也是一种自上而下估算，是在没有基础资料的情况下进行的，准确度在±15%。这种估算是从以前那些在范围和规模上相似的项目中分派出来的，采用类推、参数曲线、拇指定律和对规模与技术进行调整的相似活动的标准成本等方法。在这种情况下，估算者可能说这种方法比前者（参照方法）难度大 50%，要求的人力、资金和材料等都多 50%。

“确定性估算”（Definitive Estimate）或“基层建筑估算”（Grassroots Buildup Estimate）是从准确定义的基础资料中得出来的，这些资料至少包括供应商报价、完整计划、规格、单位价格和对完成情况的估算。确定性的估算，即详细估算的准确度在±5%。

另一种估算方法是应用“学习曲线”（learning curve）。学习曲线用图形显示重复函数，重复作业会使同样活动所需的时间、资源和资金减少。学习曲线理论经常用于生产运作中。

每个公司可能都有独特的估算方法，但是对一般的项目管理实践来说，作为起点，表 13-2 中所示内容就足够了。

表 13-2　标准项目估算

估算方法	一般类型	WBS 关系	准确度	准备时间
参数	粗略量级（ROM*）	自上而下	225% ~ 175%	几天
相似	预算	自上而下	210% ~ 125%	几周
工程（基层）	确定	自下而上	25% ~ 110%	几个月

注：ROM = Rough Order of Magnitude.

许多公司都试图通过建立“估算手册”（Estimating Manual）来标准化估算过程，然后用估算手册来为所付出的投入报价，大约为 90%。估算手册的结果通常要比行业基本标准好，因为它们包括任务组，并且考虑了诸如停工期、清洁期、午饭和中间休息等时间。表 13-3 为估算手册的内容。

表 13-3　估算手册内容

引言
目的和估算类型
主要估算工具
设备成本目录表
自动投资数据系统
自动估算系统
电算化的方法和程序
估算类型
确定性估算
资本成本估算
拨款估算
可行性估算
量级估算
图表——估算规格数量和报价指南
所需数据
图表——比较编制估算类型所需要的数据
介绍规格
估算程序——总体

续表

确定性估算的估算程序
资本成本估算的估算程序
拨款估算的估算程序
可行性估算的估算程序

正如其名字所暗示的，估算手册是用来估算的。当然，问题是“估算得有多好”？大多数估算手册通过定义估算类型来介绍估算的精度（见表13-3）。通过表13-3，我们还可以建立表13-4、表13-5和表13-6，这些都说明了估算手册的应用。

并非所有的公司都能用估算手册。估算手册适合重复性的任务或相似的任务，根据之前的任务，调整难度系数进行估算。除了标准性工作、重复性实验测试之外，像研发之类的工作就不能用估算手册。负责建议书的经理必须仔细考虑估算手册是否是一个可行的方法。文献中有大量这样的例子：许多公司花费数百万元尝试建立估算手册，却失败了。

表13-4　估算类型

类　型	种　类	准确度
Ⅰ	确定性的	±5%
Ⅱ	资本成本	±（10%～15%）
Ⅲ	拨款（有一些资本成本）	±（15%～20%）
Ⅳ	拨款	±（20%～25%）
Ⅴ	可行性	±（25%～35%）
Ⅵ	数量级	>±35%

表13-5　不同类型的估算所需的工作清单

项　目	Ⅰ	Ⅱ	Ⅲ	Ⅳ	Ⅴ	Ⅵ
1. 询价	X	X	X	X	X	X
2. 清晰度	X	X	X			
3. 复本	X	X				
4. 进度	X	X	X	X		
5. 供应商询价	X	X	X			
6. 分包商	X	X				
7. 目录	X	X	X	X	X	
8. 实地考察	X	X	X	X		
9. 概算	X	X	X	X	X	
10. 劳动比率	X	X	X	X	X	
11. 设备和子合同选择	X	X	X	X	X	
12. 税、保险和专利权税	X	X	X	X	X	

续表

项　　目	I	II	III	IV	V	VI
13. 家庭办公成本	X	X	X	X	X	
14. 施工间接费用	X	X	X	X	X	
15. 基本估算	X	X	X	X	X	X
16. 设备列表	X					
17. 总结单	X	X	X	X	X	
18. 管理者评审	X	X	X	X	X	X
19. 最终成本	X	X	X	X	X	X
20. 管理者批准	X	X	X	X	X	X
21. 计算机估算	X	X	X	X		

表 13-6 进行估算所需要的资料

	估 算 种 类					
	I	II	III	IV	V	VI
总体						
产品	X	X	X	X	X	X
过程描述	X	X	X	X	X	X
产能	X	X	X	X	X	X
位置——总的					X	X
位置——具体的	X	X	X	X		
基本设计准则	X	X	X	X		
总的设计准则	X	X	X	X		
过程						
工艺流程框图						X
工艺流程图（有设备大小和材料）				X	X	
机械工艺流程图	X	X	X			
设备列表	X	X	X	X	X	
催化剂/化工原料规格	X	X	X	X	X	
场地						
土壤条件	X	X	X	X		
场地清洁度	X	X	X			
地理和计量数据	X	X	X			
公路、人行道和风景	X	X	X			
财产保护	X	X	X			
场地交通便捷度	X	X	X			
运输条件	X	X	X			

续表

	估算种类					
	I	II	III	IV	V	VI
所涉及的主要成本					X	X
主要设备						
初步设计的尺寸和材料			X	X	X	
定型设计的尺寸、材料和附件	X	X				
批材料的数量						
定型设计的起用量		X				
初步设计的起用量	X	X	X	X		
工程						
配置图和正面图	X	X	X	X		
路线图	X	X	X			
管道线路排列	X	X				
电力单线	X	X	X	X		
防火设施	X	X	X			
排水系统	X	X	X			
预服务系统——详细估算	X	X				
预服务系统——费用估算			X	X	X	
催化剂/化工原料的数量	X	X	X	X	X	
建设						
劳动力工资、食物和饮料费、旅行费用	X	X	X	X	X	
劳动生产率和当地定额	X	X				
详细的建设实施计划	X	X				
间接领域——详细估算	X	X				
间接领域——费用估算			X	X	X	
进度						
总的施工时间				X	X	
详细施工进度计划	X	X	X			
编制进度的估算	X	X	X			

在竞标的时候，估算类型同客户要求保持一致是非常重要的。对于内部项目，估算类型可以在项目的生命周期内变动。

- **概念阶段**。评估未来工作的风险指南或可行性研究，这种估算是建立在最小范围信息基础上的。
- **规划阶段**。批准部分或全部费用的估算，这种估算是以基本的设计和范围为基础的。
- **主要阶段**。详细工作的估算。

- **终止阶段**。对授权范围外的重大范围变化的重新估算。

13.3 报价过程

这项活动给出了工作分解结构的进度，并为管理者提供了控制系统或项目的 3 个必要作业工具中的两个。这两个工具的开发是由职能单位与项目办公室负责的。

职能单位与项目环境或系统的结合是通过对工作分解结构的报价实现的。管理层利用有效管理项目的第 3 个工具，即对预计执行阶段的活动进行报价，就可以获得项目总成本。在报价活动中，职能单位拥有关于项目进度活动和工作分解结构可能发生的变更同项目经理协商的权力。

工作分解结构和活动进度是通过公司的最低报价单位来报价的。不管是小组、部门还是事业部，这些报价单位都有责任提供准确且有意义的成本数据（如果可能的话，以历史标准为基础）。所有的信息都按照最低绩效要求进行报价，以第 11 章的假设为依据，这就是任务层。成本信息会累积到项目层，然后再进一步到项目集层。

在理想情况下，完成某个任务所需要的工作（工时）可以以历史标准为基础。遗憾的是，由于各种行业、项目和项目集之间差异很大，同以前活动进行比较几乎不可能。从每个报价单位得到的成本信息，不管它是否建立在历史标准基础上，都应该看作估算。公司如何估算 3 年后的工资结构呢？两年后的原材料成本会是多少呢？在项目实施过程中商业论证（及间接费用比率）会变化吗？这些问题的答案表明，成本数据明显与环境相关，具有高度不确定性。但是，采用系统方法比采用结构化程度较小的方法更能应对环境的变化。

收集到成本数据后，必须分析这些数据对公司人力资源、资金、设备和设施的潜在影响。只有通过对总项目成本的分析，才能分析资源的分配。资源分配分析要在所有管理层进行，例如从小组组长到副总裁和总经理。对大部分项目来说，最终成本和资源的分配要得到首席执行官的批准。

合理地分析总项目成本可以为管理者（项目和公司）提供一个战略规划模型，用于综合目前的项目和其他项目，从而获得公司总体战略。有意义的规划和报价模型能提供的信息包括每个部门每月的人员安排、每个部门每月的成本、每月和每年的项目总成本、每月的材料支出、总项目的现金流及每月所需的人力。

之前，我们识别了几个与项目的管理水平层次和职能管理的垂直层次界面有关的问题。工作分解结构的报价为职能管理部门和项目管理部门提供了有效和开放的沟通渠道，因为两者具有共同的目标，如图 13-1 所示。报价工作结束后，项目启动。除了在报价阶段达成的绩效之外，工作分解结构也是沟通工具的基础。此外，还可以建立成本的衡量标准。

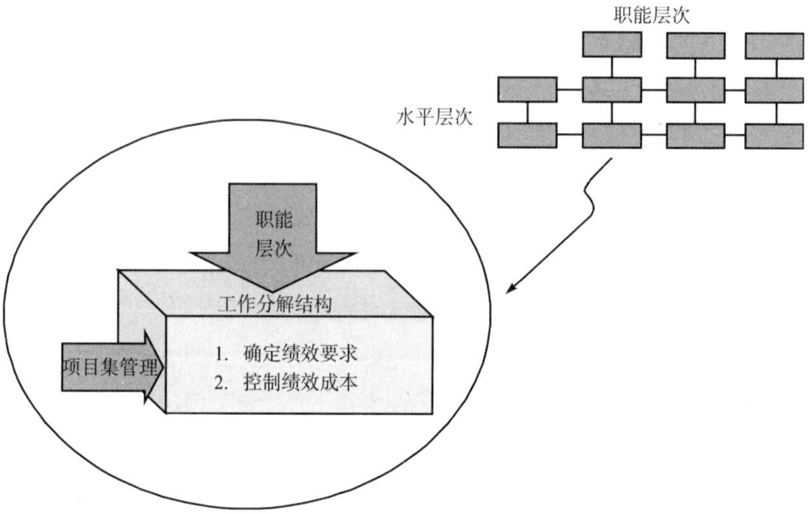

图 13-1　水平层次和垂直层次的交界面

13.4　组织的输入需求

一旦建立了工作分解结构和活动进度，项目经理就可以召集所有为报价提供信息的组织开会。第一次会议要求所有与报价和人员有关的代表必须到会。在这次会议中，全面深入地介绍工作分解结构，所以每个单位经理都清楚地知道他在项目中的责任。第一次会议还要确认职能经理的权力，尤其是他们的权力存在冲突时。仅通过一次会议解决所有问题是不可能的，那么就有必要召开进展会议或状态会议。进展会议或状态会议只需要那些出现问题或与问题相关的部门参加即可。一些公司更愿意让所有的人员都参加状态会议，这样可以使所有的人都熟悉项目当前的状况和相关的问题。不让所有的人员参加会议的优势是可以节省时间，因为报价阶段的时间非常宝贵。许多职能部门会采取其他办法：他们让事业部代表和部门或小组的关键管理人员来参加会议。事业部代表会保证所有成本资料及时提交。这种安排是有益的，因为项目办公室不必与每个部门的相关人员沟通项目的活动状况，但如果代表不能保持同职能单位和项目办公室的恰当沟通，或者他不清楚工作分解结构所要求的报价，这也就成了瓶颈。

在建议书活动中，时间是非常重要的。邀请建议书（Request for Proposal，RFP）中会指明所有的投标者不晚于某一日期内提交他们的标书。在建议书阶段，项目办公室及职能单位的活动是在建议书经理的进度安排下进行的。建议书经理制订的进度计划是很紧张的，很少有变动，一般要求在提交日前进行建议书的录入、编辑和打印。在这种情况下，RFP将间接地决定报价单位，确定和调整劳动成本需要多少时间。

调整人工成本要比初始成本估算所需的时间多，尤其当没有历史标准时。许多建议书经常要求详细的劳动力说明方案；有的建议书，尤其是那些需要尽快反应的建议书，可能允许供应商晚一些时间提交。

在最终的分析中，最低报价单位的主管要负责保持足够的标准，以便在可能的情况下，项目办公室可以立即对报价要求做出反应。

13.5　劳动分工

职能单位应以图 13-2 所示的形式向项目办公室提供输入信息。如果需要的话，输入可能需要同时伴有劳动力使用说明。每个任务都要提交所需工时，假设任务是权重最低的报价单位，以月为时间单位。然后，用适当的劳动力费用乘以每月每个任务的工时，就可以得出合适的人工费率。一般，12 个月以内的人工费用是确定的，此后的数据是估算的。例如，公司如何估算 5 年后的工资结构呢？如果公司低估了工资结构，就会使成本上升，利润下降；如果工资结构被高估了，公司可能就没有了竞争力；如果项目是政府部门赞助的，工资结构就要通过合同协商来解决。

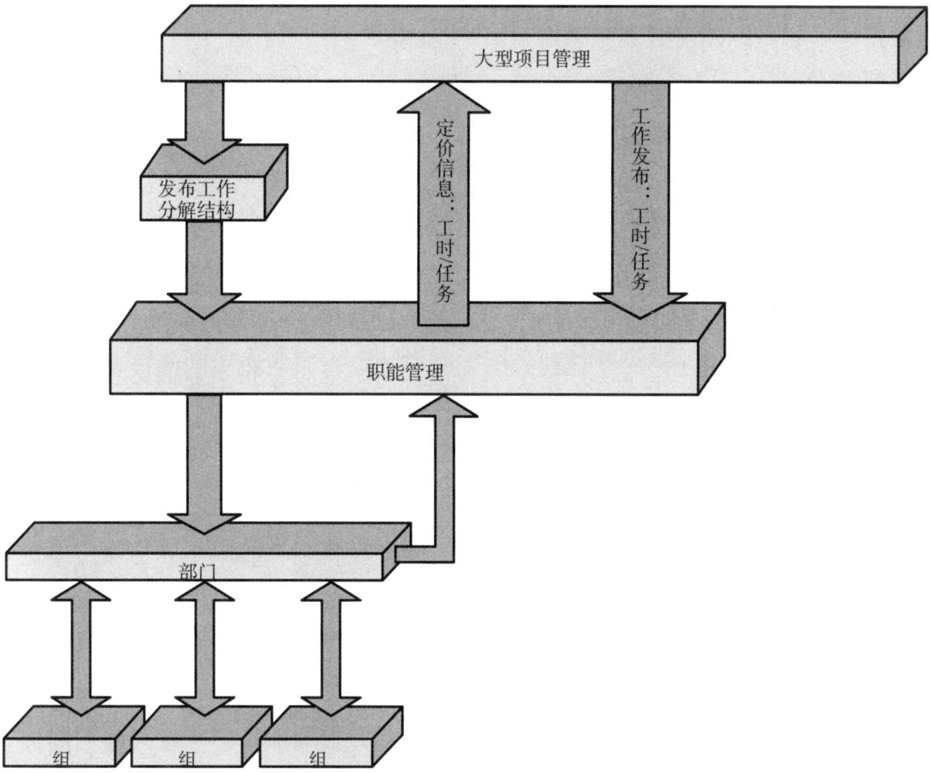

图 13-2　职能报价流程图

项目中使用的人工费率是以最近一个月或季度内业务的工时或美元的历史成本为基础的。每小时的平均费率是根据每个劳动单位在每个部门层作业的直接投入来确定的。费率是一个平均值，包括员工的最高收入，也包括员工的最低收入，还包括部门经理和文书人员的收入[1]。从历史经验、管理层同意的预算及当地相似行业来看，这些基本费用是逐级攀升的。如果公司在航空领域或国防工业方面有绝对优势，那么在提交之前，他们的工资结构要事先同当地政府协商。

职能部门提交的工时经常被高估，这是因为害怕管理层为了控制投入而削减工时。许多情况下，可能因为资金不够，也可能只是为了保持竞争环境，管理层都会减少工时。

工时的减少经常在职能部门和项目经理之间引起强烈的讨论，项目经理倾向于为整个项目的利益着想，而职能经理倾向于保留住目前的员工。

这种冲突的解决通常在于项目经理。如果项目经理选择的团队成员了解每个部门的工时标准，那么就会在项目经理和职能经理之间建立信任，这样就可以以代表公司最大利益的方式来减少工时。这就是为什么项目团队成员经常在职能部门被提升的原因。

职能部门提交的工时为项目成本分析和成本控制提供了基础。

13.6 间接费用率

PMBOK®指南，第6版
7.2.1 估算成本：输入

控制项目成本的能力不只是追踪工时和工资。在控制项目成本时，最令人头疼的事就是间接费用，它必须随工时和工资一起追踪。尽管大多数项目都有项目经理助理负责项目成本，对每月的间接费用进行分析，但项目经理也可以让项目团队的每个成员理解间接费用。这样做的话，可以大大提高项目的成功率。例如，如果间接费用只用于前 40 个工时，那么根据间接费用率，可以通过加班来节约项目资金，因为加班所增加的工资只是较小的负担。

不管是分析一个项目还是一个系统开发，所有的成本都有相关的间接费用率。遗憾的是，许多项目经理和系统经理将间接费用率看作空气中一个有魔力的数字。对每个职能部门而言，间接费用的准备和分配都是一门科学。尽管间接费用的总资金是相对稳定的，但是管理层有权在不同部门分配间接费用。支持研发部门竞标项目的公司可能希望研发项目的间接费用率尽可能低，但必须注意，其他部门没有吸收额外的成本，所以公司不再为那些曾经是自己主打产品的生产保持竞争地位。

间接费用是 3 个独立元素的函数：直接人工费率、直接业务基础预测和间接费用预测。直接人工费率已经讨论过了。直接业务基础预测包括预期直接工时、工资，以及必要的直接材料与其他完成与执行项目所需要的直接成本。业务基础预测中的这些项包含所有的合

1 如果给项目员工的工资高于部门平均值，就会出现问题，缓解此问题的方法将在以后讨论。另外，在许多公司中，部门经理的收入也包括在总费用结构中，而不是在直接劳动中，所以他们的工资不包含在部门平均水平内。

同项目，以及建议书或预期的投入。确定每个项目所要求的业务基础可以是以下 1 个或多个：

- 实际到期成本和完工估算。
- 建议的数据。
- 市场情报。
- 管理目标。
- 过去的绩效和趋势。

间接费用的预测是通过对每个组成间接费用的元素来分析的。构成间接费用的各项要素如表 13-7 所示。单个元素的费用涉及以下 1 项或多项：

- 历史直接/间接人工费率。
- 回归和相关分析。
- 人力需求和周转费用。
- 公共法律的变化。
- 公司利益的预期变化。
- 同资本资产需求相关的固定成本。
- 业务基础的变化。
- 投标和建议书（Bid and Proposal，B&P）预算。
- 国际研发（Internal Research and Development，IR&D）预算。

表 13-7　间接费用率要素

建筑维修	新业务导向
建筑出租	办公室供应品
咖啡厅	工资税收
牧师	职员招聘
俱乐部/协会	邮资
咨询服务	专家会议
公司审计费用	重复生产设施
公司工资	退休计划
设备折旧	病假
执行人员工资	常用工具
额外收益	监管
总分类账户支出	电话/传真设施
团体保险	运输
假期	公用设施
运输/存储费用	假期

对于许多行业，像航空和国防，联邦政府的基金占 B&P 和 IR&D 活动的主要比例。这部分基金是非常必要的，因为没有它，许多公司就失去了在行业中的竞争力。同时，联邦政府也利用这项技术来促进研发和竞争。因此，B&P 和 IR&D 也包含在上述清单中。

控制总费用的主要措施是年度预算。这个预算是由首席执行官制定的，经过所有的管理层审查和批准。它是在部门层级建立起来的，部门经理对确认和控制成本负有直接的责任。

详细总结的部门预算要递交给较高的管理层，这样较高管理层能够意识到在他们的职责领域内可以批准的间接预算额度。

每月要出一次报告，说明当前月度和年度预算，以及实际费用及其变化。这些报告由每个管理层发布，预算部门与管理层共同协商和审查这些报告。整个组织都要同预算分析者进行预算评审，预算分析者的责任是负责间接成本。总监、副总裁和项目经理之间要召开一次会议，以评审日常管理费的使用情况。

13.7 材料/供应品成本

PMBOK®指南，第 6 版
7.2.1 估算成本：输入

工资结构、间接费用结构和工时已经满足了 4 个报价输入要求中的 3 个。第 4 个主要输入是材料/供应品成本。这一项包括 6 个子主题：材料、购买的部件、分包合同、运费、差旅费和其他费用。运费和差旅旅一两天内就可以处理完，取决于项目的大小。对资本规模较小的项目，可以估算运费及差旅费；对资本规模较大的项目，运费一般是直接劳动成本的 3%～5%，差旅费大概是所有材料成本、购买部件和分包合同的 3%～5%。“其他费用”这一类可能包括专家咨询等。

材料成本的确定非常耗时，要远比工时的确定花费的时间多。材料成本是通过提交材料清单来实现的，其中包括所有的材料供应商、整个项目的预计成本、废料因素和低值易耗品。

在发布工作说明书之前，工作分解结构和细分的工作描述、材料清单的最后一项和生产计划按图 13-3 所示方法编制。材料清单的最后一项是指确认生产最后条款的总和的部分。供应材料包括那些供应最后生产所需要的工程和作业的材料，在生产计划中加以确认。

在合同协商之后，尽可能快地准备采购计划和要求（通过如图 13-4 所示的方法），这个计划用于监测材料的到位、预测存货水平和识别材料价格变化。

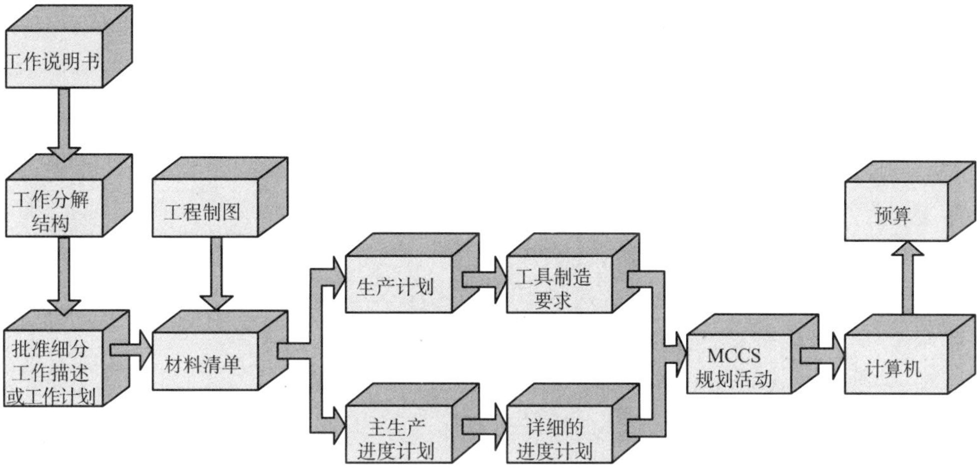

图 13-3　材料规划流程

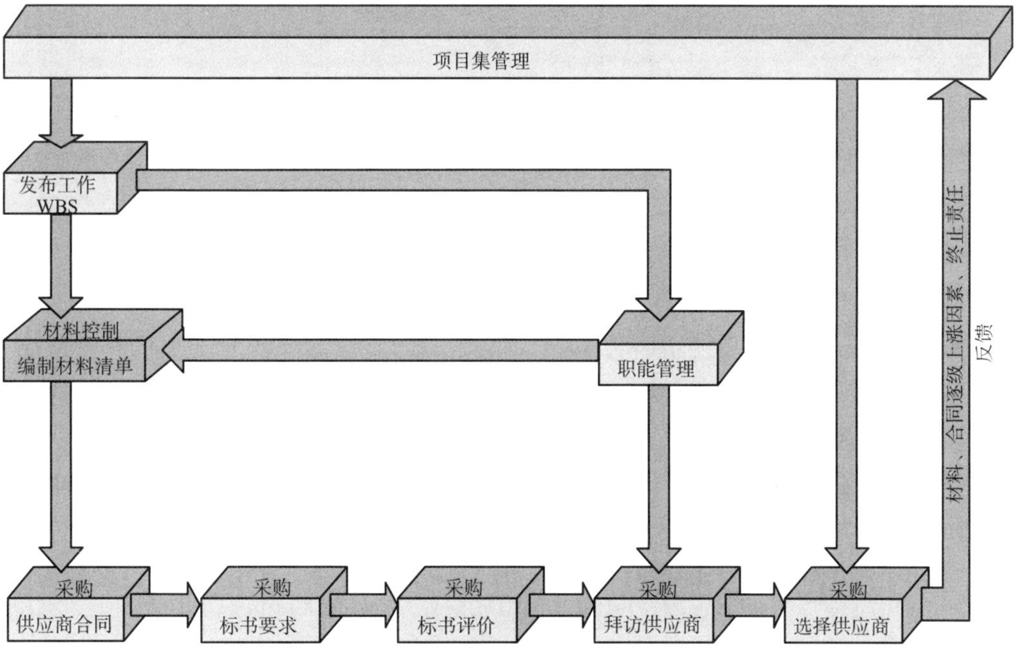

图 13-4　采购活动

按照细分的工作描述编制的生产计划用于准备生产、质量保证和工程过程需要的工具清单。根据这些计划，用一种专门的工具分解手段来确认哪些工具需要进行采购，哪些需要自己加工。这些项用规划图表输入的成本要素来报价。

在项目的每个月，都要提交材料/供应品成本。如果要预测长期的材料费用，就应该在项目的第一个月起开始分派任务。另外，材料/供应品成本的逐级上涨因素必须考虑在内。有些供应商可能在一年内都以固定价格来供应商品。比如，如果在 60 天内下订单的话，供应商 Z 就会以固定价格（每单位 130.50 美元）共 650 个单位供应 18 个月。另外，影响材料成本的还有其他因素。

13.8 报价工作内容

采用逻辑报价技术可以帮助获得详细的估算。为了更好地控制公司的有限资源，下面的 13 个步骤提供了一个逻辑顺序，这些步骤可能因公司不同而不同。

步骤 1：提供完整定义的工作要求。

步骤 2：制定一个带有检查点的逻辑网络图。

步骤 3：制定工作分解结构。

步骤 4：对工作分解结构报价。

步骤 5：同每位职能经理讨论 WBS 成本。

步骤 6：确定基本行动路线。

步骤 7：为每个 WBS 要素制定合理的成本。

步骤 8：同上层领导讨论基本论证成本。

步骤 9：同职能经理协商哪些职员称职。

步骤 10：制定线性职责图。

步骤 11：制订最终详细的进度计划。

步骤 12：制定报价成本汇总报告。

步骤 13：在项目集计划中记录结果。

尽管项目报价是一个迭代过程，但项目经理仍要在每个迭代点制定成本汇总报告，以便在规划阶段做关键项目决策。至少需要两次详细计划总结：在准备同管理者的价格评审会时以及在报价终止时。在其他时候，成本汇总都可以是"简单扼要"的，如涨价因素和原材料的采购成本的波动。下面的清单表明了典型的报价报告。

- **对每个 WBS 要素的详细成本分解。**如果在任务层报价，那么在每个任务层都要有一个成本汇总，成本汇总再逐层归纳直至 WBS 顶层。
- **每个部门都要有项目集的人力曲线。**这些曲线表明了每个部门是如何同项目办公室签订合同来提供职能资源的。如果部门人力曲线包括几个"峰或谷"，项目经理为了使曲线光滑而必须改变进度计划。职能经理总是偏向于人力资源的平稳分配。
- **每月等价的人力成本汇总表。**这个汇总表说明了在项目的整个执行过程中每个部门职员平均需要的全部成本。如果必须降低项目成本，项目经理则要在人力曲线和每月汇总表之间进行参数研究。
- **年度成本分布表。**这个表是对 WBS 的分解，表示每年（每季度）所需要的成本。此表本质上是项目的每个活动的现金流总结。

- **职能成本和工时汇总表**。这个表向高层管理者提供了每个主要职能单位（如事业部）耗费的工时和资金情况。由此，高层管理者可以进行进一步的规划，以确保整个项目有足够的资源。该表也包括间接的工时和资金。
- **每月工时和资金支出预测表**。这个表可以同年度成本分布表合并，除非它是按月而不是按活动或部门分解的。另外，这个表通常也包括客户用于判断在未到期而终止的项目中停止使用人员的信息。
- **原材料和支出预测表**。这个表是基于供应商交付周期、支付进度、委托和终止责任的原材料现金流。
- **责任终止时总项目的每月成本表**。这个表向客户展示了整个总项目在每个月的成本。这是客户的现金流，而不是承包商的，区别是其每个月的成本包括工时和资金，以及人力和原材料的终止责任。此表实际上是显示未到期项目终止时每月的成本。

项目经理和上层管理者都要使用这些表。项目经理用这些表作为成本控制的基础；上层管理者用这些表做选择、批准和制定项目的优先级。

13.9　部门工时优化

图 13-5 中的虚线表示在典型的项目人力资源负荷进度下，某个部门的人力资源计划要求。但部门经理试图对它进行优化，如图 13-5 中的实线所示。通过去掉每天安排的零星工时使人力资源曲线均衡化对部门经理是有益的。项目经理必须理解，如果允许部门在人力资源计划函数中去掉峰、谷和小的波动，小项目和任务工时就可能发生变化，但总体上不能对整个项目成本产生大的影响。

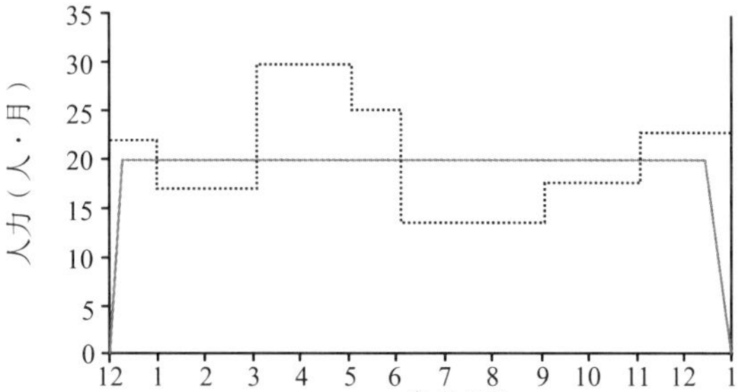

图 13-5　典型的人力资源负荷图

项目经理和职能经理需要问的两个重要问题：第一，部门是否有足够的资源来满足人力的要求？第二，职能部门用多少费用能将项目的员工配备齐全？图 13-6 介绍了可能发生的各种问题。曲线 A 表示时间平滑情况下指定部门所需要的人力，曲线 B 表示为了解释合理的项目人力和需求比例而进行的对时间阶段曲线的修正。两个曲线之间的差异（阴影部分）反映了由于人力和需求活动而使承包商不得不承担的部分。这个问题可以在时间曲线优化后，通过提高人力资源水平而部分克服（见曲线C），这样曲线B和曲线C之间的差异等于曲线A和曲线B之间所放弃的资金量。当然，项目经理要能够调整这种人力资源需求平均水平的增加，尤其在高工资和高费用期间更需要调整。

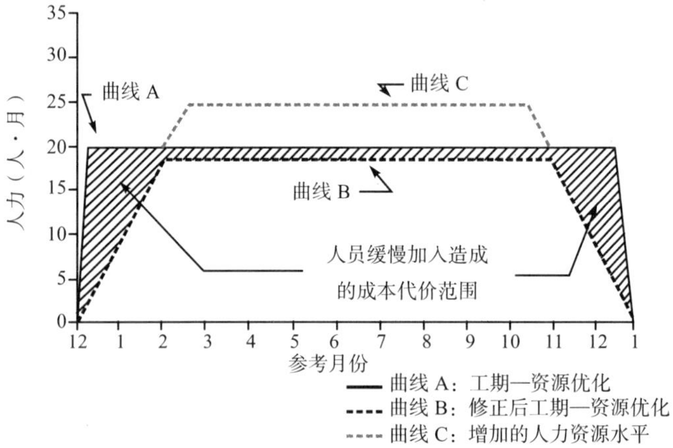

图13-6 线性增加的人力资源负荷图

13.10 报价评审程序

要解决成本预测、成本分析和成本控制问题，就需要获得报价信息以及在职能单位和其上层管理者之间达成良好的合作。成本分析和评审的典型公司策略如图13-7所示。如果项目的公司资源有限，如果资金只用于新设备或设施，如果所有超过某一资金数目的项目都要求公司认可，那么公司管理者可能需要启动活动或进行活动授权。

在首席执行官同意的前提下，上层管理者可以同意或批准项目的启动，但实际的执行活动在项目总监没有确定项目经理之前是不会开始的。在这一点上，项目总监也可以批准投标、建议书的预算（如果项目有竞争性的话）或项目规划费用。

然后，指定的新项目经理再选择项目团队成员。这些团队成员同时也是项目办公室的成员，他们有可能是从其他项目中转过来的。为了得到他认为对项目十分重要的人员，项目经理可能发现有必要同其他项目经理及上层管理者进行协商。例如，为了得到代表职能部门的团队成员，项目经理必须同职能经理直接协商。在实际工作签合同之前，职能部门不会向项目分派职能团队成员，但许多建议书需要确认所有的职能团队成员。在这种情况下，在项目的建议书阶段必须进行选择。

项目办公室的首要责任（不一定包括职能团队成员）是制定活动进度计划和工作分解结构，然后批准职能单位对工作进行报价。职能单位再提交工时、材料成本和说明给报价团队成员。报价团队成员一般是附属于项目办公室的，直到确立了最终成本。如果项目是竞争性的，报价团队成员也将成为谈判团队的一部分。

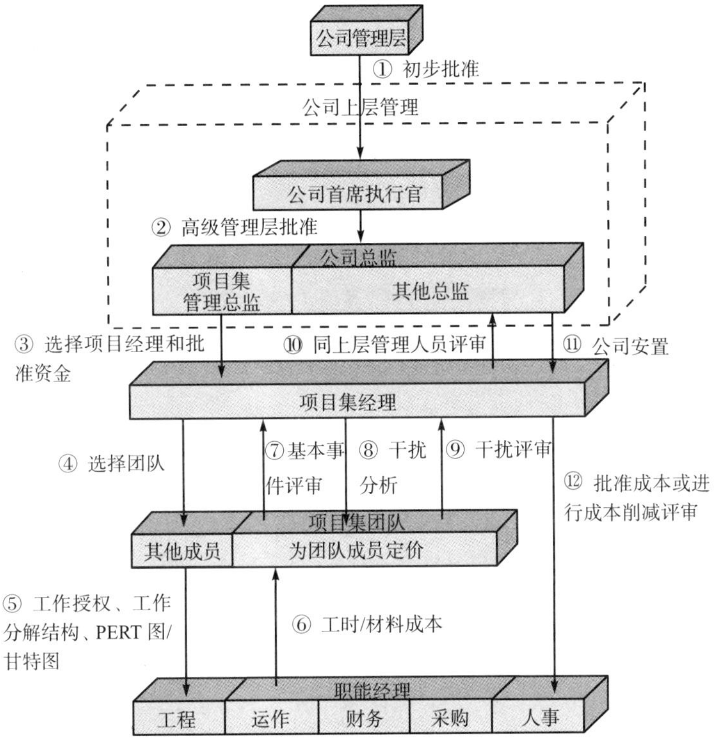

图 13-7　报价评审程序

一旦确定了基本框架，报价团队成员和其他项目办公室成员要进行波动性分析。波动性分析被设计成一种系统的方法来解决问题，目的就是应付管理者在终期评审中可能考虑到的问题。

在项目中，为了定义公司的任务以及严格管理项目所需资源的分配，要用波动成本分析方法同高层管理人员讨论基本事件。公司任务可能是降低成本、批准工作或投标。当超过了首席执行官的批准上限时，就可能需要公司批准。

如果必须降低人力成本，那么项目经理必须就削减成本的方法和幅度同职能经理协商。否则，就可以直接授权职能经理开始活动。

图 13-7 介绍了确定项目集成本的系统方法。这种程序创建了一种环境，为各层管理人员之间的沟通提供了公开的渠道，也确保了所有成员对项目成本达成一致意见。

13.11　系统报价

对活动进度计划和工作分解结构进行系统报价，提供了一种在公司内获得一致性的方法。已有的信息流允许组织的所有项目成员参加，即使兼职的。职能经理能更好地了解他们的员工是否适合项目，以及他们如何与其他部门沟通。此外，职能经理能准确预测到他们的活动将怎样给公司带来利润。

项目报价模型（有时叫战略项目规划模型）作为管理信息系统形成了资源控制的系统方法，如图 13-8 所示。战略报价模型提供的各种表格能帮助管理者选择项目集，这样可以最大限度地利用资源。战略报价模型还为管理者提供了一种进行波动分析的工具。如果需要的话，这种模型可以为管理者提供设计和评估应急计划的机会。

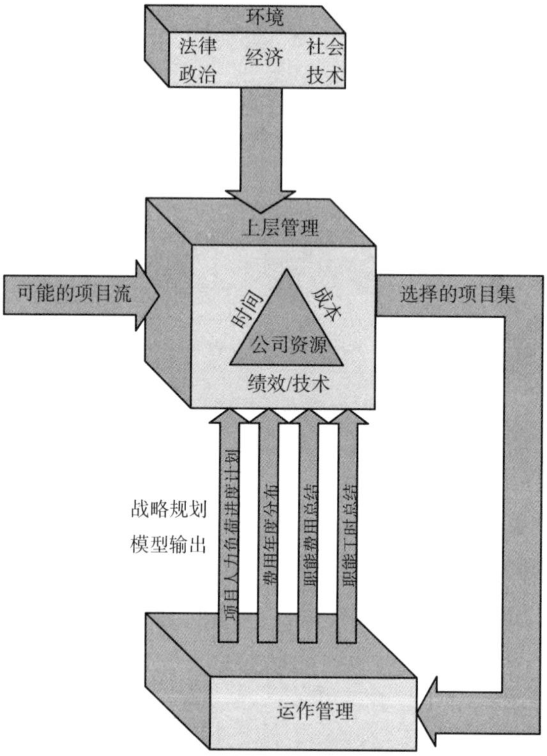

图 13-8 资源控制的系统方法

13.12 建立支持数据或备用成本

PMBOK®指南，第 6 版

7.2.2 估算成本：工具与技术

并非所有的成本建议书都需要后备支持数据，但对那些需要后备支持数据的建议书，后备支持数据应该与报价同步进行。政府报价要求是一个特例。

许多支持数据来源于外部的报价（分包商或外部供应商）。内部数据必须以历史数据为基础，当每一个项目完成时要不断地对历史数据进行更新。支持数据应该是分项的数据。

客户可能要审计成本建议书，在这种情况下，工作必须从支持数据开始。在最终成本建议书提交给客户之前，单一来源的建议书的支持数据通常要接受审计。

并不是所有的成本建议书都要求支持数据，这通常是由合同类型决定的。在固定价格合同时，客户就没有权利审计你的报表。但是，对于成本加酬金合同的工作包，你的成本是公开的，客户经常将实际成本与后备支持数据相比较。

许多公司通常选择一个以上的估算用于后备支持数据。在确定用哪种估算时必须考虑后续工作的可能性：

- 如果实际成本超过了后备支持数据的估算，则后续工作中你将失去信誉。
- 如果实际成本低于备用成本，则在以后的投入中必须用新的实际成本。

有意思的是，后备支持成本能够增加未来预测的可信度。如果你已经做了很好的记录，有了合适的成本估算，那么即使没有要求，你也可能希望把它们放在成本建议书中。

作为合同的一部分，直接和间接成本都可以独立进行协商，表 13-8 至表 13-10 及图 13-9 中的支持数据可以用于说明任何同公司标准（或客户认可的）成本不一致的情况。

表 13-8　承包商拥有的人力

	人员数（人）			
	当前总员工		2015 年 1 月该项目和其他工作拥有的员工	到 2015 年 1 月预计增长
	终身雇员	代职员工	终身+代职	永久+代职
过程工程师	93	—	70	4
项目经理或工程师	79	—	51	4
成本估算	42	—	21	2
成本控制	73	—	20	2
制定进度或进度控制	14	—	8	1
采购或购买	42	—	20	1
检查	40	—	20	2
催交	33	—	18	1
内部办公室建设管理人员				
管理人员	9	—	6	0
管道工	90	13	67	6
电工	31	—	14	2
仪表操作工	19	—	3	1
器皿或交换器操作工	24	—	19	1
土工或结构工程师	30	—	23	2
其他	13	—	18	0

表 13-9　人员流动数据　　单位：人

	从 2014 年 1 月 1 日到 2015 年 1 月 1 日，共 12 个月	
	终止合同的人数	雇用人员
过程工程师	5	2
项目经理/工程师	1	1
成本估算	1	2
成本控制	12	16
进度制定/进度控制	2	5
采购或购买	13	7
检查	18	6
催交	4	5
内部办公室建设管理	0	0
设计和起草——总计	37	29
工程专家——总计	26	45
总计	119	118

表 13-10　员工经历概览　　单位：人

	承包商雇用不同工龄的员工数				
	0～1 年	1～2 年	2～3 年	3～5 年	5 年或以上
过程工程师	2	4	15	11	18
项目经理或工程师	1	2	5	11	8
成本估算	0	4	1	5	7
成本控制	5	9	4	7	12
制定进度/进度控制	2	2	1	3	6
采购或购买	4	12	13	2	8
检查	1	2	6	14	8
促进	6	9	4	2	3
管道	9	6	46	31	22
电子	17	6	18	12	17
工具	8	8	12	13	12
机械	2	5	13	27	19
土木/结构的	4	8	19	23	16
环境控制	0	1	1	3	7
工程专家	3	3	3	16	21
总计	64	81	161	180	184

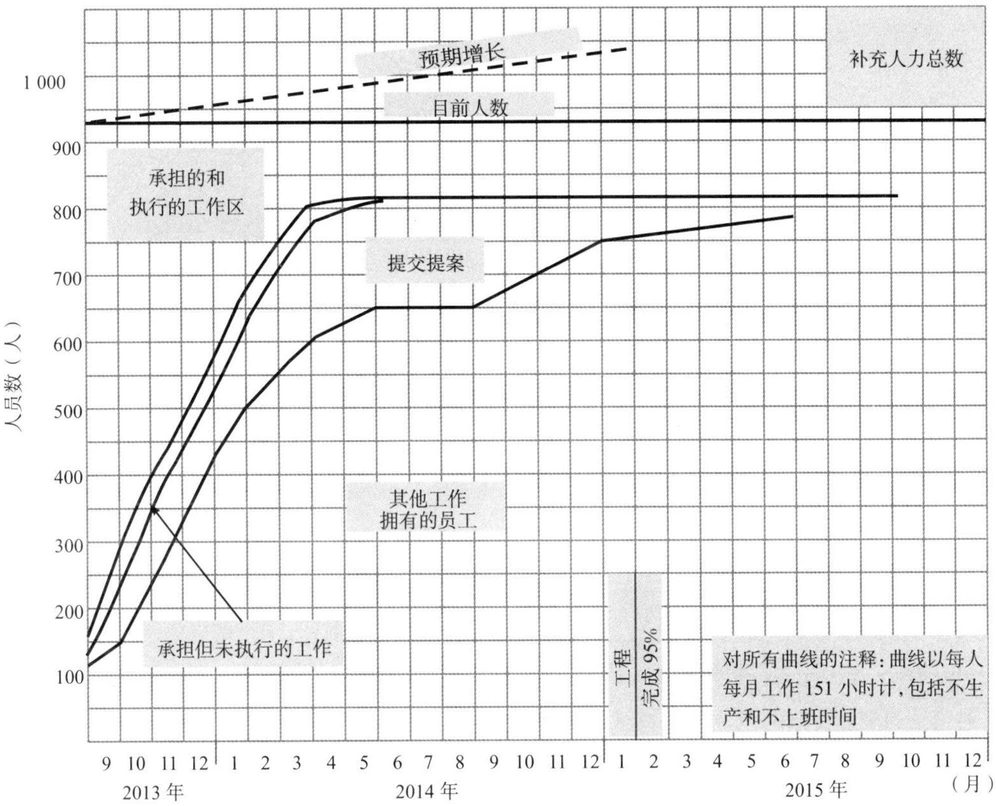

图 13-9　补充的人力总数

13.13　低报价的困境

PMBOK®指南，第 6 版
12.3.2.1　专家判断

关于建议书报价的重要性是没有非议的，问题是多少报价能获胜？建议书的最终报价是由许多不确定性的复杂因素决定的。但是，由于获胜心理的驱使，建议书经理可能认为低报价建议书会起作用。然而，获胜只是一个开始。公司有诸如利润、市场进入、新产品开发等短期和长期目标，这些目标可能同低价战略无关或不一致，举例如下：

- 一个令人怀疑的低报价，尤其是成本加成类型的建议书，在客户看来可能是不现实的，这将影响投标者的成本信用或技术能力。
- 报价相对于客户预算和竞争者来讲可能太低了，可能损失了利润。
- 报价可能与投标的目的无关，如进入一个新的市场时。因此，承包商可以采用一种有信誉的方式出售建议书，如用成本分担模式。
- 没有市场信息的低报价是没有意义的，报价水平总是与下列因素相关：竞争性报价、客户预算和投标人的成本估算。

- 投标建议书和报价可能只占整个项目的一部分，赢得第二阶段或后续工作的能力取决于第一阶段的执行情况和第二阶段的价格。
- 客户的财务目标可能很复杂，不只是寻找价格低的投标者。他的目标可能是包括整个系统生命周期成本（Life-Cycle Cost，LCC）、单位产品成本的设计（Design to Unit Production Cost，DTUPC）或专门用于后勤支持的条款。获得系统成本—绩效参数和其他目标可能与低标价同等重要。

价格最低的投标者也一定不是自动获胜的。商业和政府客户越来越担心现实成本和执行合同的能力。以现实的、保存完好的成本数字等历史资料为基础，顺应市场的、高质量的技术管理建议书，通常会被选中，而低价投标者给人留下了一种存在相关的技术、质量、成本、进度等高风险的形象。

13.14 特殊问题

尽管经常被忽略，但还是有一些特殊问题影响报价。比如，报价时必须对成本控制有一定的理解，尤其是项目如何能收回成本。这有 3 种可能情况：

- 工作是按照部门的平均水平报价的，所有的工作都要按项目在每个部门的平均工资来索要费用，不考虑由谁来完成这个工作。显然，这项技术是最简单的，但是它不能激励项目经理为高薪酬人员说话，因为项目只按平均工资计算。
- 工作是以部门的平均水平报价的，但是所有的工作都是按照执行工作的员工的实际工资来计算的。如果项目经理雇用最好的员工，这种方法对他来说就是最头疼的事。如果这些员工所挣的工资远远高于平均水平，那么肯定会造成成本超支，除非他们可以在较短的时间内完成工作。政府机关强迫某些公司采用这些方法，当项目报价的时间较短且只能雇用高工资的员工时，就会出现估算问题。这种情况下，通常通过“膨胀”直接工时来补偿额外的成本。
- 工作是按将执行工作的员工的工资来报价的，成本按相同方式收回。只要在报价过程中人员可以确定下来，这种方法就是一种理想状态。

有的公司会综合使用这 3 种方法，项目办公室人员建议使用第 3 种方法报价（因为这些早就确定了），而职能员工建议使用第 1 种或第 2 种方法报价。

13.15 估算缺陷

PMBOK®指南，第 6 版
7.2.1 估算成本：输入

报价函数中有几个缺陷，最严重的也是项目经理所不能控制的可能是“买入”决策，这是建立在假设会有“紧急援助”或后续合同的基础上的。这些变更或合同可能是为了配件、备用件、手工维修、设备监视、可选设备、可选服务及其他零星因素。其他类型的估算缺陷包括：

- 工作说明书的误解。
- 省略或不恰当的范围界定。
- 不完善的进度计划或过于乐观的进度计划。
- 不合适的分解结构。
- 任务分配与员工的技能水平不匹配。
- 未能对风险做出解释。
- 未能对通货膨胀和成本上升做出解释。
- 未能使用合适的估算技术。
- 未能使用远期利率对相关费用和间接成本进行报价。

遗憾的是，只有当成本控制系统在项目中真正发挥作用时，这些缺陷才有可能显现出来。

13.16 高风险项目估算

PMBOK®指南，第 6 版
6.5 制订进度计划
7.2 估算成本
第 11 章 项目风险管理

高风险和低风险项目的主要区别在于历史估算的有效性。建筑公司一般都有较好的历史标准，所以就可以使风险降低，而许多研发和 MIS 项目都是高风险的。工作分解结构每层的准确度如表 13-11 所示。

表 13-11 低风险和高风险的准确度

工作分解结构		准确度（%）	
层	描　述	低风险项目	高风险项目
1	项目集	±35	±75 ~ 100
2	项目	20	50 ~ 60
3	任务	10	20 ~ 30
4	子任务	5	10 ~ 15
5	工作包	2	5 ~ 10

用于估算高风险项目最常用的技术是“滚动式”（rolling wave）或“移动窗”（moving window）方法。图13-10中的高风险研发项目持续12个月。A部分，前6个月的研发工作量已经确定，可以估算到WBS的第5层。但是，后6个月的工作量是建立在前6个月工作基础之上的，只能估算到第2层，风险很大。接着考虑图14-10中的B部分，它表示了6个月的移动窗。在第1个月底，为了保持6个月的移动窗（在WBS的第5层），第7个月的估算必须从第2层上升到第5层。同样，在图13-10中的C部分和D部分，我们看到了完成第2个月和第3个月后的影响。

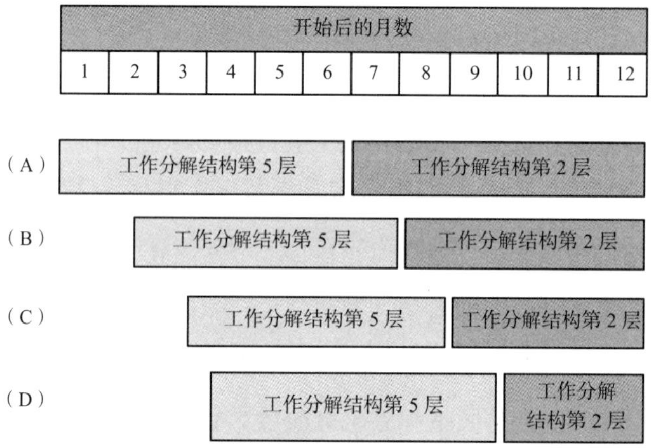

图13-10　移动窗/滚动式概念

应用这项技术时需要考虑两个关键点。首先，移动窗的长度因项目的不同而不同，通常处于生命周期下游时长度会增加。其次，当高层管理者懂得技术如何奏效时，它才能最佳地发挥作用。而高层管理者在项目批准过程中通常只听到一个预算和进度数字，而且可能不会认识到至少有一半项目的时间/成本的准确度只有50%～60%。简单地说，当应用这项技术时，“粗略”并不是“详细”的同义语。

可以制定各种方法来用于风险评估，图13-11和图13-12介绍了这些方法。

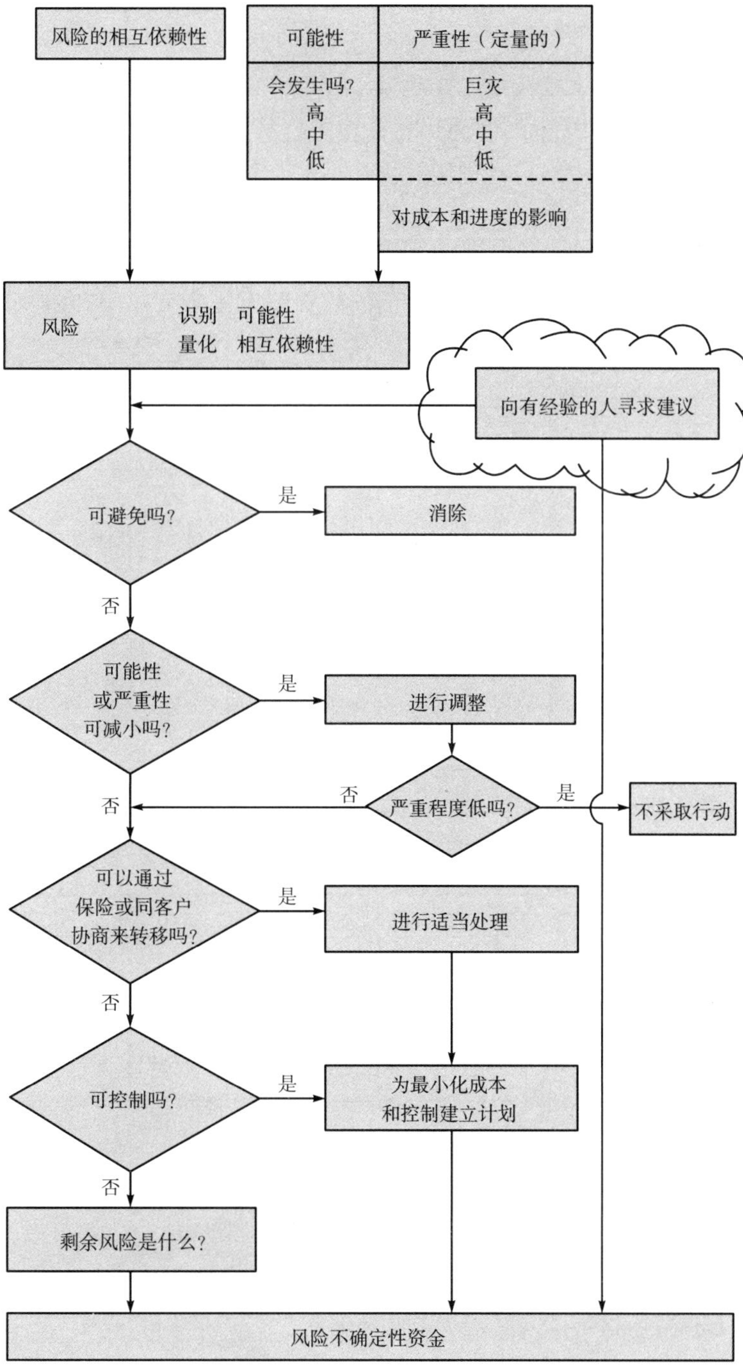

图 13-11　风险不确定性的决策因素

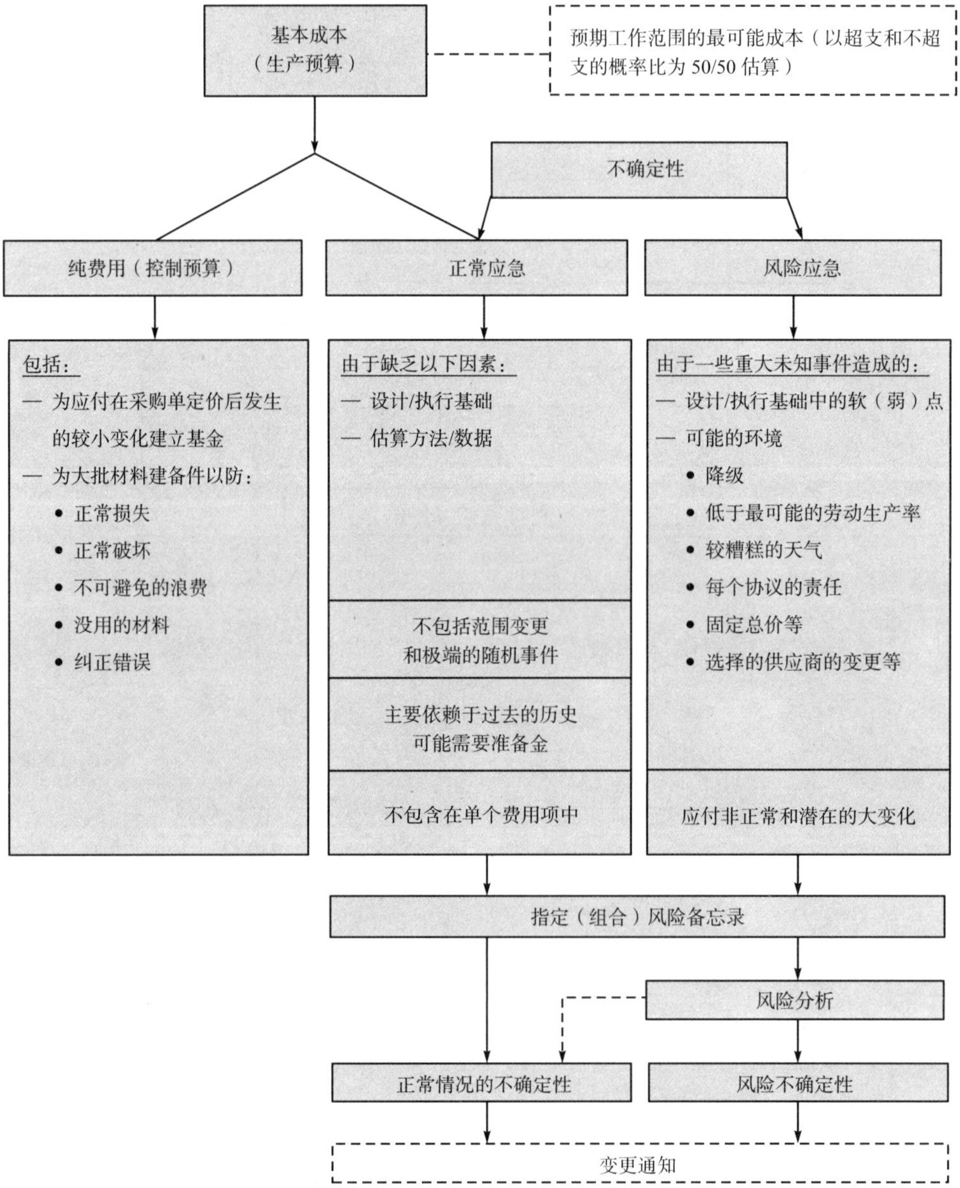

图13-12　基本成本和风险不确定性的因素

13.17　项目风险

> **PMBOK®指南，第6版**
> 11.2　识别风险

项目计划是“活的文件”，随时面临变化。为了防止或扭转不良局面，项目计划就需要做出改变，这些不良局面就叫作项目风险。

风险是指那些危险活动或因素，如果发生的话，项目达不到时间、成本、绩效要求的概率就会增加。许多风险是可以预测和控制的。另外，风险管理是整个项目生命周期中很重要的一部分。

一些常见的风险包括：

- 要求没有被明确定义。
- 估算失误。
- 缺乏质量合格的资源。
- 项目经理没有经验。
- 缺乏管理层的支持。

风险识别是一门艺术，它要求项目经理探索、渗透和分析所有数据。项目经理可用的风险识别手段：

- 决策支持系统。
- 衡量期望值。
- 趋势分析/预测。
- 独立评审和审计。

管理项目风险并不像看起来那么困难，该过程有 6 个步骤：

- 识别项目风险。
- 量化风险。
- 确定风险的优先级。
- 制定风险管理战略。
- 项目发起人/高层管理者评审。
- 采取行动。

图 13-11 和图 13-12 介绍了资本项目的风险评价过程。在这些图中可以轻易得知，可以制定风险备用金量化风险。

13.18　应用“10%方法”进行项目估算的不良后果

经济动荡会对所有组织造成混乱。对项目经理来说，更坏的情况是高级经理随意用“10%方法”。这是一种对每个项目都要减少 10%预算的方法，尤其是对那些已经开始的项目。“10%方法”用于额外活动所需要的基金，因为这些活动没有在预算之内。“10%方法”很少成功，大部分结果只是引起混乱：进度滞后、质量和执行情况偏离及预算增加。

许多项目是通过执行委员会、管理委员会或监督委员会启动的。这些委员会的两个主要职能分别是选择项目及确定项目的优先级。有时他们还需要考虑预算，因为它们与项目选择相关。但实际的预算是由中层管理者交由上层管理者批准的。

尽管执行委员会在预算上的角色不容易确定，但实际问题是委员会没有意识到采用“10%方法”会造成的影响。如果项目预算比较实际的话，预算的减少必须用时间或绩效来弥补。据说，预算的 90%只会产生服务或质量水平的前 10%，剩余 10%的预算可以满足后

90%的目标要求。如果这是真的，10%的预算减少会造成绩效的大幅度损失，这不是仅仅降低成本可以弥补的。

有些项目是“层叠式”估算，预算的减少会排斥层叠方式，但许多项目经理都提供带有边际层叠的估算和进度计划。同样，时间和成本的平衡起不了多大作用，因为项目工期延长会增加成本。

10%的方法不太起作用，但有两个可替代的方法。第一个是用“10%方法”，但只是在所选择的项目上，而且是在进行了“影响研究”之后，这样执行委员会对时间、成本和绩效这三个约束的影响有了一定的理解。第二个选择，也是目前比较好的选择，就是执行委员会取消或缩减所选择的项目。因为只减少预算而不缩小范围是不可能的，因此取消项目或将其推迟到下一个财政年是一个可行的选择。毕竟，导致所有的项目都受损是不划算的。

终止项目群中的一两个项目能使现有资源的利用更有效、生产力更高和组织士气更高。但是，这要求执行委员会有足够强的领导力用 10%的方法终止一个项目，而不是将终止“按钮”推给底层组织。但是执行委员会通常只负责选择项目、制定项目优先级和追踪项目状况，中层管理者则负责预算。

13.19 生命周期成本

PMBOK®指南，第 6 版
7.2.1 估算成本：输入

多年来，许多研发组织都是在“真空”下操作，技术决策是研发部门计划的一部分，由研发部门决定，根本没考虑生产开始后会发生什么。如今，制造业开始采用生命周期成本（Life Cycle Cost，LCC）方法，这曾经是军品生产组织制定和使用的方法。简单地说，LCC 要求在研发阶段制定的决策要针对系统的整个生命周期成本评估。比如，对一个新产品，研发组织可能有两种设计方案，要求相同的研发预算和生产成本，但是其中一个产品的维修和支持成本可能很大，如果在研发阶段不考虑下游阶段的成本，就会导致后期费用巨大，而且这种状况是没有替代方案的。

生命周期成本是组织在整个生命周期内拥有和获得产品的总成本，包括研发成本、生产成本、运营成本、支持成本和处置成本，具体介绍如下：

- **研发成本**。可行性研究成本，成本−收益分析，系统分析，详细设计和开发，制造和工程模型的检测，初期产品的评估，相关的文件。
- **生产成本**。制造、组装和产品模型检测；产品功能的使用和维修；相关的内部后勤支持要求；相关的内部后勤支持需求包括检测和支持设备的开发、备用或维修部件的供应、技术资料的建立、培训和库存品的进入。
- **建设成本**。新生产设备成本，或为提供生产和支持要求的运营而更新现有设备结构。
- **运营和维修成本**。操作人员的人工费和维修支持的成本，备用或维修部件和相关的库存，检测和支持设备的维修，运输和处理，设施、模型和技术资料的改变，等等。

- **产品过时和阶段划分成本（也称为处置成本）**。过时的或磨损的库外产品，以及后续的设备循环和回收阶段的成本。

生命周期分析是在项目早期评价可选择的不同行动方案时的系统分析过程，目的是找出最佳的利用有限资源的方式。生命周期成本是用于评价备选设计方案、备选生产方法、备选支持机制等的方法。此过程包括定义问题（需要什么信息）、 识别所用模型的成本要求、收集与历史成本相关的资料、 进行估算和建立试验结果。

成功使用 LCC 将会取得以下成效： 使下游资源的影响可见、进行整个生命周期成本管理、影响研发决策、支持下游战略预算。

全生命周期成本分析有几个制约因素，包括：

- 假设产品具有有限的生命周期。
- 执行成本较高，可能不适用于低成本/低容量的产品。
- 对变化的要求有高度敏感性。

全生命周期成本要求进行早期预测。估算方法的选择基于发生的问题（要做的决策、要求的精度、产品的复杂性和产品的开发状态）和操作注意事项（市场引入期、用于分析的时间和现有的资源）。

现有的估算可以按下列方式分类：

- 非正式估算方法：
  — 经验判断。
  — 类比法。
  — SWAG 法。
  — ROM 法。
  — 大拇指法。

PMBOK®指南，第 6 版
7.2.2　估算成本：工具与技术

- 正式估算方法。
  — 详细的（来自行业工程标准）。
  — 参数的。

表 13-12 所示为每种方法的优缺点。

表 13-12　估算方法的优缺点

估算技术	应　用	优　点	缺　点
工程估算（经验的）	• 再采购 • 生产 • 开发	• 最详细的技术 • 最准确 • 为未来项目变化估算提供最好的估算基础	• 需要详细的项目和产品定义 • 耗时而且可能较昂贵 • 以工程为基础 • 可能忽略系统整合成本

续表

估算技术	应　用	优　点	缺　点
参数估算和规模（统计的）	• 生产 • 开发	• 应用简单，成本低 • 统计数据基础可以提供期望值和预期范围 • 在详细设计和项目规划之前可以用于设备或系统	• 需要建立参数成本关系 • 具体系统或系统硬件功能的频度有限 • 依赖于数据的质量和数量 • 受有限的数据和独立变量的影响
设备/类似子系统估算（类比的）	• 再采购 • 生产 • 开发 • 项目规划	• 相对简单 • 成本低 • 强调增量项目和产品变化 • 相似系统的准确性高	• 要求类似的生产和项目数据 • 只限于稳定的技术 • 电子应用范围狭窄 • 可能只限于相同公司的系统和设备
专家意见	• 所有的项目阶段	• 当数据不足/参数成本关系或项目生产定义不足时也可以应用	• 容易产生偏见 • 增加的产品或项目复杂性会降低估算的精度 • 主要的估算不是定量的

生命周期分析是战略规划的一部分，因为现在的决策将影响明天的行动。然而，在进行生命周期分析时往往会出现以下共性错误：

- 数据丢失或遗漏。
- 缺少系统结构。
- 数据的错误理解。
- 错误或误用的技术。
- 将注意力集中于非重要事件。
- 未能评估不确定性。
- 未能检查工作。
- 估算错误。

13.20 后勤支持

有一类项目称为“材料”项目，它们在交付后可能仍需要维护、服务和支持，这种支持在交付之后的生命周期内继续。对可交付成果提供服务就是后勤支持。

评估材料系统绩效的两个关键参数是支持性和预备性。支持性是维持或获得必要的人力和非人力资源来支持系统的能力；预备性是我们如何能较好地使系统按原计划运行，以及停产时如何能尽快完成维修。显然，在项目设计阶段，正确的规划可以降低支持性的要求，增加操作预备性，最小化或降低后勤支持成本。

后勤支持的 10 个要素如下：

- **维修规划**。对材料系统的生命周期建立维修概念和要求的过程。
- **人力和职员**。在生命周期，识别和获得能操作并支持材料系统的人员，该职员有相应的技能和技术。

- **提供支持**。所有的管理活动、程序和技术都用于明确下列需求：采购方式、产品目录、接收、存储、运输、派发和二级子项的处理，包括为初始支持和补充货物提供支持。
- **设备支持**。所有的设备（移动的或固定的）都要求支持材料系统的运营和维护，其中包括相关的多种用途的最终条款，基本的运营和维护，工具、计量仪器和校准设备，测试和自动测试设备，以及支持和设备测试的后勤支持。
- **技术数据**。记录科学或技术的信息，不考虑信息的呈现形式（如手册或草图）。计算机程序和相关的软件不是技术资料，但它们的文件是；还有其他有关合同管理的信息。
- **培训和培训支持**。过程、程序、技术、培训设备和用于培训职员运营和支持的材料系统，包括个人和团体培训，新设备使用的培训，见习培训、正式培训和上岗培训，获取和安装培训设备的后勤支持规划。
- **计算机资源支持**。用于计算机系统运营和支持所需要的设施、硬件、软件、文件、人力和职员。
- **设施**。支持材料系统的永久性或半永久性的实物资产。设施管理包括定义设施种类或设施升级、地点、空间需求、环境要求和设备等。
- **打包、处理、存储和运输**。资源、过程、程序、设计和确保所有的系统、设备和支持因素正确地保存、打包、处理和运输。这包括短期和长期的储存和运输的环境因素的考虑和保存要求。
- **设计界面**。与后勤相关的设计参数和支持资源要求的相互关系。这些与后勤相关的设计参数用操作项表示而不是用内在值表示，尤其与系统预备性目标和材料系统的支持成本相关。

13.21 经济项目选择准则：资本预算

PMBOK®指南，第 6 版
1.2.6.1 项目商业论证

在项目选择的收益成本分析中，项目经理通常要求主动参与。如果成本超过收益时，公司是不太可能批准项目的。收益可以用财务和非财务术语来衡量。

确定财务收益的过程叫资本预算，可以定义为决策过程。它通过公司评估项目来实现，包括购买主要固定资产，如建筑物、机器和设备等。先进的资本预算技术要考虑折扣、税收和现金流等因素。因为本章只讨论资本预算原则，因而我们只限于以下主题：

- 回收期。
- 折现现金流（Discounted Cash Flow，DCF）。

- 净现值（Net Present Value，NPV）。
- 内部收益率（Internal Rate of Return，IRR）。

13.22 回收期

PMBOK®指南，第 6 版
1.2.6.1 项目商业论证

回收期是按照现金流计算的，是公司收回初始投资的确切时间长度。回收期是所有资本预算方法中最不准确的，因为计算采用的是货币单位，没有考虑资金的时间价值。表 13-13 表示了项目 A 的现金流。

表 13-13 项目 A 的资本支出数据 单位：美元

期初投资	期望现金流				
	第 1 年	第 2 年	第 3 年	第 4 年	第 5 年
10 000	1 000	2 000	2 000	5 000	2 000

如表 13-13 中的现金流所示，项目 A 将持续 5 年，回收期为 4 年。如果第 4 年的现金流是 6 000 美元而不是 5 000 美元，回收期将变成 3 年零 10 个月。

回收期的问题是，第 4 年收到的 5 000 美元与今天的 5 000 美元价值不一样。因为回收期方法比较简单，所以它通常作为其他方法的补充。

13.23 货币时间价值与折现现金流

PMBOK®指南，第 6 版
1.2.6.1 项目商业论证

人人都知道，今天的 1 美元要比 1 年后的 1 美元更值钱，原因在于货币的时间价值。为了表示货币的时间价值，请看下面的公式：

$$FV=PV(1+k)^n$$

式中 FV ——投资的终值；
PV ——现值；
k ——投资利率（或资金成本）；
n ——期数。

通过这个公式，我们可以看到今天投资 1 000 美元（现值），投资期为 1 年（n），利率为 10%（k），终值是 1 100 美元。如果投资期为 2 年，终值将为 1 210 美元。

从另一个角度看公式，如果一年后的投资收益为 1 000 美元，资金成本是 10%的话，今天值多少钱？为了解答这个问题，我们必须将终值折现。这就是折现现金流。

上面的公式可以改成：

$$PV = \frac{FV}{(1+k)^n}$$

代入所给数据，则：

$$PV = \frac{1\,000}{(1+0.1)^1} = 909（美元）$$

因此，1 年后的 1 000 美元只值今天的 909 美元。如果利率是 10%，一年后你为了得到 1 000 美元的收益，那么今天的投资额不应该多于 909 美元；但如果你希望投资额是 875 美元，那么利率就要高于 10%。

为了说明进行现金流折现是一个评估投资值的可行方法，下面举个例子。假如你有两个投资选择：投资 A，2 年后有 100 000 美元收益；投资 B，3 年后有 110 000 美元收益。如果资金成本是 15%，哪个投资更好?

用现金流折现公式，有：

PV_A=75 614 美元

PV_B=72 327 美元

这说明 2 年后的 100 000 美元要比 3 年后的 110 000 美元值钱。

13.24　净现值

PMBOK®指南，第 6 版
1.2.6.1　项目商业论证

净现值方法是一种复杂的资本预算技术，是指将每年的净现金流量折现到建设期初之和。其计算公式为：

$$NPV = \sum_{t=1}^{n}\left[\frac{FV_t}{(1+k)^t}\right] - \Pi$$

式中　FV　——现金流入的终值；
　　　Π　——期初投资；
　　　k　——等于公司资本成本的折现率。

表 13-14 利用 10%的利率计算了表 13-13 中数据的 NPV 值。

表 13-14　项目 A 的净现值计算　单位：美元

年	现金流入	现　值
1	1 000	909
2	2 000	1 653
3	2 000	1 503
4	5 000	3 415

续表

年	现金流入	现　值
5	2 000	1 242
	现金流入的净现值	8 722
	减去投资	10 000
	净现值	（1 278）

以上数据说明每年的净现金流量折算到期初之和不能收回期初投资，这实际上是一个较差的投资。但是在前文中，我们认为现金流的回收期是 4 年。但是，用现金流折现，假定在第 6 年和第 7 年有现金流，那么实际回收期大于 5 年。

如果表 13-14 中期初投资是 5 000 美元，则净现值为 3 722 美元。利用 NPV 的决策准则如下：

- 如果 NPV 值大于或等于 0，接受项目。
- 如果 NPV 值小于 0，拒绝项目。

NPV 为正值，表明公司将得到大于或等于资本成本的收益。

13.25 内部收益率

PMBOK®指南，第 6 版
1.2.6.1 项目商业论证

内部收益率方法可能是最复杂的资本预算技术，比 NPV 方法要难些。内部收益率是净现值为 0 时的折现率。换句话说，IRR 是当 NPV=0 时的折现率。它用数学公式表示为：

$$\sum_{t=1}^{n}\left[\frac{\text{FV}_t}{(1+\text{IRR})^t}\right]-\Pi=0$$

求解 IRR 可以用试算法。表 13-15 表示了在给定现金流情况下，期初投资为 5 000 美元、净现值为 3 722 美元的内部收益率为 10%。因此，第二次试算时应该取一个比 10%大的 IRR，使 NPV 为 0。表 13-15 表示了最终的计算。

表 13-15 说明现金流等于投资收益的 31%。因此，如果资本成本是 10%，这是一个很好的投资。同时，因为在这个项目中 IRR 越低，项目越优。

表 13-15　项目 A 现金流入的 IRR 计算

IRR（%）	NPV（美元）
10	3 722
20	1 593
25	807
30	152

续表

IRR（%）	NPV（美元）
31	34
32	（78）

13.26　比较 IRR、NPV 和回收期

PMBOK®指南，第 6 版
1.2.6.1　项目商业论证

对许多项目而言，IRR 和 NPV 方法在选择项目时的决策是一致的，但在某些假设情况下两者之间会存在区别，导致项目的排序会不同，但主要问题是现金流大小和时间的不同。NPV 假设现金流入量按资本成本重新投资，而 IRR 假设以项目的 IRR 进行重新投资。NPV 是一个更保守的方法。

现金流的时间也很重要。前几年的资本成本低，比后几年的现金流更容易预测。因为现金流的不确定性（随着项目的进行，现金流的不确定性也越来越大），公司更偏向于在前几年的现金流比后几年更大些。

在选择资本项目时，大小和时间是非常重要的。请参照表 13-16。

表 13-16　资本项目

项　目	IRR（%）	DCF 回收期（年）
A	10	1
B	15	2
C	25	3
D	35	5

如果公司的资金只够而且仅仅够投资一个项目，自然假设会选择项目 D，其 IRR 为 35%。遗憾的是，公司可能由于该项目回收期太长而望而却步，因为 1 年后的现金流有很大的不确定性。有的企业是不会考虑资本项目的，除非回收期少于 1 年并且 IRR 超过 50%。

13.27　风险分析

PMBOK®指南，第 6 版
11.4.2.2　数据收集

假定你要在两个项目中做出选择，它们都需要相同的期初投资，有相同的净现值，在盈亏点要求相同的年现金流。如果第一个投资发生的概率是 95%，第二个是 70%，风险分析表明第一个投资较好。

风险分析是指所选择项目被证明不可接受的机会。在资本预算中，风险分析几乎完全建立在我们能预测的现金流的准确度上，因为期初投资基本是已知的。当然，现金流入量

是建立在销售预测、税收、原材料成本、劳动费用和总的经济条件基础上的。

敏感性分析是评估风险的简单方法。常用方法一是用乐观法估算（最好的情况）NPV，这个方法较常用也备受期待，二是用悲观法估算（最坏情况）。这里可以用表 13-17 中的数据表示。项目 A 和项目 B 要求相同的期初投资 10 000 美元，资本成本是 10%，5 年期年度现金流为 5 000 美元/年。项目 A 的 NPV 极差要远小于项目 B，因此得出项目 A 的风险较小。风险偏好者可能选择项目 B，因为其潜在收入为 27 908 美元，但风险规避者将选择项目 A，因为损失概率小。

表 13-17 敏感性分析

期初投资	项目 A（10 000 美元）	项目 B（10 000 美元）
	年度现金流量	
乐观	8 000	10 000
最可能	5 000	5 000
悲观	3 000	1 000
极差	5 000	9 000
	净现值	
乐观	20 326	27 908
最可能	8 954	8 954
悲观	1 342	（6 209）
极差	18 984	34 117

13.28 资本分配

PMBOK®指南，第 6 版
11.4.2 实施定量风险分析：工具与技术

资本分配是选择最佳项目组合的过程，如不超过总预算的情况下总净现值最高。它的一个假设是项目之间是互斥的。资本分配通常有两种方法。

内部收益率法是按降序排列 IRR 并累积投资额的，结果通常叫作投资机会时间表。比如，假设公司有 300 000 美元来从表 13-18 中选择项目，并假设资金成本是 10%。

表 13-18 考虑的项目

单位：美元

项　目	投　资	IRR（%）	以 10%折现现金流
A	50 000	20	116 000
B	120 000	18	183 000
C	110 000	16	147 000
D	130 000	15	171 000
E	90 000	12	103 000

续表

项　目	投　资	IRR（%）	以 10%折现现金流
F	180 000	11	206 000
G	80 000	8	66 000

图 13-13 表示了投资机会时间表。项目 G 不会被考虑，因为其 IRR 小于公司的资金成本。从图中，我们可以选择项目 A、B 和 C，总投资为 280 000 美元，小于 300 000 美元。这使我们有 3 个 IRR 较大的项目。

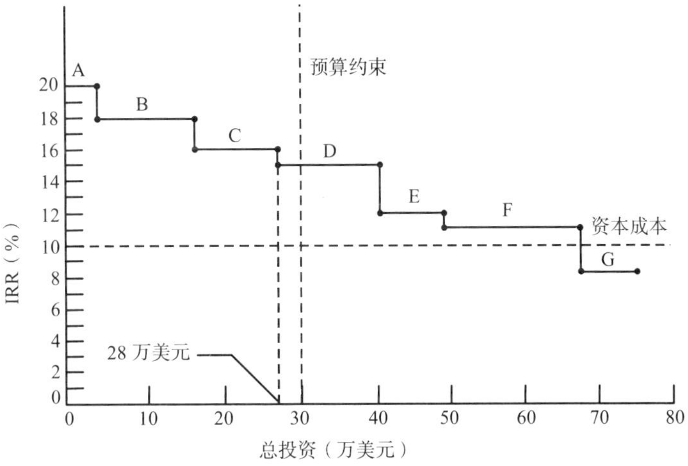

图 13-13　表 13-18 的投资机会时间表

IRR 方法的问题是当收益最大化时并不能保证 IRR 最大化，原因是并不是所有的资金都投资了，也就是说还有闲置资金。

较好的方法是使用净现值法，项目也按 IRR 大小排列，选择项目的组合依赖于最高的净现值。比如，表 13-18 中的项目 A、B 和 C 组合需要投资 280 000 美元，现金流折现为 446 000 美元，所以净现金流为 166 000 美元。这是假设原预算的 300 000 美元中没用的部分不赔不挣。但如果我们选择 A、B 和 D，投资为 300 000 美元，净现值为 170 000 美元（470 000 美元减去 300 000 美元），所以选择项目 A、B 和 D 将使净现值最大化。

13.29　项目融资

项目融资是指成立一个法律上独立的项目公司，通常用于大规模的投资项目（Large-Scale Investments，LSI）及长期的项目。这些项目的资金提供者通过现金流和收益获得回报，而资产（仅是单位的）被用作抵押贷款。债务偿还仅来自项目公司本身而非其他任何实体。项目融资的一个风险是固定资产的寿命有限，这种潜在的有限的寿命约束常会很难获得长期性融资。

项目融资（尤其是高科技项目）的另一个关键问题是项目通常是长期的。在服务开始之前，它的寿命可能是 8 ~ 10 年，而就技术而言，8 年就是永远。项目融资常被看作“对未来的赌博”，如果项目失败，公司在清算后可能一文不值。

了解项目融资前必须要考虑到几种风险，常见的风险有：

财务风险

- 利用项目融资对抗企业融资。
- 使用企业的债券、股票、零息债券和银行票据。
- 利用有担保的债务对抗无担保的债务。
- 募集资金的最佳顺序或时机。
- 债券评级的变化。
- 如有必要，存在再融资的风险。

开发风险

- 假设的现实性。
- 技术的现实性。
- 技术开发的现实性。
- 报废风险。

政治风险

- 主权风险。
- 政治不安定。
- 恐怖主义和战争。
- 劳动力供给。
- 贸易限制。
- 宏观经济，如通货膨胀、货币兑换、技术资金的让渡。

组织风险

- 董事会的成员。
- 激励高层管理人员。
- 激励董事会成员。
- 将基本工资的一部分作为奖金。
- 争论解决方案的过程。

执行风险

- 开始执行的时间选择。
- 执行的预期寿命。
- 执行期间的偿债能力。

相关案例研究（选自 Kerzner/*Project Management Case Studies*, 5th Edition）	相关练习（选自 Kerzner/*Project Management Workbook and PMP®/ CAPM® Exam Study Guide*, 12th Edition）	PMBOK®指南(第 6 版),PMP 资格认证考试参考部分
• Capital Industries • Small Project Cost Estimating at Percy Company • Cory Electric • Camden Construction Corporation • Payton Corporation • 估算的问题*	• 汽车难题 • 生命周期成本 • 多项选择题	• 项目整合管理 • 项目范围管理 • 项目成本管理

13.30 PMI 项目管理资格认证考试学习要点

本节用于项目管理原理的复习，以巩固《PMBOK®指南》中相应的知识领域和范围。本章着重讲述了以下内容：

- 项目整合管理。
- 项目范围管理。
- 项目时间管理。
- 项目费用管理。
- 启动。
- 规划。

对于准备 PMP 考试的读者，下列练习将有助于对相关原理的理解。

- 什么是成本估算关系？
- 估算的 3 种基本类型是什么？
- 每一种估算方法的相对精确度及准备每一种估算方法所需要的时间是多少？
- 准备估算需要的信息（如人力、材料、间接费用率等）有哪些？
- 成本支持数据的重要性有哪些？
- 估算的缺陷有哪些？
- 滚动式规划的概念是什么？
- 什么是生命周期成本？
- 评估一个项目的经济可行性或收益的各种方法（如 ROI、回收期、净现值、内部收益率、折旧、计分模型）有哪些？

* 见本章末案例分析。

下列选择题将有助于回顾本章的原理及知识。

1. 以下____是评估项目经济可行性的有效方法。

A. 投资收益　　B. 净现值

C. 内部收益率　　D. 以上都是

2. 下面____不属于估算的 3 种常见的分类系统。

A. 参数估算　　B. 应急估算

C. 相似估算　　D. 工程估算

3. 以下估算方法中，最精确的估算是____。

A. 参数估算　　B. 应急估算

C. 相似估算　　D. 基础估算

4. 下面____属于从下至上估算，而不是从上至下估算。

A. 参数估算　　B. 相似估算

C. 基础估算　　D. 以上都不是

5. 以下____可以视为成本估算关系。

A. 回归分析基础上的数学公式　　B. 学习曲线

C. 成本—成本或者成本—数量关系　　D. 以上都是

6. 如果一个工人每小时的工资是 30 美元，但是项目的单个任务是每小时 75 美元，那么间接费用率是____。

A. 100%　　B. 150%

C. 250%　　D. 以上都不是

7. 提供给客户的建议书中，用于支持财务数据的信息被称为____。

A. 支持数据　　B. 基础支持数据

C. 劳动调整估算　　D. 法定权力估算

8. 估算缺陷会导致____。

A. 不完善的工作说明书　　B. 未能解释估算的风险

C. 使用错误的估算方法　　D. 以上都是

9. 估算风险来源于____。

A. 要求定义不明确　　B. 项目经理缺乏经验

C. 在估算时缺乏管理层支持　　D. 以上都是

10. 如果一个项目的范围是随着工作的展开而逐渐确定的话，那么它可以称为渐进规划或者____。

A. 同步规划　　B. 连续规划

C. 滚动式规划　　D. 连续重估算规划

11. 计算一个产品的总成本，包括研发、运营、支持及处置阶段，该计算称为____。

A. 出生—死亡成本计算　　B. 生命周期成本计算

C. 总成本计算　　D. 折旧计算

答案

1. D　2. B　3. D　4. C　5. D　6. B　7. A　8. D　9. D　10. C　11. B

思考题

13-1 在说明书制定还不到一半的情况下，项目经理如何对工作进行报价？

13-2 参考图 13-7，判断在什么条件下会发生下列情况？

a. 项目经理和项目办公室在没有职能部门协调的情况下用工作分解结构来确定工时。

b. 在没有通知项目办公室或咨询职能经理的情况下，上层管理者就定了标价。

c. 基本案例没有进行波动性分析。

d. 在没有同项目总监协商的情况下，首席执行官选择了项目经理。

e. 上层管理者在提交标书之前不想召开成本评审会。

13-3 上层管理人员如何按照职能成本和工时汇总来制定整个公司的人力规划？如果职能成本和工时汇总显示专业人员存在短缺或多余，你认为管理者该如何做？

13-4 两个承包商决定合作完成一个项目。如果它们已经决定了谁做什么工作，那么变更发生时将会出现什么困难？如果其中一个承包商的工资和费用水平都更高，那么会出现什么问题？

13-5 Jones 制造公司在为一个要求在 2016 年 1 月开工的生产合同竞标，建议书中的成本部分必须在 2015 年 7 月以前交上。商业方案乃至管理费费率都无法确定，因为该公司有可能赢得另一个合同，但需要在 2015 年 9 月才知道结果。标书中应如何介绍这种情况所产生的影响？假定结果要在 2016 年 3 月才知道，而另一个合同在 2016 年 1 月之后不会更新时，你如何处理这种情况？

13-6 在最初报价过程中，职能经理发现工作分解结构需要某一层的成本数据，但是该数据通常是不要求提供的。如果需要提供的话，会导致额外成本。作为项目经理，你会对此做出什么反应？你的备选方案有哪些？

13-7 项目经理应该将最终的人力资源负荷曲线交给职能经理吗？如果是，什么时间合适？

13-8 在项目投标阶段应该指派项目经理吗？如果是，项目经理应该拥有什么权利，谁来负责努力赢得合同？

13-9 解释在估算项目成本时以下各项有什么作用？

a. 不确定的规划和估算。

b. 用历史数据库。

c. 用计算机估算。

d. 用质量因子来解释无效性和不确定性。

案例分析

估算的问题

芭芭拉刚收到了好消息：公司刚竞标成功一个项目，她被任命为这个项目的经理。当芭芭拉的公司收到建议邀请书时，由公司高级管理人员组成的委员会对其进行审核。如果决定投标，建议邀请书就被移交至提案部。提案部的一部分成员是估算小组的，负责估算所有工作。如果估算小组此前没有估算过可交付成果或工作包，并且不能确定工作的时间和成本，那么估算小组就会向职能经理求助。

像芭芭拉这样的项目经理不经常参与竞标过程。通常来说，在公司竞标成功而他们被任命为项目经理之后，他们才对项目有了初步的认识。有些项目经理十分乐观并相信递交的竞标估算，除非是在提交提案和最终签订合同的时间相差无几的情况下递交的估算。然而，芭芭拉却有些悲观。她认为接受提交的估算就像玩俄罗斯轮盘赌一样。芭芭拉倾向于审核估算。

芭芭拉认为项目中最重要的工作包可以由一名七级全职员工历时 12 周完成，这个估算有问题。芭芭拉在她从前的项目中也做过这种估算，这种工作包当时是由一名全职员工历时 14 周完成的。芭芭拉问估算小组他们是怎么完成估算工作的。估算小组回答：他们使用了三点估算，乐观的话耗时 4 周，最有可能 13 周，最多则为 16 周。

芭芭拉认为三点估算法不可靠。4 周只能做一个小项目的估算，不可能完成芭芭拉接管的这种复杂大项目的工作包。因此，估算小组在使用三点估算法时并没有考虑到项目复杂性这个因素。如果估算小组用的是三角分步进行三点估算，即三种估算发生的概率都相同，那么最终估算应当是 13 周。这就更接近芭芭拉估计的 14 周。尽管中间的差距只有短短一周，但这可能给芭芭拉的项目带来重大影响，并可能导致延迟交付和由此带来的惩罚。

现在芭芭拉还是很困惑，她去找皮特沟通。皮特的职能是辅助芭芭拉的工作。芭芭拉此前同皮特合作过一些项目。皮特是一名九级员工，在这个工作包方面皮特是专家。在皮特同芭芭拉的讨论中，皮特给出了如下评论："我查阅过这种工作包的历史估算数据，以前都将这种工作包估算为 14 周。我不明白为什么我们的估算小组倾向于使用三点估算。"

芭芭拉问："典型数据库里说明项目的复杂性了吗？"

皮特回答："有些数据库考虑项目复杂性，但多数数据库默认项目复杂程度为平均水平。当项目复杂性是个很重要的因素时，正如我们的项目一样，最好使用类比估算。使用类比估算，可以将这个工作包的复杂性和我所完成过的类似工作包的复杂性做比较，我认为比较实际的时间是 16～17 周，而且前提是我不会从这个项目中临时调到公司其他项目上去救急。对我来说，12 周就完成这个工作是不可能的。而且，加入更多的员工并不能缩短进度，反而有可能延长工期。”

随后，芭芭拉问皮特：“皮特，你是一名九级员工，也是个业务专家。如果任命一名七级员工，正如估算小组说的那样，他要花多久才能完成工作？”

皮特回答：“可能要 20 周左右。”

问题

1. 本案例中讨论了多少种估算技术？
2. 如果每种估算都是不同的，项目经理应当如何认定一种估算优于另一种估算？
3. 如果你是案例中的项目经理，你会选择哪种估算？

第 14 章　成本控制

引言

PMBOK®指南，第 6 版
项目成本控制
7.1.3.1　成本管理计划
7.4　控制成本

无论公司大小，成本控制对所有公司而言都是最重要的。通常，小公司资金控制较紧，如果项目失败，哪怕只是一个项目的失败都将使公司陷入险境，因为它们没有先进的控制技术。大公司有实力承受若干个项目失败带来的损失，而小公司则不能。

很多人都不能完全理解成本控制，尽管这对项目成功来说很关键。成本控制不只是对成本的“监控”和数据的记录，还要分析数据，以便在可能遭受损失之前采取正确的措施。成本控制应该由所有可能与成本有关的人员来实施，而不仅仅是项目办公室。

成本控制意味着好的成本管理。成本管理包括以下内容：

- 成本估算。
- 成本核算。
- 项目现金流。
- 公司现金流。
- 直接人工成本。
- 间接费用费率。
- 其他成本，如激励、惩罚和利润分享。

成本控制实际上是管理成本和控制系统（Management Cost and Control System，MCCS）的子系统，其本身不是一个完整的系统（见图 14-1）。在这里，MCCS 被表示为一个双循环过程：规划循环过程和运营循环过程。运营循环过程就是通常所说的成本控制系统。如果成本控制系统不能准确地描述项目的真实状况，这并不意味着系统本身有问题。只有在初始计划制订时就考虑了绩效可衡量的前提下，成本控制系统才有效。因此，规划系统的设计也必须考虑成本控制系统。基于这个理由，通常把规划循环称为规划和控制，把运营循环称为成本和控制。

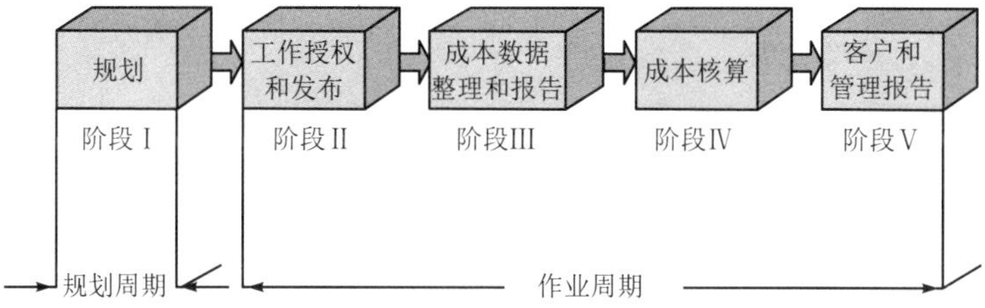

图 14-1　管理成本和控制系统的阶段

规划和控制系统能帮助项目的状态与需要达成的目标保持一致，目的是建立能够用于项目集日常管理和控制的规则、程序和技术。因此，规划和控制系统需要提供以下信息：

- 实际工作进展图。
- 相关成本和进度绩效。
- 识别与资源相关的潜在问题。
- 向项目经理提供实践层面的信息总结。
- 确认项目里程碑是有效、及时和可审计的。

规划和控制系统是一种确定目标（例如，目标和组织职责的层级）的工具，也是一种进行规划、衡量进展和控制变更的工具。作为规划的一种工具，系统必须做到以下几点：

- 计划和安排工作进度。
- 识别那些用于衡量的工具。
- 制定直接人工预算。
- 制定间接成本预算。
- 识别管理储备金。

作为 MCCS 规划循环的结果，项目预算必须是合理的、可达到的，并且是在合同商定成本和工作说明书的基础上确定的。预算的依据还包括历史成本、最佳估算或行业基准。此外，制定项目预算时需要确认预算的精度。预算必须包括计划的人力要求、合同配置的资金和管理储备金。上述这些信息构成了成本管理计划的基础，成本管理基础用于介绍成本在项目生命周期内是如何计划、构成及控制的。

制定预算要求计划者完全理解标准的含义。标准有两类：一类是绩效结果标准，它是定量化的测评，包括工作质量、工作数量、工作成本和完成时间等；另一类是过程标准，它是定性的，包括人事、功能和物质因素关系。标准的好处在于，它提供一种统一的测评方式、有效控制的基础及对他人的激励；不利之处在于绩效标准常常是固定不变的，而员工通常不能够自动调整以适应其变化。

作为衡量进展和控制变更的工具，控制系统必须能够做到以下几点：

- 衡量消耗的资源。
- 衡量项目状态和完成程度。
- 将预测方式与标准比较。
- 提供诊断和再计划的基础。

要使 MCCS 有效，进度计划和预算系统必须是制度化的且正式的，以便出现不当的或任意的预算和进度计划变更。但这并不意味着基准预算和进度计划一旦建立就是静止的或不灵活的，而是意味着变更必须得到控制，管理部门要谨慎处理。

MCCS 的制度化设计给项目经理施加了压力，使他们能够非常好地执行项目规划，以使变更达到最小化。例如，政府分包商可能不会做以下事情：

- 对于已经完成的工作进行预算或成本追溯变更。
- 对于进行中的工作活动重新预算。
- 自己改变工作或预算。
- 重新打开已经关闭的工作包。

14.1 了解控制

PMBOK®指南，第 6 版
1.2.4.5 项目管理过程组

在运营循环阶段，项目的有效管理要求设计、开发和实施一个良好组织的成本和控制系统，以便迅速得到反馈。在这里，需要将最新的应用和资源与在规划循环阶段确立的目标进行比较。有效控制系统（成本和进度计划或绩效）的要求包括以下几个[1]：

- 完成项目需要实施的工作的详尽规划。
- 对时间、人力和成本的较好估算。
- 所要求的任务范围之间有清晰的界定。
- 制度化的预算和授权支出。
- 对工程进展和成本支出的及时核算。
- 对完成剩余工作的时间和成本的定期再评估。
- 在项目进行中和完成时，定期经常将实际进展和花费与进度计划和预算进行比较。

管理者必须将项目的时间、成本和绩效与预算的时间、成本和绩效进行比较，这种比较不是独立进行的，而是以一种集成的方式进行的。如果绩效仅仅是 75%，那么项目想要在工期内把预算控制住是不太可能的。同样，一个按计划准确生产 200 组产品的生产线，

1 Russell D. Archibald, *Managing High-Technology Programs and Projects* (New York: John Wiley & Sons, 1976), p. 191.

如果成本超过 50%，则该生产线就失去了意义。所有 3 个资源参数（时间、成本和绩效）必须作为一个整体来分析，否则我们会“赢得战役而失去战争”。“管理成本和控制系统”这个表述是模糊的、不正确的，原因是从其字面意义看上去是控制成本。但是一个有效的控制系统除了监控成本、衡量实际支出外，还要监控进度和绩效，进行偏差分析，以便及时采取纠正措施。

工作分解结构将项目成功地分解到可管理的较低层次，因此可以作为将绩效划分为目标和子目标的工具。随着项目的进行，工作分解结构提供一个能将成本、时间和进度或绩效与工作分解结构的每一层预算相比较的框架。

因此，控制的首要目的是验证。验证过程通过将实际的绩效与在规划阶段预先制定的计划和标准进行比较来实现。这种比较是为了验证以下几点：

- 目标被成功地转化为绩效标准。
- 事实上，绩效标准是项目活动和事件的可靠体现。
- 建立有意义的预算，以便进行实际情况与计划的比较。

换句话说，这种比较验证了是否选择和恰当地使用了正确的标准。

控制的第二个目标是决策。为了做出有效的和及时的决策，管理层需要 3 个有用的报告：

- 在规划阶段编制的项目计划、进度计划和预算。
- 对所花费资源和预先确定的资源的详细比较，包括剩余工作及其对活动完成情况影响的评估。
- 预测项目完工时需要的资源。

这些报告需要提交给项目经理和执行者。使用这 3 个报告的 3 个好处：

- 得到管理者、计划者和执行者的反馈。
- 识别项目计划、进度计划或预算的重大偏差。
- 能够及早编制应急计划，在不损失资源的情况下，及时采取纠正成本、绩效和时间的措施。

这些报告可以帮助管理者，及时采取适当的纠正措施将后续工作的变更降至最低。如图 14-2 和图 14-3 所示，成本节约的措施通常在项目的初期更有效；但是当随着项目的展开，成本节约措施的作用就会越来越小。图 14-3 介绍了在项目初期的变更中，对项目影响最大的人是谁，变更后的成本也很容易超过项目的最初成本。这是一个“冰山综合征”，这时才搞清楚问题已经太晚，纠正问题需要非常高的成本。

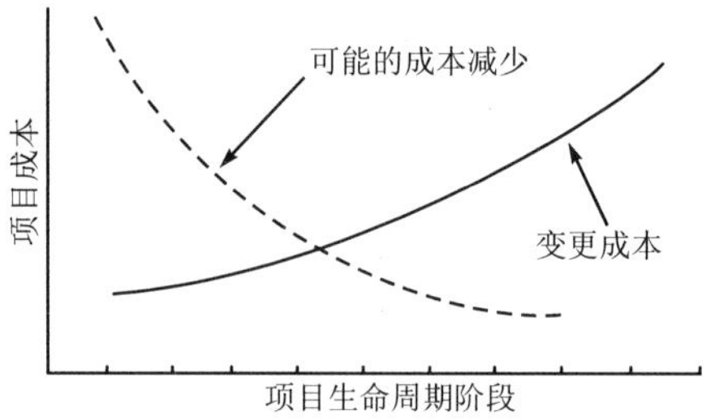

图 14-2　成本降低分析

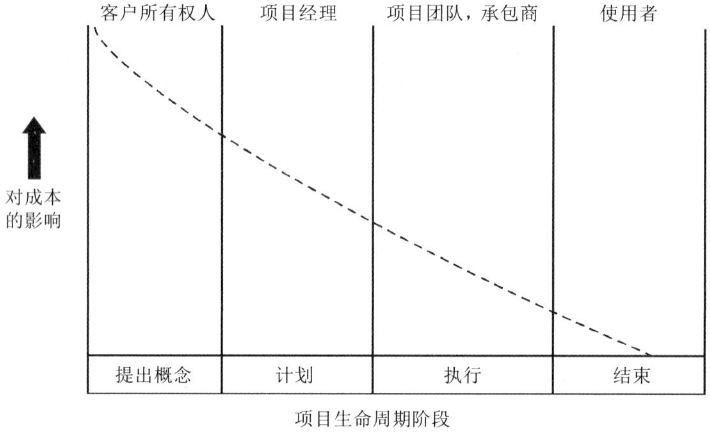

图 14-3　具有影响成本能力的人

14.2　运营循环

管理成本和控制系统在项目运营循环阶段中占据重要地位。运营循环由以下 4 个部分组成：

- 工作授权和发布（阶段 II）。
- 成本数据收集和报告（阶段 III）。
- 成本分析（阶段 IV）。
- 报告：客户和管理层（阶段 V）。

这 4 个阶段与规划循环阶段（阶段 I）在一起就构成了一个封闭的系统网络，是管理成本和控制系统的基础。

当规划完成且收到合同书后，阶段 II 可以通过工作描述文件来授权。工作描述或项目工作授权表是一个合同，这个合同包括每个工作分解结构的层次描述、组织和时间框架。这份多目标的项目表单用于发布合同、授权规划、记录工作分解结构中详细的工作描述和给职能部门安排工作。

合同服务需要一个工作描述表来发布合同。这个合同工作描述表阐明了大体的合同条件并授权项目管理部门进行工作。

接着，项目管理部门会向职能单位发布细分的工作描述表，工作就可以开始了。细分的工作描述具体介绍了怎样完成合同条件、所涉及的职能组织及它们的具体职责，并且授权特定时间内的资料消耗。

如果不需要附加工作，工作控制中心便按细分工作描述表发一个工作命令号，并将文件发给执行机构。如果需要附加工作，工作控制中心会编制一个更具体的工作安排文件（采购者、工具订购、工作命令），配发可行的工作命令号，并将之发给执行机构。

所有直接和间接的室内工作都需要一个工作命令号。工作命令号也是互相参照号码，可以自动对计算机里记录的人力和材料数据进行编号。

小公司会直接把合同拆解成一个简单的工作命令，这是整个合同期内唯一的工作命令。

14.3 成本账目代码

PMBOK®指南，第 6 版
7.3.2.2 成本汇总
7.4 控制成本

项目经理通过职能经理（而非直接地）来控制资源，通过开启或终止工作来控制直接人工成本。工作命令定义了每个成本账目的号码。根据定义，成本账目是工作分解结构和组织分解结构的交点。在这个点上，可以分派工作的职能责任，也可以将实际的直接人工、材料和其他的直接成本与以管理控制为目的的实际工作进行比较。

成本账目是 MCCS 的焦点，包含几个工作包，如图 14-4 所示。工作包是具体的持续时间较短、内容较少的工作或完成必要工作所需的材料项。成本汇报不需要在工作包层，可以累积到 WBS 的上层，这就是成本累积。

PMBOK®指南，第 6 版
7.4 控制成本

为了说明这一点，请看图 14-5 所示的成本账目代码分解图和图 14-6 所示的工作授权表。工作授权表解释了成本中心，这个成本中心介绍了工作号码、每个成本中心需要的工时和具体的运营期。因为具体的运营期是确定的，这个工作号码或许能够在开工日前一年给出，如图 14-7 所示。

PMBOK®指南，第 6 版
4.5 监控项目工作

如果一个成本中心需要更多的设计或更多的工时，那么必须起草一个成本账目的变更通知，由成本中心发出申请并经项目办公室同意。图 14-8 所示的便是一个典型的成本账目变更通知单。

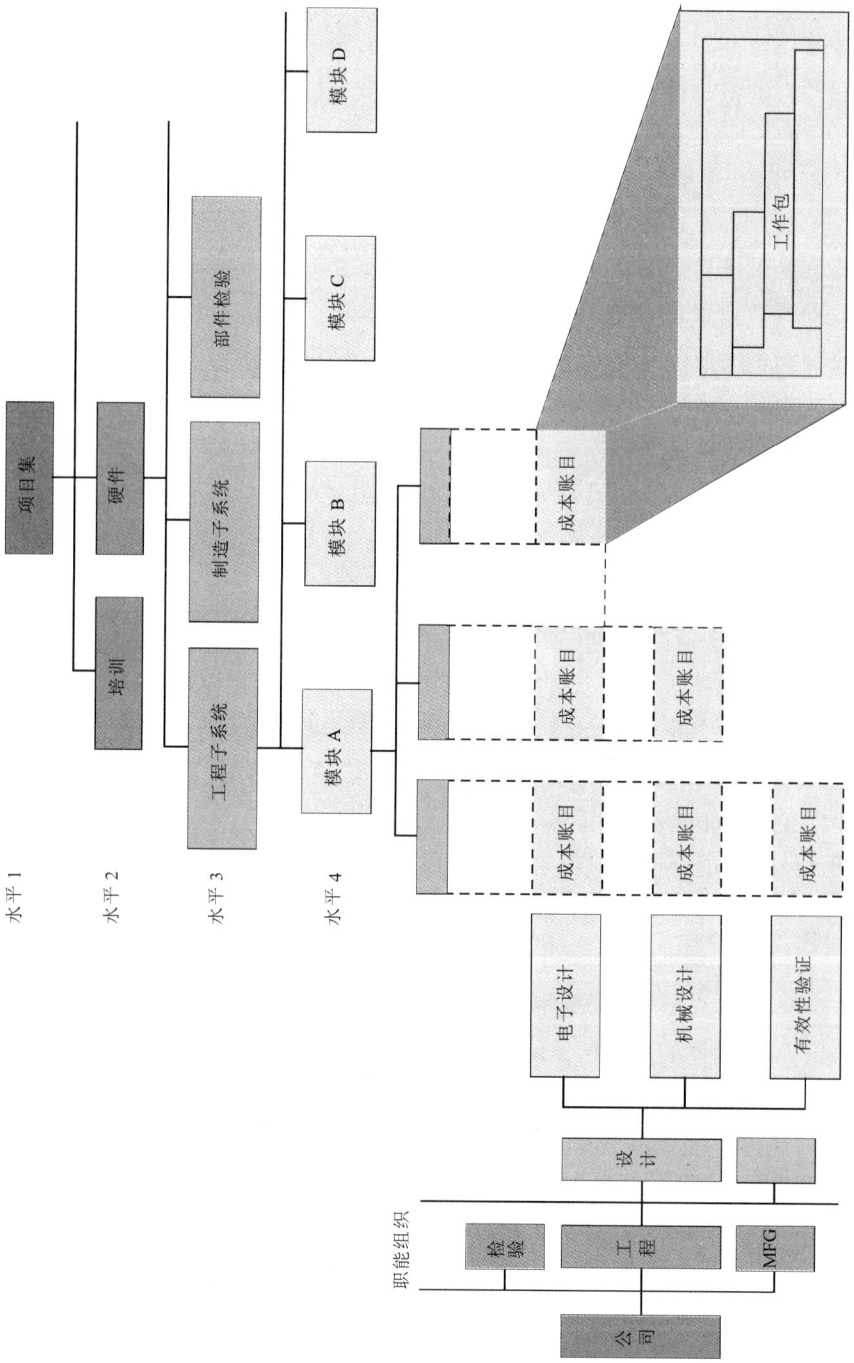

图 14-4 成本账目的交互作用

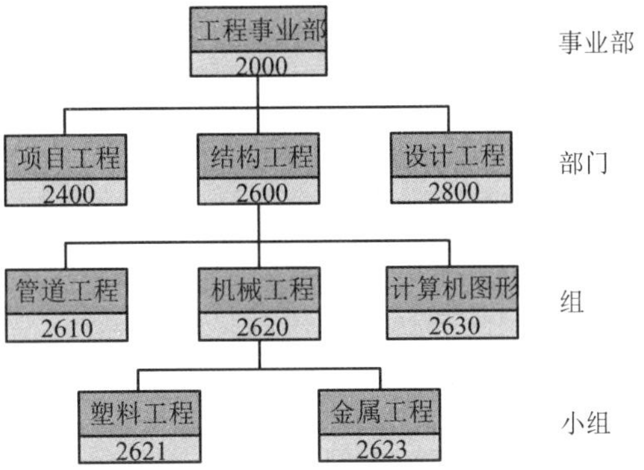

图 14-5　成本账目代码分解

工作授权表

WBS 号：31-03-02　　工作命令号：D1385

初始释放日期：3 FEB 16

修订日期：18 MAR 16

修订数：C

描　述	成本中心	小　时	工作开始	工作结束
按照项目计划和国标检验材料VB-2，这项任务包括一个书面报告	2400 2610 2621 2623 5000*	150 160 140 46 600	1 AUG 01 ↓	15 SEPT 01 ↓

项目办公室授权签字 ______________________

注：有些公司没有设置成本中心，只在 WBS的第三层开始建账。

图 14-6　工作授权表样

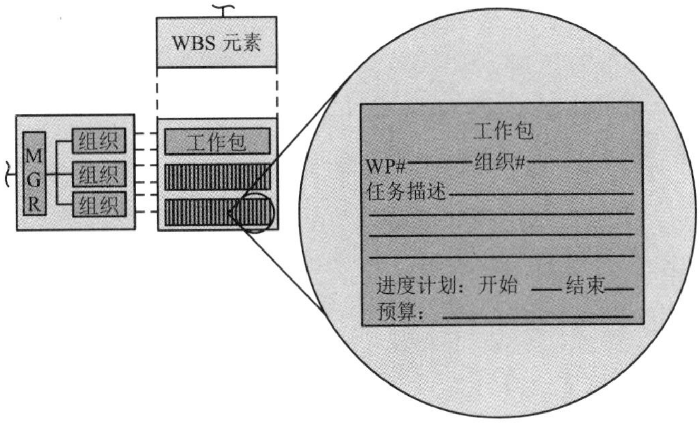

图 14-7　规划与预算描述、计划、工作进度制定

成本账目改变通知编号____________ 成本账目修订编号____________ 日期________

变化描述：

____

____

____

____

____

改变的理由：

____

____

____

____

____

	要求预算	授权预算	
工时	____________	____________	执行时期：
材料	____________	____________	自________
间接费用	____________	____________	至________

预算来源：

☐资金合同改变
☐管理储备
☐未分配预算
☐其他 ________

发起人：________

批准人：项目集经理 ________
项目集控制经理 ________

图 14-8　成本账目变更通知

成本数据的收集和报告组成了 MCCS 运营期的第二阶段（MCCSS 的阶段Ⅲ）。每个合同或内部项目的已完成工作实际成本（Actual Cost for Work Performed，ACWP）和已完成工作预算成本（Budgeted Cost for Work Performed，BCWP）是由成本中心在成本账目中累积起来的，以图 14-9 的形式进行报告。工作分解结构的各层级每月都要分析累计的实际成本和已完成工作的预算成本。另外，每周都要报告直接人工费，并与预期的人工费相比较。

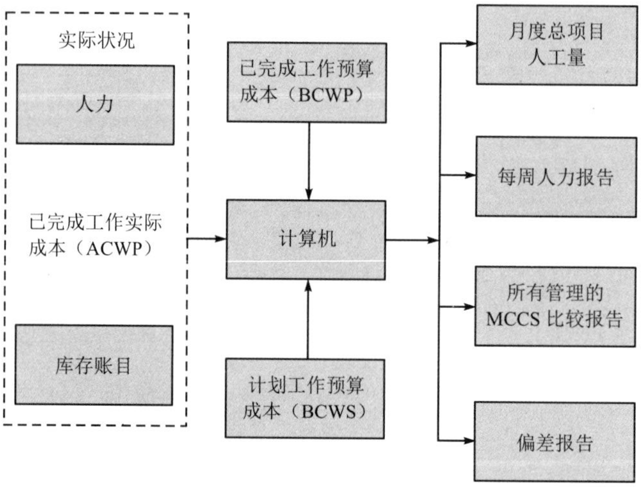

图 14-9　成本数据收集和编制报告流程

大部分的每周工作报告提供当月小计和上个月的汇总。尽管详细的月度报告也包括这些数据，但在周报中可以进行快捷而粗略的比较。除非使用者希望了解完工估算（Estimate at Completion，EAC）和工作命令发布，否则年度汇总一般不会出现在周报中。

每周人力输出报告对于项目集办公室的成员来说是一个非常重要的工具，因为这些报告能够显示成本和绩效的趋势，决定是否有必要制订和实施应急计划。如果这些报告还无法得到，那么直到获得详细的月度报告时，才能反映出成本和人力的过度投入。

工作命令发布用于授权某个成本中心开始计量某个具体成本报告元素需要的时间。工作命令中用的是小时而非美元。小时表明了项目办公室希望职能部门争取达到的目标。如果项目办公室希望目标更具体并迫使职能部门在这些时间内都能到场，那么就需要改变计划完成工作的预算费用来反映减少的时间。

通常需要累积 4 类成本数据：

- 人工费。
- 材料费。
- 其他直接费用。
- 间接费用。

PMBOK®指南，第 6 版
7.2.2.6　数据分析
7.2.2.7　项目管理信息系统（PMIS）
7.4　控制成本

项目经理能够直接控制人力、材料和其他直接费用。然而，间接费用按月或年来计算，并被用于所有可行的项目。管理储备金可以用来抵消间接费用费率的负面影响。通常，管理储备金用于应对未知风险，如估算的不确定性。

14.4　预算

作为 MCCS 规划循环的结果，项目预算必须是合理的、可达到的，并且是在合同商定成本和工作说明书的基础上确定的。预算的依据还包括历史成本、最佳估算或行业基准。预算必须包括计划的人力要求、合同配置的资金和管理储备金。

所有的预算都必须能够通过预算“日志”进行跟踪，具体包括：

- 分配的预算。
- 管理储备金。
- 未分配的预算。
- 合同变更。

分配的预算或正常的绩效预算都具有阶段性的预算形式，它们以成本账户和工作包的形式发布。一般情况下，管理储备金是资金，用于应对工作范围外的所有不能预见的风险。

管理储备金应当建立在项目风险的基础上。有的项目根本就没有管理储备金，然而有的项目管理储备比率可能高达 15%。

一直以来都存在这样一个问题，即谁能获得直至项目收尾阶段仍未使用的管理储备金。如果该项目是固定总价合同，那么管理储备金就是执行组织多余的盈利。如果该合同是成本补偿合同，那么未使用的管理储备金就要退还给客户。

尽管管理储备金可能是工作分解结构中的一项，但它既不是已分配预算，也不是成本基准。预算的假设是要花出去的钱，然而管理储备金的假设则是尽力不去花的钱。如果把管理储备金理解为未分发的预算也不恰当。

除了“正常的”执行预算和管理储备金预算外，还有以下两项预算：

- **未分发预算。**是当时间有限而不太可能将变更费用算入预算时，与合同变化有关的预算。
- **未分配预算。**代表还未识别或授权的合同任务。

14.5　挣值衡量系统

在项目管理的早期，项目经理评估项目的状况是很困难的。有些人认为项目的状况只能靠一种神秘的方法评定，如预言家。

关键的问题是，项目经理是在管理成本还是仅仅监督成本。政府部门希望成本是被管理而非监督、说明或报告的。挣值衡量系统（Earned Value Management System, EVMS）就是应这种需求而产生的。

EVMS（有人认为 EVMS 是 MCCS 的一部分）的基础是确定挣值。挣值是一种管理技术，它涉及资源规划、进度计划和技术质量要求。挣值管理（Earned Value Management，EVM）是一个以挣值法为主要工具的系统程序，用于整合成本、进度计划、技术绩效管理及风险管理。

如果不采用 EVMS，确定项目的状况是很困难的。例如：

- 项目
  - — 总预算是 120 万美元。
  - — 工作量为 12 个月。
  - — 10 个可交付成果。
- 报告状况
  - — 到目前的支出：70 万美元。
  - — 用去的时间：6 个月。
  - — 可交付成果：4 个完成的，2 个部分完成的。

该项目的实际状况是什么？项目完成了多少：40%、50%还是 60%？还有一个问题是，如何将成本和绩效挂钩？如果你花费了预算的 20%，是不是表示完工程度就是 20%？同样，如果完工程度是 30%，就表示你花费了 30%的预算吗？

EVMS 有以下的好处：

- 准确地描述项目状况。
- 准确及时地确定趋势。
- 准确及时地识别问题。
- 为过程改进提供基础。

EVMS 可以回答以下几个问题：

- 项目的真实状态是什么？
- 问题是什么？
- 解决问题需要做什么？
- 每个问题会造成什么影响？
- 现在及将来会存在什么风险？

EVMS 强调较早地识别困难和解决困难。EVMS 是一种早期预警系统，能够较早地确认趋势和变化。EVMS 提供了一种早期预警系统，因此对于一些小的增量，项目经理能够有充足的时间进行过程改进。相对大的偏差而言，小的偏差则比较容易调整。因此，应该在整个项目中持续不断地使用 EVMS，以便随时监测出小的和易于调整的偏差。大的偏差很难调整，而调整大的偏差的代价可能触怒管理层，使项目存在被终止的风险。

14.6 偏差和挣值

偏差是指进度、技术性能或成本与计划之间的偏离量。偏差需要追踪和报告。除非有好的理由，否则应该在不降低基准的情况下，通过采取纠正措施来减少偏差。所有的管理层都能用偏差来检验预算系统和进度计划系统的有效性。预算系统和进度计划系统的偏差必须一起比较，原因有以下几个：

- 成本偏差只比较来自预算的偏离，不能比较计划进度与实际进度。
- 进度计划偏差提供了计划进度和实际进度的比较，但不包括成本。

这里有两种基本的衡量方法：

- **可测量的工作量。**有着明确进度完成目标的工作增量，它的完成会产生切实的结果。
- **工作量的级别。**不参与日程安排的工作增量的细分工作，如项目支持和项目控制。

14.6.1 计算偏差

PMBOK®指南，第 6 版
7.4.2　控制成本：工具与技术
7.4.3.5　项目文件更新

偏差可用于上述两种基本类型的衡量。

为了计算偏差，我们必须了解 3 个基本的偏差参数。

- 计划工作预算成本（Budgeted Cost for Work Scheduled, BCWS）是完成一个单位的计划工作的预算成本乘以工作量或在一个给定的期间内计划完成的分配的工作量。
- 已完成工作预算成本（Budgeted Cost for Work Performed, BCWP）是完成一个单位工作的预算成本乘以在一个给定的期限内完成被分配的工作量，有时被称为“挣值”。
- 已完成工作实际成本（Actual Cost for Work Performed, ACWP）是在一个给定的期限内完成工作的实际支出。

注意： 在新版的《PMBOK®指南》中，项目管理协会对这几个术语做了修改。BCWS 现在是 PV，BCWP 是 EV，ACWP 是 AC。但是大部分的使用者，尤其是政府承包商，他们仍然使用旧的术语。因此，在所有的行业接受 PMI 的新术语之前，我们仍用老的术语。

BCWS 是一种按时间阶段进行的预算计划，是对绩效的测量。对整个项目而言，BCWS 通常是协议成本加上经过审核但没有定价的工作量的估计成本（减去管理储备金）。它按时间阶段将预算分配到工作的计划成本增量中。对于任何一个特定的时间期限，BCWS 是所有工作包的整个预算的成本，加上正在进行的工作（开放的工作包）的一部分预算，再加上被分配的工作量的预算。

制定 BCWS 时，承包商可以运用期望值法。一般而言，只要计算出的 BCWS 能够尽可能地体现已完成工作的实际成本，任何一种方法都是可以的。已完成工作的实际成本是指成本账目/工作包记录的数据。

对于完成了的、在进行中的或预期的工作，这些成本能应用于工作分解结构的各级别（如项目集、项目、总任务、子任务、工作包）。利用这些定义，可以得到：

- 成本偏差（Cost Variance，CV）计算公式

$$\text{CV}=\text{BCWP}-\text{ACWP}$$

负偏差表示成本超支。

- 进度偏差（Schedule Variance，SV）计算公式

$$\text{SV}=\text{BCWP}-\text{BCWS}$$

负偏差表示进度落后。

在成本和进度分析中，成本是最小公分母。换句话说，进度偏差是成本的函数。为了解决这个问题，偏差通常用百分比来表示。

$$\text{成本偏差\%（CVP）}=\frac{\text{CV}}{\text{BCWP}}\times 100\%$$

$$\text{进度偏差\%（SVP）}=\frac{\text{SV}}{\text{BCWS}}\times 100\%$$

进度偏差可以用小时、天、星期甚至货币单位来表示。

例如，一个项目计划在前 4 周花 10 万美元，在第 4 周末实际花费为 32.5 万美元。因此，BCWS 为 40 万美元，ACWP 为 32.5 万美元。单从这两个参数来看，对于项目状态有几种可能的解释。但是，如果现在知道 BCWP 是 30 万美元，那么这个项目的状态就是成本超支、进度滞后。

掌握 CV 和 SV 的真正含义很重要，如：

- BCWS 为 1 000 美元。
- BCWP 为 800 美元。
- ACWP 为 700 美元。

本例中，单位是美元，也可以用小时、天或者星期来表示。CV=800−700=100（美元）。CV 是一个正数，表示实际发生的成本比预测的成本低。这种状况良好。但是，如果 CV 是一个负数，那么表明实际发生的成本比预算的高。如果 CV=0，那么实际完成量和预算相吻合。

尽管 CV 是用小时或者美元为单位的，但它实际上是指通过已完成的成本和计划的成本比较衡量效率。为了调整一个负的成本偏差，应该将重点放在正在生产的产品生产率上（如消耗率）。

继续沿用上面的案例。SV=800−1 000=−200（美元），得出进度偏差是一个负数，表明实际发生的进度比计划的慢。这种状况是不利的。如果进度偏差是一个正数，那么实际发生的进度比计划的快。如果 SV=0，说明进度正按计划进行。

SV 是指进度计划偏差，通过将实际进度和计划进度的比较来测量时间进度。而成本偏差 CV 则是衡量效率的。为了调整一个负的进度偏差，应该将重点放在提高正在进行的工作的速度上。

成本偏差和实际的成本有关。但是 SV 的问题是，SV 和实际的进度有多大关系。进度偏差的计算来自成本账目或者工作包的财务数据，因此它没有直接同进度相关。进度偏差不能区分关键路径和非关键路径工作包。进度偏差本身也不能衡量时间。负的进度偏差表明进度落后的情况，但并不意味着关键路径上的进度落后。相反，实际的进度可能是项目进行得比计划快（如紧前关系网络图或者箭线网络图）。因此，实际进度的详细分析还是很有必要的。

14.6.2　偏差控制

偏差一直被认为是非常重要的，需要向所有的组织级别汇报。关键的偏差会根据管理政策在组织的各个级别进行管理。

并非所有的公司都有统一的偏差阈值管理方法。偏差是否可以接受，取决于以下因素：

- 生命周期阶段。
- 生命周期阶段的长度。
- 项目的工期长短。
- 估算的类型。
- 估算的准确度。

项目间的偏差控制会有差别。表 14-1 表明了项目×的样本偏差标准。

表 14-1 项目×的偏差控制

组织水平	偏差阈值*	组织水平	偏差阈值*
组	超过 25%的成本偏差大于 20 000 美元	部门	超过 10%的成本偏差大于 250 000 美元
组	超过 10%的成本偏差大于 50 000 美元	部门	偏差大于 400 000 美元
组	偏差大于 100 000 美元	事业部	超过 10%的成本偏差大于 1 000 000 美元
部门	超过 25%的成本偏差大于 100 000 美元		

注：* 公司内部的报告系统的阈值比政府要求的更加严格，外部报告的阈值通常在项目的不同阶段进行调节。

对于许多项目（或项目集）而言，项目期间的偏差是会变动的。对于严格的制造项目（产品管理），项目的偏差是固定的，如图 14-10 所示。对于研发的项目，前期阶段的偏差明显大于后续阶段的偏差。图 14-10 显示了一个包括研发、可行性论证和生产阶段的项目成本偏差。因为随着时间推移，风险会越来越小，偏差也会越来越少，并且偏差依赖于估算的类型。

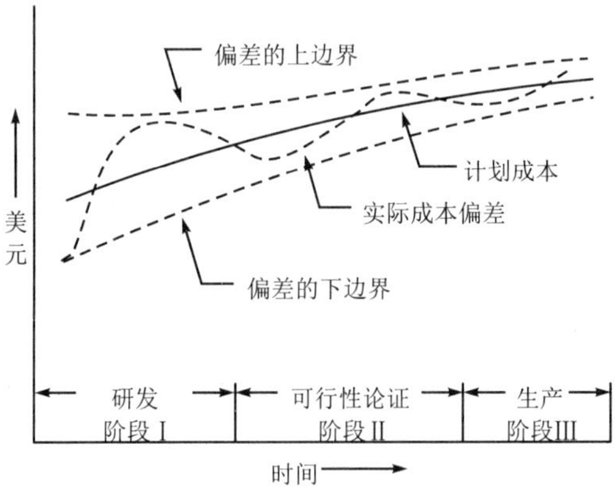

图 14-10 项目偏差预测

利用成本偏差和进度偏差，我们能够建立一套完整的成本/进度报告系统，通过衡量与完成工作有关的成本来进行偏差分析。这个系统保证了成本预算和进度计划是建立在同一个数据基础之上的。

14.6.3 绩效指标

PMBOK®指南，第 6 版
7.4.2.2 数据分析

除了用货币单位或百分比来计算成本偏差和进度偏差外，我们还想知道工作完成的效率，公式如下：

$$\text{成本绩效指标（CPI）}=\frac{\text{BCWP}}{\text{ACWP}}$$

$$\text{进度绩效指标（SPI）}=\frac{\text{BCWP}}{\text{BCWS}}$$

如果 CPI 和 SPI 均为 1.0，说明成本和进度控制得很好。如果 CPI 或 SPI 均小于 1.0，说明实际发生的成本比预期发生的成本高或实际发生的进度比计划慢，这是不利的。如果 CPI 或 SPI 均大于 1.0，说明实际发生的成本比预期的要低或实际发生的进度比计划快，这种情况很有利。同 CV 一样，CPI 是通过将实际发生的和计划的成本或者基准进行比较来计算效率的。如果 CPI 或 SPI 表明状况不利，则应该将重点放在提高正在生产的产品率或加快实际工作的时间上。

SPI 和 CPI 都是以“比率”来体现的，与绩效因子 1.0 相比较。而 SV 和 CV 则是以小时或者货币单位为单位。这是因为 SPI 和 CPI 是被用来说明特定时期或者长期趋势的绩效水平，使用它不用披露公司的敏感数据。在不用披露重要数据的情况下向客户报告状况，SPI 和 CPI 是一种很有效的工具。

14.6.4 趋势分析与报告

成本绩效指标和进度绩效指标大多用于趋势分析，如图 14-11 所示。公司用 3 个月、4 个月或 6 个月的移动平均数来进行趋势预测。趋势分析的作用在于提供了一个早期预警系统，使项目经理能够及时采取纠正措施。遗憾的是，由于需要花时间来调整趋势，趋势分析仅适合长期项目。

图 14-12 是一个综合的成本/进度系统。图上显示进度滞后，因为实际进度落后于计划进度。如果成本是节约的话，那项目状况不见得是不利的。然而，从图 14-12 中可以看出，成本超支，所以项目的状况有点糟糕。

图 14-12 还显示了管理储备金。管理储备金用于应对项目范围内的不可预见的事件，但不是用于应对项目范围的变更。应急资金是单独设置的，由管理层制定。多数人区分不了管理储备金和应急资金之间的差异。管理储备金是项目预算的一部分，而应急资金则是来源于外部资金。对于一个职能经理（和某些项目经理）来说，用不断增长的预算来保护特殊组织和提供一定数量的缓冲物是很自然的想法。

图 14-12 中实际成本线显示成本超支。然而，如果我们考虑管理储备金的话，成本依

然在合同要求范围内。因此，情况可能并不像看起来那么糟糕。

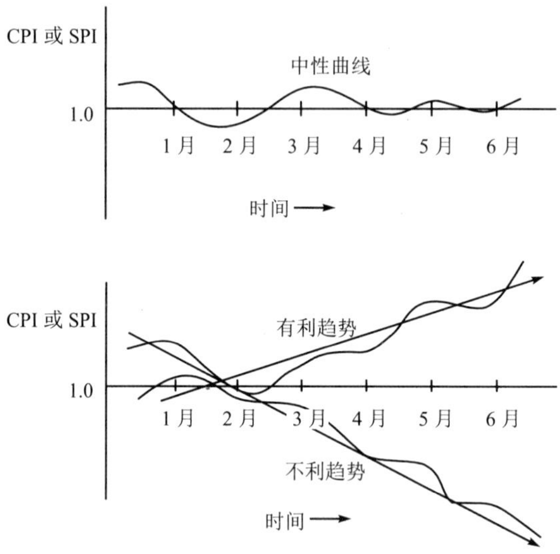

图 14-11 绩效指标

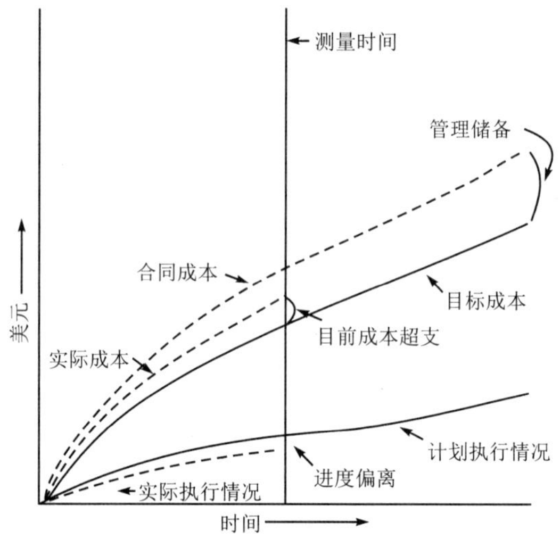

图 14-12 整合的成本/进度系统

政府项目的承包商必须制定政府批准的成本/进度控制系统，该系统要求包括以下信息：

- 计划工作的预算成本（BCWS）。
- 已完成工作的预算成本（BCWP）。
- 已完成工作的实际成本（ACWP）。
- 完工估算（EAC）。
- 完工预算（BAC）。

- 成本和进度偏差/解释。
- 可追踪性。

最后两项表明应该有标准政策和程序来报告和控制偏差。

当偏差超过了被允许的限度，我们就需要做偏差分析，如图 14-13 所示。报告需要获得以下这些人的签名：

- 负责该工作的职能员工。
- 负责该工作的职能经理。
- 成本会计或协助项目经理进行成本控制的助理。
- 项目经理、工作分解结构单元经理或者项目办公室有签名权力的人。

<table>
<tr><td colspan="6">成本账目编号</td><td colspan="3">报告层次</td></tr>
<tr><td colspan="6">工作分解结构描述</td><td colspan="3">截止日期</td></tr>
<tr><td colspan="4">成本执行数据</td><td colspan="2">偏差</td><td colspan="3">完成时</td></tr>
<tr><td></td><td>BCWS</td><td>BCWP</td><td>ACWP</td><td>进度</td><td>成本</td><td>预算</td><td>完工估算</td><td>偏差</td></tr>
<tr><td>月度（美元）</td><td></td><td></td><td></td><td></td><td></td><td></td><td></td><td></td></tr>
<tr><td>合同(1 000 美元）</td><td></td><td></td><td></td><td></td><td></td><td></td><td></td><td></td></tr>
<tr><td colspan="9">问题产生的原因和影响</td></tr>
<tr><td colspan="9">纠正措施（包括期望恢复日期）</td></tr>
<tr><td colspan="2">成本账目经理
日期</td><td colspan="2">成本中心经理
日期</td><td colspan="2">工作分解结构经理
日期</td><td colspan="3">日期</td></tr>
</table>

图 14-13　成本账目偏差分析报告

成本账目负责人（不管是项目办公室成员还是职能员工）的目标是，根据偏差分析结果在预算范围内采取行动或制定新的估算。

在偏差分析中，要提出以下 5 个问题：

- 是什么问题导致了偏差？
- 是什么影响了时间、成本和绩效情况？
- 对其他工作（如果有的话）会造成什么影响？
- 计划实施或正在实施哪些纠正措施？
- 纠正措施的预期结果是什么？

在偏差分析中使用的主要参数之一是“挣值”，即已完成工作的预算费用。挣值是一个预测变量，用来预测项目是超支还是节约。

确定 BCWP 的主要困难是评估正在进行中的工作（工作包已经开始但是在报告结束时仍没有完工）。使用小范围的工作包或用编制好的在工作包内的独立部件的价值里程碑能显著地减少评估时的困难，评估程序则因工作包持续时间的长短而异。例如，有的承包商在短期工作包完成之前不喜欢采用 BCWP，但是有的则将 50%的预算在工作开始时进行记录，另外的 50%在工作计划结束时记录；有的承包商使用公式估计工作的完成程度；有的使用挣值。对于长期的工作包，一些承包商使用有预先编制预算的独立部件的里程碑或进度值来测量实际工作完成量。

实施偏差分析的困难在于 BCWP 的计算，因为要预测完工百分比。计算 BCWP 的最简单的公式是：

$$BCWP=完工百分比\times BAC$$

大部分人以任务的持续期间为基础计算“完工百分比”。而我们需要一个更精确的方法计算“完工百分比”，但这需要投入时间和精力。为了解决这个问题，许多公司在项目中使用标准单位值，而不是完工百分比。例如，我们可以说每 10%的成本是分配给每 10%的时间段的。另一个技术，也许是最普通的，那就是 50/50 规则，即：

每个工作单元一半的预算在工作计划开始时进行记录，另一半在工作计划结束时记录。对一个有许多工作单元的项目，这样一个程序中的偏差值是很小的（见图 14-14 和图 14-15）。

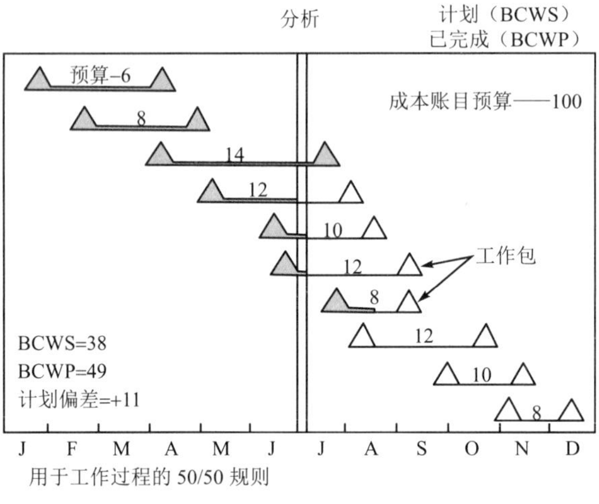

图 14-14 使用 50/50 规则进行分析的图示

50/50 规则的一个优点是不用持续地确定完工百分比。然而，如果完工百分比能被确定，那么完工百分比就可以随着时间的推移被画在图上，如图 14-16 所示。

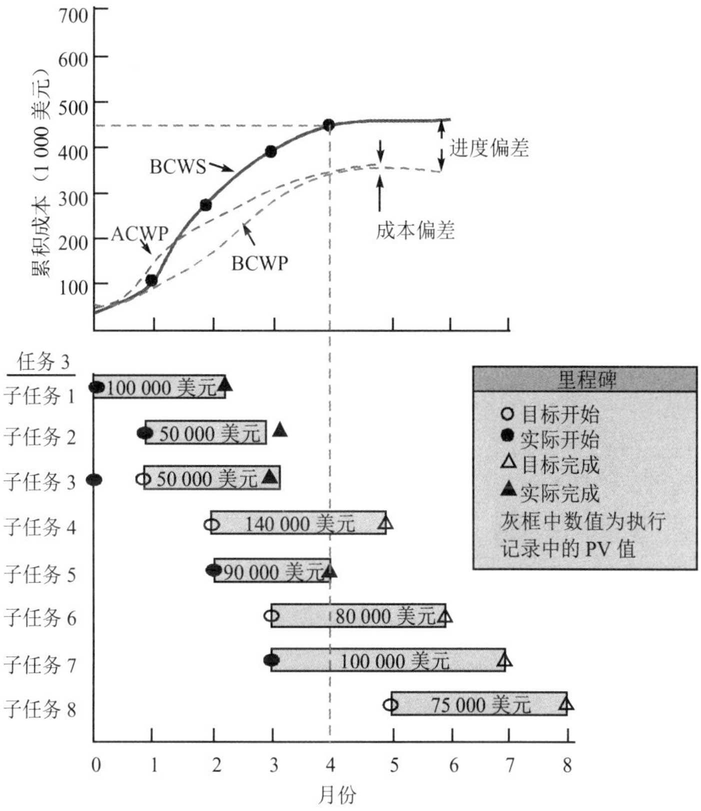

图 14-15　项目 Z 任务 3 的成本数据（合同）

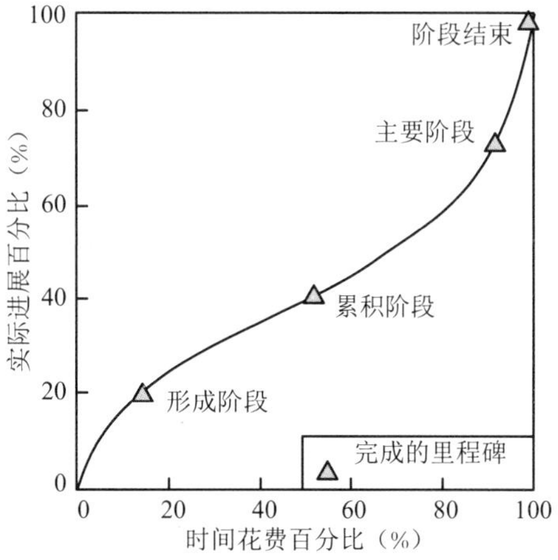

图 14-16　实际进展与时间花费的关系

除了 50/50 规则，还有其他可供选择的技术：

- 0/100——通常仅限于短工期（如少于 1 个月）的工作包（活动），直到活动结束才能确定挣值。

- 里程碑——通常用于持续时间长的工作包，可能包括若干个过程里程碑或控制点。当里程碑完成时，就能确定挣值。在这些情况下，预算分配给了里程碑而不是工作包。
- 完工百分比——通常用于不能制定里程碑但持续时间长的工作包中（例如，3 个月或更长），挣值是根据报告的百分比计算的。
- 等效单元——用于多个相似单元的工作包，挣值是基于完成的单元而不是人力计算的。
- 成本公式（80/20）——持续时间长的工作包的完工百分比的偏差。
- 工作量水平——这种方法是基于时间区间的，通常用于监督和管理工作包。挣值是基于计划期的时间，在给定时间内消耗但并不产生最终成果的资源来衡量的。
- 已分配的工作量——一项很少使用的技术，针对的是特殊的相关工作包，比如，一个产品的工作包分配给检查工作的工作量是 20%。这项技术的应用是很少的。许多人试着将此应用于监督，但不太有效。这项技术可用于那些不可分为短期但可与其他一些可衡量的工作量相比较的工作包。

PMBOK®指南，第 6 版
7.4.2.2 数据分析
7.4.2.3 完工尚需绩效指数

14.6.5 完工估算

EAC 是项目结束时总成本的最佳估算。EAC 是对项目状态的定期评估，通常一个月评估一次。但是，如果出现了显著的变化，也需要评估。通常情况下，编制 EAC 是执行组织的任务。

对 EAC 的重新计算和校正并不意味着项目需要采取措施。考虑一项已完成 99%且预算花费 40 万美元（BCWS）的 3 个月工作。ACWP 是 39.5 万美元，按 50/50 规则，BCWP 是 20 万美元。EAC 比例是 39.5 万美元/20 万美元，这意味着成本将超出 100%。很显然，这并不是真实的情况。

根据表 14-2 的数据，我们可用下面的表达式计算完工估算：

$$\text{EAC}=(\text{ACWP/BCWP})\times\text{BAC}=\text{BAC/CPI}$$
$$=(360/340)\times 579\,000\text{ 美元}=613\,059\text{ 美元}$$

表 14-2 项目 Z 任务 3 已完成或进展中的工作的成本汇总　　单位：1 000 美元

	合同	按日期累积			成本偏差	进度偏差
		BCWS	BCWP	ACWP		
直接用工工时（小时）	8 650	6 712	5 061	4 652	409	
直接用工费用（美元）	241	187	141	150	（9）	（46）
人工间接费用（140%）	338	263	199	210	（11）	（64）
小计	579	450	340	360	（20）	
材料费用（美元）	70	66	26	30	（4）	
小计	649					

续表

	合同	按日期累积			成本偏差	进度偏差
		BCWS	BCWP	ACWP		
G&A（10%）	65					
小计	714					
其他费用（12%）	86					
总计	800					

注：该表假定计划和挣值比为 50/50。

关于使用 BAC 价值的讨论尚存争议。在上面的计算中，我们使用了负担的（指包含费用的）直接用工费用。有些人喜欢用不负担（不包含费用）的人工费用，他们认为项目经理仅仅控制直接工时及其费用，而且 EAC 的计算不包括材料成本或一般管理成本。

以上对 EAC 的计算表明人力成本超出 6.38%，最终负担的劳动力成本将超出预算 34 059 美元。要想获得更精确的 EAC，需要包括材料成本（假定为 70 000 美元）和一般管理成本。这就是总成本 751 365 美元，成本超支 37 365 美元。最终的利润将是 86 000 美元减去 37 365 美元，也就是 48 635 美元。最终的结论是除了子任务 4 和子任务 6 外，工作都按计划完成了，但成本超支了。

14.6.6　成本超支

还有一个问题需要回答："在哪里出现的成本超支？"为了回答这个问题，我们必须分析项目 Z 任务 3 的成本汇总单。表 14-2 代表了项目 Z 任务 3 的成本元素的假想情况。从表 14-2 中，我们看到人工费、间接费用及材料成本出现了负偏差（超支）。因为间接费用是根据直接人工费测量的，问题似乎出现在直接人工费用中。

根据表 14-2 的合同栏，项目预测的直接小时人工费用是 27.86 美元/小时（241 000 美元/8 650 小时），但已完成工作实际成本是 150 000 美元/4 652 小时，或 32.24 美元/小时。因此，所雇用人员的工资比预期多，工资的增加被 409 个直接人工小时的正偏差部分抵消了。这也表明工资高的员工的绩效比预测得要好。除了子任务 4 外，其他工作都在按计划发展，因为里程碑（见图 14-15）都与目标一致。

间接管理费用比率是固定的，合同、BCWS 和 BCWP 的管理费用被预订为 140%。月末报告中的实际数据表明实际管理费用正如预测的一样。

根据上述分析，可以得出以下结论：

- 工作按计划执行（几乎按计划，虽然在学习曲线上情况更好），但子任务 4 比计划晚了点。
- 因为使用高薪员工导致直接人工成本增加。

- 间接费用与预期一致。
- 需要减少直接工时，否则后续工作的成本会增加，利润将大幅度减少。

这种分析可以运用在不同的管理层，确定哪个部门雇用了更高薪水的员工以及是否可以雇用薪水较低的员工。此外，还可以分析成本是否是由工时增加导致的，也许成本增加是由不完善的估算导致的。

在表 14-2 中，材料偏差是负的，因此需要进一步分析。成本的增加可能由于硬件和材料涨价造成的，也可能是废料或子承包商的变化引起的。

从上面的分析中，可以得出这样的结论：深入调查偏差产生的原因是确定原因的最好方法。挣值虽然只是一个粗略的估算，但确定了具体工作分解结构元素的发展趋势。

14.6.7 EAC 的计算

这里有几个公式可用来计算 EAC。根据以下所给的数据，我们将介绍 3 个不同的公式是如何得出不同结果的。假设你的项目只有这 3 项活动。

单位：美元

活　动	完工百分比（%）	BCWS	BCWP	ACWP
A	100	1 000	1 000	1 200
B	50	1 000	500	700
C	0	1 000	0	0

（1）公式 1：EAC=（ACWP/BCWP）×BAC

=（1 900 美元/1 500 美元）×3 000 美元=3 800 美元

（2）公式 2：EAC=（ACWP/BCWP）×已完成工作及进行中的工作+尚未开工的实际（修订）成本=（1 900 美元/1 500 美元）×2 000 美元+1 000 美元=3 533 美元

（3）公式 3：EAC=ACWP+所有将按计划成本进行的工作（包括进行项目中的遗留工作）=1 900 美元+（500 美元+1 000 美元）=3 400 美元

每个公式都有优缺点。公式（1）假定资金消耗率（burn rate）（ACWP/BCWP）对于项目的剩余部分是相同的。这是最简单的公式。其实，资金消耗率在每个报告期都会更新。

公式（2）假定所有的尚未开始的工作将按计划成本完工。但是，计划成本有可能根据已完成工作的情况进行调整。

公式（3）假定所有剩余工作与已经出现的资金消耗率是不同的。必要时，需要对所有剩余工作重新估算。

14.6.8 组织层面分析

组织 MCCS 报告中识别的每一个关键偏差，都需要成本中心的监管人员实施 MCCS

偏差分析程序。通过分析工作分解和组织结构，监管者可以有计划地把工作重点放在成本和进度问题上。

分析由监管人员实施，从组织的最低层开始。关键变量要在 MCCS 报告的成本账目中标注出来。如果出现了进度偏差且子任务是由多个工作构成的，那么监管人员需要单独制定一份报告。这个报告将每个成本账目分解为不同的早于或晚于进度的工作组合。监管人员在这个基础上，借助相关部门的支持分析偏差产生的原因、可以采取的纠正措施或对后续工作的影响。

在组织完成了工作分配、确定了工时及人工费率后，监管人员就可以开始分析涉及人工的成本偏差。监管人员根据偏差原因，采取纠正措施。

非人工的成本偏差分析由监管人员在项目团队成员和其他支持组织的帮助下进行。

所有的材料偏差分析通常由成本账户人员实施，这个成本账户是为使用组织服务的。这些偏差分析——包括原因和纠正措施，在某种程度上可以完全由成本账户人员来解释。然后，它们被送给使用者，使用者通过进度绩效指标或实际用量对分析结果进行修订和完善。如果偏差被认为是由材料价格的变化导致的，则这个信息将由成本账户人员提供给所负责的组织，用户就能对完工预算进行变更。

监管者应把每个完整的 MCCS 偏差分析或完工估算的变化提交给他的上司和项目集团队成员。

14.6.9　项目集团队分析

项目集团队成员可能收到一个关键偏差报告，该报告以成本要素的成本中心为基础，罗列了在 WBS 底层组织工作的偏差。在项目集经理的要求下，项目集的相关负责成员要对偏差报告中的关键偏差分析进行总结，并提交给项目集经理审查。进展报告无论是提供给内部管理机构，还是提供给客户，都应至少回答以下两个基本问题：

- 现在在哪里（关于时间和成本）？
- 将在哪里结束（关于时间和成本）？

这些问题的答案可以从以下信息中得到：

- 现在在哪里（关于时间和成本）？
  — 成本偏差（美元/小时和完工比例）。
  — 进度偏差（美元/小时和完工比例）。
  — 完工比例。
  — 资金支出比例。
- 将在哪里结束？
  — 完工估算。

— 关键路径剩余工作。

— 进度绩效指标（趋势分析）。

— 成本绩效指标（趋势分析）。

因为 SPI 和 CPI 都可用于趋势分析，我们可以用它们来预测项目的最终成本和完成工期。即

$$EAC=BAC/CPI$$

运用 SPI 预测完工期可以表示为：

$$新项目工期=原项目工期/SPI$$

用 SPI 计算新项目工期时必须注意：如果 SPI > 1，可能是工作包没有在关键路径上的结果。

一旦 EAC 和新项目工期都计算出来，我们就可以计算出完工偏差（VAC）和预计完工成本（ETC），公式如下:

$$VAC=BAC-EAC$$

$$ETC=EAC-ACWP$$

完工比例和资金支出比例可以从下面的公式中得到：

$$完工比例=BCWP/BAC$$

$$资金支出比例=ACWP/BAC$$

如今，还有一个公式需要了解，即待完成绩效指标（To-Complete Performance Index，TCPI）的计算公式。待完成绩效指标是指需要完成的工作的成本绩效信息。

$$TCPI=(BAC-EV)/(BAC-AC)$$

项目集经理可以用这些信息与高层管理者评审项目集的状况。对大型项目而言，这种评审每个月都要实施一次。另外，这些分析的结果还可以用来向客户解释合同的偏差。

偏差分析做完之后，必须向客户和内部高层管理机构提交一份报告。

14.7 成本基准

PMBOK®指南，第 6 版

7.3.3.1 成本基准

7.4.2.2 数据分析

项目一旦启动，项目团队就要确定成本或财务基准，用于报告状况和衡量偏差。图 14-17 介绍了一个成本基准。图中，每一个方块代表一个成本账目或工作包元素。所有成本账目或工作包的总和就是该时间阶段的预算。每一个工作包可以通过该工作包的工作授权表来介绍。

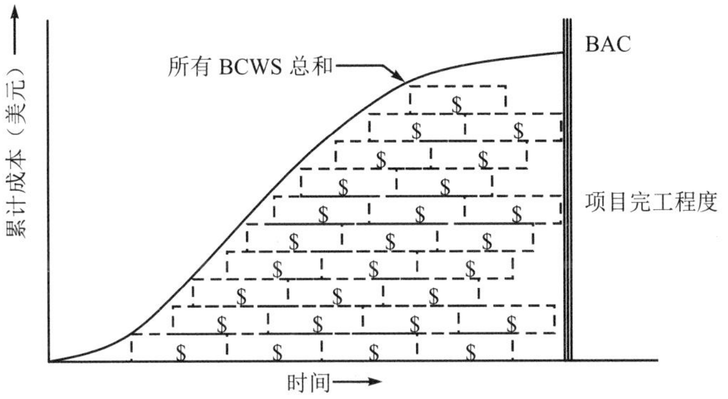

图 14-17　成本基准

图 14-17 中的成本基准仅是成本分解结构中的一部分。图 14-18 是一个成本分解图。从图 14-18 中，我们可以看到一些显著的特征：

- 时间阶段预算是公开的预算，是所有 BCWS 的总和。
- 成本基准是时间阶段预算（如分配预算）和未分配预算的总和，即完工预算。
- 项目的合同成本是成本基准与管理储备金的总和（假设有管理储备金）。
- 合同定价是合同成本加上利润（如果有利润的话）。

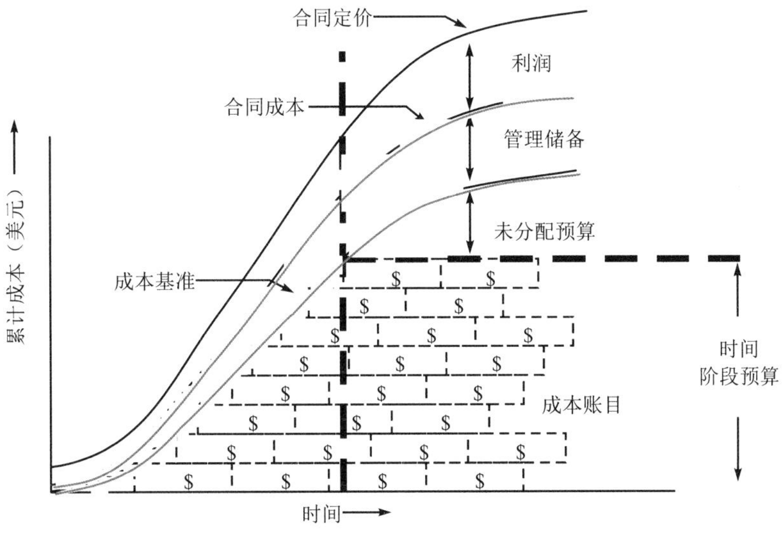

图 14-18　WBS 层次 1 的成本分解图

14.8 核实成本

项目报价通常是基于最优预测而不是具体的估算做出的。下面是某家公司的案例。在某次竞标中，投标的准备成本范围是 50 000~500 000 美元。如果公司获胜的概率很低的话，那么公司就会在投标的准备过程中花费最少的时间和最少的成本。

表 14-3 介绍了一个典型的项目报价概要。在表 14-3 中，每个职能区或部门都拥有自己的间接费用率。本例中，工程部的间接费用率是 110%，而制造部门的间接费用率则是 200%。如果该公司是一家大型企业的子公司，那么还要加入公司的一般管理费用；如果该项目是一个外部项目，那么还应该加入边际利润。

表 14-3 典型项目报价概要

部门	直接成本 小时	直接成本 单位成本（美元）	直接成本 小计（美元）	间接费用 费用率（%）	间接费用 美元	总计（美元）
工程部	1 000	42.00	42 000	110	46 200	88 200
制造部	500	35.00	17 500	200	35 000	52 500
					总工时成本：	140 700
				其他：子承包商	10 000	
				顾问	2 000	12 000
			总工时和材料成本		152 700	
			公司 G&A：10%		15 270	
					167 970	
			利润：15%		25 196	
					193 166	

项目报价一旦完成，在递交给执行委员会之前还需要证实成本的有效性。每个公司都有自己的成本评估和核准的标准程序。

有些因素要经过数据的证实或支持，这些因素包括：

- 人工费率，有时也叫混合费率。就评估的目的而言，可以采用部门平均水平或者技能水平测定方法。最有可能出现的情况是，根据委派的员工的实际工资或者技能水平进行估价。但是，这种方法在竞标项目中是不适用的，因为我们不知道谁是合适的人选或者谁将被委派（假设可以获得合同）。同时，如果项目是一个跨年度的项目，我们还需要未来几年的远期定价比率，这些比率是需要估计的，同时还要预测未来几年的全部人员的工资（见表 14-4）。

表 14-4　远期定价比率：工资（部门支付结构）

工资等级	职　务	工资（美元/小时）		
		2015 年	2016*年	2017*年
9	工程顾问	73	81	85
8	高级工程师	60	63	67
7	工程师	51	55	58
6	初级工程师	46	49	52
5	学员	41	43	45

注：预测值。

- 加班。如果资源稀缺且公司也没有聘用额外资源的意图，那么某些工作就要靠加班来完成。这有可能增加项目的成本，同时还要确定由于加班而造成损失的特殊费用。
- 损耗因素。如果项目包括购买原材料的环节，那么还需要考虑材料的损耗。计算结果可能受到委派员工的技能水平、使用原材料的水平、使用原材料的经验及类似项目经验的影响。
- 风险。风险分析要在定量估算的基础上进行，风险分析的结果与估算人员的经验有关。其他要考虑的风险包括项目完成预期收益或者利润的能力，以及一旦发生灾难事件时公司破产和债务的法律保障。
- 隐藏成本。还有的成本会影响项目预期的利润，比如差旅费、运输费、邮费、资本成本以及出席会议成本等。还有一个潜在的隐藏成本是年度或者月度工作量利用率。表 14-5 介绍了一种典型的计算。如果我们使用表 14-5 的方法，且所有的员工都是长期员工的话，那么每年的工作量会少于 1 840 小时，因为高级员工每年会有至少 3 个星期的假期。

表 14-5　工作可利用时间　单位：小时

每年的工作时间小时利用（52×40）	2 080
假期（3 个星期）	–120
病假（3 天）	–24
带薪假期（11 天）	–88
听审会假期（1 天）	–8
	1 840
1 840（小时/年）÷12 个月=153 小时/月	

14.9　成本超支的困境

大部分企业生命的源泉是持续不断地开发新产品或新服务。因为这个“新”字，历史数据就要最小化，且成本超支也能预测。图 14-19 就是一个典型的成本超支的案例。

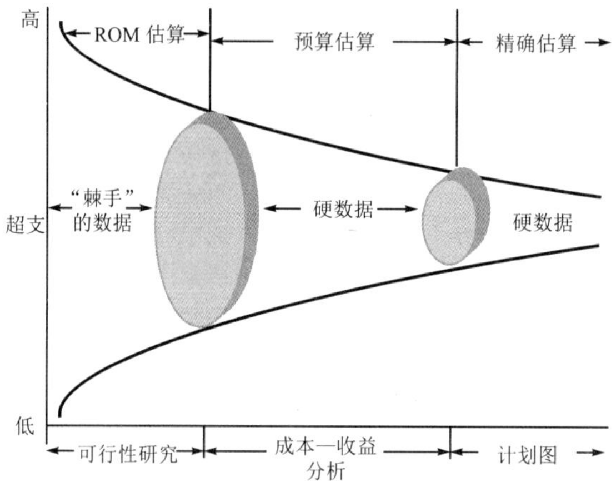

图 14-19　成本超支范围

数量级估算（Rough Order-of-Magnitude，ROM）经常采用"棘手"的数据（Soft Data），因此也会导致大范围的超支，所以一般用于项目的启动阶段。当进入项目的规划阶段时，"棘手"的数据也逐渐成为硬数据（Hard Data），估计的准确性也会提高，超支的范围也会变小。

当超支发生时，项目经理就要寻找方法减少成本。最简单的方法是缩小范围。首先要寻找易于删减的事项。最容易删减的事项是那些在评估过程中不清晰、很容易低估的步骤。可删减的事项包括项目管理监督、直线管理监督、过程控制、质量保证及测试。

如果易于删减的事项达不到成本要求的话，那么就要开始从那些比较难删减的事项中寻找。这些事项包括直接工时、原材料、设备、厂房、其他。

此时，如果成本的减少还是没有达到管理层的要求，那么就要开始决定是否终止项目。

14.10　使用挣值法记录材料成本

记录直接人工成本通常不会出现什么问题，因为人工成本通常是在人员获得后记录的。因此，记录的人工和报告的人工一般是一样的。但是，材料成本是在不同的时间点记录的，它可被计入任务、开支、已经发生的费用和应用成本。所有这些都可以提供有用的信息，并且对控制来说是很重要的。

由于有许多方法可用于材料成本分析，因此材料成本应该从标准的工时数或工时费挣值报告中分离出来，单独列示。例如，与材料相关的成本偏差可在与卖方的合同谈判完并签订后确认，因为这一信息最早提醒人们注意潜在成本偏差问题。预测和实际材料成本的明显偏差对总合同成本有很重要的影响，所以应该立即将此变化反映到完工估算中，并且在项目进展报告中做出解释。

将人工成本与材料成本分离是有必要的，看看下面的例子。

例

你预算的人工费是 100 万美元，材料费是 60 万美元。在项目的第 1 个月末，你可以得到以下信息：

人工　ACWP = 90 000 美元

BCWP = 100 000 美元

BAC = 1 000 000 美元

材料　ACWP = 450 000 美元

BCWP = 400 000 美元

BAC = 600 000 美元

为了简单起见，我们使用以下公式计算 EAC：

$$EAC=（ACWP/BCWP）\times BAC$$

所以

EAC（人工）=900 000 美元

EAC（材料）=675 000 美元

如果我们将两个完工估算加在一起，完工估算将是 1 575 000 美元，比计划的预算低了 25 000 美元。如果在预计完工估算前将成本合并起来，那么

EAC=［（45 万美元+9 万美元）/50 万美元］×160 万美元=172.8 万美元

这比计划多了 12.8 万美元。因此，通常情况下，在报告中最好将材料与人工成本分离。

另一个主要的问题是如何考虑订单上的材料成本。订单上的材料成本不能反映完工成本，所以一般不出现在进展报告中。但为了便于衡量，材料成本通常在材料入库或派发时而不是在下订单时记录。因此，所报告的材料的实际成本应与程序一致，通常在收到材料之时或之后被记录下来以计算挣值。另外，记录成本与编制预算的目的是一样的，都是为了比较预算与实际成本的差异。例如，不能等到使用时才制定材料成本预算，应该在材料收到时就确认成本，进行预算。

14.11 材料偏差：价格和用途[1]

当实际的材料成本超过了材料预算成本时，通常可以归结为两个原因：

- 采购的商品价格超过了计划，即出现了价格偏差。
- 消耗的商品（物品）超过了计划，即出现了使用偏差。

价格偏差（Price Variances，PV）通常发生在预算材料价格的价值（BCWS）不同于实际发生的成本（ACWP）时。这些情况产生的原因包括没有很好地进行最初估算、通货膨胀、使用不同的材料、预算太少等。

PV 的计算公式是：

PV=（预算价格−实际价格）×实际产量

价格偏差是指原材料的预算成本和原材料的支付价格之间的差异。相比而言，当材料的消耗量比计划量大时，就产生了使用偏差（Usage Variances，UV）。产生这种情况的原因是比计划消耗了更多的材料。

UV 的计算公式是：

UV=（预算使用量−实际使用量）×预算价格

正常情况下，使用偏差是由于使用了超过材料采购订单所要求的数量而造成的。

请看以下的例子。项目经理制定了某个材料的预算为 100 单位（包括 10 个单位的损耗因素）、每个单位价格为 150 美元，因此材料预算为 15 000 美元。在这个短期项目结束后，实际材料成本为 15 950 美元，超过预算 950 美元，这是什么原因造成的呢？

根据以前定义的公式可以得知：

PV=（BCWS 价格−ACWP 价格）×实际数量
=（150 美元/单位−145 美元/单位）×110 单位
= 550 美元（节余）

UV=（BCWP 使用量−ACWP 使用量）×BCWS 价格
=（100 单位−110 单位）×150 美元/单位
= 1 500 美元（超出）

通过分析可以得知，购买价低于预测价，因此产生了成本节余。然而，使用的量却比预备的 110 单位多，而产生了不利的使用偏差。通过进一步的调查可以发现，直线经理把

1 改编自 Quentin W. Fleming, *Cost/Schedule Control Systems Criteria* (Chicago: Probus Publishers, 1992), pp. 151-152。

损耗因素从 10 单位增加到了 20 单位。

14.12 总体偏差

总体偏差可以通过人工和材料计算出来。请考虑下列信息：

	直接材料	直接人工
计划价格/单位	30.00 美元	24.30 美元
实际单位	17 853	9 000
实际价格/单位	31.07 美元	26.24 美元
实际成本	554 630 美元	236 200 美元

我们可以计算出关于直接材料的总价格偏差和人工费率成本偏差。

- 直接材料的总价格偏差=实际单位×（BCWP–ACWP）
  =17 853×（30.00 美元–31.07 美元）
  =19 102.71 美元（超支）
- 人工费率成本偏差=计划–实际
  =24.30 美元–26.24 美元
  =1.94 美元（超支）

14.13 状态报告

PMBOK®指南，第 6 版
7.4.3.5　项目文件更新

项目报告一般分为 4 种，它们是挣值测量系统的输出结果。

- 绩效报告。这些报告提供了某个检查点项目的进展信息，即 BCWS、BCWP 及 ACWP。有时，该报告同样还可能包括材料采购信息、交付信息及使用信息，但是大部分的公司会提供专门的材料报告。
- 状态报告。这些报告指出项目处在什么状态，以及运用绩效报告中的信息计算 SV 和 CV。
- 预测报告。这些报告计算 EAC、ETC、SPI 和 CPI，以及其他预测信息，它们关注项目将在哪里结束。
- 例外报告。这些报告指出例外情况、问题或者超出阈值的情况，包括偏差、现金流、分配的资源及其他的专题等。

偏差分析的报告程序要尽可能简短，其原因很简单：报告越简洁，就越能迅速地获得反馈，从而制订应对计划。如果重新规划必须用有限的资源来完成，则时间参数就变得非常关键。

这绝不意味着所有的偏差都需要纠正措施，偏差报告通常有 4 种主要反应：

- 忽略。
- 功能性修改。
- 重新规划。
- 系统再设计。

组织的每一层都允许存在偏差。如果这种偏差在允许的范围内，那么就不需要应对，偏差可以忽略。但在某些情况下，偏差处于边缘（甚至在允许的范围之内）时，也需要采取纠正措施。这种情况通常发生在职能层，我们要么简单地采用另一种测试程序，要么考虑采用项目计划中没有提到的其他方法。

如果偏差很大，那么就必须要重新规划或者系统再设计。

14.14 成本控制问题

PMBOK®指南，第 6 版
7.4 控制成本

无论成本控制系统如何出色，都难免出现问题。通常造成成本问题的原因包括：

- 评估技术和标准不完善，产生了不实际的预算。
- 无次序地开始或完成某些活动和事件。
- 工作分解结构不恰当。
- 缺乏有关报告和控制的管理政策。
- 对组织低层工作的描述不清晰。
- 管理人员削减预算或报价以保证竞争性。
- 缺乏正式的规划，导致难以控制，范围变大。
- 实际成本和计划成本比较不合理。
- 在错误的管理层上比较实际成本和计划成本。
- 没有预见到的技术上的问题。
- 进度延误，以至于需要加班或时间浪费。
- 不现实的材料价格上涨因素。

成本超支可以发生在项目的任何一个阶段。以下是成本超支的常见原因。

- 建议阶段：
  — 未能理解客户的需求。
  — 不现实地评估内在能力。
  — 低估时间要求。
- 规划阶段：
  — 遗漏。

— 工作分解结构不准确。
— 信息解释错误。
— 运用错误的估算技术。
— 未能准确地识别并把精力集中在主要的成本因素上。
— 未能评估和防范风险。

- 谈判阶段：
  — 迅速妥协。
  — 采购成本过高。
  — 谈判团队一定要赢得该项目。
- 合同阶段：
  — 合同协议自相矛盾。
  — 工作说明书与建议邀请书不同。
  — 提案团队与项目团队不同。
- 设计阶段：
  — 未经管理层同意接受客户的请求。
  — 客户沟通渠道和数据内容存在问题。
  — 设计评审会议存在问题。
- 生产阶段：
  — 材料成本超支。
  — 规格未被接受。
  — 制造和工程未能保持一致。

相关案例研究（选自 Kerzner/*Project Management Case Studies*, 5th Edition）	相关练习（选自 Kerzner/*Project Management Workbook and PMP®/CAPM® Exam Study Guide*, 12th Edition）	PMBOK®指南（第 6 版），PMP 资格认证考试参考部分
• “浴缸”（Bathtub）时期*	• 使用 50/50 方法	• 项目成本管理
• Trouble in Paradise	• 多项选择题	• 项目范围管理
• Franklin Electronic 公司*	• 成本管理中的填字谜	

* 见本章末案例分析。

14.15 PMI 项目管理资格认证考试学习要点

本节用于项目管理原理的复习，以巩固《PMBOK®指南》中相应的知识领域和范围。本章着重讲述了以下内容：

- 项目范围管理。
- 项目成本管理。
- 启动。
- 规划。
- 控制。

对于准备 PMP 考试的读者，下列练习将有助于对相关原理的理解。

- 什么是管理成本和控制系统？
- 什么是挣值衡量？
- 控制的含义是什么？
- 什么是成本账目代码？
- 工作授权的含义及它同账目代码之间的关系。
- 项目或者项目变更的资金来源。
- 成本监督和控制的 4 种主要要素：BCWS、BCWP、ACWP 及 BAC。
- 如何计算成本偏差和进度偏差，以小时、货币单位、百分比为单位。
- 趋势分析中 SPI 和 CPI 的重要性。
- 预测完工时间、完工成本以及完工时偏差的方法。
- 报告的不同类型：绩效、状况、预测及例外。
- 如何使用管理储备金？
- 上涨因素有哪些？它们是如何影响项目的？
- 项目的成本或财务基准是什么？
- 计算 BCWP 或者完工百分比的方法。

下列选择题将有助于回顾本章的原理及知识。

1. 在挣值衡量中，挣值是指____。

   A. BCWS　　B. BCWP

   C. ACWP　　D. 以上都不是

2. 如果 BCWS=1 000，BCWP=1 200，ACWP=1 300，该项目是____。

   A. 进度超前，且在预算之内　　B. 进度超前，且超过预算

   C. 进度落后，且超过预算　　D. 进度落后，且在预算之内

3. 如果 BAC=20 000 美元，且项目完成了 40%，那么挣值是____。

A. 5 000 美元　　B. 8 000 美元

C. 20 000 美元　　D. 不能确定

4. 如果 BAC=12 000 美元，CPI=1.2，那么完成时的偏差是____。

A. −2 000 美元　　B. 2 000 美元

C. −3 000 美元　　D. 3 000 美元

5. 如果 BAC=12 000 美元，CPI=0.8，那么完成时的偏差是____。

A. −2 000 美元　　B. 2 000 美元

C. −3 000 美元　　D. 3 000 美元

6. 如果一个工作包的 BAC 是 10 000 美元，BCWP=4 000 美元，那么工作包是____。

A. 完成 40%　　B. 完成 80%

C. 完成 100%　　D. 完成 120%

7. 如果 CPI=1.1，SPI=0.95，那么项目的趋势是____。

A. 超出预算，但进度超前　　B. 超出预算，但进度落后

C. 在预算内，但进度超前　　D. 在预算内，但进度落后

8. 描述工作包的文件指出，成本中心对该工作包负责，同时为工作包制定了编码，这个文件是____。

A. 账目代码　　B. 工作分解结构

C. 工作授权表　　D. 以上都不是

9. 通常用于应对不能确定的问题（如涨价因素）的预算是____。

A. 项目经理的费用数据　　B. 项目发起人的费用数据

C. 项目储备金　　D. 结构管理成本账目

10. EAC、ETC、CPI 常常出现在____中。

A. 绩效报告　　B. 状况报告

C. 预测报告　　D. 例外报告

11. 如果 BAC=24 000 美元，BCWP=12 000 美元，ACWP=10 000 美元，CPI=1.2，那么完成项目还需要____。

A. 10 000 美元　　B. 12 000 美元

C. 14 000 美元　　D. 不能确定

12. 使用 50/50 规则有很多目的，其中最主要的目的是计算____。

A. BCWS　　B. BCWP

C. ACWP　　D. BAC

13. 当项目完成时，____必须正确。

A. BAC=ACWP　　B. ACWP=BCWP

C. SV=0　　D. BAC=ETC

14. 3 月，CV=−20 000 美元，4 月 CV=−30 000 美元。为了确定成本偏差对项目是否造成了严重的影响，我们需要____。

A. 以百分比计算 CV　　B. 以美元计算 SV
C. 以百分比计算 SV　　D. 以上都是

15. 如果项目经理正在为一个价值增加的范围变更寻找基金，项目经理的首选是____。
A. 管理储备金　　B. 客户资金范围变更
C. 未分配的预算　　D. 留存收益

16. 一个项目的进度预算是 20 个月。如果 CPI 是 1.25，那么新的进度是____。
A. 16 个月　　B. 20 个月
C. 25 个月　　D. 不能确定

17. 项目成本或财务基准包括____。
A. 仅是分配预算
B. 仅是分配和未分配预算
C. 分配预算、未分配预算及管理储备
D. 分配预算、未分配预算、管理储备及利润

答案

1. B　2. B　3. B　4. B　5. C　6. A　7. D　8. C　9. C　10. C　11. A　12. B　13. C　14. A　15. B　16. D　17. B

思考题

14-1 成本超支是否刚发生，引起成本超支的原因是什么？

14-2 以下哪些会对 BCWS、BCWP、ACWP 及成本偏差和进度偏差产生影响？

a. 早于 PERT 图开始活动

b. 晚于 PERT 图开始活动

14-3 Alpha 公司已实行了一个计划。在计划中，职能经理将对超过他们（职能经理的）最初估算的成本超支负责。而且，所有超支都来自职能经理的预算，不管是间接费用还是其他费用，而不仅仅项目预算。这种方法的优缺点各是什么？

14-4 如果所有的项目经理决定拒绝考虑管理储备金，结果会是什么？用什么准则来确定是否需要管理储备金？

14-5 假设几个任务需要 1~2 年的时间去完成，而不仅仅是工作分解结构的工作包层计划的 200 小时。请回答以下问题：

a. 这将对成本控制有何影响？

b. 是否还能应用 50/50 的规则？

c. 间隔多长时间更新一次成本？

14-6 完成下表，绘制 EAC 的时间函数图。你的结论是什么？

星　期	累积成本（美元）			偏差（美元）		
	BCWS	BCWP	ACWP	进度	成本	EAC
1	50	50	25			
2	70	60	40			
3	90	80	67			
4	120	105	90			
5	130	120	115			
6	140	135	130			
7	165	150	155			
8	200	175	190			
9	250	220	230			
10	270	260	270			
11	300	295	305			
12	350	340	340			
13	380	360	370			
14	420	395	400			
15	460	460	450			

14-7 根据下列数据计算直接材料的总价格偏差和直接人工的成本偏差。

	直接材料	直接劳动
计划价格/单位	10.00 美元	22.00 美元
实际单位	9 300	12 000
实际价格/单位	9.25 美元	22.50 美元
实际成本	8 602 500 美元	270 000 美元

14-8 企业经常基于员工一个月的工作量估算总体工作量。如果工作量必须采用一周的工作量估算的话，那么就要把月工作量转化成周工作量。这样做的困难在于确定每月有多少工时是实际直接的工时。

你的公司接到了一份建议邀请书，公司决定投标。但是公司只有一个部门参与这项工作，该部门经理预计需要 3 000 小时的直接工时。

第一步是计算具有代表性人工的月工作量。人力资源部提供公司人均工时的年度历史数据如下：

- 假期（3 周）
- 病假（4 天）
- 带薪休假（10 天）
- 临时任务（1 天）

a. 每个人每个月的直接工时数是多少？

b. 如果仅能有一名员工参与该项目，以月为单位，工作量的持续时间是多长？

c. 如果客户希望工作在一年内完成，应该派遣多少员工参与该项目？

案例分析

案例1 “浴缸”（Bathtub）时期

2010年1月3日Scott公司与Park工厂签订协议，这份协议使Park工厂人员兴高采烈。如果Scott项目管理正确，在今后几年里会在接下来的工作中提供大量的就业机会。Park工厂的管理层把Scott项目作为战略上的转机。

Scott项目是通过10个月的努力来为Scott公司开发一种新产品。Scott公司告知Park工厂，假定最初的研发努力是成功的，那么核心产品合同将会持续至少五年时间。所有后续合同会一年一年来谈判签订。

杰瑞·邓拉普担任项目经理。尽管他年轻充满激情，但他非常清楚自己的努力对公司未来发展的重要性。邓拉普的项目管理办公室安排了几位最优秀的员工，成为Park公司的矩阵组织的一部分。Scott项目成立了一个拥有七位全职工作人员的项目办公室，包括邓拉普，自始至终负责整个项目。此外，从生产科调来八位职员作为生产项目管理团队成员：四个全职，四个兼职。

尽管工作量有所变动，项目团队成员的总工作量在整个项目过程中依然维持在每月2 080小时。公司假定如果每人都达到满负荷工作量，那每人每小时工作产生的成本为120美元。

到6月底，项目已经进行了4个月，Scott公司通知Park工厂，因为现金流转问题，不会把以后的工作安排给Park工厂，这种状况会一直持续到2011年3月的第一周。这给邓拉普出了个很大的难题，因为他不希望解散项目办公室。如果他允许项目主要成员被安排到其他项目，将无法保证余下的工作开始时能把这些人调回来。优秀的项目人员总是处于需求状态。

杰瑞估计在这个“浴缸”时期自己每个月需要240 000美元来留住项目组主要成员。幸亏这期间正好赶上圣诞和新年，工厂将会休息17天。在假期里他的主要员工会马上被其他项目主管看上，会被暂时调配到其他小的特殊的项目里去。杰瑞重新估计这一时期的支出会在200 000美元以上。

在每周的会议上，杰瑞通知项目组成员必须“勒紧腰带”，努力建立200 000美元的管理储备金。项目组成员都理解这一做法的必要性，并开始重新制订计划，直到实现这一管理储备金。因为合同是固定价格合同，需要在余下的时间里完成最终成本数据和项目报告记录，在这一假定前提下，所有行政支持计划（例如，项目办公室和项目团队成员）会延长到 2 月 28 日。

杰瑞告知弗兰克・霍华德关于项目处于“浴缸”时期的问题，弗兰克・霍华德是杰瑞的老板，他是管理项目的科长。弗兰克负责杰瑞和总经理之间的调解。弗兰克同意杰瑞解决这一问题的办法，并要杰瑞有问题随时找他。

9 月 15 日，弗兰克告诉杰瑞，由于会影响到弗兰克的圣诞红利，所以他想把那笔 200 000 美元的管理储备金转为超额利润。两个人争论了一会儿，弗兰克一直说：“不要担心！会把你的主要员工调回来的，我会盯着这件事的。但是我想把那笔未授权的资金作为利润，并且项目在 12 月 1 日正式停止。”

弗兰克对维持目前的管理成员缺乏兴趣，杰瑞对这一点感到非常恼怒。

问题

1. 杰瑞应该去当总经理吗？
2. 关键人员应该得到很好的支持吗？
3. 如果这是一项成本加成项目，你会考虑为了减轻负担而把问题推给客户吗？
4. 如果你是这一成本加成项目的客户，在成本已经超支的情况下，你对因“浴缸”时期而要投入额外资金会有什么反应？
5. 如果因为产量低于预期值而使项目能够得到足够的资金资助，你之前的答案会有变化吗？
6. 你如何阻止在所有接下来的年度合同中不发生类似情况？

案例 2　Franklin Electronic 公司

2013 年 10 月，Franklin Electronic 公司获得一个由 Spokane Industries 公司提供的为期 18 个月的劳动密集型产品开发合同。合同是一个成本偿还合同，预计花费 2 660 000 美元，固定费率是 6.75%。这个合同是 Franklin 公司第一次正规化地尝试使用项目管理，包括一个新开发的项目管理方法。

Franklin 公司以前就接了很多 Spokane Industries 公司的合同，但是这些合同都是固定总价合同，且没有要求正式使用项目管理的挣值报告。合同的条款和条件包含以下几个关键点：

- 使用项目管理（正式的）。
- 要求使用挣值报告。
- 首个挣值报告要在工作开始之后的第 2 个月末提交，且以后每个月都要提交。
- 要有 2 次技术交流会议，一次在第 6 个月末，一次在第 12 个月末。

对于 Franklin 公司来说，挣值报告是新颖的。为了和原来的建议邀请书保持一致，公司雇用了一个顾问就挣值法专门进行了一次 4 小时的研讨会。参加研讨会的人包括指派到 Spokane Industries 公司 RFP 的项目经理，该项目经理还要负责合同授予后的管理、整个会计部门及两名直线经理。会计部门并不乐意学习挣值法，但是为了获得合同，他们还是同意学习。在以前与 Spokane Industries 公司的项目中，每个月都要举行交流会议。但是对于这次的项目，Spokane Industries 公司认为没有必要举行那么多次会议，因为信息可以通过挣值报告轻松获得。Spokane Industries 公司坚信挣值衡量系统有能力提供足够的信息。过去，Spokane Industries 公司从来没有考虑在未来的项目中使用挣值法。

Franklin 公司是靠最低的投标价格获得合同的。在规划阶段，工作分解结构设计了 45 个工作包，但是在项目的头 4 个月里只有 4 个工作包。

Franklin公司为项目设计了很简单的状况报告。表14-6包含了提供给Spokane Industries 的第 3 个月末的财务数据。

表 14-6　财务数据表　　单位：美元

2 月末合计					
工 作 包	PV	EV	AC	CV	SV
A	38 000	30 000	36 000	（6 000）	（8 000）
B	17 000	16 000	18 000	（2 000）	（1 000）
C	26 000	24 000	27 000	（3 000）	（2 000）
D	40 000	20 000	23 000	（3 000）	（20 000）
3 月末合计					
工 作 包	PV	EV	AC	CV	SV
A	86 000	74 000	81 000	（7 000）	（12 000）
B	55 000	52 000	55 000	（3 000）	（3 000）
C	72 000	68 000	73 000	（5 000）	（4 000）
D	86 000	60 000	70 000	（10 000）	（26 000）

注：BCWS = PV，BCWP = EV，ACWP = AC。

在将状况报告提交给 Spokane Industries 公司后的 1 个星期，Franklin 公司的项目经理就被要求参加一个紧急会议，这个会议是由 Spokane Industries 公司负责工程的副总裁提出召开的，他也是这个项目的发起人。由于绩效不好，项目面临终止的危险。会议中，他提出："在过去的一个月中，成本超支了 78%，从 14 000 美元增加到 25 000 美元；进度落后了 45%，从 31 000 美元增加到 45 000 美元。从这些数据可以得出，成本超支至少 500%，进度滞后会长达 1 年。如果你们不能制订一个比过去 3 个月更好的计划控制时间和成本，我就要取消合同，我们也会另外寻找一名承包商继续项目。"

问题

1. 副总裁对成本偏差和进度偏差的看法是正确的吗？
2. 有哪些信息是副总裁没有分析的？

3. Franklin 公司真正了解挣值法吗？如果没有，错在哪里？
4. Spokane Industries 公司明白什么是项目管理吗？
5. 挣值法能否替代交流会议？
6. Franklin 公司的项目经理应该发表什么意见为自己辩护？

第 15 章　绩效指标

引言

50 多年前，有些公司开始使用项目管理方法，但还没有达到在全世界或全公司范围内通用的程度。因此，那个时候公司之间的差异在于是否使用了项目管理方法，而不是如何使用这个方法。如今，几乎所有的公司都使用项目管理方法，企业之间的差异则体现在：公司是仅仅使用项目管理方法还是擅长使用项目管理方法。其实，使用与擅长使用区别不大，大部分公司在较短的时间内可以成为擅长使用项目管理方法的公司，尤其是公司的高级管理层支持且有一套绩效指标时。

一直以来，报告项目绩效只使用时间和成本两个指标。虽然时间和成本指标最容易跟踪和报告，但仅使用这两个指标不能准确地确认项目状态。如今，先进的衡量技术以及绩效跟踪软件给公司提供了寻找新指标的机会，比如期望收益、价值创造、安全、风险、客户满意度、形象及声望等。高级管理层、发起人及项目经理能基于“证据”为项目的健康做出明智的决策，而不是仅靠推测。

15.1　项目管理信息系统

项目管理信息系统（Project Management Information System，PMIS）包括项目批准、启动、规划、进度计划、执行、监控和收尾的所有必要的和辅助的信息。尽管挣值衡量系统（Earned-Value Measurement System，EVMS）是 PMIS 的一个重要组成部分，但如今的 PMIS 包括更多的绩效指标，并非只有时间和成本。如果设计得当，PMIS 将产生显著的效益，例如：

- 及时满足不同相关方的信息需求。

- 为明智的决策提供准确的信息。
- 拥有适量的信息，不多也不少。
- 降低收集正确信息的成本。
- 提供有关本项目如何与其他多个正在实施的战略组合项目相互整合的信息。
- 提供有关本项目如何与其他受到部门主管支持的项目互动的信息。
- 为公司创造价值。

一个好的项目管理信息系统可以使项目不会因为沟通的问题而失败。PMIS 能帮助团队成员和职能经理较容易地提供有效的状态报告所需要的信息。

15.2 企业资源规划

几十年来，PMIS 被视为报告生成器，提供有关时间、成本和项目还有哪些工作需要做的信息。时间和成本是主要的绩效指标。如今，这已经变了。

企业已经意识到在企业里做的任何事都可以被看成项目，企业可以用管理项目的方式来管理企业的业务。决策者不仅需要有关业务的信息，还需要项目管理过程的信息。这两类信息是相互关联的。因此我们需要更多的绩效指标，而不只是时间和成本。

信息是有效决策的关键。企业开发了企业资源规划（Enterprise Resource Planning，ERP）系统，它是整个企业的信息系统，用以协调完成多个业务和项目过程需要的所有资源、信息和任务。ERP 包括供应链管理、财务会计、人力资源管理和项目管理。现在，PMIS 也是 ERP 系统的一部分。

整合 PMIS 和 ERP 的一个最重要的原因是容量规划。职能经理必须向项目和正在开展的业务活动提供资源。在这一点上，ERP 系统的重要性是无可估量的。容量规划是项目组合选择中的一个主要活动。例如，ERP 系统显示某个职能部门有 15 个员工，其中 10 个员工已经分配工作。ERP 系统可以将信息传递给 PMIS，说明有 5 个员工可用于项目工作分配。信息还包括可用员工的工资水平，从而帮助项目选择适合项目需求的特殊技能级别的员工。

15.3 项目绩效指标

绩效指标能帮助相关方实时了解项目状态。相关方必须确认使用的是正确的绩效指标，可以清晰、真实地反映项目的状态。在项目开始的时候，项目经理和相关相关方必须就使用的绩效指标以及如何衡量达成一致意见。由于 PMIS 和 ERP 技术的发展，以及相关方对项目管理有了更深的理解，我们现在可以使用多种绩效指标，而不只是时间和成本。

今天，项目经理新角色是了解哪些关键指标需要识别和管理，这也是相关方评价项目是否成功的关键内容。项目经理已经认识到，项目具体指标或关键绩效指标的定义需要项目经理、客户和相关方的共同参与。让相关方同意所有绩效指标是很困难的，但项目生命期内必须尽早做这件事。

和财务指标不同，基于项目的绩效指标不仅因项目而异，在同一项目的不同生命周期阶段都会变化。因此，尽管绩效指标的建立和衡量可能是昂贵的，但为了使关键成功因素有效和保证客户满意，这也是必要的。很多人相信以后项目管理将会是指标驱动的。

15.3.1 了解绩效指标

尽管大部分企业已经使用了一些绩效指标，但它们似乎不太理解是什么构成了一个指标，以及项目管理为什么要用这个指标。没有指标及指标提供的信息，你是无法有效管理项目的。简单来说，绩效指标就是可以衡量的东西。考虑以下陈述：

- 如果它不能被衡量，它就不能被管理。
- 只有可衡量的才能完成。
- 除非它可以衡量，否则你就不能真正地完全理解它。
- 没有好的绩效指标，你只能凭直觉或猜测做出决策，而不是依据“证据”或事实做出决策。

指标可以以数字、百分比、货币单位、频率、等级（好、坏或中等）以及定性或定量等形式衡量和记录。如果你不能给相关方提供可以衡量的指标，那么你如何保证可以满足他们的期望？你不能控制自己无法衡量的东西。如果指标能及时地提供有效信息，那么指标就能产生积极主动的项目管理而不是被动的项目管理。

多年来，衡量本身并没有被很好地理解。我们避免使用绩效指标管理（Metrics Management）是因为我们不理解它。但是 Douglas Hubbard 已经帮我们解决了这个问题[1]：

- 以前衡量过它。
- 你拥有的数据比你想象的多。
- 你需要的数据比你想象的少。
- 通常新观察到的数据比你想象的更易理解。

多年以来，指标管理的使用已经显现出了许多益处，例如：

- 指标告诉我们是否达成了目标/里程碑目标、变得更好还是变得更差。
- 指标使你能够发现错误，在它们导致其他更多错误之前，及早发现问题。
- 好的指标会产生明智的决策，然而不好的或不准确的指标会导致错误的管理决策。
- 好的指标可以准确地评估绩效。

1 D. W. Hubbard, How to measure anything: Finding the Value of Intangibles in Business，3rd ed (Wiley, Hoboken, NJ, 2014), p.59.

- 指标能带来及时、主动的管理。
- 指标能提高估算的精度。
- 指标提高了未来的绩效。
- 指标使验证基准和保持基准受最小的干扰变得简单。
- 指标可以更准确地评估成功和失败。
- 指标可以提高客户满意度。
- 指标是评估项目“健康”状态的手段。
- 指标可以追踪满足项目关键成功因素的能力。
- 好的指标能更好地定义项目成功因素而不仅仅是传统的三重约束条件。

指标经常被用来验证项目的健康状态，也可以用来发现项目过程中的最优方法。获得最优方法和经验教训需要长期持久的改进。如果不能有效地使用绩效指标，企业可能需要花费很多年才能获得改进。就这一点而言，指标是必要的，因为：

- 项目批准经常基于不充分的信息和不精确的估算。
- 项目批准基于不现实的投资回收率、净现值和回收期。
- 项目批准经常是以最佳案例情景为基础的。
- 真实的时间和成本需求在项目批准过程中可能被隐藏或没有被完全理解。

绩效指标需要：

- 需求或目的。
- 目标、基准或参考点。
- 衡量工具。
- 阐释的途径。
- 报告结构。

即使有好的绩效指标，指标管理也有可能会失败，常见的原因：

- 治理不力，尤其是相关方治理不力。
- 决策过程缓慢。
- 项目计划过于乐观。
- 想在很短时间内完成很多事。
- 不成熟的项目管理实践和/或方法。
- 对怎样使用绩效指标知之甚少。

在过去的几年里，有效的指标管理的一个驱动力量就是复杂项目的增多。项目越大越复杂，衡量绩效和确定成功的困难越大。因此，项目越大越复杂，对指标的需求就越大。

15.3.2 识别绩效指标

与商业环境不一样，项目工期相对较短，容易受到指标变化的影响。在项目环境中，指标因项目而异，在各个生命周期阶段和任何时候，指标都会发生变化，因为：

- 企业内部定义价值的方法。
- 客户和承包商在项目启动时共同定义成功和价值的方法。
- 客户和承包商在项目启动时，确定项目应该采用哪些指标的方法。
- 新版或升级版的追踪软件。
- 企业项目管理方法和相关的项目管理信息系统的改进。
- 事业环境因素的变化。
- 项目商业论证假设的变化。

指标可以被分类。例如，下面是七种可供参考的指标：

- 定量指标（将资金或时间规划为总人工的百分比）。
- 实用指标（提高效率）。
- 定向指标（风险评级变得更好或更坏）。
- 可操作的指标（影响无人操作时间数量的变化）。
- 财务指标（利润空间、投资回报率等）。
- 里程碑指标（按时完成的工作包的数量）。
- 最终结果或成功指标（客户满意度）。

就指标的数量达成一致并不容易，但我们必须确定每个项目需要多少指标。

- 指标数量太多：
  - — 指标管理占用其他工作的时间。
  - — 我们最终向相关方提供太多的信息，以致他们不能确定哪些信息是关键的。
  - — 我们最终提供的信息价值有限。
- 指标数量太少：
  - — 不能提供足够的关键信息。
  - — 明智的决策变得困难。

我们可以制定几个用于指标选择的基本原则：

- 确保这些指标值得收集。
- 确保我们会使用收集的指标。
- 确保指标是包含很多信息的。
- 在使用和评价指标时培训项目团队。

如果衡量基准已经制定，选择指标就变得更简单。但是，如果基准一直在改变，那么要有效地进行指标管理是非常困难甚至是不可能的。对于那些不在计划内的工作，标杆和标准可以替代基准来使用。

指标本身只是衡量之后的数字或趋势。指标是没有实际价值的，除非相关方或业务专家可以正确地解读指标，在需要的情况下制订纠正计划。知道谁将从各个指标中获益是很重要的，而这个重要性程度则因不同的相关方而异。

有一些问题可以在选择指标时提出：

- 相关方掌握了多少有关项目管理的知识？
- 相关方掌握了多少有关指标管理的知识？
- 我们有足够的组织过程资产来进行指标衡量吗？
- 在项目实施期间，基准和标准还会变化吗？

当选择指标时，有两个额外的因素必须要考虑。第一，实施衡量时会产生成本，根据衡量的频率来决定，成本可能很高。第二，我们必须承认，指标需要更新。指标就像最优方法一样会过时，不能提供期望的价值或信息。定期审查指标是有原因的：

- 客户可能想要实时报告而不是定期报告，因此有的指标就不合适。
- 衡量的成本和复杂性使一些指标不宜使用。
- 指标不一定适合准确衡量的组织过程资产。
- 项目资金有限，限制了指标的数量。

审查指标时，有三个可能的结果：

- 升级指标。
- 搁置指标。
- 撤下指标。

最终，在项目选择和获得批准之后就应该确定指标。基于可用或易用的指标选择项目，常导致项目选择错误或数据指标无效。

15.4 关键绩效指标

项目经理的一个职责就是了解哪些关键指标需要被识别、测量、报告和管理，从而使所有相关方都尽可能地认为项目是成功的。“指标”这个术语是通用的，而“关键绩效指标”这个术语则是具体的。如果项目出现了不利因素且无法解决，那么关键绩效指标就能起到早期预警的功能。关键绩效指标和指标可以通过仪表盘、记分牌和报告来展现。

为了获得全体相关方的一致认同，就需要项目经理、客户和其他相关方共同确定绩效指标或关键绩效指标。项目成功的一个关键因素就在于及时有效地提供信息和管理信息，其中就有关键绩效指标。关键绩效指标能够降低不确定性，从而帮助我们做出明智的决策。

然而，想让相关方同意所有的关键绩效指标是很困难的。如果你给他们提供 50 个指标供选择，他们就会证明这 50 个都是需要的；如果你给他们 100 个指标供选择，他们也会找到各种理由证明这100个指标都需要报告。所以，从指标库中选择真正关键有效的指标非常困难。

多年以来，指标和关键绩效指标一直是商业情报技术的必要组成部分。如果在项目中运用关键绩效指标，它能回答"对于不同的相关方来说，真正重要的是什么"。在商业环境中，关键绩效指标一旦建立，就很难更改，因为如果更改事业环境因素，历史比较数据可能丢失。不过，可以考虑使用行业的标杆关键绩效指标，因为这个数据是长期使用的。在项目管理中，由于每个项目都有其独特性，而关键绩效指标寿命相对较短，因此标杆对照就更加复杂。

15.4.1 需要关键绩效指标

关键绩效指标是体现项目如何向预定计划进展的高度缩影。有的人将关键绩效指标同领先指标混淆了。领先指标是衡量你现在所做的工作会对将来造成什么影响的一种关键绩效指标。关键绩效指标并不一定就是领先指标。

有些指标可能表现为领先指标，但对于领先指标，一定要谨慎解读。如果错误解读了一个指标，或者错误地将一个指标认定为领先指标，这将会导致错误的结论。

关键绩效指标是挣值衡量系统的重要组成部分。事实上，如果使用正确的话，诸如成本偏差、进度偏差、进度绩效指数、成本绩效指数和完工时间/成本都是关键绩效指标，但也不总是如此。对这些关键绩效指标的需求很简单：只有可衡量的才是可完成的。如果绩效衡量体系的目标是提升效率和有效性，那么关键绩效指标就必须体现可控因素。如果用户不改变可交付成果，那么衡量活动就没有意义了。

典型关键绩效指标包括：

- 符合进度的工作包百分比。
- 符合预算的工作包百分比。
- 指定资源与规划资源。
- 实际百分比与计划基准。
- 实际百分比与计划的最优方法。
- 项目复杂性因素。
- 实现价值的时间。
- 客户满意度评级。
- 关键假设的数量。
- 关键假设变更的数量。
- 成本修改次数。
- 进度修改次数。

- 范围变更审查会议召开次数。
- 关键约束条件的数量。
- 具有较大风险的工作包比重。
- 净运营利润率。
- 指定资源级别与规划资源级别。

项目经理必须向相关方解释指标和关键绩效指标之间的区别，以及为什么只有关键绩效指标是需要报告的。例如，指标关注工作包、里程碑和绩效目标的完成和实现，而关键绩效指标则关注未来的产出结果，这正是相关方做决策所需要的信息。指标和关键绩效指标都不能确保项目一定能成功完成，但关键绩效指标能标示出更精确的信息，用于判断项目的趋势以及未来可能发生什么。指标和关键绩效指标都能提供有用信息，但是它们都不能告诉你下一步应当作什么，或者一个困难重重的项目还能否起死回生。

在相关方了解了需要正确的关键绩效指标后，还有一些问题必须加以讨论，包括：

- 需要多少关键绩效指标？
- 它们应多久衡量一次？
- 应当衡量什么？
- 关键绩效指标会变得多复杂？
- 谁对关键绩效指标负责（例如，关键绩效指标所有者）？
- 关键绩效指标可以作为标杆吗？

我们在前面也提到过，只有可衡量的才是可完成的，并且只有通过衡量才能真正理解信息。如果指标衡量系统的目标是提升效率和有效性，那么关键绩效指标就必须反映可控要素。如果用户不改变可交付成果，那么衡量活动就没有意义了。这种关键绩效指标是不会被相关方接受的。

15.4.2　使用关键绩效指标

尽管多数公司使用指标和绩效测量，他们似乎不理解项目关键绩效指标包括什么，也不知道应当怎么使用它。下面是一些使用关键绩效指标的总体原则：

- 要提前就关键绩效指标达成一致，并反映在项目的关键成功因素上。
- 关键绩效指标介绍了项目是如何朝项目目标进展的。
- 关键绩效指标不是绩效目标。
- 关键绩效指标的最终目的是衡量与绩效直接相关的因素，并为决策提供可控因素的信息，从而帮助可交付成果的实现。
- 好的关键绩效指标驱动变化，但不会指明具体行动。关键绩效指标指出你有多接近目标，但不告诉你为防止偏离目标必须做什么。

- 关键绩效指标帮助建立目标，旨在为项目增加附加值或实现设定价值。

有些人说，关键绩效指标的高层次目标是实现有效的衡量，具体的 3 个高层次目标：

- 有助于激励队伍，提升士气。
- 有助于组织过程资产的使用和商业目标的实现相互协调一致。
- 有助于改进绩效，获得经验教训和最优方法

15.4.3 解析关键绩效指标

有的指标，如项目盈利能力指标，可以告诉我们项目进展是好还是坏，但并不能告诉我们该采取哪些措施改善绩效。因此，关键绩效指标不仅仅是衡量指标。如果我们分解一下关键绩效指标，你就会得出以下几点：

- 关键=对项目成败起主要作用的因素。因此，关键绩效指标就是项目成败的唯一关键。
- 绩效=可衡量、定量、调整和控制的指标。只有可控的指标才能提升绩效。
- 指标=当前和将来绩效的合理表达。

关键绩效指标是可衡量目标的一部分。定义和选择关键绩效指标比定义关键成功因素更容易。关键绩效指标不应该与关键成功因素混淆在一起。关键成功因素是实现目标必须做的事情。而关键绩效指标并非关键成功因素，但它能为关键成功因素的实现提供方向。

选择正确数量的关键绩效指标能帮助：

- 更好地做出决策。
- 改善项目绩效。
- 更快识别问题范围。
- 改善客户—承包商—相关方的关系。

David Parmenter[1]定义了三个类别的指标。

- 结果指标：我们已经完成了什么?
- 绩效指标：要改善或实现绩效我们必须要做什么?
- 关键绩效指标：大幅改善绩效或实现目标的关键指标。

关键绩效指标的数量因项目不同而异，并且可能受相关方数量的影响。有的人依据帕累托原理选择关键绩效指数，也就是说，20%的指标反映 80%的项目。David Parmenter 认为在选择关键绩效指标时应使用 10/80/10 原则[2]。

- 结果指标：10。
- 绩效指标：80。

---

1 D., *Key Performance Indicators* (Wiley, Hoboken, NJ, 2007), p. 1.

2 同上，p. 9.

- 关键绩效指标：10。

通常来说，标准的关键绩效指标数量是 6 ~ 10 个。影响关键绩效指标数量的因素：

- 项目经理使用的信息系统的数量（例如，1 个、2 个或 3 个）。
- 相关方的数量及他们的要求。
- 衡量信息的能力。
- 可用于收集信息的组织过程资产。
- 衡量和收集信息的成本。
- 仪表盘报告的限制因素。

15.4.4　关键绩效指标的特征

有许多文献、文章都定义了指标和关键绩效指标的特征。在多数情况下，作者都使用“SMART”原则作为识别特征的方法。

- S=特定（Specific）：清晰并关注绩效目标或商业目的。
- M=可测量（Measurable）：可以被定量表示。
- A=可获得（Attainable）：目标合理、可实现。
- R=现实或相关（Realistic or relevant）：关键绩效指标与项目所做工作直接相关。
- T=基于时间（Time-based）：关键绩效指标可以在给定的时间段内被测量。

SMART 原则首先是为项目制定有意义的目标，随后用来识别和确定指标和关键绩效指标。尽管 SMART 原则有一定好处，但其是否适用于识别关键绩效指标却是值得质疑的。

关键绩效指标最重要的特征就是可执行性。如果指标的趋势是不利的，那么用户就应该知道需要采取什么行动来改正不利的趋势。用户必须能够控制输出结果。这是使用 SMART 原则选择关键绩效指标的一个缺点。

Wayne Eckerson 提出了一套更为复杂的关键绩效指标的特征。这个列表更加适用于商业导向的关键绩效指标，而非项目导向的关键绩效指标，但也可以为项目管理所使用。表 15-1 展示了 Eckerson 提出的 12 个特征[1]。

表 15-1　有效关键绩效指标的 12 个特征

• **一致性**。关键绩效指标要与企业战略和目标保持一致
• **所有性**。每一个关键绩效指标都由负责项目产出的个人或集团所有
• **可预见性**。关键绩效指标测量商业价值驱动因素。因此，他们主导组织所需要的绩效指标
• **可执行性**。关键绩效指标由及时、可执行的数据组成，从而使用户能较早干预业务，提高绩效

1　W.W.Eckerson,Performance Dashbosrds:*Measuring, Monitoring and Managing Your Business*(Hoboken NJ:John Wiley &Son,2006).p.201.

续表

• **数量少**。用户要专注于一些高价值的任务，而不是把注意力和精力分散到其他事情上
• **易理解**。关键绩效指标应当直观且易于理解，而不是用户不知道应如何直接施加影响的复杂指数
• **平衡相关**。关键绩效指标应该平衡并巩固彼此关系，而不是破坏相互关系或局部优化过程
• **促发变化**。测量关键绩效指标能够促发组织发生一系列积极变化，尤其当首席执行官进行监督的时候
• **标准化**。关键绩效指标是基于标准定义、规范和计算的，因此它们能够通过仪表盘整合
• **背景驱动**。关键绩效指标通过目标和阈值将绩效融入特殊背景中，从而使用户能衡量进展
• **加强激励**。组织能够通过附加补偿或激励措施来放大关键绩效指标的作用。然而，他们应该小心谨慎，只将激励应用在易于理解且稳定的关键绩效指标中
• **相关性**。随着时间流逝，关键绩效指标的作用也逐渐消失，因此必须对它们进行定期审查和更新

商业指标或财务指标通常是许多因素共同作用的结果，因此要想分离哪些必须做出改变的事情可能很困难。对于项目驱动的关键绩效指标来说，有以下 6 个特征。

- 可预测。能够预测未来趋势。
- 可衡量。能够定量表达。
- 可执行。触发必须采取纠正措施的变更。
- 相关性。关键绩效指标同项目成败紧密相关。
- 自动化。报告将人为错误降至最少。
- 少量。只取必需的。

有时候，可以根据展示的内容给关键绩效指标分类，这与我们之前探讨的指标分类相似。

- 定量关键绩效指标：定量价值。
- 实用关键绩效指标：同公司流程紧密联系。
- 定向关键绩效指标：指明趋势是好是坏。
- 可操作关键绩效指标：影响变更。
- 财务关键绩效指标测量：绩效衡量。

另一个分类方法是提前量或滞后量关键绩效指标。

- 滞后量关键绩效指标：衡量过去的绩效。
- 提前量关键绩效指标：衡量未来绩效的驱动因素。

多数仪表盘都包含提前量或滞后量关键绩效指标。

15.4.5　关键绩效指标失效

项目关键绩效指标失效的原因有很多。其中包括：

- 人们认为只需要跟踪某个管理层的关键绩效指标。
- 不利迹象所需要的行动超出了监督和跟踪人员的控制范围。
- 关键绩效指标同员工的监督工作或行动不相关。

- 关键绩效指标过时，以至于无法适用于管理员工日常工作。
- 更改不合适的关键绩效指标所需要的时间太长。
- 关键绩效指标没有提供足够多的信息或数据。
- 公司建立了太多关键绩效指标，以至于给衡量人员造成了困惑。

多年前，公司只使用挣值衡量系统中的指标作为衡量指标。这些指标通常只关注时间和成本，忽视了与商业成功而非项目成功相关的指标。此外，在不同时段和不同项目中使用的指标也是相同的。如今，指标会因项目或生命周期阶段而异，困难的是要决定使用哪个指标。不论使用哪个指标，都要注意不要将完全不同质的两个事物做比对。幸运的是，市面上有很多书籍可以帮助我们识别合适的或有意义的指标。[1]

15.5　基于价值的指标

多年来，顾客和承包商对项目成功的定义已经有所不同。项目经理对项目成功的定义是基于盈利能力等财务指标的，而客户的定义则是基于可交付成果的质量。遗憾的是，质量只能到项目结束的时候衡量，因为在项目实施过程跟踪质量非常困难。不过，质量一直是衡量项目成功的唯一因素。

如今，客户和相关方似乎更加关心他们在项目结束时能否获得价值。如果你问 10 个人（包括项目成员）价值的意义，那么你可能得到 10 个不同的答案。类似地，如果你问哪个关键成功因素对价值影响最大，你也会得到许多不同的答案。今天，公司似乎对价值而非质量更感兴趣，这并不意味着他们不再追求质量。质量也是价值的一部分。有些人认为价值只是质量减去获取该质量的成本。也就是说，你为得到客户期望的质量水平所投入越少，你为客户赢得的价值就越多。

这个论点的问题在于：我们假设对客户而言质量是唯一的价值属性，因此我们需要更好地定义衡量和预估质量的方法。但是，价值还有其他的属性，而这些属性都很难测量和预测。客户可以把很多属性作为价值，但是重要程度不一样。

不同于将质量作为单独参数，价值能让公司更好地衡量项目达到目标的程度。质量可以被当作价值中的一个属性。今天，每个公司都有质量标准并以某种形式创造着质量，这是生存的基础。但是将不同公司区别开来的不是质量，而是价值定义的其他属性、组成部分或要素。这些属性可能包括价格、时间、形象、声誉、客户服务和可持续性。

在当今社会，客户基于他们希望获得的价值和他们为获得这个价值所必须支付的价格

1　提供了指标识别案例的三本书是 P. F. Rad and G. Levin, *Metrics for Project Management* (Management concepts, Vienna, VA, 2006); M. Schnapper and S. Rollins, *Value-Based Metric for Improving Results* (J. Ross Publishing, Ft. Lauderdale, FL, 2006); and D. W. Hubbard, *How To Measure Anything*，*3rd ed.* (Hoboken, NJ: John Wiley&Son, 2014)。

来决定雇用谁作为承包商。事实上，这更像基于客户对价值定义的属性交易的“获得”价值。客户可能获得项目的价值，用在公司内部使用或通过他们的客户价值管理项目将其传递给客户。如果你的组织没有或不能为客户或相关方提供明确的价值，那么你就不能提取价值（如忠诚）作为回报。长此以往，他们就会抛弃你而转向其他的承包商。

作为项目经理，你必须制定指标，帮助客户和相关方跟踪你即将创造的价值。在项目实施过程中，测量项目业绩并及时向客户报告，如今已经成为提升承包商竞争力的一项必需的工作。如果这个工作做好了，将有助于你和客户之间建立情感。

多年以来，价值管理一直被应用于工程和制造领域，但最近开始用于项目管理。Venkataraman 和 Pinto 认为[1]：

“价值可以通过不同的途径被添加到项目中去，比如提升客户满意度，在降低资源消耗的时候保持可接受的满意度，或将两者结合起来。也可以通过同时提升满意度和资源来提高价值，但满意度的提升高于投入的资源。”

当管理项目价值时，必须明确 5 个基本概念。

- 概念#1：项目价值的实现来自组织通过实现既定目标所获得的利益。
- 概念#2：项目可以被看作管理层的投资。
- 概念#3：项目投资人和赞助人容忍的风险。
- 概念#4：项目价值与投资和风险相关。
- 概念#5：价值是三项关键因素——绩效、资源利用和风险的平衡。

以往，商业计划识别了项目预期收益和价值。商业计划通常由商业分析师准备，而且这些工作都要在项目经理被任命和接手项目前完成。遗憾的是，一旦项目开始，用于监督和报告的指标通常只关注项目的时间和成本，而非客户获得的价值。基于价值的指标就不会被报告，因为我们不知道如何开展这个衡量工作。

今天，我们可以将项目定义为实现一组价值而计划做的工作。商业分析师和项目经理的角色就结合在一起了。正如 Robert Wisocki 所说[2]：

“满足时间和成本约束条件对项目成功的影响很小。项目成功是通过预期商业价值与交付商业价值的比较衡量出来的。项目经理和商业分析师都应该努力实现商业价值的最大化。这也就使项目经理和商业分析师的目标一致起来了。”

我们现在就可以将项目成功定义为项目在面临竞争性约束条件下实现期望价值的能力。

如今，随着衡量管理技术的不断发展，基于价值的指标对项目成功而言是必不可少的，

1 改编自 R. R. Venkataraman and J. K. Pinto, *Cost and Value Management in Projects* (Wiley, Hoboken, NJ, 2008), pp. 164-165。

2 R. K. Wysocki, *The business Analyst/Project Manager* (Wiley, Hoboken, NJ, 2011), p. 2. 作者提供了一个项目经理和商业分析师之间关系的精彩的讨论。

也是向客户报告与监督的一个关键绩效指标。承包商每月向客户汇报实现预期价值的剩余时间，而这个时间有可能超出项目结束日期。然而，许多基于价值指标的衡量仍然被视为一种挑战，如表 15-2 所示。

表 15-2　指标衡量复杂性

指标或关键绩效指标	衡量复杂性
盈利能力	易
客户满意度	难
商誉	难
新市场	易
开发新技术	中
技术转移	中
声望	难
稳定的劳动力	易
未使用资本的效力	易

并非所有指标都是基于价值的指标，指标会因项目和生命周期阶段的不同而变化。如果在不改变预算的情况下可以提升利润，或者不改变进度计划的前提下更快进入市场、创造收入，时间和成本就可被视为基于价值的指标。

即使有最好的指标，衡量价值也是困难的。有的价值容易衡量，有的却很难。容易测量的价值通常被称为软价值或有形价值，而难测量的价值通常被称为无形价值。表 15-3 介绍了一些有形价值和无形价值。表 15-4 则介绍了衡量有形价值和无形价值的问题。

表 15-3　衡量价值

易衡量（软/有形）的价值	难衡量（无形）的价值
ROI 计算	股票持有人满意度
净现值	相关方满意度
内部收益率	客户满意度
现金流	员工忠诚度
回收期	品牌忠诚度
盈利能力	进入市场时间
市场份额	商业关系
	安全
	可靠性
	信誉
	形象

表 15-4 衡量价值的问题

易衡量（软/有形）的价值	难衡量（无形的）价值
没有阐明假设，假设可能影响决策	价值几乎完全基于个人衡量时的主观属性
衡量是通用的	是艺术而不是科学
衡量不是用有目的地获取的正确数据	可用于衡量的模型有限

15.5.1 价值衡量

现在，有些人认为无形因素或指标比有形因素更重要，尤其是对于 IT 项目而言，因为 IT 项目的高级管理层更关注无形价值指标。对于无形指标来说，重要的问题并不一定就在于最终结果，而在于其被计算的方法。[1]有形指标通常是定量的，而无形指标则是定性的。

有关价值衡量，有 3 种不同学派的观点。

- 学派 1：唯一重要的是 ROI。
- 学派 2：ROI 永远不能被有效计算，只有无形的才是重要的。
- 学派 3：如果你不可以衡量它，那就说明它是不重要的。

这三派的观点都是全面肯定或全面否定的，即价值不是完全定量的就是完全定性的。最好的方法是结合定量和定性的评估方法。

价值衡量的时间也是十分重要的。在项目生命周期里，会根据需要不断在定量和定性评估方法中更替，而且正如前面所说的，实际指标或关键绩效指标也是可以改变的。有一些重要问题必须提出：

- 在项目生命周期中，假设精确的指标都可以完全完成，我们应该在何时制定？
- 价值是容易获得的，因此根本不需要价值指标吗？
- 即使我们有价值指标，用它们能足以合理地预测出实际价值吗？
- 我们是否必须在所有项目中使用价值驱动的项目管理，还是在有的项目中不必使用这个方法？
  — 是在正确定义的项目还是错误定义的项目中用？
  — 是在战略的项目还是战术的项目中用？
  — 是在内部的项目还是外部的项目中用？
- 我们是否可以制定一个标准来确定何时使用价值驱动的项目管理，或者应该在所有项目中都使用？简单的项目也要用吗？

对一些项目来说，在项目结束时评估价值是困难的。我们必须制定一个时间框架，用

1 有关测量不可感价值的复杂性的其他信息，参见 J. J. Phillips, T. W. Bothell，以及 G. L. Snead，*The Project Management Scorecard* (Butterworth Heinemann, An Imprint of Elsevier, Oxford, UK, 2002), Chapter 10。作者强调对业务的真正影响必须在业务单元内进行测量。

于确定我们愿意等待多长时间衡量项目价值或收益。如果实际价值要等到项目结束后过一段时间才能确定下来，那么这个时间框架就格外重要。因此，如果要在未来的某个时间才能确定项目的经济价值，那么就不可能在项目结束时评价项目是否成功。

有的价值衡量实践者认为：使用边界框代替生命周期阶段进行价值衡量并一定更好。对价值驱动的项目来说，使用生命周期阶段进行价值衡量的问题包括：

- 不同阶段乃至每个阶段内的指标都会有所不同。
- 无法解释事业环境因素的改变。
- 关注点可能集中于阶段结束时的价值而非项目结束时的价值。
- 小组成员可能感到困惑而无法定量计算价值。

边界框图评价，如图 15-1 所示，与统计流程控制图有些相似之处。我们为价值指标建立了一个绩效目标。目标是在最优值上下浮动 10%。如果超过最优值 10%以上，也就意味着超过了期望值；如果低于目标值 10%，则绩效差强人意；如果低于目标值 20%以上，那么就必须引起重视了。

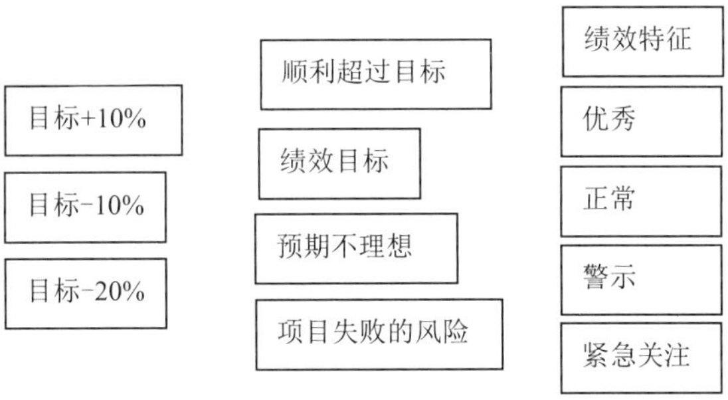

图 15-1 边界框

过于关注基于价值的指标的项目可能需要进行价值健康检查，以确认这个项目是否还能为公司创造价值。像关键绩效指标这类的价值指标体现了项目当前的价值，但还需预测未来的价值。运用传统项目管理和传统的企业项目管理方法论，我们可以计算出完工时间和完工成本，这些是挣值衡量系统的常见术语。但是，正如前面提到过的，准时、不超预算并不能保证在项目结束时获得价值。

因此，我们需要建立一个强调价值变量的价值管理方法论（Value Management Methodology，VMM），而非使用关注挣值衡量的企业项目管理方法论。有了 VMM，我们还会用到完工时间和完工成本，但我们会引入一个新的术语：完工授权价值（Entitled Value）或收益，需要在整个项目开展过程中定期确定。然而，定期重新衡量完工收益和价值可能很困难，这是因为：

- 可能没有重新检测的流程。
- 管理者认为重新检测流程是不现实的。

- 管理者过于乐观并过于满足于现有绩效。
- 管理者被其他项目不寻常的高利润误导了（或误读了）。
- 管理者认为根据过去可以预见未来。

完工价值评估可以告诉我们是否需要价值权衡。价值权衡的原因：

- 事业环境因素的改变。
- 假设的改变。
- 找到了更好的、风险更低的方法。
- 获得了高技能的员工。
- 技术突破。

传统的工具和技术可能无法在价值驱动项目中奏效，所以有必要建立 VMM，因为它能帮助实现预期结果。VMM 涵盖了 EVMS 和企业项目管理系统的特性，但需要将其他变量纳入系统中，从而获得、衡量和报告项目的价值。

15.6 仪表盘和记分牌

我们的目标是实现无纸化项目管理，强调可视化展示，如使用仪表盘和记分牌。高级管理层和客户希望以可视化方式和最少的篇幅显示最关键的项目绩效信息；比如交通灯报告等简单的记分牌技术能传递重要的绩效信息。

- 红灯：出现了可能影响时间、成本、质量或范围的问题。发起人有必要参与。
- 黄灯或棕黄灯：这是一个警示。如果不加以监测，将来可能出现问题。通知发起人但没有必要采取行动。
- 绿灯：工作按计划开展，发起人没必要参与项目工作。

通常来说，三色交通灯仪表盘是最常见的，不过还有一些公司使用更多的颜色，比如 IT 零售商的 IT 项目会使用八色灯仪表盘。棕黄色灯的意思是目标完工时间已过而项目依旧没有完成。紫色灯意味着工作包范围正在变化，有可能影响三重约束条件。

有的人分不清仪表盘和记分牌。其实两者是有不同的。Eckerson 认为[1]：

- 仪表盘是一种可视化展示机制，用于以操作为导向的绩效衡量系统中，通过使用及时数据测量实际绩效与目标和阈值之间的差异。
- 记分牌也是一种可视化展示机制，但用于以战略为导向的绩效衡量系统中。通过对比实际绩效与目标和阈值，显示实现战略目标的进展。

仪表盘和记分牌都是绩效衡量系统内传递重要信息的可视化展示机制。两者的主要不

1 W.W.Eckerson,Performance Dashbosrds:*Measuring, Monitoring and Managing Your Business*(Hoboken NJ:John Wiley &Son,2006).pp. 293，295. 本书的第 12 章提供了设计仪表盘屏幕的优秀方法。

同点就在于仪表盘监控操作流程，如那些用于项目管理中的流程，而记分牌则体现战略目标的进展。表 15-5 和下面的描述介绍了 Eckerson 对仪表盘和记分牌的对比。[1]

表 15-5　特征比较

特　征	仪表盘	记分牌
目的	衡量绩效	显示进度
使用者	监督者、专家	高级管理层、经理和员工
更新	及时提供	定期的缩影
数据	事件	总结
显示	可视化图、原始数据	可视化图、注解

（1）**仪表盘**。仪表盘更像汽车仪表盘。它们能让专业操作人员和监管人员监控关键业务流程中的重大事件。但和汽车不同，多数业务仪表盘不会实时显示信息，而是在用户需要的时候及时提供信息。这个时间是很随意的，可以是任何一秒、一分钟、一小时、一天、一周或一个月，具体取决于业务流程、速度和重要性。然而，仪表盘上的大部分要素是需要每日更新的，只有几分钟或几小时的延迟。

仪表盘通过使用简单的图表（如仪表）来直观介绍绩效。然而，仪表盘上的图表需要经常更新，因此图表经常“闪动”或大幅改变。具有讽刺意味的是，检测操作流程的人经常觉得这种可视化的闪动分散自己的注意力，因此更倾向于使用旧的图表或文字。

（2）**记分牌**。记分牌更像用来追踪进度的绩效表。记分牌通常给追踪战略和长期目标的高级管理层展示每月总结数据，或者给需要了解小组进度的项目经理展示每周或每天的数据。在这两种情况下，相关人员都能根据总结的信息快速了解项目的状况。

跟仪表盘一样，记分牌经常使用图表展示绩效状态、趋势和偏离目标的状况。用户在组织中的职位越高，就越喜欢看可视化绩效报告。然而，多数记分牌还包括（或应当包括）大量文字评论，这些文字详细说明了绩效结果、需要采取的行动并预测了未来结果。

（3）**总结**。其实，使用仪表盘还是记分牌并不重要，只要工具能提供用户和组织需要的信息即可。仪表盘和记分牌都需要在一个简单的屏幕上展示重要绩效信息，从而帮助使用者快速获取信息。

尽管这两个术语经常互换，多数项目经理倾向于使用仪表盘或用仪表盘进行报告。Eckerson 定义了 3 种仪表盘，三种仪表盘的特征如表 15-6 所示[2]。

1　见 P504 注，p. 13.

2　见 P504 注，pp. 17-18.

表 15-6 三种仪表盘的特征

	操作的	战术的	战略的
目的	监控操作	衡量进展	实施战略
使用者	监督者、专家	经理、分析人员	高管、经理、员工
范围	业务的	部门的	企业的
信息	详细的	详细的/概要的	详细的/概要的
更新	当日	每天/每周	每月/每季度
重点	监督	分析	管理

（1）**操作仪表盘**：监控关键可操作流程，被一线工人和他们的监督者使用，他们直接与客户打交道或管理组织的产品和服务。操作仪表盘以总结形式交付具体信息。例如，某个线上商人可以从产品层面而非客户层面追踪交易。此外，操作仪表盘的多数指标都是当日更新的，可能每分钟更新一次，也可能每小时更新一次，取决于应用情况。因此，操作仪表盘强调监督多于分析和管理。

（2）**战术仪表盘**：追踪部门流程和关系组织的某个部门或部分人利益的项目。经理和业务分析师使用战术仪表盘来比较实际绩效和预算计划，进行预测。例如，一个要想减少客户数据库里错误数量的项目，就要使用战术仪表盘来展示、监督和分析过去 12 个月里实现 99.9%无缺陷客户数据的进展。

（3）**战略仪表盘**：监督战略目标的执行，常使用平衡计分卡方法、全面质量管理、六西格玛和其他方法。战略仪表盘的目的是与组织的战略目标保持一致，使小组向同一个方向前进。为了实现这个目标，组织就必须清楚每个小组甚至每个人的定制计分卡。这些串联的计分卡每周或每月进行更新，使高管获得了一个有力的工具，能够沟通战略、清晰掌握运营情况、识别绩效和商业价值的关键驱动因素。战略仪表盘强调管理多于监督和分析。

在使用仪表盘时还有三个关键步骤必须予以考虑：①仪表盘的目标受众；②仪表盘的类型；③数据更新的频繁程度。有的公司还有第 4 个步骤——知识产权的保护。有些项目仪表盘关注挣值衡量系统的关键绩效指标，这些仪表盘可能需要每天或每周更新。关注公司财务健康的仪表盘可以每周或每季度更新。

15.7 商业情报

企业提供商业情报（Business Intelligence，BI）的概念已经有 20 多年了。近几年来，商业情报被战略情报（Strategic Intelligence，SI）所取代。两种应用都是专为监控商业指标所设计的。Corine Cohen 认为[1]：

1 C. Cohen, *Business Intelligence* (Wiley and ISTE Ltd Publishers, Hoboken, NJ, 2009), p.xiii.

"监督的领域大致涵盖观察、审查、情报、竞争情报、警惕、商业情报、经济情报、经济和战略情报等。

SI 在这里被定义为研究、收集、情报处理和分配有利于战略管理的正式流程。除了信息功能，其主要目的是预测环境威胁和机遇（预测功能），帮助制定战略决策和提高组织竞争力及绩效。这就要求一个有组织的网络结构、人力资源技术和财务资源。

因此，战略观察和 SI 之间就要做出区分。SI 不仅仅是战略观察，还涉及战略决策的制定。观察能够（必须）显示事件造成的影响。然而，当他为接收者（尤其当执行的时候）提供意见和指导的时候就上升到情报的层次了。"

BI 和 SI 告诉我们监督和控制项目的方法必须加以改变。在项目管理环境中，BI 由指标展示，而 SI 由关键绩效指标展示。关键绩效指标是"战略"指标，为我们做明智的决策提供关键信息。BI 指标仅仅是监督指标，而 SI 指标或关键绩效指标帮助我们预测未来，而不仅是介绍当前的信息。因为现在项目经理开始以商务为导向，指标、BI 和 SI 之间的关系将会日益重要。

相关案例研究（选自 Kerzner/*Project Management Case Studies*,5th Edition）	相关练习（选自 Kerzner/*Project Management Workbook and PMP®/CAPM® Exam Study Guide*,12th Edition）	PMBOK®指南（第 6 版），PMP 资格认证考试参考部分
• Trouble in Paradise	• 使用 50/50 方法 • 多项选择题 • 成本管理中的填字谜	• 项目成本管理 • 项目范围管理

15.8　PMI 项目管理资格认证考试学习要点

本节用于项目管理原理的复习，以巩固《PMBOK®指南》中相应的知识领域和范围。本章着重讲述了以下内容：

- 范围管理。
- 成本管理。
- 启动。
- 规划。
- 控制。

对于准备 PMP 考试的读者，下列练习将有助于对相关原理的理解。

- 什么是管理成本和控制系统？
- 《PMBOK®指南》中的每个知识领域都需要建立衡量指标吗？

下列选择题将有助于回顾本章的原理及知识。

1. 未来，我们需要更好地了解如何去____。

A. 识别指标　　B. 衡量指标

C. 报告指标　　D. 以上都是

2. 需要制定指标的活动是____。

A. 难以管理的活动　　B. 难以衡量的活动

C. 难以报告的活动　　D. 对项目的成功或失败有直接影响的活动

3. 在三重约束条件下完成项目并不代表项目成功，因为在项目完工时相关方还没有看到项目的价值。

A. 正确

B. 错误

4. 指标____。

A. 帮助相关方了解信息　　B. 提供有关项目的清晰且详细的报告

C. 提供决策制定所需要的信息　　D. 以上都是

5. 以前进行项目管理时，除了成本和进度指标外，还有几个指标需要特别关注？

A. 0　　B. 2

C. 3　　D. 5

6. 以前进行项目管理时，我们认为____。

A. 时间衡量和成本衡量是非常准确的

B. 如果满足了时间和成本约束条件，那么项目就是成功的

C. 不利的指标不能提供足够多的信息，帮助确定纠正措施

D. 客户和其他相关方能迅速了解使用指标的意义

7. 以下正确的是____。

A. 项目生命期内，衡量指标不能改变

B. 好的指标能提供准确的预测信息，不属于估算

C. 除非指标能衡量，否则指标不能带来任何真正的价值

D. 以上均正确

8. 指标仅关注未来，而关键绩效指标则关注的更多。

A. 正确

B. 错误

9. 倒置理论认为____。

A. 只有那些难以衡量的指标才属于关键绩效指标

B. 与风险有关的关键绩效指标对绩效跟踪是必不可少的

C. 只需要跟踪核心指标

D. 只需要选择容易衡量的指标，比如时间和成本

10. 有的指标和关键绩效指标不能在现在衡量，因为这些指标的衡量是需要在可交付成果交付之后才能进行的。

A. 正确

B. 错误

11. 不属于关键绩效指标的 6 个特征之一的是____。

A. 预测现在与未来

B. 不仅仅是一个图标

C. 与项目的成功或失败有关

D. 数量少

12. 以下能影响关键绩效指标选择的是____。

A. 仪表板的规模与数量

B. 用户的类型

C. 用户的项目管理成熟度

D. 以上都是

13. 如果关键绩效指标不能提供任何准确的信息，那么它不能带来任何价值。

A. 正确

B. 错误

14. 精致的衡量技术能消除不确定性，为决策制定提供更准确的信息。

A. 正确

B. 错误

15. 项目的健康状况只需要一个指标就能确定。

A. 正确

B. 错误

16. 在项目启动会议中，团队成员需要简要介绍将采用哪些关键指标以及不采用哪些指标。

A. 正确

B. 错误

答案

1. D　2. D　3. A　4. D　5. A　6. C　7. C　8. B　9. D　10. A　11. A　12. B　13. D　14. A　15. B　16. A

思考题

15-1 传统指标和关键绩效指标的区别有哪些？

15-2 有标准的指标报告模式吗？

15-3 选择指标的要求是什么？

15-4 什么原因导致指标的运用缺乏支持？

第16章　项目管理中的平衡分析

“当我们对事物本身进行研究时，发现其研究方式适用于世界上的一切事物。”

——缪斯法则

引言

成功的项目管理既是一门艺术也是一门科学，它在时间、成本和绩效的约束条件下试图管理公司的资源。许多项目的活动是独一无二的，事先很难制订出一份非常合理的计划。因此，项目经理就会觉得，让时间、成本和绩效这个三角形保持不动是很困难的，如图 16-1 所示。

时间、成本、绩效的三角形是一种“魔幻组合”，是项目经理在整个项目生命周期一直追求的组合。如果项目依据计划顺利进行，就可能不需要进行平衡分析。遗憾的是，这几乎不太可能。此外，如果我们加入更多的约束条件或标准，情况也会变得更复杂。简而言之，本章只讨论时间、成本与绩效这三个约束条件。

这种平衡分析如图 16-2 所示，图中 Δ 表示与初步估算的偏差值。时间和成本偏差一般是超出估算的，而绩效偏差一般低于估算值。没有两个项目是完全相似的，所以平衡分析在整个项目周期中是不断进行的，并持续受到内部和外部环境的影响。有经验的项目经理预先进行了平衡分析且预留了管理储备金，因为他们认识到平衡分析是持续思考过程的一部分。

平衡分析是基于项目的约束而进行的。表 16-1 列出了常见的约束条件。情况 A 和情况 B 是在项目管理中经常遇到的平衡分析案例。例如，情况 A-3 代表的是大部分研发项目。研发项目的绩效通常已经提前定义好，只有成本和时间允许超出预算和计划。究竟牺牲哪一个指标，要根据可供选择的备选方案来决定。如果正在开发的产品没有替代方案，但它的市场潜力很大，那么会考虑同时牺牲成本和时间。

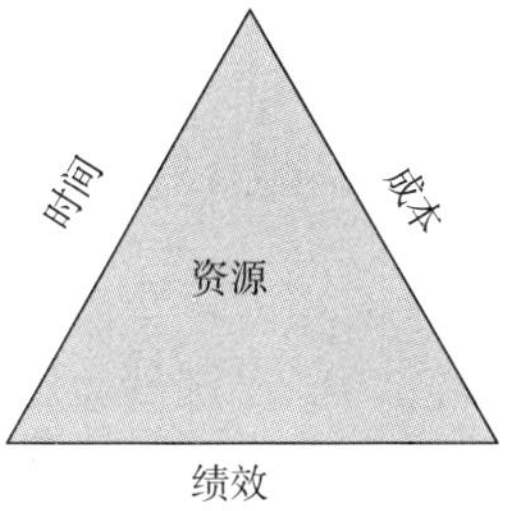

图 16-1　项目管理概览

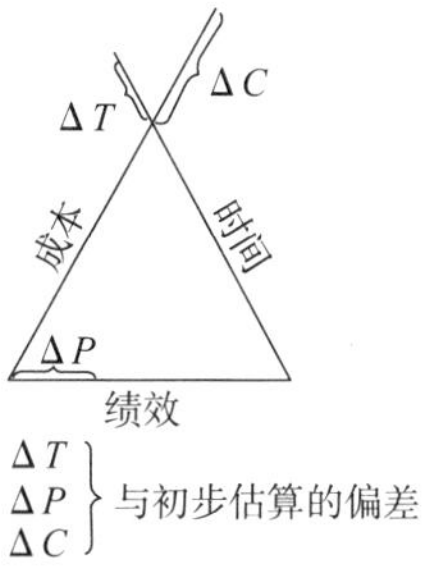

图 16-2　项目管理的平衡分析

表 16-1　约束条件分类

	时　间	成　本	绩　效
A. 一个时点上有一个元素固定			
A-1	固定	变动	变动
A-2	变动	固定	变动
A-3	变动	变动	固定
B. 一个时点上有两个元素固定			
B-1	固定	固定	变动
B-2	固定	变动	固定
B-3	变动	固定	固定
C. 三个元素都固定或都变动			
C-1	固定	固定	固定
C-2	变动	变动	变动

大多数固定资产设备研发项目都属于情况 A-1 和情况 B-2，此时时间是最重要的。设备投产越早，投资回报就实现得越早。通常是绩效决定了项目的潜在收益。如果项目的潜在收益很大，成本就如情况 B-2 所示成为可变的因素了。

非生产流程所用的设备研发项目通常是设计一个类似情况 B-3 的方案，如大气污染控制设备。其中绩效已经由环保局确定。生效的截止期限可以通过诉讼的方式延迟，但是一旦诉讼失败，大多数的公司就会尝试使用最廉价的装备来满足最低的要求。

专业的咨询公司主要按照情况 B-1 来运作。在情况 C 中，平衡分析将基于选择标准和约束条件来完成。如果每个元素都固定（如情况 C-1），那么除了全部成功之外没有别的选择。如果每个元素都可以变动（如情况 C-2），那么就没有了任何约束条件，也就不需要平衡。

在决定牺牲时间、成本或者绩效时，有许多因素需要考虑。然而值得注意的是，牺牲一个指标而不影响其他指标是不可能的。比如，削减时间会对绩效和成本产生严重的影响（特别是在要求加班的情况下）。

如图 16-3 所示，有些因素会强迫人们进行平衡分析。不完善的书面文档（如工作说明书、合同和规格说明书）几乎总是造成冲突的内在力量，项目经理在冲突中倾向于降低绩效。在许多项目中，最初的销售、协商及规格的制定都是由高级技术人员完成的，他们总是想生产出一个不朽的产品，而非满足客户的实际需求。当决策权由项目向外转移至客户时，项目经理倾向于寻求削减成本。

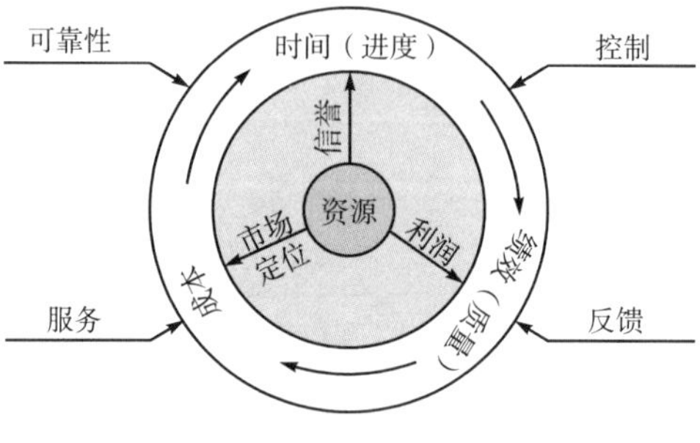

图 16-3 强制进行平衡分析的因素

16.1 平衡分析的方法论

PMBOK®指南，第 6 版
第 4 章 项目整合管理
第 5 章 项目范围管理

时间、成本和绩效的平衡分析过程应该强调系统的管理方法。因为，即使项目或系统最微小的变化，也能够轻易地影响整个组织系统的规划过程组。图 16-4 介绍了一个典型的系统模型。基于这一点，开发一个决策制定/平衡分析的流程远比维持固定的平衡分析原则要好。下面这 6 步可能有帮助。

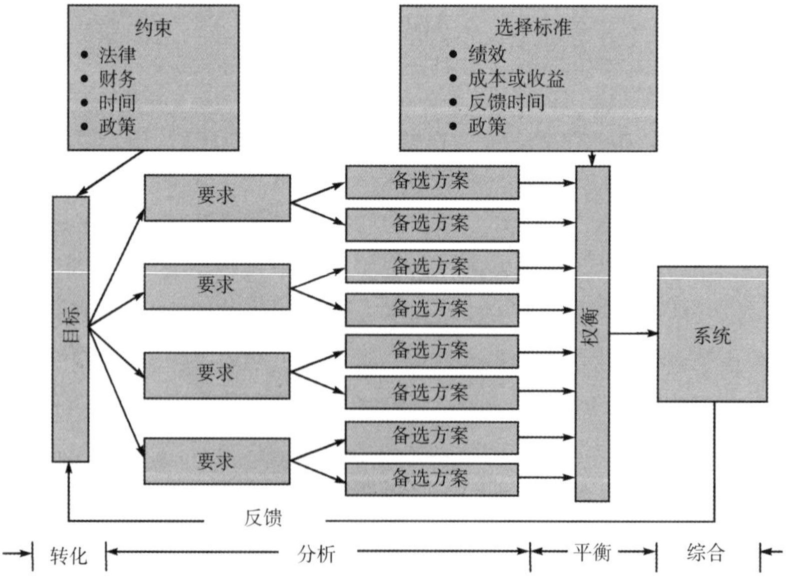

图 16-4 常用的系统方法

16.1.1 第一步：识别项目冲突

任何决策过程的第一步都是识别并了解冲突。绝大多数的项目都有成本管理和控制系统，该系统可以比较实际结果与计划的差异，通过偏差分析来仔细研究结果，并提供状态报告以保证及时采取纠正措施，解决问题。项目经理必须仔细评估项目问题信息，因为一个潜在问题的信息往往与它的表面现象并不一致。此时，应该考虑的典型问题包括：

- 信息是否与问题关系密切？
- 信息及时吗？
- 数据完整吗？
- 谁决定项目的状况？
- 怎么能够确认信息是正确的？
- 如果此信息为真，那么对项目而言意味着什么？

进行第一步的原因是理解冲突的起因和平衡分析的需求。大多数起因都可以分为人为造成的误差或事故、不确定性问题和没有预料到的问题等几类。三类冲突起因的具体表现分述如下。

- 人为造成的误差或事故：
  — 不现实的进度承诺。
  — 缺乏设计变更控制。
  — 不完善的项目成本核算。
  — 机器事故。
  — 测试失败。
  — 未能得到关键投入。
  — 未能得到期望的支持。
- 不确定性问题：
  — 有太多同时进行的项目。
  — 劳动合同终止。
  — 项目领导的变换。
  — 项目取消的可能性。
- 没有预料到的问题：
  — 使用了太多的资源。
  — 项目的优先级冲突。
  — 现金流问题。
  — 劳动合同纠纷。
  — 原料装运延误。

— 某些“快升道”的人被提拔而离开了项目。
— 某些“临时”员工不得不返回原工作基地。
— 不准确的初步预测。
— 市场条件的改变。
— 制定了新标准。
—客户引起的范围变更。

16.1.2 第二步：审查目标

决策过程的第二步是对项目目标的全面审查，审查参与项目的各类人员的目标，从高层管理者到项目团队成员。考虑了许多环境因素之后，要对这些项目目标进行优先级排序，其中一些目标会随着项目的进展而发生变化。

这些项目目标的属性通常决定了在成本、时间和绩效之间存在的变化幅度。这就要求我们检查所有的项目文档，包括：

- 项目目标。
- 发起人关于项目的整体目标和战略计划。
- 工作说明书。
- 进度、成本和绩效说明。
- 资源消耗与计划。

16.1.3 第三步：分析项目状态

第三步是项目环境和状态分析，包括详细比较实际时间、成本和绩效与初步或修改的项目计划。这一步不是找“替罪羊”，而是应该关注项目结果、问题和存在的障碍。此外，还要审查财务风险、潜在的后续合同、其他项目的状态和相关的竞争形势等一系列环境因素。有些公司建立了针对平衡分析的政策，如“从来不做绩效让步”的政策。但是，如果环境因素增加了公司的财务风险时，这些政策也需要做出调整。下面这些主题在第三步中可以加以考虑应用。

- 与项目管理办公室讨论项目，以便达到以下目的：
  — 确定成本、时间和绩效的相对优先权。
  — 确定对公司盈利能力和战略计划的影响。
  — 得到一个管理评估（预测问题）。
- 如果项目是一个与外部客户的合同，那么与客户的项目经理会面，评估他对于项目状况的看法，以及客户在时间、成本和绩效方面的优先顺序。
- 与职能经理会面，确定他们对该问题的看法，获得他们对项目成功的承诺。这个项目在他们的优先级列表上处于什么样的位置？

- 从细节上检查每个项目工作包的状况，通过项目办公室的相关负责人获得一份清晰详细的评价，包含以下内容：
  — 完工时间。
  — 完工成本。
  — 要完成的工作。
- 回顾历史数据，评估上一步获得的成本信息和进度信息的可信度。

项目经理要具备足够的经验，迅速评价某个偏差的重要性以及该偏差对项目团队绩效可能造成的影响。了解项目需求（可能有项目发起人的帮助）通常会帮助项目经理决定是采取纠正措施，还是让项目按照初步设想进行。

不论是否需要迅速采取行动，都要分析为什么会发生潜在的问题。很显然，如果"疾病"本身没有被治愈的话，这种分析并不能帮助治疗。因为项目经理是项目团队中的一个关键人物，需要对出现的问题负责，所以他必须在识别问题时保持客观。典型的可疑领域包括以下几个方面：

- 不充分的规划。要么规划在细节上不够充分，要么控制系统没有建立，不能使项目按照已通过的规划进行。
- 范围变更。范围变更通常会导致成本超支或进度滞后。在项目规划没有正式完成或资源还没有分配时，范围变更是允许的。
- 不良的绩效。由于绩效在任何项目团队结构中都是高度相关的，某个个体的绩效差就会很快影响到整个团队的绩效。
- 绩效过剩。一个过于热心的团队成员经常会无意识地破坏项目中规划的成本、进度和绩效之间的平衡。
- 环境限制，特别是在项目中存在第三方审核批准或者依赖外部资源时。项目外部组织的变更、延误和无绩效会对整个项目的绩效产生负面的影响。

有的项目看起来让人不可忍受，但事实上并非如此。比如，建筑项目的前期成本投入较大，使人觉得这导致了很严重的偏差，但事实并非如此，成本的前期投入大多是按计划进行的。

16.1.4　第四步：分析替代方案

PMBOK®指南，第 6 版
1.2.4.5　项目管理过程组

项目平衡分析过程的第四步是列出替代方案。这一步意味着人们要进行"头脑风暴"，通过时间、成本和绩效的不同组合，列出完成项目的可能方法。同时，这一步还可以把很多替代方案提炼为三四个最可能的方案。但是，某些可行的直觉性决策也可以保留。

为了全面地识别替代方案，项目经理必须围绕成本、时间和绩效回答以下这些问题。

- 时间：
  - — 客户可以接受时间延迟吗？
  - — 时间延迟会改变其他项目和客户的完工日期吗？
  - — 时间延迟的原因是什么？
  - — 资源可以重新调配以满足新的进度计划吗？
  - — 新的进度计划的成本是什么？
  - — 增加的时间会改善绩效吗？
  - — 项目的延迟会引起客户其他的项目延迟吗？
  - — 客户反应将会是什么？
  - — 增加的时间会改变学习曲线吗？
  - — 这会影响到未来获得合同的能力吗？
- 成本：
  - — 是什么导致了成本超支？
  - — 采取什么措施可以减少成本？
  - — 客户会接受成本增加吗？
  - — 我们能承担额外的成本吗？
  - — 我们可以重新协商时间或绩效标准而使成本不超支吗？
  - — 项目剩余部分的预算准确吗？
- 增量资金的投入：
  - — 这是满足绩效的唯一方法吗？
  - — 这会影响到未来获得合同的能力吗？
  - — 这是保持进度计划唯一的方法吗？
- 绩效：
  - — 最初的规格能被满足吗？
  - — 如果不能，在什么成本下我们可以保证满足？
  - — 规格可以协商吗？
  - — 对于公司和客户来讲，规格改变有什么优点？
  - — 对于公司和客户来讲，规格改变有什么缺点？
  - — 我们要提升绩效还是降低绩效？
  - — 客户会接受变更吗？
  - — 这会导致产品或员工责任吗？
  - — 规格变化会引起项目资源的重新分配吗？
  - — 这个变化会影响到未来获得合同的能力吗？

一旦得到了以上问题的答案，通常最好的办法就是把结果图示出来。在过去 20 年里，图形化方法一直被用来确定缩短项目工期的赶工成本。运用图形化技术时，我们必须决定 3 个参数中的哪一个保持固定。

情形 1：绩效固定（相对于规格来说）

绩效固定时，成本可以看作时间的函数。样本曲线如图 16-5 和图 16-6 所示。在图 16-5 中，×表示目标成本和目标时间。遗憾的是，在目标时间下完成项目所需的成本比预算成本高，有可能是采取增加资源的投入或加班导致的。根据加班的方式，可以在曲线上找到一个最小点，在这个点以后拖延进度会导致总成本逐渐提高。

图 16-6 中的曲线 *A* 表明了“时间就是金钱”的情况。任何时间的增加都会导致完工成本的增加，例如管理支持时间等因素会使完工成本增加。但是在某些情况下，成本增加后会在一段时间内保持平稳，如图 16-6 中的曲线 *B* 所示。例如，在完成新工作前必须等待某一组件的温度条件，或者仅仅是由于等待计划外资源的到达。在后一种情况下，平衡判定点可能是在平稳状态的末端。

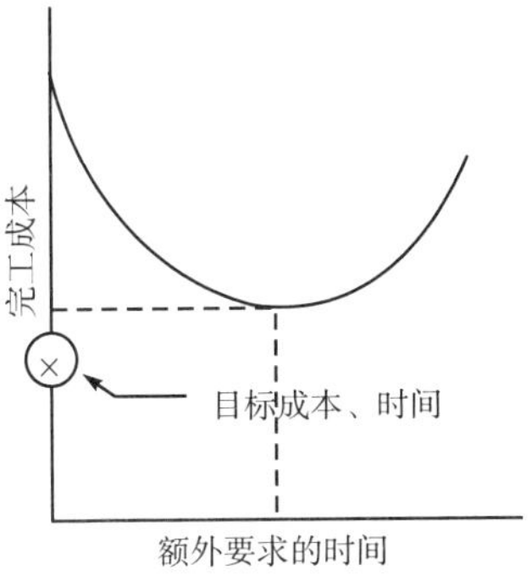

图 16-5　绩效固定的平衡分析 1

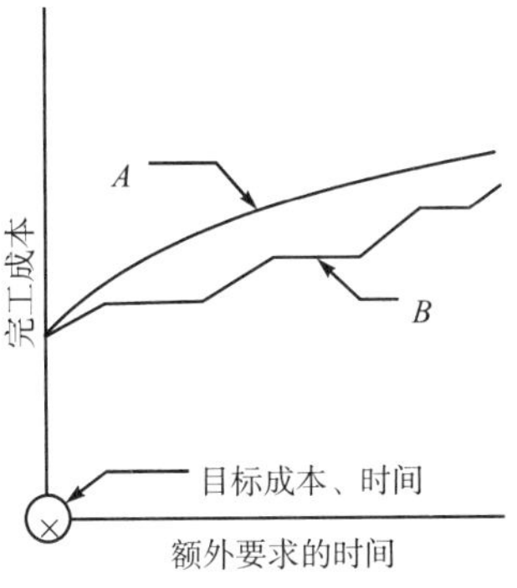

图 16-6　绩效固定的平衡分析 2

在绩效固定时，有 4 种绘制和分析时间/成本曲线的方法：

- 可能需要额外的资源，这通常会使成本很快上升。假设资源可以得到，成本控制问题就是在初步项目预算后增加资源导致的。
- 重新定义工作范围，在不改变项目绩效要求的前提下将一些工作删除。绩效标准可能设置得太高，或者项目团队成功的可能性很低。如果较低的质量水平也可以满足客户的要求，那么降低绩效标准通常会引起成本减少和进度加快。
- 为了平衡项目成本或者加快关键路径上某些落后的活动，可以转移资源。重新制订的计划会将某些工作从非关键活动上移动到关键活动上。
- 为了解决进度问题调整逻辑图，把工作从当前位置移动到期望位置。这种变化很容易导致资源的重新规划和分配。例如，把顺序进行的工作变成“平行”进行，但通常会引起较大的风险。

固定绩效水平的平衡分析，必须考虑公司对客户的依赖程度、公司内部项目的优先级以及未来的商业发展。这里有一个基本假设，公司绝不会不顾自己的信誉，推出低于规格要求的产品，除非公司为了增强绩效或将项目进度拉回正轨。在进行时间与成本平衡分析之前，有必要对此进行调查。

时间和成本在劳动密集型项目中是紧密相关的。当交货拖后时，成本总会上升。延迟交货和使成本增长最小化通常会是一个可以令人接受的替代方案。在这些项目中，公司对客户的依赖程度、项目的优先程度、与销售相关的未来的业务潜力都代表了中低风险。在某些高风险的情况下，承包商会接受额外成本的投入，因为他们可能从客户身上得到后续项目，从而在未来的业务机会中弥补这个项目的损失。但是，并不是所有的项目都会获得财务上的成功。

有时项目会固定时间和成本，只有绩效作为变量用来进行平衡。然而，如下面情景所示，最终的结果可能是修改“固定”的成本约束。

情形 2：成本固定

成本固定时，绩效可以被视为时间的函数，如图 16-7 所示。是否坚持进度计划通常取决于绩效水平。在曲线 *A* 中，项目开始就很快增长到了 90%的绩效水平，时间增长 10%可以使绩效增长 20%。在某个点后，时间增长 10%，绩效只增长 1%。公司不希望冒险增加额外的时间去追求 100%的绩效（如果可能的话）。在曲线 *C* 中，必须增加额外的时间，因为客户不可能满意一个 30%～40%的绩效水平。曲线 *B* 是最难分析的，除非客户很清楚地限定一个可以接受的绩效水平。

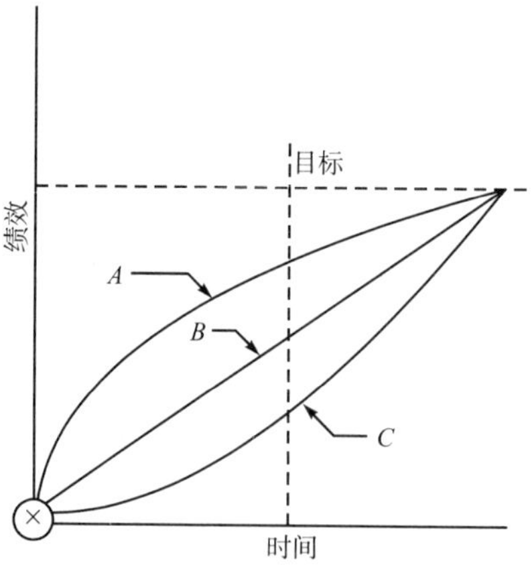

图 16-7　成本固定的平衡分析

如果成本固定，项目拥有一份措辞严谨且易理解的合同就很重要。合同中要明确规定要求达到的绩效水平，清晰介绍需要包含什么和不包含什么。必须密切注意由于客户变更或者额外要求所导致的成本变化，这有助于减少成本超支的可能性。参与合同制定的有经验的项目经理会考虑没有经验的项目经理忽略的成本，从而减少下游活动的平衡分析。常见的、经常被忽略且能引起成本增加的因素包括：

- 过度详细的报告。
- 不必要的文档。
- 过多的时间、成本和绩效追踪文档。
- 详细的设备规格，但事实上可以从外部购买。
- 对项目采用了错误的合同类型。

在一个固定成本约束中，绩效通常是首先被牺牲掉的。但是，如果牺牲绩效是为了满足一些未明确规定的要求（如长期保养），那么这种平衡方法会给项目生命周期带来潜在的灾难。从长期来看，降低绩效事实上会增加成本而不是降低成本。因此，项目经理应该确保其对与绩效平衡有关的实际成本有着很好的理解。

情形 3：时间固定

图 16-8 表示在时间固定的情况下，成本会随着绩效而改变。与图 16-7 相似，图 16-8 反映了绩效是成本的函数，随成本的变化而变化。如果预算只能满足 90%的绩效，那么承包商可能要求降低绩效，如曲线 *A* 所示。但是，如果实际情况是曲线 *B* 和曲线 *C*，那么就与情形 1 相同，即客户的重要程度和对其后续合同的强调程度，必然会产生额外的成本。在某些情况下，按时完成项目是很重要的。例如，当发动机已经准备装运时，飞机泵还没有完工，这就会影响发动机生产商和机身生产商，并最终影响到客户。三者都会因为某个部件的延迟交付而遭受巨大损失。而且，客户会深刻记住，谁无能力办事，谁让你遭受了大损失。这时，发怒的客户副总裁会中止你所有的合同，导致项目的真正失败。有时候，即使假设时间固定，也会给客户带来一些不便。当整个大型项目（你的项目只是它的一个子项目时）进度延误，且客户没有为你的项目做特殊准备时，这种情况就会发生。

时间因素的另一方面是时间超出的“早期警告”，这经常会减轻对客户的伤害，极大地提升客户的有利反应。在项目开始之前和开展过程中，缜密的规划和跟踪、紧密协调所有职能部门、对进度计划进行现实处理，能保证尽早通知客户，确保对时间、资金、技术绩效之间进行平衡分析。客户希望的最后一件事，就是在进度计划时间结束时，有一份好的进度报告，而不是让他们感到吃惊的计划。

当时间固定时，客户发现他在决定如何达到期望的绩效水平上有一定的灵活性。如图 16-9 所示，承包商可能愿意接受额外的成本来保障员工的安全。

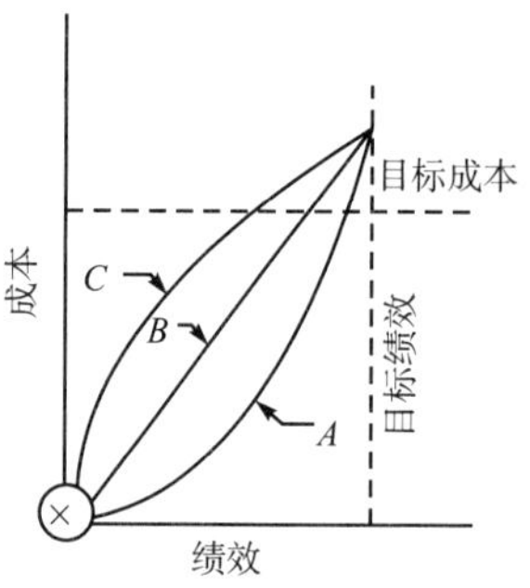

图 16-8 时间固定的平衡分析

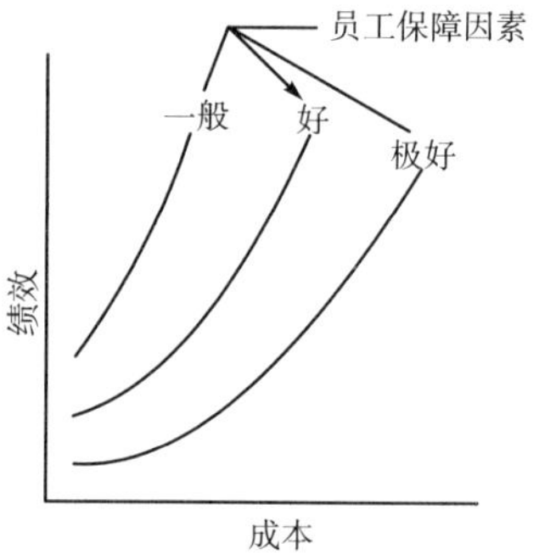

图 16-9 绩效与成本关系

情形 4：没有约束是固定的

另一种常见情形是时间、成本和绩效都不固定。平衡分析关系的最佳图示方法就是如图 16-10 绘制参数曲线。现在可以在不同的绩效水平上进行成本和时间平衡分析。当然，曲线也可以在不同的成本水平下（如 100%、120%、150%的目标成本）和不同的进度计划下绘制。

另一种图示系列曲线方法如图 16-11 所示。在这里，承包商有不同的成本路径可以满足期望的时间和绩效。最终路径的选择取决于承包商愿意承受的风险大小。

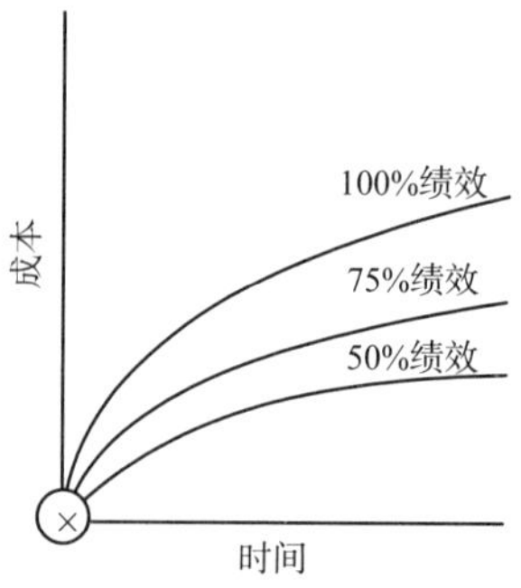

图 16-10 用系列曲线进行平衡分析

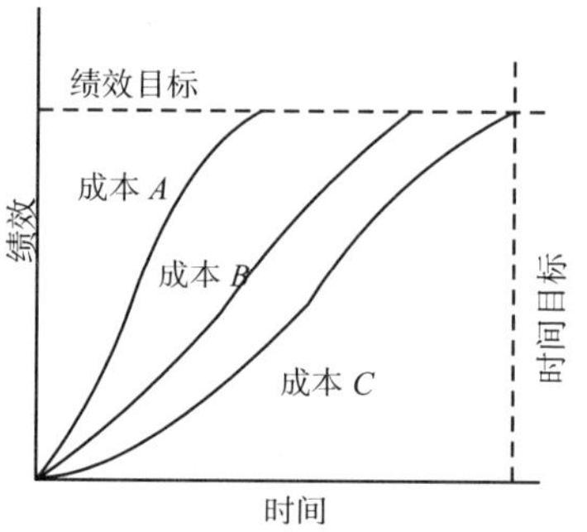

图 16-11 成本—时间—绩效系列曲线

平衡分析在整个项目生命周期的任何时点上都可以进行。图 16-12 显示，时间、成本和绩效是如何在生命周期内变化的。在项目启动时，成本问题可能没有积累到重要的程度。另外，项目的绩效可能变得比进度更重要。这时，绩效是可以“购买”的。当项目临近结束时，成本就越来越重要了，特别是在项目的利润是公司收入的主要来源时。同样，绩效和进度计划的影响程度也可能会降低。

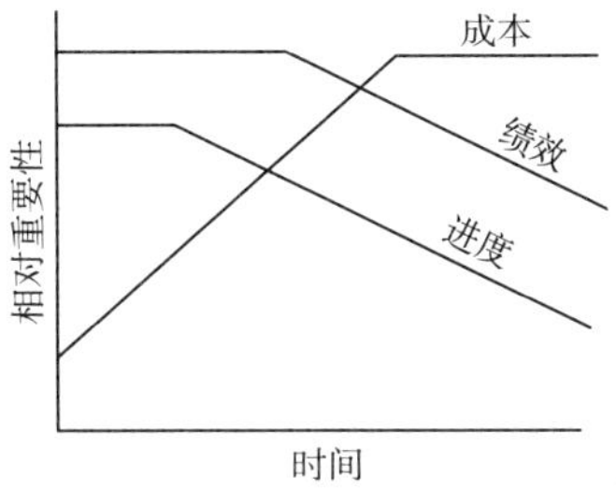

图 16-12　生命周期平衡分析（进度不必是典型的）

16.1.5　第五步：选择替代方案

一旦制订了多个备选方案，就可以采用方法论中的第五步来分析和选择可行的方案。分析备选方案包括调整项目成本、绩效和时间目标的准备工作，同时还要分析所需资源、总的进度计划及支持每个方案所需的项目更新计划。接下来就是高层领导、项目经理和职能经理一起选择使公司所受影响最小的方案。这种影响不仅要以短期的财务结果来衡量，还应考虑长期的战略和市场状况。

这一步应该包括以下内容。

- 编制一份正式的项目更新报告，包括要完成的替代工作范围、进度计划和成本：
  — 成本超支最少。
  — 符合项目目标。
  — 进度延期最短。
- 构建一个包含成本、工作目标和进度计划的决策树，同时估计每种情况下到达决策点的成功概率。
- 为内部和外部项目管理提供几个备选方案，同时给出每个备选方法的成功概率。
- 获得管理层的同意，选择恰当的完工策略并实施，此时假设管理者不会坚持完成一个不可能的任务。
- 最后的措施需要更进一步澄清。许多公司利用检查表建立备选方案评估准则，同时用来评估未来的潜在问题。检查表可能包括：
  — 其他项目会受影响吗？
  — 会对以前的工作返工吗？
  — 维修或者维护会变得更难吗？
  — 未来会有额外的任务吗？
  — 项目人员将如何反应？
  — 对项目生命周期有什么影响？
  — 项目的灵活性会降低吗？

— 对关键职员有什么影响？

— 对客户有什么影响？

对所有未来潜在问题发生的可能性和严重性都应进行评估。如果问题会再次发生且更严重，就应当编制一份计划来降低发生的概率。人力、物质、机器、资金、管理、时间、政策、质量和变化的要求等内部限制都会在项目生命周期中引发各种问题。外部限制（如资本、完工日期和负债）也会影响项目的灵活性。

比较备选方案的最佳方法之一就是列出它们，然后按照某些特定因素（如客户、潜在的商业机会、成本亏损额和商誉损失等）的相对重要性对它们进行排序，如表 16-2 所示。表 16-2 中每个目标都根据管理人员的特定方法确定了权重，百分数代表了人们对每个备选方案的满意度。这种分析方法经常与风险决策相联系，运筹学和管理学课程中一般都有这些方法。权重因素经常被用来协助制定决策。遗憾的是，这会使本来就令人困惑的决策过程更加复杂。

表 16-2 权衡备选方案

目标 / 权重 / 备选方案	增加未来业务	时间准备	满足当前成本	满足当前规格	利润最大化
权重	0.4	0.25	0.10	0.20	0.05
增加资源	100%	90%	30%	90%	10%
减少工作范围	60%	90%	90%	30%	95%
减少规格变更	90%	80%	95%	5%	80%
延迟完成项目	80%	0%	20%	95%	0%
让客户增加成本	30%	85%	0%	60%	95%

表 16-3 给出了一些公司所做的平衡分析，这些公司把所有的备选方案都转换成用最普通的统一标准（如美元）来衡量的方案。尽管这种转化非常困难，但它确保了我们可以进行“苹果与苹果”的比较。所有的资源如资产设备，都可以用美元来表示，但很难用美元去确定某些因素，如环境污染、安全标准或失去生命的资金价值。

表 16-3 提高绩效能力的平衡分析

序号	名　称	资本支出（美元）	完工时间（月）	项目利润（美元）	利润评级
1	无变化	0	6	100 000	5
2	聘请高薪者	0	5	105 000	3
3	翻新设备	10 000	7	110 000	2
4	购买新机器	85 000	9	94 000	6
5	改变规格	0	6	125 000	1
6	转包合同	0	6	103 000	4

以下几种纠正措施可以采用：

- 加班。
- 两班倒。
- 催交。
- 增加额外的人力。
- 投入更多的钱。
- 改变供货商。
- 改变规格。
- 调整项目资源。
- 放弃设备检测。
- 改变工作说明书。
- 改变工作分解结构。
- 替换设备。
- 替换材料。
- 利用外部承包商。
- 给承包商提供奖金。
- 单一供货商。
- 取消图纸审核。

上面提到的纠正措施可以用于时间、成本和绩效平衡。但是，每一领域又有专门的备选方案。假设计划评审技术/关键路径法最初是用于项目进度计划的，那么下面的选项适合进度处理：

- 给所有的任务排序，删除优先程度较低的工作，检查其对关键路径的影响。
- 利用资源评级。
- 工作分解结构再细分一层，然后重新估计每一任务的时间。

绩效平衡可按照下面的方法得到：

- 对项目并不重要的但要求过严的规格可以适当放松（像军品的标准规格）。
- 检测需求可以调整为自动进行（如加速寿命测试），以使成本最小化。
- 设定一个可以接受的绩效要求的最小绝对值，在此标准之下，你就不会实施项目。这就在平衡方案的选择中给出了一个不可逾越的绩效底线。
- 必须放弃那些与整个项目目标（包括隐含目标）及其业绩没有任何联系的绩效要求。这就要求项目经理分项列举并排序重要的和不重要的目标。
- 考虑利用专职的项目办公室人员执行任务。当执行的任务需要较深的项目知识的时候，这是一种有效的资源平衡。例如，在进行翻修型项目信息收集的时候，就会利用专职的项目人员；在设计和检测过程中，由于这些人有很强的背景知识，因此他们对于改进绩效的各项工作能节约相当多的时间和人工。

成本平衡分析的领域包括以下几个：

- 增加的成本（运用敏感性分析）。
- 资源的再分配。
- 没有改变项目规格的情况下采用了低成本的原材料替代物。

根据问题的重要性、识别的及时性以及对项目结果潜在的影响，你可能发现没有可以使项目准时在预算内达到可接受的绩效水平的措施。选定了可行的备选方案，通常还会有如下问题。

- 尝试和项目发起人重新协商项目绩效标准，这种行动要基于可交付成果是否现实，而不是项目经理个人是否便利。项目经理、项目团队和母体组织的职责与法律责任是最应该关心的问题。

- 如果重新协商考虑不是一个有效的备选方案，或者已被拒绝，那么唯一的选择就是在完成项目的过程中“阻止损失”。进行止损规划时，直线管理和项目管理都要共同参加，因为母体组织此时正在寻求自我保护。可用的选择包括：
  — 按进度计划和项目发起人设定的最小质量水平要求完成项目。这虽然会导致成本超支（财务损失），但会让项目发起人较满意（项目发起人如果知道一个项目团队在采取一种阻止损失模式时，他会感觉舒服）。
  — 控制成本和绩效，但是进度计划会延后。在这种情况下，项目发起人的不满意程度将视具体情况而定。风险包括未来工作损失或间接损失。
  — 保持进度计划和成本，允许降低质量。这种高风险的方法获得成功的可能性很小，遭受失败的可能性很大。如果最后的成果在最低标准之下，项目中所做的质量工作就完全失去了意义。
  — 在不可能的环境中寻求期望的成本、进度计划和绩效结果，这种方法“希望”不可避免的事情不会发生，但可能导致所有领域都失败，甚至受到刑事诉讼。
  — 取消项目，努力限制风险暴露。这种方法可能结束一个项目经理的事业，但有利于整个工作人员的事业。

16.1.6 第六步：重新制定项目规划

项目平衡管理方法论中的第六步和最后一步就是获得管理部门批准并重新制订项目计划。项目经理通常需要识别备选方案、准备建议，然后提交给高层管理者进行审批。高层管理者的参与是很必要的，因为如果不能得到高层管理者的支持，项目经理制定的纠正措施就是“纸上谈兵”，没有效果。高层管理者一般基于以下内容进行决策：

- 公司关于质量、诚信和商誉的政策。
- 开发长期客户关系的能力。
- 项目类型（研发、现代化或新产品）。
- 项目规模和复杂性。
- 其他正在进行的或计划中的项目。
- 公司的现金流。
- 最低投资回报率。
- 竞争的风险。
- 技术风险。
- 对附属组织的影响。

从备选方案列表中选择了一个新方案后，管理层特别是项目团队，要开始修改项目目标。这需要对项目重新详细规划，包括新进度计划、计划评审技术图、工作分解结构及其他关键的基准。整个管理团队（如高级管理层、职能经理和项目经理）要共同合作，完成项目计划的修改工作。

16.2 合同对项目的影响

PMBOK®指南，第 6 版
第 12 章 项目采购管理
12.3 控制采购

最后决定是否进行成本、时间或绩效的平衡取决于合同类型。表 16-4 列出了 7 种普通类型的合同，以及每种合同下平衡的排序。

表 16-4 不同合同类型约束条件的牺牲顺序

	完全固定总价合同	总价加激励费用合同	成本合同	成本分摊	成本加奖励合同	成本加补偿合同	成本加固定费合同
时间	2	1	2	2	1	2	2
成本	1	3	3	3	3	1	1
绩效	3	2	1	1	2	3	3

注：1 为首先被牺牲掉的；2 为其次被牺牲掉的；3 为最后被牺牲掉的。

（1）固定总价合同（Firm-Fixed-Price，FFP）。时间、成本和绩效在合同中都有规定，所有的都需要承包商负责。这类合同所有的约束都同等重要，牺牲资源的顺序与项目驱动型组织相同，如前文表 16-1 所示。

（2）总价加激励费用合同（Fixed-Price-Incentive-Fee，FPIF）。奖励费用是用成本来衡量的，因此成本是最后一个被考虑用来平衡的约束。由于在项目完成过程中绩效通常比进度计划更重要，所以时间是第一个考虑平衡的约束，绩效是第二个。

（3）成本加奖励合同（Cost-Plus-Incentive-Fee，CPIF）。成本是可以补偿的，但奖励的多少由成本决定。这样，成本是最后一个被考虑平衡的约束。像总价加激励费用合同（FPIF）一样，在项目完成中，绩效通常比进度计划更重要，所以约束条件牺牲排序也与 FPIF 一样。

（4）成本加补偿合同（Cost-Plus-Award-Fee，CPAF）。成本可以补偿，但其奖励金额是由承包商完成的绩效决定的。这样，成本就是第一个被考虑用来平衡的约束，绩效将是最后一个被考虑的约束。

（5）成本加固定费合同（Cost-Plus-Fixed-Fee，CPFF）。成本可以补偿，因此成本将是第一个被考虑平衡的约束。尽管没有时间和绩效方面的效率奖励，却可能有对不良绩效的惩罚。这样，时间是第二个被考虑平衡的约束，绩效是第三个。

16.3 行业平衡分析的参数选择

表 16-5 给出了 21 个被调查行业在平衡分析中的参数选择过程。很显然，每个决定都受到许多变量的影响。表中的数据忽略了外部变量，只反映了被采访者总的反应，而外部变量可能改变参数项选择的顺序。

表 16-5 行业平衡分析的一般参数选择

企业	时间	成本	绩效
建筑	1	3	2
化学	2	1	3
电子	2	3	1
汽车制造	2	1	3
IT	2	1	3
政府	2	1	3
卫生（非营利性）	2	3	1
医药（营利性）	1	3	2
核能	2	1	3
制造业（塑料）	2	3	1
制造业（金属）	1	2	3
咨询业（管理）	2	1	3
咨询业（工程）	3	1	2
办公用品	2	1	3
机床	2	1	3
石油	2	1	3
电力	1	3	2
公用事业	1	3	2
航空	2	1	3
零售业	3	2	1
银行业	2	1	3

注：表中的数字表示 3 个参数牺牲的顺序（第一、第二、第三）。

表 16-6 把表 16-5 中的各个行业分为 4 类：项目驱动型组织、非项目驱动型组织、非营利性组织和银行业。

表 16-6　特例

	组织类型					
	项目驱动型组织		非项目驱动型组织	非营利性组织	银行业	
	生命周期早期	生命周期后期			领导者	追随者
时间	2	1	1	2	3	2
成本	1	3	3	3	1	1
绩效	3	2	2	1	2	3

在银行业所有的项目中，不论是否有规定，成本都是第一个被牺牲掉的资源。这种平衡最主要的原因就是，银行总体上对于提供的服务所需的实际成本缺乏定量估计。例如，许多美国商业银行特别强调用美国联邦储备局印制的《职能成本分析》(*Functional Cost Analysis*) 为自己的服务定价。而这份印刷品就是一份成员银行数据的汇总，用户就是成员之一。其输入的不准确直接影响了结果的可信度。

美国联邦条例规定了时间约束，因为绩效标准也已经由制定规章的机构所确定，成本就成为唯一可考虑的资源。

在没有制定相关制度的银行项目中，下一个牺牲的资源要取决于竞争的环境。当其他竞争者开发出某个银行还没有提供的新服务或产品时，时间资源就没有绩效标准重要。

在某些银行项目中，时间因素是非常重要的。许多项目依赖于美国的联邦法律，特定法律的生效日期决定了项目的最后期限。

通常来讲，在非营利性组织中，绩效是第一个让步的资源。有许多非营利性机构，它们都是服务于社区的，美国联合慈善总会 (the United Way)、免费诊所、美国出生缺陷基金会 (March of Dimes)、美国癌症协会和慈善协会就是其中的成员。它们的收入来源于捐款或者美国联邦政府拨款，这种筹集资金的机制对它们的运作产生了很大的制约作用。这种组织的性质决定了成本超出是不允许的。缺少有经验的雇员和时间约束会导致较低的服务质量。

非项目驱动型组织是按照传统的直线垂直体系构建的。不同的职能经理 (如市场、工程、会计和销售等) 需要在各自的职能范围内参与规划、组织、人员配置和控制等工作。许多项目都是由于客户需求、竞争环境或者内部业务的产品或过程的改进需求导致的，尤其是在制造行业中。在非项目驱动型组织中，第一个被牺牲的资源是时间，第二个是绩效和成本。在大部分制造业企业中，预算限制要比绩效标准更重要。

在非项目驱动型组织中，新项目要让位于各职能部门的日常运作。组织的资金划拨给各个独立部门，而不是给项目。当职能经理不仅要支持项目，还要保证一定的生产率水平时，他们的重点会放在生产作业上，而以牺牲项目的开发为代价。当公司必须削减成本时，为了保证公司的利润率，他们就会取消某些项目。

在项目驱动型组织中，资源的平衡分析取决于项目的生命周期阶段。在项目的概念阶段、定义阶段、生产阶段及运营阶段，进行平衡分析的优先顺序依次是成本、时间和绩效。在规划阶段的早期，项目是为满足一定的绩效和时间标准而设计的，此时成本估计是在职能经理提交给项目经理的数据基础上进行的。

在运营阶段，成本因素的重要性逐渐超过时间和绩效。在这个阶段，组织机构尝试回收在项目上的投资，因此会强调成本控制。绩效标准可能已经让步，项目进度也能延误，但是管理层会分析成本数据来判断项目是否成功。

项目驱动型组织很特别，因为它们的资源平衡分析的优先顺序会随具体项目而有所不同。研发项目可能有一个固定的绩效水平，而建筑项目一般会有完工日期的限制。

16.4 项目经理的平衡控制

从以上的讨论中可以很明显地知道，项目经理在项目的执行过程中有相应的控制权。除了大的平衡分析，项目经理也必须愿意控制小的平衡分析。但是，具体的选择权取决于特定的项目环境。

本章，我们仅仅从成本、时间、绩效三种限制对项目的平衡分析进行了讨论。实际上，平衡问题远比本章讨论得复杂。这是因为，项目还具有一些其他竞争性约束条件，包括质量、形象、风险、声誉、信誉和法律责任等。

对于一个项目团队来说，一个项目经理最大的贡献就是他在面临不利条件时给组织带来的稳定性。既然要求的是团队绩效，那么人际关系与可能的备选方案及其成功的可能性就密切相关。为了提供一个令人满意的项目，项目经理可以结合管理技能和敏感性分析对项目进行平衡分析，鼓励团队成员的士气，并使项目发起人放心。

相关案例研究（选自 Kerzner/*Project Management Case Studies*, 5th Edition）	相关练习（选自 Kerzner/*Project Management Workbook and PMP®/CAPM® Exam Study Guide*, 12th Edition）	PMBOK®指南（第 6 版），PMP 资格认证考试参考部分
The Trade off Decision (A),(B)	• 多项选择题	• 项目整合管理 • 项目采购管理 • 项目范围管理

16.5 PMI 项目管理资格认证考试学习要点

本节用于项目管理原理的复习，以巩固《PMBOK®指南》中相应的知识领域和范围。本章着重讲述了以下几个方面的内容：

- 项目整合管理。
- 项目范围管理。
- 项目采购管理。
- 启动。
- 规划。
- 执行。
- 控制。

对于准备 PMP 考试的读者，下列练习将有助于对相关原理的理解。

- 什么是平衡分析？
- 在进行平衡分析时，谁是主导者？
- 假设和环境可以改变平衡分析发生的要求。

下列选择题将有助于回顾本章的原理及知识。

1. 进行平衡分析经常是有必要的，因为______。
   A. 项目经理不能正确地做出规划
   B. 直线经理不能提供准确的评估
   C. 高层管理者不能准确地定义项目的目标
   D. 环境的改变要求进行平衡分析
2. 最终负责批准进行平衡分析的人是______。
   A. 项目经理　　B. 直线经理
   C. 项目发起人　　D. 客户
3. 平衡分析常发生在______。
   A. 时间、成本和质量　　B. 风险、成本和质量
   C. 风险、时间和质量　　D. 范围、质量和风险
4. 假设一个项目的开始时间被推后了，但是预算和规格没变。项目经理首先应该做平衡分析。
   A. 范围　　B. 时间
   C. 质量　　D. 风险

答案

1. D　　2. D　　3. A　　4. C

思考题

16-1 是否有额外的约束条件和指标能够更容易地进行平衡分析？

16-2 客户需求变化引起的范围变更能影响平衡分析的顺序吗？

16-3 进行平衡分析时，项目发起人的角色是什么？

第 17 章　风险管理[1]

引言

PMBOK®指南，第 6 版
第 11 章　项目风险管理

在许多商业项目集管理的最初阶段，项目决策的重点都放在成本与进度上。这种情况之所以发生，是因为我们对成本和进度了解较多，对技术风险则知之较少。人们极少对技术进行预测，更多的时候是将过去的技术知识融会到现实的管理当中。

如今，技术的先进性预测正成为项目的一个约束条件。对于一个工期短于 1 年的项目，我们通常假定环境是已知的和稳定的，尤其是技术环境。对于工期长于 1 年的长期项目，必须对技术进行预测。计算机技术大约每两年就会跃上一个新台阶，而工程技术发展到一个新阶段也只需要 3 年或稍长的时间。在这种快速的变化情况下，以及平衡成本、技术、绩效的内在需求，如果不能预见技术进步所带来的工程变化，项目经理如何能准确定义并规划一个工期长达 3~4 年的项目呢？在这个进程中，不确定的工程、技术、产品环境，究竟哪些才是真正的风险呢？

我们在报纸上经常可以读到关于许多大中型开发项目成本超标、进度延后的报道。买方、卖方或主要相关方之间的几个主要问题导致了成本的增长或进度的延后。产生这些问

1　本章由 Edmund H. Conrow 博士（CMC、CRM、PMP）更新。Conrow 博士在开发和实施各类项目的风险管理方面有着丰富的经验，他是项目管理和技术的咨询专家，也是 *Effective Risk Management：Some Keys To Success* (American Institute of Aeronautics and Astronautics, Washington, DC, 2003，2nd Edition)一书的作者。他的联系方式：电话（310）374-7975，www.risk-services.com。

题的原因（并不仅限于此）包括以下几个[1]：

- 项目最初的预算和进度计划与技术性能不符（如集成的复杂性）。
- 在项目的需求没有完全识别或所需的资源都没有完全确认之前就开始启动项目。
- 整个开发过程（或者该过程的关键部分）重视一个或多个变量，而忽略其他变量（如重视绩效而忽略成本和进度）。
- 按照最极限的技术性能设计项目。
- 在成本、技术性能、进度及风险之间的关系确定之前，就制定项目主要的设计决策。

以上 5 个原因常会给技术预测及与之相关的技术性能需求设计带来不确定性。如果不能做好技术预测及相关设计，就会引发项目本身的技术风险，甚至导致成本风险和进度风险。

目前，技术性的竞争已变得相当激烈。企业已经不再对所有活动（特别是管理活动）按照生命周期进行统一安排，而是将其分散到各个专门领域进行管理。到了 20 世纪 80 年代中期，许多企业已经认识到要综合考虑技术风险、成本风险、进度风险及其他因素（如质量）。当制定了风险管理流程并开始实施后，核心的决策人员就能够获取有关风险的信息资料。

然而，风险管理过程不仅仅是识别潜在风险，还包括一个正式的规划活动、分析已识别的风险发生的可能性、预测已识别的风险对项目的影响、对某些风险制定应对策略以及进行风险监控，从而将风险控制在可控范围之内。

就定义而言，一个项目就是那些我们以前从未做过的、今后也绝不会再做的事情。考虑到项目的独特性，我们提出了一个“与其共生”的态度来管理风险，将它视为项目的一部分。如果风险管理成为一个连续且制度化的规划、识别、分析、风险应对及监测控制的过程，这个系统可以为其他一些过程，如规划、预算、成本控制、质量及进度加以补充。而人们也不会再对各类问题感到惊讶，因为企业已经从被动反应式的管理转换成了主动预防式的管理。

风险管理适用于几乎所有项目。但由于项目不同，如项目规模、项目类型、客户类别、合同要求、与企业战略计划的紧密程度及企业文化等，风险管理在不同项目中的实施程度也是不一样的。在总风险极高且存在极大不确定性的场合，风险管理的重要性尤为突出。过去，我们以“与其共生”的态度对待风险；而现在，风险管理已经成为全面项目管理的一个关键部分，它驱使我们着眼于充满不确定性的未来并制订适宜的行动计划，以此防范任何有可能给项目带来不利影响的潜在事件的发生。

1　Edmund H. Conrow, “Some Long-Term Issues and Impediments Affecting Military Systems Acquisition Reform,” *Acquisition Review Quarterly*, Defense Acquisition University, Vol. 2, No. 2, Summer 1995,pp. 199-212.

17.1 风险的定义

PMBOK®指南，第 6 版
11.2 识别风险

所谓风险，是指计量无法达到预定目标的可能性或结果。多数人都赞同“风险”一词包含“不确定性”。比如，航天器的射程能够达到要求吗？电脑能在预算范围内生产出来吗？或者新产品能按计划面世吗？以上问题都会用到概率分析，如新产品无法按期面世的概率是0.15。当人们考虑风险时，通常也会考虑某一事件的发生所带来的风险结果。

如果目标 A 可能实现的概率为 0.05，而目标 B 可能实现的概率为 0.20，这意味着前者处于风险更大的境地。在这种情况下，如果目标 A 没有完成，那么其后果会比目标 B 没有完成要严重 4 倍。风险通常是不容易评估的，这是因为事件本身发生的概率及所产生的后果一般都不是容易直接计算的参数，而是必须借助于判断力、统计资料或其他程序才能够获得的。

对于某个特定事件而言，风险包含两个要素：

- 该事件发生的概率。
- 该事件发生所带来的后果（风险程度）。

图 17-1 反映了风险的各个构成要素。

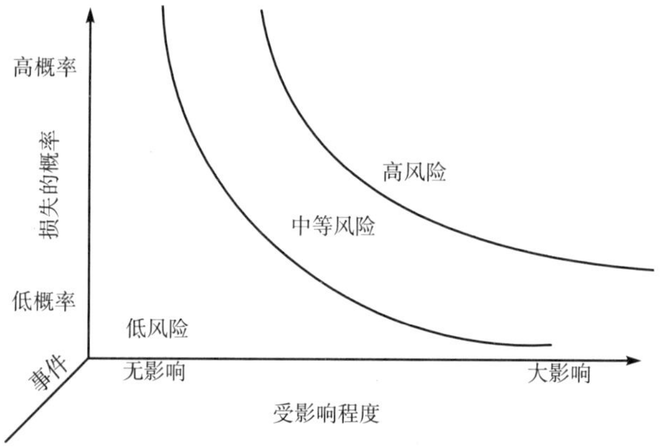

图 17-1　整体风险是其组成要素的函数

从概念上说，每个事件的风险都是“可能性”及“影响”的函数，即

$$风险=f（可能性，影响）$$

一般来说，当“可能性”及“影响”两个自变量有任何一个增加时，风险也会增加。因此，风险管理中必须考虑到“可能性”及“影响”因素。通常，风险也意味着对未来某个事件的无知。一般来说，未来可能出现好的结果被称为“机会”，而不好的结果则被称

为“风险”。

风险的另一个重要组成部分就是风险产生的原因，更具体地说，是根本原因。理想状况下，进行风险检查就可以知道引起风险的根本原因。然而，因为风险与未来的项目相关，因而引起风险的根本原因很难被发现，或者永远不会被发现。

某种事物或是某种事物的匮乏通常会导致风险。我们将产生风险的因素称为“危险因素”（hazard）。人们了解“危险因素”并采取相应的行动办法，可以在相当大的程度上克服这种引起风险的因素。举例来讲，路面上的一个深洞对于对这条路毫无了解的驾驶员来讲可能引起风险，但对于一个天天在这里行走的行人来讲则并非如此，他可能通过绕路或减速的办法来降低风险。这就引出了对于风险的另一个表达公式：

$$风险=f（危险，保险）$$

风险随“危险因素”的增加而增大，但随“保险因素”的增加而降低。这个公式表明好的项目管理结构应该能识别“危险因素”，并通过设置“保险因素”来克服“危险因素”。如果项目中有足够可用的“保险因素”，风险就会被降低到一个可接受的水平。

项目管理中，关于风险、争议、问题的讨论仍然没有定论。这三个问题都与结果（C）维度有一定的关联，但是在概率（P）维度或者时间框架内是不同的。表 17-1 介绍了风险、争议、问题和机会涉及的概率、结果和时间框架。

表 17-1　简明风险、争议和问题概念

项　目	可　能　性	结　果	时间框架
风险	$0< P<1$	$C>0$	未来
争议	$P=1$	$C>0$	未来
问题	$P=1$	$C>0$	现在
机会	不明确（$0<P\leq1$？）	不明确（$C>0$ 或 $C<0$？）	不明确（现在或未来？）

资料来源：Edmund H. Conrow,《空间系统的风险分析》，2008 年空间系统工程和风险管理研讨会，洛杉矶，2008 年 2 月 28 日，版权 2008，Edmund H. Conrow. 已经征得作者同意。

当争议和问题发生的时候，概率等于 1，而这时风险有可能不发生（$P<1$）。如果问题发生在现在，那么某种争议将会在未来发生。机会发生的概率是不明确的，因为它不像风险、争议和问题那样存在区分或划分方式。此外，从三个简单的概念界定来看，机会有可能带来积极的结果，也有可能带来消极后果，或者比预期好的结果。因此，用一种特定的方式在结果维度上界定机会是不太可能的。机会在时间框架上的界定也是不确定的，因为它可能在现在或在将来发生。通过以上的论证可得，确切的风险、争议以及问题的定义已经趋于成熟，关于机会的准确界定还没有定论，因为机会具有普遍适用性。因此，风险和机会不是相互对应的，不管是在概念上还是在得失上。

17.2 风险容忍度

PMBOK®指南，第 6 版
11.5 规划风险应对
11.6 实施风险应对

目前没有一本专门的教科书介绍如何管理风险，因为没有一种放之四海而皆准的理论。项目经理应对风险时，必须依赖合理的判断和可用的工具。而关于应对风险的决策则取决于以项目经理本身对风险的容忍度、合同需求及相关方的偏好。

图 17-2 反映了常见的关于风险容忍度的 3 种类型，即风险规避者、风险中立者及风险爱好者。图中的纵轴（Y 轴）代表“效用”，即个人从风险事件中获取的满足或愉悦程度；横轴（X 轴）则表示资金的风险程度（也可以表示为性能和进度）。这类曲线显示了项目经理或其他关键决策者的风险容忍度。

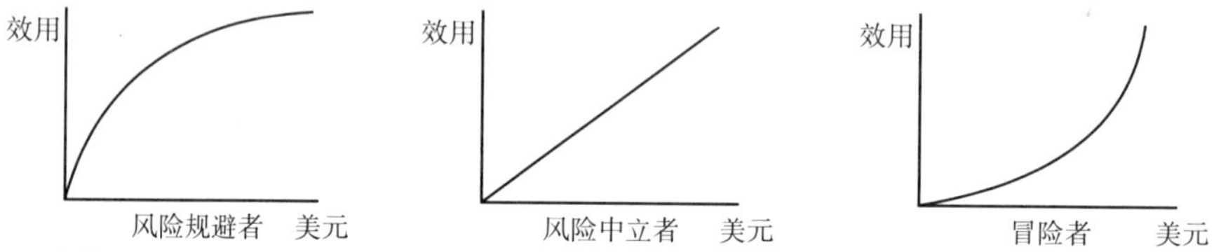

注：决策者曲线的形状来自对决策行动而产生的反应的比较。

图 17-2 风险偏好和效用函数

对于风险规避者来讲，效用的增长速度是逐渐递减的。换句话说，资金的风险程度越高，项目经理的满足感越低。对于风险中立者来说，效用的增长是一个固定的比率（注：风险中立者不是像有时我们错误认识的那样，是风险规避者和风险喜好者的折中，而是一种特殊的行为群体）。而对于喜好风险的项目经理来说，他的满足感则随着资金的风险程度增大而逐渐提高。风险规避者比较喜欢确定的结果，因此当他们面临风险时会要求额外的补偿。但是，风险爱好者则多半倾向于非确定的结果，有时甚至甘愿支付罚金来冒险一试。由于项目经理或其他关键决策者的风险容忍度可能随时间变化而不同，而不同容忍度的代表者（如风险规避者和风险爱好者）不应同时存在，否则很可能导致矛盾的决策。

17.3 风险管理的定义

PMBOK®指南，第 6 版
11.2 识别风险

所谓风险管理，是指处理风险的行为或实践活动，包括制订风险计划、识别风险、分析风险、制订风险应对计划及风险监控。

风险管理并不是一项局限于风险管理部门本身的独立活动，它实际上是全面项目管理的一部分。风险管理应该与关键的项目过程紧密相连，包括全面管理、系统工程、配置管理、成本、设计/工程、挣值、制造、质量、进度、范围及测试等，但不仅限于此。（项目管理和系统工程是两个典型的高级项目过程。风险管理经常与这两个过程相联系，因此风险管理也是一种典型的项目管理。）

合理的风险管理是主动的而非被动的，是积极的而非消极的，它的目的是提高项目成功的概率。举例来讲，某一项网络工程（如路由器）需要发展一种新技术，该工程所要求的进度为 6 个月，但项目设计者却认为 9 个月时间较接近实际情况。如果项目经理是主动反应类型的，他会马上拟定一份处理风险的计划。如果项目经理是被动反应型的（如"问题解决型"），他可能无动于衷，直至有事件发生。那时，项目经理再做出反应，但可能已经因此失掉了大量宝贵的时间。在失掉的这段时间内，本来可以制定一些预防性的措施，至少可以排除一些可能的解决方案。（与项目启动时相比，这时成本、技术绩效、进度和风险等设计方案空间将大大缩小。）因此，合理的风险管理应尽力减少某个事件发生的概率（可能性）；如果发生，则尽力缩小其影响范围，从而提高项目成功的可能性。

17.4　确定性、风险及不确定性

PMBOK®指南，第 6 版
11.2　识别风险

决策过程可归结为 3 个范畴：确定性、风险及不确定性。（决策过程与定量风险分析相关，包括收益矩阵、期望值和决策树，但不限于此，见 17.10 节中的分析。）确定状态下的决策过程是最容易的事情。在确定状态下，我们假定很容易获得所有必需的信息去做正确的决策，而且我们对结果很有信心。

17.4.1　确定状态下的决策

所谓确定状态下的决策，意味着我们能百分之百地了解事件的性态（state of nature）以及每种性态的结果。从数学上看，这可以通过支付矩阵来表达。要建立一个支付矩阵，必须先识别（或选择）我们所不能控制的事物的性态，然后选择针对不同性态所能采取的行动，这通常被称为策略。该矩阵中的要素就是每个策略的成果。基于确定性状态下进行决策所建立的决策模型具有两个主要特征：

- 无论事物以何种性态出现，我们都能获得一种主要的、具有支配作用的策略。该策略比其他任何策略收入更高，损失更小，并适用于事物的所有性态。
- 在事物的各种性态之间没有发生概率的分布机制（每一种性态具有相同的发生概率）。

例

某公司欲投资 5 000 万美元开发某类新产品。该公司将市场性态分为 3 类：N_1 代表较强的市场需求，N_2 代表中等状况的市场需求，N_3 代表较差的市场需求。该公司还提出 3

种战略，即 S_1、S_2、S_3，分别以 A、B、C 表示。（本例中还有所谓的 S_4 战略，即不开发此项产品，既无收益又无损失，我们在此将其省略。）假定这个决策是基于开发产品的考虑。我们用支付矩阵将其表示出来，如表 17-2 所示，S_3 战略在任何市场性态下都是盈利最多的战略，从而在开发新产品时也就成为该公司的首选战略。

表 17-2 支付矩阵 单位：100 万美元

战略	性态		
	N_1=大（市场需求）	N_2=中等（市场需求）	N_3=小（市场需求）
S_1=A	50	40	–50
S_2=B	50	50	60
S_3=C	100	80	90

表 17-2 也可用下标符号来表示：以 $P_{i,j}$ 代表表中的要素，P 为收益，i 为横轴（战略），j 为纵轴（性态）。例如，$P_{2,3}$ 就表示在需求较小的市场性态（N_3）下采用战略 S_2 所产生的收益。需要注意的是，采用此方法时，矩阵并不一定是正方形的，但至少是矩形的（事物性态的类型有可能不等于战略的数目）。

17.4.2 风险状态下的决策

大多数的事件中，并不存在适用于全部形态的主要战略。在现实世界中，常常是高利润伴随着高风险和高损失。如果不存在某一主要战略，就必须考虑各种性态的发生概率。风险可以被视为某一确信限度（如概率分布）的结果（如各种性态）。事件的概率分布常常可以通过严谨的实验数据来估计或定义。考虑表 17-3，此矩阵仅仅将表 17-2 支付矩阵中状态 N_3 下的战略 S_1~S_3 的收益值相互交换了。

表 17-3 收益表 单位：100 万美元

战略	性态*		
	N_1	N_2	N_3
概率	0.25	0.25	0.50
S_1	50	40	90
S_2	50	50	60
S_3	100	80	–50

注：* 数字代表每一性态的发生概率。

从表 17-3 中可以看出，这里没有支配性的主要战略，所以需要考虑各种市场性态的发生概率。最佳的选择是期望值最高的战略，期望值是每一种战略在每一种市场性态下的收益乘以该性态发生的概率，并加总求和的结果。期望值用数学公式表达为：

$$E_i = \sum_{j=1}^{N} P_{i,j} P_j$$

式中　E_i　——战略 i 的期望值；

$P_{i,j}$ ——结果要素；

P_j　——每种性态发生的概率。

例如，S_1 战略的总期望值为：

$$E_1 = 50 \times 0.25 + 40 \times 0.25 + 90 \times 0.50 = 67.50$$

同理可得，E_2=55，E_3=20。在期望值计算的基础上，企业会选择 S_1 战略。如果两种战略所产生的期望值相等，我们就可以参照其他要素（如发生频率、资源可用性、影响时间等）进行选择。（注意：只有在风险中立者的效用关系基础上，才能进行期望值计算。如果决策者不是风险中立者，那么这类计算不一定有效，产生的结果将视其风险容忍度的差别而有所不同。）

为量化任何一种潜在后果，我们必须确认将要采用的战略、期望收益以及该种性态发生的概率。本例中，我们选用 S_1 战略，就是因为其最后期望收益最高（其他条件保持不变）。一般来讲，人们只考虑期望收益为正数的风险；若期望收益为负数，则该风险极有可能是我们应预先防范的风险。

在这种决策中，一个重要因素是各种性态的发生概率问题。概率设定是否正确会影响到计算的结果以及最终的战略抉择。在表 17-3 中，若我们将三种市场性态概率改为 0.6、0.2、0.2，期望收益就会分别变成 E_1=56、E_2=52、E_3=66。在该状态下，企业会选择 S_3 战略（其他条件保持不变）。

17.4.3　在非确定性状态下进行决策

风险与不确定性（非确定性）之间的区别在于，风险状态中，各种性态的发生有一定概率；而在不确定性状态中，各种性态的发生概率无法得知。不过和风险决策一样，不确定性决策也常常意味着不存在某种支配性战略。通常，决策者可提出 4 套准则来进行决策，采用哪套准则取决于项目的类型以及决策者的风险容忍限度。

第一套准则称为哈维茨法（该方法由诺贝尔经济学奖获得者 Hurwicz 提出），也称极大极大准则。如果用此准则，则决策者是乐观主义者，其采用何种战略完全以战略所产生的最大收益为准。例如，表 17-3 中最大收益 100 为 S_3 所产生，则决策者为追求 100 的收益而选择 S_3 战略；但 S_3 战略在 N_3 性态下的损失也是最大的，因此选择这种战略还必须有足够的财力承担可能的风险或损失。实力雄厚的大企业会采用这种方式，中小企业则对可能损失最小为准则的方法较有兴趣。

第二套准则是小企业常用的怀尔德法（Wald），也称极小极大法则，决策者在此多半只注意他能承担多大的损失。该法比较保守，试图降低最大可能的损失。

在哈维茨法中，我们只考虑了表 17-3 中每种战略的最大收益；而在怀尔德法中，我们仅考虑最小收益。在该表中，S_1、S_2、S_3 三种策略的最低收益分别为 40、50、−50，企业为缩小最大可能损失而选择 S_2 战略。如果三个方案的收益都是负数，项目经理会选择损失相对最小的方案。但如果考虑不同企业的财力，也有可能任何一种都不选。

第三套准则称为塞维格法（Savage），也称极大极小法。假设决策者对损失的痛苦异常敏感，他会尽力降低选择的最大后悔度。

采用此法的第一步是从最大值中扣除每一列的所有值，做一张“后悔值”表格。把这种方法用于表 17-3，就可以得到表 17-4。

表 17-4 后悔值表

战　略	性　态			最大后悔值
	N_1	N_2	N_3	
S_1	50	40	0	50
S_2	50	30	30	50
S_3	0	0	140	140

每一结果元素的后悔值可通过从该列最大值中扣除该结果元素而得出。每行的后悔值的最大值即该战略的最大后悔值。换言之，如果决策者选择战略 S_1 或 S_2 的最大后悔值均为 50，而选择战略 S_3 的最大后悔值为 140，则决策者会选 S_1 或 S_2。

第四套准则称为拉普拉斯准则（Laplace），也叫等可能性准则。这种方法实际上是努力将不确定性决策转化为风险决策。风险与不确定性之间最大的区别是性态发生概率的确定。拉普拉斯法在贝叶斯（Bayesian）统计原理的基础上，假定各种性态发生概率全部相等，于是不确定性决策转化为风险决策，接着可按风险决策方法进行决策，即选择期望收益最大的战略。在表 17-3 中应用拉普拉斯法则，即假设 $P_1=P_2=P_3=1/3$，便得到表 17-5。决策者根据拉普拉斯法则将选择 S_1 战略。

表 17-5 拉普拉斯法则

战　略	期　望　值
S_1	60
S_2	53.3
S_3	43.3

所有的不确定性决策最后都会归结为一点，即尽力将不确定性转化为项目管理者可以管理的风险。关于这四种准则，战略的选择主要取决于企业的资金能力及风险容忍限度。

17.4.4　在非确定性状态下进行决策

期望值可以与概率及决策树结合在一起来识别和量化潜在风险。另一个方法是制作影响分析表。决策树法适用于决策过程较为分散、不成一体的情况。在该情况下，决策者同时分析几种决策。（此处仍假设是风险中立者。）

图 17-3 介绍了决策树。图中各条分支末端（最右端）的概率由各条分支的概率相乘而得出。

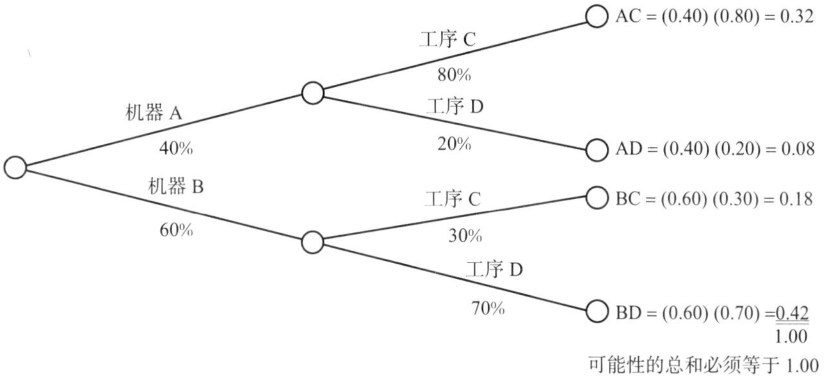

图 17-3　决策树

对于更复杂的问题，决策树的制定过程就更加复杂了。决策树包含两个要素：一是决策点，通常用方框表示，该点表示决策者必须做出某种选择；二是机会点，用圆圈表示，通常表示有机会存在。[决策树方法的关键假设是风险中立（见 17.2 节）。决策树中期望值的计算不是平均结果，是一种风险中立的结果。]

建立决策树有如下几个必要的步骤：

- 建立一棵逻辑树，通常从左至右，包括决策点和机会点。
- 将事物各种性态的发生概率标示在“树”上。
- 计算出各种方案的收益，然后完成决策树。

考虑下面的问题。某产品可以自制，也可以外购。若自己做，需付 3.5 万美元买新设备，若市场状况好（概率为 0.70），收益为 8 万美元；若市场状况较差（概率为 0.30），只有 3 万美元收益，不包括设备成本。如果将工作外包出去，那么合同管理费用为 5 000 美元。若市场好可盈利 5 万美元，若市场差则只赚 1.5 万美元。图 17-4 说明了该问题的决策树。在这个问题中，外包战略比自制战略收益的期望值大 4 500 美元。因此，我们应该选择外包战略。

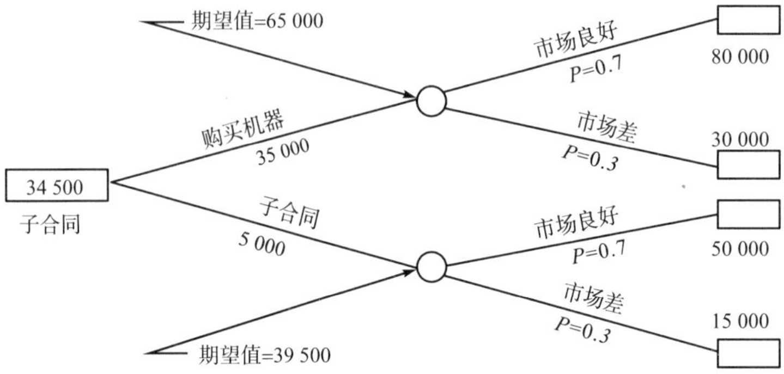

图 17-4 扩展决策树（单位：美元）

17.5 风险管理过程

PMBOK®指南，第6版
第11章 项目风险管理

风险管理应在项目期初制定并贯穿于项目的整个生命周期。风险管理过程包含以下几个互相关联的部分：规划、识别、分析、处理（应对）、监控。

- 风险规划。在该阶段，管理者应制定并记录一些易掌握、条理性强、具有互动性的战略和方法。这些战略和方法主要用来识别并追踪风险，制订风险应对计划，并监控风险是如何变更的。
- 识别风险。风险的识别过程实际上是对各个领域及关键技术过程的检查，以便识别并记录相关的风险。
- 进行风险分析。风险的分析过程是对每一项已识别出的风险事件进行检查，以估计风险发生的概率和对项目的影响程度，包括定性风险分析和定量风险分析。
- 风险应对计划。这是一个识别、评估、选择、执行各种处理方法以将风险控制在项目本身的约束和目标范围之内的过程，包括该做什么、什么时间完成，谁负责及相关的成本和进度。风险或者机会应对战略由各个应对计划组成。风险的应对方式包括接受、规避、缓解（又叫控制）及转移。机会的应对策略则包括接受、加强、开发和共享。最理想的应对计划一旦确定，就要制订具体的实施方案。最后，根据风险应对计划分配资源（比如，预算、员工、设备、设施等），并且执行计划。
- 监控风险。这实际上是系统地跟踪和评估风险应对计划的绩效与标准之间的差异。可能的话，及时更新风险应对策略。

17.6 风险规划

PMBOK®指南，第 6 版
11.1 风险管理计划
11.2.3.1 风险登记册

为风险管理做规划（风险规划）是项目风险管理的一系列行动的详细构想，其目标为：

- 以书面形式制定一套有条理的、易理解的、互动的风险管理战略。
- 决定用于风险管理策略的方法。
- 资源分配计划。

风险规划是不断重复的，包含了全部风险管理的过程，即识别、分析、应对、监控。风险规划的工作成果是形成一份风险规划模板（Risk Management Plan，RMP）和进行风险管理培训。（注意：RMP 是风险规划过程的成果，而非风险规划过程本身。）

风险规划制定了一种风险管理战略，它包括项目风险管理的过程及实施方案。这两项对于达到有效项目管理来说都非常重要。一般而言，改进一个不足的管理过程，比纠正一个不支持或者反对风险管理的项目环境要容易得多。我们应先致力于建立管理的目标，分派不同工作领域的责任归属，识别需要的额外技术人员，描绘评估过程和需要考虑的领域，定义风险评级方法，描述形成风险应对方法的程序，建立监控标准（如果可行）并定义报告、记录、沟通等需求。

风险规划模板实际上是一张与风险有关的地图，告诉项目小组应从何处着手并要达到何种目的。做好一份完善的 RMP 的关键是将尽可能多的资料提供给项目小组，使每个成员对以下内容心知肚明：项目风险管理的目的，过程，工具和技术，报告、文档及沟通，组织职能及责任，达到有效风险管理所需的行为模式。一份 RMP 应当包括风险的准确界定、基本规则、执行项目风险管理的合理假设、风险类别、适用的风险识别和分析方法、风险管理的组织实施，以及风险管理活动文档化（模板或者与在线工具/数据库相关联）。风险规划模板不能包括结果（如风险分析得分），因为这些结果会经常变化，因此有必要更新风险规划模板。与风险相关的结果应该包含在单独的风险文件（如风险登记册和更新册）中，来避免 RMP 不必要的更新。

因为是一张地图，它在某些领域非常细致，如项目团队成员的责任分派及定义；而在某些领域则较为宏观，以使执行者自己选择最有效率的方法。比如，会提供多种风险评估方法，并介绍了每种评估方法在不同情况下的优缺点。

风险规划的另一个重要方面是对项目人员提供风险管理的培训。风险管理培训应该是根据项目的角色“定制”的。针对不同的角色，决策者和一般的工作人员，以及技术人员和非技术人员都应该有不同的侧重点。

17.7 风险识别

PMBOK®指南，第 6 版
11.2 识别风险

风险管理的第二步是风险识别，这能通过对项目、客户及使用人员的调查得出。

每个项目都存在一定程度的风险，比如技术、测试、后勤、生产、工程及其他领域。项目风险包括商业、合同关系、成本、资金、管理、政治及进度风险（成本及进度风险在项目中较为常见，常被视为单独研究的领域）。随着近年来对风险认识的加深，从项目的设计、原型的生产到最终产品的投产，开始出现了新的风险。对风险的全面理解需要大量时间，因此风险的识别必须贯穿项目全过程。

对项目风险应该进行检查并进行详细分解，以便风险分析人员了解风险发生的原因和重要性，并分析潜在的深层次原因。

还可以根据项目生命周期阶段来对风险进行分类，如图 17-5 所示。在项目早期，由于缺乏知识、全面准确的风险识别，并且风险应对计划已经启动，所以整个项目风险很高。而后期由于已经开始投资（视为成本）及已经排除的选择（视为机会成本）的存在，因此财务风险较为突出。

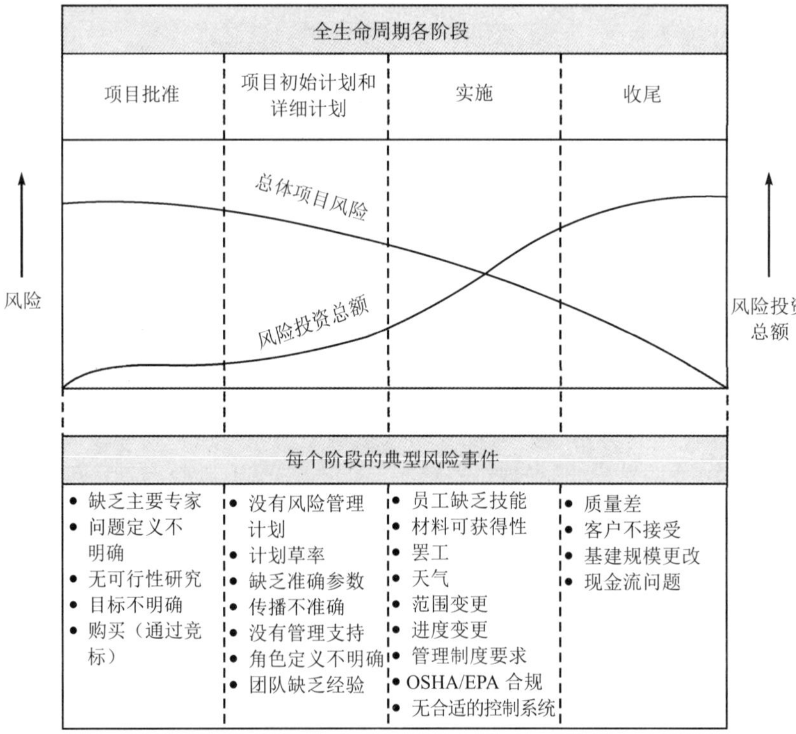

图 17-5 生命周期风险分析

所有的项目人员参与到风险识别中是非常重要的。指派少数人员去识别项目风险经常会带来低估技术风险（已经有效识别风险的数量）和行为风险（向其他项目人员发送错误信息）的后果，导致风险管理的低效率。这种低效的风险识别方式应当尽量避免。（注意：这和引进项目外部人员，辅助进行独立的风险识别不同。后者已被证明对风险识别有益。）

17.8 风险分析

PMBOK®指南，第 6 版
11.3 实施定性风险分析
11.4 实施定量风险分析

风险分析是一个系统的过程，用于估计已识别风险的等级水平，包括评估事件发生的概率、事件的结果以及根据结果划分风险等级。分析的方法通常依赖于数据的可靠性和项目本身的要求。定性分析方法的最常见方式是将风险事件的发生概率和事件后果的形式与风险映射矩阵结合，进而划分风险等级。定量的方法包括期望值理论（基于成本计算的货币期望值）、决策树分析（树枝表示具体概率或分布）、支付矩阵或一些其他的模型或模拟方法，但不仅限于此。最重要的是使用一种经批准的、结构化的且能重复的方法，而不是具有不确定性和不精确结果的主观性方法。

风险分析首先要对已识别的风险进行详细的研究，其目的是通过收集与风险事件有关的信息去判断该事件的发生概率及风险发生的后果，并将相关结果转化成风险等级。（注意：很重要的一点是仅对已识别的风险问题进行分析，以避免在那些不可能成为风险的问题上浪费资源。）

风险分析所需的资料一般来源于以下几个方面：

- 计划及相关文件的分析。
- 与类似系统所做的比较。
- 从设计及其他模型中所获的数据。
- 经验和访谈。
- 模拟分析。
- 对相关经验教训的研究。
- 测试结果及原型的开发。
- 替代品和投产品敏感性分析。
- 专家判断。

对风险进行分析以后，通常要求利用这些结果来划分风险等级。运用定量的风险分析可以对项目的数据进行聚类分析，将结果划分为成本风险、进度风险和技术风险。

当定性分析风险时，可以使用风险定级，即对项目的潜在风险进行排序。它是对事件发生概率及影响后果的计量，通常用高、中、低表示出来（或用低、中低、中、中高、高表示）。通常所用的风险等级（“稻草人”）定义如下。

- 高风险：对成本、技术绩效、进度有较强影响，人们需采取重大行动缓解事态，管理部门应对其高度重视。
- 中等风险：对成本、技术绩效、进度都有影响，需要采取某些行动来缓解事态，管理部门需对此多加关注。
- 低风险：对成本、技术绩效、进度影响较小，管理部门可以忽视。

定量和定性分析会产生许多不同的结果，它们包括但不限于：① 整体项目风险排序；② 风险排序列表；③ 超出项目成本或进度的概率；④ 达不到项目绩效要求的概率；⑤ 决策分析结果；⑥ 失败的模型及影响（可靠性方面）；⑦ 错误路线（可靠性方面）；⑧ 失败的可能性（可靠性方面）。

17.9 定性风险分析

PMBOK®指南，第 6 版
11.3 实施定性风险分析

常用的定性风险分析方法有用于评估风险概率和风险结果的风险等级量表法及风险矩阵图法。风险评估是结合专家意见与所有相关事件的概率，包括三种风险等级的结果（成本、技术绩效和进度），然后将结果转化为风险矩阵图，对风险等级进行划分。风险评估包括基于风险等级的优先级列表及其他的考虑因素（发生的频数、时间作用及与其他风险的相互关系）。

有几种不同的风险等级量表划分方式。[1]第一种是名义尺度，其系数没有数学意义，且它的价值通常是一种位置标识符（如高速公路编号）。名义尺度一般不用于风险分析中。

第二种是等距尺度。像华氏度、摄氏度等都是主要的测度标尺，然而其在零度上没有意义，并且在相似尺度的比率上不相同。等距尺度一般不用于风险分析中。

第三种是顺序尺度。顺序尺度仅仅是按照顺序标尺排列的，由于真正的等级之间的值是未知的，因此它们没有太大的意义。从顺序尺度价值获得的结果没有概率性的或数理性的解释而进行数学运算（如加法、乘法、求平均值），这样的结果会存在较大误差。以一个相对简单的例子来说，当假设的顺序尺度系数与实际系数对比时就有可能包含 600%或更多的误差。[2]这些尺度可能被用于体现风险发生概率的不同方面（如技术、设计、制造）及事件发生的结果（成本、进度和技术）。顺序尺度经常用于风险分析，对风险估计很有帮助。但是，在使用这种方法的时候必须对以上分析的原因给予极大的关注。

第四种是标准顺序尺度。标准顺序尺度的尺度等级系数是通过评估附加效用功能（或相似的方法）估算的。这些主要评估系数取代序数数值，规定的几种数学运算方法可能得

---

1 选自 Conrow, 2003, note 1, pp.237-245.Copyright © 2003 , Edmund H.Conrow.Used with permission of the author。

2 见 Conrow, 2003, note 1, pp.258-268。

出有效的结果。然而，其结果常常是相对值而不是绝对值，并且在零点上可能是没有意义的。标准顺序尺度不经常用于风险分析中，因为很难准确计算相关系数。

第五种是比率尺度。比率尺度，如 Kelvin 和 Rankine 刻度，有主要的评价系数，对相应的位置和重要程度进行标示，其在零点上也是有意义的。另外，等距的尺度是连续的，且比率值也是有意义的。数学运算可以通过比率尺度和产出有效值来进行。尽管比率尺度是风险分析的最优方法，但是它基本上很少应用。

第六种是对不同概率事件（如高）的主观估计，用术语来说就是估计概率尺度。估计概率尺度可以是顺序的（常用）也可以是基数的（不常用），这是由潜在数据和结构尺度的来源确定的。概率估计的最差情况是，进行点估计或者事件概率排列是在没有经过严格的实物价值的测量的情况下分析出来的。概率估计的最佳状态是，通过从实际的调查数据中得出的分析，并且包括点估计和对每一种概率事件情况的排列分析。估计概率尺度有时应用于风险分析之中。然而，因为不同的人面对同一个事物会有不同的概率值，所以进行风险分析的时候这种尺度不应当作首要考虑的对象，因为在评估概率和确定风险等级的时候可能导致错误。

风险矩阵图是典型的将事件发生的概率和事件发生的结果，划分转化风险等级的过程。尽管对这样一个矩阵没有预设规模，但它的维度必须小于或者等于用于概率和结果维度的尺度等级数值。在 5 个等级的发生和结果的概率上应该建立 5×5 或者更小的矩阵。正如前文介绍的，风险与机会是不一样的。因此，在面对风险和机会时，简单地认为决策者是风险中立者是不正确的。

17.10　定量风险分析

PMBOK®指南，第 6 版
11.4　实施定量风险分析

定量风险分析方法包括但不局限于支付矩阵、决策分析（典型的是决策树）、期望值和蒙特卡罗过程。图 17-3 和图 17-4 中，如果自然状态下潜在的概率可以表示为一个点值，则决策树方法是最合适的（基于期望值计算，假设是风险中立者）。另外，如果自然状态下的潜在概率不能用一个或多个点值来表示，那么应该采用概率分布。常用的一种包含模型结构和概率分布的方法是蒙特卡罗过程（或称为蒙特卡罗模拟）。

构建一个正确的定量风险分析结果应注意两点：制定一个正确的模型结构以及获得准确的概率信息。项目风险管理通常对两者的关注力不够，因此其结果是不准确的。结构模型应该在决策前进行仔细的构建和验证。尽管这对于简单的决策树来说很容易（见图 17-3 和图 17-4），但是当涉及大量分支及潜在结果的时候，它就变得极为复杂。

定量风险分析结果的用途很广。这些用途包括但不局限于以下几个方面：① 风险排序表（类似于标准顺序尺度）；② 可以用于每一个项目阶段完工期的成本概率的估算和关键里程碑的进度概率估算，从而帮助项目经理分配储备金；③ 满足预期的技术绩效参数的概率估算（如导弹准确率）并验证关键组成部分的绩效（如即时整合的控制线路）；④ 满足成本、技术绩效和进度目标概率的估算（如确定完工计划估算、关键进度里程碑或关键绩效特征的概率），从项目的各个阶段重复进行定量风险分析，得出项目的趋势和进度。[注意：实际趋势信息经常会在分析中被不确定性因素所掩盖，而这种不确定性因素应当随时间而减少（其他条件保持不变）。]

17.10.1 蒙特卡罗过程

应用于风险管理的蒙特卡罗过程是对潜在风险事件建立一系列概率分布，对这些分布进行随机抽样，再将这些数据转换成能反映现实世界中潜在风险的量化的有用信息，包括关于成本、技术绩效或进度的风险。蒙特卡罗模拟或仿真试验法常被应用于技术领域的各类估算（如整合电路技术、地震的结构反应），包括估计服务中心的设计风险，估计项目中完成关键里程碑活动的时间，估计研发、制造、维护项目的成本，库存管理和其他应用等。

下面介绍了对成本和进度实施蒙特卡罗分析的步骤（技术绩效模拟有许多不同的结构，因此可能不适用于以下的框架内容）。尽管在不同的应用中，蒙特卡罗过程有细微的差别，但大多数情况都有类似的程序。

（1）不考虑风险或不确定性因素的情况下构建和检验一个合适的成本或进度模型。

（2）对模型中每个 WBS 元素或活动建立参照点估计（如成本或进度）。

（3）反复检查模型的逻辑（成本与进度）和约束条件（进度）。因为不正确的逻辑顺序和约束条件的模型很常见，会导致错误的模拟结果。比如，花费在检验进度计划逻辑顺序和约束条件上的时间百分比应该随着现有任务数量的增加而增加。对于有几千个任务的进度计划，一半以上的时间应该花费在检验进度计划上，而将少量的时间花费在获得分布概率和解释输出上。

（4）识别底层的 WBS 或活动层级，建立概率分布函数。所选择的层级取决于项目的阶段，通常选择的层级水平越低意味着项目的成熟度越高。

（5）识别 WBS 的某个元素或活动中，包含估计不确定性和/或风险（如技术风险可以体现在某些成本估算 WBS 元素和进度活动中）。

（6）对要估算不确定性或风险的每个 WBS 元素或活动建立适当的概率分布。在成本风险分析中，成本估计的不确定性、进度风险、技术风险应当分别建立分布。在进度风险分析中，进度估计的不确定性、技术风险和可能的成本风险也应当分别建立概率分布。使用某些工具（如项目进度软件）时，对于某个 WBS 元素或活动，只能使用一种概率分布。因此，可以考虑使用专家判断法确定分布。

（7）用蒙特卡罗仿真程序加总 WBS 元素和活动的概率分布函数。对成本进行分析时，这一步的结果是 WBS 的第一层的完工成本和成本对概率的累积分布函数（Cumulative Distribution Function，CDF）。然后，对这些结果进行分析来确定成本风险水平，以识别成本风险的驱动因素。对进度进行分析时，这一步的结果是所期望的 WBS 层的进度和进度对概率的 CDF。CDF 将代表所期望活动水平的期限或结束日期，但还会包括其他变量。分析这些结果来确定进度风险水平，并识别相应的风险影响因素。

（8）进度和风险成本分析也要考虑进行情景分析和敏感性分析，但是它们应该在概率（模拟）模型中运用，而不是用于确定性模型中。如果是用确定性模型，概率因素不会被考虑进来。成本风险分析中的敏感性分析能识别哪些变量最会影响结果（如项目总成本、项目分阶段成本）。对于进度风险分析，在关键路径（如临界性、关键指数）上的任务时间百分比具有相当大的价值。因为信息的类型不能从决定性分析中获得，这条关键路径将会影响在具体结果（敏感性，通常来源于关联性或回归）上可能产生贡献的任务的价值。另外，关键时间敏感度是一个转折，它是对关键路径上任务敏感度时间百分比的测量。

有一点必须加以注意，使用蒙特卡罗法的效果取决于模型的结构、相关点估计、仿真中所使用的概率分布以及模拟是如何进行的。

17.11　风险应对

PMBOK®指南，第 6 版
11.5　规划风险应对
11.6　实施风险应对

风险应对计划包括用特定的方法和技术处理已知的风险和机会，识别谁对风险或机会负责，并估计应对风险所需要的资源，具体是指将风险降低至理想程度的计划及其计划的实施。影响风险或机会应对的因素包括但不局限于以下几个：

- 有关危险的信息的质量和数量（描述不确定性）。
- 有关损失范围的信息的质量和数量（衡量不确定性）。
- 如接受风险或机会，项目经理能获得的好处（可接受的风险或机会）。
- 项目经理被迫接受的风险（非自愿接受的风险或机会）。
- 存在一种更有效的备选方案（风险和机会均等）。
- 没有选择余地的高成本备选方案（风险和机会不均等）。
- 暴露在风险状态中的时间。

风险应对计划必须与风险规划模板及项目中的其他指南相协调。风险应对计划的关键是对某些风险时间精化和选择最合适的处理方法和特定的实施方案。风险应对方法和特定的实施方案构成了风险应对战略，并记录在风险应对计划中。一般制定风险应对策略的过程为：首先在成本、绩效、进度和风险平衡研究的基础上，选择应对的方法，风险可以使用接受、规避、缓解（或控制）及转移，而机会采用接受、提高、利用和共享。若存在多个可行的风险应对策略（如在高风险条件下），则重复上述过程。（尽管备选的风险应对手段可能和原始的相同，但是处理方法会有所不同。）同样，在遇到特殊问题时可以实施应急策略。最后，风险应对策略可以整合成四种可选的应对策略，辅之以相应的处理方法。

专门负责评估策略的工作人员一般采用以下几个标准作为评估的起点：

- 该策略是否能得到实施？如果实施，还能满足使用者的需求吗？
- 在将风险减低至一个理想状态的过程中，人们对该策略的期望效果是什么。
- 该策略能用资金和其他资源（如关键材料、人力和测试设备）描述吗？
- 是否有充足的时间制定和实施策略？该策略对整个项目的进度有哪些影响？
- 该策略会对系统的技术绩效产生哪些影响？

风险应对方法包括风险接受、风险规避、风险缓解（或控制）及风险转移等，如表 17-6 所示。机会应对方法包括机会接受、机会提高、机会利用和机会共享。另外，应对计划同样适用于风险和机会。

表 17-6　风险应对方法总结

类　型	用于风险或机会	描　述
规避	风险	通过选择其他方案、改变设计或变更需求消除风险。能影响损失发生的概率或结果
缓解（控制）	风险	通过采取积极的方法减少损失发生的概率或结果
转移	风险	通过保险或担保将一方的所有或部分风险转移给另一方，或者通过重新设计硬件、软件或其他接口，从而减少损失发生的概率或结果
利用	机会	利用机会
共享	机会	与能增加机会发生概率或结果的另一方共同分享
提高	机会	增加机会发生的概率或结果
接受	风险和机会	采取观望的态度，并在事情发生时才采取行动。预留出预算、时间及其他资源储备，从而应对风险的发生/机会的出现

以下是对 4 种风险应对方法的简单介绍。

- 风险接受（风险自留）。项目经理说："我知道风险存在并了解其结果，我乐于等待其发生，我接受风险及其应产生的后果，我分配了足够的预算、时间和其他资源来处理它。"
- 风险规避。项目经理说："我不会接受这个选择，因为潜在结果不利。我宁愿改变设计或需求来避免这个事件。"
- 风险控制（或缓解）。项目经理说："我会采取必要的措施来积极地缓解风险，我会做人们期望的事情。"
- 风险转移。项目经理说："我会通过保险和担保等方法与他人共担风险或完全将风险转移给他人。我也可能利用硬件或软件进行风险划分，或者用其他方法分摊风险。"

以下是对 4 种机会应对方法的简单介绍。

- 机会接受（如机会自留）。项目经理说："我知道存在机会和收益，我要继续等待，在机会出现的时候抓住它。"
- 机会提高。项目经理说："这是一个机会，我们如何做能够增加机会出现的概率？如采取一些宣传措施。"
- 机会利用。项目经理说："这是一个机会，我们怎么最大限度地利用它？是否分配最优的资源以便更快地进入市场？"
- 机会共享。项目经理说："这是一个机会，但是我们不能单靠自己的力量将收益最大化，我们应该考虑与合伙人共同分享收益。"

最后，尽管制订风险和应对计划能帮助识别潜在机会，但不断寻找机会也能导致不可预测的风险。即使分析了机会因素，其结果也是微乎其微的；而如果不可预测的风险发生了，这会导致对项目的负面影响。

17.12 风险监控

PMBOK®指南，第 6 版
11.7 监督风险

风险监控过程是系统化的风险追踪过程，也是运用已建立的标准体系评估风险应对效果的过程[1]。监控结果不仅能为之前的风险管理过程提供反馈，还能为额外的风险应对计划的制订提供依据。此外，风险结果可以帮助更新现有的风险应对策略，分析已知的风险。在某些情况下，监控结果甚至可用来识别已知风险的新的方面（或新的风险），或对原有的风险计划进行部分修正。监控过程的关键是建立对成本、进度、运营等行为的有效的指标系统，项目管理人员可运用这一系统评估项目的状态。指标系统应及时反映潜在风险，以使管理者及时采取措施。

风险监控并非是解决问题的技术，而是一种为降低风险而预先主动地获取信息的技术。某些适用于风险监控的技术也可运用到整个项目的监控系统。这些技术包括以下几种。

- 挣值。这是采用成本/进度的计划标准与成本和进度的实际情况进行对照、评估。这种行为可以发现风险应对计划是否能达到预期目的。
- 项目指标。这是对开发过程的一种正式的、定期的评估行为，以考察开发过程是否达到了预期目标。这一技术常被用来监控关键项目过程评估中采用的纠正措施是否有效。
- 进度绩效监控。这是采用项目进度计划表中的数据去评估项目目标完成过程是否状

1 Material discussing risk monitoring and control was derived in part from *Risk Management Guide for DoD Acquisition*, note20,pp.23-24.

况良好。

- 技术绩效测度（Technical Performance Measurement，TPM）。这是通过工程分析和检测，评估在采用某种风险应对方法之后取得的某些关键性参数。它实际上是产品设计评估技术。

指标系统和对项目风险的定期重新评估，是全面项目管理的一部分。最终，一个高度精确的检测和评估系统会在风险监控和重新评估风险的过程中发挥关键作用。

17.13 实施风险管理要注意的问题

虽然建立一个易理解的、结构化的管理流程很重要，但是构建一个合理的组织和企业文化同样重要。因为每一个项目都有自己的背景，所以没有哪一种单一的条款是万能的。因此，有必要在风险管理规划中定义风险管理的角色和义务。例如，你必须在项目中（预先）制定一些规则：

- 谁负责制定风险管理决策？
- 谁来负责和维护风险管理过程？
- 谁负责风险管理培训并协助风险管理的实施？
- 谁来识别风险（每个人都有义务）？
- 如何为已批准的风险事件分配关注点（或负责人）？
- 如何进行风险分析和获得批准？
- 如何制订风险应对计划和获得批准，包括获得所需的资源？
- 如何收集风险监控的数据？
- 如何进行独立的评审，确保风险识别、风险分析、风险应对和风险监控合理？

这些都是组织在进行项目风险管理时必须考虑的因素。这些因素的重要程度主要依赖于项目的规模、企业的组织文化及风险管理的效率等。同样，由于有效项目风险管理的行为也因项目的不同而不同，所以很少有能适用于所有项目的风险管理的特征或因素。

风险管理的实施采用“自上而下”或“自下而上”，覆盖了整个组织。项目经理和其他决策者在决策制定时要考虑使用风险管理方法，并支持和鼓励项目中的其他人实施风险管理。通常情况下，项目经理不承担风险管理的工作（特别小的项目除外）。尽管如此，但高层管理者还是应该鼓励创造风险管理的氛围，而且他们必须积极地参与到风险管理活动中，并运用风险管理准则进行决策。如果没有他们的支持，其他的项目成员就会轻视风险管理，这将导致组织没有能力去实施风险应对计划。类似地，项目的主要决策制定者不应该阻止报告风险。正如上面所讲的，因为取消这种行为并不能建立一种积极的风险管理氛围，而积极的氛围有助于实施风险管理。

基层的员工很容易感受到决策者是否支持风险管理。如果决策者对风险不够重视的话，会严重阻碍风险管理的实施，因此基层员工需要主动参与到风险管理中，风险管理应该是他们工作中的重要组成部分。

与风险管理相关的主要行为目标不是让每位成员都成为风险管理经理或风险管理专家，而是让每位员工都有足够的风险意识，并将其应用到日常工作中。虽然这一点在工作中实施起来比较难，但对风险管理的效率非常重要。

17.14　经验教训的应用

必须对风险程度中等或较高的事件加以控制，尽力将风险降至可接受的程度。任何层次的管理者都必须能敏锐地意识到隐藏的潜在陷阱，这些陷阱通常会导致人们对项目安全程度的错误认识。如果对这些陷阱加以正确理解，人们会发现陷阱本身一般都反映了已知风险领域中存在的其他问题。每个陷阱通常伴有好几个警示信号，这些信号不仅反映了正在步步逼近的问题，也暗示了在开始阶段不能正确解决问题的可能性。

变陷阱为机会的能力反映了这样一个事实：许多技术风险都是可以通过避免、转移、控制等处理方法积极地防范与化解的，而不必坐等问题发生后再考虑收拾残局。在某些情况下，“坐等问题发生”需要付出代价。当然，若风险事件发生概率较低，或者发生之前防范的成本比其收益还高，我们也可能选择“坐等问题发生”的处理方法。有效的风险管理可以将这种“坐等问题发生”的方法变为一种自觉的决策，而不是疏忽，从而形成风险观察表。

“最优方法”的理念实际上承认并非所有的风险都已被识别出来。陷阱具有较强的暗示性，因此当潜在的问题出现时就应该加以检测。认识到风险的形成并非一日之功，也是很重要的。事实上，风险都是经历较长的过程才发展成“问题”的，因此我们应该注意检测发现，吸取教训。

所有的经验教训都应当被记录下来，这样以后的项目经理就可从过去的错误中吸取教训。在风险管理中，经验是一位优秀的老师。的确，无论我们如何努力，风险总会发生，项目总会遇到各种问题。

17.15　风险中的依赖关系

PMBOK®指南，第 6 版
11.2.3.1　风险登记册

如果项目经理没有资金方面的限制，他就会列举出一系列大大小小的风险事件。但是由于资金有限，面对大量的风险事件，很难列出每个风险因素，因此我们需要对风险因素进行优先级排序。

如图 17-6 所示，假设项目管理者依据时间、成本、绩效约束来划分风险。根据图示，我们可以看出，项目经理应该着重与工期缩短相关的风险。虽然时间拥有最高优先权，但是我们必须同时开始考虑和成本、技术相关的问题，只不过应该首先为与时间相关的问题提供足够的资源。

	进度	费用	技术性能
第一优先级（最高级）	✓		
第二优先级			✓
第三优先级		✓	

图 17-6　风险的优先级

风险的优先级应该由项目经理或者项目发起人来定义，有时候也可能由客户来定义。项目风险的优先级可能随产业或地区的不同而不同，如图 17-7 所示。要求每种项目管理方法论都能指定风险的优先级是不太可能的。但是，一个好的管理体系应该包含这些内容，至少要涉及风险的优先级，尽管项目经理的想法可能改变这些优先级。显而易见，为所有的项目制定一个统一的优先级标准是不可行的。

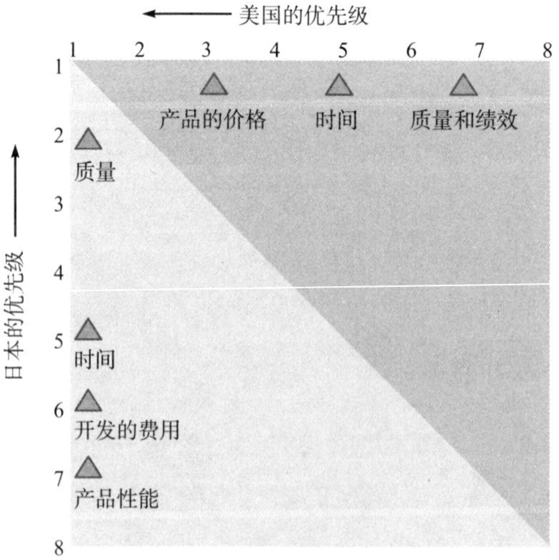

图 17-7　平衡分析的顺序（低优先级的一般先被牺牲）

如果项目的风险之间不相互影响，我们对风险优先级的分析将会更加简单。我们从项目平衡分析中可以知道，如果改变项目的时间，项目的成本和绩效也会受到影响。这种变化不会在两个维度同时发生，这是由目标函数和买卖双方的市场约束所决定的。由此可知，尽管在图 17-6 中时间拥有最高的优先级，但是对风险的时间处理也会影响到其他两个方面。是的，风险是相互关联的。

风险之间的相互影响可以从表 17-7 中看出。第一栏是项目经理可以选择的行动，第二栏是行动带来的后果，第三栏是这些行动后果带来的风险。用另一句话来说，风险缓和策略可能带来好处，同时会带来一系列风险。例如，加班会为你节约 15 000 美元的成本，但是如果员工出错，会导致重新测试、购买额外原材料、进度落后，则会使成本增加 100 000 美元，在这种情况下你会选择压缩时间吗？

表 17-7　风险之间的依赖关系

行　动	可能的收益	风　险
• 加班	• 工期缩短	• 更多的错误、更高的成本、更长的工期
• 增加资源投入	• 工期缩短	• 更高的成本及学习曲线被改变
• 并行工作	• 工期缩短	• 返工及更高的成本
• 缩减范围	• 工期缩短及降低成本	• 降低客户满意度，导致没有后续合同
• 租用更低成本的资源	• 降低成本	• 更多的错误及更长的周期
• 外包关键路径	• 降低成本且缩短工期	• 增加了企业知识产权保护的困难

要回答这个问题，我们可以使用期望值的概念，假设我们知道员工出错发生的概率及成本损失。如果我们不知道这些信息，那么决策主要依据于项目管理者的风险偏好。

多数项目职业经理都一致认为项目最可怕的风险就是技术风险，最可怕的情形就是项目拥有多个不可预测或不知道的技术风险。

虽然项目管理体系为风险管理提供了大致的框架，同时为如何制订风险管理计划提供了依据，但是要求某种方法能够准确定义技术风险几乎是不可能的。由于识别、分析、处理相互依赖的技术风险需要大量的时间和成本，甚至会给项目带来财务问题。

当公司在项目管理上取得巨大的成功之后，风险管理也会成为一种结构化的程序，贯彻整个项目生命周期。持续进行风险管理需要 4 类常见的因素支持：项目将持续多长时间、需要投入多少资金、项目管理的成熟度以及各种风险事件之间的依赖程度。例如，波音公司的飞机项目，一架新飞机从设计到交货需要大约 10 年的时间，并且耗费 50 亿美元。

表 17-8 介绍了波音公司的几种典型的风险类型，但并不说明这些类型的风险之间是相互排斥的。新的技术可以满足客户的需求，然而由于与已有技术相比，新技术的学习曲线延长，所以新技术的出现会增加产品风险。如果产品是为每位客户定制的话，这将使学习曲线伸得更长。另外，如果供应商在飞机生产的阶段内不能及时供货，这也会增加技术和

产品的风险定级。这些风险之间的关系需要使用风险管理矩阵来表示，并进行持续的风险估计。

表 17-8　波音公司的风险分类

风险类型	风险描述	风险应对策略
资金	预付款和支付周期取决于飞机销售的数量	• 在生命周期的每个阶段确定资金 • 持续的资金风险管理 • 与分包商共担风险 • 根据销售数据及时更新风险评估
市场	根据一架飞机的寿命在30~40 年，预测客户在成本、配置及舒适度方面的期望	• 密切关注与客户的联系 • 愿意为每位客户提供定制 • 设立一个基准，允许客户在这个基础上进行个性化设计
技术	由于飞机的寿命较长，需要对成本、安全性、可维修性的影响进行预测	• 结构化的变更管理流程 • 使用已有的设计和技术，而不是未经证明的设计和高风险的技术 • 同时进行产品改进和新产品的开发
生产	在不影响成本、进度、质量和安全的条件下，协调制造和组装合同	• 与分包商保持工作上的紧密 联系 • 结构化的变更管理流程 • 在其他的新产品开发过程中吸取经验 • 使用学习曲线

PMBOK®指南，第 6 版
11.2　识别风险

另一个重要的依赖关系就是变更管理和风险管理之间的关系，尽管两者在项目管理体系中是相互独立的两个部分，但是却有一定的依赖关系。每个风险策略都会导致一些项目的变更，从而产生额外的风险。风险和变更是同时产生的，这就是为什么有的公司将风险管理和变更管理整合成一个管理体系的原因。在表 17-9 中，将管理前的变更与管理后的变更进行了对比。如果变更没有经过管理，那么会导致风险管理的实施消耗更多的时间和资金，有时还会出现危机。更糟的是，由于变更未经过有效的管理，有时需要高薪员工和额外的时间评估附加风险。但是，如果变更经过了管理，公司就可以制订一个较低成本的风险管理计划。

表 17-9　管理和不管理之间的区别

	何时投资	需要投入什么	需要使用哪些资源
未经管理的变更	• 后期	• 返工 • 加强 • 一致 • 监控	• 高级管理者和主要实施人员

续表

	何时投资	需要投入什么	需要使用哪些资源
经过管理的变更	• 前期	• 学习 • 交流 • 计划 • 改进 • 价值增加	• 相关方（内部的） • 供应商 • 客户

无论多么完美的项目管理体系，都不可能精确地定义各个风险之间的相互依赖关系。这些定义通常是项目团队的职责所在。

17.16　风险应对方法的影响

大部分的项目管理体系都包含风险管理。这些风险管理可以用于以下方面的决策：

- 能对潜在的风险及这些风险产生的效果有更深刻的理解。
- 为即将发生的风险事件提供一个早期的警告系统。
- 如果允许的话，可以为如何管理和限制风险事件提供很好的指导。
- 在风险事件发生以后，可以对系统/过程进行修复。
- 在所有其他的手段都不能应付当前风险时，能为应对风险提供规避的措施。

PMBOK®指南，第 6 版
11.6　实施风险应对
11.7　监督风险

因为每位相关方对风险的容忍程度不同，因此有必要提供风险管理方面的指导。通过图 17-8 可以发现，风险和安全系统的政策、程序及指导主要都在相对比较低的三个层次上。对于不同的项目而言，客户的容忍程度可能大大高于或低于公司对风险的容忍程度。同样的道理，基于项目需求，每个项目都愿意接受组织程序允许的范围内的风险。

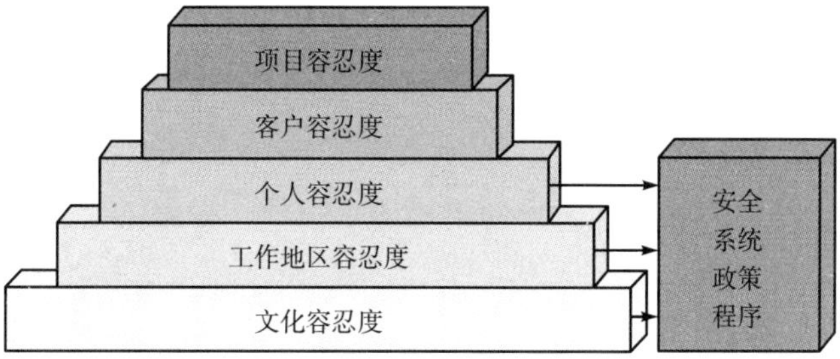

图 17-8　风险容忍度

项目管理体系可以很明确地定义出所承担的风险的规模，以及恰当地选择应该使用何种处理手段。为某个风险假设选择风险应对手段比只是单纯地避免某种风险要复杂得多，我们可以从图 17-9 中看出风险规模和风险应对策略之间的关系。当风险的规模增大时，会导致一种过激的反应，从而给风险管理过程和项目管理体系增加过度的压力。风险应对手段的维护成本应该不超过项目所能够承受的范围。过多的风险管理程序会导致项目经理付出更多的时间和成本。

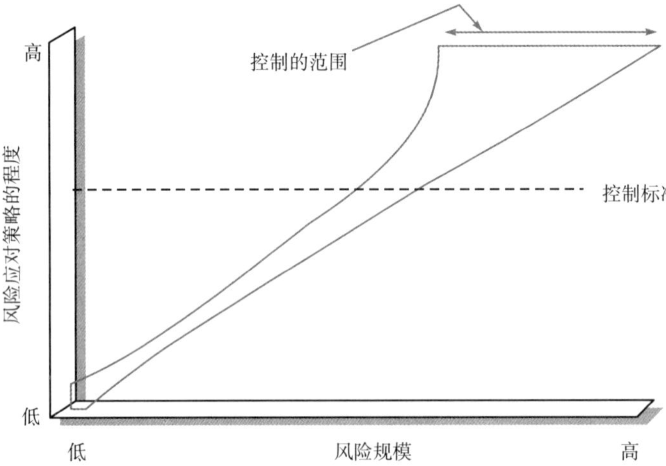

图 17-9　风险应对手段

如果某个组织对风险管理花费过多，有可能造成破坏性的结果，如图 17-10 所示。在风险管理方面投资过多，即当项目风险事件并不需要大量的措施或花费时，这会导致财务灾难。对项目风险管理投资不足，又遇到很多复杂的风险事件时，也会引起惨重的损失和破坏，很有可能导致项目失败。所以，对风险管理的投资需要一个平衡点。

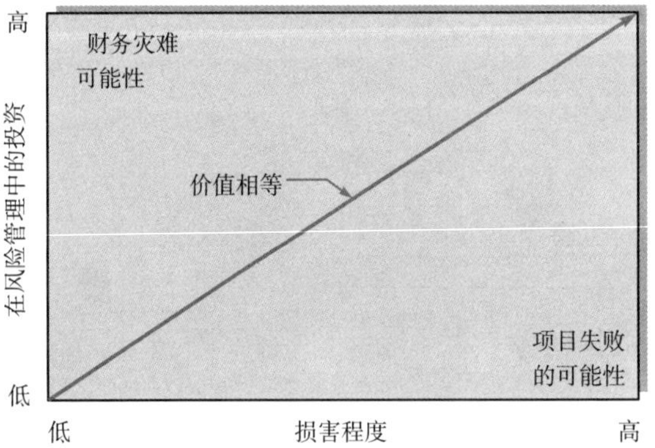

图 17-10　风险管理的投资

决定投入多少资金用于风险控制不是一件容易的事，从图 17-11 中可以看出，还需要考虑时间计划的影响。如果使用的风险应对手段过少，甚至根本就没有风险应对计划，那么可能导致项目工期延长。相反，如果使用太多的风险应对手段（如设计了过多的过滤器和门槛），也会延长项目的工期，因为员工花费了过多时间制订应急计划。也可以理解为，提供了过多的风险报告、文件和风险管理会议，导致项目进度缓慢。所以，有必要进行风险控制平衡。

与前面提到的一样，在风险管理方面的投资并不能确保项目不会遭受损失或破坏。图 17-12 描述风险管理规划的最佳时机。每个组织应该为潜在的风险事件准备两种方案，即主要的风险方案和辅助的风险方案。遗憾的是，在实际的风险管理过程中，风险计划通常是不完善的，如图 17-13 所示。这就是说，即使管理者意识到风险问题，但项目还是会不可避免地遭受破坏和损失。

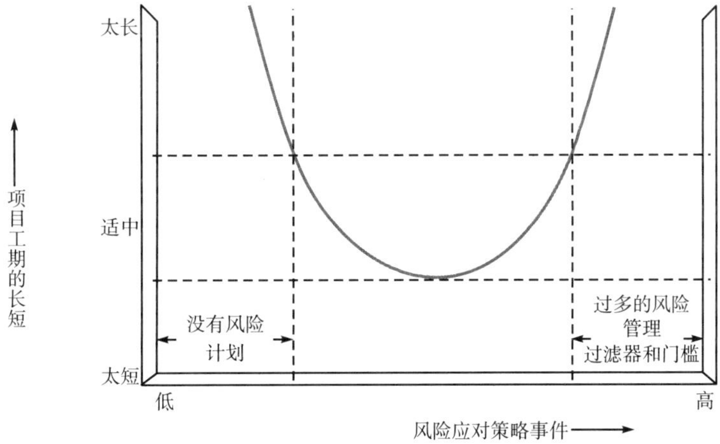

图 17-11　风险应对和消耗的时间

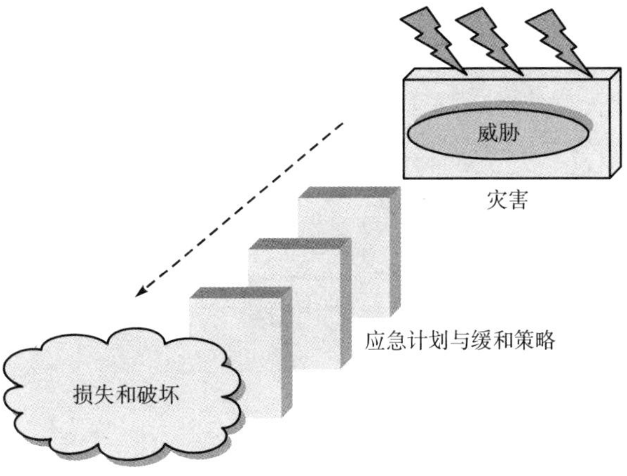

图 17-12　完善的风险计划

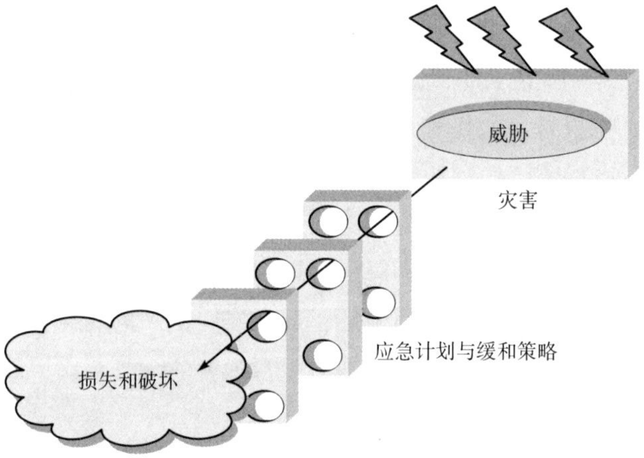

图 17-13　不完善的风险计划

17.17　风险和并行工程

> **PMBOK®指南，第 6 版**
> 11.7　监督风险

由于先进入市场的公司能享有极大的利润率和市场占有率，所以很多公司都特别希望自己的产品能以最快的速度打入市场。想要尽早打入市场，就要求使用并行工程或活动重叠。但问题的关键在于，在不减少利润的情况下，我们能承受多少活动重叠？

图 17-14 介绍了重叠活动中所包含的风险。虽然重叠活动可以压缩工期、降低成本，但是过度重叠会导致返工以及其他问题，造成进度滞后和成本超支。找到一个最优的重叠点，即收益增加的同时减少返工，这是非常困难的。

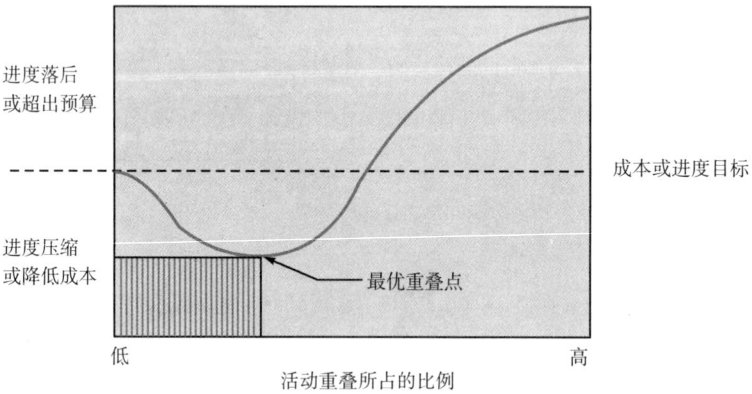

图 17-14　活动重叠风险

导致返工的原因有很多，这里列举两个最常见的因素：

- 新技术的开发和产品开发技术同步进行。

- 缺乏充分的测试程序和评估程序。

为了说明为什么会出现这些问题，假设了下面的情形。市场部和销售部都认为需要开发一种新的产品，但这种产品需要的新技术尚在研制中。于是，为了压缩工期，产品开发小组在并不知道这种技术是否能研发成功的情况下就开始设计，生产部门在还没有实际图纸的情况下就被要求制订生产计划，这将导致在整个生产过程中产生大量的改动并不断地返工。

在这个过程中，有 3 个问题值得持续关注：

- 这种新技术是否能研发成功？
- 新技术是否能在产品中得到很好的展现？
- 在时间、成本和技术（如可靠性）的约束条件下，这种产品能否被生产出来？

技术和产品同时开发的现象已经很普遍。为了减少返工带来的风险，需要证实技术能按计划研发出来。使用并行工程的优秀企业会等到新技术达到指定水平后，才将技术运用到产品中去。在产品研发启动之前，它们会依据技术能力及需求来设计产品的生产过程。这些公司都深刻懂得，在它们所拥有的技术范围以外开发新产品的代价是惨重的。这些结论都是它们在实践中得到的：产品研发启动后处理技术问题将导致成本的 10 倍增长；而在生产过程中处理技术问题将导致成本的百倍增长。

为了减少风险，下面给出了一些常见的有效建议：

- 在资源供给方面和产品的绩效需求方面都应留有足够的弹性空间，以便应对技术的不确定性。
- 严格定义门径，决定何时可以把新技术运用到产品开发中。
- 为判断技术是否成熟定义一个严格的标准。
- 为整个产品开发系统与更新换代制定一系列严格的程序。
- 订立一些条款，说明在下一代新产品推出之前，最多能接受多少新技术工艺（这些规定通常与技术的准备程度有关）。

把这些建议总结积累起来，就可以为发展新技术及为新产品开发中应该包括哪些技术提供一个良好的环境。

如果在项目生命周期的后期才发现问题，那么重叠活动的风险极大。一个最常见的错误就是在工程师的图纸还没有经过反复论证之前就开始生产制造。在正常情况下，这是系统集成部门的责任。系统集成部门的责任是检查关键的设计工程图，确定系统设计是否符合客户的需求（关键部分是否符合），确定成本和时间计划是否符合现实，最后还应该确定当前上市产品的市场需求。决策者应该在产品投入生产之前，审核产品设计是否成熟，工程图是否完成。以上这些建议能够帮助产品走向成功，减少返工。

相关案例研究（选自 Kerzner/*Project Management Case Studies*, 5th Edition）	相关练习（选自 Kerzner/*Project Management Workbook and PMP®/CAPM® Exam Study Guide*, 12th Edition）	PMBOK®指南（第 6 版），PMP 资格认证考试参考部分
• Teloxy 工程公司（案例 A）* • Teloxy 工程公司（案例 B）* • The Space Shuttle Challenger Disaster • Packer Telecom • Luxor Technologies • Altex Corporation • Acme Corporation • 风险管理部门*	• 多项选择题 • 关于风险管理的填字谜	• 项目风险管理 • 职业责任

17.18 PMI 项目管理资格认证考试学习要点

本节用于项目管理原理的复习，以巩固《PMBOK®指南》中相应的知识领域和范围。本章着重讲述了以下内容：

- 项目风险管理。
- 规划。
- 实施。
- 控制。
- 职业责任。

对于准备 PMP 考试的读者，下列练习将有助于对相关原理的理解：

- 风险意味着什么？
- 风险的组成元素。
- 风险管理应该贯穿于整个项目生命周期中，并且可能涉及项目中的所有人。
- 风险的类型。
- 风险主体的容忍度意味着什么？
- 风险源。
- 什么是风险事件？
- 风险管理计划的组成元素。
- 风险集成技术，如德尔菲技术和头脑风暴法。

* 见本章末案例分析。

- 风险的量化分析，如期望值分析和蒙特卡罗模拟分析。
- 定性风险评估。
- 什么是决策树？
- 风险应对的类型。

下列选择题将有助于回顾本章的原理及知识。

1. 风险的两个主要组成部分是____。
   A. 时间和成本　B. 不确定性和损失
   C. 质量和时间　D. 成本和决策周期
2. 风险管理一般通过____来实施。
   A. 开发应对计划　B. 寻求客户的支持
   C. 寻求项目发起人的支持　D. 改善工作环境
3. 对于未来可能出现好结果的事件，我们将其称作____。
   A. 有利风险　B. 机会
   C. 偶发事件　D. 突发事件
4. 导致风险产生的原因又叫作____。
   A. 机会　B. 灾害
   C. 结果　D. 意外的突发事件
5. 某项目有 40%的概率获利 100 000 美元，有 60%的概率损失 150 000 美元。根据期望值理论，该项目最有可能获利____。
   A. 50 000 美元　B. –50 000 美元
   C. 90 000 美元　D. –90 000 美元
6. 风险假设、风险规避、风险控制及风险转移属于风险的____。
   A. 突发事件　B. 不确定性
   C. 期望　D. 应对计划
7. 在项目生命周期的____，项目的不确定性最高。
   A. 启动阶段　B. 计划阶段
   C. 实施阶段　D. 收尾阶段
8. 在项目生命周期的____，项目的财务风险最高。
   A. 启动阶段　B. 计划阶段
   C. 实施阶段　D. 收尾阶段
9. 定义风险的高、中、低属于____的风险估计。
   A. 即将破产的损失　B. 风险的不利性
   C. 定性的　D. 定量的
10. 蒙特卡罗模拟属于____的风险估计。
    A. 即将破产的损失　B. 风险的不利性
    C. 定性的　D. 定量的

11. 下列____不是进行风险管理的合理原因。

A. 使遇到风险的可能性最小　B. 使遇到风险的不利性最小

C. 使风险的有利结果最大化　D. 提供一个尽可能晚的风险警报系统

12. 下列____不属于项目风险管理的一部分。

A. 定义每位团队成员的角色和责任　B. 建立风险报告的格式

C. 选择项目经理　D. 风险评价和风险解释

13. 某种风险评估技术：首先发放问卷，得到一系列的答案后再综合。通过这种方法来识别风险叫作____。

A. 德尔菲技术　B. 使用工作组

C. 主动的团队应对　D. 一个风险管理团队

14. 我们把风险的征兆和早期的警告叫作____。

A. 风险航向器　B. 风险触发器

C. 预先事件　D. 突发事件

15. 下列____不是风险定量分析的技术和工具。

A. 面谈　B. 决策树分析

C. 客观性分析　D. 模拟分析

16. 描述决策和相关联事件关系的技术叫作____。

A. 决策树分析　B. 挣值测量系统

C. 网络计划图　D. 支付矩阵

17. 每次对一个因素进行分析，在其他因素都不改变的情况下，对这个因素进行上下调整，观察对结果的影响。这种分析是____。

A. 决策树分析　B. 敏感性分析

C. 网络图分析　D. 挣值分析

18. 在不改变项目其他目标的情况下，尽量减少风险的概率或风险的破坏程度。这种风险应对策略叫作____。

A. 风险规避　B. 风险自留

C. 风险控制　D. 风险转移

19. 挣值分析属于____。

A. 风险沟通计划　B. 风险识别计划

C. 风险应对计划　D. 风险监控

20. 主动管理风险与被动管理风险的不同在于对____的制定。

A. 支付表　B. 概率的极差

C. 支付的极差　D. 应急计划

答案

1. B　2. A　3. B　4. B　5. B　6. D　7. A　8. D　9. C
10. D　11. D　12. C　13. A　14. B　15. C　16. A　17. B　18. C

19. D　　20. D

思考题

17-1 在开发新产品时，要求使用期望值法来评价风险。每个策略所需要的资金不同，收益也不同，具体如下所示：

（单位：1 000 美元）

战　　略	性　　态		
	完全失败	部分成功	完全成功
S_1	（50）	（30）	70
S_2	（80）	20	40
S_3	（70）	0	50
S_4	（200）	（50）	150
S_5	0	0	0

假定每个状态的概率分别为 30%、50%和 20%，回答下列问题：

a. 运用期望值的概念，会有什么风险（或应该选择什么策略）？

b. 如果项目经理采取了孤注一掷的态度，他应该选哪个策略？

c. 如果项目经理是悲观的，没有策略 S_5，他会有什么风险？

d. 如果策略 S_5 是一个选择的话，对于问题 c，你的答案是什么？

17-2 一家电信公司认为在今后 10 年其主要收入将来源于美国以外的组织。更确切地说，收入将来源于那些不懂项目管理或没有项目管理经验的第三世界国家。公司编制了图 17-15。引起图 17-15 风险增加的原因是什么？

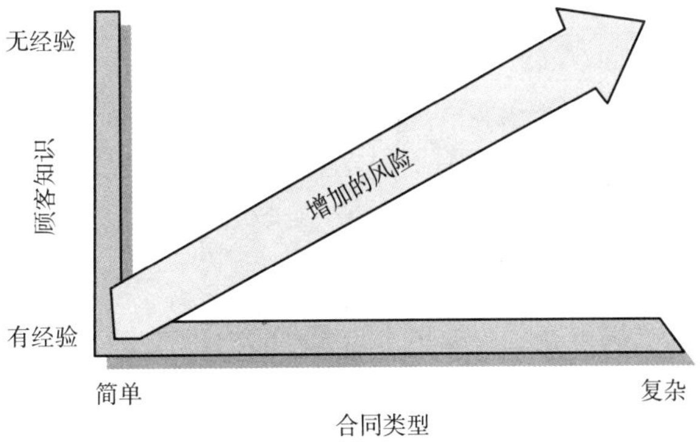

图 17-15　未来风险

17-3 图 17-16 给出了一个“概率—影响（或称作风险图）矩阵”，这种图常常用来作为分析风险的优先级。在这里，风险事件发生的概率和风险事件发生的结果都用序数风险等级来表示（如 5，4，3，2，1 和 E，D，C，B，A，因为实际的数值未知）。在这个图里，L代表低风险，这种风险一般管理者都能忍受；M代表中等程度的风险，这种风险一般需要管理者制订一个风险应对计划；H 代表高风险，这种风险需要一个或多个风险应对计划。那么，使用制定“高—中—低”（或红—黄—绿）的方法来区别不同的风险（而不是对每个格和风险水平赋予量化的数值）的优点是什么（如 5×5 = 25 和 1×1 =1）？

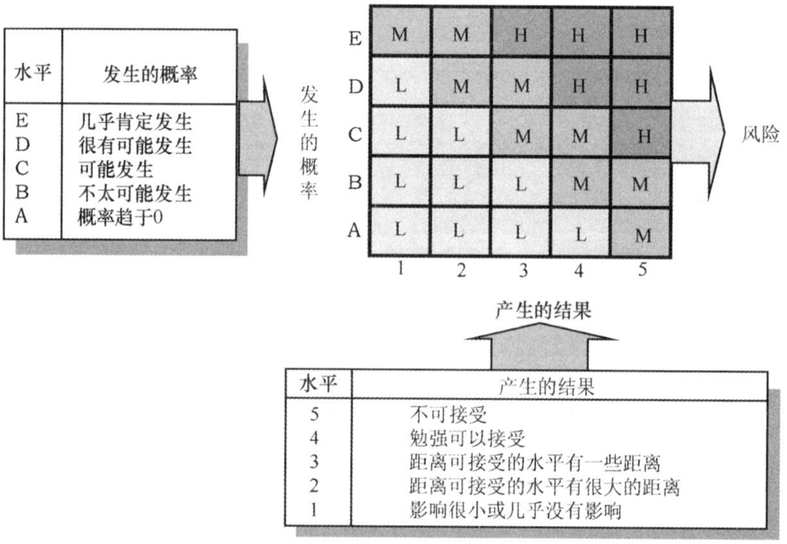

图 17-16　风险优先级分析

17-4 图 17-17 显示的是某个军事行动的概率影响矩阵。该图来源于 Y. Y. Haimes, *Risk Modeling, Assessment and management*, 3rd ed.（Wiley，Hoboken, NJ, 2009）, p. 312. 把“任务”替换为“健康”后，该图能够用于制药行业进行新药的研发吗？

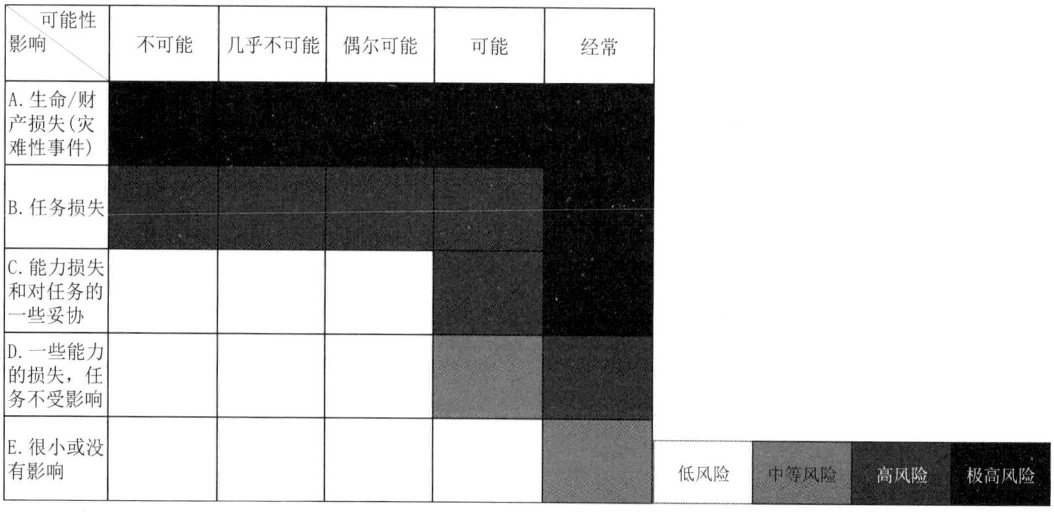

图 17-17　军事行动概率影响矩阵

案例分析

案例 1　Teloxy 工程公司（案例 A）

Teloxy 工程公司接到了一个一次性合同，要设计和生产 10 000 个单位的新产品。在项目投标过程中，管理者认为新产品可以以较低的成本设计和生产。其中生产新产品所需要的一个部件可以在市场上以 60 美元的价格（考虑了数量折扣）买到，所以管理层为采购 10 000 个单位产品及零星支出所做的预算为 65 万美元。

在设计阶段，工程部门通知你，最终设计需要更高级一点的零件，而这种零件数量折扣后售价为 72 美元。新价格已经超出预算很多，这将造成成本超支。

你与生产部门沟通，看是否可以比从外部购买更便宜的价格生产这种零件。生产团队告诉你，他们最多可以生产 10 000 个单位，刚好能满足合同要求。启动成本为 10 万美元，原材料成本是每个部件 40 美元。Teloxy 公司以前从未生产过该产品，生产部门对残次品的预期值如下：

次品率（%）	0	10	20	30	40
发生概率（%）	10	20	30	25	15

所有残次品的维修成本为每件 120 美元。

问题

1. 用期望值方法，自制或外购哪种方法更经济？
2. 从战略角度考虑，为什么管理者不选择最经济的方式？

案例 2　Teloxy 工程公司（案例 B）

生产部门告诉你，他们找到了一种方法，可以将生产能力从 1 万件增加到 1.8 万件。这比原来提高了 8 000 件。但是，启动成本要 15 万美元，残次品的维修成本仍为每件 120 美元。

问题

1. 计算自制或外购的成本，确定哪个方式更划算？
2. 如果生产 1.8 万件而不是 1 万件，残次品率会变化吗？
3. 如果 Teloxy 工程公司的管理者认为即将得到后续合同，你所给出的问题 1 的答案会变吗？如果次品率根据学习曲线变为 15%、25%、40%、15%、5%时，结果会怎样？

案例 3　风险管理部门

背景

1946 年，也就是第二次世界大战结束后不久，Cooper 制造公司成立，主营业务是制造小型家用电器。到 2010 年，Cooper 公司在美国已经有超过 20 家制造工厂，其业务涵盖了各类小型和大型家用电器。该公司几乎所有的成长都来自并购，其并购的资金并不是自身现金流，而是来源于金融市场贷款。

Cooper 公司的全球拓展计划始于 2003 年。利用这个思想和大量的资金储备，Cooper 公司计划一年收购 5～6 家公司。国内收购亦可。几乎所有被收购的都是家电产品制造公司。然而，也有一些被收购的是空调、焚化炉和家庭安全系统生产企业。

风险管理部门

在 20 世纪 80 年代，Cooper 公司开始快速收购，建立了风险管理部门。风险管理部门向财务总监报告，被认为公司财务部门的一部分。风险管理部门的目标是采用损失预防的方式，协调公司的资产保全。该部门与公司内部其他部门，如环境健康和安全部联系非常紧密。在需要的时候还会引入外部顾问，以支持该部门的活动。

Cooper 公司让每个制造工厂在指定的自留水平内承担损失，以确保整个公司在风险管理过程中的协调一致。如果损失重大，该工厂需要在利润率底线内承担损失和影响。这直接涉及工厂的损失预防和索赔管理。当发生索赔时，风险管理部门与该工厂的人员保持定期联系以建立关于赔偿、资金储备和最终处置的协议。

作为风险管理的一部分，公司会对指定的自留风险部分购买保险。保费由各个工厂分摊。保费根据销售额和历史损失赔偿及其对历史损失赔偿分配的最显著的百分比计算。

风险管理被认为对收购和资产剥离进行尽职调查的一部分。它在该过程的一开始而不是结尾进行，最终可形成向高级管理层提交的书面报告和介绍。

新风险形成

风险管理部门最初的职能是保全公司资产，尤其是遇到索赔和诉讼时。该部门更多地关注财务和商业风险，而很少涉及人力资源。这样的情况将发生改变。

Cooper 公司制造过程中大部分是劳动力密集的流水作业线。尽管 Cooper 公司为工厂更新设备来支持流水作业线，希望可以加快工作速度，但是生产过程依然是劳动力密集型。

工作场所的人类工程学

人类工程学包括工作环境变化的灵活性和从个人工作活动到团队设置的桌面组件的兼容性。工作站为任务集中型环境提供了人类工程学方面的支持。除此之外，人类工程学还被用于指代人体生物力学，因为它与工作场所有关(如被用于人体工学椅子和键盘)。工作场所的人类工程学必须兼顾员工长期和短期的安全。它可以通过提升安全性来降低企业成本，减少企业的劳动赔偿数额。举例来说，每年都有超过 500 万名员工承受过度伸展带来的伤害。而人类工程学可以对工作场所进行设计，使员工不必过度伸展，从而为制造行业节省了数以 10 亿美元计的劳动赔偿。

当对工作场所进行人类工程学实践时，可以运用主动或被动的方法。被动的人类工程学是指当有事物需要调整时，采取正确的措施。主动的人类工程学则是寻找可能需要改进的区域，在它们成为巨大的问题之前对其进行调整的过程。问题可以通过设备设计、任务设计或环境设计的方式来解决。设备设计改变了人们实际使用的物理设备。任务设计改变了人们要借助设备完成的事情。环境设计改变了人们的工作环境而不是他们使用的物理设备。

问题

1. 最初为保全公司资产而设立风险管理部门的动机正确吗？换言之，这真的是风险管理吗？

2. 人类工程学作为风险管理部门的新职能，是对风险管理的有效解释吗？

3. 降低医疗保险费用和劳动赔偿可以成为一个项目吗？

4. 你认为 Cooper 公司在降低成本方面成功的秘诀是什么？

第 18 章　学习曲线

引言

PMBOK®指南，第 6 版

6.4　估算活动持续时间

具有竞争力的报价已经在很多行业中成了项目管理职责不可分割的一部分。目前，在建筑、航天及国防领域，项目经理可以借助很多推断技术来制定具有竞争力的价格。如果最终报价过高，公司可能失去竞争力；如果报价过低，公司将遭遇入不敷出的境况。对于一个小公司来讲，这样的情况将导致一场灾难。

也许，最难评估的项目之一便是那些参与开发并最终大批量生产的项目。例如，一个公司需要定出开发和生产 15 000 件物品的成本。这个公司可以很容易地制定出生产第一件物品的成本，但是生产到第 10 个、第 100 个、第 1 000 个或第 10 000 个的时候，其成本又是多少呢？很明显，后续生产的成本要低于前一件物品的生产成本，可到底能低多少呢？幸运的是，对于那些项目经理来说，他们可以借助非常精确的评估技术来处理这些项目。这些评估技术又被称作“学习”曲线或“经验”曲线。

18.1　基本理论

经验曲线的概念建立在古语“熟能生巧”的基础上。一件物品不仅可以被更好地再次生产出来，而且可以在更短的时间里再次生产出来，而在相继的生产中，生产水平会不断地提高，时间会不断地缩短。这个概念尤其适用于劳动密集型项目，如劳动力预测已经变得乏味和消磨时间的那些重复的生产项目。

直到 20 世纪 60 年代，经验曲线的意义才真正体现出来。波士顿咨询小组的相关人士表示，每当累积的生产翻倍的时候，总的生产时间和成本将持续地、可预期地缩短与降低。

而且，波士顿咨询小组还表示，经验曲线的影响渗透到了其他一些领域，如化工、钢铁和电子产品的生产。

今天的决策者经常通过衡量一个公司的市场份额来断定公司的盈利程度。当市场份额上升、盈利增加时，这更多的是因为生产成本的降低大于毛利的增加。这就是经验曲线的影响。大的市场份额允许公司建立大的生产厂地，这样固定资产的成本将分散到更多的生产物品上，当然这也就降低了单位成本。这种效率的提高让我们想到了规模经济，这可能也是大公司比小公司有更高效率的主要原因。

资本设备成本遵循生产容量的 0.6 次方的规律。例如，设想一个企业的年生产能力是 35 000 件物品，这个企业的建设成本为 1 000 万美元，如果这个公司要建立一个年生产能力为 70 000 件物品的厂房，建设成本将是多少呢？

$$\frac{\text{新}}{\text{旧}}=\left(\frac{70\,000}{35\,000}\right)^{0.6}$$

我们求出了建立新厂房的建设成本大约是 1 500 万美元，或者是旧厂房成本的 1.5 倍（要得到更加精确的计算，成本的调节必须考虑通货膨胀）。

18.2　学习曲线的概念

学习曲线表明，每当公司产量翻倍时，它所需要的劳动工时（尤其是直接劳动）就会下降。通常情况下，当一个公司生产一种产品的经验翻倍增加时，它再次生产时就能节省 10%～30%的成本和时间。举例说明，请参看表 18-1 中的数据，这些数据代表了一个公司 75%的学习曲线。生产第二件物品的时间是生产第一件物品时间的 75%，生产第 40 件物品的时间是生产第 20 件物品时间的 75%，生产第 800 件物品的时间是生产第 400 件物品时间的 75%。以此类推，我们可以预言生产第 1 000 件物品的时间是生产第 500 件物品的 75%。在这个例子中，时间以固定的 25%的幅度减少。理论上，这种减少的幅度可以无限延伸。

表 18-1　累积生产量和劳动时间关系

累积生产量	单位时间（小时）	总累积时间（小时）
1	812	812
2	609	1 421
10	312	4 538
12	289	5 127
15	264	5 943
20	234	7 169

续表

累积生产量	单位时间（小时）	总累积时间（小时）
40	176	11 142
60	148	14 343
75	135	16 459
100	120	19 631
150	101	25 116
200	90	29 880
250	82	34 170
300	76	38 117
400	68	45 267
500	62	51 704
600	57	57 622
700	54	63 147
800	51	68 349
840	50	70 354

在表 18-1 中，我们可以用生产单件物品的成本替代生产所用的劳动时间。一般情况下，我们更多地使用劳动时间这个指标，因为人们通常不知道准确的生产成本或者公司不公开透露这种信息。同样，如果这里要应用生产成本，由于要考虑到不断增加的员工工资、生活水平的调节及货币的市值可能的变化，这种应用将增加一定的复杂性。通常，对于一个 1 ~ 2 年的项目，往往使用成本而不是时间。

这种成本也常被称为附加值成本，通过比较大的数量，它也可以以降低的运费和可获得补偿的成本形式体现。能带来附加值的成本有利于买卖双方真正地节约成本。

学习曲线的思想来源于一个历史性的发现，那就是当一个人重复多次做一件事情之后，在下一次做这件事情时，他必然能够把它做得更好。针对这种现象的实证研究，产生出 3 个当前理论和实践都赖以为基础的结论。

- 当一项任务被重复的时候，完成这项任务所需的时间将缩短。
- 当更多的物品被生产出来时，提高量将减少。
- 提高率有充分的连续性，以至于它可以被用来当作预测工具。

在连续生产了同样的物品之后，接下来生产相同物品所需的时间以一个固定的比率在减少，这正体现了提高的一致性。

我们已经认识到运用学习曲线到生产项目中的意义是非常重要的。请看这样一个例子，设想一个项目的完成需要 75%的人力组装（如飞机组装）和 25%的机器工作。对于人力劳动，学习改进是有可能的，然而对于机器工作，由于机器的自身运转问题，产量可能受到一定程度的制约。在这个例子中，由于拥有 75%的人力组装和 25%的机器工作，这个公司将运行在 80%的学习曲线上。但是，如果人力组装变为 25%而机器工作变为 75%，那么这个公司将运行在 90%的学习曲线上。

18.3　图表

图 18-1 所示的学习曲线的数据来源于表 18-1，其横轴代表生产物品的总数量，纵轴代表每件物品生产所需的时间或成本。图 18-1 表示的是在一个普通直角坐标图上画出的双曲线。曲线表明劳动时间的减少并不连续。当然，当产量翻倍的时候，时间的减少量将是连续的。但是，这种变化或下降的比率是一个恒定的百分比，因为基数的减少是与变化的减少成比例的。为了解释清楚这一点，我们可以使用构建图 18-1 的表 18-1 的数据。从生产第一件物品到生产第二件物品的生产量翻倍的过程中，生产时间减少了 203 小时；从生产第 100 件物品到生产第 200 件时，生产时间减少了 30 小时。但是，在以上两个减少中，其减少的比例均是 25%。同样，从第 400 件到第 800 件，比例也减少了 25%，即减少了 17 小时的时间。因此，我们可以总结出，当更多的物品被生产出来时，变化的比率是一个常数，但变化的量在减小。

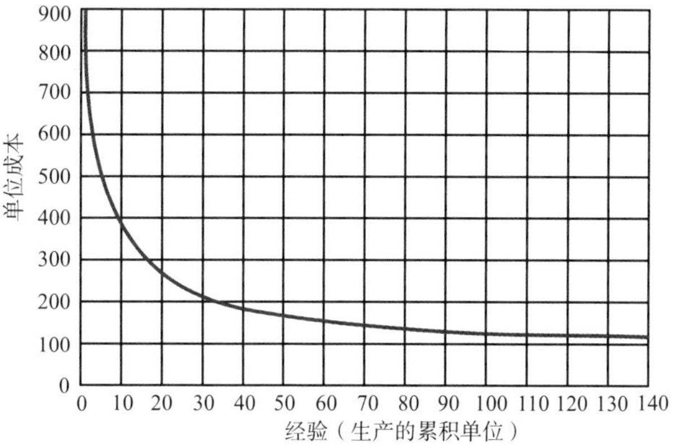

图 18-1　75%学习曲线

当把图 18-1 中的数据在对数坐标纸上画出的时候，其结果将表现为一条直线，即图 18-2 中所示的学习曲线。

学习曲线的使用一般可以有两种基本模型，即单位曲线和累积平均曲线。两种模型都在图 18-2 中有所体现。单位曲线把重点放在生产特殊量的产品所需的时间和成本上。这一理论可做如下解释：当生产总量成倍增加时，单件物品的生产成本将以一个恒定的百分比减少。这一恒定的比率被称作学习率。

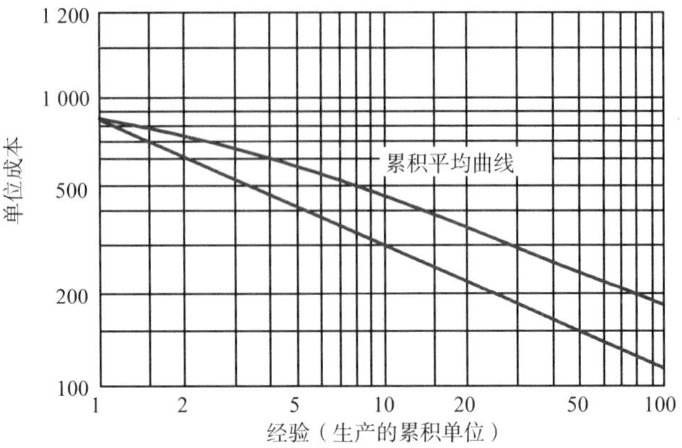

图 18-2　75%学习曲线的对数图

学习曲线的倾斜度是与学习率有关系的。它是 100%与学习率的差值。例如，如果在翻倍的生产当中，生产时间的减少是 20%的比率（学习率），那么这一曲线的倾斜度就是 80%。

要绘制一条直线，必须知道两点或一点和这条线的倾斜度。通常，后者更常见。问题公司知道生产第一件物品所需的时间，还是使用为用来定价的标准物品而提前规划好的时间。

图 18-2 中的累积平均曲线的数据来源于表 18-1 中的第一列和第三列。用第三列的数据除以第一列的数据，我们可以发现生产第一个 100 件物品的平均时间为 196 小时。生产到第 200 件的时候，平均时间变为 149 小时。这就使得生产项目的成本决定变得重要。

18.4 与学习曲线相关的关键词

为了应用学习曲线，了解一些关键词是很有帮助的。

- 曲线的倾斜度。代表曲线陡峭程度（提高的固定比率）的百分数。如果应用单位曲线的理论，这个百分数代表了数量翻倍时的生产时间或成本与之前的生产时间或成本的关系。例如，一条经验曲线的倾斜度是 80%，那么第二件物品的数值（生产时间或成本）是第一件物品数值的 80%，第四件物品的数值是第二件的 80%，第 1 000 件物品的数值是第 500 件的 80%，以此类推。
- 第一件物品。生产刚刚开始时，第一件被完整地生产出来的物品。此概念区别于任何再次生产时生产出的其他物品。
- 累积平均时间。在任何给定的生产数量下，生产每件物品平均花费的时间。当体现在图表上时，用一条直线将每个连续的生产物品的数值连接起来，就形成了累积平均时间曲线。
- 单位生产时间。生产任何一件物品直接花费的时间。当体现在图表上时，用一条直线将每个连续的生产物品的数值连接起来，就形成了单位曲线。

- 累积总计生产时间。在任何给定的生产数量下，生产所有物品花费的总的时间。当体现在图表上时，用一条直线将每个连续的生产物品的数值连接起来，就形成了累积总计曲线。

18.5 累积平均曲线

通常将学习曲线用对数坐标的形式体现，而通过下面的公式计算累积平均值。

$$T_x = T_1 X^{-K}$$

式中 T_x ——生产第 n 件物品所用的时间；

T_1 ——生产第 1 件物品所用的时间；

X ——累积生产物品件数；

$-K$ ——由学习曲线的斜率而来的因素。

指数 K 的典型的值如下：

学习曲线（%）	K
100	0.0
195	0.074
190	0.152
185	0.235
180	0.322
175	0.415
170	0.515

比如，生产第 1 件物品所用的时间为 812 小时，并且公司运行在 75%的学习曲线上。那么，生产第 250 件物品所需的时间为：

$$T_{250}=812\times250^{-0.415}$$
$$=82\text{（小时）}$$

这一数据与表 18-1 中的数据相吻合。

有时，公司并不知道生产第 1 件物品所需的时间。它们总是设想一个生产的数量及生产到最后一件物品时所用的时间。比如，一个公司将生产 100 件物品，生产第 100 件所用的时间为 120 小时，并且这个公司运行在 75%的学习曲线上，那么我们可以求得：

$$T_1=T_xX^{-K}$$
$$=120\times100^{0.415}=811\text{（小时）}$$

这个数据与表 18-1 中的数据大致吻合。累积平均生产时间可以通过下面的表达式大致计算出来：

$$T_c=T_1X^{-K}/(1-K)$$

式中 T_c——生产到第 X 件物品时所用的平均生产时间；

X——生产件数；

T_1——生产第 1 件物品所用的时间。

那么，生产到第 250 件物品时所用的平均时间为：

$$T_c=(812)\times(250)^{-0.415}/(1-0.415)=135（小时）$$

从表 18-1 中可以看出，生产到第 250 件物品时所用的总的时间为 34 170 小时，用它除以 250，得出 137 小时。这个结果与用上面的公式计算的结果大致吻合。我们必须记住，上面的表达式算出的只是一个大概数值，如果生产数量小于 100 件，要应用这个公式的话，计算出的结果将有很大的出入。如果生产数量很大的话，误差可以忽略不计。

用学习曲线的等式，我们可以得出表 18-2。从表 18-2 中可以看出，由于经验的增加，生产成本在不断地减少。设想生产分 4 个等级并且运用 80%的学习曲线。通过表 18-2，生产成本将减少 36%。

表 18-2　经验增多而成本下降的例子　　单位：%

老经验与	经验曲线					
新经验之比	70	75	80	85	90	95
1.1	5	4	3	2	1	1
1.25	11	9	7	5	4	2
1.5	19	15	12	9	6	3
1.75	25	21	16	12	8	4
2.0	30	25	20	15	10	5
2.5	38	32	26	19	13	7
3.0	43	37	30	23	15	8
4.0	51	44	36	28	19	10
6.0	60	52	44	34	24	12
8.0	66	58	49	39	27	14
16.0	76	68	59	48	34	19

资料来源：Derek F. Abell and John S. Hammond, *strategic Market Planning*. Reprinted by permission of Pearson Education (Upper Saddle River, NJ.,©1979),p.109.

18.6 经验来源

在几个影响学习曲线的因素中，没有任何一个单一的因素独立发挥作用，它们之间是通过一个复杂的网络互相影响的。为了简单起见，这些因素将被拿出来单独讨论。

- **劳动效率**。这是一个非常普通的因素。它表明，每当我们重复做一件事情的时候，我们将得到更多的经验，即生产成本和时间将减少。如果员工重复做了某项工作，他再次做的时候，所需的管理和监督就会减少，浪费和没有效率的现象也会减少甚至消失，这样劳动生产率就会增加。

遗憾的是，劳动效率的增加绝对不会是自动的。在保持公司稳定方面的人员管理政策及员工补贴等对于一个公司是非常重要的。当员工对业务变得熟悉并且工作得更有效率时，保留住这些有技术的员工就显得尤为重要。丢失一个合同或者没有及时续签合同，将迫使这些员工去寻找其他的工作。在一些诸如航空业和国防的特殊行业，工程师被认为宝藏，他们经常在不同的合同和不同的公司之间游移。

经济的上下波动对保持学习曲线有很大的影响。当经济下滑时，人们工作的速度较慢并努力想保住他们的工作。最终结果是，公司被迫派这些人去做其他的事情或者解雇人员。在经济上升时，为了提高学习效率，就需要有大量的培训。

如果一个员工被要求在更短的时间内做完某件事情，他就会希望得到相应的工资。工资激励如何使用将产生正面或者负面的影响。学习曲线和劳动生产率将成为员工要求更高报酬时讨价还价的工具。

固定的报酬不会激励员工有高的生产效率。如果员工被要求用更低的生产成本生产出更多的东西，那么他就会想得到部分节省的成本、追加的工资或者补贴。

学习的影响不仅仅局限于直接参与劳动的员工。维护人员、管理者、其他生产线上和其他工位的员工也需要提高劳动生产率。以上所述同样适用于市场、销售、行政管理和其他职能部门。

- 工作的专门性和工作方法的改进。[1]工作的专门性可以提高一个员工对于一项给定任务的熟练程度。设想在这样的情况下会发生什么：有两个员工，他们同时做过一项特殊工作的两个阶段，这两个阶段各不相同。现在，他们每个人都在重复做过的工作并同时增加了做这项特殊工作的经验。工作方法的改进同样可以大大提高效率。
- 新的生产过程。过程的创新和改进是降低成本的重要源泉，尤其是在资金密集型行业。比如，在人工劳动含量低的半导体行业，通过大量的研究和发展，使工作过程得到了改善，即可以获得 70%或 80%的经验曲线。相似的过程改善可以同样体现在

1　下面的 6 个元素来自 Derek F.Abell and John S.Hammond, Strategic Market Planning（Upper Saddle River,NJ:Pearson Education.1979）, pp.112-113, Reprinted by permission。

采矿业、原子能工厂和钢铁工厂等。这里只提到了几个行业。

- 通过生产设备获取更好的工作绩效。当第一次使用一些设备的时候，生产的产量固定在一个比较保守的数字上。经验可以带来增加产量的改进方法。例如，流体催化剂分解装置经过 10 年的时间就可以提高 50%的容量。[1]
- 资源混合的改变。当经验增加的时候，生产者可以在实际操作中配置不同的或者不太昂贵的资源。例如，技术水平不高的工人可以替代技术水平高的工人，或者自动化设备替代人工劳动。
- 产品标准化。标准化带来了工人学习必要的重复工作。甚至当市场考虑的重点是灵活和更广阔的产品系列时，标准化仍需通过模块化的生产而得到。例如，通过制造一些类型的引擎、传动系统、底盘、座位和人体适应的造型等，由于不同组件的生产过程都是相对独立的，这样汽车制造商就可以获得相应的生产经验。以上这些组件可以被用来组装成不同的模型。
- 产品的重新设计。当人们对一个产品非常了解时，生产商和客户就对这种产品的性能要求有了清楚的理解。这种理解将导致对产品的重新设计，以节约材料、提高生产的效率并用成本较低的材料和资源替代，同时伴随着这种产品性能的改进。19 世纪，从木制钟表的生产到黄铜钟表的生产就是一个非常好的例子。这样的例子还包括滑雪靴的皮子的重新设计和材料中采用塑料、人工合成纤维及橡胶等。
- 增长和消减。工资政策和经验来源可以同时导致员工干劲的增长和消减。干劲增长可以改变学习曲线的倾斜度，如图 18-3 所示。我们称图中曲线为头朝下的学习曲线，由此可以产生更加有利的学习过程。在图 18-4 中，学习曲线表现为“头朝上”和“扇贝”曲线，这就是干劲消减的结果。当发生这种“头朝上”的结果后，学习曲线的倾斜度将同时可能发生变化，但这种变化的结果是新曲线的倾斜度不如以前曲线的倾斜度更有利。

工人们的不满同样可以导致学习曲线的偏离，如图 18-5 所示。由于关掉一条生产线或在合同结束的时候把工人转移到其他的生产中而导致效率低下，都会造成这种偏离。

---

1 *Harvard Business Review.* “Profit from the Learning Curve,” *Harvard Business Review,* 42，No.1 (January-February 1964), p.125.Copyright © 1964 by the Harvard Business School Publishing Corporation; all rights reserved.Reprinted by permission.

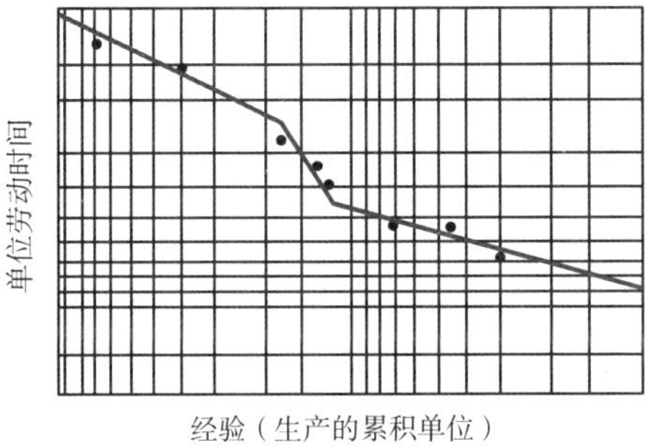

图 18-3　“头朝下”的学习曲线

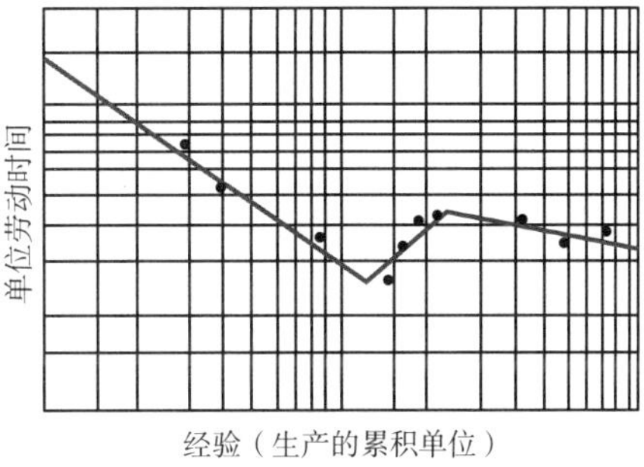

图 18-4　“头朝上”的学习曲线

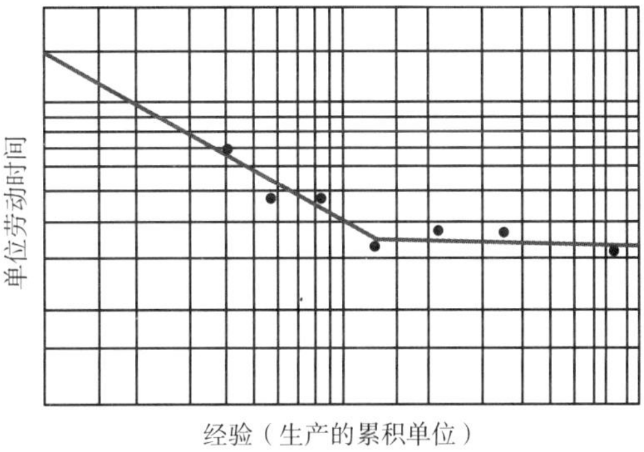

图 18-5　学习曲线的偏离

18.7　测量倾斜度

斯坦福研究院的研究表明，不同的生产商所遵循的曲线的倾斜度是不同的，有时甚至相似的生产项目的曲线倾斜度都是不同的。实际上，从第二次世界大战飞机制造业提取的数据表明，那个时期的这个行业所遵循的曲线倾斜度是 69.7% ~ 100%。倾斜度的平均值是 80%，这产生了行业平均的曲线的倾斜度是 80%。其他研究为其他行业开发了测度手段，像 162 个电子产品生产项目的抽样曲线的倾斜度是 95.6%。遗憾的是，这个行业的平均曲线经常被从业者误用为标准或规范。当没有任何可靠数据的情况下，要预计一个企业生产一种产品的学习曲线的倾斜度，最好借助于其他企业生产相似产品学习曲线的倾斜度，而不是依据行业平均曲线。

分析专家需要知道学习曲线的倾斜度是有很多理由的。一个是使交流变得容易，因为这是学习曲线理论体系的一部分。斜坡越陡（较低的百分比），当生产量增加时，生产所需资源的减少就越快。所以，学习曲线的倾斜度通常成为生产合同谈判的主题。通过使用学习表或计算机的帮助，倾斜度还被用来预测接下来生产的产品的成本。倾斜度的另一个应用是，对于许多生产情况，建立在可靠的历史经验基础上的一个特定的倾斜度可能被作为标准来使用。通过对比从当前经验和生产中得出的学习曲线与标准的倾斜度，可以判定一个给定合同的改进是否合理。

18.8 单位成本和中点的使用

学习曲线的使用依赖于公司记录生产成本的方法。公司必须设计一个统计或核算记录系统，这样数据才能够被用来建立学习曲线。否则，学习曲线是无法建立的。成本（如单位劳动时间和单位所需投入的资金）必须重点考虑单位这个概念。建议大家使用单位劳动时间，而不要用单位所需投入的资金。因为后者包含一些附加的因素——通货膨胀和通货紧缩（包括工资和材料成本的变化），而前者并不包括这些。在任何情况下，记录系统都要有考虑生产数量而发生成本变化时所设置的精确的中断点。大多数公司使用一种批量发布系统。在这样的系统中，成本随着工作订单而累积，而这里的生产数量有明确的提示，在这些规定的数量被生产完毕时成本也随着下降。然而在这种情况下，成本几乎等同于等量的生产单位量而不是等同于实际的生产单位量。因为通常使用工作订单系统，单位成本并不是实际批量中的单位生产成本。以上表明，当在图纸上绘制批量的时候，必须找到与平均成本的数值相关的单位成本数值。

18.9 学习曲线的选择

已存在的学习曲线反映了过去的经验。在对数坐标纸上用累积的数据可以绘制出趋势线，这一光滑的趋势线描绘了学习曲线的大概走势。曲线的类型可以代表一些概念的其中之一。依据使用者的需要，曲线所用的累积数据可以来源于产品、过程、不同的部门或者其他功能或组织单位。但是，在经验方式选用合适的基础上，不论选用何种概念和方法的经验曲线，应用的数据都必须是连续的，这样才能为管理提供有意义的信息。连续性在曲线概念和数据累积中怎么强调也不为过，因为已经存在的曲线在决定生产新的产品经验曲线时起到了主要作用。

当仅知道一个点的数值而且倾斜度未知的情况下，要为新的生产项目选择合适的经验曲线，就要考虑下面所列的因素了（按重要性由大到小排序）。

- 新的生产项目与以前生产过的项目的相似性。
- 物理对比：
  — 过程和组件的增加或减少。
  — 资料的不同，如果存在的话。
  — 在以前的生产中，工程的改变所产生的影响。
- 相似物品生产后的时间有效期：
  — 生产工具和设备的条件。

— 人员的流动。

— 工作条件或工作心情的变化。

- 其他在相似项目间的可比因素：

— 交付进度计划表。

— 材料和组件的可获得性。

— 前一个生产项目中人员的轮换程度。

— 实际生产数据与以前的理论曲线的比较而找到的偏差。

为量化不同项目间的差别，可以赋予可比因素不同的权重。这些因素也是历史性的，只有将已经存在的曲线与实际情况做比较之后，才能够反映它们的重要性。

如果至少提供了两点的数据，曲线的倾斜度就可以确定下来了。因为要评价倾斜度的可靠性，所以这两点间的距离必须作为考虑因素。用其他点的数值可以增加倾斜度的可靠性。不论提供点的多少和设想的倾斜度的可靠性如何，相似项目间的对比都被认为最好的方法，而且应该在任何可能的情况下做这种对比。

第一件物品的数值可以通过数据的累积或者估计而得到。当生产开始以后，可以得到合理的数据，而且曲线也可以被延伸到想要达到的生产量。但是，如果生产还没有开始，第一件物品的数值还没有提供，这时就必须设想它的理论值了。这种设想可以通过以下 3 种方法来完成：

- 统计得到的在前期生产单位生产时间和第一件物品生产时间之间的关系可以应用到实际的生产时间中。
- 建立在物理和绩效参数基础上的第一件物品估计成本的成本预测关系（Cost Estimating Relationship，CER）可以用来建立第一件物品的数值。
- 知道倾斜度和曲线与劳动力标准的数值相交的点的数值。在这种情况下，可以确定第一件物品的数值，即用劳动力标准的数值除以合适的单位数值。

18.10　后续订单

一旦为初始订单或者生产运行而建立了初始经验曲线，就可以决定累积平均曲线和单位曲线上的最后一件物品的数值。后续订单和生产运行的延续，即那些被认为初始订单和初始生产过程的延伸将被绘制成合适的延续性曲线。但是，经过延续曲线上的最后一点的累积平均数值并不是那条曲线上后续部分的累积平均数值。假设生产没有中断的话，它将同时是曲线两个部分的累积平均值。这样，预测后续生产的成本只需要估计初始生产的累积平均成本和后续生产的累积平均成本之间的差别。同样，单位曲线上两个部分的最后一件物品的数值将代表合并曲线上的最后一件物品的数值。

18.11 生产中断

生产中断是指在一纸订单或者一定数量的生产完成之后和后续订单及生产的重新开始之间存在的时间间隔。这个时间间隔打断了生产的连续性并对成本形成强烈的影响。这里讨论的时间间隔是指那些显著的间隔（数周或数月），而不是由于人员或机器延误、停电等造成的几分钟或几小时的耽搁。

因为经验曲线表明了时间和成本之间的关系，所以假设时间间隔是有逻辑的，间隔将同时影响时间和成本。因此，间隔的长短变得与初始订单或生产运行同等重要。因为时间间隔是可以估计长短的，接下来就该考虑由于这个间隔而产生的追加成本了，也就是在初始的订单和生产与后续订单和后续生产之间产生的附加成本。

当生产商要把经验曲线作为管理信息的工具时，可以断定，决定初始曲线必要的准确的数值必须是经过累积、记录及具有一定有效性的。因此，如果生产商经历过时间间隔，那么一个订单或者一批生产的经验曲线的数值就应该以上述形式提供，这样才能建立合适的经验曲线。

18.12 学习曲线的局限性

在学习曲线的应用中存在一些局限性，而且必须注意，在使用该曲线时要避免一些错误的结论。典型的局限性包括以下几个。

- 学习曲线不会永远延续。生产时间或成本的下降将随着时间的推移而消失。
- 一种产品的学习曲线的应用不可能延伸到另一个产品，除非它们之间存在可共享的经验。
- 可能不会为建立有意义的学习曲线提供合理的成本数据。如果非制造成本包括在直接劳动成本中，或者会计制度不能足够分离工作计划，以致不能发现经验所产生的真正效果，这将产生一些其他的问题。
- 一定量的折扣将扭曲学习曲线的成本和预期利润。
- 在不断投入的资金中，必须考虑到通货膨胀，否则会限制由经验曲线得到的收益。
- 学习曲线最适用于长期项目（如一年以上的项目）。对于短期项目，所得到的利润并不是由学习曲线带来的。
- 外部影响（如材料、专利，甚至政府规定的限制）也可以限制学习曲线带来的收益。
- 年复一年而没有任何增长的生产可能在几年后限制经验的增长。

18.13　有竞争力的武器

学习曲线是强有力的竞争武器，尤其是在建立定价策略的时候。实际的定价策略有赖于如下的因素：产品生命周期、公司在市场的位置、竞争对手可提供的资源和相应的市场位置、生产期的长短及公司财政状况等。

从项目管理的角度考虑，学习曲线定价法可以成为有竞争力的武器。例如，一个每小时要付出 60 美元成本的公司要竞标一个生产 500 件物品的生产项目。我们应用表 18-1 中的数据，生产 500 件物品的累积总时间是 51 704 小时，这样每件物品的平均生产时间是 103.4 小时。那么，生产这 500 件物品的成本是 51 704 小时×60 美元/小时，即 3 102 240 美元。如果目标利润定在 10%，那么最终的标价应该是 3 412 464 美元，其中包括 310 224 美元的利润。

即使我们把利润定在 10%，但实际的利润可能少一些。每件产品的定价都建立在单件平均生产时间是 103.4 小时的基础上。但是，第一件物品的生产时间需要 812 小时，公司将在生产第一件物品上损失 708.6 小时×60 美元/小时，即 42 516 美元。第 100 件的生产需要 120 小时，公司将损失 996 美元，即（120 小时−103.4 小时）×60 美元/小时。当生产到第 150 件物品的时候，利润将会产生，因为它的生产时间比平均单件生产时间 103.4 小时要短。

简单地说，前 150 件物品的生产是资金的流失。这种资金的流失迫使公司以借钱的方式维持生产，直到第 150 件产品生产出来，因此就降低了目标利润值。

相关案例研究（选自 Kerzner/*Project Management Case Studies*, 5th Edition）	相关练习（选自 Kerzner/*Project Management Workbook and PMP®/ CAPM® Exam Study Guide*, 12th Edition）	PMBOK®指南(第 6 版)，PMP 资格认证考试参考部分
无	• 多项选择题	• 项目进度管理 • 项目成本管理

18.14　PMI 项目管理资格认证考试学习要点

本节用于项目管理原理的复习，以巩固《PMBOK®指南》中相应的知识领域和范围。本章着重讲述了以下内容：

- 项目进度管理。
- 项目成本管理。

对于准备 PMP 考试的读者，下列练习将有助于对相关原理的理解。

- 学习曲线意味着什么？
- 如何使用学习曲线？
- 怎样利用学习曲线来进行评估？

下列选择题将有助于回顾本章的原理及知识。

1. 依据学习曲线理论，当生产处于何种水平时，学习曲线将会呈现一个固定的比率？
   A. 比一般增长得快　　B. 正在增长，但速度比一般要慢
   C. 两倍的速度增长　　D. 以四倍的速度增长
2. 学习曲线理论最适合估算哪种部门的成本？
   A. 设计部门　　B. 工程师部门
   C. 市场部门　　D. 制造部门
3. 一个公司运行在 90%的学习曲线上，第 100 件物品需要 80 小时，第 200 件物品需要多少小时？
   A. 200　　B. 180
   C. 100　　D. 90
4. 下面哪种做法会是改善学习曲线的动力？
   A. 新的、更高效的生产流程　　B. 产品重新设计
   C. 更高质量的原材料　　D. 以上都是

答案

1. C　2. D　3. D　4. D

思考题

18-1 当学习曲线绘制在普通坐标纸上时，曲线将趋近于水平。但是，如果把曲线绘制在对数坐标上，那么曲线体现出来的改进（成本或生产时间的减少和缩短）将是无限的。你如何解释这个不同？这种改变的发生是无限的吗？如果不是，又是什么限制了改进的连续性呢？

18-2 一个公司运行在 85%的学习曲线上。如果第一件物品的生产时间为 620 小时，那么生产第 300 件物品所用的时间是多少呢？

18-3 一个公司运行在 75%的学习曲线上，并且决定生产第 100 件物品的标准时间是 85 小时，那么生产第一件物品所需的时间是多少？如果第一件物品的实际生产时间比你预计的长，这能说明学习曲线是错误的吗？

18-4 一个公司接到生产 700 个某种特殊产品的合同。定价部门明确指示，第一件物品的生产时间需要 2 250 小时，而且定价部门相信 75%的学习曲线是合理的。如果实际的曲线为 77%，公司将损失多少钱？假设每小时投入的成本是 65 美元，那么由于学习曲线的百分比增长了 2%，这将导致总的生产时间产生多大的差异？

18-5 如果公司生产第一件产品的时间是 1 200 小时，第 150 件产品的生产时间是 315 小时，那么这个公司运行的学习曲线的百分比是多少？

18-6 一个公司决定竞标一份生产 500 件物品的后续合同。这个公司在 75%的曲线上生产了 2 000 件物品。第 2 000 件物品的生产时间是 80 小时。如果这个公司每小时的成本是 80 美元，并且希望产生 12%的利润，那么这个公司的竞标价应该是多少？

18-7 参考问题 18-6，后续合同中，生产到多少件的时候才能开始产生利润？

18-8 你的公司希望加入新的市场。到下一年年末的时候，运行在 80%学习曲线上的占市场主导地位的公司将完成 16 000 件物品的生产，并且年末的价格预计是 475 美元/件。你的生产人员告诉你，生产第一件产品的成本是 7 150 美元，同时由于你开发了新技术，你应该运行在 75%的学习曲线上。那么，下一年你需要生产和销售多少件产品才能与年末价格是 475 美元/件的市场主导公司进行竞争？你的答案现实吗？你还有什么样的假设呢？

18-9 Rylon 公司是一个电子产品组装厂。公司预测某种商品第二年的市场需求是 800 件。公司运行在 80%的学习曲线上。公司考虑购买一些新的组装机器来提高组装速度，但大部分组装依靠 85%～90%的人工劳动。但是，借助新的机器，组装仅仅需要 25%～45%的人工劳动。如果公司要购买并安装这些机器，那么得到生产到第 200 件以后，才能使用这些机器。因此，剩余的 600 件产品将用新的机器来生产。第 200 件的组装时间是 620 小时。但是，第 201 件产品的组装仅需要 400 小时，而此时的学习曲线的百分比已变为 90%。

a. 新的机器可以缩短所有 800 件产品的生产时间吗？如果可以的话，能缩短多长时间？

b. 如果公司每小时投入的成本是 70 美元，新的设备的损耗期是 5 年，那么公司最多应花多少钱来购买新机器？你有什么样的想法呢？

第 19 章　合同管理

引言

PMBOK®指南，第 6 版
第 12 章　项目采购管理

一般来说，公司根据客户提供的竞标申请要求或者以和客户合同谈判的结果来提供服务或产品。准备标书和估算项目的成本及收益的一个重要因素是预期合同的类型。准备投标的信心通常取决于订约人要承担的风险大小。既然存在过度风险[1]，那么某些类型的合同则可以减少订约人的风险，因此计算成本时就必须考虑合同类型涉及高风险和低风险区域的大小。

在竞标过程中，某方出价大大低于他方出价时，客户可能对投标的有效性提出质疑，并且由于低廉的出价，客户也会对合同能否最终执行产生疑问。在这种情况下，客户通常会在合同中增加鼓励和惩罚条款以便进行自我保护。

出于对风险因素的考虑，竞争者应该同时就目标成本和所涉及合同的类型进行谈判，因为风险保护是最有影响力的因素。对于客户公司职员的数目和经验、项目完成的紧急程度、合格的订约人的可得性及其他的因素都必须仔细评估。所有基本的订约安排的优势和劣势都应予以考虑，以便为特定项目选择最佳配置。

19.1　采购

PMBOK®指南，第 6 版
第 12 章　引言
12.1　规矩采购管理
12.1.3.2　采购策略

采购可以定义为获得商品或服务。采购（和订约）是一个涉及具有不同目标的双方的过程，它们在一定的市场条件下相互影响。通过数量折扣、最小化现金流问题和挑选一流的供应

1　过度风险是订约人不得不承担的不公平风险。很多情况下，订约人无法就哪种情况是过度风险达成一致。

商等手段，能够增加公司的利润。由于采购有助于提高利润，因此它经常被置于中心地位，从而导致标准化运作和文书工作成本的降低。

所有的采购战略构成一个框架，公司通过这个框架得以实现其目标。这里有两种基本的采购战略。

- **公司采购战略：** 具体的采购行为和公司战略的关系，典型的例子是集中采购。
- **项目采购战略：** 具体的采购行为和项目运作环境的关系。例如，在没项目经理负责独家采购的时候，可以不通过采购团队，如在大型研发项目中采购一盎司特殊化学物质。

由于各种因素的限制，以及关键资源的可获得性及客户的具体要求，项目采购战略可以不同于公司采购战略。公司战略可能鼓励从几家合格的卖主中分别少量购买，而项目战略可能侧重独家采购。

采购计划通常选择下列内容之一作为其主要目标：

- 从某家采购所有的商品/服务。
- 从多家采购所有的商品/服务。
- 仅仅采购小部分的商品/服务。
- 不采购任何商品/服务。

PMBOK®指南，第 6 版
12.2.1.5　事业环境因素

采购的另一关键因素是采购的环境，包括宏观环境和微观环境。宏观环境包括影响采购方式和时间的一般外部变量。《PMBOK®指南》介绍的是事业环境因素分析。这些变量包括经济衰退、通货膨胀、借贷成本、买方市场或卖方市场和失业状况。例如，某外国公司承担一项大型项目，该项目涉及雇用几个承包商。由于该国失业率高，公司决定只使用国内的供应商/承包商，并且优先考虑来自失业率最高的城市的承包商，尽管还有很多其他合格的供应商/承包商。

微观环境是指公司的内部环境，尤其是采购过程中受公司、项目或客户等方面影响的规程和规范。它包括采购/合同系统，在《PMBOK®指南》第 6 版中包含以下 4 个过程：

- 采购规划。
- 采购实施。
- 采购管理。
- 采购收尾。

了解在特定环境中（如国防部的大型项目），合同过程作为将项目从一个阶段转移到另一个阶段的工具是很重要的。例如，在飞机发动机项目中，设计、开发和测试过程都能授予合同。当测试环节完成时，合同也结束了。当一个阶段结束的时候，下一个阶段又会开始。因此，以上的 4 个阶段在生命周期内是不断重复的。当其从一个阶段过渡到下一个阶段的时候，人们对于项目的了解会加深，风险和不确定性会减少。项目风险的减少适用于低风险合同。在高风险阶段，如概念、开发、检测阶段，通常应用成本类型合同。在低风险项目阶段，如生产、售后阶段，通常应用固定价格合同。

另外，需要注意的是，以上 4 个阶段只能在买方合同管理中存在。

合同管理定义为“合同过程中的取得一致意见的科学与艺术”[1]。因为合同涉及两个方面（买方和卖方），合同管理过程就由买方和卖方共同执行。卖方的合同管理过程包括以下几个活动：[2]

- 预售活动：确定潜在和现有客户、确认客户需求计划、评估竞争环境。
- 投标/不投标决策：评价买方的请求，评估一个潜在业务买卖的竞争环境和风险与机会，然后确定是否继续。
- 投标或提案预备：根据买方或潜在客户的需求给出报价，使客户认可并赢得合同。
- 合同谈判和达成：为了得出一个分享收益的合同，对项目和合同的形成达成一致意见。
- 合同管理：保证每一方的绩效符合合同要求。
- 合同收尾：证实所有的行政事务结束，包括完成合同和整理合同、解决任何公开条款。

从以上分析中可以看出，最后两个阶段和买方合同管理相同，这是因为买方和卖方都需进行相同的管理活动，从而达成合同的完成。

19.2 采购规划

PMBOK®指南，第 6 版
12.1 规划采购管理

采购过程中的第一步是采购规划，特别制定出一份含有什么时间、如何采购、采购什么的采购规划。这包括下述内容：

- 定义项目的需求。
- 展开采购工作说明、项目说明书、工作分解结构。
- 准备工作分解结构字典（如需要）。
- 进行自制或外购分析。
- 列出主要里程碑和进度安排。
- 确定长期采购项目。
- 成本分析，包括制定生命周期成本。
- 确认有资质的卖方。

1 Gregory A.Garrett and Rene G . Rendon,*Contract Management:Organizational Assessment Tools* (Ashburn, VA:National Contract Management Association,2005),p.270.

2 同上。

- 确定选择标准。
- 列出可能项目/采购风险清单（如风险登记表）。
- 制订采购计划。
- 获得继续进行的授权和同意。

PMBOK®指南，第 6 版
12.1.3.4 采购工作说明书

对每个要生产的产品应当进行分开的、不同的工作说明。工作说明（Statement of Work，SOW）是对要完成的工作或需要的资源的叙述性描述。在过去的 10 来年里，鉴别所需要的资源变得极其重要。在 20 世纪 70 年代和 80 年代，小公司一直在对大量的项目进行投标竞争，结果分包了多达 99%的工作。此类诉讼案件非常多，解决的办法是在工作说明中增加有关条款，要求承包商指明分配到项目中的有用内部资源的名称和简介，包括它们花在项目上的时间比例。除了工作说明，组织经常还用目标说明来制定绩效基准。现在，绩效标准项目在美国联邦政府项目中更受欢迎，当采购组织希望综合考虑市场上先进技术、能力和潜在承包商的专业知识时，可以使用目标说明。除了工作说明（向承包商具体详细地描述哪些工作需要做及这些工作应该如何做）外，目标说明仅介绍了项目的最终目标（什么是项目的最终目标）。作为对工作说明的答复，潜在的承包商会开发和提交一份他们自己的工作说明，该工作说明详细介绍了他们会如何实施工作。资源选择过程需要比较不同的承包商制定的工作说明，以及每个承包商提交的各自的技术、能力及专业知识等相关内容。提案评估过程包括在不同等级的绩效（反映在承包商提交的工作说明中）和价格之间做出决策。

项目说明书是指描述、定义或明确即将采购的服务或项目的书面信息、图片或图解信息。项目说明书一共有三种类型。

- 设计说明书：从物理特性方面来详述应该做的事情，执行风险归于买主。
- 执行说明书：从操作特性方面来明确最终产品须达到的可测量的性能，执行风险由承包商承担。
- 功能说明书：卖方在较低总成本下描述最终使用条款。这是执行说明书的一个子集，执行风险由承包商承担。

PMBOK®指南，第 6 版
12.1.3.6 自制或外购决策

最终条款也有若干选择方式。可行的采购方式包括自制或外购、租赁或外购、外购或出租，以及租赁或出租。国内购买或国际购买也很重要，尤其是对于全美汽车工人联合会来说。以下列出了有关自制或外购分析的因素。

- 关于自制的决策：
  — 成本更低（但不总是如此）。
  — 综合操作更容易。
  — 运用闲置的现有生产力。
  — 保证直接控制。

— 保守设计或生产秘密。
— 避免不可靠的供应商。
— 稳定现有劳动力。

- 关于外购的决策：
  — 成本更低（但并不总是如此）。
  — 利用供应商的技能。
  — 较少的要求（生产成本不要过高）。
  — 生产力或能力有限。
  — 增加现存的劳动力。
  — 保持多种来源（合格的卖主清单）。
  — 间接控制。

租赁和出租决策通常是一种商业行为，租赁的期限通常比出租的长。关于这个问题可以参考下例。一家公司自愿以每天 100 美元的价格出租给你一件设备，你可以以每天 60 美元的价格对这一设备进行租赁，附加 5 000 美元的一次性成本，那么时间上的平衡点（租赁和出租费用相同）是什么时候？

设 X 为天数，则

$$100X=5000+60X$$

（$100X$ ↑ 出租；$60X$ ↑ 租赁）

X=125（天）

因此，如果使用这一设备 125 天以上的话，签下一个租赁合约（长期租赁）比出租合约（短期租赁）要节省更多费用。

采购计划必须考虑合同风险和采购风险。有的公司具有专门使用模板来介绍采购风险的项目管理手册。例如，ABB 项目管理手册定义的采购风险的部分清单如下[1]：

- 合同和协议（惩罚/已付款损失、规范的误用、模糊不清的语言、许可证、规划工作需求）。
- 责任（不可抗力、责任限额、不清晰的限制条件）。
- 财务（信用证、付款计划、通货膨胀、现金兑换、债券）。
- 政策（政策稳定性、法律更迭、进出口限制、仲裁法）。
- 保证书（不标准的需求、保修）。
- 进度（不现实的交货期、不按时完工、审批手续、可用资源限制）。

1 改编自 Harold Kerzner,*Advanced Project Management:Best Practices on Implementation*,2nd ed. (Hoboken,NJ: Wiley,2004),pp.346-348。

- 技术（不标准解决途径、质量保证规定、质量验收、顾客接受标准）。
- 资源（可获得性、技术等级、本地与外地）。

采购计划要考虑以下问题：

- 多少采购是必需的？
- 他们会标准化采购活动吗？
- 我们是自制一些产品还是全部采购？
- 有具有资质的供应商吗？
- 我们需要预先具有资质的供应商吗？
- 我们公开竞标还是同优先供应商合作？
- 如何面对多个供应商？
- 有需要长期采购的项目吗？
- 考虑到合同风险，要用哪种类型的合同？
- 对不同的供应商要用不同的合同类型吗？
- 评估标准将会被用于量化建议吗？

19.3　采购实施

PMBOK®指南，第 6 版
12.2　实施采购

一旦确定了需求，就应当开始准备采购计划，并且应当将申请表送达采购部以开始申请过程。申请周期包括以下几个阶段：

- 评价或确认说明书（是否是当前要处理的）。
- 核实来源。
- 检查来源以往实施情况。
- 检查团队或合作者的一致性。
- 建立询价捆包。

询价捆包在申请周期中准备，在实施采购时使用。大多数情况下，同一份询价捆包一定要送给每个可能的供应商，这样才能体现竞争的公平性。典型的询价捆包应该包括以下内容：

- 投标文件（通常为标准化文件）。
- 合格销售者名单（可能投标的）。
- 建议性评估标准（选择标准）。
- 竞标人协商会。
- 如何对变化要求进行管理。
- 供应商付款计划。

标准化标书通常包括与以下标准一致的标准化格式：EEO、赞成的行为、OSHA/EPA、最低限度雇用方案等。开列合格销售商名单是为了降低成本。一名销售商不投标的原因往往是由于不能够给出比其他销售商更低的标价。在某一项目上投标的成本是很高的。

PMBOK®指南，第 6 版
12.2.2.3 投标人会议

询价捆包也描述了询价问题的解决方式，即竞标人协商会。召开竞标人协商会是为了使竞标人能够达到信息共享。如果某一位潜在的竞标人对询价捆包方面有疑问，那么他必须等待召开竞标人协商会予以解答，这样所有的竞标人享有获得同样信息的权力。这种方式在政府签约中尤其重要。在询价和授予之间会有几次竞标人协商会。竞标人协商会中可能涉及来自客户或承包商的项目管理。一些公司不用该方法而是让竞标人提问题，但是所回答的问题是提供给所有竞标者的。

询价捆包在如何评价竞标方面给竞标人提供信息。合同并不一定要授给出价最低的竞标者。一些评估建议数学模型分配如下，获得最高分的公司就能获得合同：

- 理解需求。
- 总体竞标价格。
- 技术优势。
- 管理水平。
- 先前绩效（参考）。
- 财务优势（企业立足的能力）。
- 知识产权。
- 生产能力（基于现在的合同和潜在的新合同）。

作为事后解说会议的一部分，竞标人会议通常也要举行。会上，竞标人会被告知没有获得合同的原因。有些时候，竞标人会认为他们的出价和建议并没有得到正确的评估，因此他们会提交“投标抗议”，要求对他们的出价进行详细的重新评估。投标抗议并不是认为不合适的公司赢得了合同，而是对他们的出价没有被正确评估所提出的抗议。

19.4 采购实施：请求卖方回复

PMBOK®指南，第 6 版
12.2.2.2 广告
12.2.2.5 人际关系与团队技能

PMBOK®指南，第 6 版
12.2.1.4 卖方建议书

在询价周期中，获取方式的选择是最重要的。获取方式通常有 3 种：

- 招标通告。
- 谈判。
- 小规模购买（如办公室供货）。

招标通告用于公司密封投标的场合，不进行协商。

市场竞争决定价格，出价最低的竞标人得到标的。谈判用于通过讨价还价形式决定价格的场合。在这种情况下，客户可以主动做以下事情：

- 信息邀请书（Request for Information，RFI）。
- 报价邀请书（Request for Quotation，RFQ）。
- 建议邀请书（Request for Proposal，RFP）。
- 投标邀请书（Invitation for Bids，IFB）。

对卖方来说，建议邀请书是代价最高的一种情况。大型的建议书分别采用不同部分对成本、技术绩效、管理历史、质量、设备、分包商的管理等内容进行论述。竞标者对花费如此巨大的成本获得合同可能犹豫不决，除非竞标者有非常大的把握能够获得合同或者买方能够弥补所有竞标成本。

正如上面所介绍的，一些公司利用投标邀请书方式竞标。如果运用该方式，只有少数公司才能参与竞标。在买方合同清单上列出的所有的或部分企业才有资格参与。

在政府代理方面，投标邀请书用于密封招标采购中。在政府招标采购时，竞争要约人根据投标邀请书提交竞价。投标邀请书包含所有必需的技术文件、规格和竞标者制定价格需要的草图。因此，招标采购中没有谈判和协商，合同往往以固定总价合同的形式授予出价最低的竞标人。

19.5　采购实施：卖方选择

PMBOK®指南，第 6 版
12.2.3.1　选定的卖方

部分选择过程对承包商建议书评估标准的应用正如前面所述，建议评估标准在承包过程中的规划采购阶段被决定和开发。评估标准反映了挑选的合同授予战略，通常是价格基准授予战略或最佳价值授予战略。当合同授予了最低价格、技术上可接受的建议书时，可以运用价格基准授予策略。当合同授予了最低价格、可接受技术的建议书或者高价格、高绩效的建议书时，可以运用最佳价值授予策略。在最佳价值资源选择期间，采购组织要在价格、绩效及其他非价格因素之间进行权衡，从而选择对买方来说最佳价值的方案。

尽管通常采用的标准有很多，但最常用的标准是时间、成本、项目期望的管理团队（制定资源的质量）和以前的绩效历史。举例来说，假设四个标准中的每个最高只能够是 100 分，选择的卖方获得的最大分数值将会少于 400 分。权重因素也能用于每个标准之中。例如，以前的绩效可能价值 200 分，因此 500 分为最大值。因为过去的绩效，最低价格供应商就可能降级，因此没有获得合同。

选择合适的卖方对于评估标准不是唯一的。谈判的过程可以是选择过程的一部分，因为买方可能中意许多竞标者的几个想法，然后他们可能试图让中意的卖方承担更多的工作，而自己不承担额外成本。谈判过程仍有可能包括互动和互斥，可能是竞争性的和非竞争性的。非竞争过程被称为独家采购。

在大型的承包合约中，谈判会在超过底线后进行得很顺利。

谈判可以在以下几个方面进行：

- 合同的最终价格。
- 利润率。
- 合同类型。
- 合同期限。
- 每项交付的时间。
- 交付数量。
- 交付质量。
- 支付进度。
- 关键人员的指派。
- 知识产权所有权。
- 担保人。
- 取消和终止的责任费用和条件。
- 报告的数量和频率。
- 客户—承包者会议的次数、频率和地点。

在合约谈判中，卖方的对外交往至关重要。良好的对外交往和声誉能够缩短谈判过程。谈判的 3 个主要因素：

- 妥协能力。
- 适应能力。
- 良好的信誉。

谈判应该计划周全，典型的活动包括以下几个：

- 确立目标（如最低—最高情况）。
- 评估竞争对手。
- 确定战略和战术。
- 收集资料。
- 分析整体价格或成本。
- 考虑“环境”因素。

若你是买方，你愿意付出的最高价是多少？若你是卖方，你愿意接受的最低价是多少？你必须确定你的竞争对手的动机。你的对手感兴趣的是利润，是不让员工失业，是开发新技术，还是仅把你作为一种参考？这些情况肯定会影响你谈判的战略和战术。

“环境”因素包括谈判举行的地点，在餐馆、宾馆，还是办公室？用方桌还是圆桌？上午还是下午？谁面对窗户而坐，谁面对墙而坐？

谈判结束后，应该有一个简短评论，以便能回顾在谈判中所学的知识。第一种类型的事后评论供公司内部使用；第二种类型的事后评论供所有失利的竞标人使用，解释他们失利的原因。

一旦谈判结束，中标者会收到需要签订的合同。合同的类型有很多种，谈判过程也包括了合同类型的选择。合同的最终类型可能与询价捆包中不同。

> **结论：** 授予周期的目标是对合约的类型和价格进行谈判，以给订约人带来合理的风险，并且最大限度地激励订约人高效、经济地履行合约。

下面是合同管理过程中必须知道的一些术语。

- 代理。官方授权的代表公司进行决策的个人和团队，包括签订合同。
- 仲裁。由第三方做出裁决的一种争端解决活动。第三方不是法庭，做出的决定可能具有也可能不具有法律效力。

- 违约。由于疏忽或故意的行动违反了合约。
- 合同。两方或多方达成的具有法律效力的协议。
- 已履行合同。合同相关方已完成的合同。
- 不可抗拒条款。为遭受了（例如天意、战争、恐怖主义等类似事件）不可抗力而准备的条款。
- 良好的信誉。合同相关方之间的诚实和公平。
- 侵害。侵犯另一方合法的权力。
- 违约赔偿。在合同中对由于违约而造成的损失进行合理赔偿的规定。
- 疏忽。未能尽到某人应尽的职责。
- 非竞争条款。关于在某个特定时期内，限制从事竞争性交易或为竞争对手工作的约定。
- 非公开条款。对特定企业公司信息（在没有书面许可的情况下不能公开）的限制条件。
- 不一致。工作行为不符合合同条款和要求。
- 惩罚条款。一种用财务术语描述的惩罚约定或协议。
- 保密条款。未经书面授权不能公布私人信息的限制性约定。
- 合同共同利益关系。买方和卖方对价格、完成进度和合同的交货完成达成的一致性意见。
- 谈判真实性。谈判双方在信息提供上都具有真实性。
- 自动弃权。对正当权力的一种放弃。
- 担保。对所述真实性的一种口头或书面承诺。

PMBOK®指南，第 6 版

12.2.3.1　选定的卖方

12.2.3.2　协议

大多数合约都包含以下基本要素：

- 相互协议。一定有提供和接受的条款。
- 报酬。一定要预付定金。
- 履约能力。仅当订约人有能力履约时，合约才具有约束力。
- 合法的目的。合约具有合法的目的。
- 法律提供的形式。合约必须反映订约人是否具有交付最终产品的法律义务。

两种最普遍的合约形式是完成一定任务的合约和规定一定期限的合约。

- 完成一定任务的合约。订约人应当交付确定最终产品。产品一经交付并经客户接受，合约被视为完成，可以最终付款。
- 规定一定期限的合约。订约人应当交付特定水平的人工量而不是最终产品。该人工量表示为特定期间内，采用特定的人力技术水平和设备，以及人的工作天数（月数或年数）。若合同规定的劳务履行完毕，订约人就不再负有义务，不管技术上实际所完成的内容是多少，都应最后付款结账。

最终合约通常指确定的合约，它是在履约前经过诸如合同条款、条件、成本和进度计划谈判等正常订约程序而订立的，但合同的谈判工作和签字的准备工作需要数月的准备。如果客户需要立即开始这项工作或有必要超前采购，那么客户可以给承包商提供一封合约信或意向信。合约信是授权承包商立即开始生产所需产品或履行所需服务的一种初步书面文件。合同最后价格可在履行开始后进行谈判，但是承包商不可以超过合同中规定的"不超过"的合同表面价值。最终合约还必须经谈判订立。

合同类型的选择基于下述因素：

- 成本和进度风险的整体程度。
- 需求的类型和复杂性（技术风险）。
- 价格竞争的范围。
- 成本/价格分析。
- 需求的迫切性。
- 履行期限。
- 承包人的责任（和风险）。
- 承包人的财务系统（能否提供挣值报告？）。
- 并存的合约（我的合约的重要性比现有工作的重要性低吗？）。
- 分包的范围（承包人会分包出多少工作？）。

19.6 合同的类型

PMBOK®指南，第 6 版
12.2.3.2 协议

分析合同的不同类型前，应该先熟悉合同中常出现的一些术语。

- 目标成本或估算成本。这是承包人在正常的履行条件下最可能获得的成本水平。目标成本是计算生产或开发末期真实成本的基础。即使合约的目标相同，目标成本可能随合约类型的变化而变化。目标成本是影响研发最重要的变量。
- 目标或预期利润。这是合约中已确定的利润值。预期利润通常是总利润中最大的部分。
- 封顶利润和封底利润。两者分别是总利润中的最大值和最小值，这些量经常包含于合约谈判中。
- 价格封顶或封顶价格。这是政府负责管理的价格，通常被计算为目标成本的某个百分比，一般比目标成本大。
- 最高和最低报酬。指目标成本的百分比，它们确立承包人利润的外部限制。

- 分配方案或规则。指花费 1 美元时，客户和承包人各自的费用。无论这 1 美元是超支还是欠债，分配方案对于承包人的影响都是相同的。分配的变化取决于承包人是高于还是低于目标成本运作。生产点通常指高于分配方案规定的生产水平。
- 总假设点。指承包人假定对附加成本应负的责任（成本或价格）。

由于没有适合所有情况或项目的专门的合同协约形式，美国的公司通常用不同的合同协议形式开展工作。例如：

- 成本加百分比费用。
- 成本加固定酬金。
- 成本加保证最大量。
- 成本加保证最大量及共享盈利。
- 成本加奖励（回报费用）。
- 成本与成本共享。
- 固定总价。
- 重新测定固定价格。
- 固定总价加奖励费。
- 固定价格及市场价格调整。
- 固定价格奖励及连续目标。
- 服务、材料及劳动力成本（购买清单、一揽子协议）的固定价格。
- 单独的时间和材料/劳动小时数。
- 奖励与惩罚。
- 联营。
- 合资。

成本加价也就是固定酬金型合同，是各种合同的一个极端。在这种情况下，公司的利润固定而价格可以浮动，同时公司承担最小的责任（除了其自身的疏忽）。另一极端为一次性总付金额或监督型合同，指公司承担运作和成本上的完全责任。这两者之间还有许多不同类型的合同，如保证了最大量收益的刺激型合同及惩罚型合同。这些合同提供了不同等级的成本责任和利润，它们由订约方运作水平所决定。提供咨询服务的合同也有两个极端，一端建立在按天付酬的基础上，另一端建立在固定价格的基础上。

通常有 5 种供考虑的合同类型：固定价格合同（Fixed-Price，FP）、成本加固定费用合同（Cost-Plus-Fixed-Fee，CPFF）或成本加价再加百分比费用型合同（Cost-Plus-Percentage-Fee，CPPF）、保证最大量共享盈利合同（Guaranteed Maximum-Shared Saving，GMSS）、总价加激励费用合同（Fixed-Price-Incentive-Fee，FPIF）及成本加激励费用合同（Cost-Plus-Incentive-Fee，CPIF）。以下对各种类型分别进行讨论。

（1）在固定总价合同（或总包合同）中，承包商必须仔细估算目标成本，要在协商的合同价值基础上签订合同。如果估算的目标成本低，那么利润总量就会减少，甚至可能消失。如果预期成本被过高估算的话，承包商就不能出比其他竞争者更低的价格，因此承包商就承担了巨大的风险。

对于业主来说，这种合同为项目最终成本提供了最大限度的保护，但具有准备周期及竞标裁决时间长的缺点，而且由于对当地条件缺乏了解，所有的承包商都会遇到应急费用超支的问题。除非在竞标邀约书已发出、要求非常明确的情况下，否则对于业主来说不应该考虑这种合同。合同签订之后，业主在一次性总付金额基础上的变化将会导致麻烦，有时甚至高昂的额外费用。

（2）一般来说，当不能用其他任何方法获得精确报价时，使用成本加固定费用合同是一个好办法。在 CPFF 合同中，成本有可能发生变化，但费用这一部分保持稳定不变。因为在加价合同中，承包商只是同意尽最大努力去完成工作，工作完成得好或是工作完成得不好，所得到的回报实际上是相同的。较大总利润会产生较低回报率，反映了承包商承担的风险较小。固定费用通常占总成本或真实成本很小的一部分百分比。成本加价要求审查公司的财务状况。

在这种形式的合同中，承包商为自己能提供的服务竞争固定费用或利润，并且技术设备、材料及场地劳动力成本要按照实际成本接受补偿。承包商可以以最低的费用尽快准备这种形式的竞标，这种竞标对于业主来说评估起来也比较简单。另外，其优势还在于刺激承包商尽快完成任务。

如果是成本加价再加百分比费用型合同，它为业主提供了最大限度的灵活性，并且使业主和承包商在所有的技术、商业及财政问题上能够合作，然而它不能提供最终成本的财政保证。同其他形式的合同相比，由于缺少对承包商的财政奖励，CPPF 合同或许会导致更高的运作成本，虽然这并不一定是必然的结果。现在最常见的刺激就是不断增加竞争度或签订后续合同。

（3）在保证最大量共享盈利合同中，付给承包商固定费用，并且对管理、材料、建设劳动力及所有其他的实际成本做出补偿。这些都是承包商的利润，但这仅仅建立在“保证最大量”的最大限度的基础上。在最大保证量之下的盈利会被业主和承包商共享，而承包商将对任何超出最大保证量的价格负责。

这种合同形式基本结合了固定总价型及成本加价型合同的优缺点，是协商式合同的最佳形式。因为它在最初阶段建立了最高价格，并且即使合同没有得到具有竞争性的投标，也能保护业主不会被要高价。保证最大量盈利共享合同的独特之处在于业主和承包商分担金融风险，并且两者都有真正的刺激所在，以尽可能低的成本完成项目。

（4）固定价格加奖励费合同和固定总价合同大体相同，它们都有一项由一个公式确定的条款，以对总利润进行调整。这一公式取决于项目完成时的最终总成本，并且已由业主和承包商事先达成协议。要使用这种合同，就必须建立项目或合同要求。这种合同激励承包商降低成本以提高利润。在这种合同中，业主和承包商共享风险和盈利。

（5）成本加鼓励酬金与成本加价型合同类似，它们都有一项由一个公式确定的条款，以对费用进行调整。此公式把总项目成本与目标成本对比，并且事先经业主和承包商达成协议。这种合同通常用于长期项目或研发项目，公司为承包商设定更多的风险，迫使他事先仔细计划并努力降低成本。奖励型合同在 19.7 节中有详细论述。

（6）还有一种合同是奖金合同。虽然奖金是客观决定的，也就是说，奖金的计算是根据实际成本与目标成本、实际可交付成果与目标可交付成果或者实际绩效与目标绩效的比较来客观决定的，但奖金更多的是由主观决定的。通常在难以获得或者不能有效获得客观的合同激励时采用奖金。当承包商在绩效水平、质量水平、时间约束或合同执行过程的响应方面更好地满足了业主的要求时（超过合同基准要求），就可以获得奖金。奖金合同包含一份奖金计划，这份计划解释了在一个给定时期内（通常是一年）的奖金评估标准，以及总的奖金额。一般来讲，合同奖金评估委员会在每期期末召开会议，根据计划中的标准共同评估承包商的绩效。奖金是公开的，可以由项目经理或者比项目经理更高的级别决定承包商在某个具体时期所得到。

对于大型服务合同而言，奖励期限是激励承包商在绩效水平、质量水平、时间约束或合同执行过程的响应方面更好地满足业主要求的因素之一。奖励期限与奖金相似，只是它不是奖励现金，而是奖励承包商额外的时间（合同）。因此，承包商除了完成之前确定的合同，还要争取获得之后的合同。成功的承包商能在合同绩效期内获得时间方面的延伸（额外的合同）。

其他一些不经常使用的合同类型有以下几种。

- 固定价格的连续目标合同。这种合同过去被用于获取具有超前时间要求的体系，并且要在设计或生产成本得到确认之前授予随后的生产合同。后续合同中的定价数据是不可确定的。这种类型的合同可用来代替合同信息或成本加价方式。
- 重定固定价格型合同。这种合同既可以是预期型的，也可以是追溯型的。预期型合同容许在预先计划期间有两个或更多固定价格合同以备未来协商。当未来成本和定价需要做出重大改变时，通常使用这种合同类型。追溯型固定价格合同允许工作完成之后对合同价格进行调整。
- 成本型和成本共享型合同。这种合同的使用比较受限制。成本型合同的“无固定费用”这一特点使其使用范围有限，除非是用于非营利性教育机构所进行的研究项目。成本共享型合同用于基础和应用性研究。这种研究中合同订约人期望通过将知识转化到某种商业活动的研发项目中获得商业利益，也希望可以提高自己的竞争地位。

表 19-1 列举了通常使用的不同类型的合同的优缺点。

表 19-1 合同类型比较

合同类型	优 点	缺 点
成本加费用型	• 为业主提供了最大限度的灵活性 • 将承包商获利降到最小 • 使协商和预先明细成本最小化 • 合同开始快、结束早 • 提供合格的、不进行最低报价的承包商 • 允许从协商阶段到完成阶段使用同一承包商，通常能增加工作质量和效率	• 对实际最终成本没有保证 • 无财政方面的刺激以使时间和成本最小化 • 业主工作人员成本高 • 业主工作人员在时间和成本上的增加使设计的变化增多
保证最大量共享盈利型	• 在尽可能早的时候为最终成本提供稳定的保证 • 为业主提供保证，对由于变化引起的耽搁和额外成本做出迅速反应 • 激励尽可能快地完成任务 • 业主和承包商共享财政风险并对可能的盈利具有相互的激励 • 理想的合同形式，在项目执行期间建立业主和承包商之间的合作	• 要求被业主的工作人员进行全面审核 • 要求在合同协商之前完成主要的工程技术
固定总价型	• 为最终成本提供明确的保证 • 为业主提供保证，对由于变化引起的耽搁和额外成本做出迅速反应 • 要求业主做最低限度的连续推销工作 • 提供最大限度刺激，使工作以最低的成本、最快的速度完成 • 业主的工作人员进行最低限度的审计	• 要求准确了解合同授予前所需要的各种知识 • 要求足够的时间和成本制定质询计划书，征求和评估报价，这会使工作拖延 3~4 个月完成 • 高昂的报价成本和风险会减少合格报价人的数量 • 为负担高风险工作的应急费用可能使成本增加
服务、材料及劳动力固定价格型	• 基本同成本加价加费用型合同相同 • 确定总成本的较高比例 • 减少了对承包商服务的检查和核实	• 可能促使减少经济方面的研究及细节方面的考虑，运作、建设及保养成本增加 • 同成本加价加费用合同相同的缺点

续表

合同类型	优　点	缺　点
进口商品及服务、地方成本补偿固定总价型	• 为较高的工厂成本提供最高价格保证 • 避免因不可预见的或高度变化的局部成本而导致过高应急费用 • 允许业主选择当地供应商和转包人	• 为完成项目所需要的查询明细、引用和评估所需额外时间与固定价格一次性总付金额合同相同 • 为保证报价的可比性，要求对当地提供的条款做出详细的定义 • 没有财政刺激使区域和地方成本最小化

客户和公司可以接受的合同类型取决于每一具体项目及主要的经济和竞争的状况。通常，当工作难以找到时，客户就会坚持固定价格报价。由于这种计划涉及的成本（大约为项目成本的 1%）及在这个基础上完成项目的高风险，这种计划对于公司来说是一个负担。

当商业活动出现高潮时，客户不会坚持固定总价报价，因为在成本加价基础上会得到更多的工作。实际上，当存在特殊的职能位置或要考虑时间因素时，客户偶尔会同唯一一位承包商协商成本加价合同。工作量比较大时运用的另一个技巧是在成本加价基础上授予另一个项目，并且要了解当较好地确定了范围和未知因素时，项目会转化为另一种形式，如一次性总付金额类型，这种形式会吸引客户和供应商双方。

19.7　激励合同

PMBOK®指南，第 6 版
12.2.3.2　协议

为了减少以上提到的问题，客户，特别是政府部门在有关合同中加入了激励目标，总价加奖励费合同（FPIF）就是一例。这种激励合同的主要目的是，如果成本降低或工作完成情况好，则为承包商提供更多利润；如果成本提高或未达到工作目的，则利润减少。成本激励采用成本分摊的形式，一般用比率来表达。例如，如果合同规定 90/10 的方式，则政府负担 90%，承包商负担超出目标成本的 10%。因此，承包商和政府均会努力降低成本，因为承包商必须考虑 10%的自己负担的支出。利用承包商的管理技能可以增加预期利润。

在固定总价加激励费型合同中，承包商同意在确定的固定总价的基础上履行服务。如果总成本小于目标成本，则说明承包商根据奖励费公式赢得了利润；如果总成本超过目标成本，则说明承包商赔了钱。

参考图 19-1 中出现的例子。图中承包商具有目标成本和目标利润，价格上限是 11 500 美元，这也是承包商所能得到的最高价格。如果承包商在 10 000 美元这个目标成本以下完成工作，那么就可以获得额外利润。例如，实际成本为 9 000 美元，那么承包商能获得 1 150 美元的利润，即 850 美元的目标利润加 30%的低于目标成本的奖励 300 美元，承包商得到的总价格为 10 150 美元。

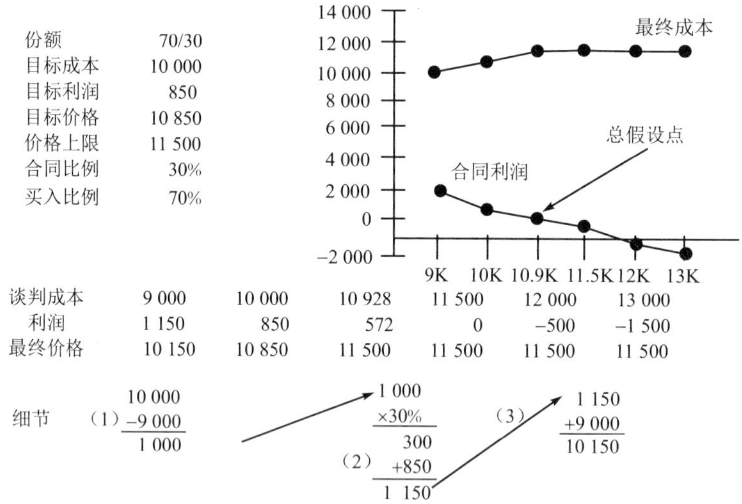

图 19-1 固定总价加奖励费合同（FPIF）

如果成本高于目标成本，那么承包商必须支付超出其利润部分的 30%。固定总价加激励费型合同有一个总假设点。在这一例中，总假设点就是所有的额外成本由承包商负担的那一点。从图 19-1 中看，总假设点是当成本达到 10 928 美元时的那一点。在这一点上，最终价格达到了 11 500 美元。如果成本继续上升，所有的利润都会消失，承包商将被迫支付大部分超出量。

合同完成时，承包商会呈送合同履约期间的成本说明。经过审计，确定成本的允许值，去除可疑费用，从而确定议定成本。然后，从目标成本中减掉议定成本，再用所得数字乘以共享比率。如果这一结果为正数，将其加到的目标利润中去；如果结果为负数，则从中减去。最后得出的结果即最终利润与议定成本相加，确定最终价格。最终价格不应超过价格上限。

图 19-2 显示了一个典型的成本加激励费合同。在这个合同中，承包商补偿 100%的成本，然而还存在着 1 350 美元的最高奖励费（利润）和 300 美元的最低奖励费，最终可允许的利润在最低和最高奖励费之间变动。在 CPIF 合同中，客户要承担更多的财务风险，因此目标费用通常比 FPIF 中的目标费用少，承包商获得的共享比率的份额也小。

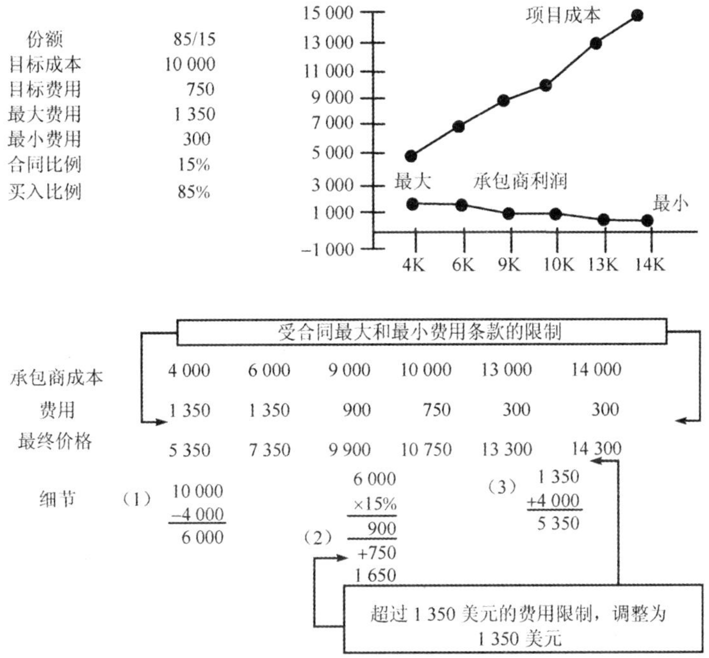

图 19-2 成本加激励费合同

19.8 合同类型与风险

PMBOK®指南，第 6 版
12.2.3.2 协议
12.2.2.4 数据分析

合同的利润量主要取决于承包商和客户如何共同分担风险。例如，在固定总价中，承包商 100%地接纳风险（尤其是财务风险）并期望从中得到比其他类型的合同更大的利润。在成本、成本加价和成本共享合同中，客户完全接受风险并期望承包商获取最低利润或者根本没有利润。

其他所有类型的合同中都会有客户和承包商之间的共同承担风险的形式。图 19-3 显示了不同的合同类型中客户和承包商之间风险分担的相关等级。

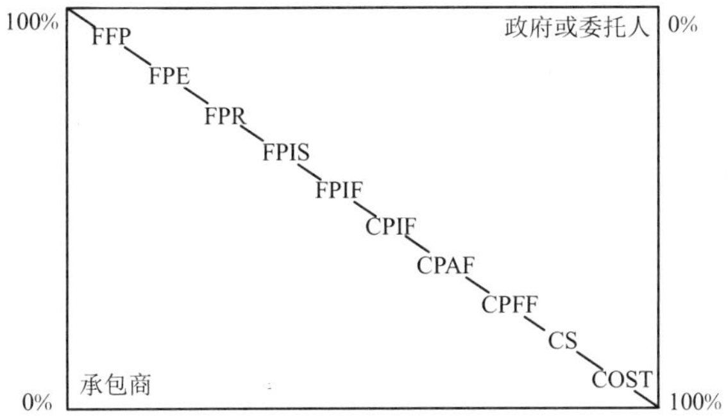

图 19-3 合同类型和风险类型

19.9 合同管理

PMBOK®指南，第6版
12.3 控制采购
12.3.3.4 变更请求

合同管理者负责检查承包商对合同条款的执行情况，并确保最终产品的适用性。合同管理者可以通过延迟发货的手段来关闭一个加工厂。尽管合同管理者是项目团队的一员，但是他能够延伸出直线职能，如法人代表和代理人的角色。合同管理者所起的作用包括以下几个方面：

- 变更管理。
- 对说明书进行解释。
- 确保质量。
- 监督和审计。
- 保单。
- 执行报告。
- 记录管理。
- 承包商管理。
- 承包商绩效报告卡。
- 承包商绩效文本。
- 生产监督。
- 弃权声明书。
- 合同违约处理。
- 索赔管理。
- 解决争端。
- 付款进度安排。
- 项目终止。
- 项目最终结算。

合同越大，合同管理者越需要对合同做出明确的解释。有时，由代理小组准备的大型合同包含了优先序条款。该优先序指明了解决合同中任何询价方面的不一致问题的顺序。

合同管理人的大部分时间或许都用于应对变化。以下内容描述了变化的类型。

- 管理方面的变化。合同拟订时单方面的变化，但这不会影响签约双方的实质权力（也就是付款部门或拨款资金方面的变化）。
- 变化顺序。由签约官员拟订的、指导承包商做出变化的书面顺序。
- 合同修改。任何与合同有关的书面形式的更改。
- 未确定的合同行为。在最终定价确立之前被批准开始工作的任何合同行为。
- 补充协议。与双方相互行动有关的合同修改。
- 建设性变化。由权威人士的有作为或无作为引起的，或使承包商采取与书面合同不同的方式执行合同所引起的合同的有效变化。承包商可以申请做出公正的调整。

在合同类型、条款和社会情况的基础上，客户享有在任何时间终止合同的权力，然而客户必须补偿承包商为此做出的准备及任何与合同中终止部分相关的、完成的和接受的工作。

以下是客户出于方便而终止合同的原因：

- 缩减要求。
- 工艺水平的技术进步。

- 预算变化。
- 相关要求或采购。
- 不能接受的预期利润。

以下是由于承包商的行为违约而终止合同的原因：

- 承包商未能按照规定日期发货。
- 承包商未能做出改进，危及合同及其条款的执行。
- 承包商未能执行合同的其他条款。

如果合同是由于违约终止的，那么承包商无权要求对所做的工作进行补偿，即使要求也不能被客户接受。客户甚至有权从承包商那里索回已投入这些工作的款项，而且承包商也要对任何额外的重新采购成本负责。然而，承包商可以通过协商、合同申请委员会及申诉庭寻求救济。

合同管理人负责工作执行过程的控制，包括合同或违约的检验、验收及毁约处理。如果货物或服务与合同不一致，合同管理者有权力做如下工作：

- 拒绝全部送货。
- 接受全部送货（不包括潜在的缺点）。
- 接受部分送货。

在政府合同中，政府有权力维修货物并要求供应商负担维修费用，或者接受货物并要求供应商提供维修费用。如果随后货物通过政府验收，政府可以适当缩减合同量以反映出合同减少的价值。

一旦货物运达客户，项目管理人通常会做财务结算。如果货物一定要维修，这就会产生一些问题。将维修的费用汇报给已经做了财务结算的项目被称为反索赔，所以大多数公司在收货至少 90 天后才进行财务结算。

19.10　合同收尾

PMBOK®指南，第 6 版
12.3.3.1　采购关闭

合同管理者要证实所有的工作已经实施，完成的可交付物是符合买方需求的。合同收尾伴随着管理收尾，其内容包括以下几个方面：

- 核查产品符合买方需求的文档记录。
- 汇报卖方整体绩效。
- 记录卖方绩效（当评估过去绩效的时候，这些记录将会运用在未来资源选择上）。
- 识别将来的合同的提升空间。
- 将所有必需的项目文件归档。
- 推行经验教训学习机制。

- 识别最佳实践。

一旦确认合同结束，那么卖方仍然要管理收尾过程。对于卖方来说，管理收尾最重要的工作就是财务的收尾（关闭所有的账户）。如果财务收尾在合同结束之前，那么项目经理可能面临账户被再次打开的风险，而这仅仅因为记录维修或缺陷成本，这种情况是最让项目经理头疼的，特别是当会计确定的未使用资金会以超额利润的形式记账的时候。

19.11 使用检查表

为了协助公司对询价进行评估，以及对投标和合同进行准备，合同细节和条款的检查表有助于每一提议的评估和合同的形成，以确保适当的保护条款具体化。检查表也可用为保证或代表商业承诺的销售信或手册。检查表的首要目的是强化其合法化和商业因素的作用，至少在准备投标和合同时予以考虑。表 19-2 展示了检查表中应该考虑的主要项目，它们提供了保证在任何合同中都能够予以考虑的优秀检查表的概要，这是准备承包商—客户协议讨论时有用的备忘录。

表 19-2 合同条款检查表的主要标题

I. 合同条款的定义
II. 项目范围定义
III. 服务及执行工作的范围
IV. 应由客户提供的设施（服务公司使用）
V. 变化和外加费用
VI. 保单和保证书
VII. 对服务公司的补偿
VIII. 付款条款
IX. 费用基础的定义（项目的成本）
X. 声明销售额或使用税收
XI. 税收（除了销售使用税）
XII. 保险总额
XIII. 其他合同条款（包括一些普通条款）
XIV. 其他的普通条款

19.12 投标—合同的相互作用

PMBOK®指南，第 6 版
12.1.3.1 采购管理计划

在投标准备阶段，将标书提交给客户之前，应对合同条款和条件予以审批，这一点很关键。合同（法定）的代表人负责准备标书中的合同部分。一般来说，合同是由投标小组订立或者是和投标小组协作订立的。合同的代表人决定或协助决定下列内容：

- 合同类型。
- 所要求的条款和条件。
- 任何特殊要求。
- 现金流要求。
- 专利资料。
- 保险和税收事项。
- 财务和会计。

销售部通过投标小组对其订立的所有标书和合同的内容与结果负最终责任，但还有一些事项应该同其他部门一起审查。这些部门能够提供指导、建议和帮助，以促进工作的开展。一般来说，合同协议应由下列部门予以审查：

- 计划部。
- 法律部。
- 保险部。
- 税务部。
- 项目管理部。
- 工程部。
- 统计部。
- 建筑部（如需要的话）。
- 采购部（如需要的话）。

收集和整理合同评议的责任落在计划部经理的身上。在准备合同评议时，应考虑先提交给客户来评议，获得同一形式的协议并请客户提前签署协议。

应该对合同评议的实质和它可能为公司带来的最终风险进行审查。必须承认的是，在大多数情况下，客户不愿意对其提议的协议形式做出大量的修改。证明合同需要修改的任务落在公司身上，因此每项提交的评议背后都必须有好的案例来支持。

通常在收到客户的文件后，计划部应尽快向法律部送交计划纲要或指令，以及所有投标文件，包括客户的合同格式或类似资料。指令或大纲应该表明责任如何分担，并且包括有关销售战略或诸如担保、以前和客户合作的经历等具体问题的背景资料。

计划部应当和法律部简要地讨论关于项目、销售工作和商业细节的计划。若是首次召开集会，合适的话，法律部的代表应该参加。在讨论和开会之前，法律部应该对文件进行初步的审查。

通常的做法是将计划的有效期定为从提交日第二天起到此后的 30～60 天。只有在特殊情况下，且经过管理层的一致同意，计划的有效期才允许超过该有效期限。有时，将投标的有效期定为少于 30 天较为理想。在一次付清合同余额的投标中，有效期尤为重要。在这样的投标中，有效期必须和收到的关于主要设备报价单里的有效期相一致。如果不一致，设备和材料额外的增加费用就应该包含在一次付清的合同总价中，公司的竞争地位可能也会因此受到威胁。

有一项内容对订立一份完善的合同起着关键的作用，那就是合同所包含的工作范围的定义。这对于计划部经理尤其重要，因为他负责安排合适的人描述工作范围。在计划制订期间所准备的内容很可能控制合同的准备工作并最终成为合同的一部分。合同中，项目工作范围需要描述的程度取决于定价机制和所采用的合同形式。

如果对承担的工作描述或对项目要求的评估不充分或者不实际，订约便会不顺利。

相关案例研究（选自 Kerzner/ *Project Management Case Studies*, 5th Edition）	相关练习（选自 Kerzner/*Project Management Workbook and PMP®/ CAPM® Exam Study Guide*,12th Edition）	PMBOK®指南（第 6 版），PMP 资格认证考试参考部分
• 进度困境 • 投标还是不投标* • 管理储备*	• 多项选择题 • 采购管理方面的填字谜	• 项目采购管理

19.13　PMI 项目管理资格认证考试学习要点

本节用于项目管理原理的复习，以巩固《PMBOK®指南》中相应的知识领域和范围。本章着重讲述了以下内容：

- 采购管理。

对于准备 PMP 考试的读者，下列练习将有助于对相关原理的理解。

- 采购计划意味着什么？
- 询价和询价捆包是什么？
- 不同合同类型及每种合同所对应的风险。
- 合同管理者的角色。
- 合同收尾意味着什么？

下列选择题将有助于回顾本章的原理及知识。

1. 合同的工作说明书是____。
   A. 一个用来定义买卖双方责任和义务的合法文档
   B. 仅仅是对政府合同的协定工作的定义
   C. 为工作/交付物及所需的资源技能所做的描述
   D. 专业的表格
2. 一个用来描述、定义和指定代采购的服务和项目的文档是____。
   A. 说明书　　B. 甘特图
   C. 设计图　　D. 风险管理计划
3. 一个“采购订单”是____。
   A. 一个专业的文档，它指定项目文档的使用顺序（优先级），用以必要时解决项目文档间的不协调

* 见本章末案例分析。

B. 一张订单，其所列项目必须已完成
C. 用来定义项目任务间的关系
D. 关于某项目交付物的已筛选卖方的排序列表

4. 下列哪种合同订单的承包商最不能控制成本？
A. 成本加按成本百分比计算费用合同
B. 确定的固定总价合同
C. 时间和材料费用合同
D. 采购订单

5. 下列哪种合同订单的承包商最能控制成本？
A. 成本加按成本百分比计算费用合同
B. 确定的固定总价合同
C. 时间和材料费用合同
D. 固定总价加激励费用合同

6. 下列哪种合同订单使卖方对承担所有追加费用担当最高风险？
A. 成本加按成本百分比计算费用合同
B. 确定的固定总价合同
C. 时间和材料费用合同
D. 成本加激励费用合同

7. 下列哪种合同订单使买方对承担所有追加费用担当最高风险？
A. 成本加按成本百分比计算费用合同
B. 确定的固定总价合同
C. 时间和材料费用合同
D. 固定总价加激励费用合同

8. 买方经理在选择合同类型时，最注重哪个目标？
A. 将所有的风险转移到卖方
B. 承担适当的合同风险，以激励卖方提高效率和绩效
C. 承担所有风险来节约成本
D. 以上都不是

9. 在长期合同中，下列哪种类型的合同使卖方不承担通货和材料价格/人力成本的变动的风险？
A. 成本加按成本百分比计算费用合同
B. 确定的固定总价合同
C. 时间和材料费用合同
D. 固定成本加经济价格调整

10. 下列哪个因素不需要在选择合同类型时考虑？
A. 需求的类型及复杂程度　　B. 需求是否紧急
C. 价格竞争的程度　　D. 以上都需考虑

11. 在固定总价加激励费用合同中，“总假设点”是指项目成本曲线中的_____。
A. 客户对完成整个项目所需的追加费用负责
B. 承包商对完成整个项目所需的追加费用负责
C. 承包商重新获得目标利润后达到的价格上限
D. 以上都不是

12. 一个在确定合同之前写好的初始合同文档，能要求卖方开始准备履行合同的过程被称作____。
A. 确定合同　　B. 初步合同
C. 起草合同　　D. 买卖订单

13. 在完成合同过程中，在协商合同条款（如合同条款、条件、成本和进度的协商）之后，但在履行合同之前的活动被称作____。
A. 确定合同　　B. 完成合同
C. 起草合同　　D. 定价安排

14. 下列哪项不是合同主管的任务？
A. 合同变更管理　　B. 说明书解释
C. 违约处理　　D. 选择项目经理

15. 在下面何种情况下，客户项目经理更愿意签订固定价格合同？
A. 当合同存在巨大风险，客户项目经理想转移风险时
B. 项目经理的公司对于处理这样的合同活动非常熟练
C. 双方都不知道合同任务的范围
D. 客户有很强的提供产品的能力

16. 如果客户收到一些与合同不相符的原材料或产品，并且他没有能力将其转变为符合合同要求时，他应该采取何种手段来保护自己的利益？
A. 拒收货物，但是交纳货款
B. 接受货物
C. 由卖方提供资金将货物改成与合同相符，然后客户接受货物
D. 接受货物并且转卖

17. 如果项目经理需要一台设备，这台设备在什么时候租赁费用和租出费用相同？

成本分类	租进费用（美元）	租出费用（美元）
每年保养费	0.00	3 000.00
每天运行费用	0.00	70.00
每天租金	100.00	0.00

A. 300天　　B. 30天
C. 100天　　D. 700天

18. 下列哪种合同类型会对合同的最后利润有最大和最小的估价？

A. 成本加激励费用合同　　B. 固定总价加激励费用合同
C. 时间和材料成本加激励费用合同　　D. 分裂价格和激励费用的合同

19. 下列哪种合同类型会对合同的最后价格有最大和最小的估价?
A. 成本加激励费用合同　　B. 固定总价加激励费用合同
C. 时间和材料成本加激励费用合同　　D. 分裂价格和激励费用的合同

20. 成本加激励费用合同遵循如下特征（单位：美元）:

分享比率	80/20
目标成本	100 000
目标费用	12 000
最大费用	14 000
最小费用	9 000

如果进行合作的成本是 95 000，那么承包商还要偿还多少钱?
A. 98 000　　B. 100 000
C. 108 000　　D. 114 000

21. 同上题，如果成本是 85 000，那么承包商还要偿还多少钱?
A. 97 000　　B. 99 000
C. 112 000　　D. 114 000

22. 同第 20 题，如果成本是 120 000，那么承包商还要偿还多少钱?
A. 112 000　　B. 119 000
C. 126 000　　D. 129 000

23. 固定价格—奖励费用合同有如下特征（单位：美元）:

分享比率	70/30
目标成本	100 000
目标费用	8 000
价格上限	110 000

如果成本是 90 000，那么承包商还要偿还多少钱?
A. 91 000　　B. 101 000
C. 103 000　　D. 110 000

24. 同上题，如果成本是 102 000，那么承包商还要偿还多少钱?
A. 104 000　　B. 107 400
C. 109 400　　D. 110 000

25. 同第 23 题，如果成本是 105 000，那么承包商还要偿还多少钱?
A. 105 000　　B. 106 500
C. 110 000　　D. 111 500

答案

1. C　2. A　3. A　4. A　5. B　6. B　7. A　8. B　9. D　10. D

11. B 12. C 13. A 14. D 15. A 16. C 17. C 18. A 19. B
20. C 21. B 22. D 23. B 24. C 25. C

思考题

19-1 当你期望客户在项目执行期间要求重要的范围时，什么类型的合同最适合研发合同？

19-2 在竞争性招标活动中，为什么不允许承包商在不通知其他投标人讨论的情况下与个别组织进行对话？

19-3 为什么企业不愿意让项目经理在不经过一个集中的采购组织的情况下进行自己的采购活动？

19-4 当提案中的工作说明含混不清时，公司如何处理竞争性投标活动？

19-5 一家公司正在招标一项需要长期牵头采购活动的合同。遗憾的是，买方需要相当的时间才能完成最终的合同以实现签署。这将为卖方创造一个严重的问题，因为有必要尽快开始长期采购。卖方应该如何处理这种情况？

案例分析

案例 1　投标还是不投标

背景

Marvin 是公司的主席和首席执行官（CEO）。他决定在某一价值水平上投标还是不投标。过去，他的公司参与了许多很好地符合其战略目标的竞标活动，成绩优异。但是参与目前的投标却很困难。Marvin 并不想公布客户在建议邀请书中要求的某些信息。如果 Marvin 不能按照 RFP 中的要求公布，那么他的公司将被视为无回应。

竞标过程

Marvin 的公司在通过竞标方式赢得合同方面非常成功。该公司是项目驱动型的，所有收益都来自获得的合同。几乎所有的客户都向该公司提供长期和后续合同。几乎所有的合同都是固定总价合同。该公司的业务发展良好，现在仍处于上升阶段。

Marvin 规定将 5%的销售额用于制定 RFP。这被列入投标计划（B&P）预算。投标合同的成本是很高的，客户知道要求公司在投标上花费巨大可能会导致某个项目的“零投标”。这最终会减少市场中的投标者，从而给该行业带来伤害。

Marvin 的公司使用参数和类比方法来估计所有的合同。这使 Marvin 的员工可以从工作分解结构的级别 1 或级别 2 来对工作进行估计。站在财务角度，对于一个从 WBS 相关级别精确估计风险的项目来说，这是最节省成本的投标方式。经过对该公司估计过程的一段时间的连续改善，估计中的不确定性被大大降低了。

新的 RFP

Marvin 最重要的客户之一表明他将为一个潜在的 10 年合同招标。这份合同比 Marvin 之前签订的任何一个合同都大，可以在 10 年甚至更长的时间里提供良好的现金流。赢得这份合同非常重要。

因为之前的合同都是固定总价合同，所以计划书中只提供了 WBS 的前两级的价格。这对于客户评价竞标者的成本已经足够。

RFP 公布了。这个项目需要的是成本补偿型合同。客户所创建含有 5 级的 WBS 包含在 RFP 中。每个竞标者都需要为 WBS 中的每个工作包提供报价信息。由此，客户可以比较不同竞标者对同一工作包的成本。更为糟糕的是，竞标者将不得不在项目执行过程中使用客户提供的 WBS 并且据此进行成本报告。

Marvin 立刻看到了风险。如果 Marvin 决定竞标，那么公司将向客户展示其详细的成本结构。所有成本将清楚地暴露在客户眼前。即使以后仍为固定总价合同，详细的成本信息还是会对公司以后的竞标产生严重的影响。

Marvin 与他的高层管理者举行了会议。在讨论中，它们列出了投标的好处和坏处。

好处：

- 一份赚钱的 10 年期（甚至更长时间）合同。
- 客户将 Marvin 视为战略伙伴而不仅仅是供应商。
- 这份合同和将来其他合同可能存在较低利润率，但是更大的商业基础使每股利润大大提高。
- 建立了一个大项目的实施标准会帮助赢得更多大型合同。

坏处：

- 公司成本结构的公开。
- 竞争者会看到公司的成本结构，有通过高薪挖走一部分公司精英的风险。
- 价格不具有竞争力，整个成本结构暴露会对以后的竞标产生限制。
- 如果不参与竞标，公司将被从客户的竞标者名单中剔除。
- 客户会迫使 Marvin 的公司接受更低的利润率。

Marvin 问他的团队：“我们应该参加竞标吗？”

问题

1. Marvin 和他的团队还应该考虑什么因素？
2. 他们应该参加竞标吗？

案例 2 管理储备

背景

项目发起人要求项目管理者在项目成本中加入管理储备。然而，项目发起人想要对自己的项目进行管理储备，这会为项目经理带来问题。

单一供货合同

Avcon 公司的结构工程部在开发一种高质量的轻型合成材料方面取得了突破。Avcon 相信这种新型材料可以以低廉的价格生产，其客户也会因降低制造和运输成本而获益。

Avcon 公司取得突破的消息传遍了整个行业。该公司最重要的客户之一要求其提供一份使用这种新材料的设计、开发、产品测试的投标建议书。Jane 将作为项目经理。她曾多次担任项目经理，与该客户合作，都取得了成功。

和 Tim 会面

因为技术的新颖性，Avcon 和客户都明白这不会是一份固定总价合同。他们最终就成本加激励费合同达成一致。然而，目标成本还有待商议。

Jane 和所有的职能经理一起工作来确定他们应当为这份合同付出怎样的努力。唯一未知的是进行结构测试所耗费的时间和成本。结构测试将由结构工程部进行，他们取得了这项技术突破。

Tim 是结构工程部的负责人。Jane 开会讨论了该项目的测试成本。在会议上，Tim 回答：

完整的测试将花费 100 000 美元。我相信我们应该将测试价格计入成本，并且包含至少 100 000 美元的管理储备金以防出错。

对于加入管理储备金，Jane 有一些为难。在她的估算中，费用总是比时间重要。但是 Jane 根据先前的经验指导完成的测试可能是不需要的。但是 Tim 是相关方面的专家，Jane 勉强同意在合同中加入管理储备金 100 000 美元。正当 Jane 准备离开 Tim 的办公室时，Tim 强调说：

Jane，我已经要求成为你项目的发起人，管理层也同意了。你和我将一起工作。基于此，我希望在你向客户提交最终标书之前，看到所有的成本数据。

检查成本数据

Jane 曾和 Tim 一起工作，但是那时 Tim 并不是项目发起人。然而，在一些项目中，较低或中层管理者而不是全部都由高层管理者充当发起人，也是很常见的。Jane 和 Tim 见面，向他提供了可能出现在计划中的下列信息。

- 共享率：90%～10%。
- 合同成本目标：800 000 美元。
- 合同利润目标：50 000 美元。
- 管理储备：100 000 美元。

- 封顶利润：70 000 美元。
- 封底利润：35 000 美元。

Tim 看着这些数字，面带不悦。他说：

Jane，我不希望客户知道我们有管理储备金。让我们把管理储备金放入成本之中，将成本改为 900 000 美元。我知道成本基线不应包含管理储备金，但是在本例中，这是需要的。

Jane 知道成本基线中不应包含管理储备金，但是她无能为力；Tim 是项目发起人，拥有最终话语权。Jane 不明白为什么 Tim 试图隐藏管理储备金。

执行开始

Tim 要求 Jane 把管理储备金 100 000 美元包含在结构测试工作包中。Jane 从先前的经验知道完整的测试并不是必需的，该工作包的典型成本为 75 000～90 000 美元。建立一个 200 000 美元的工作包意味着 Tim 对于管理储备金有完整的控制和知道它们应该如何使用。

Jane 现在确信 Tim 有隐藏的计划。不确定接下来做什么，Jane 联系了项目管理办公室的一名工作人员。这名员工告诉 Jane，Tim 未能成功地将自己的一些子项目包含在项目组合中，但是管理层拒绝将 Tim 的任何一个项目纳入组合预算中。

现在，一切都清楚了，Tim 为什么拉拢 Jane，并且要求成为项目发起人。Tim 在迫使 Jane 违反 PMI 的职业道德准则。

问题

1. Tim 为什么要增加管理储备金？
2. Tim 为什么要成为项目发起人？
3. Tim 的行为是否违反职业道德准则？
4. 如果 Jane 遵从了 Tim 的指示，Jane 是否也违反了职业道德准则？
5. 如果 Jane 不打算跟随 Tim，那么她有哪些选择？

第 20 章　质量管理

引言

PMBOK®指南，第 6 版
第 8 章　项目质量管理
8.1.1　规划质量管理：输入

在过去的 20 年里，在提高质量的道路上发生了一场革命。这不仅表现在产品质量的提高上，而且表现在质量领导（quality leadership）和项目管理质量的提高上。表 20-1 中列出了这种变化。

表 20-1　对质量认识的变化

过　去	现　在
• 保证质量是在底层工作的蓝领工人和直接劳动员工的责任	• 保证质量是所有人的责任，包括白领工人、间接劳动员工和管理层职员
• 质量缺陷应该对用户（和可能的管理人员）保密	• 缺陷应该凸显出来，以便采取正确的行动
• 质量问题导致相互责备和推诿	• 质量问题可以合作解决
• 应该用最少的文档总结质量改进问题	• 文档对取得的教训具有关键的作用，它保证不会重复犯同样错误
• 提高质量将增加项目成本	• 提高质量将节省金钱并增加商业机会
• 质量只有内部重视	• 用户重视质量
• 除非严格监督，人们不会高质量地生产产品	• 人们愿意生产高质量产品
• 质量是在项目执行期间产生的	• 质量产生在项目的初始阶段，并且必须在整个项目内规划

遗憾的是，管理层只是在经历了经济上的灾难和衰退之后才认识到提高质量的必要性。经济的灾难给一些公司带来在新市场上成为更有攻击力的竞争者的机会。例如，高科技公司从来没有充分地认识到缩短产品开发时间的必要性，以及项目管理、全面质量管理

和并行工程之间的联系。

对质量的高水平的驱动力是用户需要更高质量的产品，他们现在需要产品满足以下要求：

- 更高的性能。
- 更短的产品开发周期。
- 更高的技术水平。
- 最大限度地利用原料和处理能力。
- 更少的承包费用。
- 更低的缺陷率和废品率。

对市场的期望是影响质量的一个关键因素，它又受到如下因素的影响。

- 有销路：在质量和成本之间取得平衡。
- 可制造：具有利用可用技术和工人，以及在可接受的成本下生产产品的能力。
- 被社会接纳：产品和制造流程与社会价值（安全、环境等）的冲突程度。
- 可操作性：产品操作的安全程度。
- 可用性：在给定的条件下使用时，产品表现满意的可能性。
- 可靠性：在给定的使用条件下和使用时间内，产品无故障运行的可能性。
- 可维护性：进行规定的维护后，产品处于正常运行水平的能力。

用户的需求现在由全面质量管理（Total Quality Management，TQM）来处理。TQM 是一个持续改进的系统，它将各种不同的组织要素综合到设计、开发和制造过程中，以最小的成本为最终用户提供可完全接受的产品或服务。从外部看，TQM 是面向用户的，它为用户提供更高的满意度。从内部看，TQM 减少了生产线的瓶颈和运作成本，在提高组织士气的同时提升了产品质量。

20.1　质量的定义

PMBOK®指南，第 6 版
8.1　规划质量管理
引言

成熟的组织现在普遍承认无法对质量精确定义，因为这是由用户定义的。柯达公司对质量的定义是：在一个可产生显著效益的成本水平上，产品或服务可以满足或超过用户的需要和期望。ISO 9000 对质量的定义是：产品或服务能满足规定或潜在需求的特性和特征的集合。诸如适用性、用户满意度和零缺陷等术语一般指质量的目标而不是指质量的定义。

今天绝大部分组织把质量看成一个过程而不仅仅指产品质量。更准确地说，质量是一个持续改进的过程，在这个过程中所取得的教训被用于提高未来产品和服务的质量。其目的包括以下几个：

- 留住现有用户。
- 重新吸引流失的用户。

- 赢得新用户。

因而，许多公司现在正在制定质量改进过程。图 20-1 是柯达公司质量改进的 5 条原则。图 20-2 显示了一个更为详细的质量改进过程。从这两个图中可明显看出，许多组织更重视合格的过程而不是合格的产品，因而它们积极地通过持续的循环来改进质量。

PMBOK®指南，第 6 版
8.1 规划质量管理

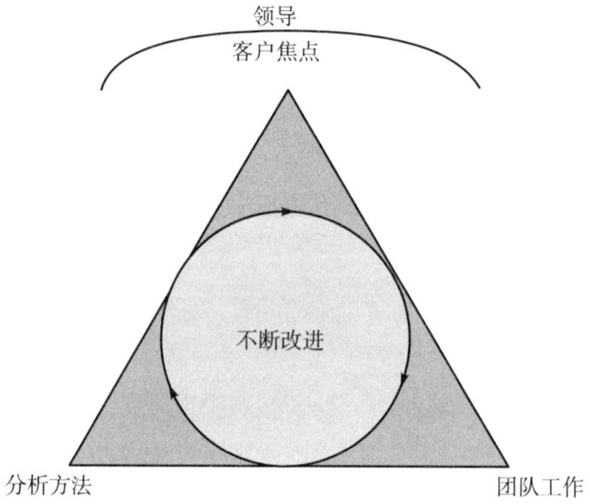

图 20-1 柯达的 5 个质量原则

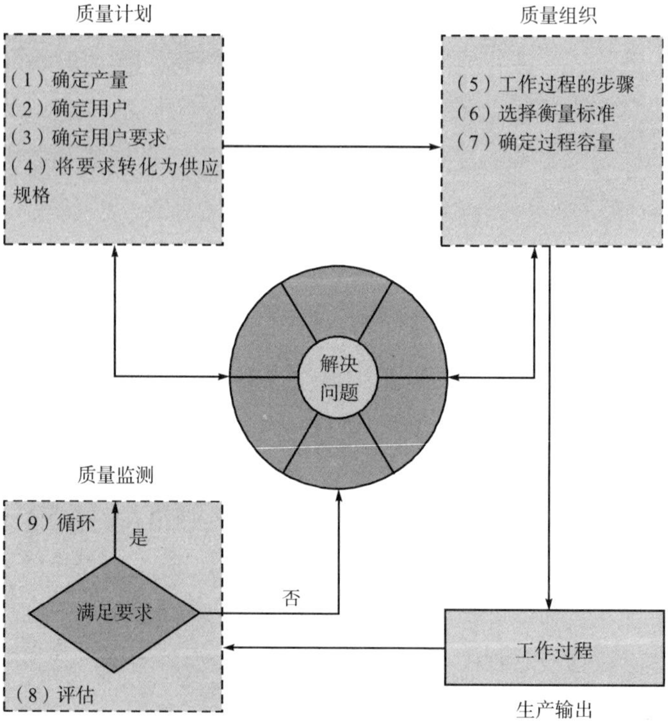

图 20-2 质量改进过程

20.2 质量管理发展历程

PMBOK®指南，第 6 版
第 8 章 项目质量管理
引言

在过去的 100 年中，质量管理的观点发生了巨大的变化。在第一次世界大战以前，质量管理被主要看成从劣质品中检查并挑选出优质品的工作，重点在于找出问题。从第一次世界大战到 20 世纪 50 年代初，质量管理的重点仍然是劣中选优。不过，其间出现了质量控制的思想，它表现为以下几点：

- 统计和数学方法。
- 抽样表。
- 控制图。

从 20 世纪 50 年代初到 60 年代末，质量控制演变为质量保证，重点从发现问题转为避免问题，出现了一些质量保证的原则。这些原则主要有以下几个：

- 质量成本。
- 零缺陷计划。
- 可靠性工程。
- 全面质量控制。

如今，质量管理的重点被放在战略质量管理上。它包括如下方面：

- 质量由用户定义。
- 质量管理通过可获利能力将市场和成本联系起来。
- 质量管理已成为一种竞争武器。
- 质量管理现在是战略规划过程的一部分。
- 质量管理需要由整个组织去完成。

PMBOK®指南，第 6 版
8.3.2 控制质量：工具与技术

有许多专家对质量管理的发展做出过贡献，其中最具影响的有 W.爱德华·戴明、约瑟夫·M.朱兰和菲利普·B.克劳士比 3 个人。戴明博士 1927—1940 年在美国农业部率先使用了统计和抽样方法。受到 Shewhart 博士的影响，戴明后来将 Shewhart 的 PDCA 循环运用到办公事务中。图 20-3 显示的是经过改进的戴明环。

戴明认为，生产不出合格产品的主要原因是管理层过多地受到“现在”的影响，而没有考虑到将来。他估计有 85%的质量问题需要管理层从开始就解决并改变流程，仅有 15%的问题可以被一线工人所控制。例如，一线工人不能为质量低劣的原材料所造成的产品质量问题负责，这往往是因为管理层为降低成本而错误地选择了低价供应商所造成的。管理层应该改变采购策略和规范，与供应商建立长期的合作关系。

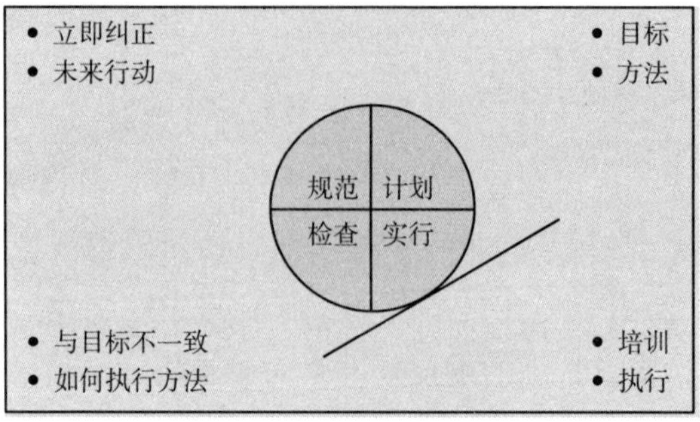

图 20-3 戴明改进周期

为保证质量，生产过程应该接受统计分析和控制，其终极目标应该是对生产过程进行持续的改进而不是临阵磨枪。我们一般用控制图来判别生产过程中出现的系统异常和其他一些显著的特别情况。系统异常体现在生产的整个过程中，包括原材料质量低劣、产品设计有问题、工作条件不满足和设备不能达到设计公差等。这些系统异常超出了一线工人的控制范围，应该由管理层采取必要的行动来解决。

其他一些显著的特别情况包括工人知识的缺乏、工人作业中的失误或工作时走神等。这些问题可以在车间级得到识别并解决。然而，管理层仍需要改变生产流程以减少系统异常。

戴明主张不能简单地命令工人要好好做，而应该明白地告诉他们合格质量由哪些部分组成，并且持续的质量改进不仅可能而且必要。为此，必须培训工人使用控制图。考虑到培训也需要管理层的参与，我们可以认为戴明的这些主张更侧重于管理层和他们所必须做的工作。

朱兰博士曾在 1954 年（比戴明晚 4 年）到日本进行质量控制的讲学。他发明了质量改进的 10 个步骤（见表 20-2）和"朱兰三部曲"：质量改进、质量规划和质量控制。朱兰强调，制造商认为质量是一些规格和规范，而用户认为质量是一种"适用性"。他定义了适用性的 5 个方面：

- 设计质量　质量可以存在很多等级。
- 一致性质量　提供正确的培训；保持规定公差的产品；动机。
- 可用性　可靠性（如维修的频率）和可维护性（如维修的时间和容易程度）。
- 安全性　产品使用的潜在危险。
- 易用性　指用户使用产品的方式。

表 20-2 质量改进的不同方式

戴明给管理层的 14 个建议	朱兰的质量改进的 10 个步骤	克劳士比的质量改进的 14 个步骤
1. 为提高产品和服务的质量建立一个稳定的环境	1. 培养对质量改进的需要和机会的敏感度	1. 明确管理层改进质量的决心

续表

戴明给管理层的 14 个建议	朱兰的质量改进的 10 个步骤	克劳士比的质量改进的 14 个步骤
2. 采用新的思路	2. 为质量改进设定目标	2. 从各部门选派代表组成质量改进小组
3. 停止依靠质量检测	3. 为达到目标建立相应机构（建立一个质量改进委员会，识别问题，挑选项目，设立工作组，分配资源）	3. 确定当前和潜在的质量问题
4. 采用一个供应商来最小化总成本，取代奖励最小报价供应商的方式	4. 提供培训	4. 评估质量成本并解释它作为管理工具的作用
5. 对计划、产品和服务进行持续的改进	5. 开展项目以解决问题	5. 提高全体员工对质量问题的敏感度
6. 在工作中进行培训	6. 报告进度	6. 采取行动解决在前面几步中发现的问题
7. 建立领导层	7. 验收	7. 成立一个委员会以执行零缺陷计划
8. 消除对改进质量的担忧	8. 交流结果	8. 培训主管人员，使他们能够积极地执行各自有关质量改进的工作
9. 冲破行政人员的阻挠	9. 保留记录	9. 设立一个“零缺陷日”，告诉全体员工质量改进正在进行
10. 避免对工人进行口号和训导式的教育	10. 作为公司每年的正式工作，以持续地改进质量	10. 鼓励个体为自己和集体建立一个改进目标
11. 取消对工人的量化定额和管理层的量化目标		11. 鼓励员工就改进过程中遇到的障碍与管理层交流
12. 消除阻碍工人提高技能的不利因素，取消按资排辈		12. 奖励积极参与者
13. 为每个人的教育和自我提高建立活泼多样的计划		13. 成立一个委员会以规范的方式进行沟通交流
14. 使公司的每个人为完成质量改进而工作		14. 重复进行所有工作以保证质量改进的持续进行

朱兰同时强调质量成本（见 20.3 节）和有关质量的法律问题。这包括以下方面：

- 刑事责任。
- 民事责任。
- 恰当的法人行为。

• 保修或包换条款。

朱兰相信制造商的质量概念是一堆规范和规格的集合，而用户则把质量看成一种适用性。同时，他认为质量存在多种等级。质量的特征可以定义如下：

• 结构上的（长度、频率）。
• 感官上的（味道、美感、吸引力）。
• 与时间有关的（可靠性、可维护性）。
• 商业上的（被保证人）。
• 伦理上的（礼貌、诚实）。

第三位对质量管理做出重大贡献的是克劳士比。他提出了质量改进的 14 个步骤（见表 20-2）和质量的 4 个原则：

• 高质量意味着与需求相一致。
• 高质量来源于事先预防。
• 高质量意味着性能标准是“零缺陷”。
• 质量可用不一致的成本来度量。

克劳士比发现，开始时不正确的行为成本是可以评估的。在制造业，不一致成本平均占到了总运作成本的 40%。

20.3 质量管理概念

PMBOK®指南，第 6 版
第 8 章　项目质量管理
引言
8.1.1　规划质量管理：输入

项目经理对项目的质量负有最终责任。质量管理与费用和进度管理同等重要。然而，对质量直接的测量应该是质量保证部门的责任或是项目经理质量助理的责任。对于一个劳动密集型项目，管理支持（如项目办公室）通常占整个项目人工费用的 12%～15%，3%～5%要分配到质量管理上。因此，项目办公室要将 20%～30%的劳动分配到质量管理中。

据一位项目经理的观点，6 种质量管理概念应该用来支持每个项目：

• 质量政策。
• 质量目标。
• 质量保证。
• 质量控制。
• 质量审计。
• 质量计划。

理想情况下，这 6 个概念应该深深地嵌入公司的文化中去。

20.3.1 质量政策

质量政策是由质量专家创制的由高层管理者支持的文件。此政策应描述质量目标、能够被组织所接受的质量层次，以及执行政策和保证质量的组织成员的责任。另外，还应该将高层管理者支持此政策的保证包含在内。质量政策要有助于组织名誉和质量象征的创造。

许多组织成功地制定了不错的质量政策，但通过委派低层管理者去执行此政策而将质量政策的良好意图降低了。质量政策的执行应是高层管理者的责任，而且高层管理者必须言行一致。员工不久就会发现质量政策的诡计，即中层管理者执行此政策而高层管理者已经去做更重要的确实能影响底层的事去了。

一个好的质量政策应该包含以下内容：

- 做什么而不是怎么做的原则的描述。
- 促进组织内和项目间的一致性。
- 对外界提供一个本组织对质量的观点。
- 对重要质量事务提供特殊的方针。
- 为更改/更新质量政策制定规则。

20.3.2　质量目标

质量目标是一个组织质量政策的一部分，由一些特殊的目标组成，且对完成已描述目标有时间限制。质量目标必须精心选定，选择不可能的质量目标会造成挫折和失败。可以接受的质量目标的例子有：在财政年度结束前对组织所有员工进行质量政策和目标的培训、在本季度结束前建立特别过程的测量基线、在本财政年度结束前定义满足组织质量目标的每位员工的责任和授权等。

好的质量目标应是：

- 可达到的。
- 易于理解的。
- 定义明确目标。
- 描述明确底线的。

20.3.3　质量保证

PMBOK®指南，第 6 版
8.2　管理质量

质量保证是正式活动和管理过程的集合性术语，此活动和过程的计划与执行试图保证应交付的产品和服务满足要求的质量层次。质量保证也包括来自外部过程的为内部过程提供信息的工作。质量保证功能试图保证项目范围、费用和进度功能的完全集成。

美国项目管理协会的《项目管理知识体系指南》(《PMBOK®指南》) 将质量保证作为质量管理的一部分。在此领域，项目管理者能对项目质量施加最大的影响，他们需要建立管理程序和保证程序，并且要证明范围描述遵从客户的实际要求。项目经理必须与其小组一道工作，来决定哪些过程用来保证所有利益相关者都相信质量活动会被正确地执行。所有合法的、正式的要求都必须要满足。

好的质量保证系统应该具备下列内容：

- 识别目标与标准。
- 多功能与面向预防的。
- 为在连续改进的周期中使用与收集数据编制计划。
- 为建立和维持绩效评估编制计划。
- 包括质量审核。

20.3.4 质量控制

质量控制是关于活动和技术的集合性术语。在此过程中，活动与技术被用于产生特殊的质量特性。这种活动包括不断的监控过程、识别和消除问题产生的原因、利用统计过程控制来减小偏差和提高这些过程的效率。质量控制能保证组织的质量目标的满足。

PMBOK®将质量控制作为质量管理的一个技术方面。具有不同技术特长的项目组成员在质量控制中将起到非常积极的作用，他们会建立一些技术方法和程序来保证项目从设计到开发的每一步都能提供合格的产出，每一步的产出都必须符合全部的质量标准和计划，这样就保证了满意质量的形成。

好的质量控制系统应该是包含下列内容的系统：

- 选择控制什么。
- 为可能的正确行动决策的基础设定标准。
- 建立可用的测量方法。
- 将实际结果与质量标准做对比。
- 在信息收集的基础上将非一致性的过程和材料拉到标准上来的行动。
- 管理和校准测量设备。
- 包括所有过程的详细文件。

20.3.5 质量审计

> **PMBOK®指南，第6版**
> 8.2.2.5 审计

质量审计是有资格的人员独立的评价过程，用来保证项目符合项目质量管理要求和遵照已建立的质量程序和政策。

好的质量审计应确保以下工作符合要求：

- 项目计划质量要求已满足。
- 产品是安全和适用的。
- 遵守有关的法律和规则。
- 数据收集和分发系统准确而充分。

- 必要时采取适宜的正确措施。
- 识别改进机会。

20.3.6　质量计划

> **PMBOK®指南，第 6 版**
> 8.1.3.1　质量管理计划

质量计划是由项目经理和项目组成员共同制定的。项目质量计划是将项目目标分解为工作分解结构得来的。利用树状图表技术，将项目活动分解成更低一层的活动，直到项目的质量能被识别为止。项目经理要确保这些活动能够按顺序记录和执行，来满足用户的需要和期望。以上能使项目经理保证有一个路线图来传送合格的产品和服务，以此来满足用户的需求。

好的质量计划应该包括以下内容：

- 能够识别所有的组织内部用户和外部用户。
- 制定设计过程来产生满足用户要求的特色。
- 过程中尽早引入供应商。
- 使得组织能够对不断变化的用户需求做出反应。
- 证明程序工作正常，并且质量目标可以达到。

20.4 质量成本

> **PMBOK®指南，第 6 版**
> 8.1.2.2　数据收集
> 8.1.2.3　数据分析

为了证明产品和服务能够满足用户的要求，需要对质量的成本进行测量。简单地说，成本可被分成“一致成本”和“非一致成本”。一致成本包括培训、指导、查证、确认、测试、维持、测量和审查所产生的成本，非一致成本包括废品、返工、维修许可、产品回收和投诉处理所导致的成本。

通过缩减一致成本来节省项目费用会带来灾难性的后果。例如，一个美国公司作为一个供应商赢得了供应日本零件的合同，最初的合同要求提供 10 000 套，在客户（日方）审查和测试设备期间，发现了两套不合格品。日方退回了所有 10 000 件产品并指出该批货物不能被接受。在这个例子里，非一致性成本的数量级远远大于一致性成本。道理是很明显的，第一次要完全正确。

其他区分费用的方法如下：

- 预防成本是指这样一种预先成本，这种成本关注第一个及以后诸个无瑕疵产品对客户需求的满足程度。诸如设计评价、培训、质量计划、供给调查、供应商、转包合同商、过程研究和相关的预防活动都是典型的此类成本。

- 评估成本是指与评价如何满足所有客户需求的产品或服务相联系的费用。诸如产品检查费用、测试、供应商控制、进程测试和内外设计评价等费用都是此类成本。
- 内部故障成本是指与满足客户需求的产品在脱离组织控制前的过程出现故障相联系的成本。诸如损耗、返工、维修、停工期、瑕疵评估、损耗评估，以及相关内部故障的修复等都是此类成本。
- 外部故障成本是指与那些需求不能满足的客户的决定相联系的成本，包括客户退货和补贴、客户抱怨的评估、检查、调查质量投诉和必要的纠正措施。

图 20-4 显示了全部质量管理系统在质量成本方面的期望值。整个组织的预防成本会随着花费在预防活动上的时间增多而增大。从长期来看，过程会得到改进，此时由于检查需要的下降，评价成本亦会降低。最大的节约来自返工、损耗、再造、重做等内部故障成本，预先设计和开发的额外费用在这里会被清还。最后，当过程第一次生产出合格产品时，外部费用也会下降。改良会在改善质量和降低成本方面不断地影响公司。当项目管理成熟时，在质量维持和开发产品方面的成本会进一步降低。

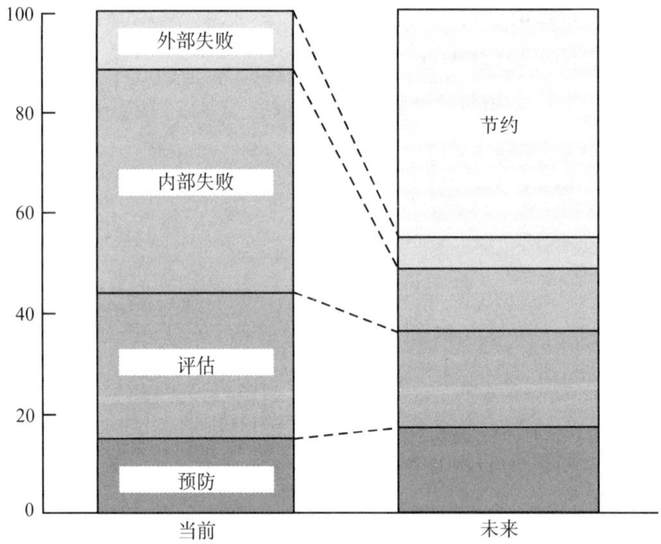

图 20-4　全面质量成本

图 20-4 显示预防成本会增加，但并不总是这样。如果我们能识别和消除与浪费相联系的费用，预防成本实际上会在不牺牲预防目的的情况下降低。这些浪费的原因包括以下几个方面：

- 已完成工作被拒绝。
- 设计疏漏。
- 进展方面的工作。
- 指挥不当。

- 过度的和集权的管理（这仍在控制项目的时间）。
- 人力分配不当。
- 设施使用不当。
- 不必要的过度的花费（如不必要的会议、旅行、住房等）。

图 20-4 给出的其他的重要信息是，50%或更多的质量成本来自内外部的故障，故障的完全消除好像一个理想的解决方案但不会是有效率的方案。例如，观察图 20-5，其中有几个发展的假设：第一，当瑕疵越来越少时，故障的成本（如非一致性）接近零；第二，当瑕疵越来越少时，评价和预防的一致性成本接近无限。

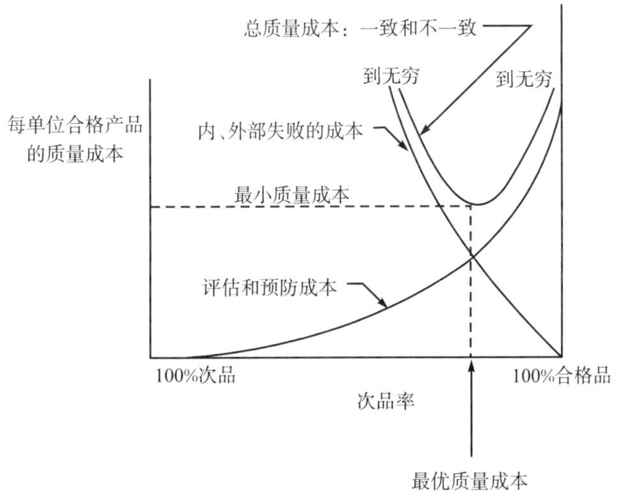

图 20-5　最小化质量成本

如果质量程序的最终目的是不断地改进质量，于是从财务的观点出发，当正的经济回报变成负数时，质量改进就不会被采纳。朱兰谈到，只要每单位的评价和预防费用低于非一致成本，资源就会被分配到预防和评价中去，但当预防和评价成本开始使每单位的质量成本增加时，政策将会使质量维持不变。由于总质量成本不会最小，零缺陷不会是实际的解决办法。

PMBOK®指南，第 6 版
8.3　控制质量
8.3.2　控制质量:工具与技术

图 20-4 显示外部故障成本大大低于内部故障成本，这表示在产品离开工厂之前，大部分的故障已被发现。

20.5　7 个质量控制工具

最近几年来，统计方法在商业、工业和科学等领域都比较流行。在可以进行聚类、制表和分析数据的高级自动系统的帮助下，这些定量方法的实际应用也在不断发展。

比定量方法本身更重要的是它们对商业基本思想的影响。它们提供了在定量事实基础上进行客观决策的基础，使得决策排除了主观独裁决策的做法。这些变化会带来特有的好处：

- 改进处理信息。
- 改善沟通。
- 在事实基础上进行讨论。
- 在采取行动前要达成一致意见。
- 过程变化的信息。

统计过程控制（Statistical Process Control，SPC）利用了过程的自然特征。所有的商业活动都可以用已知公差和可测变差的特殊过程来描述。这些变差的测度和信息结果可以为连续的过程改进提供基础。这里所说的工具提供了过程数据的图形表示和测度。系统地使用这些工具有助于企业控制生产过程和产品，使其具有世界竞争力。

统计学的程序控制基本工具是数据表、帕累托分析、因果分析、趋势分析、柱状图、散点图及控制图。这些基本的工具为有效的资料收集提供了服务，可以对资料中的模式进行辨析，并对可变性做出测量。图 20-6 展示了这 7 个工具之间的关系，以及它们对改进机会的辨析和分析功用。下面我们将评论这些工具，并讨论它们的操作和应用情况。

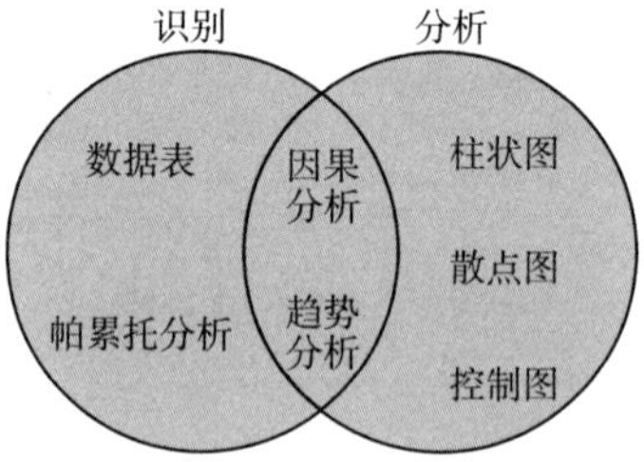

图 20-6　7 个质量控制工具

20.5.1　数据表

数据表和数据队列为数据的分类和展示提供了系统的方法。大多数情况下，数据表是为进行数据分类而编制的表格。当数据来源于自动媒体时经常用到这些表。它们提供了收集数据的一致、有效和经济的方法，将这些数据组织在一起进行分析，以及为了简单地讨论而进行展示。当没有自动数据时，数据表经常以手工表格的形式出现。数据表或检查表应该设计成需要最小输入信息的样式。简单易懂、直观的表格是成功数据聚类的关键。

图 20-7 是一个确认发货单属性（有效/无效）的例子。从这个简单的检查单中可以很明显地看到几个数据点：总错误次数是 34、错误最多来自供应商 A、最常出现错误的是试验记录。利用帕累托分析、控制图和其他统计工具，我们可以对这些数据进行进一步分析。

错误	供应商				
	A	B	C	D	总计
错误的发货单	////	/		//	7
错误的库存	/////	//	/	/	9
材料被损坏	///		//	///	8
错误的试验记录	/	///	////	//	10
总计	13	6	7	8	34

图 20-7 材料接收和检查的核对表

20.5.2　因果分析

确定问题后，我们有必要分析其原因。因果关系有时是模糊的，为了确定问题的一个或几个具体原因，经常需要大量的分析。

因果分析用图形技术来确定原因和结果之间的关系。因果图也被称作鱼骨图。图 20-8 为基本的鱼骨图。进行因果分析需要 6 个步骤。

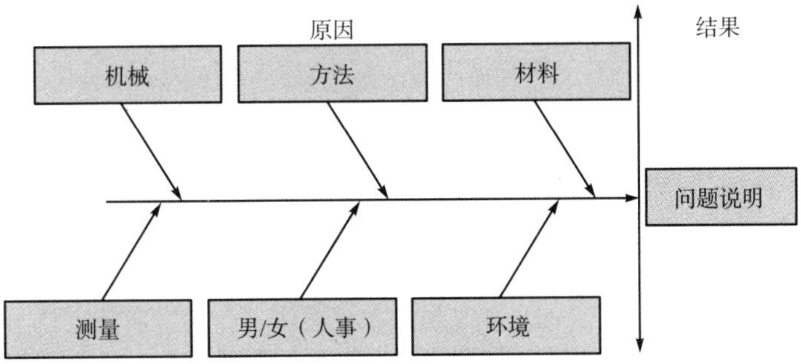

图 20-8　鱼骨图

步骤 1　确定问题。这个步骤经常包括其他统计过程的控制工具，如帕累托分析、柱状图和控制图，以及头脑风暴法。其结果可以对问题进行简洁、清晰的描述。

步骤 2　选择各学科间的头脑风暴团队。按照确定问题的原因所需要的技术、分析和管理知识来选择不同学科的专家组成头脑风暴团队。

步骤 3　画问题箱和主箭头。这一步包括用于因果评价的问题说明。主箭头作为主要类别的分类基础。

步骤 4　具体化主要分类。确定问题箱中所说问题的主要类别。问题所产生的主要原因的 6 个基本类别是人事、方法、材料、机械、测量和环境，如图 20-8 所示。其他类别可以具体化，视分析需要而定。

步骤 5　识别问题原因。识别出问题的主要原因后，可以分别就每一主要分类的相关原因进行分析确定。这一步骤的分析有 3 种方法：随机方法、系统方法及过程分析方法。

1）随机方法。列举同时导致问题的 6 个主要原因，确定同每个类别相关的可能原因，如图 20-9 所示。

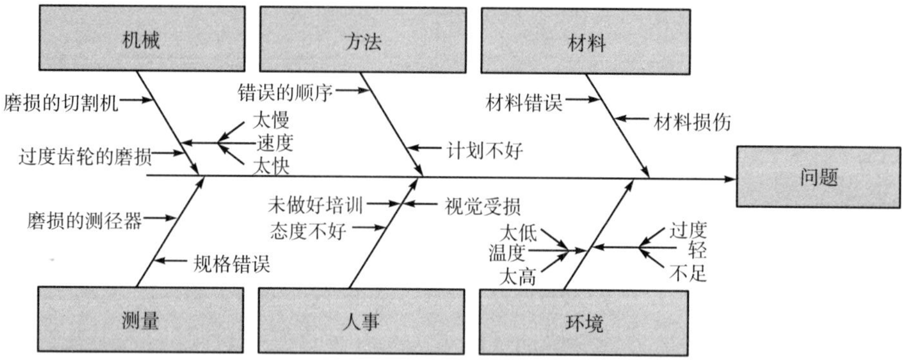

图 20-9　随机方法

2）系统方法。按照重要性的降序排列，一次着重分析一个主要类别。只有当完成了最重要的一个类别之后，才能转向下一个次重要的类别。这个过程如图 20-10 所示。

3）过程分析方法。确认过程中的每个序列步骤，在每一步进行因果分析，一次一个步骤。图 20-11 说明了这个方法。

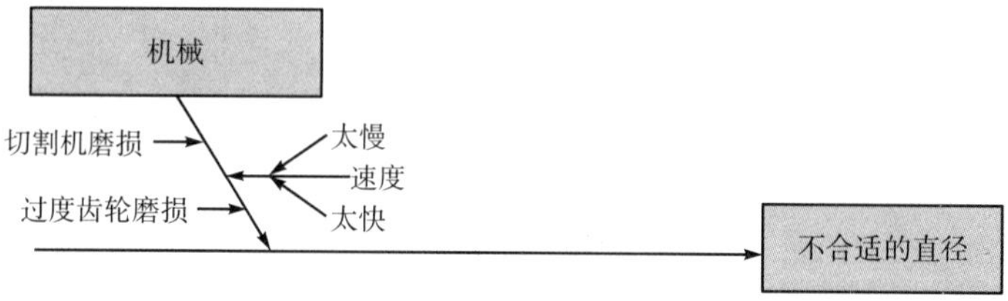

图 20-10 系统方法

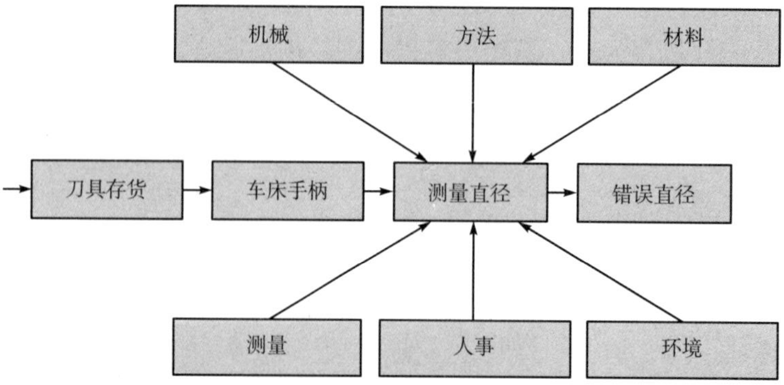

图 20-11　过程分析方法

步骤 6　确认矫正行动。这包括两步：① 问题的因果分析；② 确定导致每个主要类别的原因。在这两个步骤的基础上确认矫正的行动。矫正行动分析同因果分析的方式一样。将因果图反向，问题箱就成了矫正行动箱。图 20-12 表示了确认矫正行动的方法。

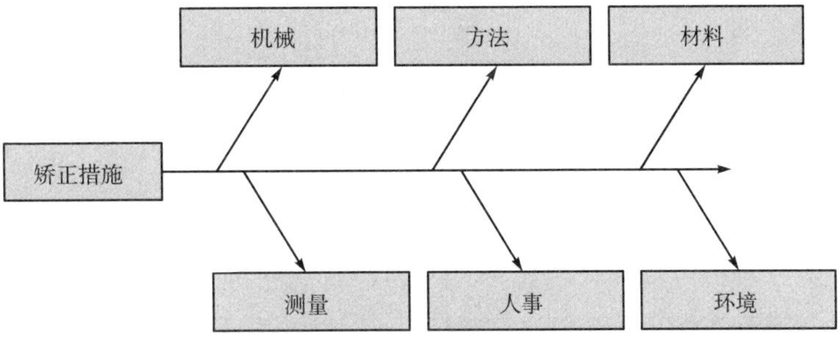

图 20-12　确认矫正行动

20.5.3　柱状图

柱状图是用于描述数据频度分布的。这个工具对于评价数据属性（对/错）和变量（测度）是很有价值的。柱状图对在某一时间点的数据提供了简洁的展示，它没有给出方差或随时间变化的趋势，只展示了累积数据今天的状况，理解数据的相对频率（百分比）或频度（数字），以及数据如何分布时是非常有用的。图 20-13 表示了生产过程中错误频度的柱状图分布。

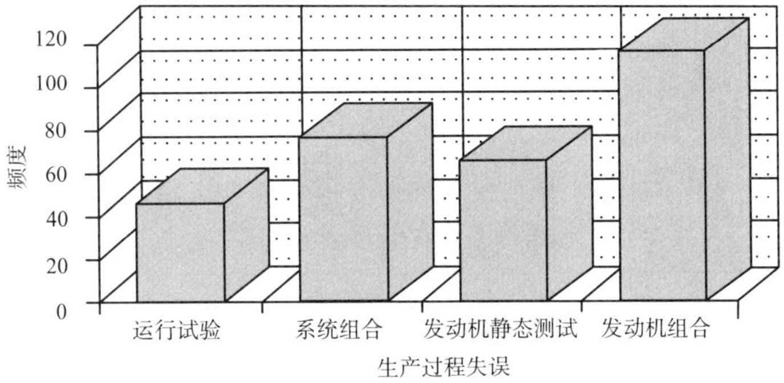

图 20-13　变量柱状图

20.5.4　帕累托分析

PMBOK®指南，第 6 版
8.3.2　控制质量：工具与技术

帕累托图是特殊的柱状图，用于确定问题领域并对其进行优先次序的划分。帕累托图的建立可能包括图形数据、维护数据、修复数据、部件废品比率（parts scrap rates）或其他来源。通过确认来自这些来源的数据的任何不一致类型，帕累托图能将注意力转向发生频率最高的元素。

帕累托分析有 3 种用途和类型。基本帕累托分析能够确认导致任何系统大多数质量问题的几个主要原因。比较帕累托分析集中于任意数量的项目选择或行动。加权帕累托分析给出了因素相对重要性的测度，有些因素可能最初看起来并不重要，如成本、时间和危险程度等。

基本帕累托分析提供了给定数据集合中发生频度最高的事件的评价方法。将帕累托分析步骤用于图 20-14 所示的材料接收和核对过程，我们可以得出如图 20-15 所示的基本帕累托分析。这种方法量化和图形化了材料接收和核对事件发生频度，并在频度基础上进一步确定了最重要的因素。

材料接收和检查的故障频度			
供应商	故障频度	故障百分比（%）	累积百分比（%）
A	13	38	38
B	6	17	55
C	7	20	75
D	9	25	100

图 20-14　基本帕累托分析步骤

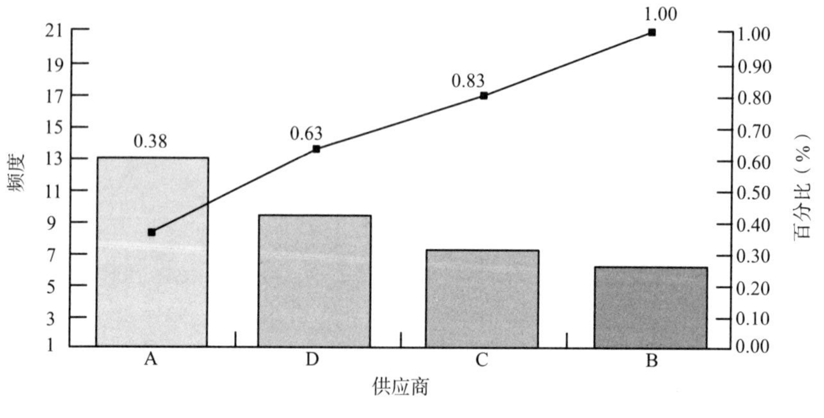

图 20-15　基本帕累托分析

对事件频度应用基本帕累托分析方法讨论，表明供应商 A 在所有的故障中所占的比例最大，为 38%。帕累托分析图也用于确定矫正行动的影响，或者分析两个或多个过程和方法之间的差别。图 20-16 表示了用帕累托方法评估矫正行动前后的错误差别的过程。

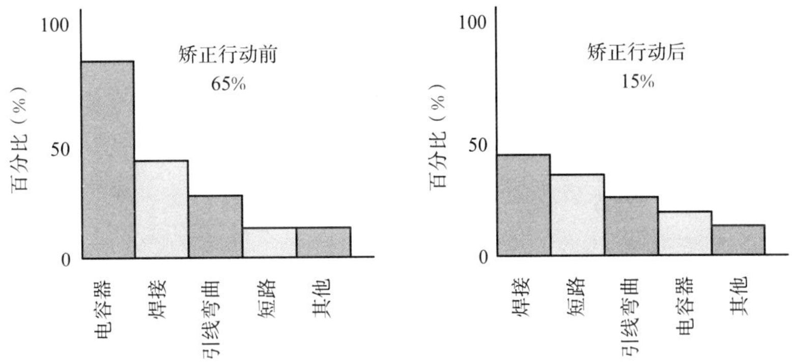

图 20-16　比较帕累托分析

20.5.5　散点图

PMBOK®指南，第 6 版
8.3.2. 控制质量：工具与技术

另一种过程控制数据的图形表示是散点图或图表。散点图用两个变量组织数据：因变量和自变量。这些数据在 *X* 和 *Y* 坐标中表示变量之间的关系。图 20-17 表示了来自焊接质量试验得分的两个数据元素的相互关系，自变量月份用 *X* 轴表示，因变量得分用 *Y* 轴表示。

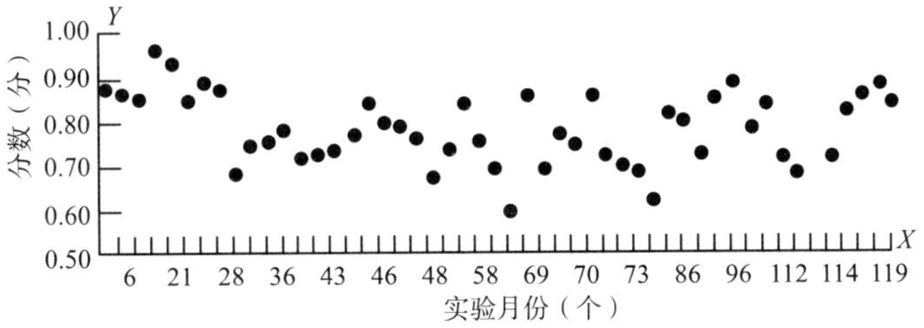

图 20-17　焊接质量试验得分

这些关系可分成几个类别，如图 20-18 所示。在第一个散点图中，数据无相关关系——数据点分布分散，没有明显的关系形式；第二个散点图是用 U 形图表示的曲线关系；第三个散点图有负的相关性，以一个向下倾斜的线表示；最后一个散点图有正相关性，并且有上升的趋势。

从图 20-17 中我们可以看到，焊接试验的图有曲线的样式，经验最多和经验最少的工人的得分最高，而那些中等水平工人的得分相对差些。下一个工具——趋势分析将帮我们进一步清晰化和量化这些关系。

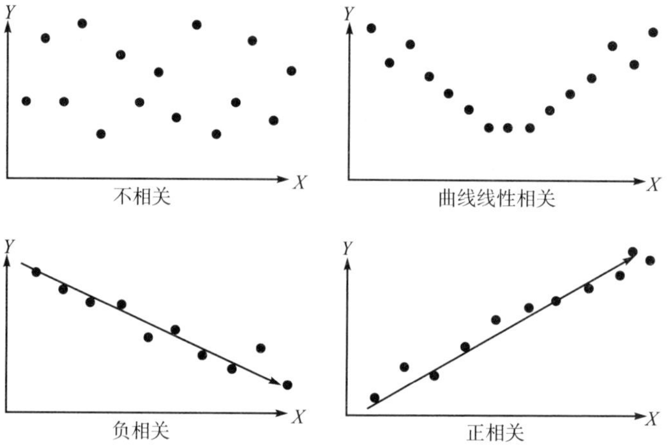

图 20-18 散点图相关关系

20.5.6 趋势分析

PMBOK®指南，第 6 版
8.3.2 控制质量：工具与技术

趋势分析是在散点图中确定最有拟合方程的统计方法。它量化数据之间的关系、确定方程，以及测度数据和方程之间的拟合度。这种方法也称作曲线拟合或最小二乘。

通过提供因变量（输出）和自变量（输入）之间关系的方程，趋势分析可以确定最佳的操作条件。焊接中经验和得分之间的关系数据就是一个例子（见图 20-19）。

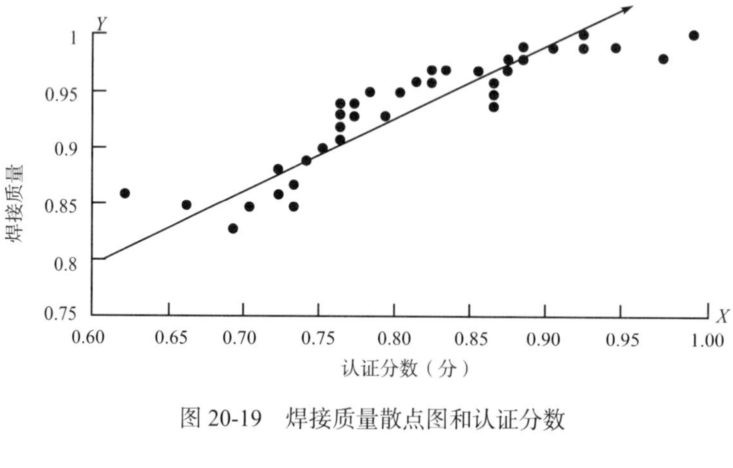

图 20-19 焊接质量散点图和认证分数

回归线方程或趋势线方程对自变量或输入变量的每个增量变化所引起的因变量的变化提供了清晰易懂的测度。运用这一原则，我们可以预测过程发生变化后的影响。

趋势分析最重要的贡献之一是预测。预测可以使我们预知未来将发生什么。根据回归线，当自变量的取值超出了现有的数据范围时，我们可以预测将发生什么。

20.5.7 控制图

PMBOK®指南，第 6 版
8.3.2 控制质量：工具与技术

控制图的用途主要是防止错误，而不是探测和拒绝错误。在商业、政府和工业中，经济和效率一直是通过采取预防措施得到的。生产一个令人不满意的产品或服务的花费要远远多于生产一个令人满意的产品。提供客户不满意的产品或服务会花费大量成本，包括劳动、材料、设备和客户量的损失。

应用统计过程控制图可以大大降低生产合适产品的成本。

1. 控制图和正态分布

控制图的建立、应用和解释是建立在正态分布基础上的，如图 20-20 所示。控制图的中心线代表数据的平均值（$\overline{X}$）；控制图的上下控制限（UCL 和 LCL），分别代表均值加减 3 倍的方差（$\overline{X}\pm 3s$）；小写字母 s 或希腊字母 σ 代表控制图的标准差。

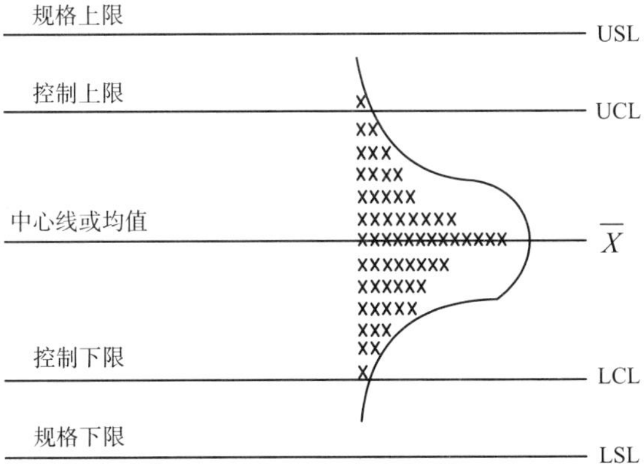

图 20-20 控制图和正态曲线

正态分布和它对控制图的关系用图的右半部分表示。正态分布可以完全用均值和方差来描述。它是一个钟形线（有时又叫高斯分布），关于均值对称，在两边向下无限延伸，理论上没有边界。正态分布的 99.73%的测度值位于 $\overline{X}+3s$ 和 $\overline{X}-3s$ 之间，这就是为什么控制图的边界叫 3σ 边界的原因。

像摩托罗拉等公司的边界是 6σ 而不是 3σ，其好处如表 20-3 所示。边界为 6σ 时，每 10 亿单位产品中只允许有 2 个错误。维持 6σ 成本是非常昂贵的，除非成本可以分散于如 10 亿单位的产品中。

表 20-3 正态（标准）分布的属性

规格范围（$\pm\sigma$）（亿）	在范围内的百分比（%）	有错误的部分
1	68.27	317 300 000

续表

规格范围（±σ）（亿）	在范围内的百分比（%）	有错误的部分
2	95.45	45 400 000
3	99.73	2 700 000
4	99.993 7	63 000
5	99.999 943	57
6	99.999 999 8	2

控制图分析确定了内在过程变异和过程均值是否处于稳定水平，或者它们其中之一或两者都处于统计之外（不稳定），或者是否应该采取适当的行动。用控制图的另一个目的是区分过程内在和随机变异及导致可指定原因的变异。随机变异的来源一般作为共同原因。在过程没有改变结构的时候，它们是不能随意改变的。相反，特殊原因变异是在过程控制时对过程的纠正。

- 共同原因变异或变化。这种随机变异出现在任何过程中，是过程内在的。只有当管理者决定改变主要过程的时候，这种变异才可以被纠正。
- 特殊原因变异或变化。这种变异可以在局部或作业层得到控制。特殊原因在控制图中用一个点表示，它超出了控制限度范围或者一致性趋近于控制限度。

2．控制图的类型

PMBOK®指南，第6版
8.3.2 控制质量：工具与技术

正如数据有离散和连续两种类型一样，控制图也有两种类型：用于连续数据的变量图和用于离散数据的属性图。每种类型的控制图都可以用于具体类型的数据。表20-4总结了两种类型的控制图及其应用。

表20-4 控制图的类型和应用

变 量 图	属 性 图
$\overline{X}$ 和 R 图：为了观测过程的均值和方差变化 $\overline{X}$ 和 s 图：用于变量均值和标准差 $\overline{X}$ 和 s^2 图：用于变量均值和方差	p 图：用于大小不同的样本中属性不一致或出现错误的比例 np 图：用于大小固定的样本中属性不一致的或出现错误的数量 c 图：用于单一项目的子群、批量或大小固定的样本、属性不一致或出现错误的数量 u 图：用于单一项目的子群、批量或大小不一的样本、属性不一致或出现错误的数量

（1）变量图。变量控制图是非常有力的工具。当过程的测度发生变化时，我们可以应用它。数据变量的例子有轴的直径、电子输出或支撑物的扭矩。

如表 20-4 所示，$\overline{X}$ 和 R 图用于测度连续变量特征的控制过程，如重量、长度、欧姆、时间、货物容量。p 图和 np 图用于测度和控制用样本展示特征的过程，当错误次数用比例表示的时候用 p 图，用数字表示的时候用 np 图。c 图和 u 图用于测度单一项目的错误数量或比例，样本大小或区域固定时用 c 图，样本大小或区域不固定时用 u 图。

（2）属性图。控制图通常根据变量来考虑问题，但也有根据属性考虑问题的。属性变量有两个值（一致/不一致，通过/未通过，做/不做，具备/缺少），但是它们也可以统计、记录和分析。这样的例子有具备所要求的标签、具备所需要的支撑物、具备焊接熔滴或电路连续性。如果结果用简单的是/否形式记录的话，我们也可以将属性图用于可测度的特征，如用测量/不测量测度轴直径的一致性、用目测或仪器测量极限边际的可接受性。

当属性为检测的基础时，可以将控制图用于作业。其方式在某种意义上同变量的使用方式相似，但有一定的区别。处理被拒绝样品的比例时，控制图的类型被称为 p 图；处理被拒绝的数量时，被称为 np 图。如果产品有多个不一致性，并且所有这些不一致性都按照固定大小的子群来统计，控制图则被称为 c 图；如果每单位不一致性的数目是利益的数量，控制图则为 u 图。

控制图的（Shewhart 技术）功用在于它确定下述问题的能力：变异原因是特殊原因（可以在过程层被影响的）还是共同原因（需要管理层面的变更）。控制图的信息可以用于指导工程、技术、管理者以完成预防和纠正行动。

为了保持令人满意的控制状态，统计控制图的应用目的在于研究正在进行的过程。相反，后期检测的目的是找出错误。换句话说，控制图致力于防止错误而不是检测和拒绝错误。这看起来是合理的，在实践中也得到了验证，即经济和效率是通过采取预防措施而不是通过检测实现的。

3．控制图解释

> **PMBOK®指南，第 6 版**
> 8.3.2　控制质量：工具与技术

控制图的变化和形式的不同有许多种可能的解释。如果解释正确的话，控制图能够告诉我们的东西更多，而不只是简单的过程是否可控。经验和训练可以使我们增加提取考虑过程行为的线索的技能，统计指南是非常宝贵的，但是对所研究的过程有更多的了解对提高研究水平也很关键。

控制图可以告诉我们什么时候会有麻烦，但它本身不会告诉我们哪里会出问题，或者会发现什么原因。实际上，在许多情况下，控制图的最大优势之一就是它能告诉我们什么时候不需要人为干预。有时，操作工人持续地做出小的改动，而不是使变量稳定地处于自然范围内，这会造成不必要的变异。

20.6 接受抽样

> **PMBOK®指南，第 6 版**
> 8.3.2 控制质量：工具与技术

接受抽样是一个统计过程，通过评价其中的一部分来决定整体的取舍。它用于生产完成后的产品或材料的质量检测。

编制抽样计划可选择的方法是 100%检测和 0 检测。100%检测的成本是受限制的，0 检测的风险是很大的，所以需要进行折中。以下是最常用的 3 种抽样计划。

- 一次抽样。这是在一次抽样的样本基础上接受或拒绝整体的方法。
- 两次抽样。检测小样本。如果结果不理想，再做一次样本试验。
- 多次抽样。这个过程要求抽样有几个小批量样本。

不管采用什么样的抽样方法，抽样误差都会存在。如果随机选取大比例的次品的话，高质量的运货也会被拒绝。同样，如果所检测的样本包含次品较少，则低质量的运货也有可能被接受。两个重要的风险被确认如下：

- 生产者的风险。这叫作 α 风险或第 I 类错误。这对生产者来说存在高质量的货物被拒绝的风险。
- 客户的风险。这叫作 β 风险或第 II 类错误。客户有接受低质量货物的风险。

对一批样本进行检测时，可以看质量“属性”或“变量”数据。质量属性数据是由生产或服务所设计的定性或定量的数据。质量变量数据是定量的，用于接受或拒绝批量产品的连续测度过程。确切的测度可以是破坏性的或非破坏性的检测。

20.7 实施 6σ[1]

> **PMBOK®指南，第 6 版**
> 第 8 章 项目质量管理
> 引言

20 世纪 90 年代初，摩托罗拉首次倡导运用 6σ，这是商业市场的创举。最近成功运用 6σ 的主要有通用电气、索尼、Alliedsignal 和摩托罗拉公司，它们引起了华尔街的注意，并宣传这种商业策略。6σ 策略是为了获得使产品和服务比竞争对手更好、更快、价格更低廉所需要的知识，将统计工具用于结构化方法中。按照关键业务事件选择项目，然后将这种战略反复地、规范地应用于一个一个的项目，这样能达到公司要求的底线，同时增加利润边际，以及用 6σ 方法培训带来的投资收益。6σ 方法通常会使每个项目的基线达到六位数。如果正确地使用 6σ 方法，它将向公司注入智力资本，创造出空前的知识收益，并直接转

---

1 “实施 6σ” 根据佛莱斯特 · W.布莱佛格（Forrest W.Breyfogle）Ⅲ，实施 6σ（纽约：Wiley，1999）pp.5-7 改编。

化成最终收益。

精益 6σ和 DMAIC

6σ 质量管理是 20 世纪 80 年代由摩托罗拉公司创建的。6σ 过程改善方法的主要关注点，即 DMAIC 是通过定义内部和外部顾客的方式来减少缺陷。客户即收到该过程输出的人。6σ团队组建有不同背景的跨职能型员工进行细致分析，以达到减少缺陷的目的。团队遵循严格的定义、测量、分析、改进、管理（Define，Measure，Analyze，Improve，Control，DMAIC）确认缺陷的来源，用数据和可靠的数字图标分析工具来提高对过程变量缺陷的敏感度。数据汇总和分析是 6σ 的核心。"出于本能的缺失"经常被用于描述直观的决策制定过程和绩效分析过程，在确认返工、挫折和低效率方面非常实用。6σ 提出了如何有效汇集和分析数据的原则。

精益制造是从丰田生产模式（Toyota Production System，TPS）引申出来的另一种模式，重点关注的是消除浪费和提高效率。把精益制造经常和 6σ 联系在一起是因为两者都强调最小化过程偏差。精益制造模式由一系列的工具组成，这些工具能在确认和消除浪费上给予帮助，提升了质量，并且削减了时间周期和成本。为了解决浪费问题，精益制造使用了几种工具，这些工具包括加速的 DMAIC 项目（又被称作 Kaizen Events）、用于因果分析的"5W"法和预防差错的 Poka-Yoke 法。

- Kaizen Events。它来源于日本词汇 kai（拆开）和 zen（成功）。这是一种用于过程改进的行为导向方法。团队成员用连续的 3 ~ 5 天就能够快速地理解 DMAIC。
- 5W。该方法将过去的问题征兆细分到根源，从上到下仔细分析每个问题。为每个新的问题寻找到解决方法，直到最后一个问题。这是一种凭经验分析问题的方法，分析时有时只需要 3 个问题，有时则需要 7 个。其目标是确定缺陷和浪费的根源。
- Poka-Yoke。它来源于日本词汇 yokeru（避免）和 poka（不小心的错误）。这种方法主要有 3 个原则：① 让犯错误变得困难。② 让错误在人们面前更加明显，容易解决。③ 检查错误，让后面的活动能够避免错误。该方法的哲学思想是从最开始做正确的事情是很好的，但是最开始让它不可能做错误的事情会更好。

6σ 和精益思想是互相协调的，项目团队使用这种项目管理方法带领他们通过精益 6σ 工具箱使业务过程得到巨大的改善。其整体目标是减少影响外部顾客和内部顾客的缺陷，消除影响成本和时间周期的浪费。

20.8 质量领导[1]

PMBOK®指南，第 6 版
第 9 章 项目资源管理

首先考虑以下 7 条原则：

- 工作团队。
- 战略组合。
- 不断改进。
- 尊敬他人。
- 客户焦点。
- 按事实管理。
- 解决结构化问题。

一些人认为这 7 条是项目管理的原则，而在斯伯林特（Sprint），这实际上是全面质量管理的 7 个原则。项目管理和 TQM 在领导和团队决策上有相似之处。

质量领导是另一种方法，它强调运用方法的结果。这种管理方法的每个工作过程都要进行研究和不断改进，这样质量或服务不仅能达到而且能超过客户期望。质量领导原则是以客户为核心、质量第一、有效的工作节奏、控制但有自由（管理者要控制员工但也要给员工自由）、目标统一、过程缺陷的确认、团队合作和教育培训。这些原则对于长期思考、正确指导投入和为客户利益的积极考虑是很有益的。

为了进行质量领导，原来管理等级的结构必须改变为有统一目标的项目团队的结构。一个人可以在一个组织中发挥巨大的作用，但是极少数情况下，一个人的知识和经验能够帮助其很好地理解过程中的每件事。当团队中的成员集中他们的技能、才智和知识时，才会同时取得较高的质量和生产率。

为了改进过程，团队需要有一个系统的计划，因为过程中可能出现错误/缺陷、暂停/推迟、无效率和变化。对于给定的工作环境，管理者需要创造一种氛围来支持团队努力投入所有的业务领域。在一些组织中，管理者可能需要建立一个过程，它可以描述团队之间的级别关系、方向流、方向如何转变成行动和改进方案，以及团队的主动程度和责任心。质量领导的改变很困难，改变整个组织需要全心的投入和足够的耐心。

20.9 质量责任

组织中的每个人在质量管理中都起着重要作用。为了将组织变成质量组织，所有层级的人员都要积极参加。按照戴明博士的思想，成功贯彻质量组织的关键开始于高层领导。

1 改编自 Forrest W.Breyfogle, Ⅲ, *Implementing Six Sigma* (New York: Wiley, 1999), pp.28-29。

高层领导必须创造一种不同职能之间合作愉快的环境。组织中最终的质量责任在于上层领导，只有拥有他们热情洋溢和坚持不懈的支持，组织的质量才可以蒸蒸日上。

项目经理最终负责项目的质量，这是如同公司经理负责公司质量一样的事实。项目经理需要选择用以控制质量的项目程序和方针，必须能够营造一种能在团队成员之间培育信任和合作的环境。项目经理也必须支持团队成员对问题的确认和报告，并且要不惜任何代价避免在头脑中“将信息抹杀”。

项目团队的成员必须经过培训，以便确认问题、提供解决方案和实施所建议的方案。当过程超出规定范围时，他们必须有限制过程继续进行的权力。换句话说，他们必须能够停止任何处于质量限度之外的活动，而且在项目的任一点都能朝着解决问题方案的方向工作。

20.10　质量圈

质量圈（Quality Circles）是一小组员工，他们经常坐到一起讨论解决公司的质量问题，并且提供管理建议。质量圈最初是在日本被建立起来的，最近在美国取得了一定的成功。

质量圈里的员工或是在某个人的家里进行讨论，或是开工前在单位进行讨论。他们确认问题、分析数据、建议方案，并且执行由管理层通过的变化。质量圈的成功很大程度上建立在管理层愿意听取员工建议的基础上。

质量圈的关键元素包括以下几个：

- 他们通过团队努力。
- 他们完全是自愿的。
- 员工都在团队动态学、动机、沟通和解决问题方面受过培训。
- 成员们互相帮助。
- 当需要时管理层积极支持。
- 鼓励创造性。
- 管理层听取建议。

质量圈的好处包括：

- 提高产品和服务质量。
- 增进组织沟通。
- 提高工人绩效。
- 提高士气。

20.11 全面质量管理[1]

PMBOK®指南，第 6 版

8.1 规划质量管理

全面质量管理（Total Quality Management，TQM）没有明确的定义。一些人将它定义为在合适的时间、合适的地点为客户提供高质量的产品，另一些人将其定义为达到或超过客户的要求。行业内，TQM 被定义为产品质量较少的变动和较少的浪费。

图 20-21 表示了 TQM 过程的基本目标和核心领域。几乎所有的公司都有一个获得 TQM 的基本战略，选定的战略通常在长期都有效。

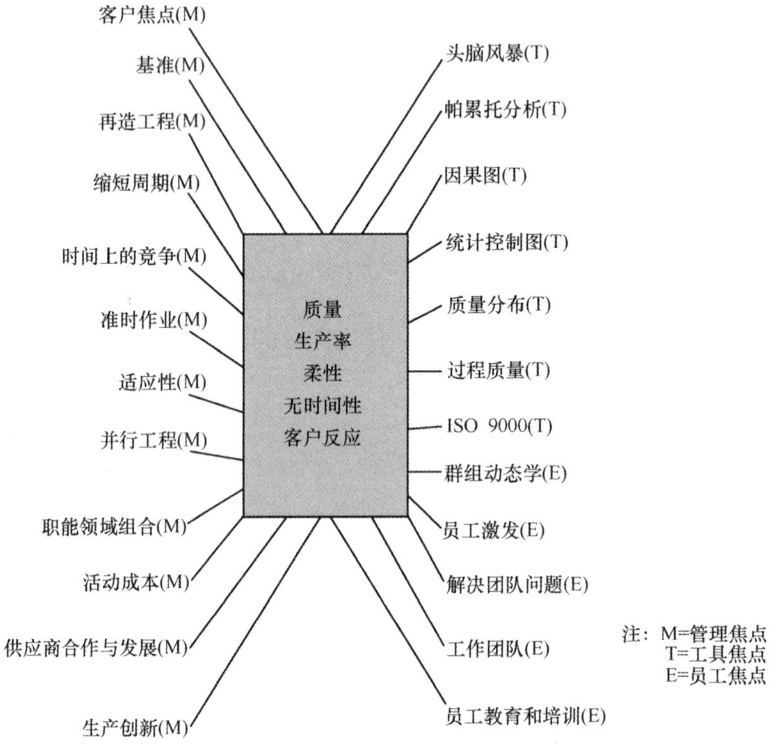

图 20-21 全面质量管理的目标和核心领域

资料来源：C.Carl Pegels, *Total Quality Management*(Danvers,MA:Boyd & Fraser,1995),p.6.

最常用的基本战略：

- 来自员工的改善建议。
- 鼓励和支持团队确认和解决问题。

1 本节中摘自 Carl Pegels，*Total Quality Management*（Danvers, MA: Boyd&Fraser,1995）,pp.4-27。

- 鼓励团队开展执行作业和服务活动，以产生积极的领导。
- 为组织的每个主要活动建立基准，以确保它们都以最有效果和效率的方式运行。
- 运用过程管理技术来提高客户服务和缩短循环时间。
- 为提高客户服务，发展和培训客户员工，使他们有创新精神和企业精神。
- 进行改进，这样组织可以得到 ISO 9000 的认证。

另外，还存在二级战略，长期看来集中于作业和利润领域。

典型的二级战略：

- 保持同客户的不断联系，理解和预期他们的需求。
- 通过不仅使客户满意而且要超过他们的期望来建立忠实的客户群。
- 同供应商密切合作来提高他们的产品/服务质量和生产率。
- 利用信息、交流和技术来改进客户服务。
- 为了提高质量，将组织发展为可管理的核心单位。
- 利用同时或同步工程。
- 鼓励、支持和开展员工培训和教育工程。
- 改善所有作业周期时间（最小化所有周期时间）。
- 集中于质量、生产率和收益。
- 集中于质量、及时性和灵活性。

相关案例研究（选自 Kerzner/*Project Management Case Studies*, 5th Edition）	相关练习（选自 Kerzner/*Project Management Workbook and PMP*®/*CAPM*® *Exam Study Guide*, 12th Edition）	PMBOK®指南(第 6 版),PMP 资格认证考试参考部分
无	• 构建控制图 • 构建因果分析图和帕累托图 • 过程不稳定性模式诊断,部分 A：$\overline{X}$ 图 • 过程不稳定性模式诊断,部分 B：$\overline{R}$ 图 • 质量圈 • 质量问题 • 多项选择题 • 质量管理方面的填字谜	• 质量管理

20.12 PMI项目管理资格认证考试学习要点

本节用于项目管理原理的复习，以巩固《PMBOK®指南》中相应的知识领域和范围。本章着重讲述了以下内容：

- 质量管理。

对于准备PMP考试的读者，下列练习将有助于对相关原理的理解。

- 质量先驱者有哪些贡献？
- 全面质量管理的概念。
- 质量计划、质量保证、质量控制之间的不同。
- 质量审查的重要性。
- 质量控制工具。
- 质量成本的概念。

下列选择题将有助于回顾本章的原理及知识。

1. 下列______不是当今的质量观点。
   A. 质量缺陷应该越来越表面化
   B. 我们应该检查质量
   C. 质量改进能节约成本，并且提高市场占有率
   D. 质量就是以客户为中心
2. 依据当前质量观点，应该由______来定义项目质量。
   A. 高级合同经理　B. 项目经理
   C. 员工　D. 客户
3. 下列______是质量控制工具。
   A. 抽样表　B. 控制图
   C. 统计技术　D. 以上都是
4. 依据现代质量管理，下列______是正确的。
   A. 质量应该由客户来定义　B. 质量已成为竞争的武器
   C. 质量已成为战略计划的一部分　D. 以上都对
5. 一家公司为了达到质量要求，应该对下列______进行培训。
   A. 高级经理和项目经理　B. 小时工
   C. 固定工人　D. 所有员工
6. ______认为零缺陷是可以达到的。
   A. 戴明　B. 朱兰
   C. 克劳士比　D. 以上三人都是

7. 下列______是朱兰提出的三部曲。
   A. 质量改进、质量计划和质量控制
   B. 质量改进、零缺陷和质量控制
   C. 质量改进、质量计划和帕累托图
   D. 质量改进、质量检查和质量控制
8. 下列______不属于克劳士比的 4 项质量观点。
   A. 质量意味着与需求一致　　B. 质量主要依靠预防
   C. 质量成本就是一致成本　　D. 质量的标准就是零缺陷
9. 依据戴明的观点，质量成本应该占管理成本的百分比是______。
   A. 100%　　B. 85%
   C. 55%　　D. 15%
10. 关于检查，下列说法正确的是______。
   A. 保证质量的一种合适的方法
   B. 成本很高并且很消耗时间
   C. 减少返工并且降低总成本
   D. 通常能高效地阻止有缺陷的产品到达客户手中
11. 一个好的质量政策应该______。
   A. 注重怎么做，不是做什么和为什么做
   B. 持续贯穿整个项目过程中
   C. 能够解释客户是怎么看待本公司的质量的
   D. 只有每年才会改变一次
12. 质量保证包括______。
   A. 定义目标及标准　　B. 指导质量审核
   C. 为持续收集数据做计划　　D. 以上都是
13. 戴明质量环中的 4 个步骤是______。
   A. 计划、实施、检查、处理　　B. 实施、计划、处理、检查
   C. 检查、实施、处理、计划　　D. 处理、检查、实施、计划
14. 关于质量审核，下列说法正确的是______。
   A. 如果你开始是对的，那质量审核就没有必要
   B. 项目的每个过程每天都要进行审核
   C. 成本太高，不值得实施
   D. 跟随质量政策实施是很有必要的
15. 下列______是统计过程控制的典型工具。
   A. 帕累托分析　　B. 因果分析
   C. 过程控制图　　D. 以上都是

16. ______最适合用来检查最主要因素。
   A. 帕累托分析　　B. 因果分析
   C. 趋势分析　　D. 过程控制图

17. 当一个过程采用乐观的估计时，上限和下限一般设立在______。
   A. 等于上限和下限　　B. 在上限和下限之外
   C. 在上限和下限之间　　D. 距离均值一个上下相等的距离

18. 上限和下限控制一般设立在______。
   A. 在均值上下一个标准差的范围浮动
   B. 在均值上下 3σ 的范围浮动
   C. 在上下限以外
   D. 当过程可能失控时进行检测和标记

19. 下列______不是当今质量过程管理的观点。
   A. 缺陷应该被表面化
   B. 质量管理的终极责任虽然主要由高级经理及项目发起人承担，但是每位员工都应该对其负责
   C. 质量会节约成本
   D. 发现问题的下一步是合作解决

20. 如果一个过程值符合均值附近的正态分布，那么由该过程产生的数据点不落入均值加减 3σ 的范围内的概率是______。
   A. 99.7%　　B. 95.4%
   C. 68.3%　　D. 0.3%

答案

1. B　2. D　3. D　4. D　5. D　6. C　7. A　8. C　9. B　10. B　11. B　12. D　13. D　14. D　15. D　16. A　17. B　18. B　19. B　20. D

思考题

20-1 所有的质量管理工具是否适合任何项目？如果不是，谁决定使用什么工具？

20-2 最终谁对项目的质量承担责任？为什么？

20-3 你刚刚赢得了一个外部客户的合同。谁决定质量验收标准？

20-4 在什么类型的项目中，如果有的话，质量可以被视为检查标准？

20-5 在什么类型的项目中，是否有必要进行100%的检查而不是抽样检查？

第21章　项目管理在现代的发展

引言

随着越来越多的工业行业将项目管理作为一种生存方式接受下来，项目管理的实施也以惊人的速度发生着变化。然而更为重要的是，这些公司在标准化活动中和其他公司分享了它们的成功。

本章包括最近产生的9个值得注意的领域：

- 项目管理成熟度模型。
- 开发有效程序文件。
- 项目管理方法论。
- 持续改进。
- 容量计划。
- 竞争模型。
- 多项目管理。
- 范围变更的商务分析。
- 阶段收尾评审会议。

21.1　项目管理成熟度模型

所有的公司都希望在项目管理中达到成熟与卓越的效果。遗憾的是，并不是所有的公司都能意识到可以通过执行为项目管理所制订的战略计划来缩短时间。肤浅地应用项目管理，即便持续很长一段时间，也不会取得什么出色的效果。相反，这会导致重复错误，并且更糟糕的是，我们所学习的是自己的错误而不是别人的错误。

为项目管理所做的战略计划与其他类型的战略计划的不同之处在于，它通常是由中层管理者执行的，而不是由高层管理者来执行的。当然，高层管理者仍与此有关，不过大多数时候扮演的是支持的角色，他要提供基金和依人工量需求决定何时解散员工。执行层的参与是必要的，因为要保证中层管理者的命令不会对公司文化产生不受欢迎的变化。

组织倾向于为新的产品和服务制订战略计划，它们制订一项缜密的计划，然后再以外科医生般的精确来执行它。遗憾的是，为项目管理所做的战略计划一旦被执行，就会像火一样迅速蔓延开来。不过，已经有人建立了模型，用于帮助各个公司实施项目管理的战略计划，并在合理的期限内取得成熟与卓越的效果。

要在项目管理中达到卓越的效果，其基础可由项目管理成熟度模型（Project Management Maturity Model，PMMM）（由 5 层或 5 个阶段组成）做出很好的表述，如图 21-1 所示。图中，5 层中的每一层都表示了一个不同的项目管理成熟阶段。

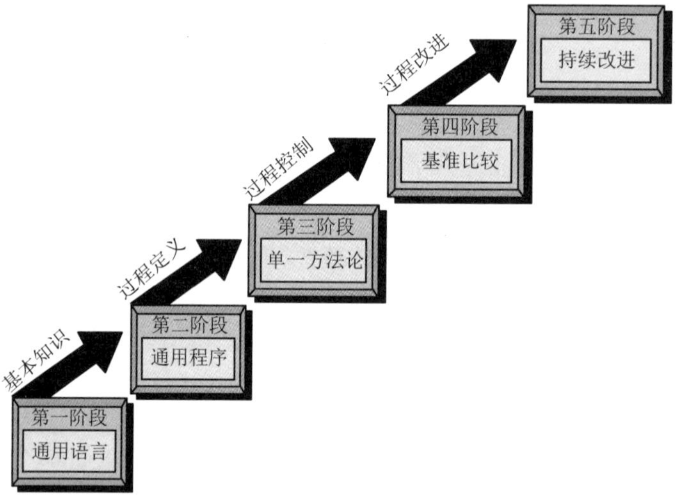

图 21-1 成熟模型的 5 个阶段

- 第一阶段——通用语言。在这一阶段，组织意识到了项目管理的重要性，并且需要很好地理解项目管理的基础知识及相应的语言（或术语）。
- 第二阶段——通用程序。在这一阶段，组织意识到通用的程序需要被定义并发展，以便使一个成功的项目开发程序能够被重复地使用于其他项目。在这一阶段还要意识到，项目管理的原则还要能够应用到并支持公司所运用的其他方法。
- 第三阶段——单一方法论。在这一阶段，组织要认识到将所有公司的方法组合成一个单一的方法所产生的综合效果，这一单一方法的核心就是项目管理。由于使用的是单一方法而不是多种方法，这样的综合效果还会使程序控制简单化。

- 第四阶段——基准比较。在这一阶段，组织意识到改进程序对于保持竞争优势是非常必要的。基准比较必须在连续的基础上实施。公司必须决定基准比较的对象和内容。
- 第五阶段——持续改进。在这一阶段，组织要对通过基准比较得到的信息进行评价，而且必须决定该信息是否对单一方法具有提高作用。

当我们说到成熟模型的阶段时（甚至生命周期的阶段），通常会错误地认为所有的工作都应该按顺序完成（连续的），事实上并非一定如此。某些阶段能够并且确实相互重叠。重叠的程度依赖于组织所能承受风险的程度。例如，当一个公司仍在对全体员工进行项目管理培训的时候，它就可以开始开发项目管理检查表；一个公司在进行基准比较之前，就可以为项目管理创设一个卓越中心。

尽管确实会出现重叠现象，但是每一阶段完成的顺序是不能改变的。例如，尽管第一阶段和第二阶段可以重叠，在第二阶段完成以前，第一阶段必须完成。几个阶段的重叠也是可以发生的，如图 21-2 所示。

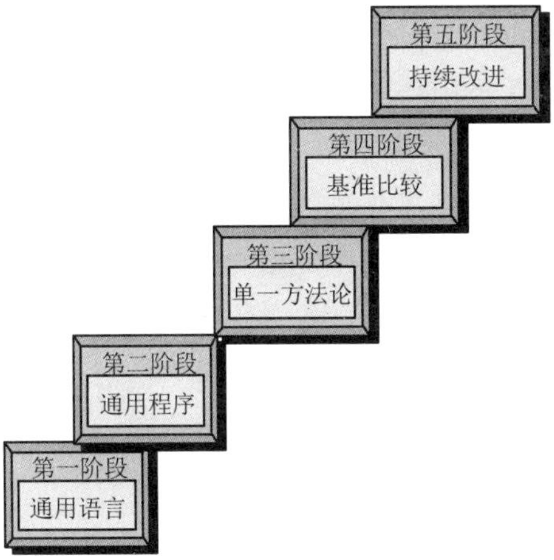

图 21-2　重叠阶段

- 第一阶段与第二阶段的重叠。出现这样的重叠是因为组织在改进通用语言时或在培训时都可以进行项目管理程序的开发工作。
- 第三阶段和第四阶段的重叠。出现这样的重叠是因为当组织在开发一个单一方法时，为了改进该方法论，需要对过程进行计划。
- 第四阶段和第五阶段的重叠。当组织变得越来越趋向基准比较并且持续不断地进步和提高时，该组织所需要的速度就会发生改变，使这两个阶段出现了明显的重叠。来自第五阶段的反馈作用于第四阶段和第三阶段（见图 21-3），暗示着这 3 个阶段形成了一个连续的进步循环，而且这 3 个阶段有可能同时重叠。

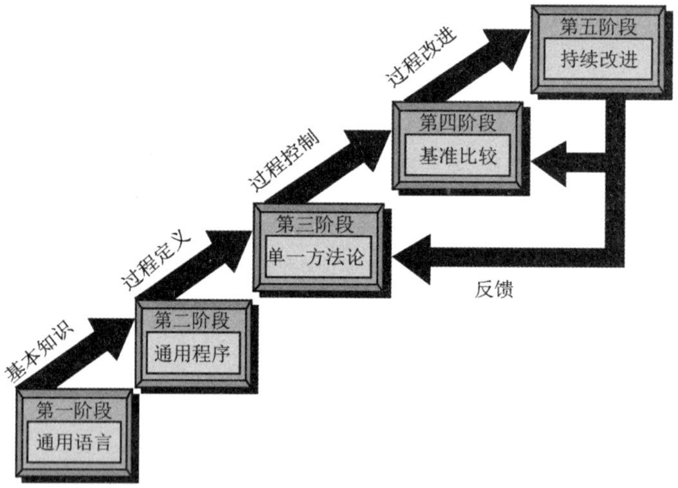

图 21-3　成熟模型 5 个阶段之间的反馈

第二阶段和第三阶段一般不会重叠。在第二阶段结束之前可能开展第三阶段的工作，但这种可能性很小。一旦公司决定使用一种单一方法，基于其他方法的工作一般就会结束。同样，在生命周期过程中较早的阶段，公司可以创建一个卓越中心，但是全部的好处还是要过一段时间才能享受到的。

风险可以分散到项目管理成熟度模型的每一个阶段。为简单起见，风险可分为低级、中级和高级 3 种。风险的水平常与对公司文化的影响联系起来。下面对这 3 种风险做出了定义：

- 低级风险。几乎不影响公司文化，或者公司文化本身就是动态的，已准备好接受变化。
- 中级风险。组织意识到变化是必要的，但可能没有注意到变化所产生的影响。多个领导的报告就可能成为中级风险的一个例子。
- 高级风险。当组织意识到实施项目管理所产生的变化会改变公司文化时，高级风险就产生了。这样的例子包括项目管理方法论、方针和程序的产生，还有主权和决策的分散等。

对于组织来说，第三阶段的风险最高，难度也最高。如图 21-4 所示，一旦一个组织进入第三阶段，达到更高水平成熟度所需要的时间和努力并非很难达到，然而要完成第三阶段却需要对公司文化进行较大的变动。

这几类成熟度模型将来会变得很普遍，其通用模型将适用于个体公司。这些模型将协助管理人员执行战略计划，以达到卓越的项目管理效果。

阶段	描述	难度
1	通用语言	中级
2	通用程序	中级
3	单一方法论	高级
4	基准比较	低级
5	持续改进	低级

图 21-4　成熟模型 5 个阶段的难度

21.2　开发有效程序文件

好的程序文件会加快项目管理成熟的进程，对每一阶段管理提供支持，并且大大加强项目交流。所选择的程序文件类型在很大程度上随我们希望进行正式管理还是非正式管理而有所不同，但是它应当能说明如何进行面向对象的活动，以及如何在这样一个多维环境内进行交流。项目管理的方针、程序、形式和指导大纲都能够为描述此类过程提供一些工具，以及收集、加工和交换与项目有关的数据的有序的、标准化的形式。然而，项目的计划和追踪并不仅仅是做文字工作，它需要整个项目组的参与，包括支持部门、子承包商和最高管理层。只有整个项目组的参与，才有利于形成一个统一的团队。程序文件有助于以下工作：

- 提供指导大纲和统一标准。
- 鼓励有用但简单化的文件编制。
- 清晰有效地交流信息。
- 使数据形式标准化。
- 统一项目组。
- 提供分析基础。
- 为将来参考保证文件协议。
- 充分鼓舞士气。
- 减少文字工作。
- 减少冲突和迷惑。
- 描述工作包。
- 带新组员进入正轨。
- 为将来的项目创造方法和经验追踪。

若执行得正确，项目计划的过程应该同时包括其执行和客户的组织。这使我们能够在各种组织层面上审视整个项目，并激发我们对项目利益的追逐及对成功的渴望。

21.2.1 挑战

尽管程序文件能够带来上述所有的好处，管理层通常不是很愿意执行或全面支持一个正式的项目管理系统。管理层的注意力主要集中在以下4个方面：负担过重、延迟开工、创造力僵化，以及自我控制能力降低。首先，通过政策、程序和表格等方式引入更有组织性的程序要花一定的钱，并且还需要另一笔基金来支持维护这样的系统。其次，该系统被认为会引起延迟开工，因为该系统在实施之前需要做额外的项目定义。再次及最后，该系统在创造性上通常被认为僵化的，它将由能动反应的人对项目的控制转变为无人参与的过程。一个项目经理的评价可能具有典型性："我的员工觉得我们花了太多时间对一个项目进行事先计划，这将导致一个非常死板的环境，僵化创新。我们唯一的目的似乎应该是建立一个基础来实行控制，以防止过时的措施并且采取相应的惩罚措施，而不是在出现偶然事故时才出来帮忙。"这说明了人们对正式的项目管理系统存在潜在的误解：该系统所确立的是不切实际的控制和对于偏离项目计划教条地进行惩罚，而不是帮助寻求解决方法。

21.2.2 怎样让这样的系统工作

很少有公司会轻易地引进项目管理程序。大部分公司都有过出现问题的经历——从一开始的质疑到系统程序的破坏。许多人使用越来越多的方法来开发并执行他们的项目管理方法论。然而，这样做对于管理层来说是一个多面性的挑战。这样的问题很少会像预算和进度计划那样是对相关技术的理解问题，它是将整个项目团队融入过程、获得输入、支持和员工尽心尽力，以及建立一个备受支持的环境的问题。

一个已经确立的项目管理方法论的程序指导大纲和形式在项目计划（或定义）这一阶段中特别有用。项目管理方法论并不是仅仅有助于描述为组织和管理项目所定义的四组主要参数——任务、时间、资源和责任，并与其交流。它还能够帮助描述可测量的里程碑、报告和检查要求。这就为项目组人员提供了一种能力，用于把握项目的状况和表现，以及为控制项目朝预订结果发展提供重要的输入。

开发一种有效的项目管理方法论所需的并不仅仅是一些政策和程序，它还要求将这些指导大纲和标准一并深入组织文化和价值体系中去。管理层必须领导整体工作并且要培养一个有利于团队工作的环境。一个团队的精神力量、相互信任和责任感越强，队员之间相互交流的信息质量越高，那么这个团队就更可能开发有效的决策程序，使个人和团体更愿意承担义务，将注意力集中在问题的解决上，在一种自我约束、自我修正的控制模式下进行工作。

21.2.3 已验证的实践

尽管项目经理有权制定自己的政策和程序，但是许多公司都设计了能够统一用于所有项目的项目控制方案。项目控制方案为支持两个重要的目的制定了以下两套通用的框架：

- 项目经理要与高层经理、职能经理、职能人员及客户进行交流。
- 高层经理和项目经理必须在有关资源分配方面做出有意义的决策。

一些有着成熟的项目管理体系结构的较大的公司都保留着一个独立的职能部门用于进行方案控制。这在航空和国防领域是很常见的，但是在其他的一些工业领域和小公司里也变得普遍起来。

具有大量不同项目的大公司根本无法只通过三四个方案来控制所有的项目。它们为计划、时序安排、控制、批准任务等诸如此类的工作都设计了不同形式的方案。对于这些公司，拥有 20~30 个不同的方案是一件平常的事，其中每一种方案都因项目类型、项目历时的长短、资产价值、客户报告的类型及其他一些此类要求的不同而不同。一般来说，项目经理有权为项目建立一套自己的行政管理方式，而如果每个项目经理都为项目控制设计一套自己的方案，那就有可能导致无法补救的长期破坏。

最好的解决方法似乎是建立工作强度概念，这样无论是管理人员还是具体工作人员都有机会提供输入。这可能显得浪费了时间和金钱，然而从长期来看，这样做却能获得大量收益。

为提高效率，可使用以下规则：

- 无论是管理人员还是具体工作人员都应规定工作强度。
- 规定了工作强度的人员必须愿意接受来自其他监督者、上司，尤其是“以此为生”的下属们的批评。
- 高级管理层应只是保持一般性（或仅仅是监督性的）的参与。
- 每种方案中都应尽量减少对签名同意的需要。
- 方案应设计为能够定期更新的。
- 职能经理和项目经理必须能够忠实于确保这些方案的实行。

21.2.4　对多种文件进行分类

项目管理的动态性及需要多种职能介入的特性，使其需要大量的程序文件来引导一个项目完成各个步骤与阶段的一体化。

尤其是对于那些较大型的组织而言，挑战并不仅仅来自如何为每个项目活动提供管理指导，同样还来自如何提供一个连贯的程序框架，使得来自各个方面的项目领导人能够在这样的框架中进行相互间的工作和交流。特别是每项政策和程序都要相互一致，并且能够容纳其他在项目的生命周期内与其进行交互的各种功能。这种内部关系的复杂性如图 21-5 所示。

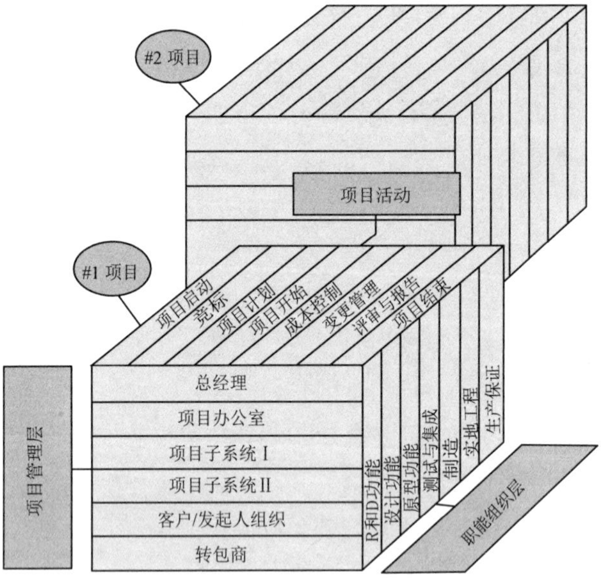

图 21-5　各种职能或组织层的项目活动与项目管理层之间的相互关系

对多种文件进行分类的一个简单而行之有效的方法是利用工作分解这一概念，如图 21-6 所示。所以，主要的程序类型是依据主要的项目生命周期各阶段而定义的。每一类会被再细分为：① 总体管理指导大纲；② 政策；③ 程序；④ 方案；⑤ 检查表。如果有必要的话，同一个概念还可进一步被用来为各种项目和运营的各子职能阶层开发政策、程序、方案和检查表。尽管对于大型项目这样做是有必要的，但是我们还是应该努力减少政策和程序的“层”，以避免产生新问题和增加成本。对于大多数项目而言，一个简单的文件就能够涵盖项目运营的各个阶层。

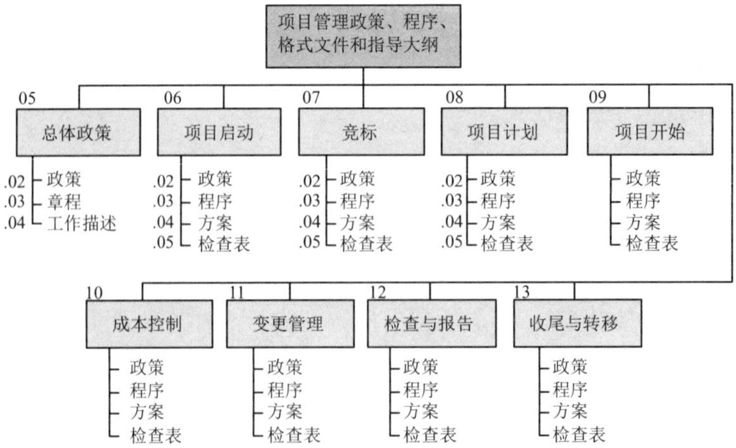

图 21-6　工作分解结构的程序文件分类

21.2.5　逐渐成熟后

随着各公司在执行项目管理方法上的日趋成熟，项目管理政策和程序逐渐被忽视，并被指导大纲、方案和检查表所代替。项目经理被赋予了更多的灵活性。遗憾的是，这样很费时，因为执行人员必须要信任项目管理方法论有能力在没有政策和程序的严格控制下工作。由此，所有的公司似乎都在获取指导大纲、方案和检查表之前经历了政策和程序的发展阶段。

21.3　项目管理方法论

任何一个项目管理系统的最终目的都是大大提高自己的组织拥有一系列成功管理的项目的可能性。为了达到这一目标，最好的方法就是开发一个好的项目管理方法论。好的项目管理方法论应基于指导大纲和方案，而不是政策和程序。方法论应该是灵活的，以便适应各个项目。

新设计的方法论应该能够支持公司文化，而不是恰恰相反。购买那种强行要求客户改变其公司文化来支持自身的一整套罐装的方法论无疑是一个致命的错误。如果一套方法论并不支持公司文化，它将不会被接受。将一套方法论转变为放之四海而皆准的方法论恰恰是它对公司文化的适应性。各公司没有理由不开发属于自己的方法论，诸如惠普、约翰逊控制公司和摩托罗拉此类的公司都内部研发了世界性的项目管理方法论。 创立一套自己内部的方法论来保证和公司文化的相适应，通常在投资方面会比购买一套需要进行大量变动的千篇一律的方法论带来高得多的回报。

21.4　持续改进

自我满足时常支配着决策过程，对于已经在项目管理上取得了一定成就的组织来说尤其如此：变得自满，然后等意识到自己已经失去了竞争优势时已为时太晚。当组织不能意识到持续改进的重要性时，就会发生这样的事情。

图 21-7 描述了为什么需要持续改进。当公司在项目管理上日趋成熟并有所成就时，它们也获得了持续不变的竞争优势。这种持续不变的竞争优势很可能是该公司唯一最重要的战略目标。那时，公司就将开始利用其持续的竞争优势。

遗憾的是，竞争并不会在我们自满地利用着这一持续的竞争优势时坐视不前。当竞争开始反击的时候，我们可能就会失去即使不是全部也是大部分的这种持续性竞争优势。要保持效率和竞争力，组织层就必须意识到持续改进的必要性，如图 21-8 所示。持续的提高能够使一个公司即便在竞争者反击的时候也能够保持竞争优势。

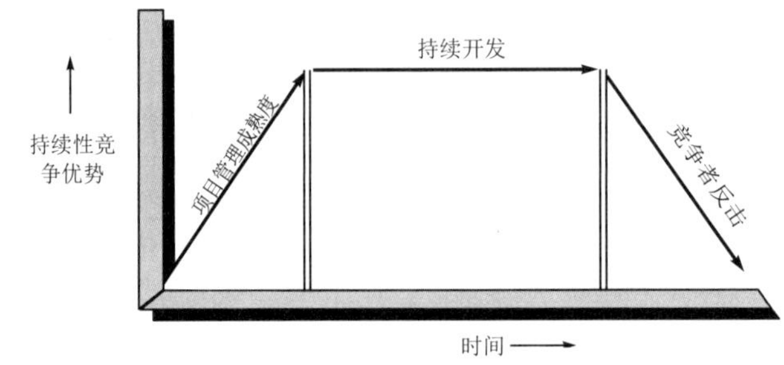

图 21-7　为什么需要持续改进

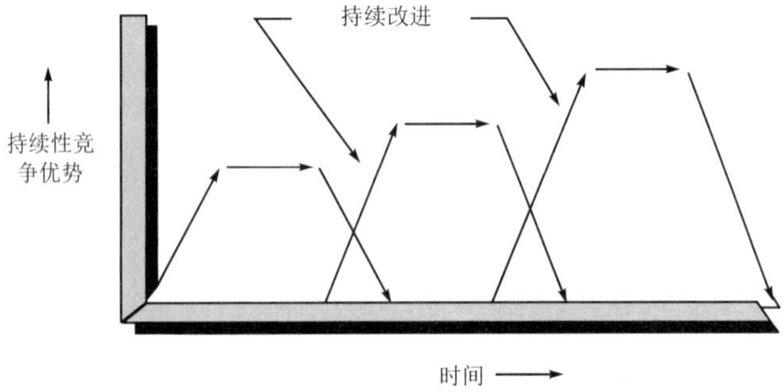

图 21-8　持续改进的必要性

21.5　容量计划

随着各公司项目管理的日渐成熟，利用较少的时间和资源做较多工作的优点显而易见。当然，这里还存在一个问题，那就是一个组织到底能承担多少工作？各公司正不遗余力地开发容量计划模型，想知道在现有的人力资源和非人力资源的限制下还能承担多少工作。

图 21-9 描述了一家公司执行容量计划的传统方式。该图所描述的方法对由项目驱动的和非项目驱动的组织层均适用。“计划水平”线及时地标明了容量计划点。“建议”线则标明了所批准的内部项目所要求的人力，或者需要通过竞标来进行的工作的百分比（可能多达 100%）。当这条线和“人力需求”线结合起来，并且与现有人员进行对比时，我们就得到了有关容量的指示。如果执行及时的话，这一技术是十分有效的。因为这样一来，就有足够的时间进行培训，避免将来的人力短缺。

上述容量计划过程的局限性在于它只考虑了人力资源。一个更实际的方法是利用图 21-10 所示的方法，该方法对由项目驱动的和非项目驱动的组织都适用。由图 21-10 所示的方法，项目的选择基于战略适应度、盈利率、客户对象及公司利益等因素，然后所选择项目的目标用商务和技术两种术语进行定义，因为可能既有商务限制又有技术限制。

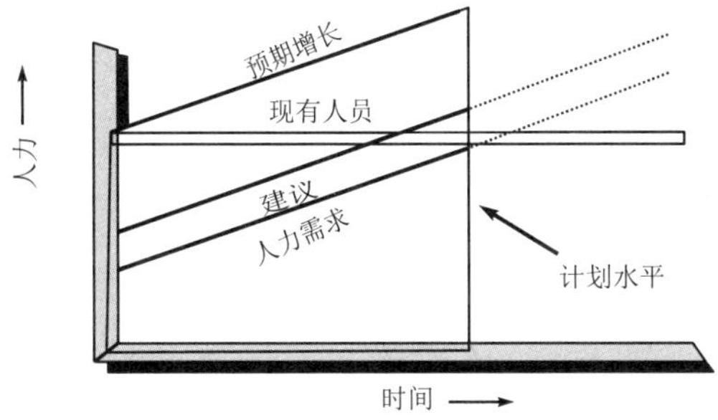

图 21-9　传统容量计划

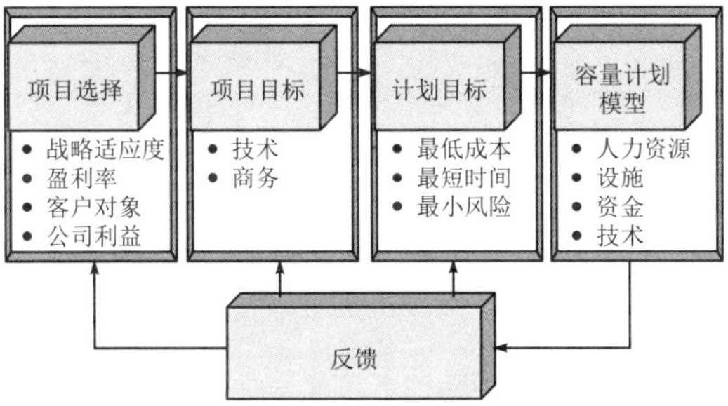

图 21-10　改进的容量计划

下一步是一般公司和优秀公司的重要区别之处。容量限制是通过所有的进度和计划的总结来定义的。在优秀的公司中，项目经理会与项目发起人会面以确定计划的目标，这是与项目目标不同的目标。计划的目标是否就是以最少的时间和最低的成本，在最小的风险下达到项目目标？一般来说，每个项目只能完成其中的一项，而不成熟的公司总是认为三个目标都能达到。这当然是不切实际的。

图 21-10 中的最后一个方框决定了容量限制。先前，我们只考虑了人力资源的容量限制。现在，我们意识到一个项目的关键路径不仅被时间限制，而且被可用人力、设备、现金流，甚至现有技术水平所限制。确实，在一个项目中除了存在受时间影响的关键路径之外，还可能存在多条其他关键路径。这些关键路径中的每一条都为容量计划模型提供了一个不同的维度，而它们中的每一条限制都会导致一个不同的容量限制。例如，人力限制使我们只能承担四个附加项目；而在现有设备的基础上，我们只能多实施两个项目；在现有技术条件的情况下，我们有可能只能多实施一个项目。

21.6　竞争模型

在 21 世纪，各公司将用竞争模型取代工作描述。项目管理的工作描述倾向于强调来自项目经理的可交付成果和期望，而竞争模型所强调的是取得可交付成果所必需的专业技能。

图 21-11 是 Eli Lilly 的竞争模型。项目经理都期望在以下 3 个广泛领域[1]内获得竞争力：

- 专业或技术技能。
- 领导技巧。
- 过程技能。

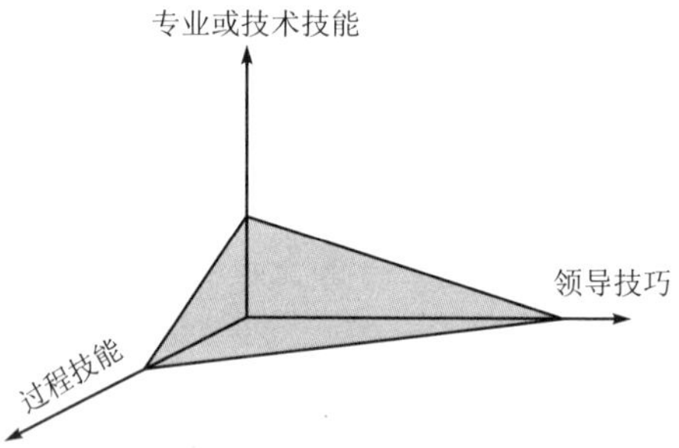

图 21-11 竞争模型

这 3 个广泛领域中的每个都可以再分成若干个层次等级。竞争模型的主要优势在于它允许培训部门开发客户导向的项目管理培训计划来满足技能需求。没有竞争模型，大部分培训计划都是一般的而不是客户导向的。

竞争模型聚焦于专业技能，以帮助项目经理能更有效地利用他们的时间。尽管还存在着争议，图 21-12 还是在专业竞争力培训上描述了这一点。项目经理可以通过减少时间浪费和返工来提高他们的时间利用效率。

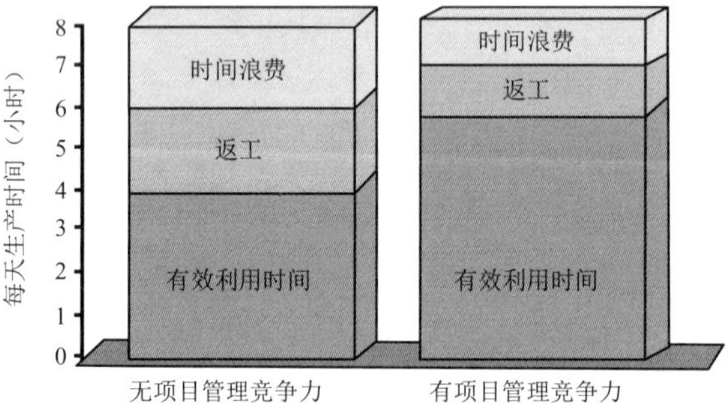

图 21-12 核心竞争力分析

竞争模型使得组织层更易于开发一整套项目管理培训课程，而不仅仅是单一的课程，如图 21-13 所示。

1 Eli Lilly 公司竞争力模型和爱立信公司竞争力模型的详细内容见 Harold Kerzner, *Applied Project Management* (New York: Wiley, 1999), pp. 266-283。

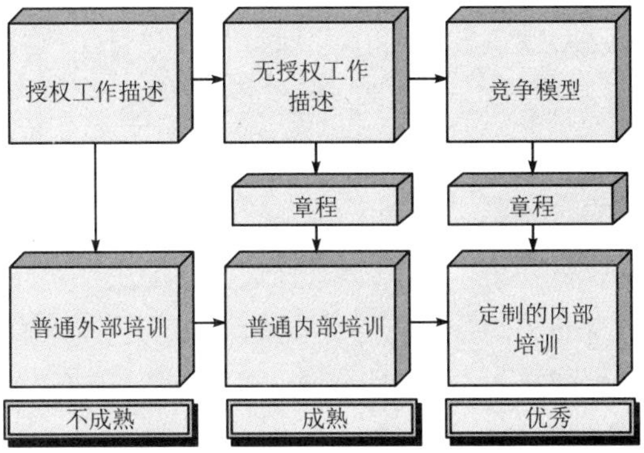

图 21-13　竞争力模型与培训

随着公司在项目管理中日趋成熟并且开发了一个适用于整个公司的核心竞争模型，公司还应该开发一套内部的、面对客户设计的培训课程。各公司，尤其是大公司会发现很有必要为它们的员工配备一位课程结构设计专家。

21.7　多项目管理

随着组织在项目管理中逐渐成熟，一个人管理多个项目的情况越来越可能出现。最初的动力可能来自发起该项目的公司，也可能来自项目经理自身。存在这样几个因素支持多项目的管理。

第一，为所有项目配备一个全天候工作的项目经理所耗费的成本将高不可攀。每个子项目的规模和风险决定了是否分配全职或兼职经理。将一个全职项目经理分配给一项没有此类需要的活动是对管理成本的极大浪费。在项目管理的初期，项目的重复管理被认为可以接受，因为我们对如何进行风险管理所知甚少，而今天，风险管理的方法已经存在。

第二，现在，部门主管和项目经理一起承担成功完成项目的责任。当项目经理在工作分解结构的模板层次上进行管理的时候，部门主管也承担着自己的责任：在工作分解结构具体的层次上负责工作包。现在的项目经理把更多的时间花在工作的集成上，而不是进行职能活动的计划和进度计划。随着部门主管承担更多的责任，项目经理就有了更多的时间进行多项目管理。

第三，高级管理层已经开始意识到如果想获得多项目管理的好处，就必须为他们的项目经理提供高质量的培训。高层经理也必须改变他们作为项目发起人发挥功能的方式。为了成功地进行多项目管理，公司作为整体而言需要改变 6 个主要领域。

- 优先级。如果一个项目的优先级系统是有效的，那么必须正确执行，这样在该系统中员工信誉才能被实现。优先级系统还存在着一个风险，那就是需要进行多项目管理的项目经理会更青睐那些有最高优先权的项目。可能根本没有优先管理的系统才是最好的解决方案。同样，并不是每个项目都需要排出优先水平。优先级可能是一项费时的工作。

- 范围变更。如果项目发起者/客户能够持续地变更范围，多项目管理几乎是不可能的。在进行多项目管理的时候，必须理解大多数范围变更是通过增强项目达到的，而不是连续不断地进行项目变更。在一个项目中，一个主要范围变更可能限制项目经理为其他项目服务的时间。同样，持续不断的项目变更几乎总会伴随着项目优先级的重新排列，这是对多项目管理的进一步破坏。
- 容量计划。支持多项目管理的组织一般都会严格控制资源的进度计划。因此，这样的组织管理者必须懂得容量计划、限制理论、资源水平和资源限制计划等知识。
- 项目方法论。项目管理的方法论包括多项内容——从严格的政策和程序到并不那么正式的指导大纲和检查表。在进行多项目管理时，必须给予项目经理一定的自由，这就使指导大纲、检查表和方案成为必需品。正式的项目管理会产生大量的文书工作，这样就减少了进行多项目管理的机会。然而，项目的规模也是同样重要的。
- 项目启动。多项目管理已进行了差不多 40 年了。我们在其中学到的一点就是只要各项目都处在不同的生命周期阶段，这项工作就会进行得很不错，因为生命周期不同的阶段对项目经理时间的要求都不一样。
- 组织结构。若一个项目经理要进行多项目管理，那么这个项目经理就不太可能在各个项目领域都成为技术专家。假如这样的责任由部门主管来分担，那么这样的组织很可能采取了一个很糟糕的矩阵结构。

21.8 范围变更的商务分析

PMBOK®指南，第 6 版
5.6 控制范围

很少有项目完全按照初始计划执行。计划变动是由于知识的增加、竞争的增强或客户/消费者的需求变更引起的。一旦做出变更，那么就伴随着预算的增长或进度的延缓。

令人满意的范围变更过程的建立是依据客户是内部客户还是外部客户进行的。外部客户的范围变更长期以来被视为一种附加项目收益率。多年前，在美国国防部的一些竞标合同中，这已经成为公开的秘密。人们在竞标中以低于保证合同收益的初始价格中标，然后通过范围变更获取大量利益。

外部客户很少指出工作说明书中的不足，这就可能导致范围变更，即使工作说明书非常清晰，也不管是不是需要变更范围，人们为了获取收益而故意引导客户进行范围变更。在一些公司中，范围变更是公司收益率最重要的来源。在竞争性投标中，主管会在投标前问竞标团队两个主要的问题：①我们的成本预算是多少？②一旦中标，我们还要做哪些工作？第二个问题经常会对竞标产生重大的影响。

更糟糕的是，早期国防部项目的管理中需要合同方项目经理具备技术资质而不要求他们对技术本身有深入的理解。较高级别的工程师被指派为项目经理，他们的目标经常不切合标准，这就导致了不必要的范围变更和持续增加的风险。

另一个显著的问题是涉及多个承包商的大型项目的上游范围变更对下游的影响。当承包人如图 21-14 所示时，上游的范围变更可能不会对下游项目产生显著的影响。承包商 B 需要承包商 A 的产品来开展生产，如果承包商 A 开始范围变更，那么对承包商 B 的影响就是微乎其微的。如果对承包商 B 有影响，客户就会增加成本。但是，如果承包商之间是重叠作业（见图 21-15），上游的变更对下游的影响将会是毁灭性的。上游承包商相对简单的决策如原材料变为更高级或更低级的，那将引起项目计划和下游承包商范围底线的根本变化。

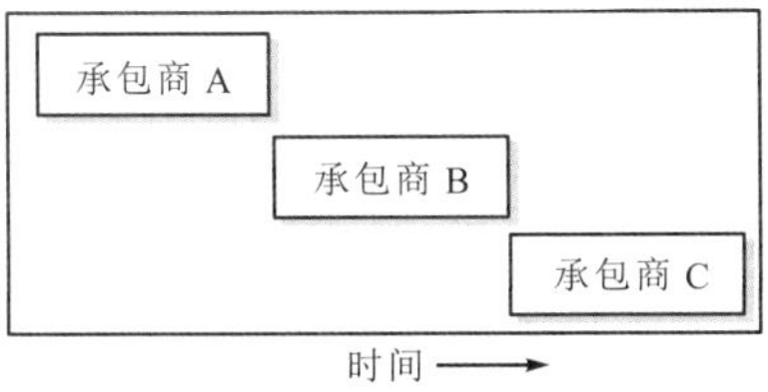

图 21-14 次序作业的承包商

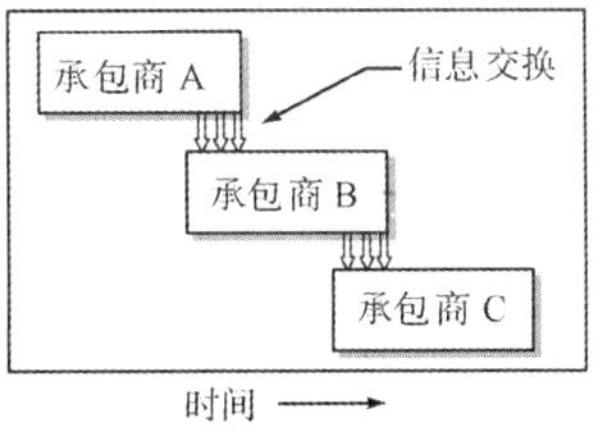

图 21-15 重叠作业的承包商

21.8.1 变更分析需要商务知识

把范围变更当作一种收益来源已经被组织的外部客户所接受。但对内部客户来说，有许多其他的变更原因，如图 21-16 所示。对于内部项目来说，范围变更必须具有目的性，因为它需要商务知识和技术知识，所以这是最薄弱的一环。比如，范围变更的执行不能以产品责任诉讼和安全问题的风险暴露为代价。类似地，专门为提高形象和声誉而进行的高额的成本范围变更是要避免的。如果因为要冲抵范围变更成本而将投资回收期无限地延长，这种做法也是不提倡的。

现在，项目经理期望做出合理的商务决策而不仅仅是项目和技术决策。但是不久之前，公司还不相信项目管理能够从整体上给公司带来收益。如今，公司逐渐认识到它们正通过项目进行经营。项目经理已经不仅仅满足于做项目决策而要做合理的商务决策，当然也包括在范围变更中的决策。

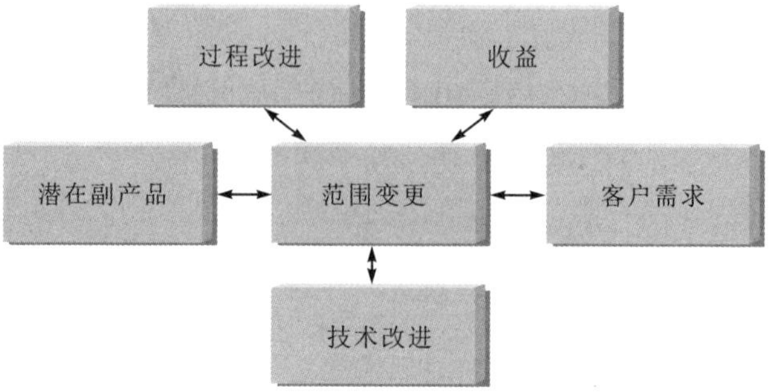

图 21-16　范围变更的考虑要素

21.8.2　范围变更的时机

每个人似乎都明白，项目进行得越深入，进行范围变更的成本就越高昂。项目生命周期越往后，系统中的变量越多，小的范围变更也会对财务产生巨大的影响，因为修正先前的决策成本巨大。在生产中进行范围变更所花费的成本比技术研发阶段高。

对于新产品的开发，可能有 60 种方案需要考虑，每个方案在正式放弃之前都涉及很多的范围变更计划。任何在资金花费之后的范围变更都会影响总成本和总进度。

另一个涉及时机的关键因素是该范围变更是否为彻底变更。彻底变更要求技术上的突破或一个全新平台的设计。比如，竞争者推出一种新产品能使你的产品变成过时产品。这时，你可能需要考虑进行彻底的范围变更来保持竞争力或超过竞争对手。彻底的范围变更更多关注的是创造而不是执行，它也许需要科技的突破并伴随着巨大的资源消耗。

另一种时机问题是范围变更的进行是累加式还是集群式，或者通过审批作为新增项目。累加式的范围变更经常涉及范围潜变，它们能够在相对低的成本上进行得很快。然而，如果是较大的累加式范围变更，就成了彻底变更，项目的进度将被延长。

21.8.3　范围蔓延

有三件事情项目经理几乎确定它们会发生：死亡、税金和范围蔓延。范围蔓延是项目交付物正在开发时，项目需求的持续增加。范围蔓延被看作项目范围的增长。项目越大、越复杂，范围蔓延的可能性越大。

尽管范围蔓延可能发生在任何行业的任何项目，它还是和信息系统开发项目具有最频繁的联系。范围变更可能发生在项目生命周期的任何阶段。范围变更发生是因为人类的天性，他们不能在项目开始的时候就完整地描述项目或其执行计划。这对大型的复杂项目尤其适用。结果，随着项目推进，我们收获了更多的知识，这就会引起范围蔓延和范围变更。

范围蔓延对项目经理来说是自然发生的。我们必须接受它将要发生的事实。一些人相信神奇的魅力、魔水和宗教仪式能够阻止范围蔓延，这显然是不正确的。也许我们所能做的是建立程序，如配置管理系统，或者改变控制板，从而控制范围蔓延。然而，设计这些程序并不是用来阻止范围蔓延，而是阻止不需要的范围变更发生。

因此，我们可以认为范围蔓延不仅是允许范围变化，而且是我们如何很好地管理范围变化的信号。如果所有成员都同意进行范围变更，那么我们或许可以认为发生了范围变更而不是范围蔓延。一些人将范围蔓延视为不被发起人或变更控制委员会批准的范围变更。

人们通常认为范围蔓延会阻碍项目成功，因为它增加了成本，拖延了进度。虽然这有道理，但是范围蔓延也可能产生有益的结果，如可能为你的产品带来竞争优势的附件。如果范围变更可以被视作最终交付物的附加值，那么范围蔓延也会取悦消费者。

21.8.4　范围变更的商务分析

范围变更必须有正当的商业目的。这些目的至少包括以下几个：

- 客户需求评价和将要进行的范围变更附加值。
- 市场需求包括时间需求的范围管理、投资回收期、投资回报和最终产品价格超过市场价格的评价。
- 对产品生命周期影响的评价。
- 仿照范围变更的竞争力评价。
- 产品责任与范围变更相关吗？能影响声誉吗？

范围变更涉及现有产品或新产品。现有产品经常是防御性范围变更设计，它经常通过现存产品渗透进入新市场。新产品经常是进攻性的范围变更设计，它向现存客户提供新产品/服务以开拓市场。

21.8.5　不被批准的范围变更

一些范围变更需求是空想出来的或是管理人员一时的想法，它不是根据理性的商业判断得出的。在这种情况下，范围变更可能要被取消。典型的结束或不被批准的范围变更包括以下几个方面：

- 变更成本过高并且最终交付成本可能使我们缺乏竞争力。
- 投资回报可能太迟。
- 竞争太激烈，不值得承担风险。
- 不可克服的障碍和技术复杂性。
- 法律和规章的不确定性。
- 范围变更可能在涉密方面违反公司政策。

21.9 阶段收尾评审会议

20 多年来，阶段收尾评审会议只不过是一个让执行人员有机会继续项目的形式会议。此类会议的作用仅仅是让执行人员在某种程度上对项目状况感到安慰而已。项目组只是报喜不报忧。

现在，阶段收尾评审会议有了不同的作用。首先，执行人员不再害怕项目被取消，尤其是在目标被改变和目标无法达到的时候，或是资源能够满足其他一些更有可能成功的项目时。这也是最主要的作用。现在执行人员用更多的时间实施将来的风险评估，而不是将注意力集中在过去取得的成就上。

由于现在的项目经理更多地面向商务而非面向技术，人们就期望这些项目经理就商业风险给出信息，重新评估利润成本比，或是做出任何能够影响最终目标的商业决策。简而言之，现在的阶段收尾评审会议把注意力更多地集中在商业决策上而不是技术决策上。

相关案例研究（选自 Kerzner/*Project Management Case Studies*, 5th Edition）	相关练习（选自 Kerzner/*Project Management Workbook and PMP®/CAPM® Exam Study Guide*, 12th Edition）	PMBOK®指南（第 6 版），PMP 资格认证考试参考部分
• Lakes Automotive • Ferris HealthCare，Inc. • Clark Faucet Company • Honicker 公司* •Kemko 制造*	• 项目管理 • 成熟问卷 • 多项选择题	无

案例分析

案例 1 Honicker 公司

背景

Honicker 公司是公认的为汽车和卡车提供高质量仪表板的制造商。尽管它主要为美国的汽车和卡车制造商供货，但是它成为世界级供货商的机会是很明显的。它的品牌蜚声海内外，但它却被极端保守的高层管理困扰长达数年，这阻碍了它向世界级供货商的成长。

当新的管理团队在 2009 年上任之后，保守主义消失了。Honicker 现金充裕，在金融机构中具有巨大的借款能力和信贷额度，它的小部分公司债务得到了 AA 质量评级。此时，

* 见本章末案例分析。

Honicker 公司决定收购世界范围内的四家公司 Alpha、Beta、Gamma 和 Delta 来加快自身的发展，而不是在多个国家修建制造设备。

四家被收购的公司在自身所处的地理区域内都占主导地位。四家公司的高层管理者对于所处地域的文化都非常了解，并且在客户和当地的相关方中有良好的声誉。在假设 Honicker 公司所做出的必要的变化能够被执行的前提下，Honicker 决定保持四家公司的高层管理团队不变。

Honicker 希望四家公司具有向世界范围内任何一个 Honicker 客户提供零件的制造能力。但这说起来容易做起来难。Honicker 有一套运行良好的企业项目管理方法论（EPM）。Honicker 和它在美国的客户及相关方的绝大部分都了解项目管理。Honicker 意识到最大的挑战是将所有的子公司置于同一项目管理成熟度水平上，并对其使用相同的公司范围内的 EPM 或是调整后的版本。Honicker 期望四家被收购的公司做出一些改变。

四家被收购的公司处于不同的项目管理成熟度水平上。Alpha 公司已经有一套 EPM 系统，并且它认为自己的项目管理方法比 Honicker 公司现在使用的要更为先进。Beta 公司刚刚开始学习项目管理。尽管它已经拥有几个向客户报告项目状况的项目管理模板，但是它还没有任何正式的 EPM 系统。Gamma 和 Delta 公司还未涉及项目管理。

更为糟糕的是，每个被收购公司所在地的法律又带来了其他需要服务的相关方，所有这些相关方都处在不同的项目管理成熟度水平。在一些国家，政府因为就业和采购等法律而积极参与进来，而在其他国家，政府则是在企业违反有关健康、安全或环境法律时才被动地参与进来。

开发一套让所有新近收购的公司、它们的客户和相关方满意的 EPM 系统确实是一项艰难的任务。

组建团队

Honicker 知道在短时间内达成项目管理协议是一项巨大的挑战。Honicker 也知道从不会有平等的收购，总是有“房东”和“房客”之分，而 Honicker 就是“房东”。但是作为房东在其中施加影响，可能疏远一些被收购的公司，从而使弊大于利。Honicker 的方法是将这件事作为一个项目来对待，把被收购的公司和其客户、当地的相关方都作为项目的相关方。使用相关方关系管理实践对在项目管理方法方面达成一致非常重要。

Honicker 要求每个被收购的公司派出 3 名人员进入由 Honicker 公司人员领导的项目管理执行团队。Honicker 建议，理想的团队成员应当具有一些项目管理方面的知识或者从事项目管理的经验，还应当获得该公司更高层领导的授权，可以替该公司做出决策。派出的代表还应当明白来自其客户和当地相关方的需求。Honicker 希望各公司尽快明白，并且同意使用该团队最终决定的方法论。

四个公司的高层管理者向 Honicker 发送了一份理解信，承诺会派遣最高质量的人员，并且同意使用该团队通过的方法。每个公司都表明它们明白这个项目的重要性。

项目的第一步是就项目管理方法达成一致。第二步是邀请客户和相关方审查该方法并提出意见反馈。这是非常重要的，因为客户和相关方最终都会接触该方法。

启动会议

Honicker 希望团队能在 6 个月内就公司范围内的 EPM 系统达成一致。但是启动会议结束后，Honicker 意识到就 EPM 系统达成一致可能需要 2 年。在第一次会议中，出现了以下几个问题：

- 每个公司对于项目有不同的时间需求。
- 每个公司对于项目的重要性看法不同。
- 每个公司都有自己的文化，它们都希望最终设计与其文化相匹配。
- 每个公司对项目经理的职位和权力看法不同。
- 尽管发送了理解信，但是 Gamma 和 Delta 两家公司并不理解它们在该项目中担任的角色和与 Honicker 的关系。
- Alpha 公司想对该项目进行微型管理，并相信每个人都应当使用这种方法。

Honicker的高层管理者要求参与启动会议的Honicker公司代表准备一份记录所有与会人员观点的机密备忘录。这份备忘录中包含了以下评论：

- 不是所有参会代表都公开表达了他们对于该项目的真实感受。
- 一些公司希望该项目失败的意图很明显。
- 一些公司担心新 EPM 系统的运行会引起人事和权力的更迭。
- 一些人担心新 EPM 系统的运行会使职能组织需要更少的资源，从而人员规模缩减和职能组织中按人头分配的红利减少。
- 一些人担心新系统的运行会引起公司文化和与客户工作关系的变化。
- 一些人害怕学习新系统并对使用它倍感压力。

很明显，这不是一项简单的任务。Honicker 不得不更为深入地了解各个公司及它们的需求和期望。Honicker 公司的管理层不得不向四家公司展示他们的观点很有价值，并找出赢得它们支持的方法。

问题

1. Honicker 现在的选择是什么？
2. 你建议 Honicker 首先做什么？
3. 如果经过各种尝试，Gamma 和 Delta 公司还是拒绝加入，Honicker 应该怎么办？
4. 如果 Alpha 公司固执地坚持它的方法是最好的，并且拒绝让步，Honicker 应该怎么办？
5. 如果 Gamma 和 Delta 公司争论说它们的客户和相关方还没准备好接受该项目管理方法，它们希望不被干涉地去处理客户问题，Honicker 应该怎么办？
6. 在什么情况下，Honicker 应当退让，让各个公司去做自己的事情？

7. 让地理上分散的几家公司就文化和方法达成一致，这是简单的还是困难的？

8. 如果四家公司希望和其他公司合作，你认为就接受使用新 EPM 系统达成一致需要多长时间？

9. 哪些相关方是有权力的，哪些是没有的？

10. 哪些相关方有权扼杀这个项目？

11. 为了赢得四家公司的支持，Honicker 应该做什么？

12. 如果不能赢得四家公司的支持，Honicker 应该怎样来管理反对方？

13. 如果四家公司同意使用该项目管理方法，但是随后一些客户对该方法的使用缺乏支持，这时 Honicker 应该怎么办？

案例 2 Kemko 制造

背景

Kemko 公司拥有 50 年发展历史，在制造高质量的家用电器方面具有良好的口碑。在 20 世纪 90 年代，Kemko 公司通过收购其他公司而快速成长。Kemko 公司现在拥有 25 家工厂，它们分布在美国、欧洲和亚洲。

起初，每家被收购的工厂都想要保持自己的文化，在工作按计划推进的前提下，他们经常被允许保持自治，而不受 Kemko 的共同治理。但是当 Kemko 收购了更多的公司之后，成长的痛苦是它几乎不可能允许每家工厂都保持自治。

每家工厂都有自己的原材料采购和库存控制方式。每一美元的采购需求都需要得到公司的批准。每一家工厂都有自己的采购文件，这给公司的信息处理造成了混乱。公司担心如果它不为所有工厂建立一套标准的采购和库存控制系统，它很有可能在不久的将来因为现金流问题和库存控制损失付出巨大的代价。

项目启动

因为项目的重要性，高层管理者任命信息技术主管 Janet Adams 来控制项目。Janet 在 IT 方面有超过 30 年的经验，也完全明白范围蔓延对于大型项目来说是一场浩劫。

Janet 从 IT 部门挑选了自己的团队，设置了项目的初步启动日期。除了强制性地要求她的团队成员出席，她还要求每个工厂派出至少一名代表，所有的工厂代表必须参加启动会议。在启动会议上，Janet 说：

我要求你们全员出席，是因为我希望你们明白我将如何来管理这个项目。我们的执行官给了我们一份项目时间表，而我最担心的就是“范围蔓延”。范围蔓延就是当项目正在进行时，项目范围的增长。我们许多其他的项目都因为范围蔓延而延期，增加了成本。我知道范围蔓延并不总是有害的，它可能发生在项目生命周期的任何阶段。

范围蔓延是危险的，这也是我要求所有工厂代表参加这次会议的原因。范围蔓延有很多原因，通常来说，是因为预先计划的失效。当范围蔓延发生时，人们通常会说这是自然发生的，我们必须接受它发生的事实。但是，这对于我来说是不可接受的！

这个项目不允许有范围变更，我说到做到。工厂代表必须满足自身需求，并且提供给我们一个详细的需求工作包。在没有详细的需求列表前，我不会允许项目正式开始。在准备需求文件时，如果有需要，我的团队会为你们提供一些指导。

一旦项目开始就不允许有范围变更。我知道可能会有项目变更需求，但是这些需求会被汇总，在之后作为一个新增项目来实施。这个项目将根据原始需求来执行。如果我允许范围变更发生，那么这个项目将会无法收尾，一直做下去。我知道你们中的一些人不喜欢这样，但是这就是这个项目的运作方式。

房间中一片死寂。Janet可以从工厂代表们脸上的表情读出，他们对她的言论感到不快。在一些工厂的印象中，IT小组会准备需求工作包。现在，Janet将责任转移给了用户组，用户们不悦。Janet清楚地表明用户的参与对于需求的准备至关重要。

在几分钟的沉寂后，工厂代表们表示他们愿意做这件事，并且会正确地完成。许多工厂代表都了解用户需求文件。他们会一起工作，在需求方面达成一致。Janet再次表明，她的团队会为工厂代表们提供支持，但是由工厂单独承担相关责任。工厂只能得到它们所要求的。因此，它们必须预先对自己的需求有清楚的了解。

当Janet对工厂代表们演讲时，其团队的IT部人员坐在后排微笑。他们的工作变得更加简单，至少他们是这么认为的。Janet随后提到了团队中的IT部。

现在想说一下IT人员。我们全体来参加会议的原因是我想要工厂代表听一听我不得不对IT团队说的话。过去，IT团队因为范围蔓延和进度延期遭到了责备。所以，我想对IT人员说：

确定自己明白工厂代表们提出的需求是IT团队的责任。不要不久之后返回来告诉我因为它们没有被很好地定义，所以你不明白提出的需求。我将会要求每名IT团队成员签署一份文件，陈述他们读过需求文件，并且完全理解它们。

追求完美不是必需的。我希望你们做的是：完成这份工作。

过去，我们受“功能主义”困扰，你们中的许多人加入了不必要的附属项目。如果这种现象发生在这个项目中，我个人会把这视为你的失败，并反映在你下一阶段的绩效考评中。

有时，人们相信一个像这样的项目会提升他们的事业，尤其是如果他们在追寻完美主义或是花哨却不实用的附属项目。相信我，这会产生反作用。

不正当的政治交易是不被允许的。如果一位工厂代表向你们寻求暗中进行范围变更的方法，我希望了解这件事。如果你们未经我的允许进行变更，那么你们可能不能和我一起工作了。

我，只有我，能够对范围变更进行签字授权。

这个项目将会按照详细计划而不是滚动发展计划来执行。一旦有了清晰的需求定义，我们应当做到这样。

现在，有人有问题吗？

战线现在被绘制出来了。一些人认为 Janet 是在刁难团队，但是大多数人理解 Janet 需要这么做。然而，这样做是否会奏效仍然是一个疑问。

问题

1. Janet 对工厂代表所做的评述正确吗？
2. Janet 对 IT 团队所做的评述正确吗？
3. 对 IT 项目来说使用新增项目实行变更更好，还是在项目进行过程中允许变更更好？
4. 关于随后发生的事，你有什么构想？

附录 A　领导力练习答案

问题 1

A. 如果你已经证明领导力可信，这种技术是可行的。因为这些人中有 3 个没有为你工作过，你有必要采取一些行动。

B. 团队中有些人的积极性被激发了，需要再强化。团队建设必须从开始就表明员工会有收获。这是对长期项目最好的方法。（5 分）

C. 如果员工理解了项目，这是最好的方法。但在这种情况下，你可能对员工期望过高。（3 分）

D. 这种方法太强了，因为应该强调团队建设。对长期项目，首先应该给人们互相认识的机会。（2 分）

问题 2

A. 什么也不要做，不要反应过度，这才可能在不损伤士气的同时提高生产率。首先看对团队的影响，如果其他成员接受汤姆作为非正式领导人，因为他以前为你工作过，结果可能很有利。（5 分）

B. 这可能导致团队相信存在问题，而实际上根本不存在。

C. 这是重复投入，会影响你做领导的能力，也会削弱生产力。（2 分）

D. 这是一个仓促的决定，可能引起汤姆过度反应而使效率低下。（3 分）

问题 3

A. 你在让他们竞争时可能给他们增加负担。动机会受影响，使他们受挫折。（1 分）

B. 团队成员期望项目经理的支持和思想。这将巩固你和团队的关系。（5 分）

C. 只要你的参与最少，这种方法是合理的。你必须允许团队去自发地发展而不要总是需要指示。（4 分）

D. 这种做法是不成熟的，可能影响将来的创造力。团队应该允许你自己做。

问题 4

A. 如果确实存在问题，就应该采取行动。这种类型的问题不会自动解决。

B. 这会使问题升级，使它变得更糟。它能说明你为了和你的团队处好关系而做出的努力，也能激化问题。（1 分）

C. 私人会议应该允许你重新评估该情形，在一对一的基础上加强员工关系。你应该能评价问题的大小。（5 分）

D. 这是一个仓促的决定。改变团队的进度计划可能使团队士气降低问题进一步恶化。这种情形需要重新规划，不能强制执行。（2 分）

问题 5

A. 危机管理在项目管理中不起作用。为什么要将项目管理推迟到发生危机时，再浪费时间重新做计划呢？

B. 这个问题要立刻引起注意。在你的团队需要你领导时，你向他们表示同情是没有用的。（2 分）

C. 这是一个恰当的平衡：参与管理和应急计划。这个平衡对这些问题很关键。（5 分）

D. 这会使问题严重升级，除非你能证明绩效是不符合标准的。（1 分）

问题 6

A. 应该发现问题并将它提到解决层面上来。问题确实可以自行消失，或者鲍伯只是没有意识到他的绩效不达标。

B. 尽快反馈是最好的。鲍伯必须知道你对他绩效的评估。这表示你有兴趣帮他改进。（5 分）

C. 这不是一个团队问题，为什么让团队去做你的工作呢？直接接触是最好的。
D. 同上，这是你的问题而不是团队的问题。你可以让他们给你提供信息，但不要让他们做你的工作。

问题 7

A. 去完成其他项目时乔治会受到伤害。他可能需要更多一点时间来编制质量报告，让他做吧。（5 分）
B. 威胁乔治并不是最好的办法。因为他已经意识到了他的问题，威胁总是不好的。（3 分）
C. 其他团队成员没有必要承担这个项目，除非这是团队的任务。
D. 同上，其他团队成员没有必要承担这个项目，除非他们自愿承担。

问题 8

A. 出现危机时什么也不做是最坏的决策，这可能挫伤团队，使得你建立起来的东西都受到破坏。
B. 这是进度拖延的问题，而不是士气问题。他们不可能与此有关。
C. 在有时间约束时团队决策可能有效，但是很难。生产率可能与进度拖延不相关。（3 分）
D. 到了团队向你寻求领导的时候了。不管是多好的团队，也不可能解决所有的问题。（5 分）

问题 9

A. 在背上拍一下不会有伤害。当人们做得好时他们需要知道这一点。
B. 正面激励是一个好想法，但不是通过钱的奖励。（3 分）
C. 你已经给了团队正面激励，并且将阶段 3 的权力/责任还给了他们。（5 分）
D. 你的团队在展示处理权力和责任的能力，不包括这种危机情况。他们并不总是需要绝对领导。

问题 10

A. 最好的方法，所有的都很好。（5 分）

B. 为什么要扰乱一个好的工作关系和健康的工作环境呢？你的努力可能是不利的。

C. 如果团队成员已经做了工作，并且试图找出应急方案，为什么还要让他们感觉你需要控制？但是如果他们没有看过阶段 3 的进度，这一步是必要的。（3 分）

D. 为什么要扰乱团队？你可以让他们相信出了问题或要发生什么事情。

问题 11

A. 当客户发现问题的时候，你不能处于被动状态。你必须准备帮忙。客户的问题通常就是你的问题。（3 分）

B. 客户不是到你的公司来讨论你的生产率的。

C. 这给团队增加了很大的负担，尤其因为这是第一次会议，他们需要指导。

D. 客户信息交流会是你的责任，不要委托给别人。你是信息的集合点，这需要很强的领导力，尤其是处于危机时。（5 分）

问题 12

A. 你被动的角色可能给团队留下没有紧急事情发生的印象。

B. 团队成员被激励并且对项目进行控制。他们自己应该能处理这些问题。正面激励是有帮助的。（5 分）

C. 这种方法可能有效，但当员工们感觉你在怀疑他们的能力时可能是不利的。（4 分）

D. 当团队已经展示出做出团体决策的能力时，不要施加太强的领导压力。

问题 13

A. 这是最坏的方法，可能对现在和以后的工作造成损失。

B. 这会导致过度自信，而且如果没有后续投入的话，可能会有灾难。

C. 这会极大挫伤团队士气，因为团队可能将现在的问题看作要被取消的。（3 分）

D. 这完全是项目经理的责任。有些情况下，信息是需要保留的，至少暂时是这样的。（5 分）

问题 14

A. 这是破坏项目—职能界面的理想方法。

B. 这花费大量时间，因为每个团队成员都有不同的看法。（3 分）

C. 这是最好的方法，因为团队比你更了解职能职员。（5 分）
D. 你不可能完成。

问题 15

A. 这是最简单的答案，但是如果让团队其他成员做额外工作的话，也是最危险的答案。（3 分）
B. 这是你的决策，不是你们团队的。你在逃避责任。
C. 向团队咨询将有助于你的决策。团队很有可能给卡罗这个机会。（5 分）
D. 这可能给项目造成挫伤士气的环境。如果卡罗变得很急躁，其他成员也会变得急躁。

问题 16

A. 这是最好的选择。你们的部门主管对你很仁慈。如果不受干扰的话，他会轻松一些。（5 分）
B. 这是没有结果的。很明显，他们已经试过并且失败了，让他们再做会挫伤他们的士气。记住，砖墙已经存在两年多了。（3 分）
C. 这种会议是浪费时间。砖墙一般是不会被穿透的。
D. 这将加厚砖墙，并且可能使你们团队和部门主管的关系每况愈下。只有当不可能从其他方面获得状态信息的时候，这才作为最后的手段。（2 分）

问题 17

A. 这是一个不好的假设。卡罗可能没有同他谈过，或者只是简单地向他说了卡罗她自己所负责项目的一部分。
B. 新人还是同项目其他成员隔离的。你可能在建两套项目团队。（3 分）
C. 这可能使新人感到不舒服，并且感觉项目是通过会议组织在一起的。（2 分）
D. 新成员应该一个一个地熟悉团队成员，而不应让他们同团队帮派打交道。应当由团队来制作简要报告，因为项目终止和逐步停止会是一种团队共同努力的结果。（5 分）

问题 18

A. 这表明你缺少对成员成长的关心。这是一个不好的选择。
B. 这是你和员工之间的决策。只要他的绩效不受影响，应该允许他参加。（5 分）
C. 这不是一个必须公开讨论的问题。你可以私下征求团队成员的意见。（2 分）
D. 这种方法是合理的，但是可能使团队其他成员感觉你在表示你的偏好——只是需要他们的意见一致。

问题 19

A. 这是最好的选择。你的员工处于完全控制之中。你什么也不要做，你必须假设员工收到了反馈信息。（5 分）
B. 员工可能已经收到你的团队和他们自己的职能经理的忠告。你的努力只能使他们疏远你。（1 分）
C. 你的团队状况已经是可控的，这时向他们要求应急计划会产生不利影响。他们可能已经做了应急计划。（2 分）
D. 现在以较强的领导角色出现会使你疏远你的团队。

问题 20

A. 这是一种不好的选择。作为项目经理，你应完全负责提供给客户的所有信息。
B. 正面激励可能有利，但对于保证报告质量毫无用处。你的员工可能有过多的创造，可能提供多余的信息。
C. 请求他们的信息是有价值的，但这里实际是你的责任。（3 分）
D. 所有的报告都需要一定程度的领导。在写报告过程中，如果没有一定的指导，项目团队则有扩散的趋势。（5 分）

附录 B　项目管理冲突练习答案

第 1 部分：面对冲突

读完后面的答案，将你的分数写在第 7 章工作表的第 1 条线上。

A. 尽管许多项目经理和职能经理通过“反馈的”偏好进行协商，这位客户还是不能被极力推荐。起初，部门经理可能有些亏欠感，但是在以后他所参与的项目中肯定会变得很有防御性，甚至可能有这种想法——这才是我和你相处的唯一方法。如果这是你的选择，在第 1 条线上写 1 分。

B. 威胁只能导致灾害。这是在事情开始前终止一个潜在的安排得很好的事情的必然方式。如果你把这个作为答案的话，写 0 分。

C. 如果你什么都不说，就接受了进度推迟和成本增加的所有责任和解释，那根本无助于开拓与你同部门的经理之间的沟通。这会在未来的项目中导致其他的冲突。如果你选择这个答案，在第 1 条线上写 2 分。

D. 要求上层管理者此时介入只能使事情变得更复杂。执行官只偏好于在事情无法解决时才插手。上层管理者可能首先要求同部门经理谈话。如果这是你的选择，那么在第 1 条线上写 2 分。

E. 尽管接到你的备忘录时，他会变得防御性很强，但他很难拒绝你的帮助请求。当然问题是他什么时候给你这个帮助。如果做这个选择的话，在第 1 条线上写 8 分。

F. 试图在部门经理那里找到答案将严重威胁他，并有可能引起其他冲突。好的项目经理在他们可能做决策时总会尽力预测情绪反应。选择这个的话在第 1 条线上写 2 分。

G. 在较晚的时间约见将会使双方有冷静的机会，并进一步考虑问题。他可能发现很难拒绝你所要求的帮助，并且不得不从现在到约会这段时间考虑这个问题。选这个的话在线上写 10 分。

H. 及时的讨论会、敞开交流或保持坦诚的沟通，这是很有益的。但是，如果情绪太高涨或者没有足够的时间进行别的选择也是不利的。选这个的话在线上写 6 分。

I. 按照你自己的方式解决问题显然是对部门经理的疏远。在以后的时间，你确实想达成他的请求的事实可能给他一些安慰，尤其是在他理解你的问题及他的决策对其他部门的潜在影响时。选这个的话在线上写 3 分。

第 2 部分：理解感情

在附表-1 中上填写的分数，决定你的总分。在第 7 章工作表的第 2 条线适当的框中写上你的总分。这里没有绝对正确的答案，只是看起来是最正确的。

附表-1

	反　　应	个人或团体分（分）
A. 我已经给你我的答案了。如果你不高兴，可以去见总经理	反对的或退缩的	4
B. 我理解你的问题，让我们按你的方式来做	接受	4
C. 我理解你的问题，但我是按对我们部门最有利的方式来做的	防御的或反对的	4
D. 让我们讨论这个问题，可能有其他的选择	合作的	4
E. 让我向你解释为什么我们有新要求	合作的或防御的	4
F. 见我们的部门监管，这是他们的建议	退缩	4
G. 新经理会有新的和更好的方法，不是吗	反对的或防御的	4
	总的：个人	
	总的：团体	

第 3 部分：建立沟通

A. 尽管你的解释是可接受的，成本超支的责任可能归咎于部门经理，然而你并没有试图展开同部门经理的交流，看来进一步的冲突不可避免。如果你选择这个答案，在工作表的第 3 条线上写 0 分。

B. 你使部门经理没有选择余地，只能增加冲突。他可能根本没时间考虑改变他的要求，更不可能向你屈服，因为你把他逼到了角落里。如果你选择这个答案，在工作表的第 3 条线上写 0 分。

C. 威胁他可能使他改变主意，但是这将破坏在这个项目和其他项目上的工作关系。如果你选择这个答案，在工作表的第 3 条线上写 0 分。

D. 给他发一个备忘录，让他在某个时间里参加一个会议可能使你们的关系平静下来，但是并不会改善你们讨价还价的处境。现在，部门经理可能有足够的时间来重新确认他是对的，因为当你让他相信你可以等几天让他再来见你时，你不会有严重的时间约束。如果你选择这个答案，在工作表的第 3 条线上写 4 分。

E. 你在沿着正确的方向试图展开交流。遗憾的是，当你告诉他“你很激动”，并且要求他向你道歉时，你可能又进一步激怒了他。其实，此时你只是自己一厢情愿，也处在激动情绪中。作为开场白的一部分，表示一下歉意对问题是有益的。如果你选择这个答案，在工作表的第 3 条线上写 6 分。

F. 拖延问题对你没有好处。部门经理可能认为问题已经解决了，因为他没有收到你的消息。矛盾不能拖延。你的选择是有价值的，因为你试图打开一个沟通渠道。如果你选择这个答案，在工作表的第 3 条线上写 4 分。

G. 表示歉意和寻找即刻的解决方案是最好的方法。幸运的是，现在部门经理将理解这种冲突和紧急需要的重要性。如果你选择这个答案，在工作表的第 3 条线上写 10 分。

第 4 部分：解决冲突

在附表-2 上填写的分数，决定你的总分。用下表确定你的总分，并将它记录在第 7 章工作表的第 4 条线上。

附表-2	模　　式	个人或团体分（分）
A. 要求是我的决定，我们是按我的方式做的	强迫	4
B. 我已经考虑过了，你是对的，我们将按你的方式做	退缩或平稳	4
C. 让我们讨论一下这个问题，可能有其他的选择	妥协或反对	4
D. 让我向你解释为什么我们有新要求	平稳、反对或强迫	4
E. 去见我们的部门监管，他们在处理这些事情	退缩	4
F. 我已经检查过这个问题了，可能要放松一些要求	平稳或妥协	4
	总的：个人	
	总的：团体	

第 5 部分：理解选择

A. 尽管你可能对按照你的方式来解决问题有“合法”的解释，你也应该考虑对组织的情绪影响及其造成的对部门经理的疏远。选择这个的话，在工作表的第 5 条线上写 2 分。

B. 当你向其他参与者解释进度拖延或成本过多时，接受新要求可能使事情变得更容易一些。这肯定会使部门经理高兴，而且可能给他留下一种他处在非常有权威的位置上的印象，并且总是按这种方式解决问题。选择这个的话，在工作表的第 5 条线上写 4 分。

C. 如果这种问题在你这个层次解决不了，你只能要求上层管理者介入。这时你必须确信不可能妥协，但可能愿意处于暂停状态。选择这个的话，在工作表的第 5 条线上写 10 分。

D. 要求其他的经理为你的事情辩护不是一件好事。值得庆幸的是，上层管理者在决定如何解决冲突时将征求他们的意见。选这个的话，在工作表的第 5 条线上写 6 分。期望职能经理不会用成帮结伙的方式来威胁他。

第 6 部分：人际影响

A. 用惩罚的方式来威胁员工是没有意义的，因为你的冲突是同部门经理之间的，他在这时可能不会关心你对他的人员的评价。选这个的话，在工作表的第 6 条线上写 0 分。

B. 只要他们认为你能信守承诺，给予奖励可能有助于人们按照你的方式思考问题。提升和增加责任是职能经理而不是项目经理的职责。如果部门经理看中你的评判，绩效评估可能是有效的。但在这个问题上他可能不会。选这个的话，在工作表的第 6 条线上写 0 分。

C. 专家权威一旦建立，便是获得职能经理尊敬的有效方式，条件是他应用的时间相对短。对于长期的投入，专家权威很容易造成项目经理和职能经理之间的冲突。在这种情况下，尽管相对是短期的，部门经理可能不会把你当作专家，这种看法会一直延续到他的职能附属机构。选这个的话，在工作表的第 6 条线上写 6 分。

D. 工作挑战是获得支持的最好方式，它在很多情况下可以克服人际间的冲突和歧义。但问题是由于职能员工的抱怨而引起的，因此工作挑战在这里是无效的。选这个的话，在工作表的第 6 条线上写 8 分。

E. 在项目环境中工作的人应该尊敬项目经理，因为上层管理者赋予了他权威。但这并不意味着他们会沿着项目经理的方向走。当出现疑问时，员工们趋向于沿着给他们填评估表的人（部门经理）的方向走，而项目经理有正式权威来“强迫”直线经理按照他的原定计划执行。这只能作为最后的一招，但这看来好像唯一的方案。选这个的话，在工作表的第 6 条线上写 10 分。

F. 威望权力不是一夜之间就可以得到的，而且如果部门经理感觉到你在同他竞争与其下属之间的友谊，则会导致更多的冲突。选这个的话，在工作表的第 6 条线上写 2 分。

附录 C　Dorale 产品案例研究

Dorale 产品（A）

PMBOK®指南过程领域	项目整合管理
	项目范围管理
相关领域	定义一个项目

背景

Dorale 产品正在迅速成长，经营状况良好。新产品开发被看作公司未来发展的主要动力，公司正在将大量资金花在新产品的开发上，但是产品到达市场的数量远比以前少。而且，进入市场的新产品赚回研发成本所需时间比预期要长，但旧产品淘汰速度太快。

管理者认识到，设立一些结构化的决策过程将有助于项目管理者较早认识到项目的可行性，或者在投入大量资源前取消项目，或者努力另设不同的目标。David Mathews 被指派为 Dorale 新产品制定一个新项目开发管理方法论。

David 明白项目管理方法论带来的好处，特别是在结构化的决策过程中。方法论就像一种模板或重复过程，它促使项目一次又一次地成功运作。这种管理方法论包括项目范围的定义、规划、进度计划、监测和控制。它还包括项目经理、部门主管和执行发起人的职能。

为了使这个管理方法论能被很容易地利用到所有项目中，必须使用表格、方针、模板和检查表，而不用太严格的政策和程序。这样能够降低该方法的使用费用，并使之适用于大量的项目中，而且项目经理能够决定在正式基础上还是非正式基础上执行该方法。

项目管理方法论的第一个使用者是项目执行副经理（Vice President，VP），他将成为该项目的发起人。对这个管理方法论进行审查后，他将与项目经理（Project Manager，PM）进行讨论。

会议

VP："我看过这个管理方法论，你是不是期望它能运用于所有的项目中呢？"

PM："稍加修改，我们就能用到所有的项目中，这样会给我们提供一个很好的结构化的决策过程。"

VP："使用这个管理方法论是很昂贵的，也许不是所有的项目都需要使用。我们使用这个方法来规划一个 500 000 美元的项目是比较合算的。但是，若项目只花费 25 000 美元或 50 000 美元，或者工期只需 30 天而不是半年乃至 1 年，我们该怎么办呢？"

PM："我认为我们必须定义一个界限来确定何时开始进行项目管理。"

VP："我认为我们不仅需要界定何时开始进行项目管理，还需要定义什么是项目。根据你的定义，如果一个活动完整地保存在一个职能领域，它还是不是一个项目？而且，在定义活动为项目之前，我们是不是应该界定哪些职能部门应该开展项目管理？"

PM："让我回去修改一下，下周见！"

问题

1. 如何正确定义一个项目？

2. 每项活动都是一个项目吗？是不是每个项目都有需要跨越的职能界限的数量的下限？如果是，是多少？

3. 怎样决定何时使用项目管理？如何确定一项活动可以由一个职能部门高效地完成，而不需要使用项目管理？

4. 所有的项目都需要项目管理吗？

5. 使用项目管理需要时间和资金，那么应该如何确定合适的门槛？

Dorale 产品（B）

PMBOK®指南过程领域	项目整合管理
	项目范围管理
相关领域	定义一个程序

背景

Dorale 产品刚刚建立了一个开发新产品的项目管理方法论。尽管管理方法论是特意为新产品的开发设计的，执行副经理认为也能用在其他的项目中。主管管理方法论的项目经理和执行副经理之间展开了讨论。

会议

VP：“公司为了管理方法论花费了大量的时间和资金，但是如果这个管理方法论不能用于其他组织，这显然是不合算的。例如，在新产品开发和信息系统项目之间有很多相同之处，我们是否能利用这个方法或者利用部分的方法到这个系统中呢？”

PM：“我不敢肯定，因为项目信息系统的需求和生命周期都不相同。一个通用的项目管理方法论需要有足够的普遍性。”

VP：“难道你是说我们应该花费更多的时间和资金来开发若干个管理方法吗？”

PM：“我们已有的管理方法论可以运用到除信息技术以外的所有活动中。因为我们所有的项目都极其相似，但 IT 项目除外。IT 项目会有自己的管理方法论。我可以理解他们这么做的原因。”

VP：“从你的谈话中我们可以推测，我们现存的理论方法可以与应用在项目中一样应用于程序中。毕竟，程序是项目的延续，不是吗？”

PM：“我并不这样认为，我仔细考虑一下，以后再答复你。”

问题

1. 你认为一个项目管理方法论和一个系统发展管理方法论一同使用是可行的吗？
2. 程序的定义是什么？它和项目的定义有什么区别？
3. 项目管理方法论会与应用在项目中一样应用于程序中吗？

Dorale 产品（C）

PMBOK®指南过程领域	项目整合管理
	项目范围管理
相关领域	项目管理应用

背景

Dorale 产品刚刚完成项目管理方法论，虽然这个项目管理方法论将被运用到新产品的开发上，但这个管理方法论也被希望运用到其他产品中。

会议

VP：“对我们的项目管理方法论应该应用在何种项目中有明确的限制吗？”

PM：“我觉得答案既可以说是也可以说不是。无论何种领域、何种功能，公司的每个活动都可以看作项目，但并不是所有的项目都需要这个管理方法论，甚至项目管理。”

VP：“1 个月以前，当我们谈论开始立项时，你说服我说，我们是应该把每件事情都当作项目去看待，这不是自相矛盾吗？”

PM：“不是这样的，我们的项目经理所需的主要技能是整合管理。整合需求越强烈，那么项目就越需要项目管理。”

VP：“我现在越来越糊涂了，开始时你告诉我所有的项目都需要项目管理，但现在你告诉我不是所有的项目都需要使用项目管理方法论。我到底是哪里理解错了？”

问题

1. 所有的项目都需要使用项目管理方法论吗？
2. 哪种项目应该或不应该使用项目管理方法论？
3. 前面的答案和整合需求程度有关吗？
4. 关于项目管理应用，你能得出什么结论？

Dorale 产品（D）

PMBOK®指南过程领域	项目整合管理
	项目范围管理
相关领域	项目管理过程

背景

Dorale产品为项目管理建立了一个项目管理方法论，一位副经理被任命为项目发起人，并被派去检查项目管理方法论的发展情况。现在，项目发起人要向执行层经理介绍这个项目管理方法论。他与项目经理展开讨论，准备执行会议的发言稿。

会议

VP：“我大致看了看这个项目管理方法论，我感觉我不能很容易地认识到这个管理方法论的结构，那么我怎么给其他执行经理解说呢？”

PM：“一个好的管理方法论应该建立在方针、表格、检查表的基础上，而不是一些政策和手续上。我们必须确保这个管理方法论拥有足够的弹性，并能被运用于大量的项目中。”

VP：“这点我同意，但是对项目管理过程应该有一些整体的结构。”

PM：“整合管理包括3个方面：研发计划的集成、实施计划的集成、变更计划的集成。我们的管理方法论分解为生命周期的各个阶段，虽然没有特别指出，但每一阶段都将包括这3个部分。我们可以使用《PMBOK®指南》的基本原则。”

VP：“让我再仔细研究一下这个管理方法论，看看是否和你说的相符。”

问题

1. 这个项目经理在认识项目整合管理方面是正确的吗？
2. 在生命周期中识别这些过程是否很难？若很难，应该怎样让我们更容易理解？
3. 这位执行副经理应该怎样介绍管理方法论的结构？

Dorale 产品（E）

PMBOK®指南过程领域	项目整合管理
	项目范围管理
相关领域	生命周期阶段

背景

VP 向高层官员介绍了这个管理方法论。他把重点放在生命周期划分 10 个阶段上，其他执行经理对生命周期分 10 个阶段有许多的问题。VP 又和 PM 进行了会谈。

会议

VP："其他的一些执行者都认为生命周期分 10 个阶段太多了。你将要召开 10 次阶段末期的评审会议，而且大多数执行者都必须参加。这看起来太多了。"

PM："我也认为太多了。我将花费大多数的时间计划评审会议，而不是管理项目。"

VP："另一个问题是执行者不了解自己在阶段末期评审会议中的职责或义务。这个管理方法论中没有明确说明。"

PM："这点我也赞同，我们应该建立通过评审的标准。"

问题

1. 使用生命周期阶段的好处是什么？不利之处是什么？
2. 对于一个管理方法论，生命周期分多少阶段最合适？
3. 若有太多的评审会议，那么会产生什么后果？
4. 每一次评审会议中，由谁决定应该展示哪些信息？
5. 在评审会议中，应该准备回答哪些问题？

Dorale 产品（F）

PMBOK®指南过程领域	项目整合管理
	项目范围管理
相关领域	定义成功

背景

当执行委员会在对项目管理方法论进行最后审查时，他们意识到这个管理方法论没有定义项目成功，于是建议为项目成功订立一个标准。

会议

VP："我们没有明确地定义项目成功，我们应该给予更多说明。"

PM："我认为达到用户指定的交付物，就意味着成功。"

VP："如果我们符合设计要求的 92%，那算不算成功呢？如果我们拖延了产品开发的进度，但带来了更多的客户呢？或者这个项目彻底失败了，但是它让我们建立了良好的客户关系，这是失败还是成功呢？"

PM："我明白你的意思，也许我们应该定义项目成功的主要标准和次要标准。"

问题

1. 成功的标准定义是什么（如主要因素）？这和项目三大约束有什么关系？
2. 举例说明什么是项目成功的次要因素？
3. 如何定义项目失败是合理的？
4. 项目管理方法论是否应该包含这些定义和标准？
5. 把这些主要标准和次要标准包含在管理方法论中是否存在风险？

Dorale 产品（G）

PMBOK®指南过程领域	项目整合管理
	项目范围管理
	项目资源管理
相关领域	执行者角色

背景

尽管高层管理者对新管理方法论比较满意，但是该方法论并没有对高层管理者的角色进行很好的定义。副总经理感觉到这个问题需要尽快处理，以使其他执行层经理感觉到他们在整个项目管理过程中起着重要作用。

会议

VP："我们许多执行者缺乏项目管理知识，指导他们如何成为一名项目发起人很有必要。如果他们对自己的角色没有清楚的认识，这会导致一些发起人没有工作热情，而另一些发起人过于积极。我们需要一个平衡。"

PM："我明白你的意思，并且同意这种观点。一些角色说明是必要的，但我不认为角色说明可以阻止一个人工作不热情或专横。"

VP："是不能阻止，但我们仍需要一个开端。我们可能需要教导他们怎样扮演好发起人的角色。"

PM："若发起人能分辨自己处在生命周期的哪个阶段，我们可以为每一个阶段定义一个发起人的角色。"

VP："这是个好主意。在评审会议上，我们将定义项目发起人的角色。"

问题

1. 对项目发起人来说，他们的主要角色是什么？

2. 项目发起人的角色会随生命周期中阶段的转变而转变吗？
3. 依据生命周期的阶段来改变项目发起人的角色是合理的吗？
4. 在管理方法论中对角色进行的定义能使发起人发挥预期的作用吗？
5. 在评审会议上，项目发起人应该充当何种角色？

Dorale 产品（H）

PMBOK®指南过程领域	项目整合管理
	项目范围管理
	项目资源管理
相关领域	部门主管角色

背景

项目管理方法论最后终于开始实施。尽管这个管理方法论的大致结构是合理的，但是仍需要做一些补充，其中一项就是为部门主管定义一个角色。

会议

VP：“从我理解项目管理的角度看，让部门主管一开始就高效投入项目工作是很难的。我希望我们的部门主管能尽快投入项目管理工作中去。”

PM：“我同意你的看法！若部门主管仅仅是派人到项目中，自己却对项目本身漠不关心，这不对。”

VP：“我相信一个部门主管能搞好一个项目同时也能摧毁一个项目。简而言之，我们需要他们在分配资源之后也共同承担项目责任。”

PM：“我不知道如何去做，作为一名项目经理，让部门主管来共同承担项目成功或失败的责任我可能办不到。”

VP：“开始时肯定比较难，但是你一定可以做到！管理方法论应该定义一些每个阶段中执行者对部门主管的期望及工作关系。你是否能召集一些部门主管帮助你呢？”

PM：“对于大多数的项目，部门主管派出员工服务后，还承担一些技术指导。许多的项目经理懂得技术，但不懂如何指导技术。然而，确实有些项目需要项目经理懂得技术知识，并执行每日的技术监督。那么，如何能在管理方法论的设计中兼顾这两者呢？”

VP：“看起来，有一种情况是项目经理和部门主管必须在交付物上进行协商的。另一种情况是他们在专业人员的问题上进行协商。我相信，你能找到一种方法将这些问题纳入管理方法论中。”

问题

1. 管理方法论应该包括一些员工政策吗？如果是，请举一些员工政策的实例。
2. 项目经理应该在什么时候对人员进行协商？何时对交付物进行协商？

3. 员工政策应该区分全职人员和兼职人员吗？

4. 即使将其定义为管理方法论的一部分，部门主管仍拒绝和项目经理合作，此时公司应该如何处理？

5. 员工政策和部门主管的角色应该被定义为政策和程序，还是方针？

Dorale 产品（I）

PMBOK®指南过程领域	项目整合管理
	项目范围管理
	项目资源管理
相关领域	项目经理的人际交往能力

背景

由于部门主管和高级经理的角色都在一定程度上被定义，Dorale 认为只有拥有专业人际交往能力的人才是一位优秀的项目经理。公司打算就项目经理所需的一般技能列出一张表。

会议

VP："我很希望在我们的管理方法论中看到对项目经理资格的一些要求，这些一定可以做到。"

PM："我认为我们能很容易定义需要哪方面的知识，但很难定义沟通技巧。我们可以通过项目需求决定项目经理是否需要掌握或理解技术，这更容易做到。但是，人际交往能力就复杂多了。"

VP："这又是为何呢？请解释一下！"

PM："我们要求项目经理管理的是可交付物而不是人。我们的部门主管做得更多的是对指派的员工提供日常指导，而这些不应该是由我们的项目经理去完成的。"

VP："你的意思是项目经理管理项目时不需要一些管理或沟通技能了？"

PM："那不是我真正想表达的，我只想说明对项目经理的技能要求和对部门主管的技能要求会有很大的不同。"

VP："这点我倒是赞成。期待你做的列表。"

问题

1. 一位高效的项目经理需要哪种类型的沟通技巧？

2. 一位高效的项目经理和部门主管在沟通技巧的要求方面有什么不同？

3. 你的以上答案是否基于项目经理需向多个经理汇报这一事实？

4. 你列出的清单是否基于项目经理对每个团队成员有提供薪水的义务呢？

5. 让一个经验丰富的部门主管成为全职项目经理很困难，为什么？（或者仅仅是兼职项目经理呢？）

6. 有些项目经理掌握技术，而另一些项目经理只是了解技术。这些影响项目经理对沟通技巧的要求吗？

7. 若项目经理注重交付物而不是人，这会对沟通技巧的要求产生改变吗？

8. 若有一个人拥有很丰富的专业技巧，是否也要求他有良好沟通技巧呢？

9. 一个项目管理方法论要规定项目经理的沟通技巧，还是允许沟通技能随项目不同而有所不同？

Dorale 产品（J）

PMBOK®指南过程领域	项目整合管理
	项目范围管理
	项目资源管理
相关领域	项目的人员政策和程序

背景

Dorale 产品开发过程中已有一些严重的员工矛盾产生，下面对是否需要在管理方法论中规定一些员工政策和程序进行讨论。

会议

VP：“我们需要在我们的管理方法论中加入一些项目人员指导。如果我们没有这些政策和程序，将很难保证项目经理及时、充分地得到所需资源。”

PM：“我不知道该如何去做这件事。现在我们提倡项目经理和部门主管就项目交付物而不是人来进行谈判，这使部门主管有及时提供充分资源的责任。”

VP：“这点我同意，但我觉得我们仍需要更多的指导。项目经理必须明确需要何种特殊资源，以便部门主管及时分配恰当的资源。我不希望当遇到冲突时，项目经理责怪部门主管没有及时提供恰当的资源，而部门主管责怪项目经理没有对范围进行明确的定义。”

PM：“看起来他们好像更容易接受责任而不是员工。”

VP：“也许是这样，但是所有的责任都和员工相关。我希望部门主管能提供高素质的员工，并且不超出预算。我们无法负担全部由高薪员工任职的项目。”

PM：“那是个好主意，去颁布一些政策来强制项目经理尽早‘释放’被派来辅助项目的员工是明智的，这样他们可以尽早投入另一个项目中去。”

问题

1. 项目管理方法论中包括一些员工政策和程序是合理的吗？

2. 员工政策和程序应该针对谁？项目经理、部门主管还是两者同时？

3. 项目发起人应该参与员工政策和程序的制定吗？如果是，他们应该处于何种位置？

4. 如何制定政策才能使项目经理尽早“释放”员工参与其他的项目（假如现有的项目不再需要他们）？

5. 员工属于项目所有是一个负责任的决策吗？

6. 充分定义完成任务所需的技能是项目经理的责任还是部门主管的责任？

7. 员工政策应该应用于全职工作者还是兼职工作者，还是两者都应该用到？

Dorale 产品（K）

PMBOK®指南过程领域	项目整合管理
	项目范围管理
	项目资源管理
相关领域	项目或项目集办公室

背景

Dorale 产品的项目管理方法论一般被运用于工期少于 18 个月的小项目中。这个管理方法论是否也可以用到更大的项目中呢？

会议

VP：“我们大多数项目的人力需求都在 10~20 人，工期都不超过 18 个月。上周在执行委员会上，我们决定将要实施一些大型项目，需要全职工人多于 40 名，工期将超过 3 年。我们该如何来管理这些项目呢？”

PM：“我认为，你所说的项目需要一个项目办公室来管理，而不仅仅是一个项目经理。”

VP：“在大型项目中，项目经理通常是一个项目办公室的经理。在我们的管理方法论中，是不是应该讨论一下项目办公室和项目办公室经理的角色呢？”

问题

1. 在什么情况下，我们应该决定使用项目办公室而不是项目经理？
2. 项目办公室经理和项目经理对项目的整合管理责任是否存在不同？
3. 什么是项目办公室？
4. 项目办公室经理应该充当何种角色？
5. 项目办公室的成员可以是兼职的吗？还是必须是全职的？
6. 如果一个员工被派到项目办公室担任全职人员，他还必须向部门主管汇报工作吗？
7. 能不能有这种情况：项目办公室的成员是全职的，而项目经理是兼职的？
8. 项目员工政策可以运用到项目办公室中吗？它会因其项目不同而不同吗？

附录 D　Dorale 产品案例参考答案

案例（A）

1. 一个项目通常是一个独特的活动，它有一些限制，有固定的目标，消耗一定的资源，通常有多种功能。一个项目通常是提供某种特别的产品服务或交付物。

2. 一般来说，没有最低限度。

3. 通常依赖于整合的需求。这种需求越高，越需要项目管理。

4. 所有的项目都可以在项目管理中受益，但对于一些非常小的项目，则没有必要实施项目管理。

5. 应用项目管理方法论的合理的门槛应该基于资金价值、风险、工期及跨越职能边界的数量。

案例（B）

1. 在许多公司，一般不止拥有一个项目管理方法论。一个是为特定的产品或服务设计的，另一个用于系统开发。

2. 程序持续的时间通常要比项目持续时间要长，并且程序由一些项目组成。

3. 项目管理方法论在程序和项目中都可以运用。

案例（C）

1. 所有的项目都应该用到项目管理原理，但不一定需要用到项目管理方法论。

2. 只有工期短、资金价值低、只在一个职能部门中进行的项目，不需要项目管理方法论。

3. 所有需要进行大范围整合的项目都需要用到项目管理方法论。然而，只有当运用管理方法论的成本不高或管理方法论比较简单时，才可以考虑将该管理方法论应用到所有项目中。

4. 项目管理原则应该被应用于所有项目中，而不须考虑限制。

案例（D）

1. 这个项目经理的认识在一定程度上是正确的，他的根据是 2000 年版的 PMBOK®，而不是 2004 年版的。

2. 在每个生命阶段定义这个过程是很难的，然而一个好的管理方法论能解决这些问题。

3. 一个好的项目管理方法论应该基于表格、方针和检查表，并且可以用到各种项目中。管理方法论的结构越严谨，约束就越多，但是这将限制该方法论的弹性，无法适用于大量项目。

案例（E）

1. 使用的好处是标准化，并能更好地控制过程。但当这些是根据政策和程序，而不是以表格、方针、模板、检查表的形式完成时，就会暴露缺点。

2. 绝大多数好的管理方法论都不会超过 5~6 个生命周期阶段。

3. 若有太多的评审会议，项目经理会将大量的时间花在准备会议上而不是管理项目上。

4. 利益相关者在参加会议的时候应该决定需要展示哪些信息，其中模板和检查表应该在会议中和各个阶段中展示。

5. 至少应该包括这些问题：① 到今天为止，项目进展如何？② 我们何时结束项目？③ 项目进行中还存在哪些问题？

案例（F）

1. 项目成功的标准应该包括时间、成本、范围、质量及客户满意度。

2. 成功的次要因素应该包括利润率和后续工作。

3. 定义失败比定义成功要难。有的人认为失败就是没有让客户满意，有的人认为失败就是项目完成以后没有价值。

4. 应该包括这些。但是，可以根据特定的项目和发起人的特别需求对它们稍加调整。

5. 结果可能没有弹性。

案例（G）

1. 项目发起人的主要角色就是帮助项目经理解决不能解决的问题。

2. 项目发起人的角色能够和应该随项目生命周期阶段的改变而改变。

3. 通常这个问题有两种意见：一些人认为整个项目周期中发起人应当保持不变，另一些人则认为发起人可以随生命周期阶段改变而改变。这两种方式各有利弊，主要依据项目的类型和客户的重要程度而定。

4. 没有这个必要，但是它可以帮助新项目发起人认识自己的角色和义务。

5. 核实当前阶段的任务已经完成，并且下一个阶段的任务即将开始。

案例（H）

1. 一个好的管理方法论应该包括一些员工政策。比如，项目经理有权规定所需员工的技术水平，但是这可能需要公开协商。

2. 掌握技术的项目经理一般会与部门主管协商需要何种人员，而不掌握技术的项目经理一般会和部门主管协商需要何种交付物。

3. 这个问题比较有争议。因为在工期和效果之间，部门主管和项目经理有不同的选择。在这一点上，部门主管往往比项目经理更有权威，因为这依赖于人员的可获得性。

4. 这就是需要项目发起人的原因。当有分歧的时候，请他充当仲裁人，并可以保证部门主管支持项目。

5. 一般来说，方针比政策和程序更好，至少作者认为是这样的。

案例（I）

1. 核心能力包括决策能力、交流能力、矛盾处理能力、协商能力、指导能力、权变能力、无须授权的领导能力等。

2. 部门主管的能力通常主要在上下级关系的处理上；而项目经理一般主要在团队建设上，其中团队成员不一定在项目经理的控制下，他们可能有比项目经理更高的级别。

3. 由于控制和监督员工涉及几个主管，所以项目向多个经理汇报是必须考虑的。

4. 薪酬管理通常是一个重要的因素。如果项目经理有这个权力的话，员工将适应PM，因为他对他们的绩效评价和工资有影响；如果没有这个权力，那么项目经理不得不去适应员工。

5. 部门主管更习惯于用权威去管理，而项目经理却不是这样的。

6. 项目经理掌握技术时，他可能与部门主管的技能结合得更为紧密。

7. 通常当项目经理不掌握技术时，他通常会和部门主管协商交付物，这也会影响特定项目对人际技能的要求。

8. 要求有（掌握技能更好。——译者注）。

9. 应该用概括性语言定义这种技巧，这样可以用到各种项目中。

案例（J）

1. 是合理的，但应该是概括性的定义。

2. 两者一起支配，这样会减少冲突。

3. 项目发起人一般会积极投入项目经理的挑选中，但很少干涉员工政策，以防侵犯了他们的部门主管的权力。

4. 除非撤掉一些员工，否则没有更好的办法。

5. 是的，如果高层管理人员要求的话。

6. 项目经理可以提出一些对员工技术的要求，但是最终的决策权一般属于部门主管。

7. 两者都应该用到。

案例（K）

1. 这要根据项目的规模、工期、风险、客户的重要性而定。

2. 他们的责任是一样的，项目办公室会详细一些。

3. 一个项目管理团队。

4. 项目经理的角色是协调和整合项目管理团队的活动。
5. 依据项目的需求，他们可以是全职的，也可以是兼职的。
6. 是的。例如，质量专家必须向项目经理报告。
7. 可以。
8. 可以建立一个项目办公室团队人员的政策，但必须在公司或客户端上更具体。

反侵权盗版声明

举报电话：（010）88254396；（010）88258888

传　　真：（010）88254397

E-mail：　dbqq@phei.com.cn

通信地址：北京市万寿路 173 信箱

电子工业出版社总编办公室

邮　　编：100036